Hamburger Edition

Institut für Sozialforschung

Studien zur Gewaltgeschichte des 20. Jahrhunderts
Ausgewählt von Jörg Baberowski, Bernd Greiner und Michael Wildt

Das 20. Jahrhundert gilt als das Jahrhundert des Genozids, der Lager, des Totalen Krieges, des Totalitarismus und Terrorismus, von Flucht, Vertreibung und Staatsterror – gerade weil sie im Einzelnen allesamt zutreffen, hinterlassen diese Charakterisierungen in ihrer Summe eine eigentümliche Ratlosigkeit. Zumindest spiegeln sie eine nachhaltige Desillusionierung. Die Vorstellung, Gewalt einhegen, begrenzen und letztlich überwinden zu können, ist der Einsicht gewichen, dass alles möglich ist, jederzeit und an jedem Ort der Welt. Und dass selbst Demokratien, die Erben der Aufklärung, vor entgrenzter Gewalt nicht gefeit sind. Das normative und ethische Bemühen, die Gewalt einzugrenzen, mag vor diesem Hintergrund ungenügend und mitunter sogar vergeblich erscheinen. Hinfällig ist es aber keineswegs, es sei denn um den Preis der moralischen Selbstaufgabe.

Ausgewählt von drei namhaften Historikern – Jörg Baberowski, Bernd Greiner und Michael Wildt – präsentieren die »Studien zur Gewaltgeschichte des 20. Jahrhunderts« die Forschungsergebnisse junger Wissenschaftlerinnen und Wissenschaftler. Die Monografien analysieren am Beispiel von totalitären Systemen wie dem Nationalsozialismus und Stalinismus, von Diktaturen, Autokratien und nicht zuletzt auch von Demokratien die Dynamik gewalttätiger Situationen, sie beschreiben das Erbe der Gewalt und skizzieren mögliche Wege aus der Gewalt.

Alexander Korb

Im Schatten des Weltkriegs

Massengewalt der Ustaša gegen Serben, Juden und Roma in Kroatien 1941–1945

Hamburger Edition

Studien zur Gewaltgeschichte des 20. Jahrhunderts

Hamburger Edition HIS Verlagsges. mbH
Mittelweg 36
20148 Hamburg
www.hamburger-edition.de

Redaktion: Sigrid Weber
Umschlaggestaltung: Wilfried Gandras
Karten: Tobias Stiefel, Berlin
Typografie und Herstellung: Jan und Elke Enns
Satz aus Stempel-Garamond von Dörlemann Satz, Lemförde
Druck und Bindung: CPI – Clausen & Bosse, Leck
Printed in Germany
ISBN: 978-3-86854-259-2
2. Auflage Oktober 2014

Für Zeev und Tamar

Inhalt

Einleitung

Mit der Zerstörung Jugoslawiens durch die Deutsche Wehrmacht im Jahr 1941 verschwand einer der letzten supraethnischen Staaten von der Landkarte Europas. Die Nationalsozialisten sahen in supraethnischen Staaten wie Jugoslawien, aber auch der Tschechoslowakei oder der Sowjetunion, ihre politischen und weltanschaulichen Feinde und setzten diesen ein Europa entgegen, das aus ethnisch homogenen »Einvolkstaaten« bestehen sollte.[1] Als im März 1941 serbische Offiziere in Belgrad gegen die deutschen Hegemonieansprüche putschten, galt dies den Deutschen nachgerade als Beleg dafür, dass sich antideutsche Kräfte in supraethnischen Staaten durchzusetzten und die Juden die Völker gegen Deutschland in Stellung zu bringen vermochten. Solche Staaten wurden als gefährlich eingeschätzt, und ein solches Denken erklärt Hitlers Jähzorn, als er befahl, Jugoslawien als Staat zu vernichten. Nach dem siegreichen Feldzug im April 1941 errichtete er in Zusammenarbeit mit Mussolini auf den Trümmern Jugoslawiens einen Satellitenstaat, den Unabhängigen Staat Kroatien (USK). Hitler und Mussolini einigten sich darauf, die radikalnationalistische Ustaša-Bewegung mit der Regierung Kroatiens zu betrauen.[2]

Mochten die Deutschen auch glauben, dass sie der Karte Europas einen neuen Nationalstaat hinzugefügt hatten, in Wirklichkeit war

---

[1] Zum Modell eines Südosteuropa der »Einvolkstaaten« siehe bspw. Kraus, Bevölkerungsbewegungen der Gegenwart; vom »Neuen Europa« war dort die Rede, wo Nationalisten und Faschisten in den europäischen Ländern aus der Zerstörung alter Ordnungen die Hoffnung schöpften, in einer neu zu schaffenden Ordnung einen gerechten Platz zu erhalten. So gab das kroatische bibliographische Institut eine Reihe heraus mit dem Titel »Der Unabhängige Staat Kroatien. Ein Bollwerk des Neuen Europa« (Kovačić, Greueltaten und Verwüstungen); siehe auch Altgayer, Baustein zum neuen Europa.

[2] Die offizielle Bezeichnung dieses Staates lautete »Nezavisna Država Hrvatska«. Das kroatische Akronym »NDH« ist international weit gebräuchlich. Im Folgenden wird die deutsche Abkürzung USK benutzt. Das Wort »Ustaša« bedeutet »der Aufständische« und wurde zum Synonym für die gesamte Ustaša-Bewegung. Mit der Pluralbezeichnung »Ustaše« wird in der Regel das Personal der Bewegung bezeichnet – analog zu »die Nazis«.

das neue Kroatien nicht weniger multiethnisch als der jugoslawische Staat zuvor. Allerdings drangen kroatische Nationalisten auf die Schaffung eines vergrößerten Nationalstaates und dessen ethnische Homogenisierung. Die Ustaša unternahm einen Feldzug gegen die gesamte als nichtkroatisch klassifizierte Bevölkerung: namentlich gegen Serben, Roma und Juden. Für dieses Projekt schufen die deutschen Besatzer die Rahmenbedingungen, doch waren es lokale Protagonisten, die in den Jahren zwischen 1941 und 1945 versuchten, im Schatten des Weltkriegs mittels Gewalt ethnische Homogenität zu schaffen und so ihre eigenen politischen Agenden durchzusetzen.

Die Idee vom ethnisch reinen Nationalstaat war somit keineswegs ein deutscher Export: Nationalisten aller südosteuropäischen Völker kämpften seit Jahrzehnten für ihre Unabhängigkeit, die territoriale Vergrößerung und die nationale Homogenisierung ihrer Länder. In Jugoslawien waren es die Ustaša und makedonische Separatisten, die die Auflösung des jugoslawischen Bundes zugunsten eines großkroatischen bzw. makedonischen Nationalstaates forderten. Und auch ihre serbischen oder albanischen Gegenüber suchten ihr Heil in der Schaffung »ethnisch reiner« Territorien. In Rumänien träumte Ministerpräsident Marschall Antonescu von einer von Minderheiten gereinigten Nation. Juden und Roma wurden nach 1941 zu Zehntausenden nach Transnistrien deportiert;[3] zugleich wuchs der Druck auf die ungarischen und slawischen Minderheiten. Bulgarien verfolgte eine aggressive Assimilierungspolitik gegen Türken sowie gegen muslimische Bulgaren. Auch die Deportation von Juden aus von Bulgarien annektierten Grenzgebieten in die deutschen Vernichtungslager muss als Teil dieser Homogenisierungspolitik begriffen werden. Gleiches gilt für Ungarn, wo die Horthy-Regierung bei aller Zögerlichkeit, sich am Holocaust zu beteiligen, Judendeportationen als Chance begriff, Grenzräume »ungarischer« zu machen.[4] Ethnonationale Gewalt prägte den Holocaust in weiten Tei-

[3] Wenn von Serben, Kroaten, Juden, Muslimen etc. die Rede ist, sind auch, um ein flüssiges Lesen zu erleichtern, Serbinnen, Kroatinnen, Jüdinnen, Muslima etc. gemeint. Explizit zwischen männlichen und weiblichen Gruppenangehörigen wird dann unterschieden, wenn der Kontext es erforderlich macht.

[4] Zu Rumänien siehe Solonari, Purifying the Nation; zu Ungarn siehe bspw. Ungváry, Deportation, Population Exchange, sowie ders., Schieben wir nicht alles auf die Deutschen; für allgemeine Darstellungen siehe Hollander, Swords or Shields; Frusetta, Final Solution in Southeastern Europe; Biondich, The Balkans, sowie Ther, Dunkle Seite der Nationalstaaten.

len Europas entscheidend mit. Insofern kann die Geschichte des kroatischen Ustaša-Staates als beispielhaft für Versuche mittel- und südosteuropäischer Länder gesehen werden, die Nazi-Herrschaft und den Holocaust für eigene ethnische Homogenisierungsprojekte zu nutzen, und steht somit paradigmatisch für die Beteiligung nichtdeutscher Täter an der Gewalt des Zweiten Weltkriegs.

Allerdings sollte die Meistererzählung von der deutschen Allmacht nicht durch eine ersetzt werden, die die Gestaltungskraft nichtdeutscher Täter überhöht. Deshalb gilt es, das jeweilige Kräfteverhältnis genau zu analysieren, regionale Unterschiede zu berücksichtigen und die Spezifika der jeweiligen Fälle zu erkennen.[5] Grob lassen sich in Südost- und Osteuropa drei Konstellationen unterscheiden, in denen nichtdeutsche Täter ethnonationale Gewalttaten verübten. Eine erste Konstellation ist durch einen schnellen deutschen Vormarsch und durch ein vergleichsweise starkes deutsches Besatzungsregime gekennzeichnet. Dies betrifft Gebiete wie Ostpolen und das Baltikum. Dort verübten Einheimische Pogrome oder beraubten und töteten ihre jüdischen Nachbarn. Paradigmatisch ist hier der polnische Fall. Jan Tomasz Gross hat 2001 eine wichtige innerpolnische Debatte angestoßen, als er in seinem Buch »Nachbarn« die entsolidarisierenden, atomisierenden und brutalisierenden Effekte der Besatzung schilderte, die Dorfbewohner zu Mördern machten.[6] Damit stellte er die nationale Beteiligung an Gewaltverbrechen auf den Prüfstand und stieß die Tür weit auf für ein neues Forschungsgebiet. Eine zweite Konstellation zeichnet sich dadurch aus, dass die deutsche Besatzung schwach war und lokale Bürgerkriege ausbrachen, wie beispielsweise in Wolhynien, Galizien sowie in Griechenland. Dort bekämpften sich einheimische Milizen und verübten im Zuge dessen ethnonationale Gewalttaten. Eine dritte Konstellation ist mit den bereits genannten unabhängigen Staaten gegeben, die den Weltkrieg für Gewalt gegen Minderheiten nutzten.

Kroatien bildet eine Mischung aus diesen Konstellationen, und im Vergleich zu anderen Ländern offenbaren sich zudem bedeutende Eigenheiten. Dies betrifft vor allem die deutsch-italienische

---

[5] Zum Versuch, den Holocaust in europäischer Perspektive zu analysieren, vgl. Stone, Histories of the Holocaust.

[6] Gross, Nachbarn; vgl. des Weiteren Feliks Tychs Plädoyer vor dem Deutschen Bundestag am 27. Januar 2010, Tych, Rede; zur polnischen Debatte um Jedwabne vgl. Gutman, Thou Shalt Not Kill.

Teilung des Landes sowie die Intensität und das Ausmaß der Gewalt. Aufgrund der relativen Schwäche der deutschen Truppen, der unausgereiften Planung für die Zeit nach dem Feldzug und den nicht funktionierenden Absprachen mit dem italienischen Partner entstand in Kroatien ein Machtvakuum, das es in anderen besetzten Gebieten insbesondere so früh im Krieg nicht gab. Dieser Raum, bar funktionierender staatlicher oder militärischer Strukturen, trug maßgeblich zur mörderischen und eskalativen Gewalt der Ustaša bei. Sie entfachte einen Bürgerkrieg, dem zwischen 1941 und 1945 über 500000 Menschen zum Opfer fielen – und zwar zumeist durch die Hände ihrer Landsleute.[7] Neben den deutschen und italienischen Besatzungsmächten versuchten verschiedene lokale nationalistische Milizen und Widerstandsgruppen ihre jeweiligen Interessen durchzusetzen. In sich permanent verändernden Konstellationen kam es zu einem häufigen Wechsel der Koalitionspartner. Gruppen, die heute miteinander paktierten, konnten sich schon morgen bekriegen. So formierte sich die serbische Bevölkerung in Kroatien in einem gewaltigen Aufstand gegen den Terror der Ustaša. Bald jedoch spaltete sich die Aufstandsbewegung in kommunistische Partisanen und nationalserbische Četnici, die ab Ende 1941 einen erbitterten Bürgerkrieg gegeneinander führten.[8] Daneben gab es eine Vielzahl weiterer Banden und Gruppen, die sich mit der einen oder anderen Seite verbündeten. Gewalt und Gegengewalt prägten die Auseinandersetzungen, denen Hunderttausende zum Opfer fielen.

---

[7] Den Berechnungen des Ökonomen und UN-Experten Vladimir Žerjavić (1912–2001) zufolge starben im USK 1941 bis 1945 312000 Serben, 114000 Kroaten, 51000 Muslime, 26000 Juden und ungefähr 23000 »Sonstige«, von denen die meisten Roma gewesen sein dürften, eines gewaltsamen Todes, siehe Žerjavić, Population Losses, S. 90ff. u. 150ff. Deutsche und italienische zivile und militärische Opfer bleiben in den genannten Berechnungen außen vor. Eine ausführliche Würdigung und Interpretation der Zahlen leistet Tomislav Dulić, Mass Killing, S. 270ff., sowie ders., Utopias of Nation, S. 313f.; vgl. ferner Groavac, Menschenverluste, sowie Hoare, Genocide and Resistance, S. 23.

[8] Der Begriff »Četnik« bezeichnete ursprünglich den Angehörigen einer militärischen Schar (»četa«). Der Plural, »Četnici«, wurde zum Synonym für die paramilitärische Bewegung großserbischer Nationalisten. Im Folgenden sind damit die in Kroatien operierenden Četnici gemeint und nicht die in Serbien organisierten Gruppen, die in manchen Fällen und anders als die Četnici in Kroatien unter dem Kommando der serbischen Regierung standen.

Analytisch sollten Auseinandersetzungen dieser Art als Bürgerkriege bzw. Besatzungsbürgerkriege betrachtet werden, doch wird dies aus einer Reihe von Gründen selten getan. In Bezug auf Jugoslawien werden Krieg und Partisanenkrieg vor allem als Teil des Zweiten Weltkriegs verstanden, womit die Agenden lokaler Akteure zwangsläufig aus dem Blickfeld rücken. Zudem werden zwischenethnische Auseinandersetzungen tendenziell nicht als Bürgerkrieg angesehen.[9] Dabei eröffnet gerade die Analyse des Zusammenhangs zwischen kollektiver Gewalt und Bürgerkrieg die Möglichkeit, neue Akzente in der vergleichenden Gewaltforschung zu setzen. Die Komplexität des Geschehens erfordert ergebnisoffene Ansätze, die der Gleichzeitigkeit der Asymmetrie der Machtbeziehungen, der Multikausalität der Gewalt, der Bedeutung spezifischer Formen der Gewalt und der unterschiedlichen Motivationen für ihren Einsatz gerecht werden. Einen wegweisenden Beitrag auf diesem Gebiet stellt Stathis Kalyvas' Studie über die Gewalt gegen die Zivilbevölkerung während des griechischen Bürgerkriegs (1943–1949) dar.[10] Kalyvas demonstriert, dass die Dichotomie von Gewalttätern auf der einen und betroffenen Zivilisten auf der anderen Seite eine Fiktion ist, da die Beteiligung von Zivilisten überhaupt erst das Funktionieren eines Gewaltregimes gewährleistet.

Der Blick auf Bürgerkriegsdynamiken offenbart darüber hinaus die Schwächen von Konzepten, die den Begriff Genozid ins Zentrum ihres analytischen Rahmens stellen. Dies führte dazu, dass eine Reihe von Historikern die Brauchbarkeit der Kategorie Genozid für die Geschichtswissenschaften grundsätzlich in Zweifel zogen, während andere versuchten, das analytische Potenzial des Konzepts zu verbessern, indem sie sein Instrumentarium verfeinerten.[11] Diesen

---

[9] Zu theoretischen Überlegungen zu Gewalt in Bürgerkriegen in vergleichender Perspektive siehe Kalyvas, How not to Compare Civil Wars; zu Jugoslawien siehe Minehan, Civil War; zum Zusammenhang zwischen Krieg, Nationalisierung und Gewalt siehe Bright u.a., Global Violence.

[10] Kalyvas, Logic of Violence. Von zusätzlichem Nutzen erweisen sich hier Studien, die Besonderheiten der irregulären oder asymmetrischen Kriegführung betonen, siehe bspw. Waldmann, Bürgerkriege; Münkler, Die neuen Kriege; Kronenbitter u.a., Besatzung, sowie Walter, Asymmetrien in Imperialkriegen.

[11] Siehe als Überblick die Debatte im *Journal of Genocide Research*, Jg. 8 (2006) H. 4, sowie Jg. 9 (2007), H. 1, sowie Debatte, NS-Forschung und Genozidforschung; vgl. auch Sémelin, What is Genocide; Gerlach,

methodischen Standards hinkt die Analyse der Massengewalt der Ustaša hinterher.[12] Bislang hält sich die Auffassung, dass es sich bei der Verfolgungspolitik der Ustaša um *einen* Genozid an Serben, Juden und Roma gehandelt habe.[13] Anstatt die methodisch komplizierte Frage nach Interdependenzen verschiedener Tätergruppen und miteinander verschränkter Gewalttaten zu stellen, wurde entweder von einer Verfolgung aus einem Guss ausgegangen, oder es wurden die Unterschiede zwischen verschiedenen Verfolgungspolitiken und den jeweiligen Verantwortlichkeiten der Täter verwischt. So behaupteten einzelne Autoren, die kroatischen Roma seien auf Veranlassung der Deutschen verfolgt und nach Auschwitz deportiert worden, obgleich der Massenmord an ihnen das Ergebnis der Entscheidungen und Handlungen kroatischer Akteure war.[14] Auch die Verfolgung der Juden im USK wurde oft ausschließlich den Deutschen zugeschrieben, wobei übersehen wurde, dass die Ustaša im ersten Jahr ihrer Herrschaft eigenverantwortlich gegen die Juden vorging.[15]

Die vorliegende Studie gibt sich nicht damit zufrieden, Genozid lediglich als eine asymmetrische Machtbeziehung zu begreifen, in deren Rahmen die Täter der einen Gruppe Opfer einer anderen

---

Extremely Violent Societies, S. 12, sowie Kundrus, Entscheidung für den Völkermord; zur prozesshaften Entwicklung verschiedener Fälle von Massengewalt vgl. Mann, Die dunkle Seite; zur Entwicklung der Genozidforschung in Bezug auf die Holocaustforschung vgl. Wildt, Die Epochenzäsur 1989/90.

[12] Die Ausnahme bildet Dulić, der die Massenmorde der Ustaša an Juden und Roma als Genozide einstuft, während es im Falle des Massenmordes an den Serben mangels empirischer Studien zu früh sei, zu entscheiden, ob es sich um einen getätigten Genozid, einen versuchten Genozid oder aber ethnische Säuberungen handle, Dulić, Utopias of Nation.

[13] Siehe Mirković, Victims and Perpetrators, S. 318; Hirsch, Genocide in Yugoslavia, sowie Ivanji, Täuschung und Selbsttäuschung, S. 138; je nach Autor werden gewisse Unterschiede zwischen der Verfolgung der einzelnen Gruppen geltend gemacht.

[14] Siehe Crowe, A History, S. 220; Reinhartz, Unmarked Graves; Lengel-Krizman, Genocid nad Romima, S. 42; Adeli, Jasenovac, S. 78, sowie Bartulin, The Ideology, S. 10f.; für einen Überblick über die Verfolgung der Roma vgl. Korb, Ustaša Mass Violence; vgl. ferner Pohl, Unter deutscher Hegemonie, S. 156.

[15] Auch in den Gesamtdarstellungen zur Verfolgung und Ermordung der europäischen Juden wird die Frage nach den Motiven der kroatischen Täter nicht gestellt, siehe bspw. Longerich, Politik der Vernichtung.

Gruppe töteten, und stellt den analytischen Wert solcher Einordnungsbemühungen infrage. Stattdessen wird zu zeigen sein, dass die Verfolgung von Serben, Juden und Roma durch die Ustaša multikausal war und sich nicht ausschließlich aus rassistischen und/oder kulturalistischen Motivationen speiste, die gemeinhin als der eigentliche Grund von Genoziden gelten.

Eine zweite Annahme, die die Forschungslandschaft prägt, ist die vom Vorhandensein eines systematischen, schon im Vorfeld der Machtübernahme mehr oder weniger präzise ausgearbeiteten Verfolgungsplans der Ustaša.[16] Von der Vorstellung ausgehend, dass ein Völkermord einer Vernichtungsintention folgen muss, setzten Historiker Intention und Planung fälschlicherweise gleich und begaben sich auf die Suche nach Belegen für ein systematisches und planvolles Vorgehen. Die Praxis galt dabei sozusagen als Beleg für planvolle Vernichtungspolitik.[17]

Untersucht werden in dieser Arbeit stattdessen der Verlauf des Gewalteinsatzes der Ustaša vor dem Hintergrund der Bürgerkriegsdynamiken, die Motive der Ustaša, eine Vielzahl von Gruppen zu verfolgen, sowie die Methodik und Systematik ihres Vorgehens gegen Serben, Juden und Roma. Dabei werden auch lokale Variationen der Ustaša-Herrschaft sowie regionale Besonderheiten berücksichtigt. Des Weiteren interessiert, unter welchen Bedingungen sich die Ustaša für welche Formen der Gewalt entschied. Denn die Unterscheidung zwischen verschiedenen Gewaltformen lenkt den Blick auf die Taten selbst und lässt sie in einem eigenständigen Licht erscheinen. Dabei wird zu zeigen sein, dass Vertreibungen, Massaker und Deportationen in Lager nicht gleichzeitige Elemente ein und desselben Gewaltprozesses waren, sondern zu bestimmten Zeiten

---

16 Siehe Djilas, The Contested Country, S. 114 u. 120, der von Plänen weit vor 1941 ausgeht; Cox, Ante Pavelić, S. 201, sowie Goldstein, The Independent State, S. 419ff. Laut Goldstein habe der Vernichtungsplan verschiedene Phasen durchlaufen. So sei er zunächst implementiert worden, um dann im Laufe der Zeit Abschwächungen oder Radikalisierungen zu erfahren. Allerdings widerspricht er sich selbst, wenn er anmerkt, es habe kein planvolles Vorgehen der Ustaša vorgelegen.

17 Insbesondere wurden die unter Zwang entstandenen Nachkriegsaussagen der Täter, sie hätten auf Befehl und folglich nach Plan gehandelt, nicht kritisch hinterfragt. Dies gilt vor allem für die Aussagen von Vladimir Židovec (1907–1948), die unter anderem von Kisić-Kolanović, Zagreb – Sofija, und von Goldstein u.a., Holokaust u Zagrebu, extensiv zitiert werden.

eine Dominanz beanspruchten. Durch eine solche Unterscheidung kommen überdies die Ressourcen und Gelegenheitsstrukturen der Täter in den Blick. Welche Gewaltformen waren also zu welchem Zeitpunkt opportun, und welche Gewaltmittel standen der Ustaša wann zur Verfügung?

Die Milizionäre der Ustaša töteten die Verfolgten mit roher Gewalt, quälten sie, schlugen sie mit Knüppeln, verletzten sie mit Messern und stürzten sie von Klippen oder von den Rändern von Karsthöhlen in den Tod. Indem diese eigentlichen Gewaltakte untersucht werden, sollen die Logiken der Gewalt der Ustaša, die Motivationen der Täter und die Bedingungen, unter denen sie sich für die Ausübung von Gewalt entschieden, entschlüsselt werden. Nicht zuletzt soll die Beschreibung der Taten Aufschluss darüber geben, wie die genaue Akteurskonstellation vor Ort aussah, ob es nur die Mitglieder der Ustaša waren, die Massaker verübten, oder ob sich auch die Nachbarn der Verfolgten an den Taten beteiligten. Die Analyse unterschiedlicher Variationen und Gewaltformen zu unterschiedlichen Zeitpunkten an unterschiedlichen Orten ergibt somit eine Art Grammatik der Gewalt, die einen differenzierten Blick auf die Gründe für die Radikalisierung wie auch die Deradikalisierung des Vorgehens der Ustaša jenseits ihrer Ideologie zulässt.

Die Holocaustforschung weist schon lange darauf hin, dass es für die Analyse des Handelns der Täter auch erforderlich ist, die Politiken, die Praxen und die Handlungsspielräume der Verfolgten zu untersuchen.[18] Insofern werden auch die Interaktivität zwischen Verfolgern und Verfolgten, der wirkungsvolle Widerstand gegen das Ustaša-Regime und die Strategien der Verfolgten berücksichtigt. Es spricht für die Macht der Widerstandsbewegungen, dass Jugoslawien das einzige Land Europas war, das nicht von alliierten Truppen, sondern von autochthonen Partisanenverbänden befreit wurde. Damit zusammen hängt eine weitere zentrale Frage der Studie, nämlich inwieweit die Ustaša in ihrem Handeln von den Dynamiken des Bürgerkriegs angetrieben wurde und inwiefern die Taten der anderen Kriegs- und Bürgerkriegsparteien ihr Handeln radikalisierten.

Dazu kommt mit der Achsenkonkurrenz ein weiterer radikalisierender Faktor. Italien, Deutschland und Kroatien waren einander in Kooperation gleichermaßen verbunden wie durch Konflikte ent-

[18] Vgl. Hilberg, Die Vernichtung; Friedländer, Die Jahre der Verfolgung, sowie ders., Die Jahre der Vernichtung.

zweit. In dieser Matrix überlagerten sich die Verantwortlichkeiten der Besatzungsmächte und die der lokalen Akteure. Die jeweiligen Akteursgruppen gingen aus unterschiedlichen Motiven gegen die Verfolgtengruppen vor. Es gilt herauszufinden, welche Tätergruppe welche Anteile an welchen Gewalttaten hatte, worin sich die Verfolgungskonzepte glichen und worin sie sich unterschieden. Der Grad der Handlungsautonomie der Ustaša lässt sich nur analysieren, wenn man die deutschen, kroatischen und italienischen Politiken miteinander in Beziehung setzt.

Damit bewegt sich die Arbeit an der Schnittstelle dreier Forschungsrichtungen. Zur Holocaustforschung trägt sie bei, indem sie aufzeigt, dass – und aus welchen Gründen – nichtdeutsche Täter sich an den Gewalttaten des Zweiten Weltkriegs beteiligten. Zur vergleichenden Genozid- bzw. Gewaltforschung trägt sie bei, indem sie die Entwicklungslinien kollektiver Gewalt in einer historischen Situation nachzeichnet und die Frage stellt, was die Gewalt eskalieren ließ, sie beschleunigte und sie verlangsamte. Am kroatischen Beispiel verbindet die Studie zugleich das Erkenntnisinteresse und die methodischen Errungenschaften der vergleichenden Genozidforschung mit den Erkenntnissen der Holocaustforschung, indem sie den Holocaust an den kroatischen Juden gemeinsam mit den Massenmorden an Serben und Roma in Kroatien analysiert. Ein solcher kombinierter Zugriff wurde zwar schon mehrfach eingefordert, empirisch bislang jedoch kaum umgesetzt.[19] Schließlich trägt die Studie zur vergleichenden Faschismusforschung bei, da sie diese mit den distinkten Zielen einer südosteuropäischen faschistischen Bewegung bekannt macht und sie europäisch kontextualisiert.

Der Forschungsrahmen: die Ustaša als Marionetten oder Monster

»Die Ustaša-Männer, die in die Stadt Glina kamen, um unsere Väter umzubringen, waren gedungene Gestalten, trugen gelbe Uniformen und schwarze Stiefel, in die sie ihre Messer steckten. Sie liefen herum

---

[19] Vgl. Debatte, NS-Forschung und Genozidforschung; für gelungene Beispiele siehe Gerlach, Kalkulierte Morde; ders., Die Bedeutung der deutschen Ernährungspolitik; Dulić, Utopias of Nation, sowie Dieckmann, Besatzungspolitik in Litauen; zur aktuellen Debatte zur Thematik vgl. Snyder, Nazis, Soviets, Poles, Jews.

mit ihren gekrümmten Beinen, als ob es sich um Monster aus einer anderen Welt handele. In Wirklichkeit waren sie Monster.«[20] Dass Menschen, über deren Leben albtraumhafte Gewalterfahrungen hereingebrochen sind und die mit der tödlichen Brutalität entschlossener Täter in Berührung kamen, diese als Inkarnation des Bösen erinnern, kann nicht verwundern. Doch lässt sich die Gewalt wirklich durch die Monstrosität der Täter erklären? »Gewalt ist kein ›Betriebsunfall‹«, schreibt dazu Jörg Baberowski, sondern eine jedermann zugängliche und dadurch attraktive Handlungsoption, er markiert damit die Tendenz der jüngeren Gewaltforschung, sich der konkreten Situation zuzuwenden, in der Gewalt angewandt wird, anstatt abstrakte Ursachenforschung zu betreiben, welche Fehlentwicklung einen Menschen zum Gewalttäter werden ließ.[21] Demnach ist die Anwendung von physischer Gewalt weder per se anormal noch funktional, sondern eine Form sozialen Handelns, das einen sozialen Raum in besonderer Weise zu verändern weiß. In augenfälligem Unterschied hierzu haben in der historischen Forschung zwei bis heute dominierende Lesarten der Ustaša besondere Wirkung entfaltet: die Ustaše als Marionetten oder als Monster. In der einen Lesart sind die Ustaše ausführende Organe der von den deutschen Nationalsozialisten vorgegebenen Politik. Nach der anderen sind sie blutrünstige Nationalisten, die in ihrem Morddrang nicht zu bremsen waren. Trotz ihres offensichtlichen Widerspruchs verschmelzen beide Narrative oftmals, haben sie doch eine Gemeinsamkeit: Die Motive der Ustaša, Gewalt einzusetzen, erscheinen als nicht weiter erklärungsbedürftig, da die Gewalt entweder von außen oder aber von Trieben gesteuert wird.

Im Narrativ von den Ustaše als Marionetten wird die Verantwortung für die Gewalt externalisiert und den Deutschen sowie einigen wenigen Kollaborateuren zugeschrieben.[22] Es sucht die Ursachen

---

[20] Mirković, Recollections, S. 85.

[21] Baberowski, Gewalt verstehen; vgl. auch Trotha, Die Zukunft der Gewalt, S. 171.

[22] »Die Komplizen. Hitlers europäische Helfer beim Judenmord«, in: *Der Spiegel*, 21, 18. Mai 2009, S. 82; zum Diktum vom Marionettenstaat siehe bspw. Payne, Geschichte des Faschismus, S. 496. Eine Reihe von Autoren spricht vom sogenannten oder vom »unabhängigen« Staat Kroatien, um die Unabhängigkeit durch Anführungszeichen infrage zu stellen, siehe Colić, Takozvana Nezavisna Država; Mirković, Victims and Perpetrators; Adeli, Jasenovac; Bartulin, Ideology, sowie Sundhaussen, Serben.

für die Gewalt tendenziell außerhalb Kroatiens und entlastet die lokalen Gesellschaften von der Verantwortung. »Der kroatische Marionettenstaat akzeptierte die nationalsozialistische Doktrin als eine Endlösung für Serben, Juden und Zigeuner«, heißt es beispielsweise in der renommierten »Encyclopedia of Genocide«.[23] Vor allem in der Historiografie im Realsozialismus vor 1990, aber auch in Ländern wie Italien und Frankreich sollte die größtmögliche Distanzierung vom Faschismus dadurch erreicht werden, dass ausländische Besatzer und einige wenige »Quislinge« zu den eigentlichen Schuldigen erklärt wurden. Das von dem politisch marginalen norwegischen Faschisten Vidkun Quisling abgeleitete Fremdwort impliziert, dass es sich bei Kollaborateuren meist um unmoralische Bösewichte handelte, die zahlenmäßig nicht ins Gewicht fielen.[24] Auch im jugoslawischen Fall wurde das Volk von der Verantwortung für den Faschismus freigesprochen. Tito selbst bediente diese Lesart, indem er schrieb, dass »es den Nazis 1941 mit Hilfe der Ustaša-Schufte gelang, mehr als eine halbe Million Serben in Kroatien auszulöschen«[25]. Diese Interpretation korrespondierte mit dem jugoslawischen Gründungsmythos: Unter der Führung der Kommunisten sei es den werktätigen Klassen der Völker Jugoslawiens gelungen, sich vom Faschismus zu befreien und einen Bund der Brüderlichkeit und der Einheit der Völker zu schmieden.[26] Die interethnischen Spannungen wurden zugunsten einer dichotomen Erzählung vom Kampf zwischen Faschisten und Antifaschisten ignoriert.

Parallel dazu beschrieb die national zentrierte Zeitgeschichtsforschung in der Bundesrepublik die Geschichte des Nationalsozialismus als eine ausschließlich deutsche Geschichte. Nichtdeutsche lokale Akteure, ihre Ideen und Spielräume kamen darin kaum vor.[27] Das Verlangen, in den Deutschen die Inspiratoren für die Verbrechen zu identifizieren, die während des Zweiten Weltkriegs in den Ländern Europas begangen wurden, war so wirkmächtig, dass häufig ein

---

23 Hirsch, Genocide in Yugoslavia, S. 634.

24 Zum Gebrauch des Begriffs vgl. Gutić, Kvislinštvo i Kolaboracionizam. In der jugoslawischen Historiografie schätzte man die Anzahl der heimischen Kollaborateure »des Faschismus« auf 300000 bewaffnete Kämpfer. Die Zahl dürfte indes höher gewesen sein; für weitere europäische Länder vgl. Flacke u.a., Mythen der Nationen.

25 Zit. nach Martin, Ally Betrayed, S. 50.

26 Zur Kritik der jugoslawischen Historiografie vgl. Jakir, Dalmatien, S. 20.

27 Vgl. Debatte, NS-Forschung und Genozidforschung, S. 3.

deutscher Einfluss immer dort behauptet wurde, wo Gewalt im Spiel war. Praxen der Ustaša wurden zu »Kopien« erklärt, doch die Art und Weise, wie Herrschaftsideen und Gewaltpraktiken von einem Land ins nächste flossen, schien nicht erklärungsbedürftig. Beispielsweise hieß es, dass die Tatsache, dass die Ustaše im Zuge des Massenmordes auch die Besitztümer ihrer Opfer raubten, ein Beleg dafür sei, dass sie das Verhalten ihrer »Nazi teachers« kopierten.[28]

Dennoch zogen auch die Spezifika der Ustaša die Aufmerksamkeit der historischen Forschung auf sich: Kaum eine europäische Bewegung des 20. Jahrhunderts wurde sowohl in ihrer Zeit als auch in der Forschungsliteratur als so archaisch gewalttätig beschrieben wie die Ustaša. Das Narrativ von den Ustaše als mordenden Barbaren, kurz: als Monstern, zieht sich vom Beginn ihrer Aktivitäten bis in die Gegenwart. »Die bisher erfolgte Europäisierung des Südostens hatte doch vielfach nur die Fassade berührt und die triebhaften balkanischen Instinkte nicht ausgemerzt«, heißt es in der ersten deutschsprachigen wissenschaftlichen Publikation über Kroatien im Zweiten Weltkrieg.[29] Der Effekt einer solchen Perspektive war zum Teil die Entlastung der deutschen Täter in Südosteuropa von ihrer Verantwortung für die Gewalt. Nicht nur in der Memoirenliteratur erscheinen die deutschen Soldaten sogar als die Leidtragenden der balkanischen Gewalt, inmitten derer sie fochten.[30]

Das einleitende Zitat von Damir Mirković, einem kanadischen Soziologen jugoslawischer bzw. serbischer Herkunft, veranschaulicht, wie die Gewalt der Ustaša zum Bestandteil eines Diskurses der Monstrosität geworden ist. Mirković selbst überlebte die Jahre der Verfolgung als Kind. Sein Ansatz vereint objektives Erkenntnisinteresse mit Familiennarrativen und nationaler Betroffenheit und ist in dieser Mischung typisch für die Diskurse über Gewalt in Jugoslawien. Seine Plausibilität erhielt dieser Diskurs durch die tatsächlich von den Ustaše verübte Gewalt, durch zahllose schreckliche Massaker und Gewaltexzesse. Abbildungen, auf denen Ustaša-Soldaten mit ihren toten Gegnern posieren oder deren Körperteile zur Schau stellen, bestätigen das Urteil über die Monstrosität der Gewalt (siehe beispielsweise Abbildung S. 315).

---

[28] Dulić, Utopias of Nation, S. 278.
[29] Kiszling, Die Kroaten. Schicksalsweg, S. 186.
[30] Siehe ebenda; als Beispiel für Memoirenliteratur siehe Ernsthausen, Die Wölfe der Lika.

Allerdings war die Motivlage der Täter weit komplexer, als das Bild von blutgierigen Mördern suggeriert. Wie kam es also zu solchen Lesarten der Gewalt? Hierfür sind grundsätzliche Überlegungen zur Pathologisierung, Externalisierung oder, mit Jan Phillip Reemtsma, »Verrätselung von Gewalttätern« hilfreich.[31] Im April 2005 attackierte der damalige kroatische Präsident Stjepan Mesić Apologeten der Ustaša dafür, dass sie noch immer nicht verstanden hätten, dass der Unabhängige Staat Kroatien weder unabhängig noch ein Staat noch Kroatien gewesen sei.[32] Die Argumentation der gut gemeinten Replik auf die anhaltende Popularität der Ustaša ist nicht ungewöhnlich: Denn die Verlagerung von Gewalt aus der Gesellschaft heraus bietet die Chance, sich nicht mit ihr auseinandersetzen oder Erklärungen für sie finden zu müssen. So werden Gewalttäter zu irrationalen, psychisch entgrenzten oder sozial devianten Personen abgestempelt, die Gewalt wird als die Aktivität »der Anderen« externalisiert.[33]

Man kann drei sich überschneidende Stränge der Externalisierung unterscheiden: In einer ersten Variante wird die Ustaša pathologisiert, indem ihr ein »satanischer« und »krankhafter« Charakter zugeschrieben wird. Ihr anormales Verhältnis zur Gewalt offenbare sich darin, dass sie »Gewaltorgien zur puren Lustbefriedigung als Erfüllung ihres Lebensinhalts verübt« habe.[34] Hauptmerkmal der zweiten Variante ist, dass die Täter entmenschlicht werden: Die Ustaše seien »Bestien in Menschengestalt«, die »wie aus dem Käfig gelassene wilde Tiere« über das Land hergefallen seien.[35] Und in einer dritten wird die Ustaša archaisiert, wenn z.B. betont wird, sie habe schlimmer als eine mittelalterliche Landplage gewütet und eine »chaotische Re-Balkanisierung« Kroatiens betrieben.[36] In all diesen Deutungen erscheinen die Ustaše nicht als rationale Akteure, sondern ihre Taten gelten als allenfalls durch ihre Triebe erklärbar.

---

31 Reemtsma, Vertrauen und Gewalt, S. 13ff.

32 Zit. nach Ramet, The NDH, S. 401.

33 Reemtsma, Vertrauen und Gewalt; vgl. auch Baberowski, Gewalt verstehen.

34 Sundhaussen, Der Ustascha-Staat, S. 505. Ähnlich bei Paris, Genocide in Satellite Croatia, S. 179, sowie Savich, Jasenovac.

35 Mirković, Recollections, S. 85; Goldstein u.a., Holokaust u Zagrebu, S. 593.

36 Broszat u.a., Der kroatische Ustascha-Staat, S. 179. Elemente aller drei Lesarten fanden auch Eingang in renommierte Gesamtdarstellungen des Holocaust, siehe Friedländer, Die Jahre der Vernichtung, S. 256f., sowie Evans, The Third Reich, S. 159.

Zeitgenössische Berichte deutscher Täter in Kroatien zeichnen sich durch Distanzierungen von der Grausamkeit der Ustaše aus. Harald Welzer hat dieses Zusammenspiel für den Holocaust als »Inanspruchnahme des sadistischen Anderen«[37] beschrieben. So grenzten sich die deutschen Besatzer in Kroatien weniger von sadistischen Einzeltätern aus den eigenen Reihen ab als vielmehr von den Ustaše. Mit den Ustaše war das »Andere« klar markiert, sie dienten als negative Referenzfiguren. Die deutschen Täter bewegten sich in einem Referenzrahmen, in dem das Verhalten des eigenen Kollektivs in einer fremden Umwelt zur unhinterfragbaren Normalität umgedeutet wurde. Die Exzesstaten der Ustaša schufen dafür eine wichtige Legitimation, ließen sie doch das eigene Vorgehen im Vergleich als zivilisiert, modern und human erscheinen.

Der Abstand zwischen historiografisch messbarer Realität und verrätselndem Diskurs lässt sich nicht leicht vermessen: Das Bild von den Ustaše als Monstern basiert auf den zahllosen schrecklichen Taten ihrer Milizen und sucht die Ursachen für die Gewalt im südosteuropäischen Kontext. Zusätzliche Plausibilität wird diesem Bild durch die Vorstellung vom Balkan als blutigem Unruheherd verliehen, und es besitzt eine anhaltende Wirkmächtigkeit.[38] So sahen sich die einrückenden deutschen und italienischen Besatzungskräfte mit ihren Bildern vom chaotischen Balkan in Jugoslawien in ihren Vorurteilen bald bestätigt. »Die Nationalsozialisten stellten sich in die Tradition derer, die auf dem Balkan einen primitiven, orientalischen Blutdurst nachklingen sahen«, bemerkt Mark Mazower treffend.[39] Deutsche und italienische Besatzungssoldaten beschwerten sich, dass unter den Ustaše nur wenige ernsthafte Anhänger des Faschismus seien, sondern dass sie vor allem aus »delinquenten, kriminellen, pathologischen, defekten oder verdorbenen Typen [bestünden], die […], geneigt nur dem Morden und Plündern, zusammengelaufen« seien. Wenn deutsche Beobachter die Ustaše als »entmenschte Wüstlinge«, »Psychopathen«, »Orientalen«, als »vom Wunsch nach blutiger Rache psychisch Kranke« oder als »Massenmörder, Säufer

---

[37] Welzer, Täter, S. 161; Dave Grossman taxiert für Armeen den Anteil soziopathischer Täter, »denen es Spaß macht«, auf 2 Prozent, siehe Grossman, Eine Anatomie des Tötens, S. 85.

[38] Zur Konstruktion eines exotischen, gewalttätigen Balkan in den Köpfen westlicher Beobachter vgl. Todorova, Imagining the Balkans; zur Kritik an Todorovas Konzept des »Balkanismus« vgl. Sundhaussen, Der »wilde« Balkan.

[39] Mazower, Der Balkan, S. 229 u. 235.

und Hurenknecht[e]« bezeichneten, fanden solche Zitate in der Regel Eingang in die Forschung als Belege für den Charakter der Ustaše als Gewalttäter.[40]

In deutschen Lazaretten kursierten Gerüchte über die Gewalttaten der Ustaše, die dem Reich der Spukgeschichten entstammten. Eine von einem Soldaten aus Wien kolportierte Geschichte soll hier als Beispiel dienen: Danach ließ sich ein Ustaša-Soldat von Wehrmachtsangehörigen nach einem siegreichen Gefecht gegen Partisanen zehn jugendliche serbische Gefangene aushändigen. Im Beisein der fassungslosen Deutschen schlitzte er ihnen dann die Kehle auf, biss ihnen in den Hals und saugte ihnen »wie ein riesenhafter Dämon mit einer diabolischen Gier«[41] das Blut aus. Eine andere Geschichte, die immer wieder aufs Neue auch von der aktuellen Forschung reproduziert wird, stammt vom italienischen Zeitungskorrespondenten Curzio Malaparte (1898–1957), der 1944 einen Bestseller mit reißerischen Kriegs- und Gewaltgeschichten landete. Darin beschreibt er sein Zusammentreffen mit dem Ustaša-Führer Ante Pavelić im Jahr 1941. Pavelić habe für seine Besucher eine Schale mit Austern bereitgestellt, die sich aber bei genauem Hinsehen als menschliche Augen herausstellten. Lächelnd habe der Staatschef dann vor seinen Gästen behauptet, dass es sich bei den Augen um ein Geschenk seiner treuen Ustaša-Soldaten von der serbischen Front handle.[42]

---

[40] Die Zitate entstammen einem Bericht Arthur Häffners an Glaise von Horstenau vom 16. November 1942 (BA-MA/RH 31 III/13, Bl. 143), den Notizen Glaise von Horstenaus, von Broucek, Deutscher Bevollmächtigter General, S. 428 u. 435, u.a. zit. n. Goldstein, 1941, S. 91, sowie einem deutschen Bericht unbekannter Provenienz, 22. Mai 1943, BArch/R 58/92, Bl. 6–19 [Fiche 1/4]; zur Übernahme solcher Narrative in der Literatur siehe Fricke, Kroatien 1941–1944, sowie Broucek, Deutscher Bevollmächtigter General.

[41] Thirring, Lust am Forschen, S. 55. Der Autor zitiert die Feldpostbriefe seines 1945 gefallenen Bruders, die dieser angeblich aus Kroatien geschrieben hat. Leider waren im Nachlass Harald Thirrings keine Briefe aus dem USK auffindbar, ja es scheint, dass er nie dort eingesetzt gewesen ist. Deshalb ist es plausibel, dass er die Geschichte bei einem seiner langen Lazarettaufenthalte erzählt bekommen hat und diese anschließend Eingang ins Familiennarrativ fand.

[42] Malaparte, Kaputt (1961), S. 286. Die Auster-Geschichte wird unkritisch wiedergegeben von Kostich, Holocaust, S. 80; Dwork u.a., Holocaust, S. 185; Cox, Ante Pavelić, S. 199; Mazower, Hitler's Empire, S. 346, sowie von Peter von Becker: Curzio Malaparte. Nachtigallenherzen zum Dessert, in: *Der Tagesspiegel*, 14. August 2010. Für weitere sensationalistische Berichte italienischer Provenienz siehe Falconi, Le silence, S. 299.

Der Wahrheitsgehalt dieser Schauergeschichten sei dahingestellt, interessant ist vielmehr, wie sie im Sinne der oben angesprochenen Deutungen der Ustaša dienstbar gemacht werden. Dass exotisierende Geschichten den Einsatz von Soldaten in fremden Ländern begleiten, ist ein Teil der Geschichte des Krieges.[43] Deshalb ist es zunächst nicht weiter erstaunlich, dass in Bezug auf den Balkan gruselige Erzählungen kursierten. Indem die deutschen und italienischen Soldaten darüber kommunizierten, versicherten sie sich ihres Selbstverständnisses und versuchten, in einer fremden Umwelt Orientierung zu erlangen. Die (Re-)Produktion von Vorurteilen half ihnen dabei.[44]

In den Augen vieler Historiker waren jedoch gerade deutsche Nazis und italienische Faschisten besonders glaubwürdige Kronzeugen, wenn es um die Gewalt der Ustaše ging. Ein wiederkehrendes Narrativ lautet, dass, wenn selbst die Deutschen als die Meister des Holocaust abgestoßen waren von der kroatischen Brutalität, diese in der Tat höllisch gewesen sein muss.[45] Um ihre Abscheu vor den Taten der Ustaša herauszustellen, gaben SS-Offiziere wie der Chef der Zivilverwaltung in Serbien, Harald Turner, in ihren Berichten überhöhte Opferzahlen der ermordeten Serben an, mit denen sie von serbischen Nationalisten versorgt worden waren. Daraus ergab sich ein kaum zu durchbrechender Referenzkreislauf, denn die Berichte der deutschen Besatzer galten wiederum als besonders glaubwürdige Belege für die überhöhten Opferzahlen. Mit diesen Zahlen machten serbische Nationalisten noch in den 1990er Jahren Politik.[46]

Die italienischen Faschisten galten aus anderen Gründen als glaubwürdig, wenn sie über die Gewalt der Ustaša schrieben. Lange überwog in der historischen Forschung die Ansicht, dass es sich bei den Italienern um eine humane Besatzungsmacht gehandelt habe,

[43] Zum Vietnamkrieg vgl. Greiner, Krieg ohne Fronten, S. 168ff.; zu deutschen Soldaten im Zweiten Weltkrieg vgl. Müller, Deutsche Soldaten, S. 9; zum zeitgenössischen Blick deutscher Soldaten auf den südosteuropäischen Frontabschnitt im Zweiten Weltkrieg siehe Generalkommando 51. A.K., Vorstoß nach Bosnien.

[44] Vgl. Latzel, Kriegsbriefe und Kriegserfahrung, S. 10ff.

[45] Siehe Krizman, Pavelić u bjekstvu, sowie Hervé u.a., Genocide.

[46] So meldet der Chef der Zivilverwaltung in Serbien (Turner) dem WBSO (Löhr) am 29. August 1942 völlig überhöhte Opferzahlen von 300000 Serben, die allein im Sommer 1941 im USK ermordet worden seien (IfZ/NOKW-1486-Kopie); unkritisch zitiert bspw. in: Trifković, The Ustaša Movement.

und die Abscheu italienischer Soldaten der Brutalität der Ustaša gegenüber galt als Beleg für ihre Humanität.[47] Da aber versäumt wurde, die Dialektik zwischen den Taten und Wahrnehmungen von Besatzungsmächten und lokalen Milizen zu untersuchen, wurde übersehen, dass die zeitgenössische Pathologisierung der Gewalt lokaler Akteure eine bestimmte Funktion erfüllte. Denn das Klischee vom »wahrhaftig balkanischen Wirrwarr«[48] ließ die Gewalt, die die Besatzungsmächte selbst verübten, als sachlich, modernisierend und Ordnung stiftend erscheinen. Der angebliche Blutrausch der lokalen Ustaša und ihrer Gegner sprach die Besatzer von der Verantwortlichkeit für die Gesamtsituation frei.

Dieser Zusammenhang lässt sich an vielen Abschnitten der deutschen Ostfront wie auch in Südosteuropa beobachten.[49] Wenn beispielsweise deutsche Funktionäre des Sicherheitsdienstes (SD) der SS die Ustaša mit »vertierten Bolschewisten« gleichsetzten, hieß es im selben Atemzug, dass »Handlungen, die mit der Humanität und der deutschen Kultur nicht vereinbar seien, bald nicht mehr hingenommen werden würden«. Ein Land, das solche Taten zulasse, »müsse von der Karte Europas radiert werden«.[50] Manch deutscher Beobachter sah in der Gewalt der Ustaša geradezu den Beleg dafür, dass sie »jüdisch-bolschewistisch« unterwandert sei, da sie bolschewistische Methoden anwende.[51] Insofern machte in den Augen der Besatzer der ungehemmte Gewalteinsatz lokaler Akteure den ordnenden Einsatz deutscher Gewalt geradezu erforderlich. Dies lässt sich auch an der erwähnten Vampirgeschichte ablesen, die mit einem Akt reinigender Gewalt endet: Die Landser warteten einen geeigneten Moment ab, um den blutsaugenden Ustaša zu stoppen, und

---

47 Vgl. Moos, Die »guten« Italiener.

48 Schönhuber, Ich war dabei, S. 87. Ähnlich in: Ernsthausen, Die Wölfe der Lika.

49 Für Rumänien vgl. Heinen, Rumänien, der Holocaust, S. 120, für Litauen vgl. Klee, »Schöne Zeiten«.

50 Bevollmächtigter des AA beim Befehlshaber Serbien an AA, 16. September 1942, PA AA, R 29.664, Büro StS, Jugoslawien/4, Nr. 153778ff., die Äußerungen von SS-Standartenführer Dr. Wilhelm Fuchs finden sich in einem Promemoria für das kroatische Auswärtige Amt, 30. Juli 1941, AVII/NDH/234, 1/55–2, Bl. 2ff.

51 Arthur Häffner an Glaise von Horstenau, 23. Juni 1941, BA-MA/RH 31 III/13, Bl. 10; in dieser Tradition betonten einige Autoren, dass führende Vertreter »jüdisches Blut in den Adern hatten«, siehe bspw. Kiszling, Die Kroaten. Schicksalsweg, S. 174.

machten dann »dem Spuk mit ein paar Handgranaten ein Ende«, wobei der Ustaša-Täter und seine serbischen Opfer gleichermaßen zugrunde gingen und Friedhofsruhe herrschte.[52]

Solche Bilder vom kriegerischen Balkan wurden indes nicht nur in den Köpfen westlicher Beobachter, sondern aus verschiedenen Gründen auch von dessen Bewohnern gestaltet.[53] Während des Zweiten Weltkriegs versuchten die verfeindeten Gruppen, insbesondere die Ustaša und die Četnici, sich gegenseitig bei den Besatzungsmächten zu desavouieren, indem sie ihr Gegenüber als balkanisch verteufelten, sich selbst hingegen als zum »Neuen Europa« zugehörig präsentierten. So behauptete die Ustaša, das europäische Abendland gegen den Osten zu verteidigen. In dieser Perspektive erschien die Verfolgung der Serben als eine defensive Gegenreaktion auf den großserbischen Expansionismus. Serbischen Nationalisten wiederum gelang es, mit ihrer Propaganda während des Krieges die Ustaša zu verteufeln und mit völlig übersteigerten Opferzahlen den Grundstein für den Mythos von mehr als einer Million serbischer Opfer des kroatischen Völkermordes zu legen. Der auf ein Bündnis mit Serbien setzende Teil des deutschen Besatzungspersonals verließ sich auf eben diese von seinen lokalen Verbündeten gelieferten Zahlen – nicht zuletzt, um innerdeutschen Konkurrenten zu schaden, denen sich mittels überhöhter Opferzahlen das Scheitern der deutschen Besatzungspolitik ankreiden ließ.[54] Kroatische wie serbische Nationalisten fungierten im Bürgerkrieg als Alteritätspartner; beiden Parteien war daran gelegen, die Trennung der beiden Volksgruppen zu perpetuieren und Individuen zu zwingen, sich für die Wahl

---

[52] Thirring, Lust am Forschen, S. 55.

[53] Mazower, Der Balkan, S. 229 u. 235, verweist bspw. auf die Verherrlichung und Heroisierung der mittelalterlichen Gewalt gegen die Osmanen, die in der Neuzeit der nationalen Mobilisierung diente.

[54] Zu kroatischer Propaganda siehe Kovačić, Greueltaten und Verwüstungen. Übertriebene Schätzungen der serbischen Opferzahlen waren weit verbreitet und zirkulierten schließlich auch im Vorfeld einer Konferenz der Exilregierungen der von Deutschland besetzten Länder, auf der das jugoslawische Außenministerium im Exil in London die Zahl der im USK getöteten Serben mit 600000 angab: The Joint Foreign Committee, 3. Juli 1942, AJ/110/579, 586. Innerhalb Serbiens zirkulierten während des Krieges die Schätzungen des ehemaligen Häftlings Ing. Blažić Seligmann, der von 300000 bis 400000 in Jasenovac Getöteten ausging; deutsche Berichterstatter zitierten diese Zahlen, siehe Häffner an D.B.G.i.K., 1. Januar 1944, YVA/O.10/79, Bl. 20; vgl. auch Deák, Essays on Hitler, S. 147.

der einen oder der anderen Seite zu entscheiden. Akte brutaler Gewalt dienten gleichermaßen als Beleg dafür, dass Serben, Kroaten und Muslime nicht zusammenleben konnten.[55] Darüber hinaus präsentierten sich die Kriegsparteien in einem archaischen Gewand, da sie so hoffen konnten, militärische Interventionen vonseiten der Deutschen und der Italiener zu verhindern. Denn wo vermeintlich primordiale Kräfte wirken, erscheint es sinnlos, die Kriegsparteien zum Frieden zu zwingen.[56] Serbische und kroatische Nationalisten behaupteten, dass der Krieg zwischen ihren Völkern unvermeidbar sei. Schlussendlich gehörten jedoch sowohl die Ustaše als auch die Četnici zu den Verlierern des Zweiten Weltkriegs. Ihre Pläne scheiterten, und es waren die siegreichen supranationalen Partisanen, die das neue Jugoslawien gestalteten.[57]

Darüber hinaus bedienten beide Kriegsparteien auch antisemitische Affekte der Deutschen, indem sie jeweils die Gegenseite als projüdisch charakterisierten. Serbische Nationalisten setzen Gerüchte in die Welt, die Ustaša würde in ihren Konzentrationslagern im Verbund mit jüdischen Vorzugshäftlingen serbische Lagerinsassen systematisch terrorisieren. In der Propaganda der Ustaša wiederum hieß es, dass die Juden das serbische Volk gegen das kroatische gehetzt hätten und die eigentlichen Nutznießer des Bürgerkriegs seien.[58] Solche Berichte, Gräuelpropaganda, Übertreibungen und

---

55 Ein ähnlicher Diskurs ist für die Jugoslawienkriege der 1990er Jahre festzustellen – allerdings ohne die supranationale Wahloption, die die Partisanen im Zweiten Weltkrieg darstellten. Der sogenannte Serbenführer Radovan Karadžić beispielsweise wollte beweisen, dass ethnischer Hass ein integraler Bestandteil der bosnischen Geschichte ist und dass die Ethnien räumlich getrennt werden müssen, wie es seinen Kriegszielen entsprach, vgl. Schiller, Deutschland, S. 78.

56 Der Mechanismus lässt sich für die Kriege der 1990er Jahre beobachten anhand der Diskussionen um Robert Kaplans Buch »Balkan Ghosts« bspw. in: Rhotert u.a., Unter unseren Augen. Zu ähnlichen Wahrnehmungen bei den Deutschen während des Zweiten Weltkriegs vgl. Stengel, Aus der Einsatzarbeit, S. 13.

57 Djilas, The Contested Country, S. 122.

58 Verordnung Pavelić', *Narodne Novine*, 61, 27. Juni 1941, sowie USHMMA/ 1999.A.0173/2, fr. 370f., abgedr. in: Miletić, Koncentracioni logor Jasenovac, S. 47–49. Zur Analyse der Instrumentalisierung antisemitischer Aussagen serbischer Häftlinge zunächst durch die serbische Nedić-Regierung, 50 Jahre später durch die kroatische Historiografie und insbesondere durch Franjo Tuđman vgl. Dulić, Mapping Out the »Wasteland«.

Fälschungen fanden Eingang ins Archiv der Besatzungsmächte: Historiker nahmen die Quellen oft unkritisch für bare Münze.[59] Besonders die apologetischen Memoiren eines der wichtigsten deutschen Vertreters im Ustaša-Staat, des Generals Glaise von Horstenau, wurden als eine Art Kronzeugenbericht gehandelt, anstatt quellenkritisch analysiert und kontextualisiert zu werden.[60]

Die beschriebenen Pathologisierungsdiskurse westlicher Historiker sind also als ein Echo der Wahrnehmung des Balkans als etwas Fernes und Fremdes durch die deutschen und italienischen Besatzer zu verstehen. Die Taten der Ustaša wurden als pittoresk-exotische Akte entfesselter, blutiger Gewalt gedeutet. Vorschnell legte man sich darauf fest, dass die »Gewaltkultur« der Ustaša auf Emotionen und Affekt beruhe, sodass zweckrationale und funktionale Motive automatisch in den Hintergrund rückten.[61]

Im Unterschied dazu wurde das Verhalten der Deutschen und ihr Massenmord an den Juden »zur Metapher für eine abstrakte moderne *conditio humana* […] – eine Erzählung des Erhabenen«[62] erklärt. Die Überbetonung der funktionalen und modernistisch-technokratischen Aspekte des Holocaust sowie die parallele Beschreibung der Ustaša-Gewalt als archaisch geben ein starkes Kontrastpaar ab. Zahlreiche Untersuchungen beschränken sich darauf,

---

[59] Einige Studien zu Kroatien im Zweiten Weltkrieg basieren vorwiegend oder ausschließlich auf deutschen Quellen, siehe Broszat u.a., Der kroatische Ustascha-Staat; Fricke, Kroatien 1941–1944; Kostich, Holocaust, sowie Kazimirović, NDH u svetlu nemačkih dokumenata; zur unkritischen Verwendung von Propagandamaterial siehe Paris, Genocide in Satellite Croatia, dessen Studie fast ausschließlich auf einer Propagandaschrift basiert, siehe Serbian Eastern Orthodox Diocese, Martyrdom; für weitere Arbeiten, die in Teilen auf dem Material basieren, siehe Hervé u.a., Assassins; Hervé u.a., Genocide; Steinberg, All or Nothing; Shelah, Genocide; Friedländer, Die Jahre der Vernichtung, sowie Evans, The Third Reich; die Studien Vladimir Dedijers wiederum basieren auf den von der serbischen Nedić-Regierung zusammengestellten Material, siehe Dedijer, Jasenovac.

[60] Siehe Broucek, Deutscher Bevollmächtigter General.

[61] Zur Einordnung dieser Kontroversen innerhalb der Gewaltforschung siehe Gross, Nachbarn, S. XV.

[62] Groebner, Ungestalten, S. 22. Historiker der Ustaša kontrastierten das vermeintlich atavistische, orgienhafte Töten mit dem vermeintlich modernen und puritanischen Töten der Nazis, siehe bspw. Djilas, The Contested Country, S. 123f.

diesen vermeintlichen Gegensatz zu konstatieren und damit letztlich deutschen Selbstwahrnehmungen zu folgen. Denn die Deutschen selbst hoben wiederholt den Unterschied zwischen ihrer Gewalt und der der Ustaša hervor. In einem Brief vermeldete der Chef der Zivilverwaltung in Serbien dem Wehrmachtsbefehlshaber Südost nicht ohne Stolz: »Serbien einziges Land, in dem Judenfrage und Zigeunerfrage gelöst«. Im nächsten Satz attackierte er in scharfen Worten die Ustaša wegen »tägl. Greueltaten, Abmurksen der Serben, Anarchie in Kroatien«.[63]

Die Taten der Italiener als der dritten Gruppe von Gewaltakteuren schließlich wurden zugunsten eines Narrativs vom spezifisch italienischen Humanismus der Besatzer verharmlost. Auch hier folgte die Forschung lange Zeit den Selbstverortungen der Beteiligten. Diese Selbstbilder und die Dichotomisierungen zwischen wild und rational (von deutscher) bzw. human (von italienischer Seite) gilt es genau zu analysieren. Was schätzten Deutsche und Italiener an der eigenen Gewalt, und was störte sie an der Gewalt der anderen? Eine Analyse jenseits der Pathologisierung der Täter, die dem dialektischen, konfliktreichen und einander stimulierenden Nebeneinander verschiedener Gewaltformen einheimischer Akteure und der Besatzungsmächte Aufmerksamkeit zollt, steht weiterhin aus.

Der Forschungsstand

In Jugoslawien fand keine Analyse der Gewalt der Ustaša statt, weil gesellschaftliche Tabus den Weg dazu verstellten.[64] Die meisten Historiker wurden ihrer staatssozialistischen Aufgabe gerecht und zelebrierten den Heroismus der Partisanen. So konzentrierte sich die große Masse der in Jugoslawien erschienenen Publikationen auf den »Volksbefreiungskampf«.[65] Die Ustaša wurde vor allem als Feind

---

[63] Vortrag des Chefs der Zivilverwaltung in Serbien (Turner) beim WBSO (Löhr), 29. August 1942, IfZ/NOKW-1486 (Kopie).

[64] Die erste Monografie, die die Ustaša und ihren Staat zum Gegenstand hatte, erschien 1973, siehe Colić, Takozvana Nezavisna Država; siehe auch die Besprechung von Jelinek, Review.

[65] Die erste jugoslawische Studie über das Regime der Ustaša erschien ein Jahr vor dessen Ende, siehe Jedinstvena Narodno-Oslobodilačka Fronta Hrvatske, Koncentracioni Logori. Sundhaussen schätzt die Zahl der in Jugoslawien zum Zweiten Weltkrieg erschienen Monografien, Sammelbände und Artikel auf über 90000, vgl. Sundhaussen, Jugoslawien, S. 379.

der Arbeiterklasse gesehen, die sich im Bündnis mit der katholischen Kirche und der Bourgeoisie befunden habe, außerdem als eine Ansammlung von Individuen, nicht aber als eine politische Bewegung betrachtet.[66] Regionalstudien fragten in der Regel nicht nach regionalen Spezifika, sondern erzählten den für die gesamtstaatliche Ebene aufgestellten historiografischen Kanon für die jeweils untersuchte Provinz nach.[67] Jugoslawische Historiker, allen voran Bogdan Krizman, verfassten einige dickleibige und wenig strukturierte Studien zum Ustaša-Staat, die zwar die Ereignisgeschichte aufarbeiteten, die Fragen nach Art und Umfang der Gewalt indes umschifften.[68]

Außerhalb Jugoslawiens erschienen lediglich in der BRD einige Veröffentlichungen zu Südosteuropa im Zweiten Weltkrieg.[69] Dabei handelte es sich jedoch entweder um Memoirenliteratur oder aber um Veröffentlichungen in der Tradition der NS-Südostforschung.[70] Die 1964 erschienene erste deutsche Monografie zum Ustaša-Staat war ein hybrides Werk: Ein ehemaliger ungarischer Presseattaché im USK, Ladislaus Hory, wollte seine Erinnerungen und Notizen veröffentlichen und suchte Unterstützung beim Münchner Institut für Zeitgeschichte. Bald kam es zu Konflikten zwischen Hory und dem ihm zur Seite gestellten Zeithistoriker Martin Broszat.[71] Letzterer setzte sich durch, und das entstandene Werk gilt als Meilenstein auf dem Gebiet der deutsch-kroatischen Geschichtsforschung. In der DDR erlangte der Zweite Weltkrieg in Jugoslawien nur geringe Aufmerksamkeit, wobei jedoch der Blick auf die Ustaša vergleichsweise differenziert ausfiel. Die deutsche Gesamtverantwortung für deren

---

[66] Vgl. Jelinek, Colić.

[67] Vgl. bspw. Lukać, Banja Luka.

[68] Siehe Jelić-Butić, Ustaše i NDH; Krizman, Ante Pavelić; ders., Pavelić između Hitlera i Mussolinija, sowie ders., Ustaše.

[69] Die Ausnahme bilden hier Lemkin, Axis Rule, S. 259ff., sowie Wolff, The Balkans.

[70] Siehe Hagen, Die geheime Front; Rendulic, Gekämpft, Gesiegt, Geschlagen; Kveder, Der jugoslawische Partisanenkrieg; Matl, Jugoslawien im Zweiten Weltkrieg; Krallert, Die Geschichte Osteuropas; Bauer, Italien und Kroatien; Dragojlov, Der Krieg 1941–1945; Kiszling, Die Kroaten; Neubacher, Sonderauftrag Südost, 1940–1945; Schraml, Kriegsschauplatz Kroatien; Wüscht, Jugoslawien, sowie Hnilicka, Das Ende.

[71] Broszat u.a., Ustascha-Staat; der Briefwechsel Hory-Broszat findet sich im Archiv des IfZ, Korrespondenz Broszat.

Taten wurde stark betont, ohne dabei die Spezifika der Ustaša zu übersehen.[72]

Obgleich die Gewalt nichtdeutscher Täter weder in Ost noch in West eine Leitfrage der Zeitgeschichtsforschung darstellte,[73] hätten die entsprechenden Beiträge dennoch eine gute Basis für eine weitere Erforschung der Ustaša bilden können. Doch die beginnende Desintegration Jugoslawiens seit den frühen 1980er Jahren machte aus den jugoslawischen Geschichtswissenschaften zunehmend nationalistische Erfüllungswissenschaften und entkoppelte sie von der internationalen Forschung. Einstmals staatssozialistische Historiker verwandelten sich, manchmal über Nacht, zu glühenden Nationalisten[74] und wurden sekundiert von den nationalistischen Zentren der

---

[72] Siehe Zöller, Der »Unabhängige Staat Kroatien«. In der Folge engagierten sich die an der Thematik interessierten Historiker und Historikerinnen im Rahmen der Reihe »Europa unterm Hakenkreuz«. Den Band zu Jugoslawien gab das Bundesarchiv nach der Wende heraus, siehe Bundesarchiv, Okkupationspolitik.

[73] Broszat beispielsweise spart den Massenmord der Ustaša an den Roma vollständig aus, behandelt den Holocaust auf knapp einer Seite unter dem Titel »Ausschaltung der Juden« und diskutiert die Serbenverfolgung vor allem in ihrem militärischen Kontext, siehe Broszat u.a., Ustascha-Staat, S. 6; die inhaltliche Einengung auf Diplomatie- und Militärgeschichte bestimmte auch folgende Studien: Orlow, The Nazis; Olshausen, Zwischenspiel; Tomasevich, The Chetniks; Pavlowitch, The Second World War; Tomasevich, Occupation and Collaboration sowie Pavlowitch, Hitler's New Disorder. Lediglich der israelische Historiker Yeshajahu Jelinek analysierte in einigen Aufsätzen den kroatischen Staat und seine Gewaltpolitik auf einem analytisch sehr hohen Niveau und arbeitete dabei Unterschiede zu den übrigen deutschen Vasallenstaaten heraus.

[74] Besonders eindrücklich zeigt sich dies in den Arbeiten des Historikers Dušan Lukać, der in seinen Forschungen eine 180-Grad-Wendung vollzog, siehe v.a. auch dessen spätere Schriften, bspw. Lukać, Tri genocida. Auch für Vladimir Dedijer gilt Istvan Deáks Urteil, dass die Tatsache, dass »ein ursprünglich internationalistisch gesinnter Kommunist und kosmopolitischer Intellektueller gegen Ende seines Lebens so vorurteilsbeladene und nationalistische Bücher schrieb, belegt, wie schwach die Aussichten für eine Versöhnung zwischen den Ethnien in den ex-jugoslawischen Republiken sind«, siehe Deák, Essays on Hitler, S. 147; vgl. ferner Sundhaussen, Der Ustascha-Staat, S. 531. Der erste Präsident des unabhängigen Kroatien, Franjo Tuđman (1922–1999), der von 1961 bis 1967 Direktor des von ihm gegründeten Instituts für die Geschichte der Arbeiterbewegung Kroatiens war, vollzog bereits in den 1960er Jahren den Schwenk zum Nationalismus, wie der Vergleich früher Schriften (Tuđman, The Independent State of Croatia) mit späteren Stellungnahmen (Tuđman, Bespuća povijesne zbiljnosti) offenbart.

jeweiligen Diaspora[75]. Wie schon während des Zweiten Weltkriegs war von nun an das wichtigste Ziel der Geschichtswissenschaften, den nationalen Gegner zu desavouieren.[76] In Serbien führte dies zu Behauptungen, dass dem kroatischen Nationalismus ein eliminatorischer Charakter eigen sei. Verschwörungstheoretische Mutmaßungen durften dabei nicht fehlen, die sowohl die Sehnsüchte orthodoxer Kommunisten wie orthodoxer Christen bedienten: die angeblich sinistre und antiserbische Politik des Vatikan, die in der klerikalfaschistischen Liaison zwischen Ustaša und kroatischer katholischer Kirche ihren Ausdruck gefunden habe.[77] Die Begleitmusik bildete ein zynischer Kult um die Opferzahlen mit der Tendenz zu deren absoluter Übertreibung. Dies geht, wie erwähnt, auf die Propagandaaktivitäten serbischer Nationalisten während des Zweiten Weltkriegs zurück. Noch im Jahr 2009 sendete der serbische Staatsfunk, dass im KZ Jasenovac mindestens 700000 Menschen

---

[75] Bereits unmittelbar nach ihrer Flucht vor allem in südamerikanische Staaten hatten ehemalige Ustaša-Führer apologetische Schriften veröffentlicht, siehe Jareb, Eugen Kvaternik, S. 286; Bauer, Italien und Kroatien; die Schriften Ante Pavelić' bzw. seiner Tochter Višnja Pavelić (geb. 1923), sowie Luka Fertilio Nikolić Aufsätze in der in Buenos Aires erschienenen Exilantenzeitschrift *Hrvatska Revija*, siehe bspw. Fertilio Nikolić', Poslanici NDH. Fertilio Nikolić (1903–1985) war während des Krieges Presseattaché an der kroatischen Botschaft in Berlin. Seit den 1980er Jahren wurde seinen Schriften erhöhte Aufmerksamkeit zuteil.

[76] So liegt der Fokus der serbischen Zeitgeschichtsforschung fast ausschließlich auf den im kroatischen Nachbarland begangenen Verbrechen. Der Holocaust wurde nach Kroatien exterritorialisiert, die Ermordung der Juden in Serbien dagegen ausgeblendet, vgl. Byford, When I Say; auch in deutscher Sprache bekämpften sich kroatische und serbische Historiker mittels Dissertationen, die von deutschen Hochschulen angenommen worden waren, siehe Rogić, Die Idee, sowie Umeljić, Die Besatzungszeit.

[77] Dieses Narrativ fand bei säkularen Antiklerikalen innerhalb wie außerhalb Jugoslawiens ebenso Anklang wie bei serbischen Nationalisten und ist deshalb weit verbreitet, siehe Novak, Magnum crimen, Hervé u.a., Assassins; Paris, Genocide in Satellite Croatia; Hervé u.a., Genocide; Zöller, Der »Unabhängige Staat Kroatien«, S. 11; Kostich, Holocaust; Bulajić, Ustaški zločini genocida; Dakina, Budi Katolik, sowie Rivelli, Le Génocide Occulté. Das Paradigma erwies sich als anschlussfähig für deutsche Antiklerikale, die in der Geschichte der Ustaša eine Bestätigung ihrer Annahmen fanden, siehe Deschner, Mit Gott, sowie das Vorwort Erik Fritz Hoevels zu Dedijer, Das jugoslawische Auschwitz; zum Postulat, dass die Ursachen für die Taten der Ustaša und während der 1990er Jahre in der Natur des kroatischen Nationalismus zu finden seien, siehe Ekmečić, Crkva i nacija.

umgebracht worden seien, was einer Verzehnfachung der plausiblen Opferzahlen entspricht.[78] Die Litanei von der nationalen Leidensgeschichte wurde durch das Gerede von einem »serbisch-jüdischen Holocaust« und einer angeblichen Opfergemeinschaft beider Gruppen verstärkt.[79] Solche Verweise sollten in westlichen Foren die Glaubwürdigkeit der serbischen Sache erhöhen.[80] Der Zusammenhang zwischen großserbischer Idee und nationalem Opfermythos versinnbildlicht die nationalistische Forderung, Serbien sei dort, wo serbische Gebeine liegen (siehe Abbildung S. 34). So mag es nicht verwundern, dass die sogenannten ethnischen Säuberungen der 1990er Jahre mit historischen Argumenten unter Verweis auf die überhöhten Opferzahlen legitimiert wurden.[81] Seit einigen Jahren

---

[78] Vgl. Gedenktag für die Opfer der nationalsozialistischen Aggression, 6. 4. 2009, http://glassrbije.org/N/index.php?option=com_content&task=view&id=5632&Itemid=26 [31. 05. 2012]. Zur Instrumentalisierung überhöhter Opferzahlen vgl. Sundhaussen, Jugoslawien.

[79] Bulajić, Jasenovac; vgl. hierzu auch Byford, When I Say. Auch unter bosnischen Muslimen gibt es Tendenzen, die muslimische Leidensgeschichte mit dem Holocaust zu verknüpfen, vgl. Miller, Contested Memories.

[80] So hatte das United States Holocaust Memorial Museum in den 1990er Jahren Mühe, Auftritte serbischer Nationalisten unter seinem Dach abzuwehren, siehe USHMM Institutional Archives (IAPD), Schriftwechsel zur Sammlung Jasenovac. Ähnliches gilt für Sammelbände, siehe bspw. Lituchy, Jasenovac; dies freilich gilt nicht nur für Serbien: Der Drang unter ethnischen Gemeinschaften, die Massengewalt und Verfolgung ausgesetzt waren und sind, die Verbrechen gegen die eigene Gruppe mit dem Holocaust gleichzusetzen, ist ein globaler Trend, vgl. Weitz in: Debatte, NS-Forschung und Genozidforschung, S. 9–10. Auch Beispiele außerhalb Jugoslawiens bezeugen dies, so bspw. die Diskussionen über die gewaltsame Zerfallsgeschichte des osmanischen Reiches; Regierungen, Lobbygruppen und Parteien knüpfen ihre Positionen an die Verwendung bzw. Nicht-Verwendung des Begriffes Genozid und setzen unabhängige Forscher unter starken politischen Druck, es ihnen gleich zu tun, vgl. Pohl, Völkermord.

[81] Die These lautete, dass sich die Serben gegen die neofaschistischen Wiedergänger der Ustaša zur Wehr setzen müssten, um nicht ein zweites Mal Opfer eines Genozids durch die Kroaten zu werden, siehe Vukčević, Zločini NDH, sowie ders., Genocid u Nezavisnoj. Ein weiteres Beispiel ist eine Sondernummer der Militärhistorischen Zeitschrift Jugoslawiens (*Vojnoistorijski glasnik*) 1994, 1–2; zur Lesart serbischer Zeitgeschichte als Opfergeschichte in Reinform siehe Lukać, Tri genocida, S. 322; zur Kritik an der Instrumentalisierung des Zweiten Weltkriegs in Serbien vgl. Deák, Essays on Hitler, S. 145f.

Abb. 1: Karte serbischer Diasporakreise (vermutlich 1944), die den während des Zweiten Weltkriegs gemeinschaftlich von insgesamt sechs Nationen am serbischen Volk verübten Massenmord verdeutlichen sollte. Ein Kreuz steht für 1000 getötete Serben.[82]
Arhiv Jugoslavije, 103, 86–3–371/VI

nimmt jedoch die Zahl der serbischen Historiker, die mit überhöhten Opferzahlen ein politisches Spiel betreiben, stetig ab.[83]

In Kroatien hingegen führte die nationalistisch-affirmative Umwertung der Geschichte zur Neubewertung der Ustaša als Vorkämpferin der kroatischen Unabhängigkeit, zur Verklärung der Rolle der katholischen Kirche und zum Herunterrechnen der Opferzahlen. Nationalistische Historiker suggerierten, dass es sich beim kroatischen Staatswesen der Jahre 1941 bis 1945 um ein legiti-

[82] Vgl. Anzulović, Heavenly Serbia. Bei der Karte handelt es sich um einen digital bearbeiteten Ausschnitt. Ähnliche Karten finden sich in serbischen Geschichtsatlanten der 1990er Jahre, siehe Blagojević, Istorijski atlas, S. 98.
[83] Vgl. Browning, Die »Endlösung« und das Auswärtige Amt, S. 241.

mes Projekt gehandelt habe, das konzeptionell von den Verbrechen der Ustaša zu trennen sei. Dieser Revisionismus dominierte während der 1990er Jahre die Geschichtspolitik des neuen kroatischen Staates und fand und findet in der Öffentlichkeit breiten Anklang.[84] Vertreter Kroatiens, Serbiens und der bosnischen Muslime qualifizierten die von der jeweiligen Gegenseite verübten Kriegsverbrechen als Genozid und verharmlosten dabei die von der eigenen Seite begangenen Verbrechen.[85] Vermeintliche und wirkliche Vertreter der Verfolgtengruppen konkurrierten um den Status, ein singuläres Verfolgungsschicksal erlitten zu haben.[86] Die jahrzehntelangen geschichtspolitischen Kämpfe zwischen serbischen, kroatischen und neuerdings auch bosniakischen Nationalisten ließen wenig Raum für nuancierte Studien. Der Nationalismus verhinderte auch die Untersuchung der Interdependenz der Gewalttaten.

Auch viele westliche Wissenschaftler verliefen sich im Drahtverhau der zerstrittenen Historiografien und übernahmen unkritisch die Ergebnisse der einen oder der anderen Seite.[87] Darüber hinaus

---

[84] Siehe Omrčanin, Hrvatska 1941–1945; Tuđman, Bespuća povijesne zbiljnosti; Košutić, Hrvatsko domobranstvo; Požar, Ustaša, sowie ders., Hrvatska Pravoslavna Crkva. Seit Ende der 1980er Jahre fokussierten Historiker weniger auf empirisches, denn auf autobiografisches Material exilierter Ustaša-Führer, siehe bspw. Jareb, Eugen Dido Kvaternik, sowie die Arbeiten von Nada Kisić-Kolanović; zu den wenigen kritischen Forschungen zur Rolle der katholischen Kirche siehe Krišto, Katolička Crkva; Gitman, Rescue and Survival sowie Gitman, When Courage Prevailed; für einen Überblick über die Geschichtspolitik in Kroatien vgl. Radonic, Krieg um die Erinnerung.

[85] Diese historische Frage wird mittlerweile ebenfalls vor dem Internationalen Gerichtshof verhandelt, siehe *Die Presse* (Wien), 25. November 2008.

[86] Die Behauptung eines Holocaust am serbischen Volk zielt in diese Richtung, siehe Ristović, Nemački novi poredak, S. 376; in Bosnien wird der Holocaust oft als Referenz für die Verbrechen der 1990er Jahre gebraucht. Zur »Konkurrenz der Opfer« allgemein vgl. Chaumont, Die Konkurrenz der Opfer. Eine Variante dieser Konkurrenz sind die vielfach gegen Roma- bzw. jüdische Häftlinge erhobenen Vorwürfe, im KZ Jasenovac im Auftrag der Ustaša Gewalt gegen andere Häftlingsgruppen verübt zu haben, vgl. Goldstein u.a., Holokaust u Zagrebu, S. 600f.

[87] Beispielsweise wurden die überhöhten Opferzahlen im Online-Lexikon der Forschungsstelle Yad Vashem übernommen, siehe http://www1.yadvashem.org/odot_pdf/Microsoft%20Word%20-%205930.pdf [16. 02. 2012]. Besprechungen jugoslawischer Titel zur Thematik verdeutlichen, dass die westliche Historiografie nur eingeschränkt eigenständige Paradigmen entwickelte, siehe bspw. Fox, Review of Dedijer.

scheint es unmöglich, über die Gewalttaten zu schreiben, ohne von der einen oder anderen Seite als proserbisch bzw. prokroatisch denunziert zu werden.

Gleichwohl gelang es allmählich, das holzschnittartige Bild von Kroatien im Zweiten Weltkrieg auszudifferenzieren. Die Historiker Holm Sundhaussen und Klaus Schmider zeigen für die Wirtschafts- und Militärpolitik der deutschen Besatzungsmacht, dass diese keineswegs omnipotent, sondern kaum in der Lage war, ihre selbst gesteckten Ziele zu erreichen.[88] Parallel dazu gab es eine Reihe von Studien zur lokalen Herrschaft der Ustaša, die sowohl die Handlungsspielräume der Bewegung als auch die komplexen Machtverhältnisse im USK belegten. Ivo und Slavko Goldstein zeigten, dass die Judenpolitik im USK in weiten Teilen auf die Politik und Praxen der Ustaša selbst zurückzuführen war.[89] Umstritten bleibt dabei, wie stark die Ustaša das Geschehen im Land überhaupt bestimmen konnte. So veranschaulichte Emily Greble in einer Studie zu Sarajevo während des Zweiten Weltkriegs, dass lokale Herrschaft weniger durch die Befehle der Führung in Zagreb bestimmt war als durch die Auseinandersetzungen um bosnische Identitäten vor Ort.[90] Der Historiker Tomislav Dulić lieferte den bedeutendsten Beitrag für ein nuanciertes Verständnis der Massengewalt im USK, indem er die Politiken der Ustaša und der Četnici in Bosnien und der Herzegowina systematisch miteinander verglich.[91] Dulić belegt, dass die Massentötungen der Ustaša oftmals von kroatischen Regierungsstellen initiiert wurden und dass es gerade staatlicher Institutionen bedurfte, damit die Gewalt eine solche Dimension annehmen konnte. Zugleich zeigt er die Prozesshaftigkeit, die Inkonsistenz und die Wandelbarkeit der Gewalt der Ustaša sowie ihre Interdependenz mit durch die Četnici verübten Gewalttaten auf.

Diese Arbeiten bilden wichtige Anstöße für die vorliegende Arbeit. Versuche, die unterschiedliche Genese der Massenverbrechen gegen Serben, Juden und Roma vergleichend zu erklären, unterblieben hingegen bislang. Während die Eskalation der antiserbischen

[88] Sundhaussen, Wirtschaftsgeschichte Kroatiens, und Schmider, Partisanenkrieg in Jugoslawien.
[89] Goldstein u.a., Holokaust u Zagrebu.
[90] Greble, Sarajevo, 1941–1945.
[91] Dulić, Mass Killing; ders., Utopias of Nation.

Politik besser erforscht ist, sind die Antworten, wie der Weg in den Massenmord an Juden und Roma in Kroatien beschritten wurde, noch unbefriedigend.[92]

Analytische Zugriffe, Quellen, Aufbau der Arbeit

Das Hauptinteresse der Arbeit richtet sich auf die Gewaltausübung der Ustaša sowie die diesbezüglich involvierten Einrichtungen des kroatischen Staates, wie der Armee, der Polizei und der Gendarmerie. Die Politiken und Praxen der übrigen bewaffneten Parteien, also der deutschen und italienischen Besatzungstruppen, der SS, der Četnici, der bosnischen Muslime und der Partisanen ebenso wie der nichtmilitanten Gruppen wie der Kroatischen Bauernpartei und der katholischen Kirche, werden nur insoweit berücksichtigt, wie sie sich auf die Gewalt der Ustaša auswirkten. Dabei werden weder die deutsche noch die italienische Politik erschöpfend analysiert. Gefragt wird lediglich, wo, wann und wie sie sich radikalisierend oder deradikalisierend auf die Ustaša auswirkten. Da der kroatische Staat enger mit dem Deutschen Reich als mit Italien verbunden war und da die italienische Armee die Ustaša in ihrem Besatzungsgebiet im August 1941 entmachtete, ist die deutsche im Vergleich zur italienischen Kroatienpolitik von übergeordnetem Interesse. Die Untersuchung beider Besatzungspolitiken erfolgt daher asymmetrisch.

Die benutzten Quellen entsprechen dieser Vorgehensweise: Von primärem Interesse waren die Sammlungen, die die Gewaltaktivitäten der Ustaša und des kroatischen Staates dokumentieren. Deshalb bilden Quellen kroatischer Provenienz den zentralen Fundus, wenngleich die Quellenlage zur Herrschaftsausübung der Ustaša selbst stellenweise sehr dünn ist, da Akten und Einrichtungen der Ustaša-Herrschaft vor, bei und nach Kriegsende 1945 zerstört wurden.[93] Zudem haben gerade die für einen Großteil der Massaker ver-

---

[92] Zur Eskalation der antiserbischen Politik vgl. ebenda; zur Verfolgung von Juden (Goldstein u.a., Holokaust u Zagrebu) und Roma (Lengel-Krizman, Genocid nad Romima) liegen zwar Monografien vor, die aber analytisch schwach sind, da sie dort, wo eine schwierige Beweisführung für die Eskalationsstufen der Gewalt erfolgen müsste, monokausal deutschen Einfluss behaupten, ohne ihre Argumentation empirisch untermauern zu können.

[93] Es gibt Hinweise darauf, dass in Kroatien noch nach 1945 Akten der Ustaša systematisch vernichtet worden sind. Dies gilt auch für die baulichen Überreste der KZ der Ustaša, vgl. Schiller, Deutschland. Das Baumaterial aus

antwortlichen Ustaša-Milizen nur wenig Schriftliches hinterlassen. Die für diese Arbeit bedeutendsten Sammlungen befinden sich im Militärhistorischen Archiv in Belgrad (AVII), das zahlreiche Dokumente der Ustaša, der kroatischen Gendarmerie, Armee und der Regionalverwaltung beherbergt.[94] Diejenigen Massenverbrechen, für die staatliche Behörden verantwortlich zeichneten, sind indes im kroatischen Staatsarchiv (HR HDA) gut dokumentiert. Sowohl die Bevölkerungspolitik der kroatischen Regierung als auch die Politik der Zwangskonversionen zum Katholizismus waren staatlich koordinierte Prozesse, die anhand der Überlieferungen der zuständigen Ministerien und Behörden zu rekonstruieren sind.[95] Auch die zentrale Lagerverwaltung – eine halb staatliche, halb parteiliche Behörde – hat einen umfangreichen Bestand hinterlassen. Die Akten geben die Kommunikation zwischen Unterabteilungen der Ustaša und den Zagreber Behörden wieder und betreffen beispielsweise die lokalen Verfolgungsmaßnahmen, Konzentrationslager, Enteignungen und individuelle Petitionen der Verfolgten.[96] Akten zur lokalen Machtausübung der Ustaša befinden sich vor allem in bosnischen und kroatischen Regionalarchiven, wie zum Beispiel im Archiv des Historischen Museums Bosniens und der Herzegowina (HM BiH).

Die Recherchen wurden dadurch erleichtert, dass Archive in westlichen Ländern umfangreiches Material aus post-jugoslawischen Archiven reproduziert haben, das vor Ort nur unter erschwerten Bedingungen zugänglich ist. Dieser Segen birgt jedoch auch einen Fluch, denn infolge der Reproduktion wurden die kopierten Archivalien aus ihren Überlieferungszusammenhängen gelöst. Dies be-

---

den verfallenden Lagern dürfte jedoch vor allem für den Wiederaufbau der zerstörten Dörfer in der Umgebung verwandt worden sein.

[94] Zur Zeit der Recherche hieß es Archiv des Militärhistorischen Institutes der Streitkräfte Serbiens und Montenegros (AVII). Das Militärhistorische Institut wurde zwischenzeitlich jedoch aufgelöst.

[95] Dabei handelt es sich um das Innenministerium (HR HDA/223 u. USHMMA/1998.A.0027), das Außenministerium (HR HDA/227), das Justiz- und Religionsministerium (HR HDA/218.1), die Botschaften Kroatiens in Berlin und Rom (HR HDA/228 u. 232), die Staatsdirektionen für wirtschaftliche Erneuerung (HR HDA/1076.1 u. USHMMA/1999.A.0177 sowie A.0178) und für Kolonisierung (HR HDA/246 u. 247) sowie die Staatsdirektion für verstaatlichtes Eigentum (USHZMA/1999.A.0174).

[96] Befehlshaber des Ustaša Aufsichtsdienstes, HR HDA/248/1 sowie USHMMA/1998.A.0025.

trifft vor allem die selektiv reproduzierten, lediglich den Holocaust betreffenden Kopien, die sich in den Archiven des United States Holocaust Memorial Museums (USHMMA) und Yad Vashems (YVA) befinden. Die Folge ist, dass beispielsweise die Akten eines Bestandes, die die Judenverfolgung betreffen, reproduziert wurden, nicht aber die die Verfolgung der Serben betreffenden Bände.

Der Blick von außen auf den Unabhängigen Staat Kroatien ist teilweise besser dokumentiert als die Perspektive der kroatischen Akteure. Diesbezüglich wurden in erster Linie die Perspektiven der deutschen und der italienischen Besatzer ausgewertet, in Einzelfällen aber auch zeitgenössische Berichte von Verfolgten, Nachkriegsaussagen sowie Gerichts- und Untersuchungsakten gegen die Täter. Die deutschen und italienischen Perspektiven auf Kroatien wie auch die Tätigkeiten der deutschen und italienischen Akteure überhaupt sind in den politischen, diplomatischen und militärischen Archiven gut nachvollziehbar.[97] Dies gilt vor allem für die umfangreichen Akten der deutschen Gesandtschaft in Zagreb sowie den Nachlass des Deutschen Gesandten. Die militärische Perspektive der deutschen Wehrmacht ist fragmentarischer, da ein Teil der Kriegstagebücher der in Kroatien stationierten Divisionen nicht erhalten ist.

Eine problematische Quellengattung bilden Augenzeugenberichte. Bereits seit Ende 1941 ließ die serbische Regierung unter Milan Nedić (1878–1946) aus Kroatien vertriebene Serben nach ihrer Ankunft in Serbien verhören und protokollierte deren Aussagen. Der im Archiv Serbiens (AS) lagernde Bestand des serbischen Flüchtlingskommissariats enthält somit eine Sammlung von Quellen, die für Europa während des Zweiten Weltkriegs ihresgleichen sucht. Nirgendwo sonst wurden so zeitnah die Aussagen von Verfolgten schriftlich aufgenommen. Da allerdings die serbische Regierung das Material aus nationalistischen Gründen manipulierte, enthält der Bestand auffällig viele antisemitisch gefärbte Berichte

[97] Dabei handelt es sich um das Bundesarchiv (BArch), das Bundesarchiv Militärarchiv (BA-MA) und das Politische Archiv des Auswärtigen Amtes (PA AA) auf deutscher Seite sowie um das Zentrale Staatsarchiv (ACS), das Archiv des Auswärtigen Amtes (ASMAE) sowie das Heeresarchiv (AUSSME) auf italienischer Seite. Bestände mit deutschen und italienischen Beuteakten befinden sich auch im Belgrader Militärarchiv, doch haben meines Wissens weder deutsche noch italienische Historiker und Historikerinnen, die zur Besatzungsgeschichte ihrer Länder auf dem Balkan forschten, bislang von dem Material Gebrauch gemacht.

serbischer Flüchtlinge, die sich darüber beklagten, dass Juden im USK weit zuvorkommender behandelt würden als Serben.[98] Die Agenda der Nedić-Regierung liegt auf der Hand: Das Regime der Ustaša sollte als antiserbisch und zugleich als projüdisch denunziert werden. Die Aussagen dienten dazu, auf die Verfolgung der Serben in Kroatien aufmerksam zu machen und Stimmung gegen Kroatien zu verbreiten.[99] In manchen Berichten wird gar behauptet, dass im Lager Jasenovac deutsche Häftlinge unter jüdischen Kapos und ihren kroatischen Chefs zu leiden gehabt hätten.[100]

Ähnlich problematisch wie die Flüchtlingsberichte sind die im Archiv Jugoslawiens (AJ) sich befindenden Akten der »Staatlichen Kommissionen zur Feststellung der Verbrechen der Okkupatoren und ihrer Helfershelfer«, die in den Jahren zwischen 1944 und 1947 die von den Besatzungsmächten sowie einheimischen Akteuren verübten Verbrechen untersuchten.[101] In allen jugoslawischen Republiken untersuchten Untereinheiten der Kommission die Besatzungsherrschaft vor Ort.[102] Zahlreiche Befragungen von Zeugen oder Geschädigten der Gewalttaten der Ustaša bilden eine wertvolle Quelle, da sie chronologisch und regional archiviert sind und daher einen sehr breiten Fundus darstellen, ohne den die lokale Herrschaftsausübung der Ustaša kaum beschrieben werden könnte. Die Tätigkeit der Kommissionen, ihre Untersuchungsberichte, Statistiken und Anklageschriften sind jedoch äußerst unzuverlässig, oberflächlich und in einem stalinistischen Duktus abgefasst. Dies gilt nicht zuletzt für die Verhörprotokolle der Angeklagten, deren Geständnisse oft unter Zwang und Folter erreicht worden sein dürften. Die Mitgliedschaft in der Ustaša oder die Zusammenarbeit mit den Deutschen galt schon per se als Verbrechen, sodass die konkrete Tätigkeit meist gar nicht erst nachgewiesen werden brauchte. In der

---

[98] Vgl. Dulić, Mapping Out the »Wasteland«.

[99] Eidesstattliche Erklärung Ernst Weinmanns, Reutlingen, 18. November 1945, JIMB/k. 23/4, 1-II, 2.

[100] Transportministerium Serbien (Rašković) an Premierminister Nedić, 17. November 1941, HIA/Tomasevich Collection/11, o. Nr.

[101] Das Archiv Jugoslawiens wurde wegen der Auflösung Jugoslawiens mehrfach umbenannt, ist aber unter diesem Namen bekannt.

[102] Dieses Material befindet sich in den jeweiligen nationalen Archiven, also dem Archiv Serbiens, dem kroatischen Staatsarchiv (HR HDA HDA/306 ZKRZ, Serjija GUZ, bzw. USHMMA/1998.A.0024) sowie dem Archiv Bosniens und der Herzegowina.

Regel dienten die Prozesse nicht der Aufklärung, sondern der unmittelbaren Durchsetzung der neuen Herrschaftsordnung. Manchmal indes, so scheint es, machte die Instrumentalisierung der Behörden Halt vor Zeugen, die versuchten, sich wirklich daran zu erinnern, was sie erlebt hatten. Deshalb enthält das Material auch vereinzelt Aussagen, die zumindest unverfälscht erscheinen.[103]

Der eigentliche Untersuchungszeitraum setzt mit dem Machtantritt der Ustaša im April 1941 ein und endet etwa mit der italienischen Kapitulation im September 1943. Bis in das Jahr 1943 hinein wurden die Handlungsspielräume der Ustaša zusehends kleiner. Auch Broszat konstatierte, dass die Geschichte des Ustaša-Staates mit dem Jahr 1943 »fast vollends ihren eigentlichen Gegenstand« verloren habe und die bis zum Kriegsende folgenden Ereignisse nur zum geringsten Teil auf die Wirksamkeit der Ustaša zurückgegangen seien.[104] Gleichzeitig hatte durch die Kapitulation Italiens auch die Dreierkonstellation ein Ende, die ebenfalls Gegenstand dieser Studie ist. Da aber die eigenständigen Akte von Massengewalt durch die Ustaša-Milizen fortdauerten, wird die weitere Entwicklung Kroatiens in den Jahren 1944 und 1945 an den Punkten besprochen, wo sie Erkenntnisse über die Funktionsweise der Ustaša verspricht. Im Zentrum der Untersuchung stehen aber die zweieinhalb Jahre – 1941 bis 1943 –, in denen die Ustaša ihre größte Unabhängigkeit genoss.

Dieses Buch setzt einem statischen Konzept von Genozid eine Perspektive entgegen, die verschiedene Formen und Kontexte der Massengewalt in ihrer jeweils eigenen Logik zu verstehen versucht. Der Gewaltraum Kroatien beheimatete verschiedene Gewaltformen, die miteinander zusammenhingen, aber eben nicht immer die miteinander verzahnten Teile eines durchorganisierten Völkermordes bildeten. Das Buch beschäftigt sich zunächst mit der Ideologie der Ustaša sowie dem deutschen Einfluss und untersucht anschließend Vertreibungen, Massaker und die Gewalt in den Lagern. In gewisser Hinsicht ist diese Aufteilung von Jan Philipp Reemtsmas Diktum

---

[103] Vereinzelt wurden jugoslawische Strafprozesse gegen das Personal des USK herangezogen, insbesondere dann, wenn sie zeitgenössische Beweismittel enthielten. Die Bestände enthalten auch Auslieferungsanträge gegen Pavelić, der nach Argentinien geflohen war, und seinen ehemaligen Innenminister Artuković, der sich in den USA befand (USHMMA/1998.A.0028).

[104] Vgl. Broszat u.a., Der kroatische Ustascha-Staat, S. 152.

inspiriert, dass physische Gewalt in dreierlei Gestalt auftaucht. Vertreibungen sind vor allem als »lozierende Gewalt« zu verstehen, die den Körper wegschaffen will. Das Massaker kann als »autotelische Gewalt« begriffen werden, mittels derer es den Tätern darum geht, ihre Opfer zu beschädigen oder zerstören.[105] Obgleich unter Massaker zu Recht das kollektive Verletzen und Töten von Nichtkombattanten ganz allgemein verstanden wird und somit Massaker im Kontext der Massenvertreibungen genauso verübt wurden wie innerhalb von Lagern, ist ihnen ein eigenes Kapitel gewidmet, das vor allem den Zusammenhang zwischen Massakern und Milizgewalt untersucht. Dies evoziert den Vergleich zu einer ganzen Reihe von Forschungen, die jedoch nicht durch eine verbindliche und allgemeingültige Definition des Begriffes Massaker geeint werden. Jüngere Mikrountersuchungen zeigen auf, wie verschieden die Wege in ein Massaker sein konnten. Vielfach waren es situative Elemente, die den Ausbruch der Gewalt und ihren Verlauf bestimmten.[106]

Es ist völlig offenkundig, dass sich die Gewaltformen bedingten und überschnitten. Beispielsweise können die Gewalttaten im Lager – mit Reemtsma – als »raptive Gewalt«, die sich am Körper vergeht, und gleichermaßen als lozierende Gewalt angesehen werden. Massaker, die innerhalb von Lagern verübt worden sind, müssen freilich auch als Form autotelischer Gewalt angesehen werden, denn den Tätern ging es dabei freilich um die Vernichtung ihrer Opfer.[107] Deshalb sei bemerkt, dass die strenge Unterscheidung zwischen den Gewaltformen in den einzelnen Kapiteln vor allem der Operationalisierung und der besseren Sichtbarmachung der unterschiedlichen Kontexte verschiedener Gewaltformen dient. Denn das eigentliche Interesse dieses Buches gilt der gegenseitigen Bedingtheit der verschiedenen Gewaltformen, dem Zusammenhang zwischen Vertreibungsgewalt, Massakern und Gewalt in Lagern, der Verwobenheit der verschiedensten Auslöser der und Motive für die Gewalt ebenso wie der Verschränkung der Gewalt der Ustaša gegen die Hauptopfergruppen: gegen Serben, Juden und Roma.

---

[105] Sémelin, Säubern und Vernichten, S. 386–389; zur Unterscheidung von einzelnen Typen von Massakern vgl. Sémelin, Du massacre.

[106] Bspw. analysierte Greiner in »Krieg ohne Fronten« den Hergang des Massakers von My Lai; für eine allgemeine mikrosoziologische Herangehensweise vgl. Collins, Dynamik der Gewalt, hier v.a. S. 94ff.

[107] Reemtsma, Vertrauen und Gewalt.

I. Gewaltraum und Gewaltakteure: Kroatien, die Ustaša und die Besatzungsmächte

23 Jahre lang hatte der zunächst als Königreich der Serben, Kroaten und Slowenen gegründete jugoslawische Staat in Frieden existiert. Doch in den Jahren vor dem deutschen Angriff 1941 befand sich die Gesellschaft in einer schweren Krise. Politische und soziale Auseinandersetzungen verliefen immer stärker entlang ethnisierter Linien. Das Misstrauen der gesellschaftlichen Gruppen untereinander nahm stetig zu, und das Vertrauen der Bürger in den Staat sank. Die integrativen Kräfte vermochten die Spannungen nicht auszugleichen. Gleichwohl waren der einsetzende Bürgerkrieg und die Massengewalt nicht das zwangläufige Telos der Geschichte Jugoslawiens. Noch im Jahr 1940 war die Strahlkraft der Idee, dass alle südslawischen Völker eine gemeinsame Nation bildeten, nicht verbraucht. Und auch wenn die Ustaša keineswegs eine marginale Bewegung war, besaß sie alleine nicht die Kraft, Kroatien in die Unabhängigkeit zu führen. Es bedurfte der Entscheidung der Achsenmächte, damit der Unabhängige Staat Kroatien (USK) entstehen konnte und um Jugoslawien zu vernichten.[1]

Die in Jugoslawien einsetzenden gewaltsamen Dynamiken waren nicht etwa der Ausdruck ethnischen Hasses in einem zum Scheitern verurteilten Vielvölkerstaat. Mark Mazower hat darauf hingewiesen, dass die Massengewalt auf dem Balkan im 20. Jahrhundert »nicht der spontane Ausbruch eines urzeitlichen Hasses, sondern der wohl überlegte Einsatz organisierter Gewalt gegen Zivilisten durch paramilitärische Kommandos und Armeeeinheiten« war. Die Nationalisten, so Mazower weiter, mussten extreme Gewalt anwenden, »um eine Gesellschaft auseinander zu brechen, die sonst fähig war, die weltlichen Brüche zwischen Klassen und Ethnien zu ignorieren«.[2]

Um dieses Auseinanderbrechen der jugoslawischen Gesellschaft bzw. des jugoslawischen Staates zu verstehen, wendet sich die Arbeit

---

[1] Vgl. Olshausen, Zwischenspiel.
[2] Vgl. Mazower, Der Balkan, S. 228.

zunächst der Geschichte des Raums und seiner Bewohner zu, um dann auf den kroatischen Separatismus in Kroatien einzugehen, der schließlich zur Gründung eines kroatischen Staates unter der Ustaša im Jahr 1941 führte.

Nationsbildung in Jugoslawien

Die Ethnisierung der multireligiösen Gesellschaften Südosteuropas, die sich im Laufe des 19. Jahrhunderts in vielen Regionen rasch vollzog, gilt als der wichtigste Erklärungsansatz für die Zunahme ethnischer Gewalt vor und während der Balkankriege und der Weltkriege. Zu Recht wird betont, dass der Siegeszug von »genetisch-objektiven« Nationsmodellen dazu führte, dass die nationalen Eliten in Kategorien von homogenen, voneinander abgrenzbaren Völkern zu denken begannen. Gerade die Unmöglichkeit, eindeutige Grenzen zwischen den Völkern des Balkans herzustellen, verlieh den imaginierten Bildern über den Bestand, die Größe und die Bedeutung von Nationen ihre Kraft. Dabei gingen die selbst ernannten nationalen Erwecker von ethnisch kompakten Kernen der Nation aus, die bereits im Mittelalter bestanden hätten. Das Postulat von der Einheit von Volk und Raum diente dabei der Legitimation nationalterritorialer Ansprüche, selbst wenn die eigene ethnische Gruppe nicht die Bevölkerungsmehrheit stellte. Wissenschaftler untermauerten Gebietsansprüche, indem sie behaupteten, dass die Geschichte und die ethnische Abstammung entscheidend seien für die Zugehörigkeit zur Nation, und nicht etwa Religion, Sprache, Kultur oder Identität als Kriterien, die vor allem unter dem sogenannten osmanischen Joch aufgegeben worden waren.[3] Solche Narrative bildeten die Begleitmusik zu tatsächlich erfolgenden Nationsbildungen. Bei diesen handelte es sich indes nicht um ein »Erwachen« bereits im Kern bestehender Nationen, sondern um langwierige und verschlungene Prozesse, die, wenn überhaupt, erst nach dem Zweiten Weltkrieg zu einem vorläufigen Abschluss kamen.

Das jugoslawische Gebiet lag an der Schnittstelle mehrerer Reiche und war somit ein Schauplatz von Kriegen wie auch von Migration, Handel und Kulturaustausch. Es verdankte seine kulturell wie so-

---

[3] Vgl. Sundhaussen, Ethnonationale Gewalt, S. 38f.

zial heterogene Bevölkerung den imperialen Wirkungen der frühen Neuzeit und des 19. Jahrhunderts. Christliche Flüchtlinge aus dem osmanischen Sultanat flohen zu Tausenden auf das Gebiet der Habsburger Monarchie und wurden von der kaiserlichen Verwaltung in den Grenzgürteln angesiedelt. Auf der osmanischen Seite der Grenze arbeiteten zumeist christliche Leibeigene auf den Ländereien einer muslimischen Elite. Serbien war seit dem frühen 19. Jahrhundert ein unabhängiges Fürstentum. Kroatien-Slawonien gehörte zum ungarischen, Dalmatien hingegen zum österreichischen Reichsteil der Habsburger Monarchie. Bosnien und Herzegowina waren ein österreichisch-ungarisches Kondominium, das bis 1908 nominell zum Osmanischen Reich gehörte. Nach der Besetzung Bosniens und der Herzegowina durch Österreich-Ungarn im Jahr 1878 wanderten etwa einhunderttausend Muslime aus dem Land aus, während etwa ebenso viele Tschechen, Deutsche, Ungarn und Slowaken in das Gebiet einwanderten.

Die politischen und sozialen Alltagserfahrungen der Bevölkerung spielten sich also zu sehr unterschiedlichen Bedingungen ab. Gerade in den Jahrzehnten, in denen die südslawischen Schriftsprachen entwickelt wurden, die Alphabetisierungsquote der Bevölkerung stieg und in der Folge erstmalig breite Bevölkerungsschichten an politischen Prozessen partizipierten und nationales Bewusstsein die Massen erreichte, war die südslawische Bevölkerung auf ganz unterschiedliche Staaten wie Österreich-Ungarn, Serbien und das Osmanische Reich verteilt. Da das spätere Territorium des USK ausschließlich Gebiete der ehemaligen Habsburger Monarchie umfasste, ist vor allem die spezifische k.u.k.-Vorgeschichte des Raums von Interesse. In den Jahrzehnten vor dem Zusammenbruch Österreich-Ungarns strebte das politisch-nationale Bewusstsein der katholischen, orthodoxen und muslimischen Religionsgruppen immer weiter auseinander. Dies lag zum einen an der angesprochenen nationalen Politisierung der Bevölkerungsgruppen und an der politischen Konkurrenz zwischen Österreich-Ungarn und Serbien. Vor allem aber schürte die Administration der Doppelmonarchie Animositäten, indem sie die ethnoreligiösen Gruppen gegeneinander ausspielte. Beispielsweise blieben die seit osmanischer Zeit bestehenden sozialen Ungleichheiten zwischen muslimischen Grundbesitzern und ihren christlichen Landarbeitern in Bosnien aus herrschaftsstrategischen Gründen unangetastet. Serbische Kleinbauern und Landarbeiter liefen somit nicht nur Sturm gegen die politische Bevormundung durch die Monarchie, sondern zugleich gegen eine Sozialordnung, die muslimische Grundbesitzer bevorzugte.[4]

Ethnisierte Spannungen bis zum Ersten Weltkrieg

Donald Bloxham hat unlängst die Bedeutung imperialer Traditionslinien aus der Zeit vor und während des Ersten Weltkriegs für den Holocaust betont. Massengewalt wird auch bestimmt durch die historischen und sozialen Bedingungen des Raums, in dem sie stattfindet.[5] Die ethnonationale Gewalt des Zweiten Weltkriegs in Zusammenhang mit längerfristigen Linien europäischer Geschichte wie dem Zusammenbruch der mittelost- und südosteuropäischen Imperien seit den 1870er Jahren, den kriegerischen Dekaden zwischen 1875 und 1925 sowie den meist gewaltsamen ethnischen Homogenisierungsprozessen in den Staaten Mittelost- und Südosteuropas zu analysieren, bietet die Chance, Gewaltprozesse auf lange Sicht zu betrachten und auf diese Weise nach Spezifika zu fragen, die durch die historischen Bedingungen in bestimmten Geschichtsregionen beeinflusst sind. Im jugoslawischen Raum eskalierte die Gewalt im Ersten Weltkrieg. Kroaten, Slowenen und Bosnier zogen aufseiten der Mittelmächte in den Krieg, während Serbien und Montenegro sich der Entente anschlossen und seit 1916 einem brutalen österreichischen Besatzungsregime unterworfen waren. Vor dem Hintergrund des Scheiterns der österreichischen Offensiven gegen Serbien griffen die Besatzungstruppen zu drakonischen Gewaltmaßnahmen gegen die als fünfte Kolonne der Feindmächte denunzierten orthodoxen Christen.[6] An den Gewalttaten beteiligte sich auch die einheimische Bevölkerung: So berichtete der spätere österreichisch-ungarische Finanzminister Josef Redlich (1869–1936) in seinen Tagebüchern schockiert von einem »Rassenkrieg« in den südöstlichen

---

[4] Vgl. Džaja, Bosnien-Herzegowina, sowie Grandits, Herrschaft und Loyalität.

[5] Bloxham, The Final Solution.

[6] Zu Ethnisierungsprozessen in Österreich-Ungarn vgl. Kiss u.a., Nation und Nationenbildung. Die Besatzungsgewalt gegen die orthodoxe Bevölkerung beschränkte sich nicht auf Bosnien, sondern lässt sich ebenso in Galizien finden; eine literarische Beschreibung ethnisierter Gewalt im Ersten Weltkrieg lieferte Roth, Radetzkymarsch, S. 323. Vgl. ferner Holzer, Das Lächeln der Henker.

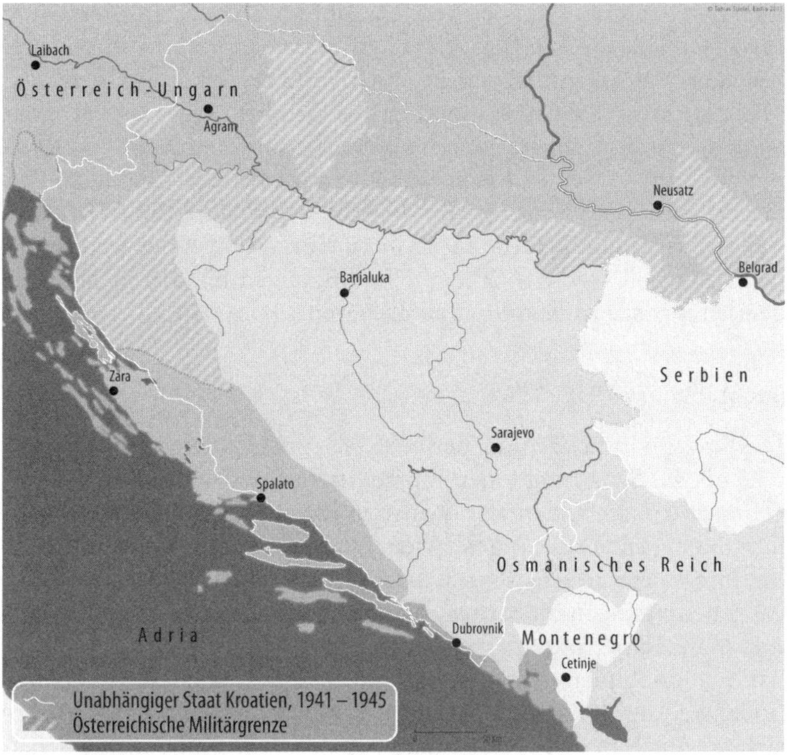

Abb. 2: Der Westbalkan 1877. Der spätere USK bestand je zur Hälfte aus ehemaligen habsburgischen und osmanischen Territorien.
© Tobias Stiefel

Teilen der Doppelmonarchie: »In Syrmien [...] seien 10000 Serben als Verräter getötet worden, ganze Landstriche seien an der Save und an der Donau entvölkert. [Auch] in Bosnien würde die systematische Ausrottungspolitik gegen die Orthodoxen ins Werk gesetzt.«[7] Seiner Einschätzung zufolge war die kroatische Frank-Partei für das »Schreckensregime« verantwortlich – jene nationalistische Partei, in der viele spätere Ustaše politisch sozialisiert wurden.

Da die während des Ersten Weltkriegs in Mittelosteuropa gegen die Zivilbevölkerung gerichtete Gewalt jedoch kaum erforscht ist, lassen sich weder das Ausmaß solcher Gewalttaten noch ihre Bedeu-

[7] Fellner, Schicksalsjahre Österreichs, S. 280 u. 289.

tung für spätere Ereignisse zuverlässig interpretieren.[8] Insofern wäre es vorschnell, direkte Linien zu den Massenmorden während des Zweiten Weltkriegs zu ziehen. Doch vertiefte der Erste Weltkrieg die Kluft zwischen den ethnoreligiösen Gruppen. Dies lag vor allem an den Gewalterfahrungen, unter denen insbesondere die serbische Bevölkerung zu leiden hatte. Serbien zählte bei Kriegsende zu den Siegern des Weltkriegs, und das Gefühl war weit verbreitet, dass es sich die serbische Nation durch ihren Einsatz im Krieg und durch ihren Blutzoll verdient habe, die Bedingungen für den neu zu bildenden jugoslawischen Staat zu diktieren.[9]

Jugoslawien, 1918–1941

Die Frage, wie die Stellung der Nationen zueinander aussehen sollte und ob die Schaffung einer supraethischen südslawischen Nation gelingen würde, bildete den Prüfstein für das Gelingen oder Scheitern des neuen Staates Jugoslawien. Und bald sollte sich zeigen, dass die Integration in einen gemeinsamen Staat nicht gelang. Die Ausgangsbedingungen für Serben, Kroaten, Bosnier, Slowenen, Albaner und Makedonier waren zu unterschiedlich. Das ursprünglich supranational konzipierte Jugoslawien beschleunigte schließlich die Nationalisierungsdynamiken: Mazedonier, Muslime und Kroaten versicherten sich in ihrer Ablehnung Jugoslawiens und der serbischen Dominanz immer mehr ihrer nationalen Identitäten.[10] Die »kroati-

---

8 Auch die Studien, die den Anspruch erheben, die Epoche von 1914 bis 1945 ganzheitlich zu begreifen oder diese gar als einen »Europäischen Bürgerkrieg« beschreiben, leisten hier mangels empirischer Befunde nur wenig Aufklärung, siehe Traverso, Im Bann der Gewalt; Burleigh, Irdische Mächte; Payne, A History of Fascism, sowie Gerwarth, Twisted Paths, darin v.a. auch Crampton, The Balkans. Mark Mazowers Studien bilden in ihrer Perspektive die Ausnahme, da sie auf ein kontinuierlich hohes Gewaltniveau verweisen, vgl. Mazower, Dark Continent, sowie Mazower, Der Balkan.

9 Zu den unterschiedlichen Kriegserfahrungen in Jugoslawien siehe Newman, Embattled Kingdom.

10 Vgl. Gross, On the integration, S. 224, Prażmowska, Eastern Europe, S. 192–197, sowie Hobsbawn, Nations and Nationalism, S. 135; jedoch eignet sich die Ethnisierung der multireligiösen Gesellschaften nicht automatisch als Argument, serbisch-kroatische Antagonismen zu erklären. Denn das Konzept einer südslawischen Einheitsnation zielte in Abgrenzung zu nichtslawischen Ethnien ebenso auf einen primordialen Kern der Nation

sche Frage« und die »makedonische Frage« begannen, alle anderen politischen Auseinandersetzungen zu dominieren.

Dabei hatte die Gründung des jugoslawischen Staates vielversprechend und vor allem relativ friedlich begonnen. Anders als in weiten Teilen Mittel- und Osteuropas und trotz der während des Krieges erfolgten Gewalt kam es auf jugoslawischem Gebiet nach 1918 zu keinen imperialen Zerfalls- oder Bürgerkriegen.[11] Jedoch konkurrierten ganz unterschiedliche Vorstellungen darüber, was Jugoslawien sein sollte. Deren Unvereinbarkeit offenbarte sich bei den Diskussionen um eine jugoslawische Verfassung in den Jahren nach 1919.[12] Die unterschiedlichen (Gewalt-)Erfahrungen, die die Bewohner Kroatiens und Bosniens auf der einen und die Serbiens auf der anderen Seite während des Ersten Weltkriegs gemacht hatten, trugen dazu bei, dass das Modell einer vereinten südslawischen Nation nicht Wirklichkeit wurde. Auch erfolgte der staatliche Zusammenschluss nicht ganz freiwillig, führten doch vor allem die italienischen Begehrlichkeiten in Bezug auf kroatisches Territorium dazu, dass die Vereinigung die südslawischen Gebiete der zerfallenden Doppelmonarchie mit dem Königreich Serbien alternativlos schien. Zwar wurde der Staat 1918 als Königreich der Serben, Kroaten und Slowenen gegründet, doch bedeutete dies keine Autonomie der Titularnationen, denn konstruiert werden sollte eine südslawische Nation mit drei Namen. Noch schlechter stand es um den Status der nicht namensgebenden Nationalitäten. Eine nationale Gleichberechtigung wurde zu keinem Zeitpunkt erreicht. Die nichtserbischen Nationalitäten fühlten sich diskriminiert, und die serbischen Eliten, die dem neuen Staat sein Gesicht gaben, mussten erkennen, dass diese nicht bereit waren, in der neuen Nation aufzugehen. Die schleppend verlaufende Integration der ehemals österreichisch-ungarischen Regionen in den ehedem serbischen und nun gemeinsamen Staat verlief so schleppend, dass dieser bis zum Juni 1921 ohne Verfassung blieb. Dass am serbischen Nationalfeiertag, dem Veitstag (an dem auch der österreichisch-ungarische Thronfolger Franz Ferdinand ermordet worden war), eine zentralistische Verfassung gegen den erklärten Willen der

---

wie die serbischen und kroatischen partikularen Gegenentwürfe, vgl. Banac, The National Question.

11 Vgl. Eichenberg u.a., Aftershocks.

12 Vgl. Sundhaussen, Geschichte Jugoslawiens 1918–1980, S. 70ff.; Banac, The National Question, sowie Djokić, Pašić and Trumbić.

nichtserbischen Föderalisten durchgesetzt wurde, versinnbildlichte die Probleme des Staates. Diesem gelang es nicht, unterschiedliche historische Erfahrungen und Vermächtnisse in einem Staat auf pluralistische Weise zu integrieren. So scheiterte Jugoslawien damit, ein einheitliches Steuersystem für die unterschiedlichen Landesteile zu entwickeln und die wirtschaftlichen Bedingungen zu harmonisieren. Auch ein Dialog zwischen der serbisch-orthodoxen und der katholischen Kirche kam nie zustande. Die Bürger akzeptierten den jugoslawischen Staat zwar, waren aber nicht mit ihm zufrieden.[13] Nach dem Verklingen einer kurzen Einheitseuphorie zeigte sich bald, dass der traditionelle serbische Zentralismus und das Bestreben nach Autonomie in Kroatien nur wenig kompatibel waren. Diese Kollision führte zu einem Dauerkonflikt, der fast ausschließlich entlang nationalisierter Linien verhandelt wurde.

Fast alle jugoslawischen Nationalitäten waren in der Beamtenschaft und Armee des zentralistischen jugoslawischen Staates im Vergleich zu den Serben stark unterrepräsentiert.[14] Die tatsächliche Diskriminierung durch den serbisch dominierten Staat und die (vor allem kroatische) Verweigerung, sich mit eben diesem Staat zu identifizieren, verstärkten sich gegenseitig. Die Missachtung föderaler Interessen in Kroatien, Slowenien, Bosnien und Makedonien führte zu handfesten wirtschaftlichen Konflikten, und meist waren die Konflikte zwischen Peripherie und Zentrum ethnisch aufgeladen.[15] So waren ethnisierte Konflikte zwar die Regel, aber dennoch nicht zwangsläufig: Beispielsweise fühlten sich sowohl serbische als auch kroatische Dalmatier von Belgrad benachteiligt und forderten Autonomie[16], und auf nationaler Ebene arbeiteten kroatische und serbische Oppositionsparteien jahrelang eng zusammen. Die für einen Ausgleich serbischer und kroatischer Interessen streitende Unabhängige Demokratische Partei sorgte in den Gegenden, in denen sie politisch stark war, für ein entspanntes kroatisch-serbisches Klima. Bei den Wahlen im Dezember 1938 bekam die jahrelang an Regierun-

---

[13] Vgl. Pavlowitch, Hitler's New Disorder, S. 1; die Position, dass in Kroatien und Slowenien bereits 1921 der Gesamtstaat abgelehnt worden sei, vertritt Kessler, Jugoslawien, S. 92.

[14] Vgl. Petersen, Understanding Ethnic Violence, S. 213; eine Gegenposition vertritt Dragnich, Serbs and Croats.

[15] Vgl. Lemberg, Kulturautonomie, Minderheitenrechte Assimilation; Dulić, Utopias of Nation, S. 69, sowie Pavlowitch, Hitler's New Disorder, S. 1.

[16] Vgl. Jakir, Dalmatien, S. 453.

gen beteiligte Kroatische Bauernpartei (HSS) auch 600000 serbische Stimmen.[17] In anderen Landesteilen wie in Bosnien hingegen wurden die Ressourcenkämpfe am erbittertsten und deutlichsten entlang ethnisierter Grenzen verhandelt. Nach dem Ersten Weltkrieg wurde die osmanische Lehnsordnung abgeschafft, die muslimische Großgrundbesitzer gegenüber serbischen Kleinbauern und Pächtern stark bevorzugte und die bis 1918 in Kraft geblieben war. Muslimische Großgrundbesitzer wurden enteignet und auf ihren Liegenschaften meist serbische Kleinbauern und Kriegsveteranen eingesetzt.[18] In denjenigen Regionen, in denen sich wirtschaftliche Konkurrenz mit gesellschaftlicher Ethnisierung vereinte, reichten 1941 gewaltsame Anstöße von außen, um die Lage zum Eskalieren zu bringen.

Der Jugoslawismus vermochte die territoriale Konkurrenz serbischer wie kroatischer Nationalisten nicht aufzuheben. Beide forderten Gebiete in Bosnien, und zwar als integrale Bestandteile ihrer Nationen. Tomislav Dulić hat darauf hingewiesen, dass, würde man die Landkarten mit den Gebietsforderungen der Ustaše und der Četnici übereinanderlegen, nur das eigentliche Serbien und die Gegend um Zagreb nicht zwischen den beiden Parteien umstritten wären.[19] Gegenseitiges Vertrauen, das der supranationale Staat voraussetzte, war nicht vorhanden. Stattdessen führte die nationalistische Durchdringung der politischen Landschaft das Land in die Blockade. Die Demokratie war dysfunktional, und die politische Krise wurde durch die prekäre Wirtschaftslage verschärft.[20] Zunehmend entfremdeten sich auch serbische Nationalisten vom jugoslawischen Gedanken. Extremistische Gruppierungen bedienten sich immer mehr einer Sprache der Gewalt, und Attentate als Mittel der politischen Auseinandersetzung waren keine Einzelfälle. Zu diesem Zeitpunkt öffneten sich radikalnationalistische kroatische und makedonische Jugendgruppen für die Idee, den jugoslawischen Staat mit Gewalt zu bekämpfen. Daraus erwuchsen Organisationen wie die »Innere Makedonische Revolutionäre Organisation« und die Ustaša, die sich beide rasch radikalisierten und sich 1929 in der Deklaration von

[17] Vgl. Djokić, Elusive Compromise, S. 185f. u. 243; zur Bewertung der »kroatischen Frage« als Grundproblem jugoslawischer Politik vgl. Sojčić, Die »Lösung«.

[18] Vgl. Jakir, Dalmatien, S. 15 sowie Mazower, Der Balkan, S. 173.

[19] Vgl. Dulić, Utopias of Nation, S. 72 u. 111.

[20] Vgl. Sundhaussen, Geschichte Jugoslawiens 1918–1980, S. 71, sowie Kessler, Jugoslawien, S. 117.

Sofia auf ein gemeinsames Vorgehen gegen das Königreich Jugoslawien verständigten.[21] Im Jahr 1934 gelang es den beiden Organisationen in einer gemeinsam ausgeführten Operation, den jugoslawischen König zu ermorden. Die Tatsache, dass die Regierung im Anschluss an das Attentat den Ausbruch bewaffneter Aufstände in Kroatien befürchtete, bezeugt, dass sich der Staat seiner Existenz nicht mehr sicher war.[22]

Die letzte jugoslawische Regierung unter Ministerpräsident Dragiša Cvetković (1893–1969)[23] erklärte den serbisch-kroatischen Ausgleich schließlich zur obersten Priorität, denn die Zerschlagung der supraethnischen Tschechoslowakei durch das Münchner Abkommen im Herbst 1938 erhöhte auch den Druck auf das Königreich Jugoslawien. Im August 1939, eine Woche vor dem deutschen Überfall auf Polen, wurde den kroatischen Autonomieforderungen entsprochen und die kroatische Banschaft (*Banovina Hrvatska*) gegründet.[24] Doch erfolgte diese Übereinkunft zu spät, um wirksam Vertrauen zu schaffen. Stattdessen schuf sie neue Probleme, da serbische, slowenische und muslimische Politiker nun ihrerseits die Gründung nationaler Entitäten forderten. Auch wurden die Interessen der bosnischen Muslime dem serbisch-kroatischen Ausgleich geopfert. Innerhalb der kroatischen Banschaft kam es zu Spannungen zwischen der kroatischen Mehrheit und der serbischen Minderheit. Letztere machte mit 800000 Menschen ein Fünftel der Gesamtbevölkerung aus, dennoch waren ihr keinerlei Minderheitenrechte zugestanden worden. Im Gegenteil, serbische Lehrer und Beamte wurden in großer Zahl entlassen. In der Folge mobilisierte eine panserbische Bewegung für die Sezession vom kroatischen Landesteil. Bestehende Veteranenverbänden dachten gar an einen bewaffneten Aufstand, und lokale Konflikte führten gelegentlich bereits zu gewalttätigen Auseinandersetzungen. Zeitgenossen verglichen die Lage der Serben in der Banschaft mit jener der Kroaten im jugoslawischen Gesamtstaat der 1930er Jahre.[25] Obgleich der Protest 1940 erlahmte, war das politische Klima vielerorts vergiftet.

---

[21] Vgl. Troebst, Das makedonische Jahrhundert, S. 132.

[22] Vgl. Sadkovich, Terrorism in Croatia, S. 64.

[23] Bei Persönlichkeiten, die unmittelbar mit der Geschichte des USK in Verbindung stehen, werden bei der ersten Nennung die Geburtsdaten beigefügt.

[24] Vgl. Jakir, Dalmatien, S. 437.

[25] Siehe Ronneberger, Ende des Jugoslawismus.

Abb. 3: Die Gliederung des Königreichs Jugoslawien vor dem Zweiten Weltkrieg. 1939 wurde ein autonomer kroatischer Landesteil geschaffen. © Tobias Stiefel

Während bis in die 1920er Jahre die verbreitete Ablehnung des jugoslawischen Staates keine Spannungen in den serbisch-kroatischen Beziehungen zur Folge hatte, änderte sich dies sukzessive in den 1930er Jahren. Serbische und kroatische Politiker suggerierten zunehmend, dass die Interessen der einen auf die Kosten der anderen gingen. In Kroatien wurden Serben zunehmend mit der Politik des jugoslawischen Regimes identifiziert. In der Spätphase Jugoslawiens kam es in nichtserbischen Landesteilen immer häufiger zu körperlichen Angriffen auf Vertreter und Sympathisanten des Regimes.[26] Das politische Spektrum wurde durch die Auseinandersetzungen

26 Vgl. Biondich, »We Were Defending the State«, S. 57.

radikalisiert, und sowohl die Ustaša als auch nationalistische serbische Gruppen hatten Zuwächse auf Kosten demokratischer Parteien zu verzeichnen.[27] Auch die Gründung der Banschaft veränderte das politische System in Kroatien grundlegend: Hatte vor 1939 die Forderung nach Autonomie die gegensätzlichen politischen Strömungen in der HSS vereint, desintegrierte die heterogene Partei nach 1939 zusehends, da sich die hohen Erwartungen nicht erfüllten, die mit der kroatischen Autonomie verbunden waren. Es gelang vor allem der Ustaša, das entstehende politische Vakuum zu füllen.[28] Im Gesamtstaat trat derweil die deutsche Dominanz immer deutlicher zutage, nicht zuletzt durch antijüdische Gesetze, welche die jugoslawische Regierung 1940 erließ und durch die Antisemitismus zu einem Teil der staatlichen Rechtsordnung wurde. So war Jugoslawien bereits von inneren Konflikten zerrissen, als der deutsche Angriff erfolgte. Nach der Zerschlagung des Staates begannen die Herrscher der neuen nationalen Untereinheiten damit, diese ethnisch zu homogenisieren.

Die Entstehung der Ustaša

Wie andere faschistische Bewegungen in den Nachfolgestaaten der Habsburger Monarchie war die Ustaša geprägt durch das ethnisierte Klima in der Monarchie, durch den Weltkrieg und den Zerfall des Reiches. Und wie viele andere Organisationen hatte die Ustaša parlamentarische Wurzeln und baute auf einer Partei auf, die sich in der Monarchie für kroatische Interessen eingesetzt hatte.[29] Der Begründer der Ustaša, Ante Pavelić (1889–1959), war keine drei Monate jünger als Hitler und wie dieser in der Donaumonarchie aufgewachsen. Mangels einer Biografie sind die entscheidenden Stationen seines Lebens schwer zu bewerten, doch lässt sich festhalten, dass auch ihn das ethnisierte Klima in der Monarchie prägte. Sein Vater, ein Gleisarbeiter, wurde häufig innerhalb Kroatiens und Bosniens versetzt. So wurde Pavelić in der Herzegowina geboren und ging später in den bosnischen Städten Travnik und Jajce zur Schule, also

[27] Vgl. Jakir, Dalmatien, S. 432ff.; Benson, Yugoslavia, S. 69, sowie Djokić, Elusive Compromise, S. 241ff.

[28] Vgl. Seton-Watson, Osteuropa, S. 263; Sundhaussen, Wirtschaftsgeschichte Kroatiens, S. 65ff., sowie Jakir, Dalmatien, S. 439.

[29] Sugar, Native Fascism.

an Orten mit einer muslimischen Bevölkerungsmehrheit und kulturell sehr selbstbewussten kroatischen und serbischen Minderheiten. Während seines Jurastudiums in Zagreb engagierte er sich in der nationalistischen Jugendorganisation »Junges Kroatien«. Im Unterschied zu Hitler – und zu den meisten anderen faschistischen Führern im Europa der 1930er Jahre – war Pavelić kein Weltkriegsveteran. Stattdessen promovierte er beim Vorsitzenden der separatistischen Kroatischen Partei des Rechts (HSP), Aleksandar Horvat, und stieg 1915 als Anwaltsanwärter in dessen Kanzlei ein. Diese enge Verbindung aus beruflichen, politischen und auch privaten Interessen bildete den Beginn von Pavelić' steiler Karriere in der HSP, für die er in den Zagreber Stadtrat gewählt wurde und deren Vorsitz er schließlich übernahm. Bei den Wahlen 1927 wurde Pavelić als einer von nur zwei Abgeordneten des »Kroatischen Blocks«, eines überparteilichen Bündnisses, ins Belgrader Parlament gewählt.

In den 1920er Jahren konnten die in der HSP organisierten Nationalisten weitgehend ungestört agitieren, bildeten aber eine Splittergruppe im Schatten der kroatischen Bauernpartei, die meist auf einen über zwanzigfachen Stimmanteil kam.[30] Erst die Aufhebung des Parlaments und die Einschränkung nationalistischer Agitation im Jahr 1929 trieben Pavelić und andere Parteimitglieder der HSP in die Illegalität. Die Folge war ein zunehmend rechtsextremistischer Kurs und eine stärkere Ausrichtung der Bewegung auf faschistische Partner im Ausland. Im Wiener Exil gründeten Pavelić und einige Gefolgsleute 1930 die »Ustaša – Kroatische Revolutionäre Organisation« (UHRO) – und schworen, den bewaffneten Kampf gegen Jugoslawien aufzunehmen, Ustaša bedeutet nichts anderes als Aufständischer.[31] Vom Exil aus warb Pavelić um internationale Unterstützung für den Kampf. In Jugoslawien hatte die Bauernpartei in Folge des Todes ihres Führers Stjepan Radić (1871–1928), er war einem Attentat zum Opfer gefallen, zwar an Popularität gewonnen. Die Ustaša wusste diese Veränderungen dennoch zu nutzen.

Das Alleinstellungsmerkmal der Ustaša war, dass sie als einzige politische Bewegung in Kroatien kompromisslos die Sezession von Jugoslawien forderte und sich jeder Mitarbeit im Staat verweigerte. Diese Haltung verlieh ihr ab Mitte der 1930er Jahre zunehmende

---

[30] Vgl. Lampe, Yugoslavia as History, S. 159.

[31] Vgl. Lorković, Geschichte der »Ustaše«-Bewegung, S. 85.

Popularität. Im Vergleich mit anderen faschistischen Bewegungen nahm sich die Ustaša jedoch eher klein aus. Dies lag vor allem an der wirkungsvollen Repression des jugoslawischen Staates, was die Ustaša dazu zwang, den Schwerpunkt ihrer Aktivitäten ins Ausland zu verlegen. Ein Teil des ehemaligen kroatischen k.u.k.-Personals hielt sich in Wien auf, das in Serbien nach wie vor den Kriegsgegner von 1914 sah. Auch in anderen europäischen sowie amerikanischen Metropolen waren kroatische Emigranten aktiv und sammelten Geld für die Ustaša. Vor allem aber spielte sich das Leben der Ustaše in jenen Nachbarstaaten Jugoslawiens ab, denen an der Revision der Versailler Friedensordnung gelegen war. In Italien und von 1931 bis 1934 auch in Ungarn betrieb die Ustaša Trainingslager, die bis 1941 von ca. 1000 Männern durchlaufen wurden.[32]

Mit der Ermordung des jugoslawischen Königs Alexander in Marseille gelang der Ustaša 1934 ein spektakulärer Schlag, der ihren Bekanntheitsgrad schlagartig erhöhte. In der Folge setzten jedoch europaweit Repressionen ein, die die Spielräume der Bewegung stark einschränkten.[33] Im Deutschen Reich wurden alle Aktivitäten der Ustaša verboten, und die Gestapo stellte das beschlagnahmte Material den jugoslawischen Fahndern zur Verfügung.[34] In Italien wurden die Ustaše auf die Insel Lipari, einen traditionellen Verbannungsort im Tyrrhenischen Meer, überführt und auf verschiedene Gefängnisse verteilt. Ein italienisch-jugoslawischer Freundschaftsvertrag im Jahr 1937 engte die Handlungsspielräume der Ustaša zusätzlich ein. Anlässlich des Besuchs Hitlers in Italien im Mai 1938 ordnete die Polizei an, das Entweichen Einzelner »mit allen notwendigen Mitteln« zu verhindern. Offenbar traute die italienische Poli-

---

[32] Zum Exil in Ungarn vgl. Krušelj, U žrvnju; zu Italien vgl. Graham, Alexander of Jugoslavia; Sadkovich, Italian Support; Iuso, Il fascismo, sowie Gobetti, Da Marsiglia a Zagabria; zu den »Wiener Tafelrunde« genannten Ustaša-Kreisen in Österreich vgl. Tončić-Sorinj, Kroatiens einsamer Kampf, S. 52f.; zum Exil allgemein vgl. Jareb, Ustaško-domobranski pokret; Krizman, Ante Pavelić, S. 564ff.; Jelić-Butić, Ustaše i NDH, S. 47; Sundhaussen, Wirtschaftsgeschichte Kroatiens, S. 70ff.; Kisić-Kolanović, Vojskovođa i politika, S. 24; Krušelj, U žrvnju državnog, S. 362, sowie Tomasevich, Occupation and Collaboration, S. 17f.

[33] Vgl. Sadkovich, Terrorism in Croatia, S. 68; Steindorff, Kroatien, S. 174; Kisić-Kolanović, Vojskovođa i politika, S. 19, sowie Krizman, Ustaše b, S. 442.

[34] Siehe Milićević, Königsmord von Marseille.

zei den Ustaše selbst Anschläge auf Hitler zu.[35] Verantwortlich für die Internierung der Ustaša-Emigranten war der Generalinspektor der Polizei, Ercole Conti, in seine Zuständigkeit fiel auch die Errichtung von Konzentrationslagern für Roma und Antifaschisten.[36] Die Internierung bedeutete jahrelanges Lagerleben auf engem Raum, in dem Langeweile und Gewalt den Alltag prägten.

> »Keine Arbeit, ständige Verfolgung durch die Italiener, eine schwarze Zukunft ohne Aussicht auf Besserung vor Augen, all dies führte zu nervösen Zusammenbrüchen bei vielen der Gefangenen, und häufig kam es zu Ränken, gegenseitigen Vorwürfen, Manifestationen von Unzufriedenheit, und sogar Drohungen gegen die italienische Wachmannschaft«,

so lautet die Nachkriegsaussage eines ehemaligen Ustaša-Exilanten.[37] Erst der serbisch-kroatische Ausgleich im Jahr 1939 führte zu einem erneuten Schwenk der italienischen Außenpolitik. Die Ustaša erschien wieder als ein nützlicher Spaltpilz, der gegen Jugoslawien eingesetzt werden konnte, sodass sich die Bedingungen für die Exilanten wieder verbesserten.

Wie bereits erwähnt, bestand die zentrale Forderung der Ustaša in der Unabhängigkeit des von ihr reklamierten Territoriums. Darüber hinaus verfügte sie über kein ausgefeiltes Programm. Wie andere faschistische Bewegungen manifestierte sich ihre Programmatik vor allem in ihrer Praxis, in der Mobilisierung von Leidenschaften und in der Ausübung von Gewalt. Ihre Ideologie stand im Austausch mit der Praxis und war wandelbarer Bestandteil derselben, nicht aber deren Ursache. Die rassistische Herrschaft der Ustaša manifestierte sich auf Umzügen, Großveranstaltungen sowie im Gruppenalltag der sehr hierarchisch organisierten und männlichen Ustaša-Miliz und ihrer Zellen. Konsens und Zustimmung zur Ustaša-Herrschaft wurde über die Beteiligung an Plünderungen oder Gewalttaten hergestellt.[38]

---

[35] Dir. Generale delle Pubblica Sicurezza, betr. Viaggio in Italia di S.E. Hitler vom 20. März 1938, ACS/Gabinetto della Prefettura, b. 1513. Für den Hinweis danke ich Dr. Patrick Bernhard.

[36] Vgl. Guerrazzi, Il fascismo, S. 31, sowie ders. u.a., Geschichte, S. 181.

[37] Servatzy, Razvitak, zit. n. Krizman, Ustaše, S. 424.

[38] Vgl. Schumann, Politische Gewalt, sowie Reichardt, Faschistische Kampfbünde; auch Michael Mann identifiziert physische Gewalt als ein zentrales Merkmal des Faschismus (Mann, Fascists) zu einem Projekt, das dezidiert faschistische Gewalt »von unten« untersucht vgl. Dinu, Faschismus, Religion und Gewalt.

Die sieben Jahre, in denen mehrere Hundert Ustaša-Aktivisten auf den Liparischen Inseln interniert waren, beeinflussten die jungen Männer außerordentlich. Die Führung hatte permanenten Zugriff auf die Aktivisten, die die Inseln nicht verlassen konnten, vermittelte ihnen täglich, dass das serbische Regime für ihr Los verantwortlich sei und schürte während der ereignislosen und entbehrungsreichen Internierungszeit den Wunsch nach Rache und Vergeltung. Das Gewaltniveau in den Lagern war hoch, was von der Ustaša stolz affirmiert wurde.[39] Bei der Umsetzung ihrer nationalen Ziele galt die Anwendung von Gewalt nicht nur als notwendig, sondern als heilige Pflicht eines jeden Mitglieds. Messer, Revolver, Maschinengewehr und Zeitbombe seien die Glocken, die die Wiedererstehung des unabhängigen Kroatien verkünden würden, so eine Flugschrift der Bewegung aus dem Jahr 1932.[40] Im Publikationsorgan »Ustaša« wurde zu Beginn der 1930er Jahre angekündigt, dass Blut in Strömen fließen müsse, sobald die Zeit der Rache gekommen sei.[41] Auch pflegte die Ustaša einen Kult des Todes, der die Toten der Bewegung zu Märtyrern machte und ihr Sterben verherrlichte.

Damit setzte sie sich von traditionellen Parteien ab und verstand sich vielmehr als Bewegung. Wie für die deutschen Nationalsozialisten und die italienischen Faschisten war für das Selbstverständnis der Ustaša die politische Praxis wichtiger als die ideologische Programmatik. Ihre Grundsätze waren auf einem nur zwei Seiten langen Dokument aus dem Jahr 1933 fixiert. Wenig von dem, was die politische Praxis während des Krieges prägen sollte, stand im Programm, und vieles aus dem Programm wurde durch die Praxis obsolet.[42]

Das herausgeforderte Regime zahlte es den militanten kroatischen Nationalisten mit gleicher Münze zurück. Die jugoslawische Polizei und der Geheimdienst schöpften voll aus dem Arsenal legaler wie illegaler Repressionen, das Haft- und Todesstrafen, Verhöre und Folter, den Einsatz von Spitzeln und Maßnahmen gegen die Familien der Ustaše beinhaltete. Auf kroatische Nationalisten wie

---

[39] Vgl. Goldstein u.a., Holokaust u Zagrebu, S. 593, sowie Krušelj, U žrvnju.

[40] Vgl. Yeomans, Cults of Death, S. 2, sowie Goldstein, Ante Pavelić, Charisma, S. 225f.

[41] Siehe *Ustaša, Vjesnik Hrvatskih Revolucionara* (1932), zit. n. Goldstein, 1941, S. 90.

[42] Vgl. Jareb, Ustaško-domobranski pokret.

Milan Šufflay (1879–1931), Mile Budak (1889–1945, das Attentat fand 1932 statt), Josip Predavec (1884–1933) und Stjepan Duić (1877–1934) wurden Mordanschläge durch Agenten des Regimes verübt. Die brutalen, aber oft konfusen und hilflosen Methoden führten zu einer Solidarisierung vieler Kroaten mit der Ustaša.[43] Im Jahr 1937 erließ die jugoslawische Regierung eine Amnestie, um die politische Lage zu beruhigen. Etwa die Hälfte aller Ustaše entschied sich für eine Rückkehr aus dem Exil. Dies führte indes zu einer Intensivierung ihrer Aktivitäten in Kroatien und letztlich zu ihrer Stärkung. Einige der Aktivisten begannen, sich in den bewaffneten Gliederungen der HSS zu engagieren.[44] Gleichzeitig wurde die Ustaša weiterhin unterdrückt, und Hunderte Aktivisten waren in Gefangenenlagern interniert.[45] Die im Lande verbliebenen bzw. dorthin zurückgekehrten Vertreter der Ustaša galten als moderater als die bis zuletzt in eingeschworenen Gemeinschaften im Exil isolierten Kämpfer. Manche kooperierten politisch mit der HSS, andere hatten ein relativ gutes Verhältnis zu kroatischen Kommunisten – zumindest während der gemeinsam in jugoslawischen Gefängnissen verbrachten Haftzeit.[46]

Abb. 4: Affirmation der Gewalt: Im Wappen der Ustaša prangt eine Bombe mit glimmendem Zünder. Koppelschloss für Mannschaften, Aluminium geprägt [o. D.].
© Alexander Korb

Die Ustaša-Führung um Pavelić im Exil beäugte die Aktivitäten der sogenannten Heimat-Ustaša mit Misstrauen, da sie einen Kontrollverlust fürchtete. Wegen der räumlichen Trennung beschränkten sich die persönlichen Kontakte Pavelić' mit den Führern einzel-

43 Vgl. Jareb, Eugen Kvaternik, S. 287ff., sowie Sadkovich, Terrorism in Croatia, S. 58ff.

44 Vgl. Konjović, O nekim pitanjima; Jareb, Svjedočanstvo Janka Tokića; Jakir, Dalmatien, S. 439; Djokić, Elusive Compromise, S. 220, sowie Leček, Brodski odvjetnik.

45 Vgl. Jakir, Dalmatien, S. 440f.

46 Vgl. Djilas, Memoiren 1929–1941, S. 116.

ner Emigrantengruppen auf seltene Treffen.[47] Vor allem nach der Staatsgründung 1941 gewannen die Machtkämpfe zwischen den Fraktionen an Vehemenz.

Ältere Forschungen betonten den Charakter der Ustaša als nationalrevolutionärer Geheimbund in der Tradition militanter Befreiungsbewegungen und Freischärler auf dem Balkan, die Rolle der nationalen Erwecker des 19. Jahrhunderts als ihre Ideengeber sowie den spezifisch kroatischen Grenzlandkatholizismus.[48] In jüngerer Zeit überwiegt unter Forschern des Faschismus die Tendenz, die Ustaša als faschistische Bewegung einzustufen.[49] Dies deckt sich auch mit ihrem Selbstbild als faschistische Bewegung. Darüber hinaus sind Klassifizierungen wie klerikal- und halbfaschistisch verbreitet. Der Vorwurf des Klerikalfaschismus sollte die katholische Kirche in die Nähe des Faschismus rücken. In jugoslawischer Zeit bildeten solche Angriffe den Container für nationalistisch intendierte Vorstöße gegen die kroatische Identität, die unter dem Paradigma von Brüderlichkeit und Einigkeit nicht national geäußert werden konnten.[50] Der Begriff Klerikalfaschismus ist jedoch nur

---

[47] Vgl. Kisić-Kolanović, Vojskovođa i politika, S. 99; zur Bewertung einzelner Fraktionen vgl. Sundhaussen, Wirtschaftsgeschichte Kroatiens, S. 72.

[48] Vgl. den Hinweis auf den kurzen Weg von den integralen Nationalismen Mittelosteuropas hin zum Faschismus bei Linz, Some Notes; zur Einschätzung der Ustaša als nichtfaschistisch, aber nationalrevolutionär, pseudoromantisch, terroristisch oder populistisch siehe Sugar, Native Fascism, S. 155f.; Seton-Watson, The East European Revolution, S. 78; ders., Nations and States, S. 140; Hobsbawn, Nations and Nationalism, S. 135–138 u. 164, sowie Djilas, The Contested Country, S. 114.

[49] Siehe Paris, Genocide in Satellite Croatia, S. 3; Nolte, Three Faces of Fascism, S. 13; Seton-Watson, Fascism, S. 192; Littlefield, Yugoslav Relations; Jelavich, History of the Balkans, S. 202; Sadkovich, Italian Support; Pavlowitch, The Improbable Survivor, S. 6 u. 100; Trifković, The Ustaša Movement, S. 26 u. 404; Đorđević, The Yugoslav Phenomenon, S. 324; Rusinow, The Yugoslav Peoples, S. 377; Rezun, Europe and War, S. 61; Payne, A History of Fascism; Bauerkämper, Der Faschismus, sowie Burleigh, Irdische Mächte, S. 886f.; zur jüngeren Analyse der Ustaša als faschistische Bewegung siehe Hodzic, Italienische Historiographie; auch in zeitgenössischer Perspektive handelte es sich um eine faschistische Bewegung, siehe Graham, Alexander of Jugoslavia, S. 136.

[50] Siehe Horvat u.a., Dokumenti; Hervé u.a., Assassins; Simić, Tuđinske kombinacije; Paris, Genocide in Satellite Croatia; Petranović, Fašizam u Jugoslaviji; Dedijer, Vatikan i Jasenovac; Bulajić, Ustaški zločini genocida; Fritz Erik Hoevels' Vorwort zu Dedijer, Jasenovac; Čubrić, Između noža;

dort angebracht, wo Einzelpersonen versuchten, eine Synthese aus ihrem Katholizismus und ihrem faschistischen Weltbild herzustellen.[51] Solche Personen übernahmen in Kroatien zwar Posten im Regime und beteiligten sich an Gewalttaten. Quantitativ wie qualitativ bildet diese Fraktion allerdings eine Minderheit. Demgegenüber stehen die Konflikte zwischen katholischer Kirche und Ustaša-Bewegung, die in diesen Auseinandersetzungen dezidiert säkulare Ziele verfolgte.[52] Der Historiker Nevenko Bartulin bestätigt dies in einer jüngeren Untersuchung zur Ideologie der Ustaša. Gerade die Versuche der Ustaša, die jugoslawischen Muslime in die kroatische Nation zu integrieren, sind ein überzeugender Hinweis, der gegen den Katholizismus als Antriebskraft der Ustaša spricht.[53] Denn die postulierte Zugehörigkeit der bosnischen Muslime zur kroatischen Nation wurde rassenbiologisch begründet, und es wurde auf den im Unterschied zu den Serben angeblich vorherrschenden »hellen Typus«, auf den unterschiedlichen »Pygmentgehalt der Haut« und auf die angeblich weit verbreiteten blauen Augen verwiesen. »Das Blut und die Rasse sondert die bosnischen Muselmanen klar von dem serbischen Volke ab und bindet sie stark an das Kroatische«, hieß es abschließend in einem zeitgenössischen Artikel.[54]

Klassifizierungen wie halb- und protofaschistisch wiederum betonen zwar die Nähe der Ustaša zum Faschismus, attestieren ihr

---

Đurić, Prekrštavanje Srba; Lazić, Krstaški rat; Petrović, Genocid sa blagoslovom; Pfeifer, Kroatien, sowie Bulajić, Role of the Vatican. Gerade dieses kommunistische Paradigma konnte seit den 1980er Jahren mühelos in ein serbisch-nationalistisches überführt werden.

[51] Vgl. Feldman, Clerical Fascism, sowie Pollard, »Clerical Fascism«, S. 434.

[52] Vgl. Biondich, Radical Catholicism, S. 396f.; Liubomirova, Religiata i tsirkvata, konstatiert beim hohen Klerus größere Zurückhaltung gegenüber der Ustaša, wohingegen die Unterstützung durch den niederen Klerus stark ausgefallen sei. Zu Konflikten zwischen Ustaša und katholischer Kirche vgl. Bokovoy, Croatia, S. 117, sowie Goldstein, Ante Pavelić, Charisma, S. 232.

[53] Vgl. Bartulin, The NDH, S. 51; ähnlich argumentieren Dulić, Utopias of Nation, und Biondich, Controversies; zu den Beziehungen zwischen Islam und kroatischem Nationalismus siehe Kisić-Kolanović, Muslimani i hrvatski nacionalizam.

[54] »Das Kroatentum der bosnisch-hercegowinischen Muselmanen«, in: *Neue Ordnung*, 17. August 1941; für historische Herleitungen siehe Sladović, Eugen: »Islamski Hrvati u Nezavisnoj Državi Hrvatskoj i islamski sviet«, in: *Hrvatska Smotra* 314 (1943), S. 161–173.

aber eine gewisse ideologische Unreife. Eine solche Wahrnehmung des Faschismus basiert ausschließlich auf dem ideologischen Programm. Anstatt auf Eigenwahrnehmungen und die Rolle der Praxis bei der eigenen Sinnstiftung zu achten, leiteten Faschismushistoriker aus dem hybriden Charakter der Programmatik der Ustaša eine noch nicht voll entwickelte Form des Faschismus ab, so als ob es einen genuinen Entwicklungsweg dahin gegeben habe.[55] Dagegen postulierte Bartulin für die Ustaša ein kohärentes Gebäude rassistischer Ideologie, aus dem sich ihre Taten erklären lassen. Damit übersah er allerdings, dass diese bestimmte politische Entwicklungen im Nachhinein konzeptionalisierte, und interpretierte solche Entwicklungen als die politische Essenz der Ustaša, indem er beispielsweise die erratisch verlaufende italienisch-kroatische Entzweiung aus geopolitischen und ideologischen Differenzen ableitete und die daraus folgende außenpolitische Hinwendung zu den Deutschen der ideologischen Affinität der Ustaša zuschrieb.[56] Dies entspricht einer Tendenz unter Historikern, Ideologie als handlungsleitend für Praxis zu deuten und eine Einheit zwischen Idee und Tat, zwischen Ideologie und Praxis zu postulieren.[57]

Solche auf die Ideologie fixierten Deutungen des Faschismus sind in jüngerer Zeit in die Kritik geraten. Anstatt anhand eines starren Kriterienkataloges den faschistischen Charakter der Ustaša entweder zu bejahen oder zu verneinen, untersuchten jüngere Ansätze die

---

[55] Zur Einschätzung als protofaschistisch siehe Broszat u.a., Der kroatische Ustascha-Staat, S. 177–179, sowie Pavlaković, Our Spaniards, S. 107. Eine Reihe weiterer Autoren hält die Ustaša für nicht oder nur eingeschränkt faschistisch, siehe Griffin, Nature of Fascism, S. 120, wobei dieser seine ursprüngliche Position revidierte, siehe Griffin u.a., A Fascist Century; siehe des Weiteren Maček, Struggle for Freedom, S. 116; Meštrović, Uspomene; Jelić-Butić, Ustaški pokret, S. 185ff.; Gazi, History of Croatia, S. 313; Cohen u.a., Political Cohesion, S. 58; Krizman, Pavelić između Hitlera i Mussolinja, S. 129; Djilas, The Contested Country, S. 114; Rothschild, East Central Europe, S. 245; Fischer-Galati, Eastern Europe, S. 76f.; Ognyanova-Krivoshieva, Nationalism and National Policy, sowie Minehan, Civil War, S. 103. Auch die Ustaša(-nahen) Exilanten im südamerikanischen Exil bekannten sich nach dem Krieg mehrheitlich nicht zum Faschismus, sondern bezeichneten sich als nationale Freiheitskämpfer, siehe Hefer, Croatian Struggle, S. 103–105, sowie Katalinić, Argumenti, S. 127.

[56] Bartulin, The NDH, S. 51.

[57] Für die Ustaša siehe Shelah, Genocide, S. 74f., sowie Goldstein, The Independent State, S. 419.

Ideologie in ihrem spezifischen Kontext. Dabei wurde insbesondere die ideologische Flexibilität der Ustaša betont.[58] Denn mit dem Verweis auf die Multikausalität von Gewalt haben Historiker darauf verwiesen, dass sich funktionale und ideologische Verfolgungsmotive nicht ausschlossen, sondern einer dynamisierenden Wechselwirkung unterlagen.[59] Zum anderen wurde in praxeologischen Studien das evolutionäre Potenzial und die Wandelbarkeit des Faschismus betont, anstatt weiterhin zu versuchen, die faschistische Ideologie anhand bestimmter Kriterien zu kategorisieren.[60] Gleichzeitig stellt sich aber die Frage, was an der Gewaltpraxis der Ustaša spezifisch faschistisch war. Denn gerade die im ethnisierten Bürgerkrieg verbreitete Massengewalt zwischen Bewegungen verschiedener Couleur lässt die berechtigte Frage aufkommen, ob die Kategorie »faschistisch« in einer solchen Situation überhaupt einen analytischen Mehrwert beinhaltet.

Die Zerschlagung Jugoslawiens

Nach der Niederlage Frankreichs im Juni 1940 verlor die jugoslawische Regierung ihre außenpolitischen Spielräume, ohne dass es zu einem innenpolitischen Ausgleich gekommen wäre. Im März 1941 zwang das Deutsche Reich Jugoslawien zum Beitritt zum Dreimächtepakt und unterwarf es seinem Einfluss. Als im Zuge des Protests gegen diese Entwicklung die Armee unter der Leitung serbischer Offiziere Ende März 1941 die jugoslawische Regierung stürzte, »betrachtete Hitler das als eine persönliche Beleidigung«[61]. Außer sich vor Wut befahl er umgehend die Zerstörung Jugoslawiens. Ohne vorherige Kriegserklärung legte die Luftwaffe am 6. April 1941, einem Sonntag, um fünf Uhr früh mit ihren Bomben Belgrad in Schutt und Asche, während deutsche, italienische, bulgarische und ungarische Truppen die Grenzen überschritten.

Der Krieg machte sichtbar, wie schlecht es um den gesellschaftlichen Zusammenhalt in Jugoslawien stand: In kürzester Zeit zer-

---

[58] Vgl. bspw. Antic, Fascism under Pressure.

[59] Vgl. Gerlach u. a., State Violence – Violent Societies, S. 135.

[60] Vgl. Morgan, Fascism in Europe; zur Wandelbarkeit faschistischer Bewegungen vgl. Paxton, The Anatomy of Fascism, sowie Schieder, Faschistische Diktaturen.

[61] Von Weizsäcker, Erinnerungen, S. 312.

brach der Staat unter dem Ansturm der feindlichen Truppen. Viele Kroaten hatten kein Interesse daran, für den jugoslawischen Staat zu kämpfen, und erklärten, der bevorstehende Krieg könne ohne sie stattfinden. Serben brandmarkten sie daraufhin als Verräter. Vor Ort endeten solche Diskussionen oftmals in Schlägereien.[62] Mit dem deutschen Angriff begann auch die jugoslawische Armee zu zerfallen. In dieser Phase kam es erstmals zu tödlichen Ausschreitungen. In einigen Fällen erschossen meuternde kroatische Soldaten ihre serbischen Offiziere, und auch zwischen der sich zurückziehenden Armee und kroatischen Milizen, die sich mancherorts geformt hatten, gab es Schießereien.[63] Nach nur zwölf Tagen Krieg kapitulierte die jugoslawische Armee. Die deutschen Verluste beliefen sich auf gerade einmal 151 Gefallene.[64] Am 10. April 1941, kurz nachdem Vorauskommandos der Wehrmacht Zagreb erreicht hatten, rief ein ranghoher Vertreter der Ustaša, Slavko Kvaternik (1878–1947), unter Anleitung deutscher Agenten den Unabhängigen Staat Kroatien aus. Zwar hätten die Deutschen lieber die konservative Kroatische Bauernpartei (HSS) mit der Macht betraut, doch entschied sich deren Vorsitzender Vladko Maček – für die Deutschen unerwartet – dagegen, einem deutschen Vasallenstaat vorzustehen.[65] Die Machtansprüche der Ustaša zu diesem Zeitpunkt zu ignorieren, hätte auch einen Affront gegen Italien dargestellt, das die Bewegung über ein Jahrzehnt lang unterstützt hatte. Aber auch unter den Deutschen verfügte die Ustaša über Fürsprecher, obgleich die Führung der Wehrmacht das kroatische Gebiet lieber noch unter Militärverwaltung belassen hätte.[66] Als Koordinator der deutschen Bemühungen

---

62 Vgl. Opačić, Na Veljunu 1941.

63 Vgl. Goldstein u.a., Croatia, S. 133; zum Aufstand kroatischer Regimenter bei Bjelovar vgl. Dizdar, Bjelovarski ustanak, sowie Maček, Struggle for Freedom, S. 227; siehe auch Bericht General Čedomir Jovanovićs an das Oberkommando des Rückwärtigen Heeres, 13. April 1941, abgedr. in: Vojnoistorijski Institut u.a., Aprilski Rat 1941, S. 628, Dok. 225; zu lokal organisierter Machtübernahme siehe Bericht des Bürgermeisters von Vinkovci, 28. April 1941, AJ/110/677–27; vgl. ferner Holjevac, Okupacije, S. 17; zu Übergriffen auf serbische Offiziere vgl. Terzić, Jugoslavija, S. 498f.

64 Vgl. Wüscht, Jugoslawien, S. 47, sowie Broszat u.a., Der kroatische Ustascha-Staat.

65 Vgl. Jelinek, The Holocaust, sowie Armstrong, Collaborationism.

66 Vgl. Broszat u.a., Der kroatische Ustascha-Staat, S. 51ff.; zur Position der Wehrmacht vgl. Tomasevich, Occupation and Collaboration, S. 55; siehe auch »Allgemeine Absichten für die spätere Organisation der Verwaltung

fungierte der Bevollmächtigte, SS-Standartenführer Dr. Edmund Veesenmayer (1904–1977), der nach dem Angriff nach Kroatien gereist war, um Kontakte zu kroatischen Politikern zu knüpfen. Ante Pavelić, der sich noch in Italien aufhielt, war an der Staatsausrufung nicht beteiligt, doch die italienische Seite brachte ihn rasch in Stellung, da sie sich von seiner Einsetzung die Wahrung der italienischen Machtansprüche auf Kroatien erhoffte. Der Gang der Ereignisse verdeutlicht das Erratische am Verlauf der Gründung des kroatischen Staates: Weder die kroatische Unabhängigkeit noch der Machtantritt der Ustaša waren von deutscher Seite im Vorfeld geplant worden.[67]

Die in Italien verbliebenen Ustaše wurden im toskanischen Pistoia zusammengezogen, leicht bewaffnet, bekamen italienische Uniformen aus dem Abessinienkrieg und reisten dann per Zug bis zur kroatischen Grenze. In Radioansprachen an das kroatische Volk kündigte Pavelić an, dass »die Söhne Kroatiens, die kroatische Ustaša-Armee, mutig kämpfend mit der Waffe in der Hand« nun die serbische Armee zerschlagen würden.[68] Doch entgegen der Propaganda waren die Ustaša-Kämpfer zum Zuschauen verdammt. Erst nach Beendigung der eigentlichen Kämpfe wurden sie von der italienischen Armee in Autobussen nach Kroatien eskortiert. Es lastete auf dem Selbstverständnis der jungen Nationalisten, dass die Heimat befreit worden war, ohne dass sie einen Schuss abgeben durften. Der Sicherheitschef der Ustaša, Eugen Kvaternik, schilderte das Zusammentreffen Pavelić' mit seinen Milizionären und deren Einzug in Kroatien folgendermaßen:

> »Der Poglavnik [so lautete die offizielle Anrede Pavelićs, A.K.] traf gegen 16h im Lager ein. Die Ankunft des Poglavnik bei den Ustaše nach fast sechs Jahren, sowie ganz allgemein das Treffen aller Ustaša-Gruppen ging nicht ohne Rührung vor sich. Die Gesichter mancher Ustaše trugen die Spuren schwerer physischer Belastung. Der Poglavnik sprach zu den Ustaše über den bevorstehenden Kampf und die endgültige Verwirklichung der Ideale

---

im jugoslawischen Raum«, 6. April 1941, PA AA/Büro StS Jugoslawien, Bd. 3.

67 Veesenmayer an von Ribbentrop, 11. April 1941, NG-5875, ADAP, Serie D, Bd. XII.2, S. 429f.; vgl. ferner Tomasevich, Occupation and Collaboration, S. 54; Matić, Edmund Veesenmayer, S. 142, sowie Sundhaussen, Wirtschaftsgeschichte Kroatiens, S. 59.

68 Vgl. Tomasevich, Occupation and Collaboration, S. 60.

nach einem Jahrhunderte langen Kampf des kroatischen Volkes. Nach der Rede sprach der Poglavnik mit den einzelnen Offizieren und Ustaše und prüfte deren Uniform und Waffen. [...]
Der Poglavnik kehrte nach zwölf Jahren Auslandsaufenthalt heim, in die Heimat, die bereits frei war, in einen Staat, der bereits ohne seine unmittelbare Hilfe geschaffen worden war. [...] Die kleine Gruppe von Menschen, die seit mindestens sieben Jahren überhaupt keinen Anteil am Kampfe hatten, lebte in der Überzeugung, dass sie die einzige Gruppe sei, der Kroatien die Freiheit zu verdanken habe [...].
Ab Delnice trägt jedes Haus die kroatische Fahne, die Autokolonne wurde überall begrüßt und der Poglavnik war offensichtlich gerührt. Vor der Einfahrt nach Moravice lässt der Poglavnik den Ort militärisch sichern und den Ort durch die Ustaše ›erobern‹. Es war keineswegs programmgemäß, in Kroatien einzuziehen, ohne einen einzigen Schuss abzugeben. Man musste zumindest Krieg spielen. Die Ustaše nahmen etwa 100 Männer, darunter einige Četniks, gefangen, doch ließ der Poglavnik alle ›begnadigen‹.«[69]

Eugen Kvaternik vermittelt hier glaubhaft die Stimmung und die Frustration unter den Aktivisten, die bei der von ihnen herbeigesehnten Befreiung Kroatiens zu Statisten verdammt waren. In Karlovac, einer wichtigen Garnisonsstadt 50 km vor Zagreb, die sich an der Schnittstelle zwischen der deutschen und der italienischen Armee befand, wurde die Kolonne am 13. April 1941 zwei Tage lang aufgehalten, in denen der stellvertretende Außenminister Filippo Anfuso, Pavelić die Zustimmung zur Abtretung Dalmatiens an Italien abnötigte. Erst danach wurde Pavelić als designierter kroatischer Staatschef anerkannt. Er versäumte es nicht, deutschen Diplomaten zu versichern, dass es sein Wunsch sei, »für den Führer zu leben und zu sterben«, und dass »er beabsichtige, überhaupt keine Außenpolitik zu führen, das mache Adolf Hitler«.[70] In den frühen Morgenstunden des 15. April 1941 durfte der Buskonvoi in Zagreb einfahren. Am selben Tag, noch bevor die jugoslawische Armee überhaupt kapituliert hatte, wurde der neue Staat vom Deutschen

---

69 Denkschrift Eugen Kvaterniks, »Die Ereignisse um die Gründung des kroatischen Staates im Jahre 1941«, (1943), HDA/36/1996, S. 26ff.

70 Veesenmayer an von Ribbentrop, 14. April 1941, abgedr. in: ADAP, D, XII, S. 341; siehe auch Broszat u.a., Der kroatische Ustascha-Staat, S. 57.

Reich und Italien anerkannt.[71] Der nun ausgerufene »Unabhängige Staat Kroatien« war der kleinste gemeinsame Nenner deutscher und italienischer Großmachtinteressen und somit eben nicht unabhängig.

Der Aufbau des Ustaša-Staates

Die Ustaša schickte sich an, ein Gebiet zu beherrschen, in dem katholische Kroaten nur etwas mehr als die Hälfte der Bevölkerung stellten. Der Staatsaufbau ging dort relativ reibungslos über die Bühne, wo sich eine kroatische Beamtenschaft der Ustaša unterwarf oder wo ihr die Macht von der Wehrmacht übergeben wurde.

Die Übernahme der Macht

Zunächst behielten die deutschen oder italienischen Truppen die Aufsicht über das Land. Bevor sich die Ustaša-Milizionäre organisieren konnten, entstand vielerorts zunächst ein Machtvakuum. In Gebieten mit kroatischer Bevölkerungsmehrheit schlossen sich die Zellen der Ustaša rasch zusammen. Sie besetzten Bahnhöfe und Postämter, beschlagnahmten Autobusse und Telefone, entwaffneten die abziehenden serbischen Soldaten und jugoslawischen Polizisten, hissten kroatische Flaggen, stellten Milizen auf und nahmen Kontakte zur Wehrmacht auf.[72] Vielerorts stießen Aktivisten der Bauernpartei, Freiwillige und national gesinnte kroatische Beamte dazu, doch die zurückkehrenden Exilanten der Ustaša gaben rasch den Ton an und besetzten die Schlüsselpositionen. Männer, die nicht viel älter als 20 Jahre waren, hoben Milizen aus und übernahmen das Kommando. Da Bewaffnete auf vielen Wegen zur Ustaša stießen, war in den ersten Wochen schwer festzustellen, wer zu ihr ge-

---

[71] Zu einer ausführlichen Darstellung der Gründungsgeschichte des USK vgl. Olshausen, Zwischenspiel.

[72] Wie die Machtübernahme vor Ort aussehen konnte, wird aus einen Lagebericht vom 19. Mai 1941 aus Bosanski Brod ersichtlich, HM BiH/UNS/1941, 5. Ferner schilderte Curzio Malaparte seine Eindrücke von einer Reise durch Syrmien. Ihm zufolge übernahmen kroatische Nationalisten binnen weniger Tage die Macht und überwachten Serben und Juden, Malaparte, Kaputt, S. 257ff.

hörte und wer nicht und auf wessen Kommando welche Truppe hörte.[73]

Zunächst war die Ustaša weit davon entfernt, ihren Alleinvertretungsanspruch durchsetzen zu können. In Banja Luka beispielsweise wurde die Macht in den Wochen nach dem Zusammenbruch Jugoslawiens paritätisch zwischen drei Gruppen aufgeteilt. Jeweils zehn Sitze im Rat gingen an die Ustaša, die rechtsradikale serbische Ljotić-Bewegung und die antikommunistischen Jungen Muslime. Ein Ustaše leitete die Polizei, ein Ljotić-Anhänger die Regionalverwaltung und der Leiter der Jungen Muslime die Stadtverwaltung.[74] Diese Koalition zwischen rechtsradikalen Serben und Kroaten war jugoslawischen Geschichtsschreibern sehr genehm, da mit ihr demonstriert werden konnte, dass sich Chauvinismus auf alle jugoslawischen Nationalitäten paritätisch verteilte. Es zeigte sich aber auch, dass die Ustaša nicht überall stark genug war, die Macht alleine zu übernehmen, sondern auf Kooperationen und Kompromisse angewiesen war. Wo die Verhältnisse es erforderten, war sie auch zur Kooperation mit serbischen Nationalisten bereit.

Doch zumindest in den mehrheitlich kroatischen Gebieten wurde die Staatsgründung im April 1941 von einer Welle der Euphorie begleitet. Die deutschen Truppen wurden bei ihrem Einmarsch von jubelnden Menschen begeistert als Befreier begrüßt und mit Blumen und Früchten beschenkt,[75] viele fühlten sich an den Einmarsch in

---

[73] Vgl. Goldstein u.a., Holokaust u Zagrebu, S. 579ff.

[74] Vgl. Lukać, Banja Luka, S. 89, der aus den 1946 durch die UDBA geführten Verhören von Viktor Gutić, dem späteren Ustaša-Führer der Region und Bruder Blaž Gutić', der in dieser Phase die Ustaša-Polizei leitete, zitiert.

[75] Für Berichte und Fotos von jubelnden Zagrebern beim deutschen Einmarsch siehe Gerhard Emskötter, »Das kroatische Volk umjubelt seine Befreier. Unbeschreibliche Begrüßung unserer Truppen in Agram«, in: *Völkischer Beobachter. Kampfblatt der nationalsozialistischen Bewegung Deutschlands,* Jg. 54, Nr. 102 (Berl. Ausg.), 12. April 1941, S. 1; Franz Riedl, »Belgrad heute. Besuch in der Stadt der Verschwörer«, in: *Berliner Börsen-Zeitung. Tageszeitung für Politik und Wirtschaft, für Wehrfragen, Kultur und Unterhaltung,* Jg. 86, Nr. 208 (Ausg. Groß-Berl.), 6. Mai 1941, S. 1f., *DZK*, 10. Oktober 1941, sowie Berichte des Schweizer Konsuls Kästli, zit. n. Paponja, Der »Unabhängige Staat Kroatien«; vgl. des Weiteren Prašek-Całczyńska, Memoari jedne liječnice, S. 144; regionale Unterschiede beschreibt Biondich, Radical Catholicism, S. 393f.

Österreich 1938 erinnert.[76] Die Mehrheit der nichtserbischen Bevölkerung freute sich über das Ende Jugoslawiens und empfand die Gründung eines unabhängigen Kroatien als positive Wende der kroatischen Geschichte. Zwar war die Unabhängigkeit mit ausländischer Hilfe, dafür aber relativ sanft erreicht worden, da Kroatien von schwereren Kampfhandlungen verschont geblieben war. Pavelić wurde in der Presse dafür gefeiert, dass er das kroatische Volk aus der serbischen Sklaverei geführt habe. Solidaritätsadressen der Bauernpartei und der katholischen Kirche überzeugten viele, die ihm zunächst ablehnend gegenüberstanden.[77]

Bisher gibt es lediglich Schätzungen darüber, über wie viel Rückhalt die Ustaša eigentlich verfügte. Noch liegt keine Biografik oder Sozialgeschichte der Ustaša vor.[78] Da sie sowohl in den urbanen wie auch ländlichen Randgruppen eine gewisse Unterstützung erfuhr, tendierte die jugoslawische Historiografie dazu, sie als Bewegung sozial Deklassierter zu zeichnen. Demnach habe es sich bei der Ustaša um eine marginale Bewegung mit nur geringem Rückhalt in der kroatischen Bevölkerung gehandelt. Die Tatsache, dass die Ustaša zunächst vom italienischen Exil aus wirksam war, galt als Beleg dafür, dass sie vom Ausland gesteuert wurde und keine autochthone politische Strömung gewesen sei.[79] Doch die vorhandenen Zahlen über Unterstützer der Ustaša und die Angaben über ihren sozialen Status sprechen gegen diese Interpretation: Zwar sind zahlreiche Kriminelle und soziale Außenseiter zur Ustaša gestoßen,[80] doch prägten diese nicht ihr Gesicht. Gerade beim Führungspersonal war der Anteil von Studenten, Akademikern und Mitgliedern des Bürgertums hoch.[81] Die Ustaša verfügte in allen Gesellschaftsschichten

---

[76] Veesenmayer an AA, 11. April 1941, FS Nr. 50, abgedr. in Rothfels, Akten zur deutschen, S. Bd. XII.2, 429f., Dok. 313.

[77] Flugblatt, »Warum sind wir für den Poglavnik?«, HR HDA/Zbirka Štampata, 96/46.

[78] Zur sozialen Zusammensetzung der Exilanten in Italien liegt ein Aufsatz vor, vgl. Sadkovich, La composizione.

[79] Vgl. Bokovoy, Croatia, S. 115, sowie Cox, Ante Pavelić, S. 207; laut Seckendorf, Zur Okkupationspolitik, waren es nur 5 Prozent der Bevölkerung, die die Ustaša unterstützten.

[80] Vgl. Sundhaussen, Der Ustascha-Staat, S. 503, sowie Goldstein, Ante Pavelić, Charisma, S. 228.

[81] Vgl. Broszat u.a., Der kroatische Ustascha-Staat, S. 176.

über Sympathisanten und Sympathisantinnen.[82] Teile des katholisch-nationalen Bürgertums, das angesichts der Dominanz serbischer Beamter im jugoslawischen Staat seiner Zukunft pessimistisch entgegenblickte, waren empfänglich für ihre Ideen. Die Ustaša fasste Fuß an Gymnasien, Universitäten, Kulturvereinen und Genossenschaften, und auch beim Ordensklerus und in Teilen der katholischen Laienbewegung genoss sie einen gewissen Rückhalt. Die bis zu 1000 Aktivisten der Bewegung, die die Basis der Ustaša im Exil bildeten, setzten sich hingegen überwiegend aus Angehörigen der unteren Mittelschicht und der Unterschicht zusammen. Vor dem Krieg konnte die Ustaša auf etwa 4000 vereidigte Mitglieder und 30000 bis 40000 Unterstützer zählen,[83] zu denen nach der Machtübernahme Tausende weiterer Personen stießen.[84] Die *Ustaša*, die Zeitung der Bewegung, erschien zuletzt in einer Auflage von immerhin 80000 Exemplaren. Regional betrachtet verteilten sich die Sympathien für die Ustaša sehr ungleich. Zagreb war zweifelsohne das Zentrum der Agitation. Über Popularität verfügte die Ustaša in einigen ethnisch heterogenen und zugleich umkämpften Grenzregionen, wie der Herzegowina, dem Kordun und der Lika, aus denen bedeutende Führer der Bewegung stammten.[85] Der Historiker Mark Biondich sieht das als Beleg, dass der Aufstieg der Ustaša nicht etwa Ausdruck einer strukturellen Krise der jugoslawischen Gesellschaft war, sondern vielmehr ein Nebenprodukt

---

[82] Vgl. Goldstein u.a., Holokaust u Zagrebu, S. 99ff.

[83] Aussage des Aktivisten Ivan Perčević nach Kriegsende, zit. n. Sundhaussen, Der Ustascha-Staat, S. 502; in der Literatur herrscht basierend auf den zeitgenössischen Schätzungen meist Einigkeit über die Größe der Ustaša, vgl. Tuđman, The Independent State of Croatia, S. 218, Broszat u.a., Der kroatische Ustascha-Staat, S. 82–84; Sugar, Native Fascism, S. 140; Jelinek, Clergy and Fascism, S. 371; Sundhaussen, Geschichte Jugoslawiens 1918–1980, S. 120; Kisić-Kolanović, Vojskovođa i politika, S. 33, sowie Dulić, Utopias of Nation, S. 80f.

[84] Zu Schätzungen der Mitgliedszahlen nach 1941: Bericht Nr. 262 eines V-Mannes der Deutschen Informationsstelle III an AA (StS von Weizsäcker), 8. Juli 1941, PA AA/Büro StS, Kroatien Bd. 1, Bl. 283f; die Publizistik der Ustaša ging von 40000 Vorkriegsaktivisten aus: *Naša Domovina* (Zagreb), 1943, Bd. 1, S. 117. Im Mai 1941 sollen bereits 100000 Menschen den Ustaša-Eid geschworen haben: Bericht Arthur Häffners, 14. Juni 1941, BA-MA/31 III/13; vgl. ferner Sundhaussen, Geschichte Jugoslawiens 1918–1980, S. 119, sowie Goldstein u.a., Croatia, S. 134.

[85] Vgl. Sundhaussen, Der Ustascha-Staat, S. 502f.

der ungelösten, zunehmend polarisierenden »nationalen Frage« in Jugoslawien.[86]

Sofort nach der Ausrufung des neuen Staates zogen sich kroatische Polizisten patriotische Armbinden über ihre jugoslawischen Uniformen. Es kam zu einer raschen Radikalisierung der Polizei, da nichtkroatische sowie vermeintlich wankelmütige Beamte entlassen wurden und die Vakanzen mit neu ernannten Ustaša-Aktivisten gefüllt wurden.[87] Diese überwachten die Einhaltung der ersten antisemitischen und antiserbischen Erlasse. Nach einem Aufruf des Chefs der Bauernpartei, Vladimir Maček (1879–1964), zur Unterstützung der Ustaša stellte sich fast der gesamte kroatische Verwaltungsapparat dem neuen Regime zur Verfügung. Pavelić erhielt Zugriff auf etwa 5000 Polizisten, 10000 Gendarmen und 40000 Eisenbahner.[88] Auch die Bürgerwehren und Jugendverbände der HSS vergrößerten den Wirkungskreis des Regimes. In Scharen stießen Studenten zu den Ustaša-Verbänden. Ein Viertel aller HSS-Abgeordneten trat der Ustaša bei, und die große Mehrheit der lokalen Beamten und der Gemeinderäte gelobte ihr die Treue.[89]

Trotz dieser Erfolge konnte sich das Regime auf keine stabile Massenbasis stützen. Es erwies sich als schwierig, ein landesweites Netzwerk der Ustaša im Gesamtstaat aufzubauen. Unter der muslimischen Bevölkerung besaß die Ustaša nur verhaltenen, unter der serbischen Bevölkerung überhaupt keinen Rückhalt. Die konservative Landbevölkerung war trotz der Verklärung des Bauernstands durch die Ustaša für deren Propaganda nicht besonders empfänglich. Schon bald misstraute das Regime der eigenen, insbesondere der muslimischen Bevölkerung und stationierte kroatische Truppen in muslimischen Siedlungsgebieten.[90] Auch der Enthusiasmus vieler Beamter erkaltete nach kurzer Zeit, denn die neue Regierung schenkte ihnen, obwohl sie auf ihre Mitarbeit angewiesen war, letztlich kein Vertrauen. Nach einer Verordnung vom 22. April 1941 konnten Staatsangestellte ohne Begründung aus dem Dienst entlas-

[86] Solonari, Purifying the Nation, S. 129.
[87] Vgl. Bokan, Borba s Ustašama, S. 137f.
[88] Vgl. Broszat u.a., Der kroatische Ustascha-Staat, S. 146f.
[89] DGA, 3. Mai 1941, NARA/T-120/5797, fr. H297907; vgl. zudem Jakir, Dalmatien, S. 446.
[90] Fs Nr. 207/41, D.G.i.A. an OKW, 19. Juli 1941, BA-MA/20–12/454.

sen werden. Die Ustaša behielt die Aufsicht über die Durchführung erlassener Gesetze und konnte unter Berufung auf die Ustaša-Programmatik in behördliche Abläufe eingreifen.[91]

Zusammenfassend lässt sich sagen, dass die Ustaša schon bald große Teile ihrer Anhängerschaft wieder verlor, nachdem sie den kroatischen Staat in eine Krise gestürzt hatte.[92] Es gelang ihr, einen funktionierenden Staat in denjenigen Gebieten aufzubauen, wo sie auf vorhandene Strukturen und eine kroatische Beamtenschaft zurückgreifen konnte. In solchen Gegenden war, wie noch darzulegen sein wird, auch die Gewaltausübung des Regimes verregelter. Dennoch verfügte der Staat weder über eine geeignete Infrastruktur noch über ausreichend Ressourcen, um den anvisierten homogenisierten Nationalstaat zu schaffen. Andere Teile des Staatsgebietes hingegen schlitterten rasch in einen Bürgerkrieg, in dem Warlords und Milizchefs das Sagen hatten und in dem staatliche Strukturen so gut wie keine Rolle spielten. Dort ermöglichte der Zusammenbruch des staatlichen Gewaltmonopols es den Milizen, ungehindert gegen die serbische Bevölkerung vorzugehen. Doch auch die ungezügelte Gewalt führte zu keinem ethnisch homogenisierten Staatswesen, da der Aufbau staatlicher Strukturen und damit auch staatliche Großprojekte im Bürgerkrieg zum Scheitern verurteilt waren und dieser zudem serbische Bauern zu bewaffneten Aufständischen machte, die »auszusiedeln« unmöglich war.

Raum, Grenzen und Bewohner des neuen Staates

Ende April 1941 verständigten sich die Außenminister der Achsenmächte, Galeazzo Ciano und Joachim von Ribbentrop, bei einem Treffen in Wien auf eine Teilung Südosteuropas in zwei Interessenssphären sowie auf die ungefähren Ausmaße des kroatischen Staates. Die »Wiener Linie«, eine deutsch-italienische Demarkationslinie, verlief nun von Ljubljana in Slowenien nach Larissa in Griechenland über 1500 km in südöstlicher Richtung. Dadurch waren Kroatien und Bosnien in jeweils ein deutsches und ein italienisches Interes-

---

[91] *Narodne Novine,* Nr. 15/1941, zit. n. Broszat u.a., Der kroatische Ustascha-Staat, S. 81.

[92] Französische Botschaftsberichte veranschaulichen die Erosion des Rückhaltes der Ustaša, zit. n. Farley, Aleksandar Karadjordjević, S. 80; vgl. ferner Sundhaussen, Der Ustascha-Staat, S. 506.

sengebiet geteilt. Die wirtschaftlich attraktiven und die landwirtschaftlich produktiven Gebiete, durch die die Hauptverkehrslinien liefen und in der sich die großen Städte des Landes befanden, blieben von der Wehrmacht besetzt, während die gesamte Küste und ihr bergiges Hinterland, Gebiete, die auf Nahrungsmittelimporte angewiesen waren, zur italienischen Interessensphäre gehörten.[93] Trotz der imperialen Teilung und trotz der Fragmentierung des zerschlagenen südslawischen Königreiches bildeten die einzelnen Teilräume weiterhin einen Zusammenhang, und zwar insofern, als sie aufeinander reagierten und Entwicklungen in einem Teil sich auch auf andere Teile auswirkten. Dies wird besonders deutlich an den Konjunkturen des Partisanenkrieges.

Der USK erstreckte sich über eine Fläche von knapp 100000 Quadratkilometern und bestand aus Kroatien, Slawonien, Syrmien, Teilen Dalmatiens, Bosnien und der Herzegowina. Wie vor 1918 bildeten die Flüsse Drau, Drina und Donau die Nord- und Ostgrenze zu Ungarn und Serbien. Das von der Wehrmacht verwaltete Serbien bildete einen Gewaltraum, der mit dem USK eng korrespondierte. Gebannt blickten die Politiker der Ustaša nach Belgrad und befürchteten bei jeder Initiative serbischer Politiker den Anfang vom Ende der kroatischen Unabhängigkeit. Deshalb reagierten sie alarmiert, als im August 1941 eine serbische Regierung unter Milan Nedić eingesetzt und von Teilen der Wehrmacht protegiert wurde. Gewaltprozesse in Kroatien strahlten in der Regel auch auf Serbien aus, und Entwicklungen dort ließen den USK nicht unberührt. Im Norden trennte die historische Grenze zwischen Österreich und Ungarn den USK vom Deutschen Reich bzw. Italien. Dabei handelte es sich um die nach außen wohl festesten Grenzen des USK, die wiederum in Richtung Kroatien recht durchlässig waren, vor allem was die Vertreibung Zehntausender Slowenen betrifft. Insofern kamen wichtige Gewaltimpulse über die Grenze nach Kroatien. Im Süden blieb die alte Grenze zwischen Bosnien und Montenegro bestehen, hatte aber so gut wie keine Relevanz, da meist auf beiden Seiten der Grenze Aufständische das Sagen hatten. Italien hatte gehofft, in Kroatien wie in Montenegro Satellitenstaaten installieren zu können, eine Hoffnung, die sich in beiden Fällen nicht recht erfüllen sollte. Daneben annektierte Italien die Hafenstadt Split, die meisten

---

[93] Greiner u.a., Kriegstagebuch des Oberkommandos, Eintrag vom 23. April 1941; vgl. ferner Matić, Edmund Veesenmayer, S. 150.

Abb. 5: Das italienische Imperium, 1941–1943.
© Tobias Stiefel

© Tobias Stiefel, Berlin 2012
kei
Buapest
Ungarn
Iaşi
Sowjet-
union
Szeged
Rumänien
Belgrad
Bukarest
Constanţa
Serbien
onte-
egro
Bulgarien
Sofia
Schwarzes
Meer
Istanbul
lbanien
Tirana
Saloniki
Türkei
Izmir
Griechenland
Athen
eer
Kreta

Abb. 6: Die Aufteilung Jugoslawiens 1941 unter seinen Nachbarstaaten. Aus dem größten Teil des jugoslawischen Territoriums wurde der USK gebildet. © Tobias Stiefel

© Tobias Stiefel, Berlin 2012
arn
Rumänien
Újvidék
Banat
Ost-
syrmien
Belgrad
Serbien
vo
Niš
Sandžak
Monte-
negro
Podgorica
Kosovo
Bulgarien
Skopje
Albanien

Adriainseln sowie Teile Dalmatiens.[94] Der von der Ustaša geforderte Sandžak mit seiner mehrheitlich muslimischen Bevölkerung verblieb bei Montenegro und Serbien.[95]

Der USK war der ethnisch und religiös wohl heterogenste Staat in Hitlers Europa – auch wenn die Ustaša von ihm behauptete, er sei ein kroatischer Nationalstaat bzw. solle einer werden. Bei der Staatsgründung bestand die Bevölkerung aus ungefähr 6,5 Millionen Einwohnern, von denen etwa 3,3 Millionen katholische Kroaten, 1,925 Millionen orthodoxe Serben, 800000 muslimische Bosniaken, 175000 Deutsche, 75000 Ungarn, 45000 Tschechen, 40000 Juden, 25000 Ukrainer, circa 25000 Roma, 22000 Slowaken und 5000 Italiener waren. Dies ergab die Hochrechnung der Ergebnisse einer jugoslawischen Volkszählung vom März 1931, in der nach der Konfession und Sprache der Bevölkerung gefragt wurde.[96] Allerdings manipulierten die neuen Herrscher die Zahlen in Abhängigkeit von ihren Interessen – und zwar sowohl die kroatischen als auch die deutschen Machthaber. So wurden die Zahlen der Angehörigen der deutschen Volksgruppe hochgerechnet, obwohl in manchen Dörfern kaum festzustellen war, wer als katholischer Kroate und wer als »Schwabe« galt.

Was nicht wahr sein durfte – nämlich dass ein Drittel der Gesamtbevölkerung serbisch war –, wurde mittels Statistiken vertuscht. Der

---

[94] Vgl. Jelić-Butić, Ustaše i NDH, S. 85f. Daneben konnte die Ustaša ihren Anspruch auf den östlichen Teil von Syrmien sowie das ungarisch besetzte Zwischenmurland (Mur-Insel) nicht durchsetzen.

[95] In mindestens vier Städten des Sandžak wurden jedoch Ustaša-Organisationen gegründet, die an der Lokalverwaltung beteiligt waren, siehe Bericht des Ustaša-Beauftragten für den Sandžak an Pavelić, 28. Juni 1941, HM BiH/UNS/1941, Nr. 13.

[96] Zu Schätzungen zur Gesamtbevölkerung vgl. Fricke, Kroatien 1941–1944, S. 10; zur Zusammensetzung der Bevölkerung und zur Sozialstruktur vgl. Sundhaussen, Wirtschaftsgeschichte Kroatiens, S. 99ff.; zu zeitgenössischen deutschen Schätzungen: Bericht Häffners an D.G.i.A., 23. April 1941, BA-MA/RH 31 III/13, 2f., sowie Bericht der DGA an AA, PA AA/Ha. Pol. IVa, Kroatien/Wirtschaft 20; ferner Schreiben des AA, Pol. IV an Deutsche Botschaften und Gesandtschaften und Bevollmächtigte des AA, 21. Mai 1941, PA AA/Büro StS, Jugoslawien/3, Bl. 153350. Die Ergebnisse der Volkszählung von 1931 sind veröffentlicht in: Publikationsstelle Wien, Die Gliederung; anhand der Scholatzen stellte Küppers-Sonnenberg Überlegungen über die Abgrenzbarkeit von Serben und Kroaten an, siehe Küppers-Sonnenberg, Die Scholazen.

Südostforscher, Privatdozent und SD-Mitarbeiter Fritz Valjavec zum Beispiel gab die serbische Bevölkerung mit 192500 an – und demonstriert das deutsche Unvermögen, die Situation in Kroatien distanziert zu analysieren.[97] Siedlungsschwerpunkte der serbischen Bevölkerung waren die Territorien, die bis ins 19. Jahrhundert die k.u.k.-Militärgrenze gebildet hatten (siehe Karte S. 47), die Ostherzegowina, Zentral- sowie Ostbosnien.

Die Juden im USK lebten in etwa 50 städtischen Gemeinden. In Kroatien und Dalmatien handelte es sich meist um aschkenasisches, städtisches Judentum, das sich sprachlich nicht von seiner Umgebung unterschied.[98] In Bosnien hingegen bildeten sephardische Juden die übergroße Mehrheit der Gemeinden, die meistens Ladino als ihre Muttersprache ansahen.[99] Des Weiteren lebten 1400 jüdische Flüchtlinge aus dem Deutschen Reich im USK.[100] Im Gegensatz zu den Juden lebten die jugoslawischen Roma mehrheitlich auf dem Land.[101] Die genaue Größe der Gruppe ist nicht festzustellen. Bereits seit den 1930er Jahren bedauerten deutsche Südosteuropaforscher, dass es ihnen unmöglich war, die Gesamtzahl aller in Südosteuropa lebenden Roma zu ermitteln.[102] Zwar gab es ungefähre Schätzungen der Roma, die einer traditionellen und mobilen Lebensweise folgten. Bei ihnen handelte es sich jedoch um allenfalls ein

---

[97] Valjavec, Kroatien, in: JdW 1942, S. 411–422, S. 417. Valjavec (1909–1960) war einer der bedeutendsten deutschen Südosteuropa-Analysten. Regelmäßig verfasste er im *Jahrbuch der Weltpolitik* die Beiträge zu Kroatien, die indes insbesondere durch ihre Oberflächlichkeit auffallen.

[98] Vgl. Freidenreich, The Jews. Der nationalsozialistisch inspirierte Deutsche Kulturbund und die ungarischen Pfeilkreuzler kämpften darum, sie aus den Minderheitenorganisationen auszuschließen. Bei Juden, die sich als Kroaten verstanden, verlief die Assimilation meist weniger problematisch; vgl. Hausleitner u.a., Der Einfluss.

[99] Vgl. Greble, Sarajevo, 1941–1945, S. 37f.

[100] Bericht der jüdischen Gemeinde Zagreb, Mitte Mai 1942, YVA/M.70/140, Bl. 51–68.

[101] »Roma« ist hier als Begriff der Analyse zu verstehen, der sich nicht mit der Sprache der Quellen deckt. Die Bezeichnung »Zigeuner« ist zum einen Ausdruck der rassistischen und sozialen Vorurteile der Gesellschaft, in der sich die Verfolgung ereignete, und hat ihren pejorativen Charakter bis heute erhalten. Zum anderen diente sie in vielen Fällen der Eigenbezeichnung der Roma. Aufgrund dieser Spannung zwischen Eigen- und abwertender Fremdbezeichnung findet in diesem Buch die heutige Bezeichnung »Roma« Verwendung.

[102] Siehe Ruland, Die Zigeunerfrage.

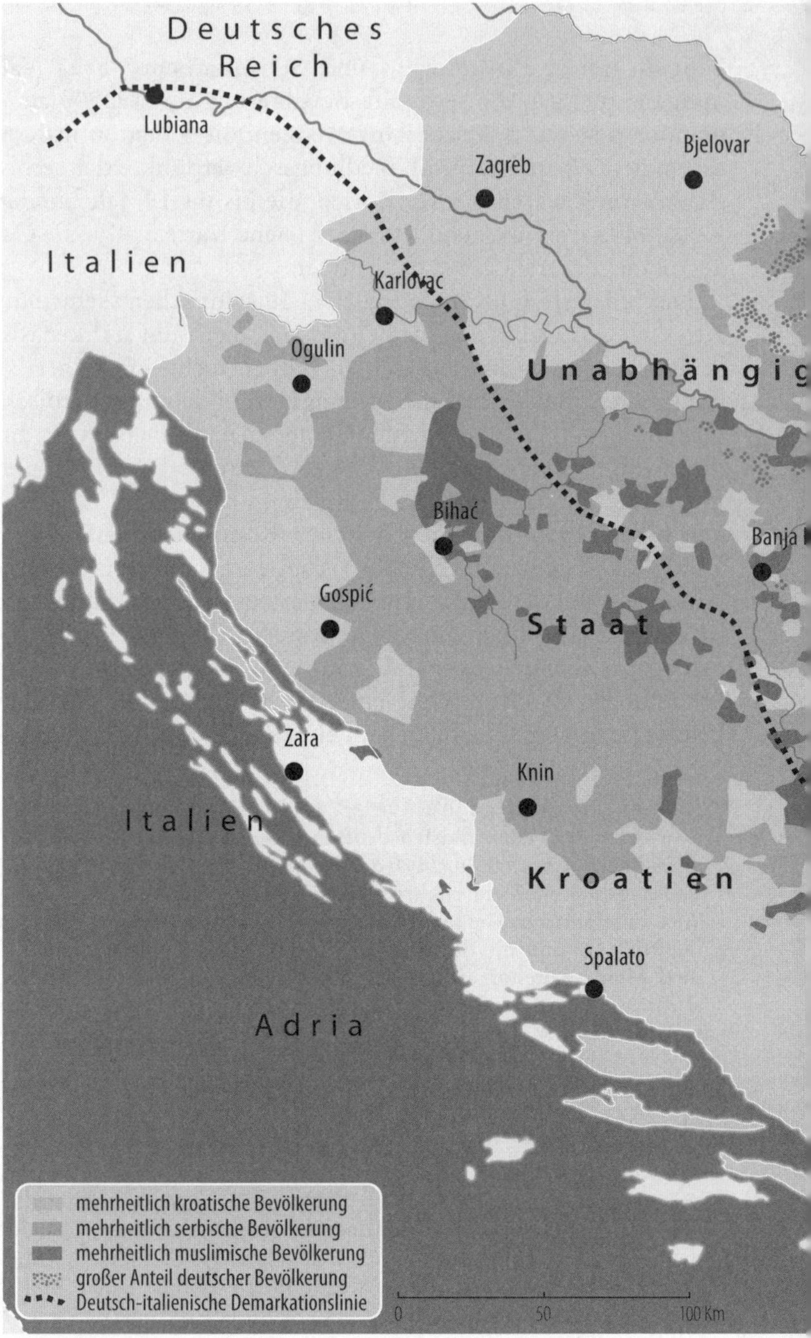

Abb. 7: Die ungefähre Verteilung der ethnischen Gruppen im USK basierend auf Volkszählung von 1931, siehe Publikationsstelle Wien 1943. © Tobias Stiefel

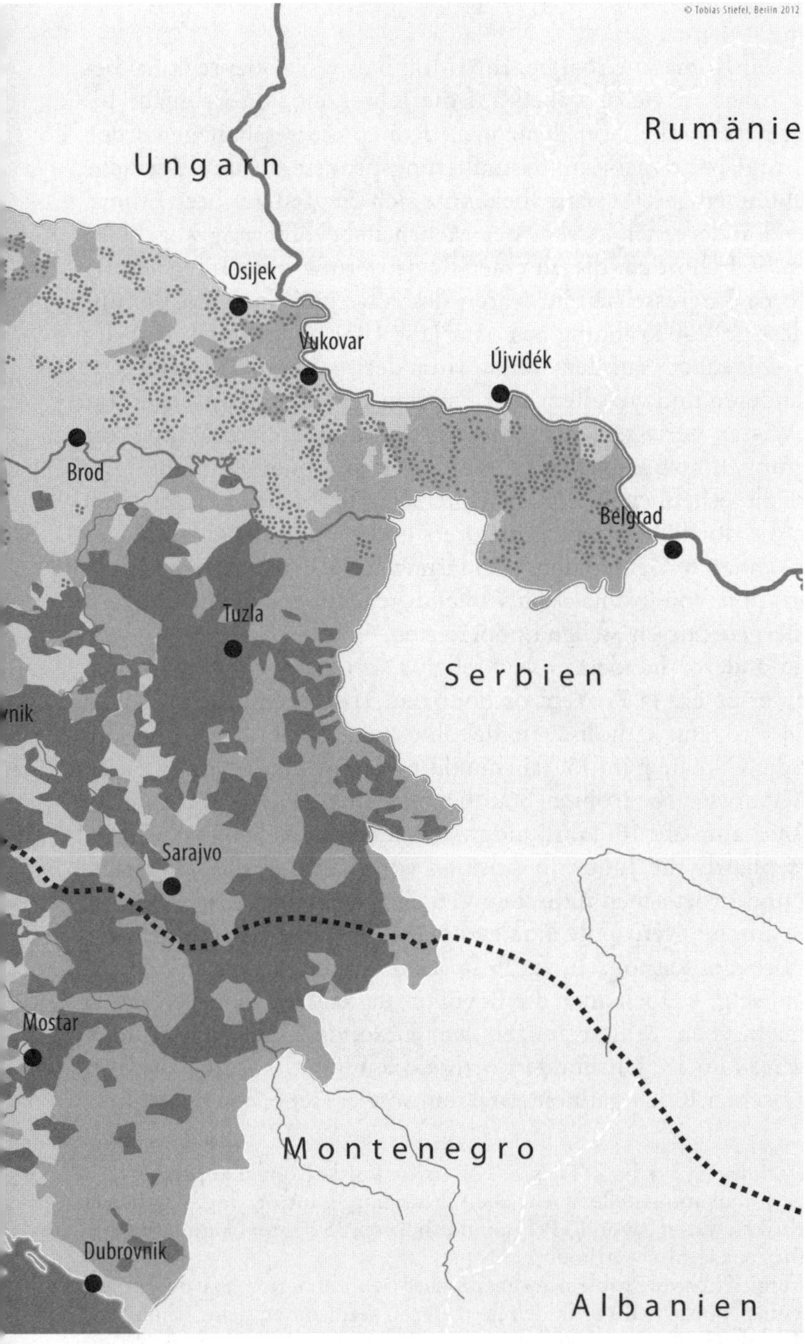
© Tobias Stiefel, Berlin 2012
Rumänie
Ungarn
Osijek
Vukovar
Újvidék
Brod
Belgrad
Tuzla
Serbien
nik
Sarajvo
Mostar
Montenegro
Dubrovnik
Albanien

Drittel der Roma in Kroatien. Ihre Mobilität war dabei regional begrenzt sowie in vielen Fällen auf die Jahreszeit von Frühjahr bis Herbst beschränkt. Von denjenigen Roma, die sesshaft geworden waren und bei denen ein Assimilierungsprozess an ihre dörfliche Umgebung eingesetzt hatte, bekannte sich ein Teil zu ihrer Ethnie, während andere sich stärker der Mehrheitsbevölkerung zugehörig fühlten.[103] Behörden, die an einer Registrierung oder Internierung der Roma Interesse hatten, waren deshalb zum einen auf die unzuverlässige Volkszählung aus dem Jahr 1931 angewiesen, laut der 17948 »Zigeuner« auf dem Territorium des späteren USK lebten.[104] Zum anderen und vor allem aber mussten sich die Behörden auf lokales Wissen verlassen, denn ihnen stand kein anderes Mittel zur Verfügung, um zu entscheiden, wer Roma war und wer nicht. Dies erklärt die erheblichen lokalen Unterschiede: Manche Gemeinden hatten die dörflichen Roma integriert und schützten sie, wohingegen in anderen Gemeinden Gendarmen und Ortsvorsteher einer Deportation von Roma wohlwollend gegenüberstanden und mit den übergeordneten Stellen kooperierten.[105]

Kein anderer Landesteil war religiös so heterogen wie Bosnien mit seiner zu ca. 44 Prozent orthodoxen, 31 Prozent muslimischen und 24 Prozent katholischen Bevölkerung. Nach der Eroberung durch die Osmanen im 15. Jahrhundert waren weite Teile der Eliten und der abstiegsbedrohten Stadtbevölkerung zum Islam konvertiert. Im Laufe des 16. Jahrhunderts wanderten aus Spanien vertriebene sephardische Juden in Bosnien ein, während die dalmatinischen und kroatischen jüdischen Gemeinden aschkenasisch waren. Die bosnische Metropole Sarajevo war zu 34 Prozent muslimisch, zu 29 Prozent katholisch, zu 25 Prozent orthodox und zu 10 Prozent jüdisch.[106] Doch auch die Bevölkerung entlang der ehemaligen österreichischen Militärgrenzen war besonders heterogen, denn dort waren im 18. Jahrhundert orthodoxe Flüchtlinge, die aus dem Osmanischen Reich geflüchtet waren, sowie Tschechen, Slowaken,

---

[103] Vgl. Uhlik, Gypsy Folk-Tales, S. 116, sowie Vojak, Romi u popisima.

[104] Siehe Publikationsstelle Wien, Die Gliederung. Laut der jugoslawischen Statistiken waren davon 10 Prozent muslimisch, 35 Prozent katholisch und 55 Prozent serbisch-orthodox.

[105] Zu vergleichbaren Problemen rumänischer Behörden, Roma zu definieren, und zu Behördenwillkür in den betroffenen Gemeinden siehe Achim, Introductory Study.

[106] Vgl. Donia, Sarajevo.

Kroaten, Ungarn und Deutsche aus dem Inneren des Habsburger Reiches angesiedelt worden. In vielen Teilen des kroatischen Kernlandes lebten somit orthodoxe Mehrheiten.[107] Seit dem Ersten Weltkrieg lebten in Syrmien zudem etwa 10000 russische Bürgerkriegsflüchtlinge. Viele von ihnen heuerten während des Krieges in antikommunistischen, sogenannten Kosakenverbänden an.

Die Ethnien waren nicht in eindeutiger Weise voneinander getrennt. In Slawonien beispielsweise lebten kroatische, tschechische, slowakische, ungarische, scholazische, bunjewatzische und deutsche Slawonier. Im Jahr 1941 zählten die Behörden in der Stadt Peterwardein an der Donau 3426 Kroaten, 467 Deutsche, 464 Serben, 373 Ungarn, 90 Ukrainer, 77 Slowenen, 76 Slowaken, 27 Tschechen, 16 weitere Slawen, einen Roma sowie 44 weitere Personen, deren Nationalität sie nicht festhielten.[108] Ehen zwischen den Nationalitäten und Konfessionen waren nicht selten. Dadurch entstanden weitere Gruppen. Die Nachfahren von Serben und Slowenen bzw. Deutschen wurden beispielsweise *benešovci* genannt.[109] Auch die Grenze zwischen Kroaten und Deutschen war fließend. Nach 1941 traten beispielsweise Hunderte Kroaten in den Deutschen Kulturbund ein.[110] Die deutsche Gesandtschaft schätzte die Zahl der in Mischehen lebenden Juden im USK auf zwischen 3300 und 3800. Das hieße, dass in etwa jeder zehnte Jude einen christlichen Elternteil hatte.[111]

Die seit 1941 am Verfolgungsgeschehen beteiligten Behörden und ihre Beamten, die versuchten, die Gesellschaft nach Ethnien zu trennen, beschäftigten sich intensiv mit den Zehntausenden Menschen, die Eltern verschiedener Nationalität und Konfession hatten. Dabei waren gerade in ländlichen Gebieten die Identitäten vielfach konfessionell und nicht ethnisch geprägt.[112] Da knapp 95 Prozent der Ge-

---

[107] Der Historikerin Sofija Božić (Srbi u Hrvatskoj, S. 760f.) zufolge sind diese aufgrund der Politik »kroatischer« Behörden in den 1920er Jahren strukturell stark benachteiligt gewesen.

[108] *Hrvatski List*, 1. Juni 1941, zit. n. Gavanski, Sistem okupatorsko-kvislinške vlasti, S. 124.

[109] Bezirk Ilok-Šid an Ponova, 19. Juni 1941, HR HDA/1076.1/441, 58/41.

[110] Bericht der Ustaša-Kommandantur Hv. Mitrovica, 11. Mai 1944, HIA/Tomasevich Collection/11, o. Nr.

[111] Vermerk DGA, 7. Dezember 1942, NARA/T-120/5797 sowie PA AA/Zagreb Geheim, 22/1.

[112] Vgl. Kessler, Jugoslawien, S. 97.

samtbevölkerung verschiedene Dialekte des Serbokroatischen sprachen, konnte Sprache nicht als ethnisches Distinktionsmerkmal dienen. Deshalb kam diese Funktion dem religiösen Bekenntnis zu: Katholiken galten als Kroaten, Orthodoxe als Serben, obwohl die religiösen und nationalen Bekenntnisse keineswegs deckungsgleich waren. Gleichwohl stellte Konfession das zentrale Alteritätskriterium zwischen Kroaten und Serben dar. Genau dies erklärt auch die vehementen Angriffe der Ustaša auf die orthodoxe Kirche. Dabei handelte es sich jedoch nicht, wie fälschlicherweise oft postuliert, um »Klerikalfaschismus«, sondern um einen primär säkular motivierten Angriff auf die bedeutendste Ausdrucksform dessen, was als serbisch galt.

Für säkulare kroatische Nationalisten wie die Ustaše bestand das kroatische Volk nicht nur aus kroatischen Katholiken. Auch von den bosnischen Muslimen behaupteten sie, dass es sich um Kroaten im ethnischen Sinne handle. Ihre Vorfahren seien Mitglieder einer im Mittelalter durch den Vatikan verfolgten kroatischen christlichen Sekte, die Bogomilen, die in der Folge geschlossen zum Islam übergetreten sei. Diese Vereinnahmung der Muslime durch die Ustaša ging einher mit einer Lobpreisung des bosnischen Islam, die die territorialen Ansprüche auf Bosnien untermauern sollte.[113] Die Ernennung des Chefs der Partei Jugoslawischer Muslime, Dr. Džafer-beg Kulenovićs (1891–1956), zum stellvertretenden Ministerpräsidenten wie auch der Bau einer Zentralmoschee in Zagreb zeigten, dass die Ustaša ihren Anspruch, katholische und muslimische Kroaten repräsentieren zu wollen, nach außen hin ernst nahm. Zudem wird deutlich, wie flexibel Pavelić in bündnispolitischen Fragen sein konnte. Kulenović war Minister in mehreren jugoslawischen Kabinetten gewesen,[114] dennoch bildete er eine der Konstanten kroatischer Politik und diente von November 1941 bis zum Untergang des USK als Vizepremier. Eine Entlassung war vermutlich deshalb so gut wie unmöglich, da sie demonstriert hätte, wie prekär das Bündnis zwischen Ustaša und dem bosnischen Islam war.

---

[113] Ministerium des Äußeren, Das wahre Gesicht, S. 9, sowie »Wer waren die Bogumilen?«, *Neue Ordnung*, Nr. 27, 1. Januar 1942, S. 5. Die serbischen Antagonisten des kroatischen Nationalismus taten es diesem gleich, indem sie behaupteten, bei den bosnischen Muslimen handle es sich um ethnische Serben, vgl. Lampe, Yugoslavia as History.

[114] Vgl. Broszat u.a., Der kroatische Ustascha-Staat, S. 78.

Gleichwohl wurde das Verhältnis zwischen der Ustaša und den muslimischen Einwohnern des USK immer stärker strapaziert. Der Hauptgrund bestand im Unvermögen der Regierung, die Sicherheit der Muslime zu garantieren. Aus diesem Grund erfolgte seit Anfang 1943 eine Kooperation zwischen bosnischen Muslimen und der SS, die in Südosteuropa ihren Einfluss auszuweiten suchte und sehr zum Ärger kroatischer Stellen und der deutschen Gesandtschaft gleichermaßen begann, unter der einheimischen Bevölkerung für neue SS-Verbände zu rekrutieren. Am 1. März 1943 wurde die 1. Kroatische-SS-Freiwilligen-Division aufgestellt.[115] Heinrich Himmler hoffte, mithilfe des Großmuftis von Jerusalem, Mohammed Amin al-Husseini (1893–1974), Muslime auf dem Balkan für die Waffen-SS zu mobilisieren und antisemitisch beeinflussen zu können. Mehrfach wurde der Mufti nach Sarajevo geflogen, um dort an der Vereidigung von Feldimamen teilzunehmen oder um vor Rekruten antisemitische Reden zu halten. Das Projekt gilt vor allem der jüngeren Forschung als Beleg für die Liason zwischen Nationalsozialismus und Islam.[116] Allerdings wurde die propagandistische Reichweite dieser Aktionen bislang nicht empirisch untersucht. Es

---

115 Bereits im Frühjahr 1942 kam es zur Aufstellung der 7. SS-Freiwilligen-Gebirgs-Division (»Prinz Eugen«) aus volksdeutschen Rekruten aus Südosteuropa; die Bezeichnung des etwa 12000 Rekruten umfassenden kroatischen Verbandes lautete ab Oktober 1943 »13. SS-Freiwilligen (bosnisch-herzegowinische)-Gebirgs-Division (Kroatien)«; ab Juni 1944 trug der Verband den Namen »13. Waffen-Gebirgs-Division der SS ›Handschar‹ (kroatische Nr. 1)«.

116 Die polarisierte Debatte über »den Islam« und den Nationalsozialismus wird bislang nur pauschal geführt und kreist meistens um arabische Nationalisten, bedient sich aber gelegentlich der bosnischen Muslime als Beispiel. Für eine Position, die Muslimen allgemein Distanz zum rassenbiologischen Antisemitismus bescheinigt vgl. Wildangel, Zwischen Achse und Mandatsmacht; arabische Affinitäten zum Nationalsozialismus behaupten Trifković, The Sword of the Prophet; Cüppers u.a., Beseitigung; Mallmann u.a., Halbmond und Hakenkreuz; Küntzel, Islamismus und Nationalsozialismus, sowie Herf, The Jewish Enemy und ders., What Is Old; für eine ausgewogene Zusammenfassung vgl. Botsch, Neues vom Mufti. Für den USK behauptete Sundhaussen, Muslime seien an der Verfolgungspolitik kaum beteiligt gewesen, vgl. Sundhaussen, Der Ustascha-Staat, S. 527. Serbische Nationalisten hingegen suggerierten genozidale Tendenzen unter den bosnischen Muslimen, vgl. Vukčević, Genocid; Lukać, Tri genocida, sowie Škoro, Genocide; eine sachliche Darstellung findet sich bei Redžić, Muslimansko autonomaštvo.

Abb. 8: Bosnische Rekruten der 1. Kroatischen-SS-Freiwilligen-Division auf einer während ihrer Ausbildung in Südfrankreich aufgenommenen Propagandaaufnahme, die ihr Interesse an der »jüdischen Frage« demonstrieren soll (Juni 1943).
Bundesarchiv, Bild 101III-Mielke-036–23/Mielke

ist höchst fraglich, ob es dem Mufti als Repräsentanten eines arabischen Nationalismus wirklich gelang, bosnische Muslime für den Nationalsozialismus und die deutschen Kriegsziele zu mobilisieren. Die meisten bosnischen Muslime vertraten weder einen »Islamofaschismus«, noch waren sie Repräsentanten eines multiethnischen Bosnien. Sie waren in erster Linie daran interessiert, bosnisch-muslimische Interessen und ihr Leben, Hab und Gut zu schützen, sei es im Bündnis mit Titos Partisanen, sei es mit Himmlers SS. Nichts verdeutlicht das mehr als die hohe Anzahl von Rekruten, die direkt von der SS zu Titos Partisanen desertierte.[117]

Auch der Blick auf die Ustaša selbst verdeutlicht, dass politische Bekenntnisse mit dem persönlichen Leben des in einer multiethnischen Gesellschaft aufgewachsenen Personals der Ustaša gelegent-

[117] Conze u.a., Das Amt, S. 579f., sowie Malcolm, Geschichte Bosniens, S. 220ff.

lich schwer in Einklang zu bringen waren. Zwar war die von der Ustaša postulierte ethnische Reinheit der Kroaten ein handlungsleitender politischer Programmpunkt, doch verliefen die ethnischen Grenzen in Jugoslawien nun einmal fließend. Viele Führer der Ustaša waren mit Serbinnen oder Jüdinnen verheiratet und verstießen damit offenkundig gegen die von ihnen selbst formulierten rassenbiologischen Prinzipien.[118] Auch die Mitglieder setzten sich nicht nur aus Kroaten und Muslimen zusammen, sondern auch aus einigen wenigen Aktivisten mit serbisch-orthodoxem und jüdischem Hintergrund. Ein Kommunist aus Karlovac berichtete aus den ersten Tagen der Ustaša-Revolution, dass sich die Aktivisten mit Armbinden, auf die ein »U« angebracht war, als Ustaše identifizierten. Einige Basisaktivisten trugen denselben Buchstaben in kyrillischer Schrift, ein »У«, auf ihren Armbinden.[119] Wie es scheint, verwandten nicht alle Mitglieder viele Gedanken darauf, ob ihre Identität kroatisch-katholisch oder serbisch-orthodox war.

Ob sich jemand den Ustaše, den Četnici oder den Partisanen anschloss, hing keineswegs nur von den politischen Vorkriegsloyalitäten oder politischen Überzeugungen ab. Zwang und Gewalt und nicht etwa politische Präferenzen aus der Vorkriegskriegszeit hatten Kollaboration zur Folge, da Überlebenswille und Angst das Verhalten der Bevölkerung diktierten. Je mehr sich aber ethnisierte Gewalt gegen ganze Gruppen richtete, desto weniger spielten individuelle Überlegungen eine Rolle. Darüber hinaus ist in Bürgerkriegen Gewalt gegen Zivilisten per se ein zentrales Element der Kriegsführung, da die Kriegsparteien versuchen, in Konkurrenz zum verfeindeten Lager Kontrolle über bestimmte Gebiete und die dort lebende Bevölkerung zu sichern. Dabei verlangen sie stets die Mitarbeit von

[118] Der Ustaša-Jugendführer Ivan Oršanić (1904–1968), der Pavelić-Stellvertreter Jure Pavičić (1906–1946), General Ivan Perčević (1881–1947) und General Milovan Žanić (1882–1946) waren mit Jüdinnen verheiratet, Generalstabschef Ivan Prpić (1887–1967) mit einer Serbin. Weitere Ustaše, wie bspw. Pavelić' Ehegattin Marija (1897–1984) oder Eugen Kvaternik, hatten jüdische Vorfahren; vgl. Grčić, Tko je tko, sowie Tomasevich, Occupation and Collaboration, S. 594.

[119] Vgl. Holjevac, Okupacije; daneben gab es einige hochrangige Ustaše mit jüdischem Hintergrund, wie den 1943 ermordeten Vladimir Singer (geb. 1908), sowie Generäle in der kroatischen Armee mit serbischem bzw. orthodoxem Hintergrund, wie bspw. Fedor Dragojlov (1881–1961), Đuro Gruić (1887–1945) und Lavoslav Milić (1890–1964), vgl. Grčić, Tko je tko.

allen Zivilisten und ziehen diese unweigerlich mit in die Konflikte hinein.[120] So waren es die Konjunkturen des Krieges, lokale Bedingungen und Zufälle, die darüber entschieden, ob sich ein flüchtender serbischer Bauer den Četnici oder den Partisanen anschloss oder ob ein muslimischer Dorfbewohner, der sich auf der Flucht vor den Četnici befand, bei den Partisanen oder der SS-Division Handschar Schutz zu finden glaubte.[121]

Gerade in Bezug auf die Partisanen wird deutlich, dass Tausende Menschen zu ihnen flohen, ohne sich im Mindesten mit ihren Zielen zu identifizieren. Der stete Zufluss serbischer Landbevölkerung führte auch zu einem Erstarken des serbischen Nationalismus an der Basis der Partisanenverbände. Die Frage, wie dieser zu bekämpfen sei, stellte Titos Partisanen vor eine Zerreißprobe. Kommunistische Überzeugungen spielten 1941 in den meisten Einheiten so gut wie keine Rolle, wohingegen der serbische Nationalismus angesichts des Terrors der Ustaša umso stärker florierte. In Bosnien richtete sich dieser Hass in erster Linie gegen die Muslime. Partisanenkommandeure mussten in manchen Fällen sogar von der sicheren Eroberung von Städten Abstand nehmen, da sie nicht garantieren konnten, dass ihre Truppen kein Massaker an der muslimischen Stadtbevölkerung begehen würden. Genau dies war im September 1941 im westbosnischen Kulen Vakuf geschehen. Die Gefahr, umgebracht zu werden, zwang wiederum viele Muslime, sich an der Seite der Ustaša gegen die Angriffe zu verteidigen.[122]

Die Ausführungen weisen bereits darauf hin, wie komplex der kroatische Gewaltraum war. Es gab weder klare Fronten, noch war den Kriegsteilnehmern stets klar, wer Freund und wer Feind war. Verdeutlichen lässt sich dies anhand des herzegowinischen Stadt Mostar, in der vor dem Krieg recht beschauliche Verhältnisse geherrscht hatten. 1942 aber, unter italienischer Besatzung, tummelten sich in der Stadt Hunderte italienische Militärs und Zivilisten, kroatische Soldaten, Ustaša-Angehörige, bärtige Četnici in alten jugoslawischen Uniformen, Angehörige der Organisation Todt, die die nahe gelegenen Bauxitminen ausbeuteten, und schließlich Hunderte von Juden, die in der italienischen Besatzungszone Sicherheit such-

---

[120] Vgl. Kalyvas, Logic of Violence.

[121] Vgl. Hoare, Genocide and Resistance.

[122] Ebenda, 106ff.

ten.[123] Es war der Krieg, der all diese Menschen mobilisiert, in Bewegung gesetzt und schließlich auch verändert hatte. Der Besatzungsbürgerkrieg war ein permanenter und alltäglicher Zustand geworden. Oft fehlte den Deutschen der Überblick über die bewaffneten Gruppen vor Ort. Beispielsweise hatten 1942 antikommunistische russische Emigranten ein Kosakenkorps gegründet, das in deutschen Diensten stand. Vom kosakischen General Boris Aleksandrowitsch Steifon († 1945) wurde von seinen Konkurrenten behauptet, dass er jüdisch sei. Die Wehrmacht führte halbherzige Ermittlungen durch, die offen lassen, wer wessen Spielball war in der undurchsichtigen Situation des jugoslawischen Bürgerkrieges.[124] Zunehmende Ethnisierung ging einher mit einer transnationalen sowie supraethnischen Beteiligung am Konflikt. Staatliche Grenzen waren durchlässig oder existierten nur auf dem Papier. Die Deutschen und die Italiener kooperierten phasenweise mit nahezu jeder Miliz, die sich anbot. Dadurch kamen interessante Konstellationen zustande. Bei manchen Einsätzen griffen unter deutscher Leitung Italiener, Četnici, kroatische Truppen, russische Kosaken und ungarische Kanonenboote gemeinsam die jugoslawischen Partisanenverbände an. Ethnisch homogen war keine der beiden Seiten. Die Deutschen waren dabei darauf bedacht, Ustaše und Četnici an getrennten Frontabschnitten einzusetzen, um Ausschreitungen zu verhindern.[125]

Strukturen der Ustaša-Herrschaft

Der USK sollte über alle Strukturen eines unabhängigen Staates samt Staatsbürokratie und Armee verfügen, der Ustaša-Bewegung kam die Aufgabe zu, die Verwaltung und das Militär politisch zu überwachen und zu leiten. Diese duale Struktur des USK funktionierte jedoch nicht, zum einen, weil die neuen Strukturen zum Teil Fiktion waren, zum anderen, weil sich Behörden und Bewegung gegenseitig blockierten. Die neuen Machthaber Kroatiens waren zu schwach und verfügten nicht über den nötigen Rückhalt, um ein so heterogenes wie kompliziertes staatliches Gebilde wie den USK zu regieren. In der Folge blieb der Ustaša nur der Ausweg in die Gewalt.

---

[123] Herzl, Aufzeichnungen 1941–1945, S. 642.
[124] KTB 718. ID, Eintrag vom 14. Oktober 1942, BA-MA RW 40/34.
[125] 714. ID., Ia, Tätigkeitsbericht Juli 42.-, YVA/O.4/275, Bl. 23f.

Abb. 9: Pavelić posiert mit »weiblicher Ustaschenjugend«.
Aus: Hermann Proebst (Hg.), Kroatien marschiert. Erste Jahreslese in Wort und Bild aus der Wochenschrift *Neue Ordnung*, Zagreb 1942, S. 77, Photo Promičba.

Ante Pavelić gelang es nach seiner Rückkehr nach Zagreb am 15. April 1941, sich die Posten als Staatschef, Ministerpräsident, Oberbefehlshaber der Armee, vorläufiger Außenminister und Führer der Ustaša-Bewegung zu sichern. Dies garantierte ihm die beherrschende Rolle im USK. Ein intensiver Personenkult um Pavelić als den »Poglavnik« (Häuptling) sollte helfen, seine persönliche Herrschaft zu legitimieren und Loyalität zu ihm zu erzwingen. Die Propaganda entwarf ein Bild vom strengen wie gütigen Landesvater, das sich auch in späteren Behauptungen wiederfand, der Terror der Ustaša sei ohne das Wissen Pavelić' erfolgt. Gleichwohl war Pavelić nicht besonders beliebt, denn die Bemühungen der kroatischen Publizistik um eine Charismatisierung des Ustaša-Führers hatten nur eine mäßige Reichweite.[126]

Die Ustaša wurde zur den Staat tragenden und schützenden Bewegung ausgerufen und ihr Logo (U) ins Staatswappen und in die Staatsflagge integriert.[127] Ähnlich der NSDAP war die Ustaša unter-

---

[126] Vgl. Goldstein, Ante Pavelić, Charisma, S. 230.
[127] Ministarstvo Pravosudja i Bogoštovlja, Zbornik zakona, S. 40f.

teilt in politische, polizeilich-geheimdienstliche sowie in bewaffnete Bereiche.[128] Die vordringliche Aufgabe der politischen Gliederungen der Ustaša bestand darin, weite Teile der Bevölkerung zu erfassen und zu mobilisieren. Alle Jugendlichen im Alter von sieben bis 21 Jahren sollten beispielsweise in die Ustaša-Jugend eintreten und dort militärisch trainiert und ideologisch indoktriniert werden.[129] Die Reichweite und Qualität der Erfassung der Bevölkerung sind allerdings kaum erforscht.

Auch nach der Gründung des USK blieb die Autonomie der Einzelgruppen der Ustaša bestehen, ebenso die im Exil geknüpften persönlichen Netzwerke. Da die Ustaša keine homogene Organisation war, waren Pavelić' Machtanspruch in dieser Hinsicht Grenzen gesetzt. Manche Führungspersönlichkeiten der Ustaša konnten sich mit Pavelić' Machtansprüchen nur schwer abfinden. Dies gilt zum Beispiel für Pavelić' Stellvertreter Slavko Kvaternik, der den USK ausgerufen hatte, als Marschall und Heimwehrminister wichtige Funktionen einnahm und bis zu seiner Absetzung im September 1942 der zweitwichtigste Mann im Staate war.[130]

Die staatlichen Behörden lenkte Pavelić über seine Kanzlei, während er die Ustaša über das Ustaša-Hauptquartier (GUS) kommandierte. Diesem inneren Machtzirkel gehörten bei der Staatsgründung 19 wichtigste Vertreter der Ustaša und Vertraute Pavelić' an. Pavelić delegierte Macht an seine Getreuen, von denen er die meisten aus dem Exil gut kannte und die ihre Loyalität durch die Beteiligung an Anschlägen und Fememaßnahmen gegen abtrünnige Ustaše bewiesen hatten. Die meisten dieser Aktivisten waren bemerkenswert jung: Fast alle waren im 20. Jahrhundert geboren, viele hatten ihr dreißigstes Lebensjahr noch nicht erreicht. Als aufopferungsvolle Nationalisten hatten sie prägende Jahre ihres Lebens im Kampf für

---

128 »Gliederung der Ustascha-Miliz«, 20. Oktober 1942, Kriegsakten Ic/a, OB Südost, Okdo HG.F, NARA/T-311/196, fr. 60f; zur Gliederung der Ustaša vgl. Sundhaussen, Der Ustascha-Staat, S. 516; Kisić-Kolanović, Vojskovođa i politika, S. 35 u. 41, sowie Dulić, Utopias of Nation, S. 81ff.

129 Rundschreiben der Handelsvereinigung Vukovar, 26. Februar 1942, AJ/110/677, Bl. 140.

130 Vgl. Broszat u.a., Der kroatische Ustascha-Staat, S. 75; zum Kult um Pavelić vgl. Kisić-Kolanović, Vojskovođa i politika, S. 33. Nach seiner Absetzung agitierte Kvaternik in Gesprächen, Korrespondenzen wie auch in seinen Nachkriegsschriften gegen Pavelić. Ein Teil der Schreiben Slavko Kvaterniks findet sich im Nachlass Albert Theodor, HDA/36/1996.

die Bewegung und im Exil verbracht. Sie waren bereit, für den Diktator zu töten. Im April 1941 errichteten sie Konzentrationslager oder hoben Milizeinheiten aus. Andere führten Ministerien, die Regionalverwaltung, Polizeieinheiten, Divisionen oder Institutionen der ethnischen Säuberungen, wie zum Beispiel das Amt für wirtschaftliche Erneuerung (Ponova). Pavelić stattete seine jungen Unterführer mit umfangreichen Vollmachten aus, sodass sie in seinem Sinne autonom handeln konnten. Der Radikalismus ihres Tuns und Denkens verband sich mit ihrer Unerfahrenheit – eine Mischung, welche die Eskalation der Gewalt begünstigte.

Zu den Vertrauensleuten des Staatschefs gehörte auch der 31-jährige Sicherheitschef Eugen Kvaternik (1910–1962). Dieser hatte ein klassisches Gymnasium besucht und begonnen, Jura zu studieren, sich aber bald ausschließlich der politischen Arbeit gewidmet. Als Sohn des späteren Marschalls und Ministers Slavko Kvaternik und Enkel des Politikers Josip Frank (1844–1911) war er Abkömmling zweier Familien, aus deren Mitte berühmte Mitglieder seit mehr als einem halben Jahrhundert für die kroatische Unabhängigkeit kämpften. Kvaternik war einer der umtriebigsten Exilanten und ein enger Vertrauter Pavelić'. Während seiner Studien- und Aktivistenjahre hatte er fast ganz Europa bereist und unter anderem in London, Berlin, Nancy und in Italien gelebt. Als Chef des Ustaša-Aufsichtsdienstes (UNS) vereinte er eine große Machtfülle auf sich und konnte eigene Gefolgsleute zu Expeditions- oder Lagerleitern ernennen.[131]

Von den ranghohen Ustaša-Führern blieb jedoch fast keiner durchgängig im Amt, da sich alle gegenseitig misstrauten, miteinander konkurrierten und einander bei Pavelić anschwärzten. Ehemalige Exilanten blickten oft auf die daheim gebliebenen Ustaše als feige und verweichlicht herab, da diese nicht durch die harte Schule des Exils gegangen waren. Unter jenen wiederum galten die Exilantenführer als ungebildet und fanatisch.[132] Wer das Missfallen Pavelić' erregte, wurde abgesetzt.[133]

---

[131] Vgl. Goldstein, The Independent State, S. 423, sowie Goldstein u.a., Holokaust u Zagrebu, S. 579ff.

[132] Vgl. Kisić-Kolanović, Mladen Lorković. Ministar, S. 41; Sundhaussen, Der Ustascha-Staat, S. 503; Broszat u.a., Der kroatische Ustascha-Staat, S. 177; Pavlowitch, Hitler's New Disorder, S. 25, sowie Tomasevich, Occupation and Collaboration, S. 336. Zur Konkurrenz zwischen den im Lande ver-

Die polizeilichen und geheimdienstlichen Organe des USK bildeten ein komplexes und sich wandelndes Netzwerk aus staatlichen und parteilichen Behörden. Zentrum dieses Geflechts war der Ustaša-Aufsichtsdienst, zu dessen Leiter Pavelić bei der Staatsgründung Eugen Kvaternik ernannte und ihn anwies, »Maßnahmen gegen Juden und Serben« zu ergreifen.[134] Damit war der UNS für die geheimdienstliche Überwachung und polizeiliche Bekämpfung der angeblichen Volksfeinde Kroatiens, insbesondere der Serben, Juden und Kommunisten, verantwortlich und bildete das administrative Rückgrat für die Massengewalt im USK. Als Geheimdienst sollte die Behörde über die deutschen und vor allem die italienischen Absichten und Aktivitäten im USK orientiert sein. Kvaternik unterstand damit der gesamte sicherheits- und geheimpolizeiliche Apparat, und er konnte auf alle staatlichen und kommunalen Behörden, die Streitkräfte sowie die Organisationen der Ustaša zurückgreifen.[135] Der offizielle Auftrag des UNS lautete, Aktionen, die »gegen die Freiheit und Unabhängigkeit des USK, gegen Frieden und Sicherheit des kroatischen Volkes sowie gegen die Grundlagen des Befreiungskampfes der Ustaša-Bewegung« gerichtet waren, zu verhindern. Dabei handelte es sich um eine beliebig auslegbare Globalvollmacht, wie Sundhaussen anfügt.[136] Darüber hinaus stand Kvaternik der Staatsdirektion für öffentliche Ordnung und Sicherheit (RAVSIGUR) im Range eines Staatssekretärs im Innenministerium vor. Als Kontrollbehörde aller Polizeiorgane war das RAVSIGUR der Gestapo vergleichbar, während der UNS als oberstes parteipolizeiliches Exekutivorgan dem SD im Deutschen Reich ähnelte. Aufgrund der sicherheitspolizeilichen und geheimdienstlichen Ämterhäufung ist Kvaterniks Stellung durchaus mit der Reinhard Heydrichs als Chef des Reichssicherheitshauptamtes (RSHA) vergleichbar. Auch schieden beide 1942 aus ihren Ämtern. Anders als der ermordete Heydrich wurde Kvaternik jedoch auf deutschen Druck hin abgesetzt.[137]

---

bliebenen und den exilierten Ustaše vgl. Yeomans, »For Us, Beloved Commander«.

133 Vgl. Jareb, The Croatian Nation sowie Goldstein, Ante Pavelić.

134 Goldstein, 1941, S. 91.

135 *DZK*, 28. August 1941; vgl. ferner Sundhaussen, Obaveštajna služba, S. 101f. sowie Sundhaussen, Der Ustascha-Staat, S. 517.

136 Sundhaussen, Der Ustascha-Staat, S. 518.

137 Vgl. Broszat u.a., Der kroatische Ustascha-Staat, S. 134ff.

Die Ustaša dominierte über semistaatliche Parallelstrukturen zeitweise die staatliche Administration und versuchte des Weiteren, parteiliche und staatliche Strukturen zu verschmelzen.[138] Dies sollte allerdings nicht gelingen – schon deshalb nicht, weil ihr lediglich vier Jahre zur Verfügung standen. Der UNS war in die Ämter Sicherheitspolizei (I), Geheimdienst (II) und Konzentrationslager (III) gegliedert. Dem Amt III unter Vjekoslav Luburić (1914–1969) unterstand zudem eine mit der Totenkopf-SS vergleichbare Sondereinheit, der Ustaša-Verteidigungsdienst (UOS). Die Leiter der Ämter und Abteilungen des UNS rotierten häufig und wurden an der Spitze von Ustaša-Einheiten gegen Aufständische eingesetzt, um – wie es hieß – sich im Kampf zu bewähren.[139]

Neben den Pavelić unterstellten Staatsdirektionen für öffentliche Ordnung und Sicherheit und wirtschaftliche Erneuerung war der UNS für die Verfolgung diverser Gruppen hauptverantwortlich. Er verfügte über eine Abteilung, die die Aktivitäten der serbischen Bevölkerung im USK überwachen sollte. Das Vorgehen gegen die Juden wurde mehr als das gegen die Serben von den genannten Zentralbehörden koordiniert und gesteuert. Weite Teile der Verfolgungsmaßnahmen setzte die kroatische Polizei über direkte Anordnungen an die Gemeinden durch.[140] Zwar verübten Ustaša-Einheiten unter der Führung von UNS-Offizieren mehrfach Massaker an serbischen Zivilisten. Im Unterschied zur Verfolgung von Juden und Roma wurde die Serbenverfolgung aber nicht ausschließlich durch den UNS gesteuert, sondern von irregulären Verbänden durchgeführt.

Die kroatische Regierung versuchte, eine funktionierende Ministerialbürokratie zu schaffen und konnte dabei auf die bestehenden Behörden der kroatischen Banschaft (1939–1941) zurückgreifen. Deren Beamte zeigten sich beim Aufbau des kroatischen Staates zunächst engagiert. Die Leitung der Behörden wurde Männern unterstellt, die im Exil ganz andere Erfahrungen gesammelt hatten als die Internierten in den Ustaša-Camps. Der designierte Außenminister Mladen Lorković (1909–1945) beispielsweise hatte in Berlin

---

[138] Hierin ähnelte die Ustaša den Nationalsozialisten, vgl. Mommsen, Die Realisierung des Utopischen, S. 386. Der Ustaša gelang im Gegensatz zu diesen 1944 die Zusammenlegung ihrer Milizen mit der Armee.

[139] Zu den wechselnden Tätigkeiten führender Ustaša-Offiziere, wie bspw. Viktor Tomić, Ivo Babić u. v. m., vgl. Grčić, Tko je tko.

[140] Vgl. Goldstein u.a., Holokaust u Zagrebu, S. 163; zu den administrativen Zuständigkeiten vgl. Sundhaussen, Der Ustascha-Staat, S. 524.

dem geopolitisch inspirierten Kreis um Karl Christian von Loesch (1880–1951) angehört und bei diesem mit der Studie »Kroatisches Volk und Land« promoviert.[141] Innenminister Andrija Artuković (1899–1988), ein promovierter Jurist, hatte das Exil unter anderem in Berlin, Wien, Budapest und London verbracht. Der österreichisch-ungarische Weltkriegsveteran, volkstümliche Schriftsteller und promovierte Jurist Mile Budak wurde Minister für Religion und Kultus.[142] Die aus Pavelić' Sicht zentralen Politikfelder wie Staatssicherheit, Enteignungspolitik, Siedlungspolitik, Ernährung und Propaganda kontrollierte der Diktator jedoch selbst, indem er hierfür ihm direkt unterstelle Sonderdirektionen schuf.

Wegen der sich überschneidenden Strukturen waren die kroatischen Behörden zu keiner einheitlichen Politik in der Lage und lagen miteinander auch in der Ausgestaltung der Verfolgungspolitik oft über Kreuz.[143] Zwar gab es immer wieder Initiativen gegen das Ämterchaos. So wurde Anfang 1942 das Innenministerium als allein für die Judenpolitik zuständig erklärt. In der Praxis änderte dies indes wenig.[144] Im Gegenteil, die Institutionen der Ustaša gerieten aufgrund der mangelnden Erfahrung ihrer Funktionäre gegenüber staatlichen Stellen ins Hintertreffen. Das wichtigste Verfolgungsorgan der Bewegung, der UNS, wurde im Herbst 1942 zugunsten einer Staatsdirektion im Innenministerium aufgelöst. Für eine wirksame Konsolidierung des Staates war es dann aber bereits zu spät. Die abnehmende Bedeutung der Ustaša als Bewegung bedeutete außerdem keinen grundsätzlichen Schwenk, denn die Beamten und Militärs, deren Bedeutung im Laufe der Krieges wuchs, intendierten zwar eine Deradikalisierung der Mittel, nicht aber der Ziele, denn auch sie waren an der Realisierung des Utopischen, sprich der Schaffung eines kroatischen Nationalstaates, interessiert. Weiterhin standen ihnen auf allen Ebenen Ustaša-Funktionäre zur Seite.

---

141 Vgl. Debelić, Mladen Lorković.

142 Für Budak siehe Proebst, Doglavnik, sowie Fertilio, Poslanici NDH.

143 So entschied das Staatliche Verkehrsbüro, dass einer Jüdin ihr Radioapparat zurückgegeben werden müsse, woraufhin sich die Polizei weigerte, die Anordnung auszuführen, Staatliches Verkehrsbüro an RUR BO, 12. Dezember 1941, HDA/252/7, Nr. 1414/41.

144 Berichte der jüdischen Gemeinde, »Die Lage der Juden in Kroatien«, 1. März 1942, JIMB/k. 60/8/8, Bl. 1, sowie »Darstellung über die bisherigen antijüdischen Maßnahmen und die Lage der Juden in Kroatien« (Mitte Mai 1942), YVA/M.70/140, Bl. 51–68.

Abb. 10: Bezirke und Großgespanschaften im Unabhängigen Staat Kroatien (1941–1943).
© Tobias Stiefel

© Tobias Stietel, Berlin 2012
Ungarn
Rumänien
D. Miholjac
Valpovo
Osijek
Našice
Vukovar
Đakovo
Vinkovci
Ilok
Hrv. Karlovci
Brod
Šid
Irig
Županja
Ruma
St. Pazova
Derventa
Hrv. Mitrovica
Gradačac
Brčko
Zemun
Bijeljina
Doboj
Gračanica
Tešanj
Maglaj
Teslić
Tuzla
Žepče
Zvornik
Serbien
Zenica
Klandanj
Vlasenica
Srebrenica
Fojnica
Visoko
Sarajvo
Rogatica
Višegrad
Konjić
Čajniće
Foča
Mostar
Nevesinje
Gacko
Stolac
Montenegro
Ravno
Bileća
Trebinje
Dubrovnik
Albanien

Die Regionalverwaltung des USK war in 22 Großgespanschaften (*velike župe*) gegliedert, deren Leiter in der Regel treue Gefolgsleute Pavelić' waren, die aus den jeweiligen Regionen stammten und hohe Ustaša-Ränge bekleideten. Unter Berufung auf ihre Beziehung zu Pavelić befehligten sie sowohl über die Verwaltung als auch über lokale Milizen. Wegen ihrer lokal gefestigten Position gingen sie aus Machtkämpfen mit dem übergeordneten Innenministerium meist als Sieger hervor. Zu den bedeutendsten Großgespanen gehörten der Anwalt Dr. Viktor Gutić (1901–1946) mit Sitz in Banja Luka, Dr. Ante Nikšić (1892–1962) mit Sitz in Karlovac, David Sinčić (1911–1949) mit Sitz in Knin und der ehemalige Franziskanermönch Božidar Bralo (1907–1945) mit Sitz in Sarajevo.[145]

Die Großgespanschaften wiederum bestanden aus insgesamt 141 Bezirken. Der Aufbau von Kommunalverwaltung, polizeilichen Strukturen und Stützpunkten der Ustaša auf Bezirksebene führte oft zu einem erbitterten Streit um die Postenbesetzungen.[146] Träger der lokalen Herrschaft waren sowohl Beamte, die als kroatische Patrioten auf ihren Stellen verblieben waren, wie auch lokale Ustaše, die Ämter neu übernahmen. Beide Gruppen konkurrierten miteinander und waren doch auf Kooperation angewiesen. Vor Ort konnte die Ustaša-Herrschaft sehr hybride Formen annehmen, da Vertreter verschiedener politischer Richtungen innerhalb der Ustaša ihre Ziele zu verwirklichen hofften.[147]

Kader und Aktivisten der Ustaša versuchten, in mühsamer Arbeit Parteistrukturen in den Regionen aufzubauen. Gerade in den serbisch und muslimisch dominierten Landesteilen, in denen es keine kroatischen Beamten gab, dauerte es Wochen, bis Vertreter der neuen Staatsmacht einrückten. In Sarajevo hielt die kroatische Armee erst Ende April 1941 Einzug.[148] Es gab Gegenden, die während der folgenden vier Jahre keinen einzigen Vertreter der Ustaša zu Gesicht bekamen. Im Juli 1941 durchquerte der KPJ-Funktionär Milo-

---

145 Vgl. Broszat u.a., Der kroatische Ustascha-Staat, S. 79.

146 Am Beispiel der syrmischen Stadt Petrovaradin wurde geschildert, wie tief die Gräben manchmal waren, die die Machtkämpfe der Anfangszeit rissen, vgl. Gavanski, Sistem okupatorsko-kvislinške vlasti, S. 124.

147 Die Heterogenität lokaler, als Ustaša firmierender Fraktionen wird deutlich im Bericht eines deutschen V-Mannes, 2. Juli 1941, PA AA/Büro StS: Kroatien, Bd. 1, Bl. 286ff.

148 Zur sukzessiven Machtübernahme vgl. Greble, Sarajevo, 1941–1945, S. 54ff.

van Djilas (1911–1995) auf dem Weg von Belgrad nach Montenegro Bosnien und die Herzegowina in Kleinbahnen. Die Züge fuhren durch Gebiete ohne jede staatliche Autorität. Wider Erwarten musste er nicht einmal seinen gefälschten Pass vorzeigen.[149] Der Aufbau einer Ustaša-treuen Verwaltung ging schleppend voran, da der Staat über keinerlei Fernsprechverbindungen in entfernte Provinzen wie Bosnien und Syrmien verfügte und der Führung oft völlig unklar war, was vor Ort vor sich ging.[150]

Die Ustaša stand vor erheblichen Schwierigkeiten. Sie war auf ihren plötzlichen Machtantritt nicht vorbereitet und musste nun einen Staat mit sechs Millionen Einwohnern regieren. Sie verfügte über keinerlei Regierungserfahrung, über keine konkreten Konzepte und über keine homogene Organisation. Der Staatsaufbau stieß auf ernsthafte strukturelle und materielle Schwierigkeiten, die zu beheben kroatische Stellen immer wieder die Deutschen baten.[151] Der Ustaša mangelte es an fast allem. Beispielsweise musste sich Pavelić für die Parade zum einjährigen Bestehen des Ustaša-Staates eine Limousine von der Wehrmacht leihen.[152] Weiterhin versorgten deutsche Stellen den Verbündeten mit technischer Ausrüstung, Waffen sowie Wissen. Auch Italien investierte viel, beispielsweise auf dem Gebiet der Armee- und Polizeiausbildung. Im Gegenzug war die kroatische Regierung nicht nur mit den Kontrollansprüchen ihrer Verbündeten konfrontiert, sondern musste sich auch die Ausbeutung der Rohstoffe des Landes und der Arbeitskraft seiner Bewohner gefallen lassen.[153] Die Machtausübung der Ustaša war geprägt durch eingeengte Spielräume, Improvisation, Konkurrenz der einzelnen Fraktionen, Gewalt und eine Regierungsform, die sich zwar des vorhandenen Verwaltungsapparates bediente, sich aber in den Provinzen vor allem durch das

---

149 Djilas, Der Krieg der Partisanen, S. 16.

150 D.G.i.A. an OKW, 12. Mai 1941, BA-MA/RH 31 III/10, Nr. 407.

151 AA (Luther) an DGA (Kasche), 20. August 1942, PA AA Inland II g, R 100.765/, Bl. H300383.

152 D.G.i.A. an OKW, 12. Juni 1941, BA-MA/RH 31 III/1, 43.

153 Zu deutschen Lieferungen in den USK siehe Bericht D.G.i.A., 4. Dezember 1941, NARA/T-501, 267/618–19 sowie AA (Luther) an DGA, 20. August 1942, PA AA/Inland II g, R 100.765/, Bl. H300383; vgl. ferner Broszat u.a., Der kroatische Ustascha-Staat, S. 71; zum italienischen Engagement vgl. König, Kooperation als Machtkampf.

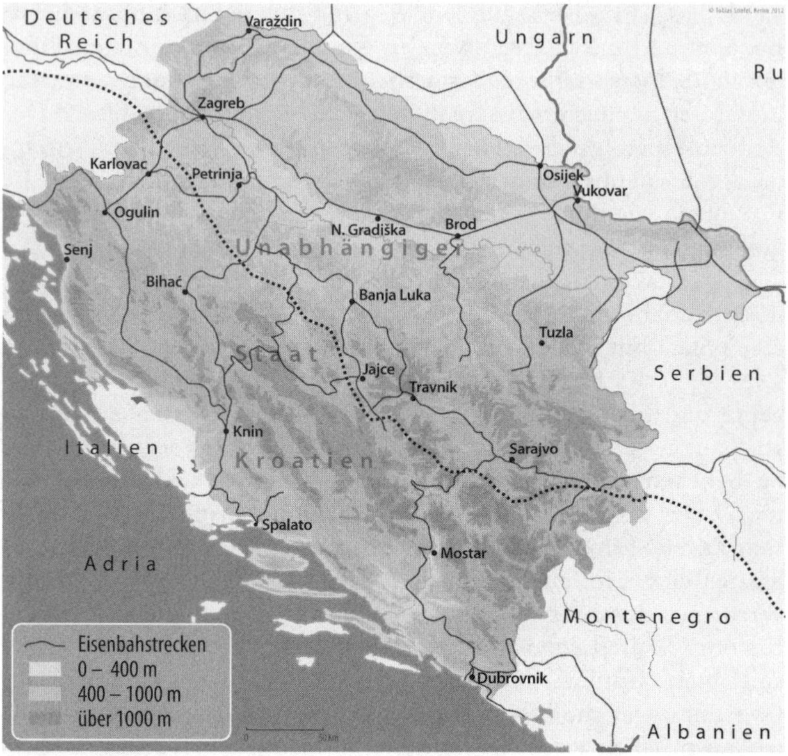

Abb. 11: Die Topografie des USK und das kroatische Eisenbahnnetz (samt Schmalspurbahnen). Der gebirgige Westen des Landes bot ideale Voraussetzungen für die Aktivitäten der aufständischen Widerstandsgruppen. © Tobias Stiefel

persönliche Regime ihrer Vertreter sowie durch bewaffnete Verbände zu behaupten suchte.

Wo der Staat nicht existent war, nahmen die Vorsteher der einzelnen Volksgruppen das Schicksal ihrer Gemeinden selbst in die Hand. Oftmals konkurrierten sie um den lokalen Einfluss und um die Verteilung der Ressourcen. Dabei gerieten serbische Vertreter meist ins Hintertreffen, da zumindest die deutschen Besatzungsbehörden sie als Repräsentanten der alten Ordnung ansahen. Dennoch stiegen die Kroaten nicht automatisch zur dominanten Gruppe auf. In Bijeljina beispielsweise beschwerten sich die Ustaše, dass die deutsche Minderheit und die muslimische Mehrheit auf Kosten der

Kroaten kooperierten.[154] Insofern kennzeichneten auch regionale Unterschiede den Staatsaufbau. Was mancherorts den Charakter einer gewaltsamen Revolution annahm, begleitet von Übergriffen durch bewaffnete Soldateska und von der Begleichung alter Rechnungen, vollzog sich anderenorts nahezu geräuschlos.

Für die Analyse der Massenverbrechen sind vornehmlich der polizeiliche und der bewaffnete Arm der Ustaša sowie die irregulären Ustaša-Milizen von Bedeutung. Auf diese wird an späterer Stelle eingegangen, wenn ihre konkreten Tätigkeiten ins Zentrum der Aufmerksamkeit rücken. Kurz genannt sei an dieser Stelle noch das kroatische Heer (*Domobran*), das im Jahr 1941 in aller Eile gegründet wurde. Sein Kern bestand aus einigen kroatischen Einheiten der Jugoslawischen Armee und Formationen der nationalpolitischen kroatischen Jugendverbände. Im Sommer 1941 gab es fünf Divisionen und ein Ostkorps, das in die Sowjetunion gesandt wurde und 1943 in Stalingrad unterging.[155] Ein weiteres Expeditionskorps diente unter italienischer Flagge.[156] Insgesamt durchliefen etwa 100000 Soldaten die Heimwehr. Die Offiziere wurden in Deutschland und zum kleineren Teil in Italien ausgebildet. Einige ältere stammten aus dem Offizierskorps der k.u.k.-Armee. Vereinzelt stießen auch kroatische Offiziere der ehemaligen Jugoslawischen Armee dazu, was die Ustaša besonders misstrauisch machte. Zwei höhere Offiziere waren gar orthodoxen Glaubens.[157] Der Armee wurden Waffen und Ausrüstung auf Kosten der Milizen vorenthalten, was zu einem Dauerkonflikt zwischen der Ustaša und dem Heimwehrministerium unter Slavko Kvaternik führte. Die mangelhafte Ausrüstung und das Misstrauen durch die eigene Regierung schwächten die kroatische Armee. Die Moral der Truppe war schlecht, und Tausende Rekruten, Kroaten, Muslime und Serben gleichermaßen, flohen im Moment ihrer Einberufung in die Wälder. Ganze Einheiten streckten beim ersten Feindkontakt die Waffen oder liefen geschlossen zu den Partisanen über.

---

[154] Befehlshaber Bezirk Bijeljina an den Bevollmächtigten des Poglavnik, 9. Mai 1941, HM BiH/NDH/1941, Nr. 1614.

[155] Vgl. Redžić, Bosnia and Herzegovina, S. 77; zum Ostkorps siehe Aktennotiz RFSS über die Gründung der Kroatischen Legion, 29. Juni 1941, BArch/NS 19/1871, Bl. 32.

[156] Rede des Poglavnik vor kroatischen Freiwilligen, 14. Dezember 1941, in: *Za Dom*, Nr. 39/40, S. 10.

[157] Vgl. Dragojlov, Der Krieg 1941–1945.

Abb. 12: Die Gebiete Kroatiens, die sich Ende 1941 unter loser bzw. fester Kontrolle der Aufständischen befanden.

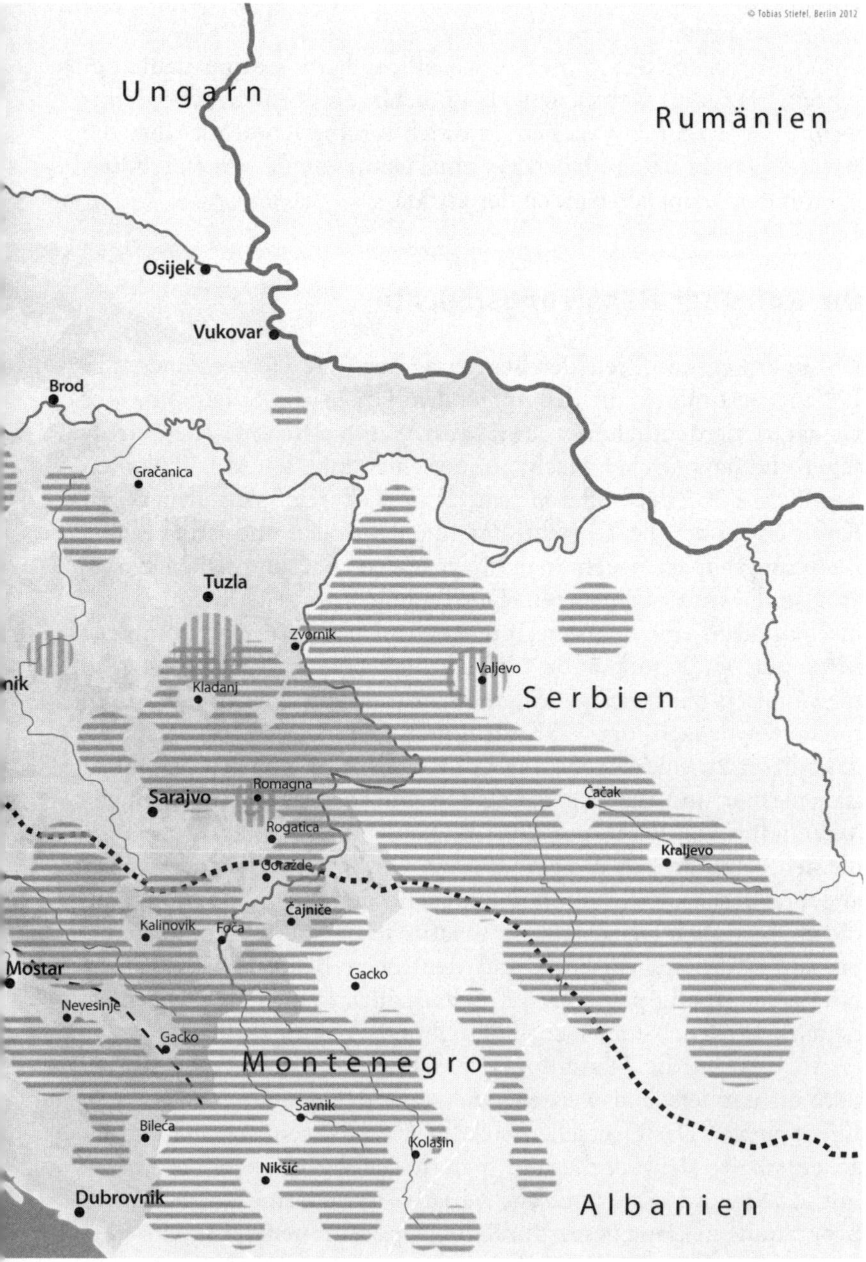
© Tobias Stiefel, Berlin 2012
Ungarn
Rumänien
Osijek
Vukovar
Brod
Gračanica
Tuzla
Zvornik
Valjevo
Kladanj
Serbien
Sarajvo
Romagna
Rogatica
Goražde
Čačak
Kraljevo
Čajniče
Kalinovik
Foča
Mostar
Gacko
Nevesinje
Gacko
Montenegro
Šavnik
Bileća
Kolašin
Nikšić
Dubrovnik
Albanien

Um die Effizienz der Armee zu steuern, sicherte sich im Laufe des Jahres 1942 die Wehrmacht die Befehlsgewalt über die Heimwehr.[158] Auch die Ustaša bemühte sich um die Kontrolle über die Armee. Dies führte im Jahr 1944 zur Fusion von den Armeeeinheiten mit den Kampfverbänden der Ustaša.

Die Rolle der Besatzungsmächte

Die Politiken und Ziele der Besatzungsapparate Deutschlands und Italiens bestimmten in den folgenden Jahren die Spielräume der Ustaša. Überdeutlich ist dabei die Asymmetrie zwischen deutscher und italienischer Macht auf der einen und den Möglichkeiten der Ustaša auf der anderen Seite. Ein weiteres Strukturmerkmal Kroatiens bildet die Tatsache, dass die deutschen und italienischen Besatzungsapparate nicht in der Lage waren, eine einheitliche Besatzungspolitik zu organisieren. Die Teilung Kroatiens in eine italienische und in eine deutsche Interessensphäre schuf eine komplexe Mischung aus Kooperation und Rivalität beider Parteien, die sich misstrauisch bei ihren jeweiligen Schritten beäugten. Beide Seiten trachteten danach, den USK zu dominieren, was zur Folge hatte, dass dieser zu einer Arena der Konkurrenz und zum Tummelplatz italienischer und deutscher Agenten wurde. Das unterschiedliche Verständnis von Besatzung und Umgang mit allen anfallenden Problemen, letztlich also die Frage, wann Gewalt in welchem Ausmaß angebracht sei, entwickelte sich zum zentralen Streitpunkt innerhalb dieses Geflechts. Der Ustaša verschaffte das bilaterale Konkurrenzverhältnis der italienischen und deutschen Besatzer zwar Spielräume, langfristig profitieren konnte jedoch keine der Parteien im deutsch-kroatisch-italienischen Dreibund.

Auch wenn die Handlungsspielräume der Ustaša groß waren, darf nicht übersehen werden, wie stark der deutsche Einfluss in Kroatien war. Das Deutsche Reich formte den kroatischen Staat, der an ernsthafte strukturelle und materielle Grenzen stieß, tatkräftig mit. Auch wurden auf deutsche Initiative gewaltsame Umsiedlungsprogramme in Gang gesetzt und die Deportationen der kroatischen

---

[158] Lagebericht, D.G.i.A. an OKW, 19. Mai 1942, BA-MA/RH 31 III/2, o. lfd. Nr., S. 11; vgl. ferner Hoare, Genocide and Resistance, S. 19.

Juden nach Auschwitz durchgeführt. Historiker haben sogar vereinzelt behauptet, dass auch die Vernichtung der serbischen Bevölkerung von deutscher Seite gewollt war. Demgegenüber wird hier vor allem die Sprunghaftigkeit und Hilflosigkeit der deutschen Serbenpolitik betont. Die antiserbische Gewalt war Folge des Eigensinns der Ustaša. Erst ab Ende 1942 beschränkten die Deutschen wirksam die Handlungsspielräume der Ustaša – was sich schließlich mäßigend auf ihre Serbenpolitik auswirkte.[159]

Die deutsche Besatzungspolitik

Da die deutsche Außenpolitik vor 1941 Jugoslawien als Gesamtstaat zu hegemonisieren trachtete, war sie bis zur Staatsgründung an Kroatien und der Ustaša uninteressiert. Niemand in Deutschland erhob die Forderung, dass Jugoslawien entlang seiner ethnischen Grenzen aufgeteilt werden solle. Nicht einmal aus völkischer Perspektive, aus der in der Regel ein besonderes Augenmerk auf Ethnisierungsprozesse gelegt wurde, war die Einheit des jugoslawischen Staates gefährdet. Trotz gewisser Sympathien, die deutsche Akademiker, vor allem am Berliner Institut für Grenz- und Auslandsstudien, für den kroatischen Separatismus hegten, argumentierten die meisten Südostforscher, dass die Schaffung eines jugoslawischen Volkes möglich sei und sich dieses Projekt auf einem guten Weg befinde. Der Geograf Josef März (1892–1955), einer der führenden deutschen Jugoslawienexperten, sah Jugoslawien noch 1938 als ein Land, »in dem das Gemeinsame das zweifellos auch vorhandene Gegensätzliche bei weitem überwiegt«.[160] Auch das *Schwarze Korps*, das Wochenblatt der SS, brachte in seiner Berichterstattung keine Sympathien für Kroatien auf und stellte die Ustaše

---

[159] Die Einschätzung, dass es sich bei der Ustaša um ein Ausführungsorgan deutscher Besatzungspolitik gehandelt habe, findet sich bspw. bei Seckendorf, Zur Okkupationspolitik, S. 45. Auch die deutsche und österreichische Täterforschung trug durch die absolute Betonung der deutschen antiserbischen Agenda im Vernichtungskrieg zu dieser Tendenz bei, da die Agenden regionaler Akteure in der Folge als zweitrangig erschienen. Dies gilt beispielsweise für die Arbeiten von Walter Manoschek. Zu einer differenzierten Darstellung der deutschen Besatzungspolitik vgl. Gumz, Wehrmacht Perceptions; Schmider, Partisanenkrieg in Jugoslawien, sowie Dulić, Utopias of Nation.

[160] März, Jugoslawien, S. 77.

bis 1941 konsequent als politisch unbequeme Separatisten dar.[161] Die Zerschlagung Jugoslawiens war eine Ad-hoc-Entscheidung Hitlers, nach der zunächst vollkommene Unklarheit darüber herrschte, wie der jugoslawische Raum organisiert werden sollte. Ende März 1941 stellte Hitler Kroatien Autonomie als Gegenleistung für kroatisches Wohlverhalten in Aussicht und bestätigte gleichzeitig italienische Ansprüche auf Hegemonie über den kroatischen Raum.[162] Bis 1943 stellte der westliche Balkan für die deutsche Führung nur einen Nebenkriegsschauplatz dar, und der »Drang nach Südosten« war militärstrategischen Überlegungen untergeordnet.[163] Die deutsche Kroatienpolitik bestand aus einem unentschlossenen Nebeneinander konkurrierender Konzepte. Zudem war die Wehrmacht in Kroatien personell nicht gut aufgestellt. Beides spielte der Ustaša in die Hände, denn das Deutsche Reich erwies sich als unfähig, die unerwünschte Massengewalt der Ustaša zu unterbinden.

In den Jahren von 1941 bis 1945 war Kroatien ein permanenter Kriegsschauplatz. Neben der Gesandtschaft, auf die noch einzugehen sein wird, war deshalb die Wehrmacht die wichtigste deutsche Akteursgruppe im USK, auch wenn sie wegen politischer Rücksichtnahme ihre militärischen Interessen nicht immer durchzusetzen wusste. Als militärpolitischer Koordinator vertrat Generalmajor Edmund Glaise von Horstenau (1882–1946) die Interessen der Wehrmacht gegenüber der kroatischen Regierung. Während seiner Amtszeit als österreichischer Minister, der für einen Anschluss Österreichs an das Deutsche Reich eintrat, hatte er Hitlers Vertrauen erworben; wie dieser war Glaise von Horstenau in Braunau geboren. In der historischen Forschung gilt er zu Unrecht als unabhängiger Geist und widerständiger Kritiker sowohl Hitlers als auch der Ustaša. Dies liegt vor allem daran, dass er sich gelegentlich für vom Ustaša-Regime Verfolgte einsetzte und 1944 demissionieren

---

161 Kovačević, Der Balkan aus Sicht der SS, S. 50.

162 »Besprechung über Lage in Jugoslawien«, 27. März 1941, AVII/Na./1, 2/3, sowie »Allgemeine Absichten für die spätere Organisation der Verwaltung im jugoslawischen Raum« vom 6. April 1941, PA AA/Büro StS Jugoslawien, Bd. 3; vgl. ferner Tomasevich, The Chetniks, S. 91.

163 Der Stellenwert des Balkans für die Nationalsozialisten wurde häufig überschätzt, siehe Seckendorf, Zur Okkupationspolitik, sowie Thörner, Der ganze Südosten; vgl. auch Freytag, Deutschlands »Drang nach Südosten«.

musste.[164] Trotz seiner privaten Aufzeichnungen, in denen er die Ustaša scharf kritisierte, hielt er sich mit öffentlicher Kritik zurück und unterstützte das Regime.[165] Er beteiligte sich insofern an der Verfolgungspolitik, als er sich an jüdischen Gütern bereicherte, sich antisemitischer Informanten bediente und sich für die summarische Erschießung kommunistischer Gefangener einsetzte.[166] Auch für die politische Destabilisierung war er mitverantwortlich, indem er die deutsche Politik, oftmals im Einklang mit dem Gesandten Kasche, in eine antiitalienische Richtung drängte. Wegen des »Verrats von 1915« war er zu keiner vertrauensvollen Zusammenarbeit mit seinen italienischen Kollegen bereit.

Glaise von Horstenau steht wohl wie kein anderer Vertreter der deutschen Besatzung Südosteuropas für das Erbe der Doppelmonarchie. Doch inwieweit dieses Erbe während des Zweiten Weltkriegs handlungsleitend war, ist schwer zu bestimmen. Der österreichische Historiker Walter Manoschek behauptet, das Verhalten der österreichischen Angehörigen von Wehrmacht und SS sei aufgrund ihres spezifisch antiserbischen Rassismus besonders genozidal gewesen.[167] Die Behauptung mag für einzelne Militärs, wie beispielsweise für den General der Infanterie Franz Böhme (1885–1947), zutreffen, ist aber wegen ihrer Pauschalität nicht zu belegen. Glaise von Horstenau beispielsweise setzte seine Erfahrungen ganz anders ein, schwelgte in imperialer Nostalgie und hegte zumindest für diejenigen Serben, die vor 1914 in der Doppelmonarchie gelebt hatten,

---

164 Siehe Broucek, Deutscher Bevollmächtigter General; zu Glaise von Horstenaus Einsatz für Verfolgte siehe bspw. Rochlitz, Accident of Fate, S. 75f.; für eine apologetische Charakterisierung Glaises vgl. Kiszling, Glaise von Horstenau; eine wohlwollende Darstellung findet sich bei Berger Waldenegg, Glaise von Horstenau.

165 Glaise von Horstenaus Inkompetenz und seine Gefühlswelt, die stark von der österreichisch-ungarischen Vergangenheit geprägt war, lassen ihn als eine Art Operettengeneral erscheinen. Siehe Broucek, Deutscher Bevollmächtigter General.

166 Vgl. Schmider, Partisanenkrieg in Jugoslawien, S. 45ff.; zum Raub jüdischen Eigentums durch Glaise von Horstenau vgl. Vogel u.a., Dienen und Verdienen, S. 175ff.; radikalantisemitische Positionen finden sich in fast allen Berichten von Glaise von Horstenaus Zuträger Major Arthur Häffner; zu Forderungen Glaise von Horstenaus, Geiseln zu erschießen, siehe D.G.i.A. an OKW, 4. Oktober 1941, BA-MA/RH 31 III/1, Bl. 187.

167 Manoschek, Die Wehrmacht, S. 12.

eine gewisse Sympathie. Gerade die Anhänger der supranationalen Monarchie hatten manche Schwierigkeiten, sich eine rassistische Weltanschauung zu eigen zu machen.[168] Nicht zuletzt hat der Historiker Jonathan Gumz kürzlich überzeugend dargestellt, dass die militärische Besatzung Serbiens während des Zweiten Weltkriegs eben keinen Vorläufer des deutschen Besatzungsterrors im Zweiten Weltkrieg darstellte, weil sie nicht durch einen generellen antiserbischen Rassismus gelenkt wurde, sondern traditionellen imperialen Zielen entsprach.[169]

Die Wehrmacht war in einigen militärpolitischen Fragen zerstritten. Einige Generäle setzten auf eine militärische Zusammenarbeit mit der Ustaša, während andere sie entmachten wollten. Der operative Befehlshaber der deutschen Verbände in Kroatien und Serbien, General der Artillerie Paul Bader (1883–1971), stellte das Projekt des kroatischen Staates an sich infrage und setzte auf ein Bündnis mit nationalserbischen Kräften.[170] Deutsche Militärs und die SS, die in oder von Serbien aus wirkten, müssen als spezifische Gruppen angesehen werden. Sie setzten auf ein ethnisch homogenes Serbien und waren somit die Hauptverantwortlichen für den dort mithilfe der serbischen Zivilverwaltung durchgeführten Genozid an Juden und Roma. Zugleich hatten manche von ihnen spezifische Vorstellungen von Serbien als mitspracheberechtigtem europäischem Teilstaat, und genau diese politische Linie brachte sie in scharfen Gegensatz zur Ustaša, die von Serbien als politischem Faktor nichts wissen wollte. Konflikte waren die unausweichliche Folge. Der Blick auf das spannungsreiche Verhältnis zwischen Zagreb und Belgrad während des Krieges darf jedoch nicht verdecken, dass die serbischen Spielräume im Vergleich zu Kroatien um ein Vielfaches geringer ausfielen.

Sowohl serbische als auch kroatische Kräfte bekamen also je nach Verhandlungspartner von der Wehrmacht ganz unterschied-

---

[168] Für Glaise von Horstenau siehe Berger Waldenegg, Glaise von Horstenau, S. 321f.

[169] Gumz, Resurrection and Collapse.

[170] Als der »proserbischste« deutsche Militär gilt der Deutsche Befehlshaber Serbien, General der Flieger Heinrich Danckelmann, der quasi im Alleingang eine serbische Regierung eingesetzt hatte. Zur Kritik deutscher Stellen in Serbien an der Ustaša siehe Ernst Weinmann, Eidesstattliche Erklärung, Reutlingen, 18. November 1945, JIMB/k. 23/4, 1-II, 2; vgl. ferner Schmider, Partisanenkrieg in Jugoslawien.

liche Signale übermittelt, was zur Erosion des deutschen Ansehens beitrug.[171] Neben ihrer Uneinigkeit war die militärische Schwäche der Grund, warum die Wehrmacht nicht in der Lage war, den USK nach ihren Vorstellungen zu gestalten. Im Hochsommer 1941, als die Massenmorde der Ustaša ihren Höhepunkt erreichten, befanden sich gerade einmal 7500 deutsche Soldaten in Kroatien. Bei den meisten handelte es sich um schlecht ausgebildete Reservisten, die nicht besonders kampfstark waren (obgleich sie ihren Gegnern hinsichtlich ihrer Ausrüstung und Waffenstärke hoch überlegen waren). Demgegenüber belief sich die italienische Mannesstärke auf das Dreißigfache.[172] Doch die deutschen Verbände konzentrierten sich zunächst auf die Besetzung der wichtigsten Verbindungslinien und überließen den Rest des Landes der Ustaša, den Partisanen und den Četnici.[173] Erst der serbische Aufstand und militärische Erfolge der Partisanen sollten ab Herbst 1941 zu einer Verstärkung der deutschen Truppen führen.

Das Besatzungsregime der Wehrmacht war in vielerlei Hinsicht für die extreme Gewalt im USK mit verantwortlich. Die Aufteilung Jugoslawiens in Untereinheiten und die unterschiedliche Behandlung der Bewohner abhängig von ihrer Nationalität schuf Fakten, welche die bestehenden ethnischen Spannungen verschärften. Davon profitierte in erster Linie die Ustaša, und zwar auf politischer Ebene. Die Wehrmachtspropaganda stimmte die deutschen Soldaten vor dem Feldzug auf einen »Krieg gegen die Serben« ein und warnte sie vor der einheimischen Bevölkerung: »Der deutsche Soldat sieht sich in Jugoslawien nicht einem einheitlichen Volk gegenüber, sondern einem Gemisch von Völkern und Stämmen, deren Einstellung [den Deutschen gegenüber, A.K.] von fanatischem Widerstand bis zu freundlichem Entgegenkommen changieren kann«, hieß es in den Richtlinien für die Truppe.[174] In Kroatien sei ein freundlicher Emp-

---

[171] Diesen Umstand bemängelte Glaise von Horstenau, siehe D.G.i.A. an OKW, 25. Februar 1942, BA-MA/RH 31 III/2, o. lfd. Nr.

[172] Vgl. Schmider, Partisanenkrieg in Jugoslawien, S. 586f.; vor allem die 718. Infanteriedivision (ID) unter Generalleutnant Johann Fortner war im USK eingesetzt. Daneben waren die 704., 714., 717. ID zu unterschiedlichen Zeiten im USK stationiert. Zwei der vier Divisionen waren in Österreich ausgehoben worden; vgl. Manoschek, Partisanenkrieg und Genozid, S. 147.

[173] Vgl. Sundhaussen, Der Ustascha-Staat, S. 500.

[174] »Richtlinien für das Verhalten der Truppe in Jugoslawien«, o.D., BA-MA/ RH 20–12/397, o. lfd. Nr.; zu antiserbischen Stimmungen siehe Sonderbe-

fang zu erwarten; in Bosnien sei die mohammedanische Bevölkerung für ritterliches Verhalten empfänglich, wobei Verkehr mit Frauen unter allen Umständen zu vermeiden sei; in serbischen Gebieten hingegen sei »fanatischer Widerstand« und eine »äußerst feindselige Haltung«[175] der Zivilbevölkerung zu erwarten. Konsequenterweise versuchten die meisten deutschen Soldaten als Erstes herauszufinden, welcher Nationalität ihr Gegenüber angehörte. Auf Lastwagen mit montierten Maschinengewehren führte die Wehrmacht dann in der Folge »Kreisfahrten« durch, um »die Serben zu überwachen«.[176] Während kroatische, mazedonische und muslimische Kriegsgefangene meist umgehend entlassen wurden, verblieben die serbischen, slowenischen und jüdischen Soldaten oft jahrelang in Kriegsgefangenen- oder Zwangsarbeiterlagern.[177] Die Wehrmachtsführung ethnisierte also nicht nur den Blick und das Verhalten ihrer eigenen Soldaten, sondern auch das der Bevölkerung, indem sie diese einem steten *ethnic profiling* unterwarf. Dabei wurde das Verhalten der Deutschen immer paranoider, da sie die Bevölkerung kaum in Freund und Feind unterscheiden konnten und ihr mit Feindseligkeit und Misstrauen gegenübertraten. Das führte dazu, dass deutsche Einheiten nicht nur Massaker an der »verfeindeten« serbischen Bevölkerung, sondern auch in »befreundeten« kroatischen Dörfern verübten.[178]

Grundsätzlich war die Wehrmacht daran interessiert, das Land unter Einsatz geringer Ressourcen zu beherrschen. Das führte zwangsläufig zu Konflikten mit der Ustaša, die durch ihre Politik den Bürgerkrieg im Land entfachte und am Laufen hielt. »Manch wertvolles deutsches Soldatenblut ist dank dieser zutiefst widersin-

---

richt der Deutschen Wochenschau, 4. Juni 1941, SSFVA/RG-60.0890/28, Min. 3:48 [Imperial War Museum, GWY 716 R1–2].

175 Richtlinien für das Verhalten der Truppe in Jugoslawien, o. D. BA-MA/RH 20–12/397.

176 Ortskommandantur Brod an 718. ID, 26. Juni 1941, BA-MA/20–12/454, o. lfd. Nr.

177 Vgl. Meron, Wir müssen es alleine schaffen.

178 So erschoss im Juli 1943 eine Einheit der SS-Division Prinz Eugen 69 Bewohner des kroatischen Dorfes Košutica, siehe Bericht 5. Gendarmerieregiment an Ortskommandantur Sarajevo, 18. Juli 1943, NARA/T-120/5788, Nr. 867/43 geh.; der Vorfall führte zu einer Krise in den deutsch-kroatischen Beziehungen.

nigen Politik unnötig vergossen worden«,[179] fasste Glaise von Horstenau die deutsche Kritik zusammen. Das Dilemma der Deutschen bestand jedoch darin, dass auch sie eine Partei im Bürgerkrieg waren. Sie konnten den Bürgerkrieg nicht ohne Weiteres beenden und wurden zudem die Ustaša als ihre einzige Partnerin so schnell nicht wieder los. Darüber hinaus wirkte die Wehrmacht unglaubwürdig, wenn sie die Ustaša für deren Gewalttaten kritisierte und zu zügeln versuchte. Denn die Methoden der eigenen Verbände im Partisanenkrieg führten der Ustaša vor, dass massenmörderische Methoden von deutscher Seite als Mittel der Kriegsführung anerkannt waren.[180] Somit goss die Wehrmacht Öl ins Feuer des Bürgerkrieges und konnte wenig tun, um das Land zu befrieden.

Die wichtigste politische Stütze des Ustaša-Regimes bestand in der Gesandtschaft in Agram unter Siegfried Kasche (1903–1947). Neben Hitler war der Gesandte (von 1941 bis 1945 im Amt) der bedeutendste Befürworter des Bündnisses mit der Ustaša. Kasche war ein ehemaliger Freikorpskämpfer, Wehrgruppenführer und schlesischer SA-Obergruppenführer, der den sogenannten Röhm-Putsch am 30. Juni 1934 nur knapp überlebt hatte.[181] In der Forschung wird er meist als fanatischer und skrupelloser, zugleich aber inkompetenter Mentor der Ustaša beschrieben.[182] Dieses Bild ist unzureichend, da es die strukturellen Gründe für Kasches politisches Handeln nicht berücksichtigt. Kasche, ein idealistischer Nationalsozialist, war ein effektiver Sachverwalter deutscher Interessen auf schwierigem Terrain. Er hielt sehr enge Fühlung mit der kroatischen Regierung und dem deutschen Personal. Woche für Woche dinierte er mit Pavelić oder anderen kroatischen Regierungsmitgliedern, koordinierte sich mit Glaise von Horstenau, konferierte mit Gästen aus dem Reich und nahm auch seine Repräsentationspflichten sehr ernst. Allerdings war auch sein Blick durch anti-italienische Ressentiments geprägt, und er machte lieber den Verbündeten für

---

179 D.B.G.i.K. an OKW, 13. Dezember 1942, BA-MA/RH 31 III/13, o. lfd. Nr.

180 Zu von deutschen Truppen verübten Massakern vgl. Manoschek, Die Wehrmacht; Gumz, German Counterinsurgency Policy; ders., Gumz, Wehrmacht Perceptions; Schmider, Partisanenkrieg in Jugoslawien; Shepherd, With the Devil, sowie ders., Terror in the Balkans.

181 Siehe Gisevius, Bis zum bitteren Ende, S. 157f.

182 Für ein nuanciertes Bild von Kasche vgl. Gumz, Wehrmacht Perceptions, sowie Kisić-Kolanović, Siegfried Kasche.

Missstände verantwortlich, als dass er Druck auf die Ustaša ausübte.[183] Die Schwierigkeiten der deutschen Kroatienpolitik lagen darin begründet, dass alle in Kroatien tätigen Stellen neben- und gegeneinander agierten und um den Zugriff auf die kroatischen Ressourcen konkurrierten. Dies schadete dem Ansehen der Deutschen und führte zu extremen Reibungsverlusten.[184] Die Konkurrenten der Gesandtschaft, in erster Linie die SS, aber auch Sondergesandte des Auswärtigen Amtes, die Wehrmacht und das RSHA untergruben den Alleinvertretungsanspruch der Gesandtschaft, indem sie eigenständige Kontakte zu zahlreichen kroatischen Institutionen und Persönlichkeiten aufbauten.[185] Manchmal intrigierten deutsche Repräsentanten bei ihren kroatischen Gesprächspartnern gegen ihre deutschen Konkurrenten. So riet etwa das Auswärtige Amt Vertretern der Ustaša davon ab, enge Bindungen zur SS einzugehen, während SS-Obergruppenführer Berger den kroatischen Botschafter vor dem Unterstaatssekretär Luther warnte.[186] Glaise

---

[183] Kasche, Dienstkalender 1942–1944, PA AA/Nachlass Kasche 3/3 u. 3/4; zu seinem Verständnis des Nationalsozialismus siehe Letztwillige Verfügungen Siegfried Kasches, 2. März 1940, Privatarchiv Volker Kasche; zur Personalakte Kasches siehe PA AA/Zagreb 5, sowie BArch/SA (BDC) D0131.

[184] Zur Konkurrenz deutscher Stellen allgemein vgl. Arendt, Elemente und Ursprünge, S. 632; Broszat u. a., Der kroatische Ustascha-Staat, S. 60 u. 161; Buchheim, Die SS, S. 16f.; Hüttenberger, Nationalsozialistische Polykratie, S. 417–442; Döscher, Das Auswärtige Amt, S. 152; Klinkhammer, Grundlinien nationalsozialistischer Besatzungspolitik, S. 192ff., sowie Sundhaussen, Improvisierte Ausbeutung, S. 68ff.; des Weiteren Berger an RFSS, 13. Juli 1943, BArch/NS 19/2117, Bl. 1; zu Himmlers Verhältnis zu Kasche siehe Kasche an Löhr, 2. März 1943, BA-MA/RH 31 III/12, Nr. 41.

[185] Der Sonderbevollmächtigte Südost des Auswärtigen Amtes, Hermann Neubacher, betrieb beispielsweise Lobbyarbeit für eine Stärkung Serbiens im deutschen Besatzungsraum auf Kosten Kroatiens. Auch der Sondergesandte Veesenmayer wurde ohne Absprache mit der Gesandtschaft in Kroatien eingesetzt, vgl. Kiszling, Die Kroaten, S. 204, Schmider, Auf Umwegen, S. 912, sowie Matić, Edmund Veesenmayer; das Außenpolitische Amt Walter Rosenbergs sowie die Auslandsorganisation der NSDAP unterhielten unter Umgehung der Gesandtschaft eigene Kontakte zur Ustaša. Selbst auf einem vermeintlich abseitigen Feld wie der wissenschaftlichen Bearbeitung der kroatischen Ur- und Frühgeschichte konkurrierten bis zu vier deutsche Einrichtungen, vgl. Hausmann, »Auch im Krieg schweigen die Musen nicht«, S. 320.

[186] Berger an RFSS, 16. Juni 1941, BArch/NS 19/2223, Bl. 3ff.

von Horstenau wiederum beschwerte sich im Gespräch mit Marschall Kvaternik über die Politik der deutschen Besatzungsbehörden in Serbien.[187] Dies verstärkte die Spannungen zwischen den deutschen Akteuren und machte sie nach außen hin offensichtlich.

Kasche beanspruchte, in politischen Belangen der Ansprechpartner der kroatischen Regierung zu sein und versuchte folgerichtig, den Einfluss der Wehrmachtsstellen in Serbien und der SS zurückzudrängen. Er stützte die Ustaša gegen ihre innerkroatischen Konkurrenten, die wiederum von seinen deutschen Konkurrenten protegiert wurden. Insofern war die Ustaša sein natürlicher Partner, und er hoffte, dass dieser die aus seiner Sicht dysfunktionale Verfolgungspolitik zugunsten sinnvoller und staatsbildender Gewaltmaßnahmen aufgeben würde. Allerdings fehlten ihm die Mittel, um auf die Ustaša einzuwirken. Deren Massenmord an den Serben spielte wiederum seinen innerdeutschen Konkurrenten in die Hände. Deshalb sah Kasche neben der italienischen Politik in der mangelnden Unterstützung durch deutsche Dienststellen den eigentlichen Grund für die die ausbleibende Konsolidierung Kroatiens und somit für das Anhalten der regellosen Gewalt.[188]

Von 1942 an wurde Kasches Einfluss kontinuierlich geringer, da er das Scheitern des kroatischen Staates nicht zu verhindern vermochte und seine loyale Politik gegenüber der Ustaša von seinen Vorgesetzten mit Ausnahme Hitlers nicht geteilt wurde. Mehrfach wurde er verwarnt, deutsche Interessen und nicht die der Ustaša zu vertreten.[189] Einen letzten Erfolg verbuchte er im Frühjahr 1942, als er die kroatische Regierung zu Modifikationen in der Verfolgungspolitik bewegen konnte.[190] Mehr und mehr aber schob sich die SS in den Vordergrund, deren wachsender Einfluss für Kasche nur schwer zu ertragen war. Bereits 1941 war er in Konflikte mit dem Leiter der Einsatzkommandos des SD in Kroatien, SS-Sturmbann-

---

[187] Broucek, Deutscher Bevollmächtigter General, S. 116, Glaise von Horstenaus Aufzeichnung vom 10. Juni 1941.

[188] Brief Kasches an von Hentig, 11. November 1942, NARA/T-120/5787, H301390.

[189] Siehe bspw. von Ribbentrop an Kasche, 13. April 1944, PA AA/Nachlass Kasche, 4/1944.

[190] Kasche war maßgeblich an der Gründung der Kroatisch-Orthodoxen Kirche beteiligt, durch die Serben auf eine gewaltlose Weise an die kroatische Nation gebunden werden sollten, vgl. Dulić, Mass Killing, S. 285f.

führer Dr. Wilhelm Beisner (1911–?), geraten.[191] Beisner, der kroatisch sprach, besaß im Anschluss an den deutschen Überfall exekutive Vollmachten und pflegte unter Umgehung der Gesandtschaft intensive Kontakte zur kroatischen Polizei.[192] Kasche ließ Beisners Fernsprechverbindung nach Berlin abstellen und erwirkte schließlich dessen Abberufung. Doch auch mit Beisners im März 1943 angetretenem Nachfolger als Vertreter des RSHA an der Gesandtschaft, Polizeiattaché SS-Sturmbannführer Hans Helm (1909–1946), suchte er kein harmonisches Verhältnis. Helm war bereits vor dem Krieg als Polizeiattaché an der deutschen Botschaft in Jugoslawien tätig gewesen, des Serbokroatischen mächtig und verfügte über gute Kenntnisse über das Land.[193] In Zagreb baute er ein riesiges Netzwerk denunziationsfreudiger deutscher und kroatischer Agenten auf. Dadurch machte er sich unentbehrlich und schuf ein Parallelimperium, in das er dem Gesandten keinen Einblick gewährte. Einzige Ausnahme im angespannten Verhältnis zwischen dem Gesandten und dem Abgesandten Himmlers im USK bildete die Deportation der Juden aus Kroatien ab 1942. Hier arbeiteten die beiden einträchtig zusammen. Von 1942 an wurden die Konflikte zwischen Kasche und dem Apparat Himmlers offen ausgetragen. Beide Seiten warfen sich vor, Ustaša-Führer bestochen zu haben und den deutschen Interessen zu schaden.[194] Berliner Stellen zeigten sich zunehmend besorgt über diesen Machtkampf,[195] in dem die Gesandtschaft schließlich im Frühjahr 1943 endgültig unterlag.

---

[191] Zunächst war ein aus 60 Angehörigen des SD bestehendes »Einsatzkommando Agram der Einsatzgruppe E« unter SS-Sturmbannführer Dr. Wilhelm Beisner in Zagreb tätig. Beisner war bereits in den 1930er Jahren Referent für Südosteuropa im Außenpolitischen Amt der NSDAP gewesen und hatte 1938 mit Rosenberg zusammen eine Rundreise durch diverse Balkanstaaten veranstaltet, siehe Rosenberg an Himmler, 27. Juli 1938, YVA/O.68/432, Bl. 24; zu Beisner vgl. auch Mallmann u. a., Halbmond und Hakenkreuz.

[192] Zum deutschen Sicherheitsapparat in Kroatien vgl. Sundhaussen, Obaveštajna služba, sowie Lerchenmüller, Die Geschichtswissenschaften, S. 129; siehe ferner HR HDA/Bestand Hans Helm 1/1521, Akte Beisner, sowie Verbalnote, 23. Juni 1941, AVII/k. 84, Reg. No. 3/38–1.

[193] Hans Helm, Personalakte (BDC-file), in: Kopie in: YVA/O.68/163.

[194] Kasche an AA, 20. Juli 1942, PA AA/Gesandtschaft Zagreb-Geheimakten/2, Bl. H302796f., sowie DGA (Kasche) an AA (StS), 22. Juli 1943, PA AA/Büro StS, Kroatien Bd. 5, Bl. 162669.

[195] Luther (AA) an DGA (Kasche), 20. August 1942, PA AA/Inland II g, R 100.765, Bl. H300383.

Oft wurde die Ustaša als kroatisches Pendant zur SS gezeichnet. Zunächst hatten sich beide Bewegungen um ein gutes Verhältnis bemüht und Tauschgeschäfte zum beidseitigen Nutzen (Uniformteile gegen Dörrobst) getätigt. Die Ustaša nahm die Waffen-SS zum Vorbild für ihre Milizen und war an der Ausbildung eigener Einheiten bei der SS interessiert.[196] Bald aber schlug das Verhältnis um, was vor allem daran lag, dass die SS einen multiethnischen Zugriff auf Südosteuropa verfolgte und im USK auch auf volksdeutsche, serbische und muslimische Rekruten zurückgreifen wollte. Dies konnte die kroatische Regierung, die eher an der Affiliation rein kroatischer Einheiten mit der SS interessiert war, nicht dulden und sabotierte die Aufstellung bosnischer und volksdeutscher SS-Divisionen, wo sie nur konnte. Die SS, vor allem in Person Himmlers und des SS-Obergruppenführers Gottlob Berger (1896–1975), förderte im Gegenzug massiv die partikularen Bestrebungen der bosnischen Muslime und bot sich ihnen als Verbündete an.[197] Es gelang der SS, ihre Volkstumsstellen eng mit dem Deutschen Kulturbund der deutschen Minderheit in Kroatien zu verzahnen und darüber einen beträchtlichen Einfluss auf die Regionalverwaltung zu erlangen. Diese Organisation der deutschen Volksgruppe war bereits seit 1938 fest in nationalsozialistischen Händen und unterstützte im April 1941 den deutschen Einmarsch nach Kräften. Carl Bethke betont zudem ihre Rolle als Motor der Judenverfolgung. Aus diesen Gründen erwies sich der Deutsche Kulturbund als wirksamer Transmissionsriemen für die Versuche der SS, ihren Einfluss zu erweitern.[198] Ab 1942 operierte die SS mit eigenen Verbänden auf kroatischem Gebiet, für die sie vor allem Angehörige der deutschen Minderheit rekrutierte. Sie brachte die kroatische Polizei unter ihre Kontrolle und überzog aus Sicht Kasches »das ganze Land mit […] Dienststellen«.[199] Der hohe Repräsentant der SS in Kroatien, SS-Gruppenführer und Generalleutnant der Polizei Konstantin Kammerhofer (1899–1958), be-

---

[196] Berger an RFSS, 12. April 1941, BArch/NS 19/2223, Bl. 1ff; siehe weiterhin Chef Sipo/SD an Berger, 27. November 1941, BArch/NS 19/3461, Bl. 2.

[197] Vgl. Redžić, Muslimansko autonomastvo, Lepre, Himmler's Bosnian Division, sowie Herf, Nazi Propaganda.

[198] Vgl. Jareb, German Ethnic Group, sowie Bethke, (K)Eine gemeinsame Sprache, S. 196.

[199] DGA (Kasche) an RAM, 8. Juli 1943, PA AA/Büro StS, Kroatien Bd. 5, Bl. 162644ff., sowie Vermerk Floths, Osijek, 7. Juni 1943, AVII/Nemačka Arhiva/32, A, 1/7.

zeichnete sich selbst als Gegner der Ustaša und stellte die kroatische Unabhängigkeit infrage – nicht zuletzt wegen der aus Sicht der SS ungezügelten Gewalt der Ustaša. Betrachtet man jedoch die Dörfer, in denen Gewalt ausgeübt wurde, unterscheiden sich die Serbenmassaker der Ustaša und der sogenannte Bandenkrieg der SS in Kroatien nur wenig voneinander. In einem Brief bekannte Kammerhofer freimütig, dass er nach dem Tod eines SS-Führers »als Sühne vorerst an Ort und Stelle 150 Banditen und Bandenhelfer hängen und eine Ortschaft mit 400 Hausnummern restlos zerstören« ließ.[200]

Über die unterschiedlichen Gewaltformen der Deutschen, der Italiener und der Ustaša wird noch zu sprechen sein. Erwähnenswert an dieser Stelle ist, dass die deutschen Militärs die Taten der Ustaša als destabilisierend für die Kontrolle des Raums wahrnahmen, wohingegen die eigene Gewalt als etwas Produktives angesehen wurde. Der Unabhängige Staat Kroatien erwies sich für die Deutschen daher als doppelte Hypothek. Zum einen hatte man ein Gebilde geschaffen, das kaum zu kontrollieren war, und mit der Ustaša eine Regierung eingesetzt, die sich der deutschen Einflussnahme erfolgreich entzog. Zum anderen waren die Deutschen in den Bürger- und Partisanenkrieg um den USK so verstrickt, dass es ihnen nicht gelang, den Gewaltraum zu analysieren und neu zu ordnen. Gefangen in Gewalt und selbst immer wieder Öl ins Feuer gießend waren die Versuche der Deutschen, den Westbalkan zu kontrollieren, letztlich zum Scheitern verurteilt.

Die italienische Besatzungspolitik

Am Tag der deutschen Besetzung Zagrebs hatten die Briten Addis Abeba erobert. Zagreber Juden unkten, andersherum wäre es besser gewesen.[201] Der Vizekönig des ostafrikanischen Imperiums, Amadeus von Savoyen (1898–1942), musste kapitulieren und starb bald darauf in Kriegsgefangenschaft in Nairobi. Dafür sollte sein Bruder, Herzog Aimone von Spoleto (1900–1948), als italienischer König Kroatiens einen neuen Thron besteigen und das Imperium nach

---

[200] Kammerhofer an Karl Hermann Frank, 31. Dezember 1944, AVII/NA 32A, 2/23, sowie NA Praha/110–12–152; für die Beschaffung des Dokumentes danke ich Tobias Bütow.

[201] Auskunft von Zeev Milo.

Osten erweitern. In Italien gab es viel Propaganda für diese Expansion, denn für den italienischen Faschismus nahm der Westbalkan einen zentralen Stellenwert als Teil dessen imaginierten Lebensraums ein.[202] Da Italien an der Revision seiner Grenzen interessiert war, war die Zerstörung Jugoslawiens ein konsequentes Ziel. Um den jugoslawischen Zentralstaat zu schwächen, unterstützte es die Ustaša ab den 1930er Jahren.[203] Im Mai 1941 unterschrieb Ante Pavelić die Römischen Verträge, die Kroatien die nächsten 25 Jahre politisch, militärisch und wirtschaftlich auf Italien ausrichten sollten. Der westliche Teil Kroatiens wurde zum Operationsgebiet der italienischen Besatzungsarmee mit ihren knapp 230000 Mann; Teile der dalmatinischen Küste sowie die meisten Adriainseln wurden dem italienischen Staatsgebiet zugeschlagen (Zone I). Bis zu 50 Kilometer (Zone II, siehe Karte S. 118) ins Küstenhinterland hinein waren italienische Truppen stationiert und der Ustaša jegliche militärische Aktivitäten untersagt. Jenseits dieser Demarkationslinie besaß der kroatische Staat zwar volle Souveränität, doch waren italienischen Truppen militärische Operationen gestattet (Zone III).[204]

Von Anbeginn hielt Italien seinen kroatischen Partner an der kurzen Leine, indem es ihm beispielsweise untersagte, eine Kriegsmarine zu betreiben. Anders als die Deutschen kontrollierte Italien auch Teile der Eisenbahnen (insbesondere die Linie von Karlovac nach Split) und des Fernmeldewesens.[205] Die Römischen Verträge sollten durch die Ernennung des Herzogs Aimone, der ein Neffe des italienischen Königs Viktor Emanuel III. war, zum kroatischen König unter dem Titel Tomislav II. gekrönt werden. Doch funktionierten die italo-kroatischen Absprachen nicht. Sie hinterließen alle Seiten unzufrieden und entfremdeten kroatische und italienische Faschisten voneinander. Bald bestand die italienisch-kroatische Freundschaft nur noch auf dem Papier. Der designierte König kam nie nach Kroatien, und das Arrangement geriet in Vergessenheit. Um der Lächerlichkeit der Situation Ausdruck zu verleihen, ließ sich Aimone im November 1941 in einem Restaurant in Rom

---

[202] Ciano, Diaries, Einträge vom 24. April und 1. Mai 1941.
[203] Vgl. Bartulin, The NDH, S. 51.
[204] Vgl. Pavlowitch, Hitler's New Disorder, S. 44f.
[205] Vgl. Schmider, Partisanenkrieg in Jugoslawien, S. 586f., sowie Steinberg, Deutsche, Italiener und Juden, S. 60.

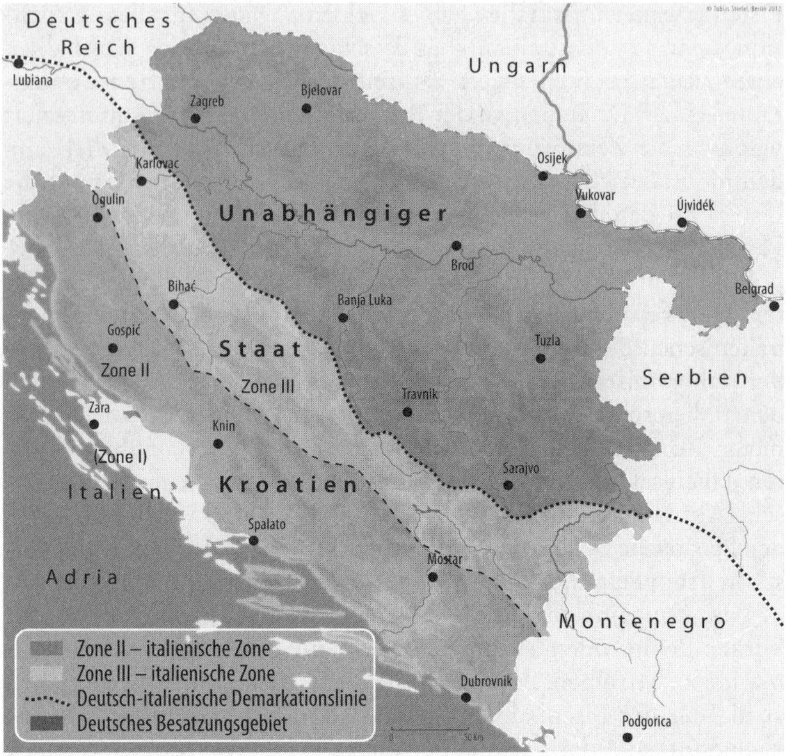

Abb. 13: Der USK war geteilt in ein deutsches und in ein italienisches Interessengebiet. Letzteres war in das annektierte Gebiet sowie in zwei Zonen aufgeteilt.
© Tobias Stiefel

von seinen Freunden mit einer Stoffserviette auf dem Kopf zum König krönen.[206]

Italien war mit seinem Versuch, den USK als loyalen Vasall zu führen, gescheitert. Dies lag zum einen an der Maßlosigkeit der italienischen Territorialforderungen. Italiens Politik hatte sich aus irredentistischen Gründen gegen den jugoslawischen Gesamtstaat gerichtet und mündete aufgrund des gemeinsamen Feindes im Bündnis mit der Ustaša. Allerdings handelte es sich bei den von Italien beanspruchten Territorien um kroatisches Gebiet. Vor allem Dalmatien stellte jedoch für die kroatischen Nationalisten einen unverzichtba-

[206] Ciano, The Ciano Diaries, S. 399, Eintrag vom 17. November 1941.

ren Bestandteil ihres Staates dar, für den sie jahrelang gekämpft hatten und den sie nicht abzutreten bereit waren. Deshalb war im Moment der kroatischen Unabhängigkeit der Konflikt mit Italien vorprogrammiert. Darin bestand das letztlich unlösbare Dilemma der Beziehung zwischen Italien und der Ustaša, die aus diesem Grund bald in Feindschaft umschlug. Zum anderen lag das schlechte Verhältnis an der Selbstüberschätzung der Ustaša, die kaum kompromissbereit war. Letztere verhielt sich alles andere als willfährig und sperrte sich erfolgreich gegen die Idee ihrer Mentoren in Rom, Kroatien sei ein Vorhof italienischer Macht. Aus italienischer Sicht stellte sich die Machtübernahme der Ustaša, in die man so lange investiert hatte, als Fiasko heraus. In der Folge begannen die meisten italienischen Repräsentanten, das Funktionieren des kroatischen Staats als solchen zu unterminieren. Im Sommer 1941 begann das italienische Militär damit, die besetzten Gebiete mithilfe royalistischer und nationalserbischer Kreise, in denen ehemalige jugoslawische Offiziere den Ton angaben, zu beherrschen. Diese wiederum boten den Italienern an, Straßen zu reparieren und als Kundschafter zu fungieren, um ihrerseits einen Keil zwischen die italienischen Besatzer und die Ustaša zu treiben.[207] Daraus ergab sich ein regelrechtes Militärbündnis zwischen italienischer Armee und den Četnici, die nun mit Waffen, Geld und Uniformen versorgt wurden.[208] Da es sich bei den Četnici aus Sicht der Ustaša um den nationalen Erzfeind handelte, war das Vertrauensverhältnis zwischen Italien und Kroatien an einem Tiefpunkt angelangt – keine fünf Monate nach Machtantritt der Ustaša. Daneben verbanden sich die Ineffizienz und der Kontrollverlust der italienischen Stellen zu einem anhaltenden Gefühl der Hilflosigkeit und Frustration, das sich in immer drastischeren Repressionsmaßnahmen entlud.

Wie ihre deutschen Konkurrenten waren auch die für den Balkan zuständigen italienischen Politiker und Militärs zutiefst zerstritten. Die Konfliktlinien verliefen ähnlich: Während die politischen Institutionen in Zagreb durchaus für die Ustaša eintraten und die Annäherung der Militärs an die Četnici und Hilfeleistungen an Juden scharf kritisierten, ließen sich die militärischen Befehlshaber nicht beirren und verteidigten ihre Spielräume gegen die Vorgaben aus Rom. Auf außenpolitischer Ebene blieb umstritten, ob ein italieni-

---

[207] Vgl. Burgwyn, Empire, S. 57.
[208] Vgl. Hoare, Genocide and Resistance, S. 135.

sches Protektorat oder das ernsthaft betriebene Projekt eines faschistischen kroatischen Staates den italienischen Interessen besser diene. Annexionisten forderten lautstark die Ansiedlung von Italienern in Dalmatien. Das Verhältnis italienischer Faschisten zur Ostgrenze war bestimmt von einer spezifischen Mischung aus Irredentismus, Rassismus und Faschismus der Tat, der als Grenzlandfaschismus bezeichnet wird.[209] Versuche, die einheimische Bevölkerung für den italienischen Faschismus zu gewinnen, wurden konterkariert durch die konventionellen und imperialen Methoden der Besatzungspolitik. Immer wieder lagen das Außenministerium und das Militär in ihren kroatienpolitischen Vorstellungen über Kreuz.[210]

Das italienische Regime in den besetzten Gebieten bestand aus den faschistischen Gouverneuren, dem Militär und den Diplomaten des Außenministeriums (»Mussolinis Troika«[211]). Die erste Säule der Besatzung bildete die Zivilverwaltung. Zunächst bemühten sich die Gouverneure darum, die Bevölkerung für die Idee eines faschistischen Imperiums zu gewinnen, und neigten zu einer Mischung aus Zwang und faschistischer Zivilisierungsmission. Besonders brutal ging dabei der Gouverneur der Provinz Dalmatien, Guiseppe Bastianini (1899–1964), gegen diejenigen Teile der kroatischen Bevölkerung vor, die sich den Italienisierungsbestrebungen widersetzten.[212] Stärker noch als die Gouverneure stand der General in der faschistischen Miliz, Eugenio Coselschi (1888–1969), für das internationale Sendungsbewusstsein des italienischen Faschismus. Coselschi, ehemaliger Sekretär Gabriele D'Annunzios und einer der einfallsreichsten Propagandisten des Faschismus, war Direktor einer Netzwerkorganisation, mit der er in Mussolinis Auftrag versuchte, eine »faschistische Internationale« zu befördern.[213] In diesem Sinne hatte er 1932 ein Buch über den kroatischen Freiheitskampf vorgelegt. In Reden vor Ustaša-Versammlungen bezeichnete er Italien als »die ältere Schwester Kroatiens, auf deren Hilfsbereitschaft und Zunei-

---

209 Vgl. Wörsdörfer, Krisenherd Adria, sowie Cattaruzza, L'Italia.

210 Beispiele für Konflikte zwischen dem Kabinett für Waffenstillstand und Frieden (GABAP) und dem italienischen Militär bieten die Tagebücher Pietromarchis, Eintrag vom 8. Juni 1943, FLE/Archivio Pietromarchi.

211 Burgwyn, Mussolini's Troika.

212 Zu Dalmatien vgl. Verna, Notes on Italian Rule, sowie Tomasevich, Occupation and Collaboration, S. 132ff.

213 Woller, Die Abrechnung; zu CAUR (Aktionskommitees für die Universität Rom) vgl. Payne, Fascist Italy, S. 105.

gung [es] sich immer verlassen könne«[214], und unterstützte öffentlich die ethnische Homogenisierung Kroatiens. In Kroatien freilich war die Zeit für die Idee des faschistischen Internationalismus zu diesem Zeitpunkt bereits abgelaufen.

Die zweite und zentrale Säule der Besatzung bildete das Militär. Den verantwortlichen Generälen ging es weniger um Sendungsbewusstsein, und in ihren Methoden waren sie insgesamt brutaler. »Als italienischer Soldat brauchte man kein Faschist zu sein, um Kriegsverbrecher zu werden«, charakterisiert der Italienhistoriker Burgwyn das Verhalten italienischer Generäle.[215] Von 1941 bis 1943 führte Italien einen brutalen imperialistischen Krieg in Jugoslawien. Die in Westkroatien stationierte Zweite Armee versuchte, ihre Ziele durch terroristische Maßnahmen, blutige Repression, Geiselerschießungen und kollektive Haftbarmachung ganzer Dörfer zu erreichen. Ihren Hauptfeind sahen sie in den kommunistischen Aufständischen. Dörfer und Gebiete, die mit den Partisanen in Verbindung gebracht wurden, bekamen die destruktive Kraft der italienischen Besetzer gnadenlos zu spüren. Im Vergleich zu den Deutschen waren die italienischen Truppen in ihrer Politik jedoch weitaus flexibler. Um die besetzten Gebiete Kroatiens zu befrieden, verkündete der italienische Oberbefehlshaber Vittorio Ambrosio (1879–1958) im September 1941 eine Gleichbehandlung aller Bevölkerungsgruppen (also Serben, Kroaten, Juden und Muslimen), die fortan den Rahmen für das Vorgehen der Zweiten Armee darstellen sollte. Denn General Ambrosio sah in der Schwächung der Ustaša, die er zunehmend als eine Art Trojanisches Pferd für den deutschen Einfluss wahrnahm, das beste Mittel gegen den Machtverlust Italiens.[216] Sein Nachfolger als Chef der Zweiten Armee, General Mario Roatta (1887–1968), symbolisiert die ambivalente Politik, also Schutz der

---

214 Bericht, DGA, 16. Januar 1942, NARA/T-120/5781, Pol 2 Nr. 3; Abdruck der Reden in: *Hrvatski Narod*, 3. September 1941; zu Coselschis Schriften siehe Coselschi, Croazia libera. Trotz seiner Sympathie für Kroatien trat Coselschi für ein italienisches Dalmatien ein. 1942 folgte ihm Carlo Balestra di Mottola (1911–1998) als Vertreter PNF. Vgl. auch Sepić, La politique italienne, S. 378, sowie Fricke, Kroatien 1941–1944, S. 43.

215 Burgwyn, Mussolini's Troika.

216 Vgl. Burgwyn, Mussolini's Troika, S. 284; zur Analyse der italienischen Stellung durch Kasche siehe Aufzeichnung für den Führer, 1. Oktober 1942, BA-MA/RH 31 III/7, o. lfd. Nr. Ambrosios Nachfolger war General Mario Roatta (1887–1968), vgl. Burgwyn, General Roatta's War.

Zivilbevölkerung auf der einen und brutale Massaker auf der anderen Seite, in noch größerer Deutlichkeit.

Eine dritte Säule bildeten die Diplomaten des für die besetzten Gebiete zuständigen »Kabinetts für Waffenstillstand und Frieden« (GABAP) unter Luca Pietromarchi (1895–1978) sowie die Gesandtschaft in Zagreb unter Raffaele Casertano (1915–?). Genau wie auf deutscher Seite sprachen sich italienische Diplomaten dafür aus, die kroatische Unabhängigkeit zu respektieren, und entsprechend ihren deutschen Kollegen folgten sie darin den Vorgaben Mussolinis.[217]

Das Verhältnis italienischer Faschisten zur Ustaša war ambivalent. Auf der einen Seite hatte man eine 15-jährige Geschichte der Kooperation mit der Ustaša und hoffte, dass mit ihr eine loyale Bewegung den kroatischen Staat als Teil des italienischen Imperiums führen würde. Auf der anderen Seite richtete sich der italienische Revisionismus vor allem auf kroatisches Territorium innerhalb Jugoslawiens. Das Hauptziel der italienischen »mare-nostro-Politik«, das heißt, die gesamte Adria zu beherrschen und die dalmatinische Küste in italienischen Besitz zu bringen, stand nicht zur Disposition.[218] Zwar hatte die italienische Regierung Kroatiens Unabhängigkeit erst ermöglicht, betrachtete es aber zugleich als Teil seines Raums. Die italienischen Ostpolitiker wollten die Ustaša anleiten, schenkten ihr aber kein Vertrauen. Konflikte waren vorprogrammiert.

Trotz des anfänglichen Bündnisses zwischen dem faschistischen Italien und der Ustaša führte der starke italienische Einfluss bald zu einer Einschränkung der Spielräume der Ustaša. Denn im September 1941 kam es zum Bruch zwischen Italien und dem USK. Dies lag am mangelnden Vertrauen zwischen den Partnern und am Fehlen jeglicher Kompromissbereitschaft auf beiden Seiten. Die Entfremdung zwischen Italien auf der einen und Kroatien und Deutschland auf der anderen Seite hatte auch zur Folge, dass Italien aufhörte, auf dem Gebiet der Verfolgungspolitik zu kooperieren. Der erstaunliche Umstand, dass Juden inmitten des Zweiten Weltkriegs in der

[217] Für Casertano siehe Uffizio Croazia an das Comando Supremo und den Gouverneur Dalmatiens, 6. August 1941, ASMAE/GABAP/30, o. lfd. Nr.; für Pietromarchi vgl. Burgwyn, Mussolini's Troika, S. 284f., sowie Nattermann, Humanitäres Prinzip.

[218] Ciano, The Ciano Diaries, Einträge vom 24. April 1941 u. 1. Mai 1941; vgl. ferner Burgwyn, Empire, S. 47.

italienischen Besatzungszone Kroatiens vor ihrer Auslieferung in kroatische Konzentrationslager und nach Auschwitz geschützt waren, und dass inmitten all des Grauens italienische Armeeangehörige die Courage fanden, Serben und Juden zu retten, wurde in erster Linie ihren ethischen Motiven, in manchen Fällen gar dem »Ausfluss einer fast automatisch gewordenen, alle Schichten erfassenden Humanität eines alten und zivilisierten Volkes«, wie Hannah Arendt es genannt hat, zugeschrieben.[219] Der Mythos von den Italienern als besonders humaner Besatzungsmacht kulminierte im bequemen Paradigma von den »Italiani brava gente«.[220] Jüngere Forschungen zu den brutalen Aspekten italienischer Besatzungspolitik haben dieses Bild mittlerweile korrigiert.[221] So belegten unter anderen Davide Rodogno, MacGregor Knox und James Burgwyn durch ihre Forschungen den ambivalenten Charakter der italienischen Besatzungsmacht und offenbarten das Kalkül, das hinter der vermeintlichen Humanität steckte. Denn es waren die Konkurrenz zu den Deutschen und die Dauerkonflikte mit der Ustaša, die italienische Offiziere veranlassten, sich gegen deutsche und kroatische Forderungen, wie die Auslieferung der Juden, zu stellen und dadurch die italienische Unabhängigkeit zu demonstrieren.[222] Was bei der Betonung

---

[219] Arendt, Eichmann in Jerusalem, S. 220. Zur Betonung humanitärer Motive der Italiener siehe Poliakov u.a., Jews; Felice, Storia degli ebrei; Carpi, Die Rettung der Juden; Shelah, Blood Account; Zuccotti, The Italians; Herzer, The Italian Refuge; Steinberg, All or Nothing, sowie Friedländer, Die Jahre der Vernichtung, S. 256.

[220] Zum Mythos des guten italienischen Besatzungssoldaten vgl. Bidussa, Il mito; Moos, Die »guten« Italiener, sowie Rodogno, Italiani brava gente; die Tendenz, ethische Motive italienischer Akteure zu negieren, führt indes dazu, dass das Pendel der Bewertung der italienischen Okkupation wieder zurückschlägt, siehe bspw. jüngere Memoirenliteratur (Milo, Bravi Italiani, sowie Rochlitz, Accident of Fate); zur Diskussion der Thematik in der serbischen Historiografie siehe Ković, From Persecutors to Saviours.

[221] Zur Neubewertung des Rassismus im italienischen Faschismus im Allgemeinen und zu spezifischen Verbrechen siehe Collotti u.a., Zur Neubewertung; ders., Il fascismo; Mattioli, Die vergessenen Kolonialverbrechen; ders., Das faschistische Italien; ders., Totalitarismus auf italienisch; Ben-Ghiat u.a., Italian Colonialism; Nolzen u.a., Faschismus in Italien; Schlemmer u.a., Der italienische Faschismus; Cattaruzza, L'Italia; Dogliani, Il fascismo, sowie Ruzicic-Kessler, Die italienische Okkupation.

[222] Vgl. Rodogno, Il nuovo ordine; ders., Italian Soldiers; Burgwyn, Empire; Di Sante, Italiani senza onore; Rodogno, Fascism's European Empire, sowie Knox, Das faschistische Italien.

solch funktionaler Motive jedoch wiederum meist ignoriert wird, ist die Tatsache, dass die aufrechte Entrüstung über die Taten der Ustaša und der Deutschen in dieser Konstellation durchaus ihren Platz – und eben auch ihre Funktion – hatte. Ethische und funktionale Motive stabilisierten sich gegenseitig. Deshalb verfehlt der Trend, funktionale Elemente als Beleg für fehlende humanitäre Motive zu deuten, den Kern des Problems. Nur mit einer multiperspektivischen Herangehensweise lässt sich die Frage beantworten, warum die italienische Armee Massenmorde der Ustaša zeitweise ignorierte, zeitweise sabotierte und andere Formen von Massengewalt, wie beispielsweise die ethnischen Säuberungen bosnischer Muslime durch die Četnici, tolerierte. Stärker sollte daher die Interdependenz verschiedener Motive betont werden sowie die Ambivalenz der italienischen Besatzungspolitik, die Eric Gobetti hervorgehoben hat: Vor allem die italienischen Soldaten, die vor Ort die brutale Verfolgung der serbischen und jüdischen Zivilbevölkerung miterlebten, ließen sich zu Schutzmaßnahmen hinreißen. Dies konnten sie indes nur, weil es innerhalb des italienischen Besatzungsapparates Spannungen und Meinungsverschiedenheiten gab, die Feldkommandanten und den einzelnen Soldaten Spielräume eröffneten.[223]

Das deutsch-italienische Verhältnis

Die strategischen und politischen Zielsetzungen Deutschlands und Italiens auf dem Balkan waren unterschiedlich. Da die Ustaša auf das Wohlwollen beider Staaten angewiesen war, entschied sie sich dafür, beiden Leitfaschismen gleichermaßen zu folgen.[224] Gerade in der Anfangsphase hätte eine Neuausrichtung der deutschen oder italienischen Kroatienpolitik Ante Pavelić jederzeit seinen neuen Posten kosten können. Spielräume ergaben sich jedoch aus der deutsch-italienischen Besatzungskonstellation. Denn das Achsenbündnis zwischen dem Deutschen Reich und Italien erwies sich auf dem Balkan als dysfunktional, und das Engagement beider Parteien mündete bald in unüberbrückbare Differenzen. Zunächst konkurrierten

---

[223] Gobetti, L'occupazione allegra, S. 64.

[224] Auf Ustaša-Veranstaltungen wurde meist paritätisch dem Führer wie dem Duces gedankt: *Novi List*, Nr. 36, 4. Juni 1941, S. 5f. sowie Lorković, Grundlagen.

beide Seiten um die Gunst der Ustaša, und kroatischen Zeitgenossen erschien das hybride Resultat als eine »lächerliche Kombination zwischen deutscher und faschistischer Ausbildung«.[225] Aus italienischer Sicht frustrierend war, dass sich die Ustaša schon bald auf die Deutschen ausrichtete, obwohl Italien die einstige Schutzmacht der Ustaša war. Voller Eifersucht und Sorge beobachteten italienische Militärs diese Entwicklung und misstrauten bald den deutschen Zusicherungen, dass der Westbalkan italienisches Interessengebiet sei.[226]

Die Teilung Kroatiens in eine italienische und in eine deutsche Interessenssphäre stellte weder Italien noch Deutschland zufrieden und führte zum Ausbruch heftiger Konflikte, die Burgwyn als »kalten Krieg« qualifizierte.[227] Zwischenzeitlich hatten die gewaltsamen Konflikte zwischen der Ustaša und den Četnici den Anschein eines Stellvertreterkrieges zwischen Italien und Deutschland. Deutsche, Italiener und Kroaten opponierten jeweils gegeneinander und gingen Zweckbündnisse ein. Deutsche Repräsentanten versuchten, die Ustaša gegen Italien auszuspielen. Glaise von Horstenau ermunterte beispielsweise seine kroatischen Gesprächspartner, italienischen Aspirationen stärkeren Widerstand entgegenzusetzen. Im Juni 1941 plädierte er dafür, die Ustaša umgehend zu bewaffnen, »um dadurch einen Vorsprung gegenüber den Italienern zu erlangen«.[228] Der deutsche Rückhalt für die Ustaša ist also partiell auch als taktische Spitze gegen Italien zu verstehen. Trotz anders lautender Vorgaben des Auswärtigen Amtes ließen zahlreiche deutsche Generäle ihrer feindlichen Haltung gegen Italien freien Lauf. Italien wurde schnell zum Sündenbock für alle Misserfolge auf dem Balkan – eine Position

---

[225] Kvaternik, Eugen, Denkschrift, »Die Ereignisse um die Gründung des kroatischen Staates im Jahre 1941«, (1943), HDA/36/1996, S. 48.

[226] Gesandter Berlin (Dino Alfieri) an GABAP, 12. Juni 1941, ASMAE/UC, b. 52, fasc. 2; siehe des Weiteren Ciano, The Ciano Diaries, S. 338, Eintrag vom 3. Mai 1941, sowie Roatta, Otto milioni, S. 164f.; vgl. ferner Rodogno, Fascism's European Empire, S. 37, sowie König, Kooperation als Machtkampf, S. 204f.

[227] Burgwyn, Empire.

[228] Zur Kritik an italienischen Ansprüchen siehe D.G.i.A. an OKW, 25. Februar 1942, BA-MA/RH 31 III/2, o. lfd. Nr.; zu Initiativen Glaise von Horstenaus siehe Broucek, Deutscher Bevollmächtigter General, S. 120, DGFP, Bd. 12, S. 605f., sowie D.G.i.A. an Chef OKW, 12. Juni 1941, BA-MA/RH 31 III/1, Bl. 43.

der Wehrmacht, die deutsche Militärhistoriker bis heute oft unkritisch reproduzieren.[229]

Die Ustaša wusste die Konkurrenzstruktur dafür zu nutzen, ihre Spielräume zu erweitern, und bewies großes Geschick darin, die deutsch-italienische Rivalität ebenso wie die interne Konkurrenz deutscher Stellen für ihre Zwecke auszubeuten, etwa durch die Streuung von Gerüchten.[230] Beispielsweise stachelten kroatische Politiker den antisemitischen Wahn der Deutschen an, indem sie ihnen das angeblich judenfreundliche Verhalten italienischer Militärs unter die Nase rieben. Des Weiteren inszenierte sich die Ustaša stets als Opfer italienischer Machtpolitik und lenkte so von ihrem eigenen Versagen ab.[231]

Dem hatten die Italiener wenig entgegenzusetzen. Stattdessen nahm das italienische Misstrauen gegen die Deutschen schließlich insofern wahnhafte Züge an, als man hinter allen Misserfolgen deutsches Wirken sah. Einige Italiener wähnten sich einer antiitalienischen Verschwörung durch die Deutschösterreicher ausgesetzt und zogen Kontinuitätslinien zum Ersten Weltkrieg. Coselschi beispielsweise, Chef der »Faschistischen Mission« in Kroatien, sah sich von italienfeindlichen deutschen Agenten umzingelt, deren Anzahl er auf 2000 schätzte. Auch Pietromarchi entwickelte eine Aversion gegen das Deutsche Reich, und General Ambrosio bezeichnete im März 1943, zu diesem Zeitpunkt als Generalstabschef des italienischen Heeres, das Deutsche Reich als den italienischen Hauptfeind.[232] Die dezidiert antiitalienischen Haltungen einiger deutscher Akteure, wie zum Beispiel Glaise von Horstenaus, begünstigten diese Ressentiments enorm, und spätestens seit Ende 1941 waren die meisten italienischen Entscheidungsträger auf dem Balkan tief enttäuscht vom deutschen Partner.[233] Deutsche und italienische Of-

---

[229] Siehe Broucek, Deutscher Bevollmächtigter General; Fricke, Kroatien 1941–1944, sowie Broszat u.a., Der kroatische Ustascha-Staat; in eingeschränktem Maß gilt dies auch für Schmider, Partisanenkrieg in Jugoslawien.

[230] Vgl. Reitlinger, The Final Solution, S. 414.

[231] Vgl. Mantelli, Die Italiener, S. 68.

[232] Pietromarchi, Tagebücher, Eintrag vom 27. Juni 1942 sowie 16. März 1943, FLE/Archivio Pietromarchi; vgl. ferner König, Kooperation als Machtkampf, S. 208 u. 219.

[233] Glaise von Horstenau galt den italienischen Offizieren als »Meister der Intrige«, siehe Bericht Pièches vom 1. November 1942, zit. n. Steinberg, Deutsche, Italiener und Juden, S. 106.

fiziere unterließen es, sich auf der Straße zu grüßen. In den Erholungsheimen wurden deutsche und italienische Rekonvaleszente voneinander getrennt, um Reibereien zu vermeiden.[234]

Unterdessen setzten die deutschen Militärs ihre Interessen immer rücksichtsloser auf Kosten Italiens durch und waren damit durchaus erfolgreich. Auch deshalb gewannen die Unterschiede in der Judenpolitik eine solche symbolisch überladene Bedeutung. Realpolitisch hatte Italien den Machtkampf mit dem Deutschen Reich längst verloren, was den meisten Beteiligten völlig klar war.[235] Auf italienischer Seite wusste man sehr genau, dass eine humane Behandlung der Juden die deutschen Partner an einem empfindlichen, ja identitären Punkt traf. Diesen Triumph auszukosten, ließen sie sich, ungeachtet möglicher humanitärer Motive, nicht nehmen.

Die Konflikte dürfen aber nicht verdecken, dass das Deutsche Reich und Italien auf anderen Feldern gut kooperierten und dass die Konflikte überhaupt erst die Folge erfolgreicher Kooperation waren. Die deutsch-italienische Konkurrenz auf dem Balkan führte zu keinem tieferen Zerwürfnis, da das deutsche Interesse an Kroatien zunächst weiterhin gering blieb. Die Achsenharmonie hatte Vorrang vor den Problemen des USK, und Hitler ließ mehrfach wissen, dass das Deutsche Reich sich nicht in italienisch-kroatische Konflikte hineinziehen lassen solle.[236] Erst als seit Ende 1942 eine alliierte Landung auf dem Balkan in den Bereich des Möglichen rückte, handelten die Deutschen immer rücksichtsloser gegen italienische, aber gleichermaßen gegen kroatische Interessen.

Ideologie und politisches Programm der Ustaša

Die Ideologie der Ustaša stellte die Weichen für den Weg in eine ethnokratische Diktatur. Entscheidend hierbei waren die Monate unmittelbar nach der Machtübernahme. Eine Vielzahl von Publikationen begann, sich mit den ideologischen Vorstellungen der Ustaša zu befassen, zu zahlreichen Fragen wurde überhaupt erstmalig Stellung

---

[234] Anonymus, Reisebericht aus Kroatien (März 1942) aus dem Silberschein-Archiv, YVA/M.20/105, Bl. 40ff.

[235] Vgl. Rodogno, Fascism's European Empire, S. 203.

[236] Aufzeichnung von Rintelen, 13. September 1942, PA AA/Büro StS: Kroatien, Bd. 3, Bl. 287ff.

bezogen. Dabei flossen neue Erfahrungen sowie Impulse durch das deutsche Personal in die Vorstellungen ein, wie der neue Staat auszusehen habe. Die Ideologie der Ustaša war demnach kein kohärentes Gedankengebäude, sondern vielmehr in einem beständigen Fluss. Entscheidende Radikalisierungsimpulse erfolgten nach der Machtübernahme. Keinen Zweifel gab es darüber, dass die kulturellen und nationalen Kollektive der Serben wie der Juden zerstört werden sollten.[237] Ganz unverblümt schrieben die Zeitungen, dass der Kampf gegen alle Gegner Kroatiens auf ganzer Linie aufgenommen werde, und starteten eine Hasskampagne gegen Serben und Juden und vereinzelt auch gegen die im Land lebenden Roma.[238] Die Zeitung *Novi List* forderte an zwei aufeinander folgenden Tagen in drei separaten Artikeln die Lösung der Zigeunerfrage, der Serbenfrage und des Judenproblems.[239] Pavelić verkündete in einem Zeitungsinterview Anfang Mai 1941: »[D]ie Judenfrage wird radikal gelöst werden«, und zwar »sowohl in rassischer als auch in wirtschaftlicher Hinsicht«.[240] In einem anderen Interview verlautbarte der designierte Innenminister Andrija Artuković, dass »die Judenfrage in Kroatien [...] gelöst [werde], wie sie in Deutschland gelöst worden ist«.[241] Die Aussagen erlangten große Publizität, da sie auf den Titelseiten mehrerer Zeitungen gedruckt wurden. Nach der Machtübernahme durch die Ustaša forderten kroatische Vertreter

---

237 Vgl. Dulić, Utopias of Nation, S. 101.

238 Zur Darstellung der kroatischen Geschichte als Opfergeschichte: *Hrvatski Narod*, 24. April 1941, sowie *Novi List*, Nr. 41, 9. Juni 1941; zur Ausweitung der antijüdischen Pressepropaganda im einflussreichen *Novi List* im Mai 1941 siehe 47 antisemitische Artikel in nur sechs Tagen (am 11., 13., 14., 16., 17. u. 18. Mai 1941).

239 *Novi List*, Nr. 55, 23. Juni 1941. Laut der Autoren müsse »die Zigeunerfrage [...] gelöst werden« durch Umsiedlung an einen anderen Ort oder durch überwachte Zwangsarbeit; in der Nr. 56 fasste Dr. Arzen Pozaić im Artikel »Die serbische Frage« die ethnogenetischen Positionen kroatischer Nationalisten zusammen; in derselben Nummer zog der Artikel »Das Judenproblem in Südosteuropa« einen Vergleich der antijüdischen Gesetzgebung in den südosteuropäischen Staaten und stellte die Slowakei als antisemitischen Vorreiter dar.

240 Ante Pavelić, »Židovsko će se pitanje radikalno rješiti«, in: *Hrvatski Narod*, Nr. 83, 6. Mai 1941, S. 1.

241 Interview mit Andrija Artuković, *DZK*, Nr. 7, 20. April 1941, nachgedr. in: *Hrvatski Narod*, 22. April 1941 sowie in *Hrvatski List* (Osijek), 23. April 1941.

des öffentlichen Lebens, Wissenschaftler und die Medien den Ausschluss der Juden aus der kroatischen Gesellschaft.[242] Bevor der Frage nachgegangen wird, was solche Forderungen konkret bedeuteten, sollen zunächst die Vorstellungen der Ustaša vom kroatischen Volk untersucht werden.

Der ethnisch homogene Nationalstaat

Das erklärte Ziel der Ustaša-Bewegung bestand darin, einen ethnisch homogenen, großkroatischen Nationalstaat zu schaffen. In verschiedenen Verlautbarungen, unter anderem in den knappen Statuten von 1932, kündigte die Ustaša an, die angebliche serbische Fremdherrschaft in Kroatien »mit allen Mitteln, einschließlich eines bewaffneten Aufstandes«, abzuwerfen, »um einen vollständig freien und unabhängigen Staat auf dem ethnischen und historischen Territorium« des kroatischen Volkes zu schaffen. Niemand sonst, »der nicht nach Blut und Geburt Mitglied des kroatischen Volkes ist«,[243] sollte darin Platz haben. Pavelić bezeichnete das kroatische Volk als Volksgemeinschaft und als ethnisch eigenständigen Abstammungsverband, der einen angestammten »Volksraum« für sich beanspruche.[244] Das gesellschaftliche und ökonomische Leben sollte planwirtschaftlich geordnet werden und sich sowohl vom Kapitalismus als auch vom Bolschewismus deutlich

---

242 Akribische Auswertungen der zeitgenössischen Presse im USK finden sich bei Goldstein u.a., Holokaust u Zagrebu, sowie insbesondere bei Ademović, Novinstvo.

243 Prinzipen der Kroatischen Heimwehr (Domobran-Ustaša), 1933, abgedr. in: Krizman, Ante Pavelić, S. 117ff., sowie in Jareb, Ustaško-domobranski pokret, S. 124ff.

244 Zur »Volksgemeinschaft« siehe Pavelić zit. n. Seitz, Put, S. 45; zu »Volksraum« siehe Pavelić, Die kroatische Frage, S. 21; zur Benutzung der Konzeption in Anlehnung an den Nationalsozialismus vgl. Goldstein, Židovi u Zagrebu, S. 455; vgl. ferner Bokovoy, Croatia, S. 117. Uneindeutigkeit herrscht in der Forschung darüber, wie stark das Projekt der Ustaša der Volksgemeinschaft zur partiellen Aufhebung vorhandener Gruppengrenzen innerhalb der kroatischen Gesellschaft führte. Während bspw. Bokovoy, Croatia, S. 121, die patriarchale Tendenz der Ustaša betont, beleuchtet Yeomans, Militant Women, im Unterschied dazu die Mobilisierung der weiblichen Ustaša-Mitglieder. Zu Geschlechterkonzeptionen der Ustaša und ihrer Politik gegenüber Frauen vgl. Bitunjac, Le donne e il totalitarismo, sowie Bitunjac, Intelektualke u Ženskoj lozi.

unterscheiden.[245] Um Klassenkonflikte zu überwinden, sollte die Bevölkerung in ständischen und staatlich beaufsichtigten Organisationen gelenkt werden. Beachtlich sind in der Tat die enge Steuerung der Wirtschaft durch den Staat und der hohe Grad an Verstaatlichung, den die kroatische Regierung dann vornahm.[246] Die Ustaša wollte die Moderne mit traditionellen Werten aufladen, staatlich kontrollieren und autoritär steuern. Unter den Kriegsbedingungen scheiterten freilich fast alle Wirtschaftspläne der Ustaša.[247]

Die Ustaša sah Kroatien in einem existentiellen Volkstumskampf mit den Serben und beschwor in schrillen Tönen die Gefahr eines möglichen Dolchstoßes in den Rücken des kroatischen Volkes herauf, initiiert von den auf den kroatischen Volksboden eingesickerten Feinden. Seit der Gründung Jugoslawiens, eines »balkanesischen, judeo-kommunistisch verwalteten Völkergefängnisses«, sei das kroatische Volk durch Großserben, Juden und Kommunisten in seiner biologischen Substanz bedroht.[248] Von diesen Gefahren müsse das zu schaffende kroatische Gemeinwesen gereinigt werden.[249]

Die antiserbische Stoßrichtung der kroatischen Nationalideologie basierte vor allem auf der für viele Kroaten insgesamt wenig er-

---

245 Mladen Lorković, Leitartikel, *DZK*, Nr. 1, 28. Juni 1941.

246 Zu Versuchen der kroatischen Regierung, die Wirtschaft nach faschistischem Muster umzugestalten und zu lenken siehe »Die soziale Wiedergeburt Kroatiens«, *Nova Hrvatska*, 20. November 1941, zit. n. *DZK*, Nr. 199, 21. November 1941, S. 3; »Straffe Wirtschaftslenkung in Kroatien«, in: *Südost-Echo* (Wien), Jg. 11, Nr. 46, 14. November 1941, S. 1, sowie »Neuaufbau der kroatischen Wirtschaft«, *Bremische Wirtschaftszeitung*, Jg. 23, Nr. 8, 15. Juli 1941, S. 158. Dort heißt es, dass »jeder private Handel ausgeschaltet« werden sollte; zu Anspruch und Scheitern der Wirtschaftslenkung USK vgl. Sundhaussen, Wirtschaftsgeschichte Kroatiens, S. 232ff.

247 Sundhaussen, Wirtschaftsgeschichte Kroatiens; zu ständestaatlichen Planungen siehe *Neue Internationale Rundschau der Arbeit*, Jg. 2, (1942), Nr. 2, S. 206f.

248 Kvaternik, Odgoj, S. 9–14, 47, zit. n. Barić, Ustroj kopnene vojske, S. 449; siehe des Weiteren Kovačić, Greueltaten und Verwüstungen, S. 7, sowie Makanec, Entwicklung, S. 88f.

249 Abdruck einer Rede Dr. Mirko Puks am 7. Juli 1941 in Križevci, in: *Hrvatski Narod*, Nr. 143, 10. Juli 1941, S. 3, zit. n. Sojčić, Die »Lösung«, S. 418.

freulichen jugoslawischen Epoche. Doch reichte die ideologische Stilisierung Serbiens als Feind bis in die 1860er Jahre zurück, als der nationaldemokratische, von der Französischen Revolution inspirierte Politiker Ante Starčević (1823–1896) und seine Kroatische Rechtspartei die Assimilation der orthodoxen Bevölkerung in Kroatien forderten. Sein politischer Nachfolger, der getaufte Jude Josip Frank, bezeichnete die Serben gar als die Feinde der kroatischen Nation.[250] Hierzu wurden auch Theorien von einer Ethnogenese des kroatischen Volkes herangezogen, die die unterschiedliche Abstammung von Kroaten und Serben belegen sollten.[251] Populär war beispielsweise die »Gotenthese«, die eine Völkerwanderung der Kroaten von der Krim auf den Balkan behauptete. Allerdings sorgten solche Thesen zugleich für Hohn und Spott. So verewigte sich der berühmte kroatische Dichter Miroslav Krleža (1893–1981) mit

---

[250] Zu Starčević als ideellem Begründer der Ustaša vgl. Lorković, Die Ustaschabewegung, S. 6; zu Starčević allgemein vgl. Ramet, Ante Starčevic, S. 139f.; vgl. des Weiteren Gross, On the Integration; Banac, The National Question; Wörsdörfer, Krisenherd Adria, S. 58, sowie Bokovoy, Croatia, S. 117.

[251] Die dominierende Theorie über die kroatische Ethnogenese war, dass die Kroaten aus dem iranisch-kaukasischen Raum auf den Balkan gewandert seien und dort andere Stämme absorbiert hätten, siehe *Hrvatska Gruda* (Wochenblatt der Ustaša), 1. November 1941, zit. n. Kroatische Presseauszüge 68/41, Wien, 15. November 1941; siehe auch Lorković, Das Volk; von Loesch u.a., Die Völker, S. 31, sowie Lukas, Za hrvatsku samosvojnost, S. 23. Eine alternative These, nach der die Kroaten gotischer und somit nordischer Abstammung seien, hatte weniger wissenschaftlichen Rückhalt und scheint vor allem den Deutschen gegenüber postuliert worden zu sein, siehe Šegvić, Die gotische Abstammung; Lorković, Das Volk, sowie Stjepan Bućs in der *DZK* seit Mai 1941 erscheinenden Reihe »Die amtliche Geschichtsschreibung und die Frage der Abstammung der Kroaten«. Jedoch war die Behauptung der nichtslawischen Herkunft der Kroaten unter den Ustaše keineswegs unumstritten, vgl. Jareb, Goti. Hitler scheint der Gotenthese nicht ablehnend gegenübergestanden zu haben, vgl. Jochmann, Adolf Hitler, S. 113, 29. Oktober 1941, sowie Broucek, Deutscher Bevollmächtigter General, S. 82. Auch von Loesch nannte die Kroaten ein Volk »mit slawischer Zunge und gotischem Herzen [...] auf germanisch-slawischer Rassengrundlage«, siehe von Loesch, Croatia restituta, S. 9 u. 24f., sowie von Loesch u.a., Die Völker, S. 31, ferner Stengel, Aus der Einsatzarbeit. Das Deutsche Archäologische Institut Berlin versuchte, die nichtslawische Herkunft der Kroaten archäologisch zu beweisen, vgl. Hausmann, »Auch im Krieg schweigen die Musen nicht«, S. 320.

einem satirischen Gedicht in seinem Tagebuch: »Sind wir ilyrisch oder delyrisch? Oder, Stato Independente – Irisch?«[252]

Da schwer nachzuweisen war, dass es sich bei Serben und Kroaten um ethnisch separate Völker handelt, bemühten Ideologen der Ustaša zusätzlich angeblich völkerpsychologische Unterschiede. So betonte beispielsweise der Ustaša-Vordenker Mladen Lorković das »grundsätzliche Missverstehen« zwischen den Völkern, die zwar dieselbe Sprache sprächen, »doch in ihrem seelischen Empfinden, in ihrer geistigen Tradition und in ihren geschichtlichen Vorstellungen so weit auseinander lägen, wie nur ginge«.[253] Die kroatische Bevölkerung würde die serbischen »Balkannomaden«, die sich unter sie gemischt hätten, intuitiv als Fremde erkennen können.[254] Während die Kroaten als Teil der nordischen Rasse ein Volk des Aufbaus seien, seien die Serben als Angehörige mediterraner und östlicher Rassen mit der ihnen eigenen materialistischen Lebensauffassung weder zum Arbeiten noch zum Schaffen bleibender Werte geeignet. Eine solche Lebensauffassung gehöre ausgemerzt, wurde der kroatische Außenminister zitiert.[255] Ethnische Homogenität galt als die einzig wirksame Antwort auf die Gefahren, von denen die Ustaša das kroatische Volk bedroht sah.

Ein zentraler Topos kroatischer nationaler Ideologie, wie sie bereits vor dem Ersten Weltkrieg ausformuliert worden war, basierte auf der Heroisierung des kroatischen Volkes, das im Lauf der Geschichte immer wieder durch äußere Feinde bedroht gewesen sei, sich jedoch stets mutig gegen die Gefahren gestemmt und sich für die Verteidigung der Freiheit nicht nur der kroatischen Heimat, sondern der westlichen Zivilisation überhaupt gegen den balkanischen Osten aufgeopfert habe. Den konkreten Ort, an dem die Kroaten angeblich den Westen verteidigten, sah man im Flusse Drina, deren »tiefe Schlucht [...] bereits in römischer Zeit Kulturwelten wie [...] Imperien voneinander geschieden [habe, und an der, A. K.] nicht nur die Trennlinie zwischen Völkern unterschiedlicher Kultur, Weltan-

---

252 Lauer, Wer ist Miroslav K.?, S 139.

253 Mladen Lorković, »Kroatien in der europäischen Gemeinschaft«, *DZK*, 30. November 1941.

254 *Hrvatski Narod*, 29. August 1941, zit. n. Kroatische Presseauszüge 51/41 vom 27. September 1941; vgl. auch Schobel, Nationalitätenpolitik, S. 41.

255 *Hrvatska Gruda* (Wochenzeitung der Ustaša), 1. November 1941, zit. n. Kroatische Presseauszüge 68/41, 15. November 1941; siehe auch Lorković, Die Ustaschabewegung, S. 7.

schauung und Moral, sondern die Grenze zwischen Westen und Osten [verlaufe]«.[256] Die zwangsweise Abtretung Dalmatiens an Italien verstärkte die von der Ustaša behauptete Bedeutung der östlichen Grenzgebiete.[257] Das kroatische Volk, im Verlauf Jahrhunderte währender Kämpfe militärisch gestählt, sei ein schützender Vorposten der westlichen Welt, ein »Antemurale Christianitatis«.[258] Eine solche Eigenwahrnehmung der Nation als Vorposten fand sich freilich nicht nur in Kroatien, sondern auch in polnischen, litauischen, ungarischen wie deutschen Nationalideologien.[259] Doch war bei der kroatischen Grenzlandideologie der Eindruck, unmittelbar von Feinden belagert zu sein, besonders ausgeprägt. Dabei wurden je nach Bedarf unterschiedliche Feindbilder eingesetzt.[260] Den deutschen Verbündeten gegenüber hob man vor allem die antikommunistische Mission der Ustaša hervor, die »am Rand jenes Abgrunds, der den Westen vom Osten bzw. Europa vom Balkan und von Asien trennt«,[261] einen Schutzwall gegen den Kommunismus bilde. Über die serbisch-orthodoxe Kirche hieß es, dass sie »eine immer rötere Färbung angenommen [habe], vor Moskau in die Knie gegangen [sei] und dessen asiatischen Glauben im Zeichen von Hammer und

256 Memorandum unbekannter kroatischer Provenienz, 22. Mai 1943, HIA/Karl von Loesch Collection/8, S. 1–14; vgl. ferner Goldstein, The Boundary on the Drina, S. 87f. »Die Wacht an der Drina« lautete auch der Titel eines Propagandafilms, siehe PA AA/Dienstkalender Kasche, 18. Juni 1943.

257 Vgl. Hodzic, Italienische Historiographie.

258 Siehe Pavelić, Der Begriff Bosnien; Kovačić, Vorposten Kroatien, sowie Makanec, Entwicklung, S. 67, 70; zur nachträglichen Integration der k.u.k.-Militärgrenze in die *Antemurale*-Konzeption siehe Karl Korzer, Die Kroaten und die »Militärgrenze«, sowie »Das freie Kroatien«, in: ebenda, Nr. 43, 24. Oktober 1941, S. 1; siehe auch die Schriften Milan Šufflays, bspw. Šufflay, »Occidentem appello!«.

259 Für Deutschland vgl. Connelly, Nazis and Slavs, S. 13; für Ungarn vgl. Hanebrink, In Defense; für Polen vgl. Wróbel, Clash of Collective Memories, sowie Main, Kirche, Zivilgesellschaft.

260 Das Ideologem vom Antemurale spiegelt die Widersprüchlichkeit der Haltung der Ustaša zum Islam wider, wenn bspw. behauptet wurde, dass »im europäischen Titanenkampf gegen die islamische Aggression [...] das kroatische Volk fünf Jahrhunderte lang in der Bresche gestanden« habe, siehe »Der richtige Platz Kroatiens«, *Spremnost* (»Bereitschaft«), 19. November 1943, sowie *Novi List*, 25. Juni 1941, zit. in: *DZK*, Nr. 64, 26. Juni 1941, S. 4.

261 Memorandum kroatischer Provenienz vom 22. Mai 1943 an deutsche Stellen, HIA/Karl von Loesch Collection/8, S. 1–14; siehe auch *Novi List*, 25. Juni 1941, zit. in *DZK*, Nr. 64, 26. Juni 1941, S. 4.

Sichel«[262] übernommen habe. Von den serbischen Kommunisten behauptete man, diese hätten »die ärgste und giftigste Form, [...] nämlich den Kommunismus mit byzantinischem Einschlag«[263], angenommen. Das serbische Volk galt als besonders anfällig für den Kommunismus, weil Serbien ein rassischer Schmelztiegel sei. Rasseforscher und Journalisten in Deutschland wie in Kroatien verwiesen auf den hohen jüdischen Bevölkerungsanteil und den »zigeunerischen Einschlag« bei der serbischen Bevölkerung.[264] Jugoslawien bilde, so Ante Pavelić, die Lebensgrundlage für jüdische Parasiten, die unter serbischer Patronage die kroatische Volkskraft schwächten.[265]

Die Anteile, die Serben, Juden und Kommunisten, Roma oder Freimaurer im Feinddenken der Ustaša einnahmen, änderten sich mit der politischen Konjunktur. Doch ging aus Sicht der Ustaša gerade von der Verschränkung der Feinde die besondere Gefahr aus. Antibyzantinismus, Antiislamismus, Antipanslawismus und Antibolschewismus verschmolzen zu einer schillernden Feindkonstruktion. Die Ideologen der Ustaša entwarfen ein Szenario existenzieller Bedrohung von außen und verbanden dies mit der angeblich drohenden Subversion von innen. In dieser Logik war eine Unterscheidung zwischen Großserben und Kommunisten vollkommen

---

262 *Hrvatski Glas*, 29. Juni 1941.

263 Rundfunkansprache, Eugen Kvaternik (Chef des Ustaša-Sicherheitsdienstes), August 1941, zit. n. DGA, Kühn, an AA, StS, 13. September 1941, PA AA/Büro StS, Kroatien Bd. 2, Bl. 184f.

264 GUS an Oberrabbiner Gavro Schwarz, o. D., HIA/Tomasevich Collection/10, o. Nr.; siehe auch Kraus, Vom Wesensbilde der Serben; Uzinorac, Balkannomaden, S. 19, sowie *DZK*, Nr. 67, 29. Juni 1941, S. 3, »Todesstoß für die Korruption«. Die deutsche Südostforschung beklagte die »mangelnde Blutreinheit« Serbiens und forderte Gegenmaßnahmen, siehe Kraus, Vom Wesensbilde der Serben; vgl. ferner Trubeta, Das nationalsozialistische Bild, S. 99.

265 Pavelić, Die kroatische Frage, S. 28. In der antisemitischen Propaganda wurde den jugoslawischen Juden vorgeworfen, kroatische Kinder auszuhungern, siehe *Hrvatski Narod*, 64, 17. April 1941; der Artikel belegt auch die Verschränkung antisemitischer, antiserbischer und antimuslimischer Stereotype am Beispiel der Schilderung der *čaršija* (dem nach dem türkischen Wort für Geschäftsstraße entlehnten Begriff für Oberschicht, vgl. Suppan, Jugoslawien und Österreich, S. 47). Beispiele für die Kombination antisemitischer und antiserbischer Propaganda finden sich bei Krizman, Ante Pavelić, S. 241; Völkl, Zur Judenfeindlichkeit, S. 70, Goldstein u.a., Holokaust u Zagrebu, sowie Dulić, Utopias of Nation, S. 71.

sinnlos, da beide das kroatische Volk vernichten wollten.[266] Die Feindkonstruktionen von Kommunisten, Serben, Zigeunern und Juden waren demnach nicht statisch, sondern gerade in ihrer kombinierten Form besonders wirksam. Kampfbegriffe wie »Judoslawien«, »Balkanbolschewismus« und »Zigeunerregime«, mit denen die Ustaša Jugoslawien belegte, demonstrieren die Koppelung von Antikommunismus, Antisemitismus, und Rassismus. Gerade die Interdependenz führte zur Radikalisierung der einzelnen Bestandteile. War zum Beispiel von Kommunisten kroatischer Volkszugehörigkeit die Rede, so hieß es, dass es sich um irregeleitete Volksgenossen handle, die nach Brot und Gerechtigkeit hungerten und sich einer gerechteren Volksordnung anschließen würden.[267] Dagegen kam die Propaganda gegen »von Belgrad gesteuerte, jüdisch-freimaurerische Kommunistenführer«[268] schon fast direkten Aufrufen zur Gewalt gleich. Auch die Historikerin Ana Antic betont die Variabilität der Feinbilder, was zuweilen auch eine Abnahme der Gewalt begünstigen konnte. Sie erklärt dies mit dem zunehmenden Druck, unter dem sich die Ustaša befand, vor allem seitdem sie Regierungsverantwortung übernommen hatte.

Die militärischen und propagandistischen Erfolge der kommunistischen Partisanen, die zum Hauptkonkurrenten der Ustaša aufstiegen, aber auch die schwindende Unterstützung durch Deutschland und Italien zwangen die Bewegung, ihre Konzepte den Verhältnissen anzupassen. Der Erfolg von Titos Partisanen führte zu einer Aneignung linker Bausteine in der Rhetorik der Ustaša sowie zur Verstärkung klassenkämpferischer Parolen. Da die supranationale Praxis der Partisanen der Ustaša zudem zunehmend den Boden unter den Füßen zu entziehen drohte, sah sie sich auch auf dem Gebiet der Rassen- und Identitätskonstruktionen zu Zugeständnissen gezwungen, und der ethnisch exklusive Rassismus der Ustaša

---

[266] *Hrvatski Narod*, 29. August 1941, zit. n. Presseauszüge 51/41 vom 27. September 1941. Erst lokale Allianzen der Ustaša mit Četnik-Verbänden gaben seit 1942 ansatzweise Raum für eine differenziertere Betrachtungsweise der Aufständischen, siehe Bericht über eine Rede Lorkovićs, *Grenzwacht* (Esseg), Jg. 8, Nr. 6, 5. Februar 1943, S. 2; vgl. auch Schobel, Nationalitätenpolitik, S. 41, sowie Trifković, The Ustaša Movement, S. 236.

[267] Rede Mile Budaks in Karlovac am 13. Juli 1941, zit. n. Sojčić, Die »Lösung«, S. 422.

[268] Abdruck einer Rede Mile Budaks in: Slavonski Brod, *DZK*, 24. Juni 1941.

wich etwas flexibleren Vorstellungen von der kroatischen Nation. Allerdings verweist Antic diesbezüglich auch auf regionale Unterschiede.[269]

Rassenbiologismus, Antisemitismus und der deutsche Einfluss

Im Hinblick auf den Rassismus und Antisemitismus der Ustaša ist zu diskutieren, ob diese stärker durch traditionelle Feindbilder oder durch rassenbiologische Paradigmen geprägt waren und wie weit der deutsche Einfluss reichte. Auf den ersten Blick scheint der staatliche und gesellschaftliche Antisemitismus in Kroatien auf traditionellen antijüdischen Stereotypen zu basieren. Zwar war die Ustaša die Partei mit den explizitesten antijüdischen Forderungen in Kroatien, gleichwohl verfügte sie über kein geschlossenes antisemitisches Weltbild.[270] Besonders deutlich wird dies in Pavelić' Traktat über »die kroatische Frage«, in dem er zwar die Juden wegen ihres Monopols im Banken- und Pressewesen als Feinde des kroatischen Volkes bezichtigte, dabei aber rassisch argumentierte. Wie bereits erwähnt, wurde die Judenfeindschaft jedoch dadurch verstärkt, dass sie mit dem nationalen Gegner, den Serben, kombiniert wurde. Dies ist eine strukturelle Konstante des Antisemitismus in all jenen Ländern Mittelosteuropas, in denen die Auseinandersetzungen um Form, Inhalt und territorialen Umfang des Nationalstaates anhielten.[271] Folglich war Pavelić' zentraler Vorwurf an die Juden, dass sie Werkzeuge des serbischen Regimes seien.[272] Außerdem war der Antisemitismus eine scharfe Waffe im Kampf für einen sozialen Umbau der Gesellschaft. Mehrere kroatische Minister äußerten, dass die »Lösung der Judenfrage« aus ihrer Sicht primär eine »Ent-

---

269 Vgl. bspw. Antic, Fascism under Pressure.

270 Antisemitismus beruht freilich immer auf Widersprüchen, und auch der NS-Antisemitismus war kein geschlossenes System. Allerdings unterscheidet sich das Verhältnis einzelner Themenfelder innerhalb der nationalen Antisemitismen, vgl. Baumgarten u.a., Varieties of Antisemitism. Zu Antisemitismus in Kroatien vor dem Ersten Weltkrieg siehe Vulesica, Die Formierung des politischen Antisemitismus; zu Antisemitismus in der Zwischenkriegszeit siehe Goldstein u.a., Židovi u Zagrebu, sowie Vulesica, Antisemitismus in Jugoslawien.

271 Vgl. Baumgarten u.a., Varieties of Antisemitism.

272 Pavelić, Die kroatische Frage, S. 28ff.

judung der Wirtschaft« bedeutete.[273] Die ist insofern wenig überraschend, als dies der Ustaša ermöglichte, sich kurzfristig dringend benötigte Barmittel zu beschaffen.[274] Doch auch dieser Strang des Antisemitismus der Ustaša kam ohne rassenbiologische Begründungszusammenhänge aus.

Die Nationalsozialisten beförderten Antisemitismus und Antiziganismus der faschistischen Schwesterbewegungen überall auf dem Kontinent. Aufgrund der bislang spärlichen Forschungen wäre es jedoch verfrüht, die zunehmende Biologisierung des Antisemitismus ausschließlich auf Transfers aus NS-Deutschland zurückzuführen. Jüngere Forschungen zum Verbreitungsgrad eugenischen und sozialhygienischen Denkens in Süd- und Mittelosteuropa legen nahe, dass sich dieses auch unabhängig von deutschen Einflüssen rasch verbreitete, zumindest, wenn man die Eliten der jeweiligen Länder in den Mittelpunkt der Analyse stellt.[275] Gerade in den intellektuellen Zirkeln Jugoslawiens beförderte das Projekt, eine neue jugoslawische Nation zu schaffen, eugenisches und rassenbiologisches Denken. Dies blieb nicht ohne Wirkung auf die Vordenker der Ustaša, die freilich nichts von einer jugoslawischen Rasse wissen wollten und ähnliche Theorien unter anderen Vorzeichen weiterentwickelten.[276]

Ab 1938 gelangten rassenbiologische Ideen und Impulse vor allem infolge der außenpolitischen und militärischen Erfolge Deutschlands aus dem Deutschen Reich nicht nur nach Kroatien, sondern in fast alle Gesellschaften und Staaten Mittel- und Südosteuropas. Deutsche Zeitschriften wie »Volkstum im Südosten«, die »Leipziger Vierteljahrsschrift für Südosteuropa« oder »Volk und Rasse« publizierten regelmäßig Beiträge über die »rassischen Verhältnisse« in Südosteuropa, in denen nicht an Vorschlägen gespart wurde, wie diese zu verbessern seien. Insbesondere im Hinblick auf die südosteuropäischen Roma war die deutsche Fachpresse ein Sprachrohr für inhumane Initiativen. Deutsche Volkstumswissenschaftler forderten die Lösung der Zigeunerfrage in Südosteuropa durch die Erfassung

---

[273] *DZK*, 20. April 1941, sowie *Donauzeitung* (Belgrad), 1. August 1941.

[274] Siehe Broucek, Deutscher Bevollmächtigter General, S. 90, sowie US Križevci an Ljudevit Strauss, 13. April 1941, YVA/M.70/50, Bl. 78.

[275] Vgl. Weiner, Landscaping the Human Garden; Turda u.a., Blood and Homeland, sowie Bucur, Eugenics.

[276] Vgl. Bartulin, Utopias of Race.

in »Zigeunerkatastern«, durch das »Anpacken der Mischlingsfrage«, die von entscheidender Bedeutung sei beim Kampf gegen »die Verseuchung des Volkskörpers«, sowie schließlich in Form von Forderungen, dass »Sterilisation [von Zigeunern] die einzige Möglichkeit zu einer Beseitigung dieses so rasch sich ausbreitenden, fremdartigen Schmarotzers« sei.[277] Inwieweit die deutsche Publizistik südosteuropäische Rassisten in ihrer Praxis konkret beeinflusste, lässt sich aber kaum abschätzen.[278] Auf politischer Ebene führte eine Reihe von mittelosteuropäischen Regierungen seit Ende der 1930 Jahre antisemitische Gesetze ein. Gerade der Erlass solcher Gesetze in Jugoslawien im Jahr 1940 ist wohl auf direkten deutschen Druck zurückzuführen.[279] Zudem bildeten die seit Ende der 1930er Jahre vorwiegend nationalsozialistisch gesinnten deutschen Minderheiten in den mittel- und südosteuropäischen Ländern einen möglichen Transmissionsriemen.

In Jugoslawien war die antisemitische Publizistik der Deutschen Volksgruppe spätestens ab 1940 völlig entgrenzt. Die Übernahme rassenbiologischer Kriterien half den nationalsozialistischen Minderheitsfunktionären, sich von Juden deutscher Kultur, die in Kroatien eine wichtige Rolle spielten, abzugrenzen.[280] Der deutsche Einmarsch 1941 dürfte die Ustaša stark beflügelt haben, den von vielen ohnehin gewünschten Ausschluss der Juden weit oben auf die Agenda zu setzen. Danach lassen sich konkrete Transfers am Beispiel des Austauschs von antisemitischer Fachliteratur und des fachlichen Interesses von deutscher Seite am kroatischen Antisemitismus feststellen.[281]

---

[277] *Volkstum im Südosten*, Mai 1942, S. 95f., sowie Ruland, Die Zigeunerfrage, S. 167f. Weitere antiziganische Artikel finden sich bei Stengel, Aus der Einsatzarbeit, S. 13, sowie N.N. in: *Volkstum im Südosten*, Januar 1943, S. 20.

[278] Zu den Radikalisierungsschüben in der antisemitischen Publizistik Kroatiens seit 1938 vgl. Goldstein u.a., Holokaust u Zagrebu, S. 31ff.; für die Slowakei vgl. Tönsmeyer, Das Dritte Reich; für einen Überblick auf europäischer Ebene vgl. Brustein, Roots of Hate, sowie Pohl, Unter deutscher Hegemonie, S. 153.

[279] Lengel-Krizman, Numerus clausus.

[280] Vgl. Bethke, (K)Eine gemeinsame Sprache, S. 198.

[281] Siehe Interview mit Eugen Kvaternik: Kvaternik, Staatssekretär Kwaternik über die Entjudung, sowie AA, D III (Klingenfuß) an die Hohe Schule der Partei und das Reichsinstitut für die Geschichte des neuen Deutschlands, 6. November 1942, PA AA/Inland II A/B, R 99.425/, Fiche Nr. 5648.

Bei der Planung erster antisemitischer Maßnahmen dienten laut eigenen Angaben die Aktionen der Nationalsozialisten gegen die österreichischen Juden im Jahr 1938 den Ustaše als Leitmodell.[282] Doch die verbreitete Annahme, die Deutschen hätten in der Frühphase des USK die einzelnen Schritte der Verfolgung der kroatischen Juden en détail durchgesetzt oder gar der Ustaša aufoktroyiert, lässt sich nicht belegen. Beispielsweise suggeriert eine im Jahr 2009 ausgestrahlte Serie des Bayerischen Rundfunks über »Hitlers Verbündete«, dass Pavelić die Rassengesetze als Gegenleistung für einen Mercedes erlassen habe, den Hitler ihm geschenkt hatte.[283] Auch wegen ihrer unübersehbaren Nähe zu den Nürnberger Gesetzen wurden die Rassengesetze der Ustaša oft auf direkten deutschen Einfluss zurückgeführt.[284] Doch finden sich weder Belege für deutschen Druck, noch ist es wahrscheinlich, dass die Ustaša die Gesetze nur erließ, um den Deutschen zu gefallen. Für die weitere Forschung empfiehlt es sich, diesbezüglich die genuinen Neuordnungsvorstellungen der Ustaša stärker in den Blick zu nehmen.

Interessanterweise scheiterte mit dem »Einsatzstab Reichsleiter Rosenberg« gerade die nazistische Agentur, die den spezifischen Auftrag hatte, »die kroatische Führung so zu beeinflussen, dass deren Auffassung der Judenfrage den deutschen Vorstellungen ent-

---

[282] Interview mit Mladen Lorković, »Die Durchführung der Entjudung der Wirtschaft entspricht dem seinerzeitigen Vorgehen in der Ostmark«, *Donauzeitung* (Belgrad), 1. August 1941.

[283] Prestel u.a., Hitlers Verbündete (Folge 2, Min. 03:55), dort heißt es: »Kleine Geschenke erhielten die falsche Freundschaft. Hitler schickte Pavelić einen Mercedes. Doch all dies gab es nicht umsonst. Das wusste Pavelić. Der Ustaša-Staat erließ Rassengesetze nach dem Vorbild des Dritten Reiches, die sich gegen Juden und Roma, aber vorwiegend gegen die Serben richteten, die kollektiv zu Feinden des kroatischen Volkes erklärt wurden.«

[284] Besonders folgende Autoren betonen den deutschen Einfluss auf die Verfolgung von Juden und Roma in Kroatien: Ognyanova-Krivoshieva, Nationalism and National Policy, S. 20f.; Hoare, Genocide and Resistance, S. 2; Goldstein, Ante Pavelić, Charisma, S. 228; Clewing, »Keine »Befreier«, S. 48; Greble, Sarajevo, 1941–1945, sowie Calic, Geschichte Jugoslawiens, S. 138 u. 144. Differenzierter urteilt Jareb: »Die Judenverfolgung war ein fester Bestandteil der deutsch-kroatischen Allianz«, Jareb, The Croatian Nation, S. 128. Kroatische nationalistische Forscher versuchten, die Ustaša weißzuwaschen, indem sie behaupteten, die Deutschen hätten die Judenverfolgung initiiert, siehe Pečarić, Serbian Myth, S. 228; in Bezug auf die Roma widersprach bspw. Zimmermann der Hypothese von der deutschen Initiation, (Zimmermann, Rassenutopie und Genozid, S. 290).

sprechen«.[285] Die Gruppe verhedderte sich schon bald in den Interessenskonflikten deutscher und kroatischer Behörden, und der Plan, eine antisemitische »Forschungsstelle Agram« als eine Art rassenbiologistischen Think Tank (in Form einer Zweigstelle der Hohen Schule der Partei) zu begründen, musste aufgegeben werden.[286] In Bezug auf die Verfolgung der Roma durch die Ustaša sind überhaupt keine deutsche Einflussnahmen überliefert. Der deutsche Gesandte Kasche wunderte sich gar über die Schärfe, mit der die kroatische Regierung gegen die Roma vorging.[287] Die einzige bekannte deutsche Initiative besteht in der Installation eines V-Mannes, den der deutsche Polizeiattaché auf die kroatischen Roma ansetzte.[288]

Die Wirkmächtigkeit der Rassengesetze blieb – zumal im Vergleich zum Deutschen Reich – begrenzt, da sie vor Ort wenig beachtet wurden. Maßnahmen wie die gesetzliche Definition von Minderheiten, Interaktionsverbote und Vorkehrungen für Rassentrennung »setzten ein gewisses Maß an Vertrauen in Wissenschaft und Bürokratie voraus, das es in den verarmten, wenig verwalteten ländlichen Gesellschaften Südosteuropas einfach nicht gab«, wie Mazower schreibt.[289] Stärker noch als für das jugoslawische Königreich gilt dies für den Staat der Ustaša. Zwar war die Ustaša auf staatliches Handeln fixiert, denn ein solches belegte die staatliche Unabhängigkeit Kroatiens. Doch obwohl die Gesetzessammlungen des USK

---

285 Aktennotiz Dr. Laubers über die Reise nach Agram, Berlin, 5. Oktober 1941, OAM/1441/1.11, o. lfd. Nr. Vgl. auch Piper, Der Einsatzstab Reichsleiter Rosenberg.

286 Zur Korrespondenz zwischen Kasche und dem AA bezüglich des Einsatzstabes siehe AVII/Na./27B, Akte 3; zur Auseinandersetzung um deren Leiter Dr. Lauber siehe Bericht des Leiters Referat Südosten der Dienststelle R.R., von Ingram, 2. Mai 1942, JIMB/k. 27/10/3.

287 Lagebericht Kasches an AA, 3. Mai 1941, NARA/T-120/5782, 10/41.

288 In den Volkspolitischen Lageberichten, die der RKFDV 1939 bis 1941 über Polen, Jugoslawien und die SU herausgab (BArch/R 49), finden Roma keine Erwähnung. In Rumänien beispielsweise beschränkte sich der aktive deutsche Einfluss auf Forderungen an die rumänischen Behörden, darauf zu achten, dass sich keine Roma aus Transnistrien in die deutsch besetzten Gebiete der Ukraine begeben, vgl. Achim, Deportation der Roma, S. 110. Im Gegensatz zu solchen Befunden betont Trubeta ein intensives deutsches Verfolgungsinteresse an den Roma in Südosteuropa, siehe Trubeta, »Gypsiness«, sowie ders., Das nationalsozialistische Bild; zu V-Männern siehe Agentenlisten, HR HDA/Hans Helm 1/1521, S. 158 (XXVI).

289 Mazower, Der Balkan, S. 196 f.; vgl. auch Goldstein, Židovi u Zagrebu.

Bände füllen, blieb ein großer Teil davon Makulatur. Die Breitenwirkung rassenpolitischer Initiativen war gering. Zudem wurden zahlreiche Serben und manche Juden und Roma nominell von der Verfolgung ausgenommen. Aus diesen Gründen ist die rassenbiologische Rhetorik der Ustaša allein kein ausreichender Indikator für die Beantwortung der Frage, wie verbreitet solche Positionen in der kroatischen Bevölkerung waren und ob diese auch zur Maxime des Handelns von Beamten und Wissenschaftlern wurden. Eugenische und rassenhygienische Diskurse erhielten zwar Einzug auf dem Balkan,[290] insgesamt aber überwogen kulturell aufgeladene Stereotypen, die mit dem biologistischen Erlösungsantisemitismus der Nazis nur wenig gemein hatten. Einen Hinweis darauf gibt nicht zuletzt der Vergleich des Verhaltens Adolf Hitlers und Ante Pavelić' bei Kriegsende. Während Hitler in seinem »politischen Vermächtnis« die aus seiner Sicht historische Notwendigkeit der nationalsozialistischen Judenvernichtung erneut betonte, hob Ante Pavelić am 3. Mai 1945 die kroatischen Rassengesetze auf.[291] Die historische Mission der Ustaša war in erster Linie die Gründung und Erhaltung eines unabhängigen kroatischen Nationalstaates. Rassenbiologische Gedanken, wie etwa von der Veredelung der kroatischen Rasse, spielten als Mittel zur Umsetzung des Hauptziels eine Rolle, waren diesem aber untergeordnet.

Die Judenpolitik der Ustaša basierte verglichen mit derjenigen der Nationalsozialisten stärker auf traditionellen jüdischen Stereotypen. Viele nahmen Juden primär als kulturell-religiöses Problem wahr, und das Regime bemühte sich, rassenbiologische Prinzipien zur Anwendung zu bringen. Wo solche aber den Interessen des Regimes und seiner Vertreter widersprachen, wurden entsprechende Regelungen schlichtweg ignoriert. So behielt sich Ante Pavelić das Recht vor, Juden, die sich »für die Interessen des kroatischen Volkes« eingesetzt hatten, und ihre Familien zu sogenannten Ehrenariern zu ernennen.[292] Die deutsche Gesandtschaft schätzte ihre An-

---

290 Vgl. Yeomans, Of Yugoslav Barbarians.

291 Siehe Savez jevrejskih opština, Zločini fašističkih okupatora, S. 110f.

292 Zur deutschen Diskussion um das »Ehrenariertum« siehe Aktenvermerk Dr. Laubers, Einsatzstab R.R. für Kroatien, OAM/1441/1.8, o. Nr., sowie Bericht des Mitarbeiters der jüdischen Gemeinde Zagreb, Robert Veith, »Der Untergang der Juden Jugoslawiens«, ca. Januar 1946, YVA/O.10/95, S. 12. Bei einem der seltenen Dokumente aus der Vorkriegszeit, in dem die Ustaša-Führung ihre konkreten Pläne andeutet, handelt es sich um einen

zahl auf 500 bis 600 Personen.[293] Rund 4300 Juden bewarben sich bei der Polizei um diesen Status. Viele von ihnen fügten Empfehlungsschreiben von kroatischen Politikern, Offizieren oder Kirchenoberen bei.[294] Ferner wurden Fachkräfte jüdischer Herkunft auf ihren Stellen belassen. Die kroatische Regierung stellte Juden, auf deren Qualifikationen sie in der Verwaltung, der Industrie und im Public-Health-Sektor angewiesen war, Schutzbriefe aus, die das Recht garantierten, einen Privatberuf auszuüben und die eigene Wohnung zu behalten. 27 jüdische Ärzte dienten in der kroatischen Armee, und 142 jüdische Ärzte und Ärztinnen wurden von der Regierung nach Bosnien entsandt, um dort eine Syphilisepidemie zu bekämpfen. Viele von ihnen überlebten die Judenverfolgung, indem sie sich früher oder später bei den Partisanen absetzten.[295]

All dies bedeutet nicht, dass die Judenverfolgung der Ustaša ausschließlich funktionalen Motiven folgte, sondern lediglich, dass sich die Motive für die rassistische Verfolgung von Minderheiten von denjenigen der Nationalsozialisten unterschieden. Vor allem aber bestimmte nicht die Ustaša allein die Politik. Ausschlaggebend war auch der gesellschaftliche Kontext, in den rassebiologistisches Denken insgesamt wenig vorgedrungen war. Beispielsweise empfanden muslimische Politiker, darunter einer der Stellvertreter Pavelić', Ademaga Mešić (1869–1945), die Diskriminierung muslimischer Roma durch die antiziganische Gesetzgebung im USK als Angriff auf ihre Glaubensgemeinschaft. In einigen Fällen verschwieg die Verwaltung dem Innenministerium bei den Roma-Zählungen schlichtweg, dass Roma vor Ort lebten. Dies wurde erleichtert durch die Tatsache, dass nicht genau definiert war, wer als Zigeuner

---

Brief an den Zagreber Oberrabbiner Gavro Schwarz. Das Schreiben ist ein Schmähbrief, in dem den Juden die bevorstehende Abrechnung angedroht wird. Jedoch wird auch angekündigt, dass sich die Juden, die sich die kroatische Sache zu eigen gemacht hatten, der Dankbarkeit der Ustaša gewiss sein konnten: GUS an Oberrabbiner Gavro Schwarz, o. D., HIA/Tomasevich Collection/10, o. Nr.

293 Kasche an AA, 13. November 1941, PA AA/Zagreb Geheim, 20, Pol Nr. 5, 2737/m, sowie DGA, Vermerk Nr. 3352/42, 7. Dezember 1942, NARA/T-120/5797; für eine Liste des kroatischen Innenministeriums vom 27. Mai 1941 mit 64 aufgeführten jüdischen Familien siehe HR HDA/218.1/23, Nr. 5203-Pr./41.

294 Esther Gitman, die Hilfsaktivitäten nichtjüdischer Kroaten erforscht, hat zahlreiche Beispiele zusammengetragen, vgl. Gitman, Rescue and Survival.

295 Vgl. Tomasevich, Occupation and Collaboration, S. 594.

zu gelten habe.[296] Aufgrund der Interventionen von Muslimen gegen die Verfolgung ihrer Glaubensbrüder richtete das Innenministerium eine Kommission ein, die über »Fragen der Rassenzugehörigkeit der Zigeuner islamischen Glaubens« entscheiden sollte. Diese nahm die Studie eines jüdischen Anthropologen als Grundlage für ihr Votum, dass sich die muslimischen Roma Bosniens in weiße und schwarze Zigeuner teilten.[297] Während die Ersteren als sesshaft und assimiliert galten, bevorzugte die letztere Gruppe, die auch »Čergaši« oder »Gurbeti« genannt wurde, einen mobilen Lebenswandel und pflegte weiterhin ziganische Bräuche und Dialekte. Doch unbenommen dieser Unterscheidung lautete das Ergebnis der Fachkommission, dass »beide erwähnten Zigeunerzweige [...] gemäß wissenschaftlicher Untersuchungen der arischen, insbesondere der indoeuropäischen/indogermanischen Rasse an[gehören]«. Die bereits als Nichtarier entlassenen Beamten sollten unverzüglich wieder eingestellt werden und alle Muslime aus den sogenannten Zigeunerregistern gelöscht werden.[298] Um einem Konflikt mit den islamischen Gemeinden aus dem Weg zu gehen, ließ die Ustaša-Regierung fortan muslimische Roma als Arier gelten, während katholische und orthodoxe Roma weiterhin als Zigeuner verfolgt wurden.[299] Zwar war der Schutz muslimischer Roma nur partiell, da die Polizei in Bosnien danach die Verfolgung im Rahmen einer Kampagne gegen die Bettelei verstärkte, von der zahlreiche Roma betroffen waren.[300] Die Interventionen zugunsten muslimischer Roma sind gleichwohl ein wichtiger Beleg für die beschränkte Reichweite rassenbiologischer Denkweisen sowie für die Dominanz religiöser Kategorien.

---

[296] Meldungen der Bezirke und Gemeinden Rogatica, Derventa, Čapljina, Plača, Čajnice, Borika u. Kalinovik, um den 15., 17. u. 24. Juli 1941, HM BiH/NDH/1941, Nr.n 1525, 1538, 1572, 2009, sowie o. lfd. Nr.; vgl. auch Đurić, Ohne Heim, S. 279.

[297] Siehe Glück, Zur physischen Anthropologie.

[298] Der Kommissar des Poglavnik in Sarajevo, Prof. Handžić an MUP, 30. Juli 1941, Nr. 2377/41pr., Betreff: Zigeunerfrage, HR HDA/223/25, Pr. 21868/41, abgedr. in: Lengel-Krizman, Genocid nad Romima, S. 68f.

[299] MUP an KO Derventa, »Rassische Zugehörigkeit der weißen Zigeuner«, 30. August 1941, HR HDA/223/104, O.S. 32661/41, sowie AVII/NDH/196, 2/48–1. Siehe auch »Zigeunerproblem vor der Lösung«, *Donauzeitung* (Belgrad), 21. August 1942, S. 3, gleichlautend in *Grenzwacht* (Esseg), Jg. 7, Nr. 35, 4. September 1942, S. 12.

[300] Vgl. Greble, Sarajevo, S. 140f.

Der tatsächliche deutsche Einfluss auf die Ideologien der Ustaša ist schwer zu bemessen. Man kann diesbezüglich nach direkten deutschen Interventionen suchen. Darüber hinaus sollten jedoch die deutsch-kroatischen Beziehungen vor allem als ein Feld gegenseitigen Interesses und wechselseitiger Wahrnehmungen untersucht werden, was jeweils Wandlungen und Konjunkturen unterlag. Dabei muss zwischen einzelnen Ideologiefeldern unterschieden werden. Während der Rassenbiologismus nationalsozialistischer Façon international über eine gewisse Strahlkraft verfügte, war die Ustaša in ihren antiserbischen Feindkonstruktionen von deutscher Seite unbeeinflusst. Zwar waren die deutschen Südostforscher tendenziell antiserbisch gestimmt, doch wurden die Anliegen der kroatischen Nationalisten in den einschlägigen deutschen Handbüchern über Südosteuropa vor 1941 weitgehend ignoriert. Bisweilen wurde sogar die Existenz einer kroatischen Nation überhaupt geleugnet.[301] Ante Pavelić' deutschsprachige Denkschrift aus dem Jahr 1936, in der er für die nationalen Ziele der Ustaša warb, wurde beispielsweise erst 1941 gedruckt und Hitler vorgelegt.[302] Der Transfer antiserbischer Ideen lief, wenn überhaupt, also eher von Kroatien nach Deutschland als andersherum und verstärkte bereits vorhandene antiserbische Ressentiments bei den deutschen Rezipienten.

Die kroatischen Rassengesetze

Was bedeutete es nun, dass die Ustaša die serbische und jüdische Frage zu lösen versprach? Nach der Regierungsübernahme erließ die Ustaša umgehend ein »Gesetz zum Schutz des arischen Blutes und der Ehre des kroatischen Volkes«, das sexuelle Kontakte und Ehen zwischen Ariern und Nichtariern unter Strafe stellte. Mit wenigen Ausnahmen mussten alle Juden im USK durch einen Erlass der Ustaša-Polizeidirektion zunächst einen Stofffetzen, dann eine Metallplakette mit dem Buchstaben *Ž* für *židov* (Jude) erwer-

[301] Siehe März, Jugoslawien, S. 95, sowie Straka, Die volkliche Gliederung. Straka nahm Anfang 1941 für sich in Anspruch, als Erster »die Fiktion eines einheitlichen jugoslawischen Volkes« aufgegeben zu haben; dies ist jedoch falsch, da Karl Christian von Loesch die Publikationen der Ustaša besonders früh und wohlwollend rezipierte; vgl. Promitzer, Täterwissenschaft, S. 109.

[302] Pavelić, Die kroatische Frage; vgl. auch Debelić, Mladen Lorković.

ben und auf der Höhe der linken Brust anbringen.[303] Auf lokale Initiative wurden zwar in manchen Orten auch Serben oder Freimaurer zeitweise gezwungen, Armbinden zu tragen, doch handelte es sich hierbei um Ausnahmeerscheinungen.[304] Obgleich das Gesetz Juden und Roma auf rassenbiologischer Grundlage zu definieren versuchte, war im Fall der Juden die Religion der Großeltern das entscheidende Kriterium. Was indes die Großeltern zu Juden machte, war nicht definiert. Darin sind die kroatischen Judengesetze identisch mit den Nürnberger Gesetzen, nach deren Vorbild sie geformt wurden. Personen mit drei oder vier Großeltern, die Mitglieder einer jüdischen Gemeinde gewesen waren, galten als Juden. Im Unterschied zu den deutschen Rassengesetzen wurden aber auch Zigeuner gesetzlich definiert. Als Zigeuner (*ciganin*) galten Personen, die mindestens zwei Roma als Großeltern hatten.

Die rassistische Siebung beschränkte sich aber nicht auf Juden und Roma. Auch alle kroatischen Bewerber für öffentliche Posten oder amtliche Hilfe mussten in Meldebögen zur Rassenzugehörigkeit ihre Vorfahren bis ins dritte Glied eintragen. Geburts-, Tauf- und Heiratszertifikate sollten als Herkunftsnachweise dienen. Dies verlieh dem Rassendiskurs zusätzliche Breitenwirkung. Diverse Ausführungsbestimmungen belegen, wie sehr sich einige kroatische staatliche Akteure einem wissenschaftlichen Rassismus verpflichtet fühlten. So durfte der Begriff »Zigeuner« nicht verwendet werden, da dieser einen abwertenden Beiklang habe. Stattdessen solle in amtlichen Formularen der neutrale Begriff *Indid* Verwendung finden.[305] Die Herauslösung der Juden und Roma aus der kroatischen Gesellschaft sollte als ein nicht etwa durch Hass, sondern durch Vernunft geleitetes staatliches Anliegen erscheinen. Explizit als Nichtarier eingestuft wurden Tataren, Kalmücken, Armenier, Perser, Araber,

---

[303] Jüdische Gemeinde Zagreb an Olga Pollak, 5. Juni 1941, JIMB/k. 22, 6/2.

[304] Zur Markierung von Serben siehe Halb-Bataillon I./I.R.750 an Division 718, O.U., 8. August 1941, BA-MA/26–118/5, o. lfd. Nr.; zur Markierung von Freimaurern siehe *Novi List*, Nr. 36, 4. Juni 1941, S. 10, sowie *Die Judenfrage*, Jg. 5, Nr. 10, 16. Juni 1941, S. 108. Die landesweite Markierung von Serben behaupten Paris, Genocide in Satellite Croatia, S. 182; Djilas, The Contested Country, S. 118; Ognyanova-Krivoshieva, Nationalism and National Policy, S. 16, sowie Benson, Yugoslavia, S. 78.

[305] *Novi List*, Nr. 39, 7. Juni 1941, S. 6.

Malaien und Schwarze.[306] Eine im Innenministerium angesiedelte rassenpolitische Kommission unter Leitung des Arztes Dr. Đuro Vranešić (1897–1946) sollte über Zweifelsfälle entscheiden und wissenschaftspolitisch sowie beratend tätig werden. Ihr gehörten insgesamt neun Biologen, Ärzte, Juristen und Pädagogen an. Neben den Einzelfallentscheidungen war die wichtigste Tätigkeit der Kommission die geplante Führung einer »Rassenstatistik«.[307]

Schwierig war es für die kroatische Regierung, sich auf ein koordiniertes Vorgehen gegen die knapp zwei Millionen Serben im USK zu verständigen. In erster Linie fand die ethnogenetische These Anwendung, dass es sich beim Großteil der serbisch-orthodoxen Bevölkerung in Kroatien nicht um eigentliche Serben, sondern um autochthone Kroaten handle, die zu osmanischer Zeit unter Zwang vom Katholizismus zur Orthodoxie konvertiert seien.[308] Des Weiteren hätten die osmanischen, ungarischen und österreichischen Fremdmächte seit dem 14. Jahrhundert romanische Wlachen im kroatischen Kernland angesiedelt, um die ethnische Kompaktheit der Kroaten aufzubrechen. Sukzessive hätten auch diese eine serbische Identität angenommen.[309] Trotz aller Inkonsistenzen der in Kroatien kursierenden Theorien über die mittelalterliche Siedlungsgeschichte bestand Einigkeit darin, dass die meisten orthodoxen Christen Kroatiens »keine ethnischen Unterschiede gegenüber den

---

306 Leitung der Ustaša-Miliz (ZUV), 14. November 1942, »Anleitung zum Ausfüllen des Formulars zur Anmeldung der Rassenzugehörigkeit«, HM BiH/UNS/1942, Nr. 556. Die Serben galten zwar nicht als nichtarisch, gleichwohl auch nicht als explizit arisch, sondern als eine kulturell und rassisch minderwertige Nation, vgl. Djilas, The Contested Country, S. 119.

307 Zur Rassenpolitischen Kommission siehe *Novi List,* Nr. 38, 6. Juni 1941, S. 8, sowie Anordnung Nr. 207, in: Ministarstvo Pravosudja i Bogoštovlja, Zbornik zakona, S. 138; siehe des Weiteren Aktenvermerk Dr. Laubers, Einsatzstab R.R. für Kroatien, 18. Juni 1941, OAM/1441/1.8, o. Nr., sowie Ammon, Die kroatische Judengesetzgebung, S. 75.

308 Erklärung des Justizministers Puk im kroatischen Sabor (Ständeversammlung), 25. Februar 1942, zit. n. Broszat u.a., Der kroatische Ustascha-Staat, S. 95; vgl. auch Dulić, Utopias of Nation, S. 93.

309 Mile Budak in *Novi List,* Nr. 41, 9. Juni 1941, S. 4f; siehe auch Arzen Pozaić, »Srpsko Pitanje: Odakle toliki ›Srbi‹ u Hrvatskoj?«, in: *Novi List,* Nr. 56, 24. Juni 1941, S. 15., sowie Uzinorac, Balkannomaden. Pavelić behauptete, dass es sich bei der orthodoxen Bevölkerung Kroatiens um assimilationsfähige »Reste eines romanischen Elementes aus der Römerzeit« handle, die er als »Morowalachen« und »Martolosen« bezeichnete, siehe Ginzel, Kroatien heute, S. 12f.

katholischen Kroaten aufweisen«, sprich, dass es sich um keine Serben, sondern um ethnische Kroaten handle.[310] Doch bezogen sich diese Theorien von der angeblichen Zugehörigkeit der orthodoxen Bevölkerung zum kroatischen Volk nicht auf alle orthodoxen Bewohner Kroatiens. Einen Teil von ihnen versuchte die Ustaša als »wirkliche Serben« zu identifizieren. Um beide Gruppen semantisch zu trennen, adaptierte die Ustaša ein gebräuchliches serbokroatisches Begriffspaar, das die Serben, die innerhalb Serbiens leben, als *Srbijanci* bezeichnet und jene, die außerhalb leben, als *Srbi*.[311] Fortan galten die »wirklichen Serben« als »Srbijanci«, während die »Serben, bei denen es sich »eigentlich« um Kroaten handle, als »Srbi« bezeichnet wurden. Bald wurde der Begriff durch religiöse Vokabeln ersetzt, vielleicht, weil der säkulare Begriff »Srbi« zu sehr an Serbien erinnerte. Eine Weile bezeichnete man die serbische Bevölkerung im USK als »Orthodoxe« (*Pravoslavci*), doch da dieser Begriff zu sehr an die serbisch-orthodoxe Kirche erinnerte, wurde er im Juli 1941 im amtlichen Gebrauch für unzulässig erklärt und durch die in österreichisch-ungarischer Zeit gebräuchliche Bezeichnung »Griechisch-Orientale« (*grkoistočnkaci*) ersetzt.[312] Die Diktion, die sich im Sprachgebrauch der Deutschen Gesandtschaft durchsetzte, war »Pravoslawe« für »Serbe«. »Man solle den Begriff Serbe für den pravoslawischen Bevölkerungsteil Kroatiens völlig ausschalten«, so der Gesandte Kasche.[313] Doch gelang es nie, den

---

310 *Preporod*, 24. Juli 1943.

311 Glaise von Horstenau folgte dieser Bezeichnung, und nannte die *Srbijanci* Altserben oder Serbianer, siehe D.G.i.A. an OKW (Abt. Ausland), 23. September 1941, BA-MA/RH 31 III, Bd. 1, Nr. 163. Der aus serbischer Sicht geprägte Begriff lautet *Prečani*, was sich mit »die Drübigen« übertragen lässt und sich auf deren Heimat jenseits des Flusses Drina bezieht, vgl. Jakir, Dalmatien, S. 17, sowie Biondich, »We Were Defending the State«, S. 60.

312 Ministerielle Anordnung Nr. 388, abgedr. in: *Narodne Novine*, Nr. 80, 19. Juli 1941, sowie Ministarstvo Pravosudja i Bogoštovlja, Zbornik zakona, S. 293. In der Habsburger Monarchie kam es mit dem Aufstieg des serbischen Nationalismus zu Versuchen, die orthodoxen Gläubigen in Bosnien von der mit dem serbischen Nationalstaat verbundenen serbisch-orthodoxen Kirche abzukoppeln, indem amtlich die Bezeichnung »griechisch-orthodox« Verwendung fand, vgl. Keßelring, Zwischen Osmanischem Reich und Österreich-Ungarn, S. 32ff.

313 Kasche an AA, FS Nr. 1102, 2. September 1941, YVA/O.10/35, Bl. 5f. Kasche persönlich korrigierte den Schriftverkehr der Gesandtschaft und strich handschriftlich »Serbe« aus den Entwürfen, siehe Schreiben Kasches

Sprachgebrauch zu vereinheitlichen. Beamte benutzten selbst innerhalb ein- und desselben Dokuments die verschiedenen Begriffe, ohne einem erkennbaren Muster zu folgen.[314]

Die Serben, das lässt sich aus den verschiedenen Theorien destillieren, sollten als Kollektiv aufgelöst, in verschiedene Untergruppen aufgeteilt und anschließend absorbiert bzw. abgestoßen werden.[315] Im Unterschied zu Juden und Roma ging es bei den Serben nicht darum, sie als Gesamtgruppe zu definieren – beispielsweise als Personen mit drei serbisch-orthodoxen Großeltern –, sondern im Gegenteil mittels einer vagen Konzeption willkürlich bestimmen zu können, wer als Serbe zu gelten habe.[316] Dies beinhaltete Inklusionsangebote an diejenigen Serben, die aufhörten, sich als solche zu artikulieren und die aus Sicht der Ustaša ungefährlich waren. Relativ präzise definierte die kroatische Regierung dagegen spezifische Untergruppen von Serben, gegen die sie gezielt vorging. Alle Serben und ihre Nachfahren, die nach dem 1. Januar 1900 auf das Gebiet des USK gezogen waren, wurden zu unerwünschten Ausländern erklärt.[317] Das Stichdatum war völlig willkürlich gewählt, kam aber der Auffassung kroatischer Nationalisten entgegen, die behaupteten, dass in jugoslawischer Zeit gezielt Zehntausende Serben in Kroatien angesiedelt worden seien, um die kroatische Nation zu

---

an Lorković, Pol.3. Nr. 13, 11. Januar 1943, PA AA/Botschaft Rom (Quirinal) geheim/152, E302619. Auch Broszat und Fricke folgten diesem Modell, indem sie den Begriff Pravoslawen benutzen, vgl. Broszat u.a., Der kroatische Ustascha-Staat, sowie Fricke, Kroatien 1941–1944.

314 Siehe bspw. Bürgermeister Sotin an Ponova, 18. August 1941, HR HDA/1076.1/441, 15/41. Immer wieder machten sich Beamte die Mühe, den von untergeordneten Instanzen automatisch gebrauchten Begriff »Serben« aus deren Berichten zu streichen und mit *grkoistočnjaci* zu ersetzen, siehe bspw. 4. HOP an RAVSIGUR, 8. Oktober 1941, AVII/NDH/143a, 4/19–1.

315 Dies erinnert an die im Generalplan Ost unterbreiteten Pläne für eine Dekompositionspolitik zur Aufsplitterung der Bevölkerung in Mittelosteuropa, siehe Himmler, Denkschrift; vgl. auch Wasser, Himmlers Raumplanung, sowie Fahlbusch, Volkstumsforschung, S. 257.

316 Die Ausnahme bildeten Versuche, alle Mitglieder der serbisch-orthodoxen Kirche zu erfassen. Dieses Vorgehen führte allerdings zu Schwierigkeiten, nicht zuletzt wegen der Frage, wie bspw. mit Montenegrinern zu verfahren sei, siehe Stellungnahme des RAVSIGUR, 16. Juli 1941, HM BiH/NDH/1941, UNS, Nr. 47; zu Religion als ethnisiertem Unterscheidungskriterium vgl. Naimark, Fires of Hatred, S. 7.

317 Anordnung Nr. 372, Feldmarschall Kvaternik in Vertretung des Innenministers, 7. Juni 1941, *Hrvatski Narod*, 8. Juni 1941, S. 2.

schwächen. Diese Personengruppe wurde im Juli 1941 fast vollständig nach Serbien abgeschoben. Darüber hinaus wurde »serbisch« zu einer sozialen Kategorie, mittels derer Behörden gegen Personen vorgingen, die sie als »asozial« (*nepoćudan*) bezeichneten.[318] Nicht zuletzt entwickelte sich der Begriff »serbisch« zu einer politischen Kategorie, denn ein Bekenntnis zur serbischen Nation wurde als politisches Votum gegen die kroatische Eigenstaatlichkeit aufgefasst.[319]

Frühe Verfolgungspraxis und Gewaltpolitik

Die paradoxe Diskrepanz zwischen den zwei miteinander verbundenen Logiken der Serbenpolitik der Ustaša – rhetorische Integrationsangebote an die Serben auf der einen und ihre mörderische Verfolgung durch die Polizei und die Ustaša-Milizen auf der anderen Seite – wurde nicht aufgelöst. Ein Teil der Paradoxie bestand darin, dass die Ustaša radikal antiserbisch eingestellt war und zugleich behauptete, dass die Serben in Kroatien als Gruppe nicht existierten. Zwar glaubten die Vertreter der Ustaša an die ethnogenetischen Theorien, sahen sich aber gleichwohl knapp zwei Millionen Serben im Land gegenüber, denen sie Misstrauen, Angst und Hassgefühle entgegenbrachten. Nichts illustriert diese Ambivalenz besser als ein Plakat, mit dem sich ein Ustaša-Kommandant im Juni 1941 an die serbische Bevölkerung des Vrbas-Distrikts wandte. Der Aufruf war an die »Ehemalige[n] Serben!«[320] adressiert und machte die Erschießung von 14 »ehemaligen Serben« als Vergeltung für Angriffe auf Ustaša-Patrouillen bekannt. Die physische Anwesenheit von Serben in Gebieten, die als kroatischer Volksboden betrachtet wurden, galt als das zentrale Problem für die kroatische Unabhängigkeit, ungeachtet dessen, ob es sich nun um wirkliche, vermeintliche oder ehemalige Serben handelte.

---

318 Zu Befehlen, »asoziale« (*nepoćudni*) Personen in Lager zu deportieren, siehe RAVSIGUR an die Gebietspolizeien, 8. Juli 1941, AVII/NDH/189, 1/12 sowie ŽRO Banja Luka an Kommandantur des Sammellagers Stara Gradiška, 4. August 1942, YVA/O.10/190, Bl. 9.

319 Zur Verschränkung nationaler und politischer Kategorien bei der Ustaša vgl. Djilas, The Contested Country, S. 118, sowie Ognyanova-Krivoshieva, Nationalism and National Policy, S. 11.

320 Ustaša-Hauptquartier und Kommissariat für den ehemaligen Vrbas-Distrikt, Juni 1941, zit. n. Martin, Ally Betrayed, S. 49.

Erste Schritte zur Umsetzung der Ethnokratie

Die Versuche der Ustaša, die multiethnische Bevölkerung Kroatiens in verschiedene ethnische Kategorien einzuteilen und ihr jeweils unterschiedliche Rechte zuzubilligen, mündeten in einer kroatischen Ethnokratie, in der Willkür regierte und die auf friedliche Art und Weise nicht hätte funktionieren können. Die ethnischen Kategorisierungen wurden durch rassistische Vorannahmen ebenso bestimmt wie durch außenpolitische Überlegungen. Montenegriner, Slowaken und Ukrainer bekamen Minderheitenrechte zugebilligt, da die Ustaša mit den jeweiligen separatistischen Nationalbewegungen sympathisierte und großen Wert darauf legte, dass slawische Minderheiten, gerade wenn sie orthodoxen Glaubens waren, von den Serben zu separieren seien.[321] Tschechen und Russen hingegen galten als Feinde. Der Unterricht in tschechischer Sprache wurde verboten und russische Emigranten in Kroatien wurden unter Beobachtung gestellt. Nach dem italienischen Zusammenbruch 1943 diskriminierte die Regierung zudem die italienische Minderheit in Dalmatien.[322] Juden und Roma wurden unter rassistisches Sonderrecht

---

[321] Dies ging einher mit dem Anspruch, dass die Montenegriner nicht etwa Serben, sondern ein eigenständiges, mit den Kroaten befreundetes Volk seien: Jelić-Butić, Ustaše i NDH, S. 165 sowie Greble, Sarajevo, 1941–1945. Dieser freundschaftliche Zugang zu Montenegro hatte sich allerdings erst im Juli 1941 durchgesetzt, nachdem aus kroatischer Sicht die Verhinderung einer Annäherung zwischen Serbien und Montenegro dringend wurde. Die Autonomieforderungen des Montenegrinischen Nationalkomitees wurden anerkannt, und Montenegro sollte perspektivisch zu einem kroatischen Vasall transformiert werden, siehe Rundbrief an Distriktbehörden und Polizeien, 16. Juli 1941, USHMMA/1999.A.0173/2, fr. 7–67 sowie Eingabe des Journalisten Krunoslav Zanko bei Pavelić, 11. Mai 1941, HIA/Tomasevich Collection/10, o. Nr. Zuvor waren Bestimmungen erlassen worden, die die Montenegriner im USK diskriminierten, siehe bspw. *Hrvatska Krajina*, 26. April 1941, zit. n. Milošević, Izbeglice i preseljenici, S. 120, sowie KO Ljubuški an RR Sarajevo, 20. Mai 1941, HM BiH/NDH/1941, Nr. 1637; für eine Regelung, nach der »Montenegriner in Mischehen« den USK verlassen mussten siehe US Doboj an KO Doboj, HM BiH/NDH/1941, Nr. 1609; siehe auch »Persecuzioni di Ustasci verso Montenegrini«, ASMAE/Serie Quinta, Ufficio, b. 1495 (AP 30).

[322] Zur tschechischen Minderheit siehe *Novi List*, 23. Juni 1941; vgl. auch Jelinek, Nationalities and Minorities; zum »Umgang mit Russen« siehe Rundbrief des MUP, 31. Mai 1941, HR HDA/218.1/23, 6020-Pr./41; zum »Umgang mit Ukrainern« siehe MVP an DRP, 9. Juli 1941, HR HDA/1076.1/441, 257/41; zu positiven Bezugnahmen der kroatischen Regierung

gestellt, während die Serben als größte Minderheit entweder assimiliert, unter eine Art Fremdenrecht gestellt oder ausgesiedelt werden sollten. Im April 1941 war noch völlig unklar, wohin die Verfolgung der Juden, Roma und des Teils der Serben, die als wirkliche Serben galten, führen würde: in die Vernichtung der wirtschaftlichen Existenzgrundlage der Betroffenen, in die Vertreibung und Gettoisierung oder gar in die physische Vernichtung. Nichts deutet jedenfalls darauf hin, dass die die kroatische Regierung bei ihrem Machtantritt Massenmorde plante. Gleichwohl waren die Rufe nach dem Einsatz von purifizierender Gewalt nicht zu überhören. Durch sie sollte die Einheit von Nation, Volk und Gemeinschaft, die Wiedergeburt Kroatiens erfolgen.[323]

Die kroatische Unabhängigkeit mobilisierte einen großen Teil der Bevölkerung. Zugleich schufen die Taten und die Rhetorik der Ustaše ein hysterisches Klima der Angst. Die Welle nationaler Begeisterung war begleitet von einem hohen Grad gesellschaftlicher Verunsicherung, wie die hohe Zahl von Selbstmorden in den Wochen nach der Machtübernahme demonstriert.[324] Gleichzeitig kam es zu Formen von extremer Gewalt. Denn an ihrer Bereitschaft, Gegner zu töten, ließ die Ustaša von Anbeginn keinen Zweifel. Bereits am 17. April 1941 erfolgte ein Erlass, nach dem alle Vergehen, »die der Ehre und den lebenswichtigen Interessen des kroatischen Volkes schadeten oder die Existenz des USK bedrohten«, mit dem Tode bestraft werden sollten. Landesweit wurden stationäre sowie mobile Standgerichte eingerichtet, die aus drei Richtern bestanden. Bei Anklageerhebung hatten diese in einem Schnellverfahren zwischen Freispruch und Todesurteil, gegen das keine Rechtsmittel eingelegt werden konnte und das binnen dreier Stunden zu vollstrecken war,

---

auf die ukrainische Minderheit siehe Bericht Katschinkas an Kasche, 16. September 1942, PA AA/Gesandtschaft Zagreb-Geheimakten/2, Nr. 1241; zu negativen deutschen Reaktionen auf kroatische Pläne zur Gründung einer ukrainischen Legion siehe PA AA/R 29.666, Bl. 212; zu slowakischen Minderheitenrechten in Syrmien siehe eine Akte des Innenministeriums, 14. Januar 1942, HR HDA/223/41, I-A 400/42; zur Diskriminierung von Italienern vgl. Moos, Ausgrenzung, Internierung, Deportation, S. 194.

323 Vgl. Yeomans, Of Yugoslav Barbarians, S. 102ff.; zur Bedeutung der Affirmation von Gewalt für die geforderte nationale Widergeburt bei faschistischen Bewegungen im Allgemeinen vgl. Mann, Fascists.

324 Siehe *DZK*, 16. Mai 1941, die von neun Selbstmorden in nur einer Woche berichtet.

zu entscheiden.[325] Die Zahl der Todesurteile schnellte im Frühjahr 1941 dramatisch in die Höhe. Zudem bedeutete die vage Benennung der angeblich zu ahndenden Vergehen einen legalistischen Blankoscheck, missliebige Personen zu ermorden, den der USK seinen Standrichtern ausstellte. In den ersten Wochen des Bestehens des Staates kam es zunächst zu keinen kollektiven Erschießungen von Geiseln. Diese sollten Anfang Juli 1941 einsetzen. Obwohl die spätere Praxis der Standgerichte massenmörderisch war, sind sie nicht als intentionales Werkzeug für den Massenmord zu sehen, sondern, wie noch auszuführen sein wird, während der Mordkampagnen ein funktionales Mittel innerhalb derselben. Dennoch führte die Überzeugung der Ustaša-Führung, dass nur die »Lösung« der jüdischen und serbischen Frage die kroatische Unabhängigkeit sichern könne, in Kombination mit dem gewaltbereiten Tatendurst ihrer Basis unweigerlich in die Gewalt.

Schon bald errichtete das Regime Häftlingslager, um seine Verfolgungsziele erreichen zu können. Da auf das Lagersystem der Ustaša zu einem späteren Zeitpunkt genauer eingegangen wird, soll an dieser Stelle nur kurz die Entstehung der Lager dargestellt werden. Ermuntert von der deutschen Wehrmacht, begannen örtliche Ustaše auch in den Provinzen, linke oder liberale Serben und Juden, zionistische Jugendliche und jugoslawische Beamte einzusperren.[326] Am 28. April 1941 wurden in Zagreb 79 jüdische Anwälte verhaftet und im unweit der Stadt gelegenen Anwesen Kerestinec interniert.[327] Parallel dazu wurden in anderen Landesteilen zunächst provisorische Lager eingerichtet, die in der Folge zu Dauereinrichtungen wurden. Das größte dieser Lager befand sich auf dem Gelände der Düngemittelfabrik Danica (»Morgenrot«) in der Nähe von Koprivnica (siehe Karte S. 380). Bereits im Juni befanden sich mehr als 2000 serbische, kommunistische und jüdische Häftlinge in dem Lager. Bewacht wurden sie von 90 einheimischen Ustaše, die dem RAVSIGUR unter Eugen Kvaternik unterstanden.[328] Die

---

[325] Siehe Lemkin, Axis Rule, S. 258; *Narodne Novine*, 10. Juli 1941, sowie *DZK*, 11. Juli 1941.

[326] Befehl 49. AK, Ia, 30. April 1941, zit. n. Miletić, Koncentracioni logor Jasenovac b, S. 9ff.

[327] Vgl. Peršen, Ustaški logori, S. 67f.

[328] Vgl. Dizdar, Logori, S. 88ff.; Peršen, Ustaški logori, S. 67ff., sowie Grčić, Tko je tko, S. 291. Laut Dizdar befanden sich unter den Häftlingen auch einige Roma, vgl. Dizdar, Ljudski gubici.

ersten Monate der Ustaše-Lagerherrschaft waren geprägt durch willkürliche Gewalt, erniedrigende Zwangsarbeit der Häftlinge, Begleichung persönlicher Rechnungen, Aktivismus und Improvisation.

Schon nach wenigen Monaten bemühte sich die Ustaša-Führung, das Lagersystem in Kroatien zu zentralisieren. Dabei suchte sie Unterstützung beim Apparat des SD unter SS-Sturmbannführer Dr. Wilhelm Beisner, der Kontakte zum Polizeiapparat der Ustaša pflegte.[329] Im Juni 1941 organisierte Beisner für mehrere Ustaša-Führer eine Berlinreise, unter denen sich auch Eugen Kvaternik befand. Die Delegation besuchte das SS-Hauptamt in Oranienburg, traf die Verfügungstruppe der SS und besichtigte das KZ Sachsenhausen.[330] Aus kroatischer Sicht waren die Besuche in Oranienburg ein Erfolg. Der kroatische Gesandte Branko Benzon (1903–1970, Gesandter von April bis Oktober 1941) bedankte sich »für die herzliche Aufnahme seiner Kroaten in meinem Hauptamt und für die Einladung zum Mittagessen, das [SS-Obergruppenführer Gottlob Berger] denselben gab«, und suchte fortan, die Kontakte zur SS zu intensivieren.[331] Ein zweiter Besuch folgte im September 1941, den Vjekoslav Luburić (1914–1969), der als Leiter des Amtes III im UNS dem gesamten Lagersystem vorstand, als »erstklassige Schulung« bezeichnete.[332] Die Inspektionsreisen waren ein wichtiger Schritt auf dem Weg zur Zentralisierung des kroatischen Lagersystems, die in der Gründung des KZ Jasenovac im August 1941 mündete.[333]

Administrative Maßnahmen zur Verfolgung

Die ersten Versuche der Ustaša, ihre Gedankengebäude in Gesetzesform zu gießen und sie in die Tat umzusetzen, führen auf das Gebiet der praktischen Verfolgung. Den Forderungen nach Identifizierung und der physischen Entfernung »wirklicher« und der Assimilation

---

329 Vgl. Lerchenmüller, Die Geschichtswissenschaften, S. 129.

330 Gottlob Berger an RFSS, 12. April 1941, BArch/NS 19/2223, Bl. 1 ff., sowie Chef Sipo SD an Berger, 27. November 1941, BArch/NS 19/3461, Bl. 2.

331 Gottlob Berger an RFSS, 16. Juni 1941, BArch/NS 19/2223, Bl. f.

332 Diana Budisavljević, Tagebucheintrag, 9. Juli 1942, abgedr. in: Kolanović, Dnevnik, S. 70.

333 Vgl. Korb, La Construction nationale.

der übrigen Serben folgten konkrete politische Maßnahmen.[334] Bei der Masse an diskriminierenden Gesetzen, Maßnahmen, Verordnungen und Durchführungsbestimmungen fällt vor allem auf, dass diese keiner Systematik folgten. Oft betrafen sie Serben und Juden gleichermaßen, manche Gesetze richteten sich dagegen ausschließlich gegen Juden, nur in seltenen Fällen wurden dagegen Roma explizit aufgeführt.[335] Von den ersten Repressalien der Ustaša besonders betroffen waren Mitglieder der serbischen und jüdischen Intelligenzija, der Oberschicht, Zuwanderer aus anderen jugoslawischen Gebieten, insbesondere aus Serbien, jugoslawische Staatsdiener sowie Personen, die sich politisch engagiert hatten. Wegen der mannigfachen Überschneidungen und Verschränkungen lässt sich die diskriminatorische Gesetzgebung nicht nach Verfolgtengruppen systematisieren. Wohl lässt sie sich aber nach der Motivation der jeweiligen Regelungen unterscheiden. Im Folgenden wird zunächst gezeigt, dass die kroatische Bürokratie oft nicht so funktionierte, wie es sich die Zagreber Zentrale wünschte. Dann wird auf sicherheitspolitisch motivierte Maßnahmen eingegangen, um schließlich solche in den Blick zu nehmen, die auf den sozialen und ökonomischen Ausschluss der Verfolgten abzielten.

Zwischen Vorgaben der Zentrale und lokalen Interessen

Trotz eines bürokratischen Enthusiasmus, der zu einer Flut von Verordnungen führte, stieß der kroatische Staat schnell an seine Grenzen, denn es war überhaupt nicht möglich, das Verhalten von etwa drei Millionen Serben, Juden, Roma, Tschechen und Regimegegnern, die mehr als die die Hälfte der Gesamtbevölkerung des USK stellten, zu kontrollieren.[336] Da ein großer Teil des Staatsge-

---

334 Pavelić beispielsweise verlangte die Aussiedlung der »wirklichen Serben«, die nach Slawonien und in die Vojvodina eingewandert seien, siehe Ginzel, Kroatien heute, S. 12f. Als solche galten vornehmlich jene Personen, deren Vorfahren sich seit dem 19. Jahrhundert in Kroatien angesiedelt hatten, siehe Pozaić, Srpsko Pitanje.

335 Eine der wenigen Maßnahmen, die sich explizit gegen alle drei Gruppen gleichermaßen richtete, war die Einziehung der Postsparbücher, siehe Postsparkasse, 10. Dezember 1941, USHMMA/1998.A.0027/1 [HDA/MUP I.A. 4659, 1941].

336 Ein Bericht schildert bspw. die Unmöglichkeit der Durchsetzung von Ausgangssperren, siehe ŽRO Vukovar an MUP, 12. Dezember 1941, HR HDA/223/37, Nr. 4589 I.A.

biets nicht der Kontrolle der Regierung unterstand, waren Versuche, alle Angehörigen ethnischer Gruppen zu registrieren, zum Scheitern verurteilt. Zwar begannen diverse Ämter 1941 mithilfe der Ustaša auf Grundlage der Angaben jüdischer Gemeinden oder Mitgliederlisten serbischer Organisationen aus der Zwischenkriegszeit, Namenslisten zu führen.[337] Das Ergebnis war jedoch ein unkoordiniertes Nebeneinander von Listen verschiedener Provenienz, die wegen ihrer unklaren Kriterien für systematische Verfolgungen vermutlich nur bedingten Wert hatten. Lokale Behörden gingen bei Vertreibungen aus ihrem jeweiligen Gebiet vollkommen willkürlich vor.[338] Die kroatische Bürokratie war insgesamt nicht in der Lage, die lückenlose Umsetzung der eigenen Vorschriften zu gewährleisten. Beispielsweise beschwerte sich die Verwaltung des nur 30 Kilometer von Zagreb entfernten Bezirks Pisarovina zwei Monate nach Einführung der Markierungspflicht für Juden, dass die benötigten Plaketten noch immer nicht eingetroffen seien.[339] Aus Višegrad berichtete der örtliche Führer der Ustaša Ende Juni 1941, dass die Rassengesetze sechs Wochen nach ihrem Erlass noch immer nicht umgesetzt worden seien. Den Grund sah er darin, dass noch immer keine kroatische Verwaltung existiere und alle serbischen Beamten noch an ihren Plätzen seien.[340] Insgesamt gelang es der Ustaša also nicht, landesweit eine ihr ergebene und effektive Verwaltung zu installieren. Es waren vielmehr lokale und regionale Faktoren, die den Ausschlag für die Intensität sowohl der Juden- als auch der Serbenverfolgung gaben. Diese wurde von Zagreb aus initiiert, jedoch nicht gesteuert, sodass die Lokal- und Regionalverwaltungen über erhebliche Spielräume verfügten.

---

337 Bevollmächtigter für die Bezirke Ilok und Šid, an DRP, 19. Juni 1941, HR HDA/1076.1/441, Nr. 58/41; siehe auch KO Krapina an das Kooperationsministerium, 10. Juli 1941, »Liste unerwünschter Personen«, HR HDA/1076.1/442, Nr. 465/41.

338 Ustaša-Führer Viktor Gutić ordnete beispielsweise am 26. April 1941 die Abschiebung aller Serben und Montenegriner aus Nordwestbosnien an, siehe US Doboj an KO Doboj, HM BiH/NDH/1941, Nr. 1609. Der Regierungsbeauftragte des Bezirks Bijeljina ordnete am 25. Juni 1941 die Ausweisung aller Personen an, die nach 1918 eingewandert waren und die nicht kroatischer, slowenischer, deutscher oder ungarischer Volkszugehörigkeit waren, siehe Verordnung Nr. 144/41, HR HDA/Zbirka Štampata/907, 107/193.

339 KO Pisarovina an RUR ŽO, 28. Juli 1941, YVA/M.70/6, Bl. 6.

340 UL Višegrad an GUS, 27. Juni 1941, HDA/223/24, Nr. 14726 Pr.

In vielen Provinzen nutzte die Verwaltung ihre neu erworbene Macht zuungunsten der Verfolgten aus, beseelt von antisemitischem und antiserbischem Eifer. Örtliche Satrapen wie Viktor Gutić in Banja Luka waren persönlich für den scharfen antiserbischen Kurs in ihren Provinzen verantwortlich. Der Regierungsbeauftragte Ivan Tolj in Sarajevo wiederum setzte die antijüdischen Bestimmungen besonders rigoros durch.[341] Regionalverwaltungen erließen nach Belieben zusätzliche Diskriminierungsmaßnahmen. Der Bürgermeister der Stadt Ruma ordnete an, alle serbischen Lehrlinge zu entlassen; die Städte Varaždin und Bihać verkündeten als Erste, judenfrei zu sein, und auch die Stadt Mostar fiel durch besonders antisemitische Regelungen auf – und das, obwohl sie außerhalb der deutschen Besatzungszone lag.[342] Lokale Stellen baten darum, Immobilien übernehmen zu dürfen, die sich im Besitz von Juden oder Serben befanden, um dort Sporthallen, soziale Einrichtungen oder Ustaša-Heime einzurichten.[343] Zahlreiche Regionalverwaltungen versuchten, sich von ihren sozialen Fürsorgepflichten zu befreien, was sich insbesondere gegen die in verschiedenen Kleinstädten gestrandeten jüdischen Flüchtlinge aus Deutschland richtete. Der Bürgermeister von Pisarovina beantragte, die 40 jüdischen Emigranten im Ort in ein KZ abzuschieben, und berief sich auf den angeblichen Unmut der Bevölkerung, »die nicht länger gewillt sei, die Juden durchzufüttern«. Die Anwesenheit der Juden, so schrieb er, ruiniere die örtliche Wirtschaft.[344] In vielen Orten gingen die Impulse für eine schärfere Verfolgung also von der lokalen Zivilverwaltung oder von der örtlichen Ustaša aus.

Das uneinheitliche Vorgehen und die mangelnde Kontrolle durch die Regierung konnten den Verfolgten freilich auch von Nutzen sein. Ein Teil der Verfolgungsmaßnahmen wurde nicht umgesetzt,

---

341 Vgl. Goldstein u.a., Holokaust u Zagrebu, S. 145ff.

342 Kundmachung des Bürgermeisters von Ruma, 13. Mai 1941, AJ/110/677, 358; zu Varaždin und Bihać siehe *DZK*, 17. Juli 1941 sowie 1. August 1941; zu Mostar siehe Direktion der Stadtpolizei Mostar, 26. Mai 1941, YVA/O.10/2,1, Bl. 1 [JIMB/k. 21/1, a, 2/12].

343 Siehe bspw. UL Kutina an RUR ŽO, 29. Juli 1941, YVA/M.70/5, Bl. 89, sowie USHMMA/1998.A.0018/7.

344 KO Pisarovina an RAVSIGUR, 9. Juli 1941, YVA/M.70/1, Bl. 1, sowie an RUR ŽO, 22. Juli 1941, HR HDA/252/7, Nr. 28322. Ähnlich argumentierte die Ustaša im Badeort Lipik, siehe Ustaški Tabor Lipik an RUR ŽO, 8. Juli 1941, YVA/M.70/9, Bl. 6.

weil untergeordnete Behörden und die beteiligten Menschen nicht willens oder in der Lage waren, sie durchzuführen, sich an sie zu halten oder sie zu überprüfen. So nahm die Stadtverwaltung von Sarajevo die »heimischen Serben« (*domaći*) erfolgreich von Verfolgungen aus.[345] Die Historikerin Emily Greble sieht die Ursachen hierfür in Befürchtungen der muslimischen Stadtoberen, die multikonfessionelle Stadtgesellschaft könne auseinanderbrechen, sollte ein ganzer Teil der Stadtbevölkerung unterschiedslos verfolgt werden.[346] Manche Bezirks- und Ortsvorsteher beantworteten die Aufforderung der Regierung, verdächtige jüdische und serbische Individuen zu melden, damit, dass die ansässigen Serben und Juden vollkommen loyal und an großserbischen respektive zionistischen Aktivitäten vollkommen unbeteiligt seien.[347] Trotz anderslautender Befehle meldeten kroatische Beamte Telefonanschlüsse in Häusern von Juden nicht ab, speisten nach wie vor in jüdischen oder serbischen Gaststätten, holten Juden und Serben nicht zu den Deportationen ab oder kontrollierten nicht, ob sich die Verfolgten an alle Verbote hielten.[348]

In manchen Fällen widersprach die Verfolgungspolitik vitalen Interessen der Bezirke. Beispielsweise gefährdeten die Ausgangssperren in den Gebieten mit einem beträchtlichen serbischen Bevölkerungsanteil die lokale Wirtschaft. Ein syrmischer Bezirkshauptmann bat bei der übergeordneten Polizeibehörde um Ausnahmeregelungen für die serbischen Händler mit ihren kommerziellen Verbindungen nach Zagreb, »da sonst der gesamte Bezirk ohne Waren bleibt«.[349] Viele Behörden, wie zum Beispiel die kroatischen Bahnen, waren daran interessiert, ihre serbischen und jüdischen Beam-

---

[345] Der Begriff *domaći* bezog sich auf alteingesessene orthodoxe Sarajever Familien, die aus Sicht der örtlichen Eliten keine Bedrohung für das kroatische nationale Projekt darstellten.

[346] Vgl. Greble, Sarajevo, 1941–1945, S. 123.

[347] Siehe folgende Berichte: OP Velika Gorica an KO Velika Gorica, 19. Juli 1941, YVA/M.70/69, Bl. 8 u. 17, UL Kladanj an UP Sarajevo, 14. Juni 1941, HM BiH/UNS/1941, Bl. 10 sowie ŽRO Bihać an UNS I, weitergeleitet an die RUR ŽO am 12. Februar 1942, YVA/M.70/70, Bl. 4.

[348] Siehe bspw. KO Foča an VŽ Vrhbosna, 12. August 1941, HM BiH/NDH/1941, Nr. 1851 sowie die Erinnerungen Zeev Milos, siehe Milo, Im Satellitenstaat Kroatien.

[349] KO Stara Pazova an ŽRO Vukovar, 6. Dezember 1941, HDA/223/37, 4511 I.A. [3054].

ten zu behalten.[350] Gerade in Gebieten mit einer serbischen Bevölkerungsmehrheit basierten die gesamte staatliche Verwaltung und das Schulwesen auf einem serbischen Beamtentum. In Banja Luka beispielsweise wurden zwar 85 von etwa 100 serbischen Beamten in zwei Stufen entlassen, was aber dennoch zeigt, dass selbst in einer Stadt, in der die antiserbische Politik besonders radikal verlief, immerhin fünfzehn Prozent der serbischen Berufsbeamten ihre Positionen behielten. Mancherorts konnten serbische Beamte im Dienst verbleiben, wenn sie zum Katholizismus übertraten. Da der Ustaša-Staat auch auf die Tätigkeiten bestimmter jüdischer Beamter angewiesen war, wurden diese fürs Erste von der Pflicht, den Judenstern zu tragen, ausgenommen, um in den Augen der Öffentlichkeit die staatliche Autorität nicht zu unterminieren.[351]

Sicherheitspolitisch motivierte Maßnahmen

Nach ihrem Machtantritt erließ die Ustaša in aller Eile sicherheitspolitisch motivierte Anordnungen gegen Serben und Juden. Ausgehverbote, eine Meldepflicht, das Verbot des Besitzes von Radiogeräten und die Abgabepflicht von Waffen stellten den Versuch dar, die vermeintlich von Serben und Juden ausgehenden Gefahren für die Unabhängigkeit Kroatiens zu kontrollieren.[352] Am Tag nach Pavelić' Ankunft in Zagreb wurden polizeiliche Ausgangssperren und Reiseverbote gegen Serben und Juden erlassen und die nicht in Zagreb gemeldeten Betroffenen der Stadt verwiesen.[353] Wie stark die Behörden Serben misstrauten, verdeutlichen Ausgangssperren, die sich explizit auch gegen von sich aus zum Katholizismus konvertierte Serben richteten.[354] Die regionalen Ustaša-Chefs bekamen den Auf-

---

[350] Bericht Jure Francetićs, 30. Juni 1941, HR HDA/223/24, Nr. 13579 Pr.

[351] »Juden im öffentlichen Dienst«, MUP an Polizeien und Verwaltungen, 26. Mai 1941, YVA/M.70/75, Nr. 4697.

[352] Zu Ausgehverboten für Juden und Serben siehe Erlass, 8. Mai 1941, HR HDA/Zbirka Štampata/907, 104/20; zur Konfiskation von Radioapparaten siehe *DZK*, Nr. 26 u. Nr. 27, 17. u. 18. Mai 1941.

[353] *DZK*, 17. April 1941.

[354] Zum Ausgehverbot, das sich explizit nicht auf Konvertierte bezog, siehe Bekanntmachung der Städtischen Polizei Bjelovar, 6. November 1941, HR HDA/Zbirka Štampata/907, 105/201; zu Konvertierten siehe VŽ Pliva und Rama (Jajce) an MUP, HR HDA/223/34, Nr. 2806, sowie Römisch-Katholisches Großgespanschaftsamt Jajce an MUP, HR HDA/223/33, Nr. 1484.

trag, die Bewegungsfreiheit der Serben mittels Passierscheinen einzuschränken. Im Sommer 1941 begann die Polizei, auf Grundlage der Kirchenbücher der orthodoxen Gemeinden eine Zentralstatistik aller Serben im USK zu führen.[355] Wenngleich solche Listen nicht zwangsläufig zu einer bürokratisch effizienten Verfolgung führten, so belegen sie doch die rapide fortschreitende Ethnisierung Kroatiens. Berufsvereinigungen erfassten ihre Mitglieder nach ethnischer Zugehörigkeit.[356] Die Ärztekammer gab gar »Achteljuden« unter den Ärzten an, und die Anwaltskammer meldete »Halbtschechen«.[357] Das Innenministerium plante, ein nationales Zentralregister aller Inhaber von Passierscheinen sowie aller Nichtkroaten »aus Gründen der Übersicht« sowie ein Zentralregister aller kroatischen Tschechen einzuführen.[358] Bittere Erinnerungen an die jugoslawische Volkszählung aus dem Jahr 1931 kamen wieder hoch.[359] Diese hatte seinerzeit Gräben zwischen Nachbarn aufgerissen, da in vielen Gemeinden Debatten geführt wurden, im Zuge derer die politische Daseinsberechtigung von Minderheiten infrage gestellt wurde.

---

355 RUR, Rundschreiben taj. 2/41.-II an die Großgespanschaften, 23. Juli 1941, AVII/NDH/156, Nr. 1/1 sowie USHMMA/RG-49.003/1; zur Umsetzung siehe Abschlussmeldung des Bezirks Bosanski Šamac über 9758 ansässige Serben, AVII/NDH/174, 11/8–2, 8. Oktober 1941; die Registrierungsbemühungen hingen teilweise mit den Kampagnen zusammen, die Serben zum Übertritt in die katholische Kirche bewegen sollten, siehe KO Stara Pazova an Gemeindeamt, 21. Januar 1942, AVII/NDH/172, a, 9/5–21, sowie Bürgermeisteramt Sarajevo an DRP, 11. September 1941, HR HDA/218.1/13, 3760-B/41.

356 Ordnungsamt, Anordnung der Judenmeldung, 16. Mai 1941, YVA/M.70/24, Bl. 14, sowie Polizei Zagreb, Dekr. Nr. 13–542 zur Meldung der auf dem Stadtgebiet wohnenden Roma, in: *DZK*, 19. Juli 1941.

357 Anwaltskammer Zagreb an DRP, 3. Juli 1941, HR HDA/1076.1/441/41, sowie Ärztekammer an DRP, 9. Juli 1941, HR HDA/1076.1/441.

358 Zur Registrierung aller Antragsteller siehe MUP an alle Bezirke, 27. November 1941, HR HDA/223/45, I-A 3601/42; siehe auch *Neue Ordnung*, Nr. 3, 13. Juli 1941, S. 6: »Die Registrierung der Serben wurde aus Gründen der Übersicht angeordnet«; zur Registrierung der Tschechen siehe Bekanntmachung des MUP, 23. März 1942, HR HDA/223/41, I-A 1829/42.

359 Beispielhaft für die Instrumentalisierung vergangener Konflikte siehe das Beschwerdeschreiben eines gewissen Steigerwald an das MUP, 2. Oktober 1941, HR HDA/223/32, Bl. 786.

Die im USK erscheinenden Tageszeitungen wurden verpflichtet, die Verordnungen gut sichtbar abzudrucken.[360] Wer sich nicht binnen zehn Tagen meldete, sollte als Kriegsgefangener behandelt oder in ein Konzentrationslager überstellt werden.[361] Dies verdeutlicht, wie sehr die Ustaša das serbische Volk als Kriegsgegner wahrnahm. Für ihre Vertreter war es daher undenkbar, Serben und Juden in den neu gegründeten kroatischen Streitkräften dienen zu lassen.[362] Dadurch, dass kroatische Jugendliche eingezogen wurden, während nichtkroatische junge Männer zu Hause blieben und ihren Berufen nachgingen, schuf die Ustaša jedoch gleichzeitig eine Situation, die aus ihrer Sicht eine zusätzliche Bedrohung der inneren Sicherheit darstellte. Um dieses selbst produzierte Dilemma zu überwinden, wurde ein sechsmonatiger Arbeitsdienst für Serben der Jahrgänge 1915 bis 1920 eingeführt.[363] Zudem kam es zu Formen irregulärer Zwangsarbeit, bei denen vor allem viele Juden wie auch Roma von lokalen Ustaša-Trupps oder den Kommunen zu schwerer körperlicher Arbeit gezwungen wurden.[364] Zusammenfassend lässt sich sagen, dass zahlreiche Regelungen der Kontrolle der Verfolgten dienen sollten, da die kroatische Regierung sie als eine Gefahr für die kroatische Unabhängigkeit wahrnahm.

Maßnahmen zum sozialen und ökonomischen Ausschluss

Die Ingenieure des neuen kroatischen Nationalstaates versuchten, sowohl Serben als auch Juden sozial zu isolieren. Sportwettkämpfe zwischen Serben und Kroaten wurden verboten.[365] Rassistische Sitzordnungen in öffentlichen Verkehrsmitteln, nach denen Juden

---

[360] Anordnung Nr. 372, Feldmarschall Kvaternik in Vertretung des Innenministers, 7. Juni 1941, in: *Hrvatski Narod*, 8. Juni 1941, S. 2.

[361] Zum Kriegsgefangenenstatus siehe Meldeverordnung, 7. Juni 1941, HR HDA/Zbirka Štampata/907, Nr. 103/144; zu KZ-Haft siehe *DZK*, Nr. 88, 20. Juli 1941, S. 5, »47 Serben ins Konzentrationslager«.

[362] Gesetz zur Gründung von Heer und Marine, 10. April 1941, USHMMA/1999.A.0173/2, fr. 426–431, sowie *Narodne Novine*, 12. April 1941. In einem ersten Schritt wurden zunächst die nach 1918 nach Kroatien gezogenen Serben vom Wehrdienst ausgeschlossen.

[363] US der Bos. Hrvatska (Gutić) an alle Bezirke, 5. Juni 1941, HM BiH/USK/1941.

[364] Zu Zwangsarbeit von Roma Bericht Nr. 651/taj. an das HQ der Heimwehr, 13. Juni 1942, abgedr. in: Vojnoistorijski Institut, Borbe u Bosni Nr. 163.

[365] *DZK*, 4. Juni u. 19. Juni 1941.

sowie in manchen Fällen Serben in Bussen und Straßenbahnen hinten sitzen oder sogar stehen mussten, wurden eingeführt.[366] Auf symbolischer Ebene wurde die Separierung von Serben und Juden vorgeführt, indem ihnen das Tragen von kroatischen und deutschen nationalen Symbolen untersagt wurde.[367] Die erzwungene Kennzeichnung jüdischer und serbischer Geschäfte ging einher mit der noch zu schildernden Vernichtung der wirtschaftlichen Grundlagen serbischen und jüdischen Lebens.[368] Das Verbot für Juden, sich im Presse- und Kulturwesen zu betätigen, sollte zum Ausdruck bringen, dass Juden in kroatischen Belangen nichts mehr zu sagen hatten.[369] Des Weiteren wurde Juden der Zutritt zu Kaffeehäusern sowie Restaurants und der Aufenthalt in Parks untersagt.[370] Das Verbot der Beschäftigung nichtjüdischer Angestellter in jüdischen Haushalten suggerierte, dass Juden ihr Personal ausbeuteten und sexuell missbrauchten.[371] Auch mit dem gegen Juden gerichteten Verbot, öffentliche Bäder aufzusuchen, setzten die lokalen Verwaltungen nicht nur den sozialen Ausschluss der Verfolgten durch, sondern nährten auch Bilderwelten von den Juden als Verführer minderjähriger Kinder. Zudem hatte es eine rassenhygienische Komponente, da die Bevölkerung offenbar davor geschützt werden sollte, mit Juden dasselbe Wasser zu teilen.[372] Der soziale Ausschluss ging einher mit der vermeintlichen Enttarnung der als Agenten Serbiens bezichtigten Juden, Freimaurer und zugewanderten Serben. Sie sollten sichtbar gemacht werden, indem beispielsweise alle seit 1918 vorgenommenen Namensänderungen ungeschehen gemacht wurden, in der Annahme, dass Serben und Juden sich als Kroaten maskiert hätten.[373]

---

366 *DZK*, 5. Juni 1941, sowie *Sarajevski Novi List*, Nr. 9, 21. Mai 1941, S. 5.

367 *Hrvatski Narod*, Nr. 64, 17. April 1941.

368 Siehe die Nr.n der *DZK* vom 13. Mai 1941, 21. Mai 1941, S. 6, 18. Juni 1941 sowie 21. Juni 1941.

369 Gesetzeserlass über den Schutz der arischen Kultur, *Hrvatski Narod*, 5. Juni 1941, S. 6 sowie *DZK*, 5. Juni 1941.

370 *Hrvatski Narod*, Nr. 69, 22. April 1941; *DZK*, 8. Juni 1941; Berichte über weitere finden sich in der *DZK*, 21. Juni 1941 sowie 25. Juli 1941.

371 *Neue Internationale Rundschau der Arbeit*, Jg. 1 (1941), Nr. 4, S. 469; für einen Überblick über die antijüdische Gesetzgebung siehe *Die Judenfrage*, 1. März 1943, S. 74f.

372 Bürgermeisteramt Slavonski Brod, 17. Mai 1941, JIMB/k. 21/1a, 1/10.

373 Vgl. Donia, Sarajevo, S. 174.

Die Verbote richteten sich explizit auch an die kroatische Bevölkerung, der untersagt wurde, Serben in deren Häusern zu besuchen. Manchmal wurde sozialer Kontakt zu Juden und Serben sogar grundsätzlich untersagt.[374] Eine neu zu schaffende tugendhafte Ordnung sollte zum Ausdruck bringen, dass Kroatien nicht zum Balkan gehöre. Dies war der Hintergrund für wahrscheinlich nur wenig befolgte Verbote der Feldarbeit am Sonntag, unkeuscher Bilder in Geschäftsauslagen, der Prostitution, des Glücksspiels, des übermäßigen Alkoholkonsums, Verbote zu fluchen und zu betteln, sowie schließlich für das mit der Androhung der Todesstrafe belegte Verbot von Abtreibungen.[375]

Die antijüdischen und antiserbischen Maßnahmen stellten einen Angriff auf die ökonomischen und sozialen Verhältnisse der Verfolgtengruppen dar. Insbesondere die Führungsschicht sowie die öffentlichen Ausdrucksformen serbischen und jüdischen Lebens sollten zerstört werden. Deshalb verhaftete und deportierte die Ustaša zunächst Beamte, Lehrer und Priester. Als Vertreter der politischen Elite warf man ihnen vor, die orthodoxe Bevölkerung in Kroatien an das politische Großserbentum herangeführt zu haben.[376] Landesweit wurden Tausende nichtkroatische Beamte entlassen, aus ihren Dienstwohnungen vertrieben und ihrer Pensionsansprüche beraubt.[377] Oft blieb ihnen keine andere Möglichkeit, als nach Serbien auszuwandern. Orthodoxen Priestern wurde das Ausüben ihrer Kirchenfunktionen, also aller Gottesdienste, Trauungen, Taufen und Beerdigungen, untersagt. Gemeindebeamte wurden angewiesen, orthodoxe Kirchen zu verschließen und zu

---

[374] Kommando der Ustaša-Milizen an OP Crikvenica, 11. Juli 1941, AVII/NDH/204, 5/1 sowie Regierungsbeauftragter für den Bezirk Bijeljina, 25. Juni 1941, Anordnung Nr. 144/41, HR HDA/Zbirka Štampata/907, 107/193; zu gleich lautenden Befehlen der Heeresführung an die Truppenangehörigen vgl. Barić, Ustroj kopnene vojske, S. 450.

[375] *Katolički List*, Nr. 31, 8. August 1941, S. 366, Nr. 32, 14. August 1941, S. 378, Nr. 21, 3. Juni 1941, S. 259 sowie Nr. 33, 21. August 1941, S. 380. Außerdem Kvaternik, Odgoj i značaj, S. 9–14, 47, zit. n. Barić, Ustroj kopnene vojske, S. 449; vgl. auch Stella, The Triple Myth, S. 69.

[376] Siehe Pozaić, Srpsko Pitanje.

[377] *Hrvatski Narod*, 22. April 1941; siehe auch KO Ljubuški an RR Sarajevo, 20. Mai 1941, HM BiH/NDH/1941, Nr. 1637, sowie KO Ljubuški an den Bevollmächtigten für BiH, 27. Mai 1941, HM BiH/NDH/1941, Nr. 1660.

versiegeln.[378] Ebenso wurden jugoslawische und serbische, zionistische und jüdische Vereine, Konfessionsschulen und Kindergärten aufgelöst. Gleich den Serben wurden die Juden auf kultureller und religiöser Ebene in ihrer Daseinsberechtigung angriffen. In diese Richtung zielten Schächtverbote sowie das Verbot des Gebrauchs der bei Serben gebräuchlichen kyrillischen Schrift.[379] Kroatische Beamte indizierten serbische Ausdrücke, ersetzten sie durch vermeintlich kroatische Neuschöpfungen und zwangen ihre Untergebenen unter Drohungen zur Verwendung des neukroatischen Idioms.[380] Die Erinnerung an serbisches und jüdisches Leben samt seiner kulturellen Ausdrucksweise sollte getilgt werden. Gerade die Zerstörung oder Umwidmung orthodoxer Kirchen, das Abmeißeln kyrillischer Schriftzeichen im öffentlichen Raum und die Sprengung serbischer Denkmäler nahmen die ethnischen Säuberungen symbolisch vorweg. Dies ging so weit, dass lokale Verwaltungen orthodoxe Friedhöfe umpflügten und die Grabsteine entfernten.[381]

Zusammenfassend lässt sich sagen, dass eine Reihe von Reglements durch den Wunsch motiviert war, die sozialen Sphären zwischen Kroaten und Nichtkroaten zu trennen und die kroatische Ethnokratie durch soziale Segregation zu verwirklichen. Zudem versuchte die Regierung, den unerwünschten Minderheiten ihre ökonomische Lebensgrundlage zu entziehen.

Gewaltsame Übergriffe

Propagandistische Hetze, administrative Maßnahmen und die ersten physischen Angriffe auf Serben und Juden gingen Hand in Hand. Jahrelang hatten die Ustaše und die aufständischen Nationalisten

---

[378] KO Stara Pazova an OP Stara Pazova, 21. Januar 1942, AVII/NDH/172, a, 9/5–21, sowie Bürgermeisteramt Sarajevo an DRP, 11. September 1941, HR HDA/218.1/13, 3760-B/41.

[379] *Narodne Novine*, 25. April 1941; *DZK*, 13. Mai 1941; vgl. auch Sundhaussen, Der Ustascha-Staat, S. 529.

[380] Gesetz zum Schutz der kroatischen Sprache, *Narodne Novine*, 16. August 1941; Orte mit dem Präfix *Srbski* wurden in *Hrvatski* oder *Turski* umbenannt; für Ermahnungen von Beamten siehe Ustaški Stožer (US) für Kroatisch Bosnien an die untergeordneten Stellen, 16. Mai 1941, AVII/NDH/318, a, 35/1.

[381] Arthur Häffner an D.G.i.A., 29. Dezember 1941, BA-MA/RH 31 III/13, Bl. 55.

ihren Hass auf Jugoslawien und auf alles Serbische kultiviert. Berichte aus den Tagen der Machtübernahme sprechen vom Mob und von Banden, denen die Straßen gehörten und die sich jederzeit Zugang zu den Wohnhäusern ihrer vermeintlichen Feinde verschaffen konnten, um diese zu terrorisieren. Alkoholisierte Gewalttäter prügelten öffentlich auf wehrlose Menschen ein, zuweilen sogar mit Peitschen.[382] Kroatische Nationalisten wie einfache Verbrecher begingen zahllose Racheakte für offene politische wie private Rechnungen aus jugoslawischer Zeit.[383] Mit dem Demütigen oder physischen Verletzen jugoslawischer Beamter, Offiziere und serbischer Nationalisten wurde demonstriert, dass die Zeit der Unterdrückung Kroatiens und der serbischen Superiorität nun vorbei war. Da es darum ging, die serbische Minderheit führerlos zu machen, richteten sich die Angriffe insbesondere gegen jugoslawische Polizisten, Politiker und Popen, zumal diese aus Sicht kroatischer Nationalisten auch Träger des großserbischen Gedankens waren. »Serbische Beamte und Serbenknechte wurden verjagt«, berichtete lakonisch der Ethnologe Karl Christian von Loesch, der 1941 Kroatien bereiste.[384] Der Kreis der Bedrohten war jedoch weit größer, und der Zerfall Jugoslawiens schuf einen Aktionsraum für willkürliche Gewalttaten. Überall in Kroatien kam es zu Plünderungen und Raubüberfällen auf vermögende Juden und Serben.[385] Das individuelle wie kollektive Erpressen von Serben und Juden in den ersten Wochen des Staates war ein Massenphänomen. Meist wanderten die erbeuteten Geldbeträge direkt in die lokale Parteikasse oder in die Taschen der Erpresser.[386] Nur drei Tage nach Ausrufung des USK bekam jeder jüdische Bürger des mittelkroatischen Landstädtchens Križevci ein Schreiben vom lokalen Ustaša-Führer, demzufolge er bis zum Mittag des Folgetages 30000 Dinar sowie seinen Radioapparat bei der Sparkasse abzugeben habe, angeblich, um die Ausgaben der Ustaša für die Aufrechterhaltung von Ruhe und Ordnung zu decken.[387] Rassistische und persönliche Motive waren kaum voneinander zu trennen, wie

---

[382] ZOV an 4. HOP, Sarajevo, 6. Juni 1941, AVII/NDH/143b, 2/11.

[383] *DZK*, 19. Juni 1941, sowie Broucek, Deutscher Bevollmächtigter General, S. 96.

[384] von Loesch, Croatia restituta, S. 5.

[385] Siehe Denkschrift Eugen Kvaterniks, »Die Ereignisse um die Gründung des kroatischen Staates im Jahre 1941«, (1943), HDA/36/1996.

[386] Vgl. Milošević, Izbeglice i preseljenici (1982), S. 125.

[387] US Križevci an Ljudevit Strauss, 13. April 1941, YVA/M.70/50, Bl. 78.

beispielsweise im Fall der Ermordung eines jüdischen Industriellenehepaars durch seinen Chauffeur.[388] In Karlovac, einer Stadt, in der die Ustaša-Machtübernahme besonders blutig verlief, wurden am 5. Mai 1941 in einem Waldstück außerhalb der Stadt ein republikanischer Anwalt sowie zwei weitere Personen erschossen. Es sprach sich rasch herum, dass Aktivisten aus dem Ort die Täter waren. In der Stadt war es zu einem Machtkampf zwischen zwei Ustaša-Fraktionen gekommen, in dem sich die radikalere Fraktion durchsetzte, auch weil sie auf den Einsatz von Gewalt gegen ihre Gegner setzte.[389] Karlovac ist nicht das einzige Beispiel dafür, wie sich Machtkämpfe zwischen einzelnen Ustaša-Gruppen in Gewalt gegen Dritte entluden.[390]

Bis 1941 stellte Gewalt gegen Juden in Kroatien die seltene Ausnahme dar. Mit dem Einmarsch der Deutschen wurden jedoch neue Standards gesetzt. Angehörige der Wehrmacht demolierten bzw. entzündeten die Synagogen in Tuzla, Brčko, Bihać, Mitrovica und Sarajevo.[391] Juden wurden gezwungen, für die Wehrmacht Zwangsarbeit zu verrichten.[392] Auch die Organisation der deutschen Minderheit, der Volksdeutsche Kulturbund, ging gegen Juden vor und organisierte vor allem in Städten in Ostkroatien antisemitische Großkundgebungen und Bücherverbrennungen mit mehreren Tausend Teilnehmern.[393] In Osijek setzten am 14. April 1941 deutsche Jugendliche die Synagoge in Brand, schändeten den jüdischen Friedhof und plünderten Geschäfte.[394] Methodisch gingen die deutschen Besatzer gegen die jüdischen Gemeinden vor. Am 11. April 1941 besetzte die Gestapo die Büros der Jüdischen Gemeinde in Zagreb und verschleppte 50 Gemeindemitglieder nach Graz zum Verhör. Auch der SD nahm Verhaftungen nach vorbereiteten Listen vor und beschlagnahmte

---

[388] Vgl. Goldstein u.a., Holokaust u Zagrebu, S. 108, sowie Grčić, Tko je tko, S. 256.

[389] Vgl. Holjevac, Okupacije, S. 27, sowie Goldstein, 1941, S. 78ff. u. 86.

[390] In Tuzla vollzog sich ein besonders hart ausgetragener Machtkampf zwischen zwei Gruppen muslimischer Ustaše; mehrere Berichte und Briefwechsel mit Bezug auf die Großgespanschaft Usora und Soli vom Juli 1941 befinden sich im HM BiH/UNS/1941, 7/1941 sowie in Abschrift im AVII/NDH/213, 2/7–1.

[391] GP Hrvatska Mitrovica an RUR ŽO, 8. April 1942, YVA/M.70/8, Bl. 3, sowie ŽRO Bihać an RUR ŽO, 15. Juni 1942, YVA/M.70/70, Bl. 5.

[392] Aussage des Jona Polak, Jerusalem, 18. Dezember 1958, YVA/O.3/1142.

[393] *DZK*, 5. August 1941, sowie Landespropagandaamt der Deutschen Volksgruppe in Kroatien, Ein Jahr deutsche Volksgruppe.

[394] Vgl. Geiger, Saslušanje Branimira Altgayera, S. 600ff.

kriegswichtige Industriebetriebe in jüdischem Besitz.[395] Des Weiteren nahmen deutsche Einsatzkommandos jüdische Sammlungen und Archivalien in Besitz.[396] Die Übergriffe der Deutschen dürften die spontane Gewalt kroatischer Antisemiten stark beflügelt haben. Diese beschmierten die Häuser von Juden mit Farbe und schikanierten sie, indem sie Ausgangssperren verordneten und nachts von Haus zu Haus gingen und die Anwesenheit der Juden kontrollierten.[397] Juden mussten kommunale Zwangsarbeit beim Bau von Gehwegen leisten. Die körperliche Arbeit sollte symbolisieren, dass sie nun erstmalig etwas für das Gemeinwohl leisteten.[398]

Einen regionalen Schwerpunkt gewalttätiger Aktionen der Ustaša bildete die ehemalige Vrbas-Banschaft, jener nordwestliche Teil Bosniens, der nicht zur kroatischen Banschaft gehört hatte und daher 1941 serbisch dominierte bzw. jugoslawientreue staatliche Strukturen aufwies. Aus Sicht der Ustaša musste die Vrbas-Banschaft deshalb zerschlagen werden. Zum Liquidator, so lautete sein offizieller Titel, wurde Viktor Gutić bestellt. Dieser hatte ab 1938 die Ustaša-Organisation in Banja Luka aufgebaut.[399] Gutić etablierte ein chaotisches Gewaltregime, indem er ihm treu ergebene Ustaša-Offiziere mit Verwaltungsaufgaben betraute.[400] Der Historiker Radu Harald Dinu hat am Beispiel der Vrbas-Region verdeutlicht, wie sehr die Eskalation der Gewalt aus dem Zusammenspiel zwischen in Zagreb erlassenen Direktiven und den übergeordneten Leitlinien der Ustaša auf der einen und den Initiativen lokaler Befehlshaber auf der anderen entsprang.[401] In Zagreb wurde die politische Grundrichtung vorgegeben, dass die Region (ethno-)politisch gesäubert werden müsse. Die Art und Weise der Revolution blieb indes den Führern vor Ort überlassen. Kolonnen der Ustaša terrorisierten serbische

---

395 Erklärungen Dr. Wilhelm Beisners, München, 11. September 1974, sowie Dr. Ernst Gergelys, Singapur, 13. April 1964, YVA/O.10/174, Bl. 22–25 sowie 1–4; vgl. auch Goldstein u.a., Holokaust u Zagrebu, S. 108.

396 Einsatzstab R.R., Aktenvermerk Hilles, 21. Juli 1941, OAM/1441/1.11, o. Nr.

397 Siehe Malaparte, Kaputt (1997), S. 257ff.

398 UP Koprivnica an GP Koprivnica, 7. Juli 1941, YVA/M.70/4, Bl. 15.

399 *Neue Ordnung*, Nr. 5, 3. August 1941, S. 3; vgl. auch Lukać, Banja Luka, S. 89, Vukmanović, Neka pitanja, sowie Grčić, Tko je tko, S. 145.

400 Vgl. Vukmanović, Neka pitanja II, S. 126, sowie Dulić, Utopias of Nation, S. 217.

401 Dinu, Faschistische Gewalt.

Dörfer und töteten, manchmal öffentlich, prominente serbische Repräsentanten. So entführten Gutićs Leibwächter am 25. Mai 1941 den orthodoxen Bischof der Stadt Platon, sowie einen serbischen Abgeordneten. Ihre verstümmelten Leichname wurden nach einigen Tagen aufgefunden. Der Bischof von Sarajevo wurde eine Woche später gefangengenommen und getötet.[402]

Der Krieg, die Zerschlagung des Staates und vor allem die Politik der Ustaša bewirkten eine unmittelbare Ethnisierung der Gesellschaft, die sich in alle Richtungen auswirkte.[403] Das Regime zielte darauf ab, das Zusammenleben von Serben und Kroaten zu verunmöglichen. Um dies zu erreichen, schlug die Ustaša Keile zwischen die bislang weitgehend gewaltfrei miteinander lebenden Bevölkerungsgruppen. Existierende gesellschaftliche Bande begannen sich aufzulösen, und an die Stelle gesellschaftlicher Solidarität trat Misstrauen. Dieser Erosionsprozess vollzog sich in der Regel sehr schnell, auch wenn sich regionale und lokale Bande manchmal als stärker erwiesen und die Ethnisierung eingrenzten. Vielfach hörten serbische und kroatische Nachbarn von einem Tag auf den anderen auf, miteinander zu sprechen, und verboten ihren Kindern, miteinander zu spielen.[404] Ein wesentlicher Grund für diese Entwicklung ist, dass es der jugoslawischen Führung nicht gelungen war, die heterogene jugoslawische Bevölkerung in einem Interessensausgleich zu vereinen. Ohne diesen Hintergrund kann man die Gewaltexplosion des Jahres 1941 nicht verstehen. Den entscheidenden Funken indes bewirkte der deutsche Einmarsch.

Nach der Zerschlagung Jugoslawiens misslang es sowohl den deutschen als auch den italienischen Besatzern, ihre Konzepte durchzusetzen. Die faschistische und nazistische Besatzungspolitik sorgte in allen Gebieten Jugoslawiens für ethnische Säuberungen, Chaos, Massengewalt und wirtschaftliche Verluste. Dies hatte bewaffneten Widerstand und schließlich den partiellen Kontrollverlust der Ach-

---

402 Vgl. Goldstein, 1941, S. 82, sowie Tomasevich, Occupation and Collaboration, S. 398.

403 Vgl. Pavlowitch, Hitler's New Disorder, S. 37.

404 Dies berichtet bspw. Dragoslav Jurisich in seinen Memoiren »Icons of Life«, siehe The Melon Rind, USHMMA/RG-02.082; Acc. 1994.A.002. Auch der serbische Überlebende Miloš Despot berichtet in einem Interview vom 26. Juli 1997, dass es 1941 sehr schwierig war, den Kontakt zu Kroaten aufrechtzuerhalten (USHMMA/RG-50.468/10, Tape 1).

senmächte zur Folge. Vor allem in Kroatien kam es zu einer Eskalation der Lage, die die Entwicklung in den anderen Gebieten in den Schatten stellte. Dies lag zum einen daran, dass dort die extremistische Ustaša mit der Macht betraut wurde, die sich, unterstützt von den Deutschen, anschickte, die multiethnische Gesellschaft in vermeintlich national homogene Entitäten aufzubrechen. Zum anderen misslang die Abgrenzung der deutschen und italienischen Interessensphären, was einer intensiven Konkurrenz um die Vorherrschaft auf dem kroatischen Gebiet Tür und Tor öffnete. Dies verhinderte wiederum die Einhegung der Ustaša, nachdem diese einen brutalen Bürgerkrieg ausgelöst hatte.

Die Phase, in der die Ustaša die Macht übernahm, war geprägt durch Uneindeutigkeiten. Den meisten Zeitgenossen waren weder die genauen Ziele der deutschen Besatzer noch die der Ustaša konkret vor Augen. Das daraus resultierende Bedrohungsgefühl war eher diffus. So kam es, dass zahlreiche Bewohner Kroatiens und Bosniens eher eine Wiederbelebung österreichisch-ungarischer Traditionen erwarteten und dass weder Serben noch Juden 1941 das Schlimmste befürchteten. Auch orthodoxe Landesbewohner hefteten sich in den ersten Wochen Ustaša-Binden an den Arm, weil sie dachten, in der neuen Gemeinschaft partizipieren zu können. Diverse Bevölkerungsgruppen bereiteten sich darauf vor, ihre Vorstellungen in die neue Zeit einzubringen, wie das Beispiel der bosnischen Muslime gezeigt hat. Und auch die Ustaša zeigte sich verunsichert. Das Verhalten der Besatzungsmächte war unberechenbar, und nur wenige Ustaše verfügten über genaue Kenntnisse der deutschen und italienischen Ziele. Deshalb kam es in der Anfangsphase zu erstaunlichen lokalen Bündnissen, beispielsweise zwischen serbischen, kroatischen und muslimischen Nationalisten bzw. Faschisten, deren gemeinsames Ziel es war, die jugoslawische Ordnung zu beseitigen. In den kommenden Wochen und Monaten war die Ustaša bemüht, alle Uneindeutigkeiten zu beseitigen, indem sie kompromisslos ihren Herrschaftsanspruch verteidigte und ihre gewalttätigen Übergriffe zunächst vor allem gegen die serbische Bevölkerung richtete. Die Uneindeutigkeit der ersten Wochen wich sehr schnell der Erkenntnis, dass es sich bei der Ustaša um eine entschlossene Bewegung und um ein mörderisches Regime handelte. In den folgenden Kapiteln werden die Dynamiken der Nationsbildung und des Krieges im Prisma der verschiedenen Formen der Gewalt betrachtet, welche die Ustaša über Kroatien und seine Bevölkerung brachte.

II. Ordnende Gewalt: Vertreibungen

Am 4. Juni 1941 empfing der Gesandte Siegfried Kasche in den Räumen der deutschen Gesandtschaft in Zagreb 18 hochrangige Vertreter der kroatischen Regierung und des deutschen Besatzungsapparats in Südosteuropa zu einer »Umsiedlungsbesprechung«. Beschlossen wurde ein internationales Vertreibungsabkommen, das sich mit Kroatien als Angelpunkt auf insgesamt vier Länder erstreckte. Kernstück der Vereinbarung war die geplante Deportation von 180000 Slowenen aus den von Deutschland annektierten Gebieten Sloweniens nach Kroatien sowie die Abschiebung von 200000 Serben aus Kroatien nach Serbien.[1] Die Ustaša begriff dies als Chance, Kroatien in einen homogenen Nationalstaat und zugleich in ein gerechteres Sozialwesen umzugestalten. Stärker als alle anderen Gewaltformen der Ustaša waren die Massenvertreibungen mit sozialutopischen Motiven und mit Versuchen, die Demografie des kroatischen Staates neu zu ordnen, verknüpft. Dies ist der Ausgangspunkt für die Massenvertreibungen, der mindestens 300000 Menschen zum Opfer fielen und die das erste Kapitel der durch die Ustaša verübten Massengewalt bildeten.

In den Jahren zwischen 1912 und 1970 wurden auf dem Balkan ungefähr zwölf Millionen Menschen vertrieben, umgesiedelt oder sie sind emigriert, schätzt Holm Sundhaussen.[2] Doch trotz ihres quantitativ ungeheuerlichen Umfangs werden die Massenvertreibungen auf jugoslawischem Gebiet selbst in den Studien, die den Zweiten Weltkrieg unter (zwangs-)migrationsgeschichtlichen Aspekten untersuchen, kaum berücksichtigt.[3] Das folgende Kapitel

---

[1] Fundierte und zugleich knappe Überblicke finden sich bei Dulić, Utopias of Nation, S. 96ff.; Bartulin, The Ideology, S. 378ff., sowie Pavlowitch, Hitler's New Disorder, S. 33; vgl. ferner Krizman, Pavelić između Hitlera i Mussolinija, S. 130ff.

[2] Vgl. Sundhaussen, Südosteuropa, S. 303ff.

[3] Siehe stellvertretend Sienkiewicz, Flucht und Vertreibung; Bessel u.a., Removing Peoples, sowie Reinisch u.a., Disentanglement; im Unterschied dazu geht Josef Schechtmann ausführlich auf den kroatischen Fall ein (Schechtmann, European Population Transfers). Auch die im Februar 2009 in Bozen abgehaltene Tagung »Umsiedlung und Vertreibung in Europa

nimmt – unterstützt durch neue empirische Befunde – die Bevölkerungspolitik der Ustaša in ihrer Gesamtheit in den Blick. Dabei werden die bevölkerungspolitischen Zugriffe der kroatischen Regierung als »ethnische Säuberungen« zusammengefasst. Sie nahmen unterschiedliche Formen, wie Vertreibung, erzwungene Flucht, Deportation, Umsiedlung und Ansiedlung an, und unterschieden sich zudem regional. Nicht zufällig wurde der Begriff erstmals auf dem kroatischen Schauplatz während des Zweiten Weltkriegs verwandt, und zwar von serbischen Četnici, die in der Radikalität ihrer Bevölkerungsplanungen der Ustaša in nichts nachstanden.[4]

Da die Vertreibung eines Teils der Bevölkerung zwangsläufig die Frage nach dem Verbleib ihrer Güter aufwarf und umgekehrt die Lokalverwaltung nach einer Enteignung oft die Deportation der verarmten Menschen forderte, wird auch der Zusammenhang von Bevölkerungs- und Enteignungspolitik untersucht. Ethnische Säuberungen und Raub werden als simultan verlaufende und verschränkte Verfolgungspraxen verstanden. Gerade das Feld der Enteignungen bot einem Teil der Bevölkerung eine Vielzahl von Möglichkeiten, an der staatlichen Verfolgungspolitik teilzuhaben. Die Partizipationsmodi reichten von sozialer Umverteilung zum vermeintlichen Wohl der gesamten Kommune bis hin zu massenhaftem Raubmord durch Banden und Milizen. Damit ist auch die Richtung benannt, die die Bevölkerungspolitik der Ustaša schließlich einschlug.

1939–1955. Zum 70. Jahrestag der Südtiroler ›Option‹« bildet hier eine Ausnahme, siehe Wedekind u. a., Umsiedlung und Vertreibung; ebenso wie Ther, Dunkle Seite der Nationalstaaten, während Manns Buch zu ethnischen Säuberungen im Zweiten Weltkrieg analytisch nur wenig beitragen vermag (Mann, The Dark Side). Für Südosteuropa vgl. Carmichael, Ethnic Cleansing.

[4] In einem einflussreichen Memorandum vom 20. Dezember 1942 forderte Četnik-Führer Dragoslav Mihailović (1893–1946) die Schaffung eines »ethnisch reinen Serbien«, das alle »ethnischen Gebiete, die von Serben bewohnt werden«, umfassen sollte, mittels der »Säuberung des Staatsgebietes von allem Minderheiten und nicht-nationalen Elementen«, zit. n. Demokratska Federativna Jugoslavija, Dokumenti o izdajstvu, S. 12; vgl. ferner Tomasevich, The Chetniks, S. 166–170, sowie Benson, Yugoslavia, S. 75. Zur Verwendung des Begriffes »ethnische Säuberung« als Analysekategorie vgl. Sundhaussen, Der Ustascha-Staat, S. 527; Naimark, The Problem of Ethnic Cleansing; ders., Fires of Hatred, S. 10ff., sowie Mazower, Gewalt und Staat, S. 27.

Umsiedlungsprojekte

Am 23. Januar 1943 war der NS-Dichter Hans-Friedrich Blunck in Böhmen unterwegs und gab sich durch das Zugfenster seinen ethnografischen Eindrücken hin. »Ach, welch Wirrwarr, dies Europa, wie soll man's ordnen?«[5] Zu diesem Zeitpunkt führte das Deutsche Reich bereits seit Jahren gewaltsame Projekte ethnischer Homogenisierung und Zwangsumsiedlungen durch, die mehrere Millionen Menschen um ihre Heimat und Tausende um ihr Leben gebracht hatten.

Deutsch-kroatische Ringvertreibungen

Eines der umfangreichsten Umsiedlungsprojekte erfolgte auf dem Gebiet des zerschlagenen jugoslawischen Staates. Nach der deutschen Annexion großer Teile Sloweniens im April 1941 ordnete Heinrich Himmler in seiner Funktion als Reichskommissar für die Festigung des deutschen Volkstums die Eindeutschung der annektierten Gebiete an. Ein von Reinhard Heydrich eingesetzter Sonderstab sollte die Deportation von 260000 Slowenen nach Serbien vorbereiten.[6] Die Verantwortlichen der Wehrmacht in Serbien hatten jedoch Bedenken, eine so große Anzahl Slowenen in ihrem Besatzungsgebiet anzusiedeln, da diese als deutschfeindlich galten. In dieser Phase bot sich der Unabhängige Staat Kroatien an, Slowenen auf seinem Territorium aufzunehmen,[7] und knüpfte dies an die Bedingung, die gleiche Anzahl Serben aus Kroatien nach Serbien abschieben zu dürfen. Hitler genehmigte die Ausweitung der Deportationen auf das Drittland am 25. Mai 1941.[8] Damit waren

[5] Zit. n. Kempowski, Das Echolot, S. 291.

[6] AA (Woermann) an Deutsche Gesandtschaft Belgrad, NARA/T-120/5782, FS Nr. 705, o. lfd. Nr. Bei der im Mai 1941 diskutierten Anzahl von 220000 bis 260000 Slowenen handelte es sich um die Obergrenze; zur deutschen Besatzungspolitik in Slowenien vgl. Tomasevich, Occupation and Collaboration, S. 85; Promitzer, Täterwissenschaft, S. 96, sowie Ferenc, Quellen, S. 58; zur Reaktion des Oberkommandos des Heeres siehe Schreiben Nr. II/1999/41g. an das OKW, 30. April 1941, abgedr. in: Ferenc, Quellen, S. 82.

[7] Benzler an AA, FS Nr. 134, 6. Mai 1941, PA AA/Büro RAM – Kroatien Bd. 1, 66830–31, abgedr. in: Ferenc, Quellen, S. 91.

[8] Vermerk Hewels, 18. Mai 1941, sowie Notiz von Ribbentrops für den Führer, 16. Mai 1941, PA AA/Büro RAM, Kroatien Bd. 1, 66852–3 [ADAP, D, XII. 2, Dok. 525, S. 692]; zum Interesse des Deutschen Reiches an der

deutsch-kroatische Ringvertreibungen beschlossen, die knapp eine halbe Million Menschen auf dem Gebiet des zerschlagenen jugoslawischen Staates betrafen. Auf der eingangs erwähnten Besprechung am 4. Juni 1941 in Zagreb wurde die Vereinbarung besiegelt und in ihren Einzelheiten geklärt. 170000 Slowenen sollten in drei Wellen zwischen Juli und Oktober 1941 nach Kroatien deportiert werden. Parallel dazu sollten die Abschiebungen der Serben aus Kroatien erfolgen. Durch Umsiedlungen Jugoslawiendeutscher aus Altserbien und der Gottschee in die Untersteiermark sowie kroatischer Minderheiten aus Südserbien nach Kroatien entwickelten sich die Pläne zu einer den gesamten Westbalkan umfassenden Ringvertreibung. Kasche, der als ehemaliger SA-Beauftragter für Siedlungswesen großes Interesse an Bevölkerungspolitik zeigte, wurde zum Schiedsmann bei möglichen Konflikten auserkoren.[9]

Auf seinem ersten Zusammentreffen mit Ante Pavelić betonte Hitler, dass nur »ethnische Flurbereinigung« und die klare räumliche Abgrenzung zwischen Ethnien friedliche Verhältnisse erlaube. Umsiedlungen seien schmerzlich, aber besser als andauerndes Leid und brächten bereits den Kindern der Umgesiedelten große Vorteile. Hitler ließ nicht unerwähnt, dass auch er seine »Volksgenossen aus Gebieten umgesiedelt [habe], in denen diese schon seit 300–400 Jahren ansässig gewesen seien«. Deutschland mute niemandem etwas zu, was es nicht auch selbst täte.[10] Pavelić und sein Umfeld müssen Hitlers Ausführungen geradezu als eine Aufforderung verstanden haben, verstärkt gegen die serbische Minderheit vorzugehen, hatte Hitler doch gefordert, dass »ein solcher Schnitt, eine Flurbereinigung […], 50 Jahre lang eine national intolerante Politik [erfordere], weil aus einer übergroßen Toleranz […] lediglich Schaden entstünde«.[11] Ähnlich hatte er sich im Jahr 1939 vor dem Reichstag geäußert: Für die »Sanierung« Europas sei »eine neue Ordnung der ethnographischen Verhältnisse [erforderlich], […] eine Umsiedlung der Nationalitäten, sodass sich am Abschluss der Entwicklung bessere Trennungslinien ergeben, als dies heute der Fall

---

Vereinbarung siehe Woermann an Benzler, 24. Mai 1941, NARA/T-120/5782, Nr. 705.

9 Niederschrift über die Besprechung am 4. Juni 1941 in der DGA, BA-MA/RH 31 III/22, Bl. 2ff.

10 Aufzeichnung der Unterredung vom 6. Juni 1941 durch Gesandten Schmidt, abgedr. in: ADAP, D, XII. 2, Dok. 603, S. 815.

11 Ebenda.

ist«.[12] In fast identischer Wortwahl begründeten Ustaša-Führer im Jahr 1941 die Notwendigkeit, Serben auszusiedeln.[13] Der Historiker Michael Wildt verweist im Hinblick auf den Terminus »Flurbereinigung« auf den engen Zusammenhang zwischen Agrar- und Bevölkerungspolitik, auf »die Verbindung von Territorialität, Siedlungspolitik und rassenbiologischer Ordnungsphantasie, die der NS-Führung vorschwebte [...]. Menschen waren in ihren Augen nichts anderes als Bodengewächse, die man hier und dort anpflanzen oder auch wie Unkraut ausreißen konnte.«[14] Die damalige deutsche Fachpresse präsentierte die Reinigung des kroatischen Volkskörpers von volksfremden Elementen durch Aussiedlung als unbedingt erforderlich. Der Publizist, SD-Mitarbeiter und »nationalsozialistische Multifunktionär«[15] Franz Ronneberger (1913–1999) betrachtete die Vertreibung der Serben aus Kroatien als »Reinigung des Volkskörpers von volksfremden Elementen durch Aussiedlung« und verknüpfte sie mit der Forderung nach der »für Südosteuropa so besonders drängende[n Lösung] des Judenproblems«.[16] »Die räumliche Trennung von Serben und Kroaten ist für die Schaffung eines kroatischen Einvolkstaates unerlässlich«, lautete die Essenz eines anderen Artikels.[17] Viele andere deutsche Publizisten, wie Hermann Proebst oder Fritz Valjavec, vertraten dieselbe Linie. Proebst (1904–1970) war Hauptschriftleiter der täglich erscheinenden *Deutschen Zeitung in Kroatien* und Herausgeber der Wochenzeitung *Neue Ordnung*, die sich an eine gehobene Leserschaft richtete.[18] In Zagreb vertrat Pro-

---

[12] Reichstagsrede Adolf Hitlers, 6. Oktober 1939, abgedr. in: Domarus, Untergang, S. 1383; zu Wahrnehmungen, dass Südosteuropa große »Bevölkerungsbewegungen« bevorstünden, siehe Franz Ronneberger, »Staats- und Volksgrenzen. Wandlungen im Bevölkerungsbild Südosteuropas«, in: *Donauzeitung* (Belgrad), Nr. 48, 25. Februar 1942, S. 1f.

[13] Aussage Dušan Mačkić', AS/G-2, Bd. 4 (Banja Luka), zit. n. Dulić, Utopias of Nation, S. 217.

[14] Wildt, Völkische Neuordnung Europas, S. 1.

[15] Hachmeister, Der Gegnerforscher, S. 14.

[16] Franz Ronneberger, »Staats- und Volksgrenzen. Wandlungen im Bevölkerungsbild Südosteuropas«, in: *Donauzeitung* (Belgrad) Jg. 2, Nr. 48, 25. Februar 1942, S. 2; die Zwangskonversionen von Serben bezeichnete Ronneberger als »Prozess der Umvolkung«, im Zuge dessen das Serbentum kroatisiert werden solle.

[17] Ronneberger, Bevölkerungsbewegungen der Gegenwart.

[18] Ab 1949 arbeitete Proebst für die *Süddeutsche Zeitung* und war von 1960 bis 1970 ihr Chefredakteur.

ebst eine dezidiert prokroatische Linie und befürwortete die Vertreibung von Serben aus Kroatien.[19]

Italienische Propagandisten bliesen ins gleiche Horn, indem sie forderten, Italien »müsse die großen Reiche zerstören, und Nationalstaaten aus ihnen herauslösen«.[20] Italien indes hatte in Dalmatien und Slowenien weite Gebiete mit rein slawischer Bevölkerung annektiert. Dabei konnte es sich weder darauf berufen, dass es sich um »eigentliche Italiener« handle, noch war es – im Unterschied zu den Deutschen – dazu bereit, die indigene Bevölkerung zu vertreiben. Deshalb relativierte die italienische Regierung das Paradigma der Notwendigkeit ethnischer Homogenität. Stellvertretend gestand der italienische Publizist Giovanni Ansaldo (1896–1969) in Bezug auf den Balkan ein, dass »die Schaffung von Nationalstaaten mit eindeutigen Grenzlinien schwer, wenn nicht unmöglich« sei. Daher habe die faschistische Regierung die »Anwendung des nationalen Prinzips auf dem Balkan [...] in verschiedener Beziehung eingeschränkt«. Zwar wolle man das ethnische Prinzip so weit wie möglich verwirklicht sehen, doch hätten kulturell höher stehende Nationen – gemeint war Italien – auch höhere Rechte.[21]

Die Massenvertreibung von Serben, diesen Eindruck dürfte Pavelić gewonnen haben, war nichts, weswegen man einen Konflikt mit den Deutschen oder den Italienern zu befürchten hatte. Um die Vertreibungen zu legitimieren, verwies die Ustaša auf Beispiele aus der Geschichte und erklärte sie zu Vorläufern des »Bevölkerungstransfers« der Serben. Bereits die Pariser Vorortverträge hatten die Aussiedlung von Minderheiten auf ein internationales Parkett gehoben. Ethnokraten in ganz Europa beriefen sich fortan auf die als Beispiel für einen erfolgreichen Bevölkerungstransfer geltenden griechisch-türkischen Massenvertreibungen der Jahre 1922 und 1923.[22] Deshalb machte die kroatische Regierung den im Jahr 1922 auf Kleinasien ge-

---

[19] Siehe Bauer, Publizistik.

[20] Ansaldo, Italiens Politik, S. 241 ff.

[21] Landra, Razzismo italiano.

[22] Vgl. Schechtmann, European Population Transfers, S. 11 ff. Für die 1920er Jahre sind besonders der im Vertrag von Neuilly 1920 beschlossene Bevölkerungsaustausch zwischen Bulgarien und Griechenland, die im Vertrag von Lausanne 1923 beschlossene Sanktionierung der Vertreibung orthodoxer Christen aus Kleinasien sowie die Umsiedlung der Muslime aus Griechenland zu erwähnen, siehe Wurfbain, L'Échange gréco-bulgare; vgl. auch Clark, Twice a Stranger.

münzten Vorschlag des Flüchtlingskommissars des Völkerbundes, Fridtjof Nansen, »to unmix the populations«, zu ihrem Leitmotiv für die »ethnische Entmischung« des Balkans.[23] Der Verweis auf das Abkommen von Lausanne und den Völkerbund suggerierte, dass Kroatien Teil einer internationalen Gemeinschaft sei und im Interesse derselben das Recht habe, ein internationales Problem zu lösen. Es würde keine blutigen Säuberungen geben, sondern nur Ordnung stiftende Aussiedlungen, verkündete der kroatische Wirtschaftsminister Lovro Sušić (1891–1972) auf einer Versammlung im Juli 1941.[24] Lausanne bestätigte die Durchführbarkeit der Verschiebung von Völkern: Die Einwände eines deutschen V-Mannes, ob es denn möglich sei, anderthalb Millionen Personen auszusiedeln, wurden von seinen Gesprächspartnern »mit dem Hinweis darauf abgetan, dass die Umsiedlung der Griechen aus Kleinasien geglückt sei und die Zahl der umgesiedelten Griechen sogar noch größer gewesen sei als die der umzusiedelnden Serben. Um dieses Problem zu lösen, sei nur eine ausländische Anleihe erforderlich, wie sie seinerzeit Griechenland vom Völkerbund gewährt wurde.«[25] Noch deutlicher wurde Ante Pavelić gegenüber dem Sondergesandten Veesenmayer, indem er behauptete, auch Massentötungen würden Stabilität und Frieden bringen. »Die Ausrottung und Verdrängung der Armenier im Osmanischen Reich«, so Pavelić, »habe die spätere Aufbauarbeit der Türkei wesentlich erleichtert. [...] Atatürk [sei] nach seinem Tode als einer der bedeutendsten Männer in die Geschichte eingegangen.«[26]

Begleitend zur Aussiedlung der Serben aus dem USK sollten die kroatischen Minderheiten in Südosteuropa, im Burgenland, in Istrien sowie kroatische Emigranten in den europäischen Ländern und in Nord- und Südamerika ihre Heimatländer verlassen und in den USK geholt werden. Die Ankunft einiger Tausend Kroaten aus Serbien, Makedonien und dem Kosovo wurde medial als der Beginn der Heimkehr der Exilkroaten inszeniert. Darüber hinaus verfolgte die kroatische Regierung binnenkolonisatorische Projekte: Ver-

---

[23] Zit. n. ebenda, S. 93.

[24] Sušić auf einer Ustaša-Versammlung in Slunj, zit. n. *Hrvatski Narod*, 9. Juli 1941, zit. n. Bartulin, The Ideology, S. 380.

[25] Deutsche Informationsstelle III. an AA (StS von Weizsäcker), 8. Juli 1941, PA AA/Büro StS, Kroatien Bd. 1, Bl. 283f.

[26] Veesenmayer an RAM, Bericht über Kroatien, 3. April 1943, PA AA/BA/61144, Bl. 144–171.

armte kroatische Familien aus vermeintlich überbevölkerten Gebieten Kroatiens sollten aus- und in den ehemals serbischen Grenzgebieten auf dem Land der Vertriebenen angesiedelt werden.[27] Ante Pavelić begründete die Aussiedlung von 250000 Serben aus dem USK mit der angeblichen Ankunft von kroatischen Rücksiedlern, die als historische Aufgabe dargestellt wurde.[28] Diesen Zusammenhang betonte auch Justizminister Milovan Žanić (1882–1946). Er kündigte an, »dass all diejenigen, die seit 300 Jahren eingewandert seien, verschwinden müssten«, und bezifferte die Anzahl jener Kroaten auf 800000, die »alleine in Amerika in jämmerlicher Armut leben, [...] und die an ihren Herdplatz zurückkehren sollen, den wir in der Zwischenzeit säubern werden«.[29]

Die ambitionierten Neuordnungsvorstellungen kroatischer Umsiedlungspolitiker mündeten in atemberaubendem Tempo in Gewalt. Gerade das durch die Umsiedlungen ausgelöste Chaos und das Scheitern der Pläne helfen, die weitere Radikalisierung der Ustaša zu erklären. Die Umsiedlungspolitik stellte einen Meilenstein auf dem Weg zum Massenmord dar. Paradoxerweise wurde der Ustaša in der Forschung ein hohes Maß an völkermörderischer Planung unterstellt, doch in den wenigen Fällen, denen tatsächlich ein gewisses Maß an gesamtstaatlicher Planung zugrunde lag, wurden diese Pläne kaum erfasst.[30] Anstatt die Vertreibungen als eigenständiges Phäno-

---

27 Siehe Lorković, Das Volk, S. 195ff.

28 Vgl. Vukmanović, Neka pitanja II.

29 Arthur Häffner an D.G.i.A., »Bericht über die vordringlichsten Probleme des kroatischen Staates«, 14. Juni 1941, BA-MA/RH 31 III/13, Bl. 16ff.; siehe auch *Novi List*, 3. Juni 1941, zit. n. Novak, Magnum crimen, S. 606; vgl. auch Fricke, Kroatien 1941–1944, S. 37, sowie Schobel, Nationalitätenpolitik, S. 12.

30 Slobodan D. Milošević' detaillierte Untersuchung über »Flüchtlinge und Umsiedler auf dem Territorium des okkupierten Jugoslawiens 1941–1945« bietet eine profunde, wenn auch nicht analytische Darstellung der Vertreibungen. Die Studie suggeriert, dass die Vertreibung von Serben das politische Hauptziel aller Besatzungsmächte im jugoslawischen Raum gewesen sei, ohne aber die Unterschiede und Konflikte zwischen den jeweiligen Staaten zu analysieren, vgl. Milošević, Izbeglice i preseljenici; für eine jüngere Studie, die sich jedoch auf Flucht und Vertreibung beschränkt und Umsiedlungen außen vor lässt, siehe Karakaš-Obradov, Migracije srpskog stanovišta. Von den knapp zwei Millionen im kroatischen Staat lebenden Serben waren im Sommer 1941 mindestens 200000 nach Serbien und 100000 innerhalb des Landes vertrieben worden. Der Beauftragte des

men zu verstehen, das spezifischen Logiken folgte, die dem Ziel der kroatischen Regierung geschuldet waren, Serben aus Kroatien zu vertreiben, wurden sie als logische Vorstufe des Völkermords oder als unbestimmter Teil der antiserbischen Politik insgesamt wahrgenommen.[31] Dass die Vertreibungspolitik von spezifischen Akteuren mit eigenen Interessen geprägt war, wurde daher meist verkannt, ebensodass die Massenvertreibungen von Serben mit der Politik der Ustaša gegenüber Juden und Roma verschränkt waren. Zugleich verliefen die Deportationen uneinheitlich und waren von der Initiative lokaler Behörden abhängig. Wurden Serben häufig nach Serbien abgeschoben oder zu Zwangsarbeit nach Deutschland oder Norwegen deportiert, so stellten die Konzentrationslager für die meisten Juden und Roma eine Endstation dar.[32]

Eine Internationale der Vertreibungen?

Das Deutsche Reich und Kroatien waren nicht die einzigen Staaten, die die Zerschlagung Jugoslawiens und die Grenzverschiebungen in der Region für die ethnische Homogenisierung von Räumen nutzen wollten. Auch italienische, ungarische, bulgarische, albanische sowie serbische Behörden, Armeen oder Milizen sahen Vertreibungen als das richtige Mittel, um den Nationalstaat zu homogenisieren oder um Ansprüche auf neu erworbene Gebiete zu zementieren. Aus Sicht der Zeitgenossen waren Aussiedlungen eine global angewandte Methode, der sich Sowjets, Faschisten und Demokraten gleichermaßen bedienten.[33] Auf dem Balkan eröffnete im April

---

Auswärtigen Amtes in Serbien, Benzler, schätzte die Zahl der Vertriebenen im Jahr 1942 sogar auf 400000. Diese Zahl ist jedoch vermutlich zu hoch gegriffen, da er damit die kroatische Regierung zu diskreditieren versuchte, siehe Benzler an AA, FS Nr. 1241/42, 18. August 1942, PA AA/Botschaft Belgrad/673, Bl. 153664; vgl. ferner Olshausen, Zwischenspiel; Ferenc, Massenvertreibung; ders., Quellen, sowie Tomasevich, Occupation and Collaboration, S. 397f. Die von Tone Ferenc herausgegebenen »Quellen zur nationalsozialistischen Entnationalisierungspolitik in Slowenien 1941–1945« sind abrufbar unter http://www.karawankengrenze.at [31. 05. 2012].

31 Siehe bspw. Sundhaussen, Serben.

32 Vgl. Korb, A Mutipronged Attack, S. 158.

33 Siehe Rudolf Fitzner, »Das italienische Siedlungswerk in Nordafrika«, Januar 1939, BArch/NS 5, VI/28041. Für den Hinweis danke ich Dr. Patrick Bernhard.

1941 das Königreich Ungarn die Vertreibungsgewalt und schob mindestens 35000 Slawen aus den annektierten jugoslawischen Gebieten über die Donau nach Kroatien und Serbien ab.[34] Die von der deutschen Wehrmacht befürchteten »Aussiedlungen großen Stils« aus den von Bulgarien annektierten Gebieten betrafen etwa 42000 als Serben, 60000 als Kroaten und 100000 als Griechen – oft willkürlich – klassifizierte Menschen.[35] Das rumänische Regime vertrieb und deportierte bis zu 145000 Juden und etwa 25000 Roma in die rumänisch verwalteten sowjetischen Grenzgebiete.[36] Die serbische Regierung wies etwa 12000 Kroaten aus.[37] Die deutsche Zivilverwaltung in Slowenien ordnete an, »alle sich in den Postenbereichen aufhaltenden Zigeuner unauffällig über die Grenze in die italienisch besetzte Zone abzuschieben«, und vertrieb auch Juden nach Kroatien.[38] »Alles drehte sich um ein für die Ewigkeit gedachtes demographisches Engineering in neuerworbenen Territorien«,[39] so charakterisiert Mark Mazower den Zweiten Weltkrieg in Südosteuropa.

---

[34] KTB des MB Serbien, BA-MA/RW 40/1, Bl. 7, 29. April 1941; zu Ungarn vgl. Portmann, Politik der Vernichtung; zu kroatischen Beschwerden über Vertreibungen siehe VŽ Vuka an MSP, 27. August 1941, HR HDA/227/6/535, 1; auch die Slowakei und Ungarn vereinbarten die gegenseitige Aussiedlung ihrer Minderheiten, siehe »Das Kolonistenabkommen«, in: *Süd-ost-Echo* (Wien), Jg. 11, Nr. 31, 2. August 1941, S. 2; Glaise von Horstenau zufolge besprach die Ustaša bereits 1936 oder früher bevölkerungspolitische Fragen mit dem ungarischen Premierminister Gyula Gömbös von Jákfa, siehe Broucek, Deutscher Bevollmächtigter General, S. 428.

[35] Der Bevollmächtigte des AA beim Befehlshaber Serbien an AA, 10. Dezember 1941, PA AA/R 29.664, Büro StS, Jugoslawien/4, Bl. 153458. Vgl. ferner Schechtmann, European Population Transfers, S. 440, sowie Evans, The Third Reich, S. 155f.

[36] Vgl. Achim, Deportation der Roma, S. 106, sowie Ioanid, The Deportation, S. 97.

[37] Vgl. Wehler, Nationalitätenpolitik in Jugoslawien, S. 70.

[38] Anordnung des politischen Kommissars Krainburg an die Gendarmerieposten des Kreises, 10. Mai 1941, abgedruckt in: Ferenc, Quellen, S. 96; möglicherweise wurden die meisten slowenischen Roma und Juden in den USK und nach Serbien abgeschoben, vgl. Pančur, The Holocaust, sowie Affidavit für Oskar Dračar, USHMMA/Starman and Šumi Collection; zu Juden, die von sich aus nach Serbien, Makedonien oder Albanien flohen, vgl. Greble, Sarajevo, 1941–1945, S. 110.

[39] Mazower, The Balkans, S. 111.

Die von mehreren Staaten in der Region simultan unternommenen Massenvertreibungen erzeugten einen internationalen Referenzrahmen, der Vertreibungen legitimierte. So berichtete beispielsweise das kroatische Außenministerium wohlwollend über die Politik der ethnischen Homogenisierung in Rumänien.[40] Die mittelost- und südosteuropäischen Staaten suchten mit ihren Vertreibungsinitiativen Anschluss an das von den Nationalsozialisten propagierte Paradigma vom ethnisch homogenen Europa. Diese Anbiederungsversuche können jedoch nicht verdecken, dass die »Internationale der Vertreibungen« keineswegs harmonisch verlief. Denn die ethnischen Homogenisierungsprojekte orientierten sich an den jeweiligen nationalstaatlichen Eigeninteressen und kollidierten zwangsläufig miteinander. Sobald die Vertreibungen durch andere Staaten den deutschen militärischen oder ökonomischen Interessen schadeten, versuchten Wehrmacht oder Auswärtiges Amt diese zu verhindern. Aus diesem Grund stellten sich deutsche Behörden gegen die geplante Vertreibung von insgesamt 150000 Serben aus Ungarn nach Serbien im Frühjahr 1941 und verhinderten das Vorhaben.[41] Hier halfen auch die Verweise des ungarischen Gesandten in Berlin nichts, dass Deutschland seinerseits ja die Slowenen aus den annektierten Gebieten aussiedle.[42] Dies deutet darauf hin, dass ethnische Homogenisierung nur unter Führung deutscher Stäbe durchgeführt werden sollte und unerwünscht war, wenn sie unautorisiert erfolgte. Bulgarien und Italien wiederum verweigerten sich dem deutschen Plan, vertriebene Slowenen aufzunehmen, wodurch man auf deutscher Seite überhaupt erst darauf kam, sie in Kroatien anzusiedeln.[43] Die umgesiedelten Slowenen mussten ein

---

[40] MVP an Poglavnik, Täglicher Bericht Nr. 77, 11. September 1942, Bericht über den Beginn der Aussiedlung der Juden in die Ostgebiete, HR HDA/227/1, Bl. 381.

[41] OKW an AA, z. H. Ritter, Belgrad 3. Mai 1941, PA AA/Inland II A/B/R 99.307, Bl. 153210. Da sich Ungarn nicht an den Abschiebestopp hielt, forderte der Chef Sipo SD, die serbische Grenze gegen Kroatien und Ungarn hermetisch abzusperren, siehe Benzler an AA, FS Nr. 451, 5. August 1941, PA AA/Büro StS, Jugoslawien Bd. 3, 153210, sowie Chef Sipo SD, Ereignismeldung UdSSR Nr. 63, 25. August 1941, BArch/R 58/215.

[42] Vgl. Olshausen, Zwischenspiel, S. 228.

[43] Von Bismarck an AA, PA AA/Inland II A/B/R 99.307, Bl. 153235; Richthofen an AA, FS Nr. 534, 16. Mai 1941, in: ADAP/D, Bd. XII. 2, Dok. 524, S. 691, sowie zusammenfassend Aufzeichnung von Twardowskis für von

Schriftstück unterzeichnen, auf dem stand, dass ihrem Wunsch, »das deutsche Reichsgebiet endgültig zu verlassen, von Seiten der zuständigen Stellen entsprochen wurde«, und mit dem sie sich verpflichteten, »das Reichsgebiet ohne Genehmigung der deutschen Behörden nicht wieder zu betreten«.[44]

Deutsche und kroatische Umsiedlungsstäbe arbeiteten bei der Aussiedlung der Slowenen und ihrer Ansiedlung im USK eng zusammen.[45] Die Wehrmacht unterstützte die kroatischen Homogenisierungspläne, indem sie nur Muslime und Katholiken aus der deutschen Kriegsgefangenschaft entließ. Alle orthodoxen und jüdischen Soldaten behielt sie in ihren Kriegsgefangenenlagern im Deutschen Reich. Auf Wunsch der kroatischen Regierung wurden nur solche Kriegsgefangenen entlassen, die anschließend als Zwangsarbeiter in Deutschland verblieben.[46] Serbische Männer und Frauen sollten zudem auf dem deutschen Arbeitsmarkt die kroatischen Gastarbeiter ersetzen. Der ethnopolitisch motivierte Wunsch der Ustaša, Serben aus Kroatien verschwinden zu lassen, paarte sich sowohl mit den sicherheitspolitischen Interessen der Wehrmacht, nach denen potenzielle serbische Widerstandskämpfer in deutschen Ostarbeiterlagern am besten aufgehoben erschienen, wie auch mit den Erfordernissen der Kriegswirtschaft. Kriegsgefangenschaft und Zwangsarbeit wurden so zu unauffälligen Hilfsmitteln der ethnischen Säuberung, da ja die Betroffenen in der Regel nicht aus ihren Dörfern vertrieben wurden, sondern schon Monate zuvor von der jugoslawischen Armee eingezogen oder in kleineren Gruppen zur Zwangsarbeit rekrutiert worden waren.

Deutsche Experten, die zuvor bei der Aussiedlung deutscher Minderheiten aus (Süd-)Osteuropa mitgewirkt hatten, wurden nun bei der Umsiedlung der Slowenen eingesetzt. Dies gilt in besonderer Weise für den Tübinger Bürgermeister Dr. Ernst Weinmann (1907–1947), der als Umsiedlungskommissar beim Militärbefehlshaber Serbien die Zusammenarbeit deutscher und serbischer Behör-

---

Rintelen, 14. Mai 1941, PA AA/Büro RAM, Kroatien Bd. 1, 66849, abgedr. in: Ferenc, Quellen, S. 100.

[44] Durchlassschein für Johann Gottfried Brumen, 2. Oktober 1941, HR HDA/223/32, 1290, Bl. 1.

[45] Niederschrift über die Besprechung am 4. Juni 1941 in der DGA, BA-MA/RH 31 III/22, Bl. 2ff.

[46] MVP an Poglavnik, 15. Mai 1941, HR HDA/223/32, Nr. 10, sowie 227/1, Nr. 553.

den bei der Umverteilung der Deportierten innerhalb Serbiens koordinierte.[47] Von dieser Expertise wollten die kroatischen Kollegen lernen. Sie waren beeindruckt von der routinierten deutschen Datenverarbeitung bei der bürokratischen Abwicklung der Deportationen. Die deutsche Umwandererzentralstelle (UWZ) stellte ihnen Umsiedlungspläne zur Verfügung, wie sie bei den Ansiedlungsstäben im Warthegau Verwendung fanden.[48] Die kroatische Seite bat, die Umsiedlungskartothek, in der die Berufe und der Besitz der Auszusiedelnden erfasst waren, für die Ansiedlung der Slowenen in Kroatien nutzen zu können. Da die deutschen Umsiedlungsstäbe die Originale nicht aus der Hand geben wollten, waren kroatische Verbindungsoffiziere in Slowenien wochenlang mit der Abschrift der Karteikärtchen beschäftigt.[49] Anschließend wurde ein ähnliches zweifarbiges Karteikartensystem in Kroatien eingeführt.[50] Es gibt Hinweise, dass dieses System auch bei späteren Massenerschießungen durch die Ustaša Verwendung fand.[51]

Doch auch die deutsche Seite sammelte neue Erfahrungen bei der Umsetzung der Vertreibungen. Die Publikationsstelle Wien, die in der nationalsozialistischen Südostforschung eine wichtige Rolle spielte, übersetzte Ergebnisse jugoslawischer Volkszählungen ins Deutsche, und die deutsche Gesandtschaft nutzte die Zahlen intensiv für umsiedlungstechnische Vorgänge.[52] Der für die Vertrei-

---

[47] Eidesstattliche Erklärung Dr. Ernst Weinmanns, Reutlingen, 18. November 1945, JIMB/k. 23/4, 1-II, 2. Das RSHA lobte Weinmann als einen seiner besten Mitarbeiter in Serbien und beförderte ihn deshalb zum SS-Obersturmbannführer, vgl. Wildt, Tübinger Exekutoren; vgl. ferner Lang, Ernst Weinmann.

[48] SS-Sturmbannführer Höppner an Oberst Jendrašić, Marschallsamt, 19. Juni 1941, HR HDA/1076.1/441, Nr. 63/41.

[49] Zu dieser Kartothek siehe Umsiedlungsstab Kärnten beim Kdo. Sipo/SD an die Leiter der Kommissionen, 28. Mai 1941, AVII/Na./33, 10/9; zum kroatischen Interesse an der Kartothek siehe Bericht der kroatischen Delegation beim Umsiedlungsstab Untersteiermark, 12. Juni 1941, abgedr. in: Ferenc, Quellen, S. 178ff.

[50] Bezirk Čazma an DRP, 9. Juli 1941, HR HDA/1076.1/441, 312/41.

[51] Aussage des ehemaligen Bezirkschefs von Hrvatska Mitrovica, Zdravko Zević, vor der Enquetekommission Sremska Mitrovica, 14. September 1945, AJ/110/683, Bl. 14–17.

[52] DGA Pol (Kreiner), Aktenvermerk, 4. Dezember 1941, PA AA/NL Kasche 2/2; zur Publikationsstelle vgl. Fahlbusch, Die Südostdeutsche Forschungsgemeinschaft, sowie Fahlbusch, Wissenschaft.

bung der Polen aus dem Warthegau zuständige Leiter der UWZ im Warthegau, SS-Sturmbannführer Rolf-Heinz Höppner (1910–1998), begleitete den ersten Deportationszug von Slowenien nach Serbien persönlich.[53] Nach Kasches Ansicht sollten die in Kroatien gesammelten Erfahrungen als Anregungen für die Durchführung künftiger Umsiedlungen dienen.[54]

All dies belegt, dass deutsche und kroatische Stellen die im Juni 1941 vereinbarten Umsiedlungen zunächst als ein gemeinschaftliches Projekt betrachteten, im Zuge dessen Wissen und Expertise in beide Richtungen floss. Dies ist angesichts der schieren Dimension des Unterfangens kaum verwunderlich. Mit knapp einer halben Million betroffener Menschen suchte das Projekt zu diesem Zeitpunkt seinesgleichen.

Die Organisation der Vertreibungen

Die bevölkerungspolitische Kooperation mit dem Deutschen Reich ermöglichte der kroatischen Regierung Vertreibungen von Serben in großem Stil und somit die erwünschte wirksame Dezimierung des serbischen Bevölkerungsanteils. Da sie jedoch keine klaren Vorgaben machte, blieb die antiserbische Politik in ihrer Zielsetzung insgesamt vage. Das Ustaša-Regime konnte zu keinem Zeitpunkt davon ausgehen, die Gesamtheit der Serben aus dem Land vertreiben zu können – realistisch war allenfalls die von den Deutschen genehmigte Vertreibung von 260000 Serben nach Serbien, also von höchstens 15 Prozent der serbischen Bevölkerung im USK. Deshalb stellt sich die Frage, welche Serben in der Hauptsache von den Vertreibungen betroffen waren.

Die ersten Serben, die von Vertreibungen erfasst wurden, waren die ca. 5300 ehemaligen Weltkriegsveteranen, die in den 1920er Jahren von der jugoslawischen Regierung zur Belohnung für ihren Kriegseinsatz Land auf ehemals ungarischen Staats- oder Adels-

---

[53] Möglicherweise saß auch der UWZ-Chef Litzmannstadt, SS-Standartenführer Hermann Krumey, mit im Zug, siehe Umsiedlungsstab beim KdS Untersteiermark an RSHA IV B4 (Eichmann), 7. Juni 1941, abgedr. in: Ferenc, Quellen, S. 174ff; vgl. auch Pollack, Stanisławs, S. 37f.

[54] DGA, Abschließender Bericht über die Umsiedlung, 20. November 1941, abgedr. in: Ferenc, Quellen, S. 352ff.

gütern zugewiesen bekommen hatten. Aus Sicht der Ustaša waren sie Kolonisten, die die ethnische Homogenität Kroatiens zerstören wollten. Sie wurden zumeist unmittelbar und ohne Entschädigung vertrieben.[55] Dann sollten die Serben und ihre Nachfahren, die ab dem Jahr 1900 in das Gebiet des USK eingewandert waren, sowie orthodoxe Priester nach Serbien abgeschoben werden. Sie galten bei der Ustaša-Führung als »wirkliche« bzw. »eigentliche Serben«, deren Abschiebung sie besonderen Stellenwert beimaß, da beide Gruppen für die Verkörperung der großserbischen Ideologie standen.[56] Des Weiteren bezogen sich die Verhaftungen auf Intellektuelle, Angehörige des serbischen Mittelstands sowie der Oberschicht, um die Eliten der serbischen Minderheit substanziell zu schwächen. Ihre Enteignung brachte der kroatischen Regierung Landflächen und Geldmittel ein, die sie benötigte, um eine agrarische und soziale Restrukturierung des Landes in Angriff zu nehmen. Von Anbeginn bestimmten neben politischen also auch soziale und ökonomische Kriterien die Serbenverfolgung: Vor allem Serben, die wohlhabend, einflussreich oder politisch aktiv waren, wurden zur Deportation ausgewählt.

Die Ponova und ihre regionalen Netzwerke

Zur Umsetzung der Umsiedlungen wurde eine gesamtstaatliche, professionell arbeitende Agentur benötigt. Im Juni 1941 ließ Pavelić die ihm direkt unterstellte *Ponova* (Erneuerung) genannte Staatsdirektion für wirtschaftliche Erneuerung (DRP) gründen und beauftragte sie »mit allen bei der Evakuierung fremdstämmiger Ein-

---

[55] Bericht des AOK 2 über Vertreibungen, KTB AOK 2, Ic/AO, 25. April 1941, Bl. 43, BA-MA/63/229, E 188, Bl. 1; siehe auch »Gesetzesverordnung bezüglich der Immobilien der sogenannten Dobrowolzen«, 18. April 1941, USHMMA/1999.A.0173/2, fr. 436f., sowie »Vor der Enteignung der Dobrovoljci«, in: *Südost-Echo* (Wien), Jg. 11, Nr. 24, 13. Juni 1941, S. 9; vgl. ferner Tomasevich, Occupation and Collaboration, S. 393. Nach dem kroatischen Wort für Freiwillige wurden die Kolonisten gemeinhin »Dobrowolzen« genannt. Unter diesen befanden sich auch Kroaten, die aufseiten der serbischen Armee gekämpft hatten.

[56] Der Journalist Hermann Ginzel zitierte die kroatische Führung mit ihrem Vorhaben, »die eigentlichen Serben in ihr altes Gebiet zurückzusiedeln«, siehe Ginzel, Kroatien heute, S. 12f. u. 23.

wohner des USK anfallenden Geschäften und Arbeiten«.[57] Die Ponova wurde zur Eignerin der Habe aller Deportierter ernannt und ermächtigt, in Eigenregie Enteignungen durchzuführen. In allen 141 Bezirken wurden als Umsiedlungsbüros bezeichnete Stützpunkte gegründet, die vor Ort Verzeichnisse der zu deportierenden Serben, serbischer Siedlungen und Immobilien sowie orthodoxer Klöster erstellten. Dieses regionale Netzwerk der Ponova wurde mit den lokalen Strukturen der Ustaša verknüpft.[58] Parallel dazu wurde im Wirtschaftsministerium ein Institut für Kolonisation gegründet, das kroatische Kriegsflüchtlinge sowie Familien ohne Land mit von der Ponova übergebenen Liegenschaften ausstatten, sich um die Angelegenheiten der Siedler kümmern und die jugoslawischen Landreformen rückgängig machen sollte.[59]

---

[57] Die Ponova stand unter der Leitung von Dr. Josip Rožanković; außerdem wurde Tomiša Grgić (1906–1994) als Beauftragter des Ustaša-Hauptquartiers eingesetzt. Als ehemaliger Exilant genoss Grgić das Vertrauen der Führung und hatte als Jurist wohl auch die nötige Kompetenz. Am 15. September 1941 wurde das Staatsdirektorium für wirtschaftliche Erneuerung, das dem ehemaligen Messechef Ćiril Ćudina (1894–1972) unterstand und in der Hauptsache für städtische Enteignungen zuständig war, mit der Ponova vereint, siehe Gesetzesverordnung 717, in Ministarstvo Pravosudja i Bogoštovlja, Zbornik zakona, S. 598f. Im Januar 1942 wurde die Ponova ins Wirtschaftsministerium eingegliedert, siehe Zakonodavno Povjerenstvo, Zbornik zakona, S. 1096f. Gemessen an ihrem Einfluss sind Rožanković und Ćudina die am wenigsten erforschten Haupttäter der Ustaša. Ihre Biografien finden sich nicht einmal im Standardwerk von Milošević, Izbeglice i preseljenici, oder im Who is Who des USK (Grčić, Tko je tko, S. 139).

[58] Zum administrativen Ausbau des »Amtes für Wirtschaftserneuerung« innerhalb des Wirtschaftsministeriums am 3. Mai 1941 siehe *DZK*, 6. Mai 1941, Nr. 19, S. 7; zur Transformierung zur Staatsdirektion für Erneuerung am 24. Juni 1941 siehe *Narodne Novine*, 26. Juni 1941, sowie *DZK*, Nr. 58, 20. Juni 1941, S. 6, sowie Nr. 67, 29. Juni 1941, S. 3; teilweise abgedr. in: Vukčević, Zločini NDH; vgl. ferner Jelić-Butić, Ustaše i NDH, S. 168; zu Beschlagnahmungen siehe *Narodne Novine*, 5. Juni 1941; zur rechtlichen Absicherung der Übernahme des Eigentums der Deportierten siehe *Narodne Novine*, 7. August 1941, Art. 3, 4 u. 6; zur Ponova allgemein vgl. Grčić, Tko je tko, S. 469.

[59] *DZK*, Nr. 29, 17. Mai 1941, sowie Rundschreiben der DRP, 2. Juli 1941, HM BIH/NDH/1941, 19, sowie »Aufgaben der inneren Kolonisation«, in: *Südost-Echo* (Wien), Jg. 11, Nr. 21, 23. Mai 1941, S. 10; ein Porträt der Tätigkeiten der Ponova findet sich bei Maria Alfred Freiherr von Buttlar-Moscon in der *Neuen Ordnung* Nr. 41, 19. April 1942, S. 6; zur Umsiedlung von Bürgerkriegsflüchtlingen vgl. Kovačević, Kijevo i okolica, S. 21f.;

Den Ansatz, die konstatierte Überbevölkerung von oben zu regulieren, teilte Kroatien mit den Regierungen von Ungarn, Rumänien und der Slowakei.[60] So verdeutlicht ein Blick nach Bessarabien sowie in das rumänisch besetzte Transnistrien gemeinsame Radikalisierungsmuster der Gewalt in Grenzgebieten, in denen die ethnische Homogenisierung vorangetrieben wurde. Doch im Vergleich zu den genannten Ländern überwiegen vor allem die Spezifika des kroatischen Beispiels. Während in Rumänien Minderheiten vom Kernland in die neu erworbenen Grenzgebiete deportiert wurden, bemühte sich die Ustaša, die Grenzgebiete zu Serbien von Minderheiten säubern zu und diese außer Landes oder ins Landesinnere zu schaffen. Nahm man in Rumänien Transnistrien als Peripherie wahr, besaß das Grenzland an der Drina für die Ustaša sicherheits- wie auch identitätspolitisch allerhöchste Priorität.[61]

Da die meisten Ansiedlungsvorhaben nicht realisiert werden konnten, blieben die Enteignungen und Deportationen das wichtigste Aufgabengebiet der Ponova. Anfang Juli 1941 gab Staatsdirektor Rožanković den Hauptmännern der 141 kroatischen Bezirke detaillierte Instruktionen für die geplante Deportation von Serben aus dem USK wie auch für die Ansiedlung von Slowenen im USK. Am 10. Juli 1941 sollten die Umsiedlungen beginnen. Obgleich die Ponova auch über einen bewaffneten Arm verfügen sollte, musste sie auf die Gendarmerie (*Hrvatsko Oružnistvo*) zurückgreifen. Diese stand in einem angespannten Verhältnis zur Ustaša, gleichwohl konnten bestimmte landesweite Vorhaben, wie die Deportation serbischer Bevölkerungsteile im Sommer 1941 oder die Deportation der Roma im Frühjahr 1942, nur mit ihrer Hilfe durchgeführt werden. Die Gendarmerie war eine Art Landsturm, dessen sieben Regimenter 18000 Bewaffnete umfassten, die auf ein landesweites Netz von bewaffneten Posten verteilt waren. Ihre Rolle war ambivalent: Einerseits bildete sie das bewaffnete Rückgrat der Umsiedlungen. Wenn sie es als sachdienlich einstufte, beteiligte sie sich an

---

der Bestand »Institut für Kolonisierung. Liquidierung der Agrarreform auf Großgrundbesitzgütern« (HR HDA/247) umfasst 183 Boxen, wurde für diese Arbeit jedoch nicht ausgewertet. Im September 1941 wurde das Institut mit der Ponova vereint.

60 Vgl. Tönsmeyer, Raub.

61 Vgl. Goldstein, The Boundary on the Drina, S. 88.

der Gewalt gegen Serben oder initiierte sie sogar. Andererseits protestierte sie jedoch häufig gegen aus ihrer Sicht exzessive Taten der Ustaša-Milizen, nicht zuletzt aus Furcht, für die negativen Konsequenzen geradestehen zu müssen.

Die Bezirke wurden instruiert, jeweils 2500 Slowenen aufzunehmen. Ein großer Teil der Bezirkshauptleute machte sich umgehend an die Arbeit und meldete innerhalb der gesetzten Frist den Vollzug der Vorbereitungen. Der Schriftverkehr zwischen den Bezirken und der Ponova-Zentrale erweckt den Eindruck eines geordneten, staatlichen Vertreibungsverfahrens. Die Beamten präsentierten sich als die Herren eines übersichtlichen und reibungslosen Vorgangs ordnungsgemäßer Abschiebungen in ihrem Zuständigkeitsbereich, distanzierten sich von »wilden« Vertreibungen, wie sie in Gebieten verübt wurden, die von irregulären, von der ministerialen Bürokratie abgekoppelten Ustaša-Milizen kontrolliert wurden. Um den angeblichen Unterschied zur Bandengewalt herauszustreichen, verbannten die Beamten physische Gewalt aus ihren Berichten und verschwiegen die eigenen Plünderungen, Vergewaltigungen und Morde an Internierten, die ebenfalls Bestandteil des von ihnen organisierten Deportationsprozesses waren.[62] Die historische Forschung schrieb dieses Selbstbild der Beamten meist unkritisch fort.[63] Auch die auf dem Reißbrett entworfenen Umsiedlungspläne sahen vor Ort anders aus. Das Repertoire gemeldeter Probleme, das die Bezirke daran hinderte, die Vorgaben der Ponova umzusetzen, verdeutlicht, wie überfordert sie mit den Umsiedlungen waren. Die Dekodierung der Kommunikation zwischen den Bezirken und der Zentrale erlaubt es, die Diskrepanzen zwischen den Plänen auf der Makroebene und der politischen Praxis der Akteure auf Meso- und Mikroebene auszuloten.

Als die typischen Verantwortlichen für die Massengewalt der Ustaša gelten gemeinhin ihre brutalisierten Milizionäre in den Konzentrationslagern oder in den Einheiten, die im Zuge des Partisanenkriegs serbische Dörfer überfielen und deren Einwohner töteten.

---

[62] Berichte deutscher Provenienz eignen sich, dieses Bild zu korrigieren, siehe bspw. DGA, Bericht (Anlage 2), 26. Oktober 1942, BA-MA/RH 31 III/7, o. lfd. Nr; hier werden Gräueltaten in den kroatischen Umsiedlungslagern berichtet.

[63] Siehe Tomasevich, Occupation and Collaboration, S. 393f. sowie Milošević, Izbeglice i preseljenici (1982), S. 243.

Der Blick auf die Ponova und ihre regionalen Netzwerke steht in einem verstörenden Gegensatz zu diesem konventionellen Bild. Die Auswertung der Angaben über die Tätigkeit der Ponova aus 75 der insgesamt 141 kroatischen Bezirke ergab, dass Träger der staatlich initiierten Vertreibungspolitik im Wesentlichen nicht die Ustaše waren, sondern von örtlichen Honoratioren dominierte Bürgerausschüsse.[64] Deren Angehörige waren vor 1941 mehrheitlich keine Ustaša-Mitglieder. Als Teil lokaler Eliten waren sie meist gut ausgebildet und vom Wunsch beseelt, die soziale Lage in ihren Gemeinden zu verbessern. Diese Perspektive erlaubte ihnen den Anschluss an das gewaltsame Projekt der Ustaša, Kroatien ethnisch zu säubern.

Obgleich die Ponova-Mitarbeiter keine homogene Gruppe bildeten und nicht etwa durch Schulungen, sondern nur schriftlich instruiert wurden, wurde mit der landesweiten Gründung der Ponova ein Netzwerk geschaffen, das dem kroatischen Staat nicht nur für bevölkerungspolitische Aufgaben von Nutzen war. In ihren Büros und Stützpunkten wurden örtliche Honoratioren zu einer Mitarbeit für den USK herangeführt. Ihre Beteiligung an den Serbendeportationen band sie enger an den Ustaša-Staat, wodurch dessen lokale Machtbasis ausgeweitet wurde. Die kroatische Regierung betrachtete die Aussiedlung von Serben als nationale Schicksalsfrage. So beschwor die Ponova-Zentrale die 141 Bezirkshauptmänner, der Dimension ihrer Aufgabe gerecht zu werden. Mancherorts übergaben die Abgeordneten der Ponova die Instruktionen für die Umsiedlungen konspirativ in verschlossenen Umschlägen und erinnerten daran, dass Verstöße gegen die Geheimhaltung mit dem Tode bestraft würden.[65]

Die Koordination der Vertreibungen in den Bezirken durch die Ponova gestaltete sich indes als schwierig und führte zu zahlreichen Konflikten darüber, wie und in welchem Umfang die Umsiedlungen vor Ort umgesetzt werden sollten. Das Dilemma der Regie-

---

[64] Mitte Juli 1941 meldeten die meisten Bezirke den Vollzug der Gründung der Umsiedlungskommissionen; zahlreiche Beispiele lassen sich im Bestand Ponova im Kroatischen Staatsarchiv (HR HDA/1076.1/442) finden. Die Angaben der Bezirke über die Zusammensetzung der Umsiedlungskommissionen sind vielfach unvollständig. Deshalb lässt sich keine für den gesamten USK gültige statistische Auswertung vornehmen.

[65] Bezirk Sarajvo [so lautete die offizielle Bezeichnung der Stadt im USK] an DRP, 12. Juli 1941, HR HDA/1076.1/442, 719/41; Bezirk Kutina an DRP, 15. Juli 1941, HR HDA/1076.1/443, 954/41.

rung bestand darin, dass sie lokale Bürgermeister und Honoratioren für die Umsiedlungen benötigte, ihnen aber zugleich misstraute. In vielen Gemeinden gab es keine tragfähige Struktur der Ustaša. Ob das kroatische Berufsbeamtentum die Aussiedlungspolitik der Ustaša unterstützen würde, war keineswegs ausgemacht. In den ehemaligen Banschaftsgebieten, also rund drei Vierteln des Landes, waren die meisten Beamten 1941 in ihren Ämtern verblieben. Zwar waren sie zumeist unbedingte Befürworter des kroatischen Nationalstaats, führten aber zuweilen scharfe Konkurrenzkämpfe mit der Ustaša. Das übrige Viertel des Landes war überwiegend von Serben und Muslimen bewohnt, und hier konnte die Regierung auf keine etablierte kroatische Verwaltung zurückgreifen. Manche Bezirksverwaltung radikalisierte sich und versuchte, ihre Handlungsfähigkeit gegenüber der serbischen Bevölkerungsmehrheit durch Entschlossenheit und Gewalt zu behaupten. In anderen Bezirken blieb die Verwaltung eher passiv, da sie nicht recht wusste, wie sie die Regierungsverordnungen durchsetzen sollte. Wie es scheint, sind die von Zagreb angedrohten Standgerichtsverfahren gegen Beamte, die Aussiedlungen nicht weisungsgemäß durchführten oder versteckte Serben nicht meldeten, eher ein Beleg dafür, dass die Regierung gar nicht in der Lage war, die Gemeinden wirksam zu kontrollieren.[66]

Die von der Ustaša eingesetzten Bezirkshauptleute konnten autonom über die Zusammensetzung der Ponova-Außenstellen in ihren Bezirken entscheiden. Da die Aussiedlungen ohne ihre Mitarbeit gar nicht durchführbar gewesen wären, verfügten sie über immense Spielräume bei deren Ausgestaltung. Wie unterschiedlich diese genutzt wurden, verdeutlicht der Vergleich der von Umsiedlungen betroffenen Bezirke. Während sich ein kleiner Teil der Bezirksverwaltungen in vollen Umfang am Umsiedlungsprogramm beteiligte, fiel die Mitarbeit in den meisten Bezirken zögerlich aus. Insbesondere wehrten sich Bezirke gegen die Aufnahme slowenischer Ankömmlinge. Darüber hinaus gelang es den Bezirken, ihre eigenen Interessen in die von Zagreb erdachten Pläne einzuspeisen und eigene bevölkerungs- und sozialpolitische Vorstellungen durchzusetzen. Dabei prägten strukturelle Faktoren, wie die ethno-religiöse und soziale Zusammensetzung, der Bevölkerung, die jeweiligen bevölkerungspolitischen Zugriffe. In anderen Worten: Inwieweit das Ver-

---

[66] Zu den öffentlich bekannt gegebenen Direktiven bezüglich der Umsiedlungen siehe *DZK*, 7. Juni 1941.

treibungsprogramm der Ustaša modifiziert wurde, hing davon ab, ob vor Ort Muslime oder Deutsche lebten und ob die Landbevölkerung wohlhabend oder arm war. Aber auch administratives Chaos trug dazu bei, dass die Umsiedlungen vor Ort unterschiedlichen Charakter annahmen. Manche Bezirke hatten überhaupt keine Direktiven erhalten und begannen auf eigene Faust mit den Aussiedlungen, andere wiederum bekamen von der Ponova Namen von zu Deportierenden zugestellt, die bereits vor dem Ersten Weltkrieg verzogen waren.[67]

Die Vorgaben lauteten, je zwei erfahrene Verwaltungsbeamte, nach Möglichkeit Ustaše, mit der Leitung der Ponova-Bezirksbüros zu betrauen. Diesen wurde ein kommunaler Umsiedlungsausschuss zugewiesen, dem drei bis fünf kompetente Persönlichkeiten aus dem Bezirk angehörten. Häufig wurden Ärzte, Pastoren, Journalisten, städtische Lehrerinnen, Weinbauern, Grundbesitzer, Ratsherren, Krankenhausleiter, Friseurmeister, Anwälte, Vorarbeiter, Steuerbeamte oder Richter berufen.[68] Die exekutiven und technischen Aufgaben, die mit den Umsiedlungen verbunden waren, wurden kommunalen Unterausschüssen übertragen, denen unter anderem Förster, Finanzkontrolleure, Post- oder Katasterbeamte, Agronomen, Archivare, Anwälte, Tierärzte sowie männliche und weibliche Gemeindeangestellte und Bürodiener angehörten. In manchen Bezirken gab es keine geeigneten Ustaša-Mitglieder, die bei der Abwicklung der Deportationen zur Mitarbeit herangezogen hätten werden können, und kaum ein Gremium bestand ausschließlich aus Ustaše.[69] Häufig wurden Ustaše qua ihres Berufes in eine der Kommissionen berufen. Manchmal saßen lokale Berühmtheiten den Ausschüssen vor, womit gezeigt werden sollte, dass die Teilhabe eine Ehrenaufgabe darstellte.[70]

---

[67] Zu Vertreibungen auf eigene Faust siehe Bezirk Metković an DRP, 12. Juli 1941, HR HDA/1076.1/442, Nr. 676/41; zu eigenständigem Vorgehen siehe Bezirk Teslić an DRP, 12. Juli 1941, HR HDA/1076.1/442, Nr. 651/41.

[68] Bezirk Delnice an DRP, 11. Juli 1941, HR HDA/1076.1/442, Nr. 720/41.

[69] Meldungen der likanischen Bezirke Perušić, Brinje und Gračac an DRP, HR HDA/1076.1/442, Nrn. 686/41 u. 667/41. Einige Ausschüsse waren dagegen paritätisch mit einem Ustaša, einem Pastor und einem Beamten besetzt, siehe Bezirk Čazma an DRP, 9. Juli 1941, HR HDA/1076.1/441, Nr. 312/41.

[70] Dies gilt für die Berufung Adegema Mešić', des muslimischen Stellvertreters Pavelić', siehe Bezirk Tešanj an DRP, 11. Juli 1941, HR HDA/

Der geplante ethnische Umbau der kroatischen Gesellschaft war ein komplexes Unterfangen, bei dem sich nicht nur Verfolger und Verfolgte zweier Gruppen gegenüberstanden. Unter den landesweit etwa 500 Mitgliedern der Aussiedlungskomitees waren auch nichtkroatische Minderheiten vertreten. In Bosnien bestanden manche Umsiedlungsstäbe ausschließlich aus Muslimen, in Syrmien und Slawonien wurden Vertreter der deutschen Minderheit in die Kommissionen berufen. Gelegentlich wurden auch Serben bei den Umsiedlungsaktivitäten eingesetzt. Dies betraf allerdings allenfalls die Arbeit in den Fachausschüssen, in denen sie beispielsweise als Ärzte tätig wurden.[71] Auffällig viele Frauen waren in die Durchführung der Aussiedlungen eingebunden, und zwar meist mit geschlechtsspezifischen Aufgaben, wie zum Beispiel der Leitung von Frauenabteilungen in Sammellagern. Da Lehrerinnen oftmals die kompetentesten schriftkundigen Kräfte vor Ort waren, wurden sie in die Leitung der Ponova-Büros berufen und übernahmen dort verantwortungsvolle Aufgaben.[72] Diese Befunde unterstreichen die weitreichende Dimension der gesellschaftlichen Beteiligung an den Umsiedlungen. Neben dem gemeinhin als »Ustaša« identifizierten Kern der für die Massengewalt im USK Hauptverantwortlichen gab es also noch eine ganz andere Tätergruppe.

Die Ponova versandte Listen mit den Namen der zu Verhaftenden an die Bezirke. So erhielt beispielsweise der Bezirkshauptmann von Bosanska Nova die Namen von 50 serbischen Ärzten, Händlern, Handwerkern und Beamten, die er verhaften sollte.[73] Die in den Listen aufgeführten Männer wurden samt ihren Familien deportiert. Laut einer Auswertung der unvollständigen Angaben über die bei offiziellen Deportationstransporten nach Serbien verbrachten Per-

---

1076.1/442, Nr. 738/41, oder des Ustaša-Offiziers Jure Francetićs in seinem Heimatort, siehe Bezirk Otočac an DRP, 10. Juli 1941, ebenda, Nr. 641/41; Ustaše, die in die Kommissionen berufen wurden, waren von Beruf bspw. Bäckermeister, Bauern, Händler oder Handwerker.

[71] Srgije Mihajlov ist ein serbischer Name; der Bezirksarzt dieses Namens war als Fachmann in Tešanj in die Kommission für Aussiedlung berufen und zum Arzt des Sammellagers ernannt worden, siehe Bezirk Tešanj an DRP, 11. Juli 1941, HR HDA/1076.1/442, Nr. 738/41.

[72] Zum Einsatz von Frauen siehe Bezirke Grubišno Polje u. Perušić, HR HDA/1076.1/442, Nrn. 506/41 u. 667/41.

[73] DRP an Bezirkshauptmann Bos. Novi, 16. Juli 1941, HR HDA/1076.1/443, Nr. 904/41.

sonen handelte es sich bei 46 Prozent der Deportierten um Männer, bei 40 Prozent um Frauen und bei 13 Prozent um Kinder.[74]

Die meisten Bezirke bereiteten die Verhaftungen gründlich vor. Um eine organisierte Gegenwehr zu verhindern, wurden Patrouillen in Bewegung gesetzt, die möglichst zeitgleich mit den Vollzugsbeamten bei den Häusern der zu Verhaftenden eintreffen sollten. Um Aufsehen zu vermeiden, wurde vom Einsatz von Schusswaffen abgeraten. Nach der Ankunft der Beamten mussten die Verhafteten in kurzer Zeit ihre Sachen packen und wurden dann abgeführt. In den Bezirkshauptstädten wurden sie oft mehrere Tage lang nach Geschlechtern getrennt in Turnhallen, Schulen oder leer stehenden Fabriken untergebracht. Dort wurden ihnen alle Wertsachen mit Ausnahme eines Betrags von 500 Dinar pro Person abgenommen.[75] Im Idealfall war für Decken, Licht, Heizmaterial, Stroh und Waschmöglichkeiten gesorgt worden. Mediziner unter den Verhafteten waren für die ärztliche Versorgung verantwortlich. Die Ernährung der Verhafteten wurde vom Roten Kreuz, von wohltätigen Frauenvereinigungen oder von weiblichen Gefangenen organisiert, die dafür die in den Häusern beschlagnahmten Vorräte verwenden sollten.[76]

In Zentral- und Ostkroatien wurden drei Ponova-Sammellager unter Aufsicht des Generalstabsobersten der Armee Stjepan Jendrašić (1897–1945) errichtet.[77] Größere Kontingente von Verhafte-

---

[74] Vgl. Milošević, Izbeglice i preseljenici (1982), S. 149ff.

[75] Die einzuhaltenden Vorgaben der Ponova ergeben sich bspw. aus dem Bericht des Bezirks Teslić an die DRP vom 12. Juli 1941 (HR HDA/1076.1/442, 651/41).

[76] Ebenda.

[77] Zur Schaffung von Sammellagern vgl. Findbuch, HR HDA/DRP, 1076.1, S. 9, sowie Sundhaussen, Der Ustascha-Staat, S. 525; zum Sammellager in Slavonska Požega vgl. Bijelić, Sabirni ustaški logor; zu Caprag bei Sisak siehe Lager Sisak an DRP, 11. Juli 1941, HR HDA/1076.1/442, Nr. 698/41; zur verkehrstechnischen Abwicklung vgl. Milošević, Izbeglice i preseljenici, S. 136; zu Jendrašić siehe Transportministerium Serbien, Rašković an Milan Nedić, 17. September 1941, HIA/Tomasevich Collection/11, o. Nr.; zur Schätzung der Gesamtzahlen vgl. Lisac, Deportation of Serbs, S. 145; Jelić-Butić, Ustaše i NDH, S. 180; Milošević, Izbeglice i preseljenici (1982), S. 158, sowie Tomasevich, Occupation and Collaboration, S. 395. Milošević hat die Anzahl der Deportierten auf 17756 veranschlagt; Lisac kam zu ähnlichen Ergebnissen; Jelić-Butić hat einen Durchschnitt von knapp 100 verhafteten Personen pro Bezirk errechnet, was unter Weglassung der Bezirke, in denen praktisch keine Serben lebten, eine höhere Gesamtzahl pro Bezirk ergibt.

ten wurden in Sonderzügen, kleinere Personengruppen in gesonderten Abteilen fahrplanmäßiger Züge in die Lager deportiert. Die Anzahl der Verhafteten changierte zwischen 20 und mehr als 100 pro Bezirk. Der Bezirk Sisak beispielsweise ließ von insgesamt 50 serbischen Familien 20 verhaften. In den größeren Städten ging die Zahl der Verhafteten in die Tausende. Bei einem Großeinsatz der Polizei wurden in der Nacht zum 11. Juli 1941 in Zagreb 800, in Sarajevo 1143 und in Banja Luka 2000 Personen festgenommen.[78] Das Lager in Slavonska Požega, in dem sich bereits Tausende deportierte Slowenen aufhielten, war mit Ankunft der serbischen Gefangenen hoffnungslos überfüllt. Zwischen Juli und September 1941 befanden sich dort zwischen 2000 und 5000 serbische Gefangene und warteten teils wochenlang auf ihren Weitertransport nach Serbien. Einige der verhafteten Priester wurden auch in im Landesinneren gelegene KZ der Ustaša deportiert – ihre Aussichten dort zu überleben, waren weit geringer, als wenn sie nach Serbien deportiert worden wären.[79] Insgesamt wurden mindestens 18000 Serben in 27 Transporten aus den kroatischen Sammellagern in den Belgrader Vorort Zemun deportiert.

Lokale Unterstützer und Profiteure

Die Enteignungs-, Vertreibungs- und Umverteilungspolitik der Ustaša betraf Hunderttausende, und ihre Wirkmacht war beträchtlich. Auch wenn die konkrete Ausführung der Pläne oft missglückte, hatten sie doch eine Remodellierung der kroatischen Gesellschaft qua Gewalt zur Folge und führten dem Ustaša-Staat eine zusätzliche Anhängerschaft zu. Denn der nicht verfolgten Bevölkerung eröffneten sich Möglichkeiten, Häuser zu plündern, sich auf den Gütern der Vertriebenen niederzulassen oder auf Auktionen geraubtes Vieh, Nahrungsmittel oder Hausrat zu ersteigern.[80] Bei der Enteignung

---

[78] Für Zagreb siehe D.G.i.A., FS 192/41 an das OKW, 12. Juli 1941, BA-MA/RH 31 III/1, Nr. 68; für Sarajevo vgl. Milošević, Izbeglice i preseljenici, S. 161; für Banja Luka vgl. Lukać, Banja Luka, S. 98; der Autor zitiert einen Bericht des italienischen Vizekonsuls.

[79] Zur Überstellung orthodoxer Priester in den KZ-Komplex von Gospić siehe Ustaša-Kommissariat in Koprivnica an DRP, 12. Juli 1941, HR HDA/1076.1/442, Nr. 609/41.

[80] DRP an alle VŽ, Anfang Juli 1941, HM BiH/NDH 1941, o. Nr.; zur Versteigerung des Hausrats von Roma siehe Bezirk Županja an ŽRO, 5. Juni 1942, abgedr. in: Lengel-Krizman, Genocid nad Romima, S. 74; zur Ver-

jüdischer und serbischer Unternehmen kam es zur Rekrutierung zahlreicher Treuhänder und eines noch größeren Pools von Bewerbern, die in der Hoffnung zur Ustaša stießen, von den neuen Besitzverhältnissen profitieren zu können.[81] Mehrköpfige Kommissionen verwalteten die enteigneten Betriebe. Erfahrene kroatische Belegschaftsmitglieder standen ihnen zur Seite. Die Erlöse aus den Enteignungen flossen in allerlei gemeinnützige Projekte, beispielsweise in die örtlichen Gemeindekassen, in die Ausstattung einer Arbeitermensa in Sarajevo oder in die Verschönerung von Vereinsheimen.[82] Musikinstrumente wie Klaviere kamen zu Übungszwecken in Klubs der Ustaša-Jugend, wenn sie nicht öffentlich versteigert wurden.[83] Kommunen richteten mit den beschlagnahmten Büchern Bibliotheken ein.[84] Das von Serben übernommene Land verteilten die Gemeindevorsteher an arme Bauern, und auch die geraubten Barmittel dienten zum Teil der lokalen Armutsbekämpfung, der Versorgung der Armee oder Gendarmerie, dem Bau von Schulen oder der Ausbesserung der Häuser ärmerer Bürger.[85] Auf der einen Seite waren die Bezirkshauptleute darauf bedacht, die kroatische Bevölkerung wegen der Umsiedlungen keinen Belastungen auszusetzen. Deshalb brachten sie die slowenischen Neuankömmlinge meist bei serbischen Familien unter und schufen so ethnisierte Gettos, die die ethnische Hierarchisierung unterstrichen. Auf der anderen Seite bemühten sie sich, auch kroatische Bürger in die Umsiedlungsaktivitäten einzubeziehen, indem sie sie für Arbeiten in den Umsiedlungsstäben herangezogen, zur Feldarbeit auf brachliegenden Feldern serbischer Vertriebener abkommandierten oder ihnen die Patenschaft für slowenische Familien zuwiesen. Auch forderten sie Bürger und untergeordnete Behörden auf, siedlungspolitische Verbesserungsvorschläge und Erfahrungsberichte einzureichen.

---

steigerung des Hausrats von geflüchteten Serben und Juden siehe DRP an alle Gemeinde- und Bezirksvorsteher, 9. September 1941, HR HDA/1076.1/548, T I, 197/41.

[81] »Das Partisanentum in Kroatien« (Denkschrift), BArch/R58/600, S. 5.

[82] Zur Arbeitermensa siehe Kommissariat der Ustaša für BiH an die jüdische Gemeinde Sarajevo, 16. Juni 1941, JIMB/k.21–5–1/3.

[83] UPI Zagreb an UPI Zemun, 23. Juni 1942, JIMB/k. 22, o. Nr.

[84] Stadt Zemun an UPI, 28. Oktober 1941, JIMB/k. 22, o. Nr.

[85] Ustaša-Jugend an Stadtverwaltung, Karlovac, 26. August 1942, HR HDA/ZKRZ-GUZ 2235/2–45, k. 10, sowie Anordnung des MinDom, 3. Februar 1942, JIMB/k. 21/4/2.

Ein großer Teil der Bevölkerung sowohl in der Stadt als auch auf dem Land konnte sich der ethnisierenden Folgen der neuen Wirtschaftsordnung nicht entziehen, ob gewollt oder ungewollt. Allerdings nutzten bei Weitem nicht alle Menschen ihre Möglichkeiten zum Nachteil der Verfolgten. Es sind zahlreiche Fälle bekannt, in denen sich die Belegschaften von Firmen und die Bewohner ganzer Dörfer in Petitionen an die Regierung wandten und um die Aufhebung diskriminatorischer Maßnahmen gegen ihre serbischen und jüdischen Kollegen und Nachbarn baten.[86] Solche Praktiken schränkten die Machtausübung der Ustaša ein. Berichte überlebender Juden verdeutlichen, dass sie immer wieder auf die Hilfe von kroatischen, serbischen oder deutschen Nichtjuden sowie Muslimen zurückgreifen konnten.[87] Dies galt mehr noch als für andere europäische Länder unter deutscher Besatzung für Kroatien. Dies kann ironischerweise auch als eine Folge der Ethnisierung betrachtet werden: Viele Serben sahen sich in Gegnerschaft zum kroatischen Staat und waren allein deshalb oft bereit, geflüchtete Juden in serbischen Dörfer zu schützen.[88] Nach Emily Greble setzten sich Muslime vielfach für jüdische Verfolgte ein, weil der Bestand der multireligiösen Gesellschaft ihnen als der beste Garant für die Wahrung ihrer eigenen Rechte erschien.[89] Doch stieß die Diskriminierung innerhalb der multiethnischen Gesellschaften manchmal auch allein aus funktionalen Gründen an ihre Grenzen: In Šid, einer syrmischen

---

[86] Vgl. Gitman, Rescue and Survival.

[87] Jona Polak schildert in seinen Erinnerungen die Unterstützung durch Kroaten, Serben, durch deutsches Personal, durch Angehörige der deutschen Minderheit und insbesondere durch die Partisanen, siehe Aussage Jona Polak, Jerusalem, 18. Dezember 1958, YVA/O.3/1142. Auch Yehuda Sterk lebte in einem Wohnhaus in Zagreb, in dem allgemein bekannt war, dass er und seine Mutter jüdisch waren. Es kam jedoch zu keiner Denunziation, Interview des Autors mit Yehuda Sterk am 22. August 2006 in Jerusalem. Auf die Unterstützung durch die kroatische Bevölkerung verweisen ferner der Bericht der Margita Kisicki (1987), die in Zagreb im Versteck überlebte, YVA/O.3/4494, sowie der Bericht des Eliezer Bader (22. Dezember 1962), YVA/O.3/2606.

[88] Ähnlich verhielt es sich in Wolhynien und Galizien, wo der ukrainisch-polnische Antagonismus zu lokalen polnisch-jüdischen Bündnissen führte, siehe bspw. Yones, Die Straße nach Lemberg, S. 150ff; gleichwohl berichten auch Juden, die in serbischen Dörfern überlebt haben, von Antisemitismus, vgl. Milo, Im Satellitenstaat Kroatien.

[89] Greble, Sarajevo, 1941–1945.

Kleinstadt, in der Kroaten in der Minderheit waren, opponierte der von der Ustaša eingesetzte Bezirkshauptmann gegen das behördliche Verbot, bei Serben und Juden zu kaufen. Er schrieb, die Folge des Verbots sei, dass die kroatische Bevölkerung von der Nahrungsmittelversorgung durch serbische Händler abgeschnitten sei – würde man die Regelung befolgen, müssten die Kroaten verhungern.[90]

Ethno- und bevölkerungspolitische Verschränkungen

Der deutsche Angriff auf die Sowjetunion am 22. Juni 1941 und die damit verbundene Eskalation des Zweiten Weltkriegs wirkte sich auch auf Kroatien aus. Zum einen gewannen die Aufstände gegen das Regime an Intensität. Zum anderen sah sich das Regime, das stets an eine Verquickung von Serbentum und Kommunismus glaubte, von nun an in einem apokalyptischen Krieg gegen seine Feinde, an dessen Ende deren endgültige Vernichtung stehen sollte. Ob die kroatischen Ustaše dabei die beginnende Vernichtung der sowjetischen Juden wahrnahmen, lässt sich nicht überprüfen. Allerdings führte die Ausweitung des Krieges auch in Kroatien zu einer Intensivierung antisemitischer Aktivitäten, wurden doch die Juden als Agenten der verschiedenen Feinde Kroatiens begriffen.

Radikalisierung der Verfolgung von Roma und Juden

Seit Juni 1941 eskalierte die durch Ustaša-Milizen verübte Gewalt zusehends und nahm in manchen Gebieten den Charakter koordinierter Vernichtungskampagnen an. Wie im nächsten Kapitel zu zeigen sein wird, gingen Ustaša-Milizen mit massiver Gewalt gegen die serbische Bevölkerung in jenen Regionen vor, in denen ihnen ein Kontrollverlust drohte. Da nur wenige Juden auf dem Land lebten und ländliche Roma im Gegensatz zu den Serben zunächst nicht als zentrale Bedrohung für das Projekt des unabhängigen Kroatien galten, waren diese Gruppen von der ersten Tötungswelle weniger stark betroffen. Die Politik der Ustaša zielte zunächst auf die soziale Segregation und die physische Isolierung der Juden und Roma im

[90] Bezirk Šid an DRP, 9. Juli 1941, HR HDA/1076.1/442, Nr. 446/41.

USK ab. Massentötungen erfolgten in aller Regel erst nach ihrer Deportation in eines der Lager der Ustaša. Dies geschah im Fall der Juden im Juli 1941, im Fall der Roma im Juni 1942, also ein Jahr nach dem Beginn der antiserbischen Massengewalt.[91]

»In der Geschichte Kroatiens gab es nicht viele Zeichen, die darauf deuteten, dass ein solches Verbrechen passieren könnte. [...] Der Antisemitismus [nahm] nie extreme Formen an – wie die der Pogrome oder Morde – wie das zum Beispiel in Russland oder Polen der Fall war,«[92] stellt der kroatische Historiker Ivo Goldstein in Bezug auf die Judenverfolgung fest. Dem ist zwar nicht zu widersprechen, doch wirft die daraus gezogene Schlussfolgerung, die das fehlende Glied in der Kette der Verantwortlichkeit für den Massenmord im deutschen Einfluss sucht, weitere Fragen auf. Denn dieser reicht nicht aus, um die Radikalisierung der Politik der Ustaša gegen Juden und Roma zu erklären, insbesondere da der deutsche Apparat in Kroatien 1941 (noch) nicht auf die physische Vernichtung der Juden und Roma hinwirkte. Das Argument in dieser Arbeit lautet stattdessen, dass die Eskalation der antiserbischen Gewalt die Politik gegen Juden und Roma radikalisierte. Das bezieht sich zum einen, wie an späterer Stelle zu sehen sein wird, auf die Brutalisierung der Täter. Zum anderen aber betrifft es vor allem die Vision der Ustaša, durch Vertreibungen einen homogenen Nationalstaat zu schaffen, und 1941 ergab sich dazu die historische Möglichkeit: Dies führte zu Planungen der verantwortlichen kroatischen Akteure, auch Juden und Roma in bestimmte Territorien zu deportieren. Da diese Pläne scheiterten, bot sich das massenhafte Töten von Juden und Roma als beschreitbarer Ausweg an.

Die Möglichkeit, im Zuge des deutsch-kroatischen Abkommens Hunderttausende Serben aus Kroatien abschieben zu können, hatte bei den Ustaše große Euphorie ausgelöst, die ihren Tatendrang be-

---

[91] Zur Eskalation der antiserbischen Politik vgl. Dulić, Utopias of Nation; zur Verfolgung von Juden (Goldstein u.a., Holokaust u Zagrebu) und Roma (Lengel-Krizman, Genocid nad Romima) liegen zwar Monografien vor, die aber analytisch schwach sind, da sie an den Stellen, an denen eine schwierige Beweisführung für die Eskalationsstufen der Gewalt erfolgen müsste, monokausal deutschen Einfluss behaupten, ohne ihre Argumentation empirisch untermauern zu können.

[92] Goldstein, Judengenozid; vgl. die Zusammenfassung des Artikels in Goldstein, Genocide on Jews. Ähnlich auch bei Tomasevich, Occupation and Collaboration, S. 592.

flügelte und den Erwartungshorizont erweiterte. Bereits am Tag nach der Verschickung der Ausführungsbestimmungen für die Deportation der Serben wies das Innenministerium die Regionalverwaltungen an, die Roma im USK zu registrieren.[93] Die sich bietende Möglichkeit, die Anzahl der Serben in Kroatien zu dezimieren, entfachte also auch in andere Richtungen einen bürokratischen Aktivismus. Daher ist es nicht weiter verwunderlich, dass mit den staatlichen Versuchen, Minderheiten und Gruppenzugehörigkeiten zu erfassen, auch Vorstellungen von der physischen Entfernung dieser Minderheiten einhergingen, zumal parallel dazu in der Publizistik die Vertreibung von Juden und Roma gefordert wurde.

Die Forschungen zu den »territorialen Lösungen der Judenfrage« der Nationalsozialisten wie den Nisko- und Madagaskarplänen zeigen, dass diese auf der Schwelle zwischen konkreten Planungen und Fantasieprojekten angesiedelt waren. Das Scheitern solcher unrealistischen Umsiedlungspläne bewirkte jedoch eine weitere Radikalisierung, da die Verantwortlichen nicht nach provisorischen, sondern nach endgültigen Lösungen verlangten. Die Verschleppung der deportierten Juden an unwirtliche Orte führte zu Seuchen, Hungersnöten und dem Entstehen von Schwarzmärkten in den Gettos. All dies gefährdete aus Sicht der Täter die nichtjüdische Bevölkerung. Mangels einer realistischen Möglichkeit, die Juden in noch entfernter gelegene Gebiete zu deportieren, wurde die Tötung der Gettobewohner bald zu einer konkreten Handlungsoption für die verantwortlichen deutschen Stellen. Gleichwohl dienten solche Umsiedlungspläne nicht lediglich der Verschleierung der Massenmorde als eigentlichem Ziel, sondern hatten stets auch einen realen Kern.[94] Zwar war den unmenschlichen Projekten die Bereitschaft eingeschrieben, einen großen Teil der Betroffenen sterben zu lassen. Dennoch war die physische Vernichtung der zu Deportierenden kein zwangsläufiger Bestandteil der ursprünglichen Planung.[95]

Ähnliches lässt sich, wenn auch in kleinerem Stil, für Kroatien beobachten. Die Umsiedlungsfantasien der Ustaša richteten sich gleichermaßen gegen Serben, Juden und Roma. Jedoch verfügte die

---

[93] MUP an alle VŽ, 3. Juli 1941, HM BIH/NDH/1941, Bl. 1312.

[94] Der Meinung, dass es sich um reine Propagandatricks handelte, ist Goldstein u.a., Holokaust u Zagrebu, S. 310.

[95] Vgl. Longerich, Politik der Vernichtung, S. 273ff., sowie Brakel, Holocaust, S. 47ff.

Regierung im Unterschied zu den Massenvertreibungen von Serben über keine realistische Option, Juden und Roma des Landes zu verweisen. Das deutsch-kroatische Umsiedlungsabkommen bezog sich lediglich auf Serben. Deportationen von Roma und Juden nach Serbien lagen nicht im Interesse des Deutschen Reiches, und Roma und Juden wurden allenfalls individuell oder in kleinen Gruppen nach Serbien vertrieben.[96] Als Folge der blockierten Optionen, Juden und Roma gleich den Serben ins Ausland zu schaffen, wurden nun verstärkt nach internen »territorialen Lösungen« für beide Gruppen gesucht, sie aus der kroatischen Gesellschaft zu entfernen. So diskutierte man, dass »die Zagreber Juden nach einer Insel auf der Adria [...] [verbracht werden] und sie dort Arbeiten verrichten« sollten.[97] Territoriale Umsiedlungsfantasien dieser Art waren stets mit großflächigen Zwangsarbeitsprojekten gekoppelt. Mit Bildern von »Meliorationsarbeiten und [Arbeit] in den Salinen« wurde suggeriert, dass die Juden künftig als eine Art Helotenvolk Salz fördern oder Sümpfe entwässern, also »produktive Arbeit« leisten würden.[98] In der Regel bezogen sich solche Diskurse auf die Juden, die als besonders störend und »artfremd« im kroatischen Volkskörper wahrgenommen wurden. »Artfremd« waren für nationalsozialistische Rassenforscher die Minderheiten, die sie für landlos und zugleich für assimilierungsunfähig hielten.[99] Die kroatische Regimespitze ließ in ihren Äußerungen in Zeitungsinterviews und Artikeln keinen Zweifel daran, dass »die Judenfrage gelöst werden müsse« und stellte in Aussicht, dass die Juden zur Verrichtung von Zwangsarbeit in abgelegene Provinzen oder in Lager abgeschoben wür-

[96] Zur Vertreibung von Roma vgl. Biondich, Persecution of Roma-Sinti; zur Deportation eines Juden am 24. August 1941 aus dem Umsiedlungslager Požega nach Serbien siehe Abschlussbericht des Umsiedlungsstabes Untersteiermark über die Aussiedlung von Slowenen nach Kroatien, KdS/SD Untersteiermark, Umsiedlungsstab RIII an KdS/SD Untersteiermark (SS-Staf. Lurker), 18. September 1941, abgedr. in: Ferenc, Quellen, S. 266f.; zur Vertreibung von Juden aus dem Bezirk Bjelovar siehe Elaborat über die Judenverfolgung in Križevci, HR HDA/ZKRZ-GUZ 2235/16–45, k. 11.

[97] *NZZ*, Nr. 1058, 8. Juli 1941.

[98] *Neue Ordnung*, Nr. 3, 13. Juli 1941, S. 6, sowie »Südosteuropa wird judenrein. Planmäßige Beseitigung des gefährlichen inneren Feindes«, *Berliner Börsen-Zeitung. Tageszeitung für Politik u. Wirtschaft, für Wehrfragen, Kultur u. Unterhaltung*, Jg. 88, Nr. 424 (Ausg. Abend), 8. September 1942, S. 2.

[99] Siehe Schuster, Die Judenfrage in Rumänien, S. VIIf.

den.[100] Der Abriss der Hauptsynagoge in Zagreb im Oktober 1941 versinnbildlichte, dass die Existenz der jüdischen Gemeinden im USK der Zerstörung entgegensah.[101] Im Juli 1941 forderte das Ustaša-Ordnungsamt die kroatischen Zeitungen auf zu berichten, dass das nordkroatische Varaždin als erste kroatische Stadt das Judenproblem durch Verschickung aller Juden zur Zwangsarbeit gelöst habe. Damit war die Sprachregelung kanonisiert, und durch die Berichterstattung sollten sich vermutlich weitere kroatische Städte aufgefordert fühlen, dem Varaždiner Beispiel zu folgen.[102]

Gleichzeitig forderten Zeitungen dazu auf, »die Zigeunerfrage« durch Umsiedlungen und Zwangsarbeit zu lösen. In einer Zeitung illustriert das Foto eines Zeltlagers, wie der konkrete Ort der Ansiedlung auszusehen habe. Dies verweist auch auf einen Unterschied zum antijüdischen Diskurs, denn einige Ethnografen forderten tatsächlich die Assimilation der Roma über den Weg der Sesshaftmachung als Fernziel.[103] Forderungen nach der Einrichtung von »Zigeunerreservaten« richteten sich vor allem gegen vermeintlich nomadische Roma, und in der Tat wurden die Roma, die zumindest einen Teil des Jahres mobil waren und in Wagen lebten, als Erste deportiert.[104]

Schließlich wurden auch für die kroatischen Serben gelegentlich interne Umsiedlungsvorhaben diskutiert – vor allem dann, wenn es sich um eine geschlossene Aussiedlung aus einem bestimmten Gebiet handelte. Auch hier waren Adriainseln als mögliche Ansied-

---

[100] *NZZ*, 13. August 1941 (Meldung der Agentur Stefani).

[101] *DZK*, Nr. 167, 14. Oktober 1941, S. 7.

[102] RUR ŽO an *Hrvatski Narod*, 9. Juli 1941, YVA/M.70/11, Bl. 7; siehe auch *DZK*, 16. Juli 1941 u. 17. Juli 1941.

[103] *Novi List*, Nr. 55, 23. Juni 1941; siehe auch Uzinorac, Balkannomaden; zu Versuchen, die Mobilität von Roma einzuschränken, siehe Bürgermeister Pitomača an Bezirk Đurđevac, 30. August 1941, abgedr. in: Lengel-Krizman, Genocid nad Romima, S. 70ff.; die Stadt Križevci unterbreitete Vorschläge, 450 Roma aus dem Stadtgebiet an einen nicht näher bestimmten Ort umzusiedeln, vgl. Milošević, Izbeglice i preseljenici (1982), S. 240, sowie Biondich, Persecution of Roma-Sinti, S. 43; für analoge Pläne in der Slowakei siehe Pokorný, Zigeunerromantik im Verschwinden; Küppers-Sonneberg forderte bereits 1938 die Einrichtung von »Zigeunerreservaten«, siehe Küppers-Sonnenberg, Begegnung mit Balkanzigeunern, S. 193.

[104] Der Kommissar des Poglavnik in Sarajvo (Prof. Handžić) an MUP, 30. Juli 1941, Nr. 2377/41pr., »Zigeunerfrage«, HR HDA/223/25, Pr. 21868/41.

lungsgebiete im Gespräch.[105] Gerade im Hinblick auf die Inseln stellt sich allerdings die Frage, ob hier die Schwelle vom Plan zur Vernichtungschiffre nicht bereits überschritten war, da das Ansiedeln von Menschen auf den unwirtlichen Adriainseln völlig ausgeschlossen war – und sich zudem ein Lager der Ustaša auf der Insel Pag befand.

Ende September 1941 unterbreitete die Sicherheitspolizei der Ustaša der jüdischen Gemeinde Zagreb den Vorschlag, ein 250 Quadratkilometer großes Judenreservat einzurichten, in dem alle kroatischen Juden untergebracht werden sollten. Elf ehemalige serbische Dörfer in der Nähe des KZ Jasenovac sollten angeblich für die Besiedlung zur Verfügung stehen und die Juden könnten dort ihr Leben unter Aufsicht eines kroatischen Regierungsbeauftragten selbst verwalten.[106] Obgleich klar war, dass der Ustaša-Aufsichtsdienst keine Kolonie im Sinn hatte, in der die Juden in Frieden hätten leben können, nahmen die jüdischen Gemeinden das Angebot offenbar ernst und arbeiteten mühevoll entsprechende Pläne aus.[107] Obwohl keiner der Pläne je realisiert wurde, hielt die kroatische Regierung nach außen hin an der Fiktion fest, dass Juden – nunmehr in Lagern – für »Entwässerungs- und ähnliche Meliorationsarbeiten« eingesetzt würden, wie der UNS-Chef Kvaternik im Mai 1942 in einem Interview mit der deutschen Zeitung *Die Judenfrage* behauptete.[108] Trotzdem hatte sich der Ton verschärft, denn in manchen Medien war bereits von der Liquidation oder vom Verschwinden der Juden im USK die Rede.[109] Solch düstere Vorankündigungen, auch durch

---

105 Milošević, Izbeglice i preseljenici (1982), S. 116, erwähnt Pläne der Ustaša, Serben aus dem Kreis Gračac auf der Insel Pag anzusiedeln. Darüber, ob der Name der Insel als Synonym für das auf der Insel gelegenen Konzentrationslager diente, kann nur spekuliert werden.

106 Zit. n. Goldstein u. a., Holokaust u Zagrebu, S. 310. Da der Autor lediglich die Archivsignatur zitiert (HR HDA/ZKRZ GUZ, Nr. 306, k. 10, 112, 279 sowie k. 17, 4926–4936), wird die Art des Dokuments nicht genau ersichtlich. Die Pläne erinnern an die Vision der Nazis, unter der Aufsicht des SD »Judenreservate« zu errichten.

107 Elaborat, 13. Oktober 1941, HR HDA/306 ZKRZ, Serija GUZ/1, 4982.

108 Kvaternik, Staatssekretär Kwaternik über die Entjudung. Außerdem behauptete Kvaternik, dass sich die meisten kroatischen Juden ins Ausland abgesetzt hätten.

109 *Neue Ordnung*, 24. August 1941, zit. n. Jelić-Butić, Ustaše i NDH, S. 181, sowie »Südosteuropa wird judenrein. Planmäßige Beseitigung des gefährlichen inneren Feindes«, *Berliner Börsen-Zeitung. Tageszeitung für Politik*

Pavelić selbst, markieren die Schnittstelle zwischen radikalisierter Bevölkerungsplanung und Massenmord, zwischen unrealisierbaren Umsiedlungsfantasien und noch unkonkreten Vernichtungsabsichten bei der Verwirklichung des Vorsatzes, die Judenfrage zu lösen.

Unterdessen bemühten sich kommunale Behörden um die Deportation von Juden aus ihren Bezirken. Der Bürgermeister des Kurortes Lipnik forderte beispielsweise bereits im Juni 1941, dass 120 im Ort untergebrachte jüdische Emigranten aus der Stadt entfernt werden müssten, um Platz für Badegäste in den Hotels zu schaffen.[110] Wenig später machte die Ustaša der Stadt Koprivnica den Vorschlag, alle Juden ohne Rücksicht auf Alter und Geschlecht in das nahe der Stadt gelegene KZ zu sperren, bis sich eine anderweitige Möglichkeit biete, sie zu beseitigen.[111] Kommunalverwaltungen waren an der Deportation wohnungsloser Serben und Juden interessiert, die zuvor aus ihren Wohnungen vertrieben worden waren. Die Hemmschwelle, wohnungslose oder sich in Auffanglagern befindliche Menschen zu deportieren, war weitaus geringer. Auch die Anzahl der Serben, die nun anstatt über die Grenze in Lager deportiert wurde, wuchs. Dies lag nicht zuletzt an der Sperrung der serbisch-kroatischen Grenze durch die Wehrmacht im August 1941. Die Internierung vermeintlich missliebiger Personen war nun aus Sicht der Ustaša schlechterdings alternativlos. Immer häufiger deportierten Lokalbehörden aus eigenem Antrieb einzelne Juden oder Serben in Lager, bis UNS-Chef Kvaternik diese Praxis Ende September schließlich 1941 untersagte.[112] Offenbar verteidigte der UNS sein Monopol, darüber zu bestimmen, wer in Lager eingewiesen wurde. Dies bedeutete jedoch keineswegs eine Deradikalisierung. Bereits am 26. Juni 1941 hatte Ante Pavelić die Deportation der kroatischen Juden in Gefangenensammellager angekündigt, und bald darauf ordnete das UNS umfangreiche Deportationen jüdischer Männer, Frauen und Kinder in Internierungslager an. Eine gewisse Zentralisierung des Ustaša-Lagersystems nebst dem Aufbau des KZ Jaseno-

---

u. Wirtschaft, für Wehrfragen, Kultur u. Unterhaltung, Jg. 88, Nr. 424 (Ausg. Abend), 8. September 1942, S. 2.

110 Ministerium für Gesundheitswesen an MUP, 7. Juni 1941, YVA/M.70/9, Bl. 3.

111 Ustaša-Kommissariat für Stadt und Bezirk Koprivnica an RAVSIGUR, 30. Juni 1941, YVA/M.70/4, Bl. 1–2.

112 RUR ŽO an RUR Bjelovar, 5. November 1941, HR HDA/252/7, Nr. 6839.

vac erlaubte nun die Aufnahme einer größeren Anzahl von Häftlingen. In dieser Phase wurden bis zu 2500 Juden, darunter nun auch Frauen und Kinder, in Lager deportiert.[113] Diese mussten sich zunächst in ihren Heimatstädten in Transitlager begeben, wo sie registriert und zu einem kleinen Teil wieder nach Hause entlassen wurden.[114] Die Trennung der Gefangenen nach Geschlechtern machte endgültig klar, dass die Pläne für die geschlossene Umsiedlung einer Bevölkerungsgruppe ad acta gelegt worden waren und dass es sich bei den Deportierten nunmehr um Gefangene handelte.

Die Monate September und Oktober 1941 bildeten nach der Fertigstellung des KZ Jasenovac den Höhepunkt der innerkroatischen Deportationen. Allein im August und September wurden bis zu 2500 Juden aus Zagreb, im Oktober 1941 bis zu 2000 Juden aus Sarajevo in die Lager der Ustaša deportiert.[115] Einige jüdische Gemeinden waren nun in ihrer Gesamtheit von Deportation bedroht. Deportationen aus kleineren Städten erfolgten zum Teil erst Monate später, so im Januar 1942 aus den Städten Tuzla und Travnik.[116] Der Beginn der Verschickungen erfolgte also landesweit nicht einheitlich und hing auch von den Initiativen einzelner Bezirke ab. Manche wurden von sich aus nicht tätig, während andere bei der Sicherheitspolizei um die Erlaubnis zur Festnahme der Juden auf ihrem Gebiet ersuchten.[117] Vielerorts gab es lange Phasen, in denen es keine Deportationen gab. Zwischen September 1941 und Januar 1942 verließ beispielsweise kein Deportationszug die Stadt Zagreb, während aus Sarajevo in besonders großem Umfang Juden deportiert wurden.

---

[113] Zu dieser außerordentlichen Gesetzesverordnung Pavelić' siehe *Narodne Novine,* Nr. 61, 27. Juni 1941, abgedr. in: Miletić, Koncentracioni logor Jasenovac, S. 47–49 (Dok. 1); vgl. ferner Dizdar, Logori, S. 99; zu Phasen des Lagersystems vgl. Korb, La Construction nationale, S. 173ff.

[114] In Zagreb befand sich das Transitlager auf dem Messegelände, später in einigen Warenhäusern im Stadtteil Zavrtnica, in Sarajevo auf dem Gelände eines jüdischen Wohlfahrtsvereins und in Osijek in einem Vorort, in dem das »Getto Tenje« eingerichtet wurde, vgl. Goldstein u.a., Holokaust u Zagrebu, S. 262f.

[115] Zur Eingangsbestätigung jüdischer Deportierter siehe Befehlshaber der Sammellager an RUR ŽO, 22. September 1941, YVA/M.70/14, Bl. 5; für Sarajevo vgl. Greble, Sarajevo, 1941–1945, S. 120 u. 166.

[116] Für Tuzla siehe RUR ŽO, 14. Januar 1942, HR HDA/252/9, Bl. 28752; für Travnik siehe RUR ŽO an RUR, 19. Januar 1942, HM BiH/UNS/1942, Bl. 245.

[117] Vgl. Goldstein u.a., Holokaust u Zagrebu, S. 249ff.

Ende Oktober 1941 hatte der Ustaša-Aufsichtsdienst seinen Judenreferenten Vilko Kühnel in die Stadt gesandt, um dort »Maßnahmen zur Lösung der jüdischen Frage« zu ergreifen.[118] Etwa eine Woche später wurden knapp 700 Menschen in zwei Zügen in das Internierungslager Kruscica deportiert.[119] Ende November 1941 wurde schließlich die große Mehrheit der Sarajever Juden deportiert. Die schlechte Organisation der Deportationen mündete in einer humanitären Katastrophe. Zwei Richter, die zu staatlichen Kommissaren für die jüdischen Gemeinden in Sarajevo ernannt worden waren, versuchten verzweifelt, aber erfolglos, den Umfang und die Folgen der Deportationen abzumildern. Sie hatten erkannt, dass der eingeschlagene Weg in die Vernichtung der Juden Sarajevos führte.[120] Doch Polizei und Behörden nahmen die physische Vernichtung der Deportierten offenbar in Kauf. Die besonders rücksichtslose Praxis in Sarajevo hing möglicherweise damit zusammen, dass der hohe jüdische Bevölkerungsanteil von 10 Prozent dem Anspruch der Ustaša zuwiderlief, dass Sarajevo eine kroatische Stadt sei. Das sephardische Judentum galt dabei als besonders ungeliebte Repräsentation des Orients.[121]

---

[118] UNS (Eugen Kvaternik) an VŽ Vrhbosna, 20. Oktober 1941, HM BiH/NDH/1941, Bl. 143. Kühnel (?–1945) war ein Anwalt aus Bjelovar, der bereits vor 1941 der Ustaša angehört hatte und aufgrund seines deutschen Hintergrunds zudem mit dem Volkdeutschen Kulturbund affiliiert war. Als Chef der jüdischen Sektion des UNS stand er bei der Organisation der Deportationen 1942/43 in engem Kontakt mit der Deutschen Gesandtschaft. Trotzdem gilt er in Kroatien als ambivalente Figur, da er manchmal Juden unterstützt habe. Bei Kriegsende beging er Suizid, vgl. Goldstein u.a., Holokaust u Zagrebu, S. 156ff.

[119] Polizeirundfunk Sarajevo an RUR ŽO, 27. Oktober 1941, HR HDA/252/9, Nrn. 28750 u. 28752.

[120] Sie versuchten, neben humanitären Maßnahmen bei ihren Vorgesetzten durchzusetzen, dass die Gemeinden als Rechtskörper von Staats wegen offiziell anerkannt würden. Vermutlich erhofften sie sich einen gewissen Schutz für die von willkürlichen Verhaftungen und Internierungen bedrohten Gemeindemitglieder, siehe Die Beauftragten für die jüdischen Gemeinden in Sarajevo an VŽ Vrhbosna, 22. November 1941, abgedr. in: Steckel, Destruction and Survival; zu den Kommissaren vgl. Greble, Sarajevo, 1941–1945, S. 98.

[121] Die sephardischen Juden stellten etwa 85 Prozent der jüdischen Bevölkerung. Freilich bezogen sich die Deportationen auch auf die aschkenasische sowie auf die orthodoxe jüdische Gemeinde, vgl. Freidenreich, The Jews, S. 15–25, sowie Greble, Sarajevo, S. 160ff.

Auch nachdem die Verschleppung der kroatischen Juden in Lager begonnen hatte, war die Regierung noch nicht darauf festgelegt, sie physisch zu vernichten. Noch ging es primär um ihre Entfernung aus den kroatischen Städten. So wurde die Flucht von Juden aus dem Land in aller Regel toleriert, die Auswanderung nach Serbien war ausdrücklich gestattet. Eine Weile akzeptierten die kroatischen Behörden stillschweigend den Exodus der Juden in die italienisch besetzten Gebiete, und selbst die Emigration kleinerer Gruppen in Richtung Palästina wurde gelegentlich genehmigt. Zu keinem Zeitpunkt wurde ein Auswanderungsverbot gegen Juden erlassen.[122] Bemerkenswert ist jedoch, dass sich keine andere europäische Regierung so früh um die Auslieferung ihrer jüdischen Bürger bemühte. Die seit Oktober 1941 nachweisbaren Initiativen der kroatischen Regierung, die kroatischen Juden ins Deutsche Reich bzw. in die besetzten Ostgebiete abzuschieben, wurden als besonders radikales Vorpreschen des kroatischen Bündnispartners auf dem Weg zum Massenmord interpretiert.[123] Dabei war im Herbst 1941 die systematische Vernichtung der von Deutschland »in den Osten« deportierten Juden noch nicht entschieden und insbesondere aus der Perspektive

---

122 Zu Dalmatien siehe O. A., Kurze Darstellung über die bisherigen antijüdischen Maßnahmen und die Lage der Juden in Kroatien (Mitte Mai 1942), YVA/M.70/140, Bl. 51–68; zu Serbien siehe Vorsitzender des Ausschusses für öffentliche Ordnung und Sicherheit an HOP Sarajevo, 23. Juni 1941, AVII/NDH/143, a, 1/35–1; zu Palästina vgl. Voigt, Zuflucht auf Widerruf.

123 Der Gesandte Kasche teilte dem Legationsrat Franz Rademacher (1906–1973), der von Belgrad über Zagreb nach Berlin reiste, im persönlichen Gespräch mit, »dass die Kroaten sich an die deutschen Stellen gewandt und gebeten hätten, die Juden Kroatiens aufzunehmen,« zit. n. Browning, The Final Solution, S. 93f. u. 115, in Zeilen abgedr. in: Aschenauer, Ich, Adolf Eichmann, S. 283f. Allerdings sind Rademachers die Reise betreffenden Aussagen vor dem Landgericht Nürnberg (und nach Brownings Interpretation) nicht eindeutig, sodass sich sein Besuch in Zagreb nicht genau datieren lässt (so erwähnt er in seinem Bericht über die Reise nach Serbien den Zwischenhalt nicht, siehe ADAP D XIII/2, 570); vgl. ferner Browning, Die »Endlösung« und das Auswärtige Amt, S. 123. Am 10. November 1941 antwortete das AA ausweichend und forderte zunächst die Auslieferung der im Reich lebenden kroatischen Juden, siehe AA (Rademacher) an RSHA (Eichmann), 10. November 1941, YVA/O.10/37, Bl. 4–6. Im November 1941 gestattete der USK dem Deutschen Reich, jüdische Staatsbürger Kroatiens, die im Deutschen Reich oder den besetzten Gebieten ansässig waren, in den Osten zu deportieren, vgl. Browning, The Final Solution, S. 69.

eines deutschen Vasallenstaates nicht abzusehen.[124] Von daher ist es unwahrscheinlich, dass die kroatische Regierung 1941 die Juden in der Annahme, dass diese getötet würden, nach Deutschland ausweisen wollte. Am 22. Juli 1941 hatte Hitler im Gespräch mit dem kroatischen Marschall Slavko Kvaternik bekräftigt, dass die Juden aus Europa entfernt werden sollten, »damit die Einigkeit der europäischen Staaten nicht mehr gestört werde. Wohin man die Juden schicke, nach Sibirien oder nach Madagaskar, sei gleichgültig. Er werde an jeden Staat mit der Forderung herantreten.«[125] Insofern dürfte die kroatische Führung im Sommer 1941 also noch davon ausgegangen sein, dass die deutsche Regierung mit »territorialen« Planungen befasst war, und zeigte sich interessiert, daran anzuknüpfen. Angesichts der simultan einsetzenden Deportation deutscher Juden sowie der bereits bestehenden bilateralen Umsiedlungsprogramme liegt es nahe, dass sie von der Bereitschaft deutscher Stellen ausging, die kroatischen Juden beispielsweise in Serbien oder im Generalgouvernement aufzunehmen.

Das RSHA indes ließ antworten, dass das kroatische Ansinnen, die einheimischen Juden in Osteuropa anzusiedeln, ausgeschlossen sei. Die deutschen Behörden waren in der Frage, wohin die Juden aus dem direkten deutschen Machtgebiet deportiert werden sollten, schon zerstritten genug, als dass auch noch ausländische Initiativen hätten berücksichtigt werden können. Was die zweite kroatische Initiative zur Auslieferung der Juden vom Mai 1942 betrifft, so interpretiert Christopher Browning die zögerlichen Reaktionen von deutscher Seite als Abwarten: Das RSHA habe aufgrund der Tatsache, dass die Judenpolitik der Ustaša ohnehin bereits tödliche Züge angenommen hatte, keinen dringenden Handlungsbedarf verspürt, Juden aus Kroatien zu deportieren. Erst die Tatsache, dass zahlreiche Juden in der italienischen Besatzungszone Zuflucht fanden, habe die deutschen Behörden überzeugt, dass die Juden aus dem USK deportiert werden sollten.[126] Dem ist allerdings entgegenzuhalten, dass sich nach der europaweiten Koordinierung der Depor-

[124] Zur Diskussion um die Datierung der Entscheidung, die in den Osten Europas deportierten Juden zu ermorden, vgl. Gerlach, Die Wannsee-Konferenz, sowie Browning, Die Entfesselung.

[125] Zit. n. Longerich, Politik der Vernichtung, S. 427, abgedr. in: ADAP, Serie D, Bd. 13/2 Anh. III, S. 835 ff.

[126] Browning, The Final Solution, S. 93, sowie Browning, Die »Endlösung« und das Auswärtige Amt, S. 123 u. 150.

tationspolitik das RSHA nur ungern auf die antijüdischen Initiativen in den einzelnen Ländern verließ und die Deportationen daher lieber selbst in die Hand nahm.

Die Ausführungen haben gezeigt, wie stark die Deportation von Juden und Roma in Zusammenhang mit dem bevölkerungspolitischen Gesamtprojekts des Ustaša-Staates und mit konkreten Umsiedlungsplänen stand. Die nationale Homogenisierung sollte durch Aus- und Umsiedlungen erreicht werden. Juden und Roma wurden vermehrt in Lager deportiert, die zunächst vermutlich als Stationen auf dem Weg zu »territorialen Lösungen« betrachtet wurden. Während serbische Gefangene in einigen Fällen aus bestehenden Konzentrationslagern entlassen wurden, um nach Serbien abgeschoben zu werden, war für Juden und Roma kein Ziel für eine Abschiebung vorhanden. Das Lager wurde zum endgültigen Ort für die Aufnahme der Deportierten.[127] Die Logik, dass die Juden und Roma umbzw. aus Kroatien ausgesiedelt werden müssten, mündete im August 1942 in der aktiven kroatischen Teilnahme an der Deportation der Juden in die Vernichtungslager der Nationalsozialisten. All dies ändert nichts an der Tatsache, dass die Judenpolitik der kroatischen Regierung in ihrer Rhetorik, in ihrer Konzeption und vor allem in ihren Effekten massenmörderisch war. Dies war sowohl den deutschen und italienischen Partnern, den betroffenen Juden, aber auch im europäischen Ausland bekannt. Im November 1942 schrieben die katholischen *Neuen Zürcher Nachrichten* von der »Ausrottung der Juden in Jugoslawien« und taxierten deren Todesrate auf 75 Prozent.[128]

Massenvertreibungen – zwei Fallbeispiele

Mehr als 100000 Menschen wurden direkt von Ustaša-Milizen vertrieben, ohne dem geschilderten Deportationsverfahren unterworfen und durch die Lager der Ponova geschleust worden zu sein. Anhand zweier Fallstudien – der nordwestbosnischen Großgespanschaft Krbava und Psat (Bihać) sowie der Gebiete entlang des serbisch-kroatischen Grenzflusses Drina (Bijeljina) – wird im Folgen-

[127] Vgl. Peršen, Ustaški logori, S. 71ff.

[128] *Neue Zürcher Nachrichten*, 6. November 1942 (Agenturmeldung, Exchange London, 5. November 1942), abgeheftet in: PA/AA Inland II A/B 83–26 (Jugoslawien)/ R 99424.

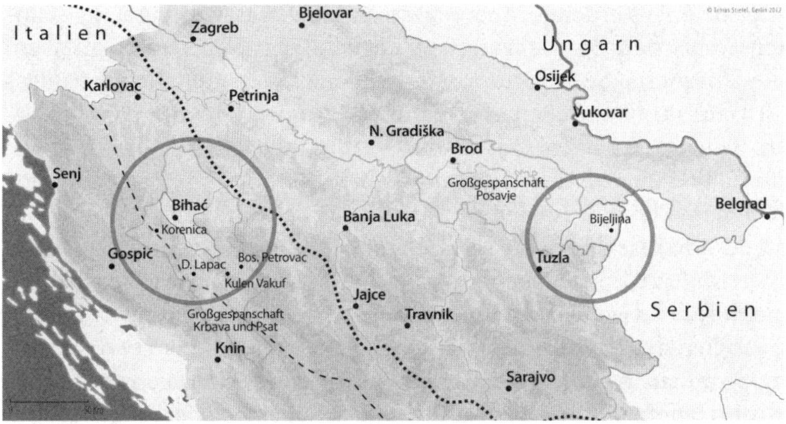

Abb. 14: Die Bezirke Bihać und Bijeljina.
© Tobias Stiefel

den gezeigt, dass sowohl spezifische geopolitische Motive wie auch lokale Besonderheiten zu besonders exzessiven Vertreibungen führen konnten.

Bihać – Vertreibungen aus dem Herzen des Landes

Die westbosnische Obergespanschaft Krbava und Psat war eine von drei neu geschaffenen administrativen Einheiten, die sowohl ehemals kroatische als auch bosnische Teile umfasste. Ihre Bevölkerung war in den Städten mehrheitlich muslimisch und serbisch auf dem Land.[129] Möglicherweise hing die besondere Exzessivität der Vertreibungen mit dem administrativen Zuschnitt des Gebietes zusammen. Die Kroatisierung der Landstriche beiderseits der ehemaligen Grenze könnte eine Maßnahme gewesen sein, mit der die Ustaša Bosnien enger an Kroatien binden und die innere Einheit des USK stärken wollte.

Am 23. Juni 1941 erließ der Obergespan Ljubomir Kvaternik (1887–1980) den Befehl, die gesamte jüdische und serbische Bevölkerung in der Stadt Bihać zu verhaften. Die Aktion glich bis ins Detail der zwei Wochen zuvor von der Ponova durchgeführten Verhaftungswelle, wobei allerdings deutlich mehr Menschen betroffen

[129] Laut der Zählung von 1931 lebten 17142 orthodoxe, 7889 römisch-katholische, 13905 muslimische Serbokroaten, 150 Juden sowie 49 muslimische Roma im Bezirk, siehe Publikationsstelle Wien, Die Gliederung, S. 355.

waren.[130] Außerdem ordnete Kvaternik die Aussiedlung der gesamten serbischen Bevölkerung aus der südlich gelegenen Region um die Plitwitzer Seenplatte an.[131] Hält man sich die Bevölkerungsstruktur im likanischen Hochland vor Augen, fällt auf, dass die betroffenen serbischen Dörfer das Verbindungsglied zwischen zwei kompakten serbischen Siedlungsgebieten in der Lika auf der südlichen und im Kordun auf der nördlichen Seite bildeten. Das Ziel bestand offenbar darin, die serbischen Siedlungsgebiete in Kroatien in zwei Teile zu zerschlagen und mit der Ansiedlung von Neusiedlern einen Keil zwischen diese zu treiben, der wiederum eine Verbindung zwischen den kroatischen Siedlungsgebieten am Meer sowie im Inneren Bosniens gebildet hätte.[132] Neben ethno- und geopolitischen Rechtfertigungen für die Vertreibungen scheinen sogar landschaftsplanerische Motive eine Rolle gespielt zu haben: Die Vertreibungen aus dem 20 Jahre später durch die Winnetou-Filme bekannten Plitwitzer Seengebiet wurden auch mit der geplanten Schaffung eines kroatischen Nationalparks begründet.[133]

Bei Vertreibungsprojekten dieser Art mit aus Sicht der Regierung hoher geopolitischer Priorität fällt im Vergleich zu den Gebieten, in denen Vertreibungen den standardisierten Vorgaben der Ponova folgten, zweierlei auf: Erstens waren diese quantitativ deutlich umfangreicher und bezogen sich zum Teil nicht nur auf Serben, sondern auch auf Juden. Ob sie sich auch gegen Roma richteten, ist nicht bekannt. Zweitens zeigt sich, dass die Ustaša auch auf Binnenvertreibungen zurückgriffen, wenn es nicht möglich war, die Verfolgten außer Landes zu schaffen. Gerade in westlichen, weit von Serbien entfernten Landesteilen des USK waren Abschiebungen nach Ser-

---

130 Bericht des Infanteriebefehlshabers General Stanzer an das MinDom, 1. Juli 1941, abgedr. in: Vukčević, Zločini NDH, S. 169ff., Dok. 90.

131 Bezirk Korenica an DRP, 13. Juli 1941, HR HDA/1076.1/443, Nr.n 642/41 u. 797/41, sowie Bericht des Infanteriebefehlshabers Oberst Lulić an das MinDom, 1. Juli 1941, abgedr. in: Vukčević, Zločini NDH, S. 180f., Dok. 91.

132 Vgl. Milošević, Izbeglice i preseljenici, S. 116f.

133 Vgl. ebenda sowie Rapajić, Osobenosti ustanka 1941, S. 6. Zur Vertreibung von Minderheiten im Zusammenhang mit der Schaffung von Landschaftsschutzgebieten kam es auch in anderen Kontexten, bspw. bei der Gründung der Yosemite, Yellowstone und Glacier National Parks in den USA Ende des 19./Anfang des 20. Jahrhunderts, vgl. Spence, Dispossessing the Wilderness.

bien wegen der mangelhaften Infrastruktur unmöglich. So wurden die 1200 Verhafteten zu Fuß und auf Fuhrwerken in das 40 km südlich gelegene Kulen Vakuf verbracht. Auch die etwa 1500 Vertriebenen von den Plitwitzer Seen wurden, ausgestattet mit Nahrung für drei Tage, in südlich gelegene Bezirke abgeschoben.

Bijeljina – Flüchtlingschaos an der Grenze

Mit Ostbosnien hatte der kroatische Staat die Kontrolle über ein Gebiet erlangt, dessen Bedeutung die Ustaša als kroatisches Grenzland ideologisch überhöhte. Am linken Drina-Ufer sollte mittels ethnischer Säuberungen ein kroatisch besiedelter Puffer gegen Serbien entstehen. Der Grenzbezirk Bijeljina steht beispielhaft für die Eskalation der Vertreibungsgewalt an der kroatischen Ostgrenze und erlaubt es, die Radikalisierung der kroatischen Bevölkerungspolitik genauer zu untersuchen.

Bijeljina liegt etwa 100 Kilometer südwestlich von Belgrad im bosnisch-kroatisch-serbischen Grenzdreieck unweit des Zusammenflusses von Save und Drina. Die Bevölkerung des Bezirks bestand laut Angaben der örtlichen Ustaša aus ca. 60 000 Serben, 25 000 Muslimen, 5000 Deutschen, Ungarn und Juden und nur etwa 200 Kroaten.[134] Ende Mai 1941 übernahm die Ustaša die Macht. Wie in anderen Regionen, die strategisch bedeutsam, aber schwer zu kontrollieren waren, entsandte die Ustaša-Zentrale auch in den Bezirk Bijeljina einen Regierungsbeauftragten.[135] Diesem gelang es, den Bezirk mit seiner serbischen Bevölkerungsmehrheit mittels Gewalt zu unterwerfen. Dabei stützte er sich auf 120 bewaffnete Ustaša-Mitglieder, 300 Hilfsmilizionäre und eine Ustaša-Kompanie, die im August 1941 zur Verstärkung in den Bezirk kam. Am 25. Juni

---

134 UL Bijeljina an GUS, 9. August 1941, HM BIH/UNS/1941, 342/41. Der Vergleich zu den Ergebnissen der Bevölkerungszählung von 1931 lässt vermuten, dass die Anzahl der Muslime im Bericht übertrieben hoch angegeben ist, siehe Publikationsstelle Wien, Die Gliederung, S. 120.

135 Dieser – Ivan Tolj – wurde als Ustaša-Regierungskommissar regelmäßig mit Sonderaufgaben betraut und schließlich später zum Gesamtkoordinator der Judenverfolgung in Kroatien ernannt. Zu Toljs Ernennung zum Leiter aller polizeilichen Maßnahmen im Zusammenhang mit den Deportationen der Juden siehe RAVSIGUR an alle ŽRO, 11. August 1942, HR HDA/252/15, Bl. 29833; zu Toljs Rolle bei der Deportation der Osijeker Juden siehe Bethke, (K)Eine gemeinsame Sprache. Über Tolj liegen keine biografischen Angaben vor.

1941 ließ er alle seit dem Jahr 1918 zugezogenen Personen vertreiben, die nicht kroatischer, deutscher, ungarischer oder slowenischer Nationalität waren.[136] Mitte August ließ er 50 serbische Bürger als Geiseln nehmen, was in jenen Gebieten eine verbreitete Methode der Ustaša darstellte, in denen sie sich bedrängt fühlte. Die Idee, mittels Gewalt abzuschrecken, war indes meist stärker als der Gedanke der Geiselhaft, denn die meisten Gefangenen wurden kurzerhand erschossen.[137]

Verschärfend auf die Situation wirkten zudem die landesweit einsetzenden Vertreibungen: Mitte Juli 1941 kampierten mehr als 20000 serbische Flüchtlinge am Drina-Ufer. Ustaša-Milizen drängten Tausende, den Fluss zu überqueren. Dabei verloren viele ihre Habseligkeiten oder ihr Leben in den Fluten.[138] Die Mehrheit verblieb auf der kroatischen Seite der Grenze und wartete auf einen Ausweg. Den unterversorgten Flüchtlingen drohten eine Hungersnot und der Ausbruch von Epidemien. Da die Zivilverwaltung das Übergreifen der Seuchen auch auf die kroatische Bevölkerung befürchtete, sah sie sich genötigt gegenzusteuern und verteilte einen Teil der Flüchtlinge auf umliegende serbische Dörfer. Der Bezirkshauptmann rief die örtliche Bevölkerung zu Nahrungsmittel- und Kleiderspenden für die Flüchtlinge auf, ersuchte bei der Regierung in Zagreb dringend um Hilfslieferungen sowie die Umverteilung der Flüchtlinge auf andere Bezirke.[139] Statt der erbetenen humanitären Hilfe entsandte das RAVSIGUR jedoch den Ustaša-Emissär bei der Ponova, Tomiša Grgić, nach Bijeljina. Marschall Kvaternik ordnete an, die Flüchtlinge, die sich am Drina-Ufer aufhielten, schnellstmöglich zu beseitigen und erteilte dem Regierungskommissar der Ustaša, Ivan Tolj, den Oberbefehl über alle in der Gegend stationierten Einheiten.[140] Was die regionalen Verantwortlichen nicht gewagt hatten, wurde nun mit dieser personellen Unterstützung aus Zagreb bewerkstelligt: die Abschiebung der Flüchtlinge nach Serbien gegen

---

[136] Regierungsbeauftragter für den Bezirk Bijeljina (Tolj), Nr. 144/41, 25. Juni 1941, HR HDA/Zbirka Štampata/907, 107/193.

[137] 4. HOP an MinDom u. RAVSIGUR, 22. August 1941, AVII/NDH/143a, 2/58–1.

[138] Bezirk Ruma an MVP, 12. August 1941, HR HDA/223/27, 28121 pr.

[139] Bezirk Bijeljina an RAVSIGUR, 14. Juli 1941, HR HDA/1076.1/442, Nr. 55/41.

[140] Oberst Pavelić an Zug Bijeljina, 19. Juli 1941, USHMMA/RG-49.003/1, Nr. 7. (Taj. 123/41); zu Grgić siehe Grčić, Tko je tko, S. 139.

den erklärten deutschen Willen. Bis Ende Juli wurden allein aus dem Bezirk Bijeljina zwischen 15650 und 27000 Menschen nach Serbien abgeschoben.[141] Immer wieder sperrte die Wehrmacht die serbisch-kroatische Grenze, mit der Folge, dass die Ustaša die Flüchtlinge nunmehr zurück ins Landesinnere trieb.[142] Die letzten 3000 Flüchtlinge, die sich im Bezirk aufhielten, wurden auf 360 eigens requirierten Pferdewagen in den Bezirk Tuzla abgeschoben. Diese Gelegenheit nutzten die Verantwortlichen in Bijeljina, um auch die Juden aus dem Bezirk zu vertreiben.[143] Die Eskalation der Vertreibungsgewalt setzte neue Standards und führte auch dazu, dass der Bezirk früher als andere und in größerem Umfang »missliebige Personen« in das KZ Jasenovac abschob.[144]

Historiker des Holocaust haben darauf hingewiesen, dass das deutsche Besatzungspersonal im Warthegau und im Generalgouvernement Nahrungsmittelknappheit und Seuchengefahr zum Anlass nahm, um zum Massenmord zu schreiten. In der nationalsozialistischen Binnenlogik schien die Ermordung der hungrigen jüdischen Bevölkerung der einzige Ausweg aus einer selbst verschuldeten Versorgungskrise zu sein.[145] Eine solcherart selbst geschaffene Krise führte auch in den kroatischen Grenzbezirken zu einer Radikalisierung. Doch ist das Bild ambivalent, denn ein Teil der kroatischen Verantwortlichen in der Verwaltung versuchte, die Krise durch humanitäre Interventionen zu entschärfen. Ein anderer Teil, namentlich die Polizei und die Ustaša, setzte hingegen auf die Lösung der Krise mittels der Vertreibung der Flüchtlinge. Da die Ustaša Serben aus den grenznahen Regionen leichter über die serbische Grenze

---

[141] Zu der niedrigeren Zahl siehe Promemoria MVP, 30. Juli 1941, AVII/NDH/234, 1/55–2; zur höheren Schätzung siehe Meldung des UL Bijeljina an GUS, 9. August 1941, HM BIH/UNS/1941, 342/41.

[142] DGA (Kasche), Bericht Nr. 1064, 27. August 1941, abgedr. in: Ferenc, Quellen, S. 235.

[143] Hiervon waren nur zwei betagte blinde Personen ausgenommen, siehe UL Bijeljina an GUS, 9. August 1941, HM BIH/UNS/1941, 342/41. Versuche der Regionalverwaltungen, zusammen mit den Serben auch die Juden zu vertreiben, lassen sich auch für andere Bezirke feststellen.

[144] RAVSIGUR (Eugen Kvaternik) an Oberkommando der Heimwehr, 11. September 1941, abgedr. in: Miletić, Koncentracioni logor Jasenovac, S. 81, Dok. 21.

[145] Vgl. Longerich, Politik der Vernichtung, S. 425ff.; Aly, »Endlösung«, S. 362ff., sowie Gerlach, Die Bedeutung der deutschen Ernährungspolitik, S. 156ff.

treiben konnte, kam es dort auch seltener zu Massakern als im Landesinneren, in denen die vertriebenen Serben im Machtbereich der Ustaša blieben. Binnenvertriebene, die den Machtbereich der Ustaša nicht verlassen konnten, waren den Angriffen durch Ustaša-Kommandos stets besonders stark ausgesetzt.

Soziale Optimierung der Gesellschaft

Die Entfernung eines Teils der Serben aus dem USK stellte aus Sicht mancher Verantwortlicher die Chance dar, nicht nur eine ethnisch homogene, sondern damit verbunden auch eine sozial optimal strukturierte kroatische Gesellschaft zu schaffen. Dieses Thema findet sich auch in jüngeren Forschungen, die staatliche und wissenschaftliche Bestrebungen, Gesellschaften zu modernisieren, auf ihr Gewaltpotenzial hin untersucht haben. Dabei zeigte sich, dass es sich bei »Modernisierung« um ein ambivalentes Unterfangen handelt, das Wohlstand zu erzeugen vermag und zugleich Bedingungen schafft, die extreme Gewalt begünstigen.[146] Nichts veranschaulicht diesen Zusammenhang besser als die massiven bevölkerungspolitischen Projekte des 20. Jahrhunderts. Verschiedene Autoren haben deutlich gemacht, wie solche Planungen durch biopolitisches Denken befeuert wurden und wie sie im Umkehrschluss dem biopolitischen Paradigma zum Durchbruch verhalfen.[147] Das große Interesse an nationalen Minderheiten, Umsiedlungen, Sozialhygiene und Rassismus verschmolz zu Visionen verbesserter und stabilerer Gesellschaften, die im 20. Jahrhundert beträchtliche Wirkmacht beanspruchen konnten und die meist in Gewalt mündeten.

Dabei wurde aber auch vor der Überbewertung des Bildes vom allmächtigen Staat gewarnt: Überall dort, wo Regierungen sich anschickten, ihre Gesellschaften umzuformen, setzten die komplizierte Realität und die autonomen Sphären, die lokale Gemein-

---

[146] Vgl. Mazower, Gewalt und Staat, Naimark, Fires of Hatred, S. 8, sowie Etzemüller, Die Ordnung der Moderne; zu Social Engineering und lokalen Effekten groß angelegter staatlicher Planung im 20. Jahrhundert vgl. Scott, Seeing Like a State.

[147] Vgl. Bauman, Moderne und Ambivalenz; Wildt, Biopolitik, sowie Weitz, From the Vienna to the Paris System. Viele dieser Überlegungen basieren auf Arbeiten Michel Foucaults (bspw. Foucault, Leben machen).

schaften sich bewahren konnten, den Planungen der staatlichen »Gärtner« enge Grenzen.[148] In den Gesellschaften Südosteuropas war biopolitisches Denken meist auf kleine intellektuelle Zirkel beschränkt.[149] Diese waren jedoch nicht nur publizistisch sehr umtriebig, sondern versuchten auch auf staatlicher Ebene, ihre Planungen in die Tat umzusetzen. Im Folgenden werden jene staatlichen Akteure im USK in den Blick genommen, die im Zusammenspiel mit deutschen Raumplanern Neuordnungskonzepte formulierten, in denen sie Bevölkerungsverschiebungen als Chance für die planerische und sozialutopische Modernisierung ihrer Gemeinden beschrieben.[150] Ihre Berichte vermitteln den Eindruck, dass sie an einem modernisierenden, ordnenden oder gar heilsamen Umbau der kroatischen Gesellschaft arbeiteten. Hass und Exzess scheinen hinter solchen Begründungszusammenhängen zu verschwinden. Diese Beschönigung der Massenvertreibungen gilt es zu dekodieren, denn die Deportationen nahmen vor Ort oft extrem brutale und chaotische Formen an, und die Wirtschaftsprogramme waren nur schlecht kaschierte Raubzüge. Dies war zwar auch den Zeitgenossen bewusst, doch erleichterte die Darstellung der Gewalt als nationaler Heilungsprozess lokalen Nutznießern die Teilhabe.

In den Berichten der staatlichen Akteure kommt aber auch die in einem nationalistischen Referenzrahmen gewachsene, sozialdarwinistische Vernunft zum Ausdruck, die Antriebskraft für die Vertreibung eines Teils der Bevölkerung war. Denn ein Teil von ihnen war in der Tat von der positiven Vision geleitet, mit einer ethnisch homogenen Bevölkerung sozial stabile Gebiete zu schaffen. Dieser Denkhorizont der Täter muss ernst genommen werden. Durch den übergroßen Fokus auf die Exzesstaten der Ustaša-Bewegung ist er in den Hintergrund geraten. Viele lokale Planer agierten dabei gleich Zygmunt Baumans Figur des Staates als Gärtner, der das Unkraut

148 Auf diese Grenzen verweist bspw. Weiner, Landscaping the Human Garden.

149 Vgl. Turda u.a., Blood and Homeland.

150 Auf einer theoretischen Ebene gab es breite Übereinstimmung zwischen deutschen und kroatischen Planern bezüglich der Notwendigkeit, die Sozialstruktur des Balkans mittels Umsiedlungen zu verändern. Zu Einschätzungen, dass Umsiedlungen sehr wohltuende Wirkungen entfalten würden, siehe Volkswirtschaftliche Abteilung der I.G.-Farben AG, Die Wirtschaftsstruktur Kroatiens (Vowi 4479), Bericht, 23. März 1942, zit. n. Aly u.a., Vordenker der Vernichtung, S. 362f.

aus dem gesellschaftlichen Beet tilgt. Führende Ustaša-Politiker gebrauchten bei der Beschreibung ihrer Bevölkerungspolitik selbst eine solche Metaphorik.[151] Immer wieder wurde dabei auf die Verletzlichkeit des zu hegenden Gartens Bezug genommen. Das Bewusstsein, dass das Pflänzlein des neuen kroatischen Nationalstaates noch sehr verletzlich war, ließ die Angst vor Unkraut als besonders triftig erscheinen.[152] Der Ustaša-Publizist und Historiker Ivo Guberina (1897–1945) fasste diese Wahrnehmung 1943 paradigmatisch in einem Artikel zusammen:

> »Gewisse Elemente in Kroatien, die die Aufgabe hatten, den nationalen Organismus Kroatiens aufzulösen, [blieben] nach dem Fall Jugoslawiens im kroatischen Organismus. Es ist das natürliche Recht des kroatischen Staates, seinen Organismus von diesem Gift zu heilen. Die Ustascha-Bewegung hat diese Arbeit in Angriff genommen. Sie wendet die Mittel an, derer sich jeder Arzt bedient, wenn er einen Organismus heilen will. Wo es notwendig ist, operiert er. Die Ustascha würde es vorziehen, das diese fremden […] Elemente sich aus freiem Entschluss anglichen, oder dass all dieses Gift aus dem Organismus entfernt würde, – dass sie in ihre Stammländer zurückkehrten. Aber wenn sie das nicht wollen, ja sogar die Absicht haben, in Kroatien zu bleiben als fünfte Kolonne, um es zu zersetzen […], hat der kroatische Staat das Recht, sie mit dem Schwert zu vernichten. […] Gegen einen solchen Feind ist die Verteidigung mit dem Schwert erlaubt […]. Das sind die Prinzipien, auf die sich das Naturrecht selber gründet […].«[153]

Es sei eine bessere kroatische Zukunft zu erwarten, wenn, wie der Hauptmann des Bezirkes Brinje schrieb, »unsere Leute« oder Slowenen angesiedelt würden. In der daran gekoppelten Aussiedlung der Serben sah er ganz im Sinne Hitlers Ausführungen gegenüber

---

151 Vgl. Bauman, Dialektik der Ordnung, S. 17; zum zeitgenössischen Gebrauch durch die Ustaša siehe UL Kostajnica an DRP, 8. Juli 1941 HR HDA/1076.1/441, Nr. 324/41, sowie Pavelić' Radioaufruf vom 10. April 1941, HIA/Tomasevich/10, o. Nr., zit. n. Novak, Magnum crimen, S. 536.

152 Zur Wahrnehmung der gesellschaftlichen Verletzlichkeit durch die Planer vgl. Weiner, Introduction: Landscaping the Human Garden, S. 6.

153 Ivo Guberina in der Wochenschrift *Hrvatska Smotra*, 7. Oktober 1943, zit. n. Falconi, Das Schweigen, S. 364f. Eine weitere Bezugnahme auf das Land als Organismus, der durch die serbische Bevölkerung infiziert sei, findet sich bei Dulić, Utopias of Nation, S. 217.

Pavelić eine notwendige, wenngleich schmerzhafte Aufgabe.[154] Andererseits gestand eine Reihe von Bezirkspolitikern offen ein, dass es sich bei der überwiegenden Mehrheit der Serben um tüchtige Bürger handelte, von denen keine Gefahr ausging. Und doch verbanden sie die beginnende Aussiedlung von Serben mit Plänen für einen sozialen Umbau. Der Bezirkshauptmann des westkroatischen Bezirks Ogulin, in dem 17000 Serben rund die Hälfte der Bevölkerung stellten, sah die Chance, die Versorgungsqualität der Bevölkerung seines Bezirks zu verbessern. Detailliert schlug er vor, welche serbischen Kaufleute durch slowenische Händler ersetzt werden sollten, in welchen Orten es eine Übersättigung und in welchen es Bedarf an Handel, Handwerk und Gewerbe gab.[155]

Ein Bezirkschef in der Lika bat die Ponova, statt den wohlhabenden Bauern und Händlern lieber serbische Kleinbauern abzuschieben, da sein Bezirk unter ländlicher Überbevölkerung leide, und schlug vor, ärmere Serben in insgesamt neun Eisenbahnwaggons nach Serbien zu verbringen.[156] Nach der genauen ethnischen Zusammensetzung der Ansiedler erkundigte sich ein syrmischer Bezirkshauptmann. Würden nur Slowenen ankommen, so wolle er sie auf alle Dörfer im Bezirk verteilen. Für den Fall, dass auch Kroaten angesiedelt werden sollten, schlug er vor, die Slowenen ausschließlich in serbische Dörfern zu verbringen und die Kroaten in Dörfer zu delegieren, in denen kroatische Bewohner eine Minderheit im Vergleich zu anderen Gruppen wie Slowaken und Deutschen darstellten. Er hoffte, auf diese Weise den Assimilierungsdruck auf Nichtkroaten erhöhen zu können.[157] Ein slawonischer Bezirkschef verteilte Pferde, Wagen und Geschirr der deportierten Roma an arme kroatische Bauern und siedelte kroatische Flüchtlinge auf ihren Parzellen an. Sein erklärtes Ziel war es, die soziale Stabilität seines Bezirks zu erhöhen.[158] Ein anderer Bezirk behauptete, mit den von den Serben beschlagnahmten Geldmitteln die chronische Nahrungsmittelnot bekämpfen zu können. Um die

---

[154] Bezirk Brinje an DRP, 15. Juli 1941, HR HDA/1076.1/442, Nr. 686/41.

[155] Bezirk Ogulin an DRP, 11. Juli 1941, ebenda, sowie am 15. Juli 1941, HR HDA/1076.1/443, Nr. 752/41.

[156] Bezirk Brinje an DRP, 15. Juli 1941, HR HDA/1076.1/442, Nr. 686/41.

[157] Bezirk Ilok an DRP, 11. Juli 1941, HR HDA/1076.1/443, Nr. 812/41.

[158] Bezirk Županja an ŽRO, 5. Juni 1942, abgedr. in: Lengel-Krizman, Genocid nad Romima, S. 74.

4116 serbischen Einwohner des Bezirks umzusiedeln, bestellten die Behörden bei der Ponova 1600 Vordrucke mit der Aufschrift »beschlagnahmt« und 30000 Vignetten für die abzugebenden Hausschlüssel.[159]

Der Ustaša-Führer des Städtchens Kostajnica entwarf gar einen bevölkerungspolitischen Generalplan für den an der bosnisch-kroatischen Grenze am Fluss Una gelegenen Bezirk. Er plädierte dafür, nicht nur eine Handvoll Serben in jedem Dorf zu verhaften, denn dies käme der Arbeit des Mähers gleich, der eine Wiese bearbeite, indem er die Grashalme einzeln pflücke. Stattdessen schlug er vor, aus dem wohlhabenden serbischen Dorf Slavinje (2213 Einwohner) die 800 reichsten Bauern abzuschieben. Auf dem frei werdenden Land könne man kroatische Kleinbauern aus den umliegenden Dörfern ansiedeln, auf deren Parzellen wiederum die slowenischen Neuankömmlinge untergebracht werden sollten. Um die Stadt Kostajnica zu entlasten, solle auch ein Teil ihrer Bewohner auf dem Land angesiedelt werden. Dafür sei es aber nötig, die 400 serbischen Stadtbewohner zu vertreiben. Diese »Amputationen am Volkskörper«, prognostizierte der Parteimann, würden zu einem erhöhten Assimilierungsdruck und schließlich zu einem kompakten kroatischen Siedlungsgürtel entlang der ehemaligen Grenze führen.[160] Die Pläne verweisen auf die Verschränktheit ethno-, sicherheits- und sozialpolitischer Erwägungen. Durch die Ansiedlung von Kroaten auf größeren Parzellen, gleichzeitige Deurbanisierung sowie die Einschüchterung der serbischen Bevölkerung erhoffte sich der Funktionär eine verbesserte Gesamtlage im Bezirk Kostajnica. Ob er aufgrund des 25 km östlich der Stadt gelegenen KZ Jasenovac analog zu deutschen Plänen im Raum Auschwitz per Bevölkerungspolitik einen kroatischen Mustergau schaffen wollte, lässt sich nicht be-

[159] Bezirk Perušić an DRP, 11. Juli 1941, HR HDA/1076.1/442, Nr. 667/41, sowie am 16. Juli 1941, HR HDA/1076.1/443, Nr. 977/41.

[160] UL Kostajnica an DRP, 8. Juli 1941 HR HDA/1076.1/441, Nr. 324/41. Der UL Matko Mašeg tippte seinen Generalplan auf einer Schreibmaschine mit mehreren Farbbändern, auf die er sehr stolz war. Mašeg selbst hatte in den Umsiedlungsstäben im Bezirk keine Funktion inne. Möglicherweise gab er sich gerade deshalb beim Vorlegen seines Elaborats besondere Mühe, positiven Einfluss auf die Umsiedlungsarbeit zu gewinnen; zur Tätigkeit der Aussiedlungskommission, siehe Bezirk Kostajnica an DRP, 11. Juli 1941, HR HDA/1076.1/442, Nr. 695/41.

legen.[161] Die Nähe des Lagers verlieh seinen Plänen jedoch zusätzliche Relevanz und verbesserte die Möglichkeiten, sie in die Tat umzusetzen.

Radikalisierung muslimischer und serbischer Vorstellungswelten

Wie der Blick auf Ungarn, Rumänien und die Slowakei verrät, fügte sich die kroatische Bevölkerungsplanung in ein breiteres Paradigma ethnischer Homogenisierung ein, das durch die deutsche Dominanz in Europa ermöglicht worden war. Besondere Aufmerksamkeit konnten dabei Grenzgebiete beanspruchen, sei es, weil sie als Schutzwall der Nation imaginiert wurden, wie beispielsweise das Grenzland an der Drina von der Ustaša, sei es, weil sie als geeignete Bestimmungsorte für Deportationen wahrgenommen wurden, wie etwa Transnistrien von der rumänischen Regierung. Es ist nicht weiter verwunderlich, dass in den von Vertreibungen betroffenen Regionen Ethnisierungsprozesse angestoßen wurden, die schließlich alle Bevölkerungsteile erfassten. In Kroatien lässt sich dies sowohl anhand der serbischen als auch der muslimischen Bevölkerung beobachten, deren Vorstellungswelten sich angesichts der Massenvertreibungen durch die Ustaša radikalisierten.

Mitglieder der muslimischen Eliten erkannten 1941 eine historische Chance, eigene bevölkerungspolitische Planungen durchzusetzen. Den Hintergrund bildeten die ungeliebten jugoslawischen Agrarreformen der 1920er Jahre, die zahlreiche bosnische Muslime ungeschehen machen wollten. In den ländlichen Bezirken Bosniens und der Herzegowina waren nach dem Ende des Ersten Weltkriegs serbische Lehensbauern und Pächter auf Kosten muslimischer Großgrundbesitzer mit Land versorgt worden.

Wie stark muslimische Politiker ihre ethnopolitischen Vorstellungen einzubringen versuchten, belegen Konflikte der Zentralregierung in Ostbosnien. Lokale muslimische Vertreter der Ustaša opponierten massiv gegen die dort von der kroatischen Regierung

[161] Auf den Zusammenhang zwischen KZ und Vertreibungs- und Tötungsgewalt im regionalen Umfeld des Lagers wird an späterer Stelle eingegangen. Den Zusammenhang zwischen dem KZ Auschwitz und Germanisierungsplänen für Ostoberschlesien hat Sybille Steinbacher aufgezeigt, vgl. Steinbacher, »Musterstadt« Auschwitz.

geplante Ansiedlung von Slowenen. Der Regierungsbevollmächtigte der Ustaša für das Tuzlaer Becken, Professor Hakija Hadžić (1883–1953), ein Politiker, der seinen muslimischen Partikularismus und seinen kroatischen Nationalismus zu vereinen suchte, argumentierte, dass die Ansiedlung von Slowenen eine Schwächung des kroatischen Verteidigungssystems an der Drina bedeuten würde. Aus Angst vor einer Schwächung der eigenen Positionen wurde vor der Gefahr gewarnt, die dem Gesamtstaat drohe, falls man zulasse, dass die kroatische Ostgrenze durch die Ansiedlung der als nicht assimilierungsfähig und traditionell pro-jugoslawisch dargestellten Slowenen perforiert werde.[162] Die kroatische Ostgrenze könne nur durch eine kompakte muslimische Bevölkerung verteidigt werden. Hadžić' Vorstoß rekurrierte auf eine Initiative Pavelić'. Dieser hatte vorgeschlagen, die muslimische Bevölkerungsmehrheit des Sandžak, einer Region, die entgegen kroatischer Gebietsforderungen bei Montenegro und Serbien verblieben war, gegen Serben aus Bosnien auszutauschen.[163] Allerdings gingen weder die deutsche noch die italienische Seite auf den Vorschlag ein.

Vertreibungen und bevölkerungspolitische Neuordnungsentwürfe amalgamierten im ostbosnischen Grenzland wie kaum anderswo. Das Gewaltregime der Ustaša radikalisierte auch die Vorstellungswelten der dort lebenden serbischen Nationalisten. Bereits vor dem Krieg war deren Position verbreitet, dass bosnische Muslime sich assimilieren oder auswandern sollten. Der Krieg schuf nun die Möglichkeiten, gewaltsam ein ethnisch gesäubertes serbisches Fantasiereich Wirklichkeit werden zu lassen. Ein Vordenker der Četnici, der Banja Luker Anwalt Stevan Moljević (1888–1959), forderte in seiner Denkschrift »Homogenes Serbien«, dass das gesamte Territorium, in dem Serben lebten, von Nichtserben gesäubert werden müsse.[164] Kroaten sollten in ein Rumpfkroatien und Muslime in die Türkei

---

162 Beauftragter der Regierung in Sarajevo an MUP, 23. Juli 1941, AVII/NDH/171a, 1/45, abgedr. in: Vukčević, Zločini NDH, S. Nr. 150; zum Mythologem von der muslimischen »Wacht an der Drina« vgl. Goldstein, The Boundary on the Drina, S. 88; zu Hadžić, der nach Kriegsende nach Syrien emigrierte, vgl. Grčić, Tko je tko, S. 148.

163 Zu Pavelić' Plänen bezüglich des Sandžak siehe D.G.i.A. an AOK 12, 7. Juli 1941, BA-MA/20-12/454, Nr. 184/41.

164 Vojnoistorijski Institut, Borbe u Bosni b, S. 2ff.; zur Perspektive der Četnici, dass der Krieg eine einmalige Gelegenheit für ethnische Säuberungen biete, vgl. Hoare, Genocide and Resistance, S. 143ff.

oder nach Albanien abgeschoben werden. Auch General Milutin Nedić (1882–1945), der Bruder des serbischen Ministerpräsidenten, verfasste ein Memorandum über »das ethnographische Problem des serbischen Volkes«, das er von Ribbentrop zukommen ließ. Darin schlug er einen Bevölkerungsaustausch von 770000 Kroaten und 750000 Serben vor, die Muslime sollten im Serbentum aufgehen.[165] Zwar ging die deutsche Seite nicht auf den Vorschlag ein, doch die Verbände der Četnici starteten auch ohne deutsche Einwilligung Massenvertreibungen aus ihren Gebieten und genossen hierfür die Billigung der Italiener. In den bosnischen Städten, vor allem in Sarajevo, entstanden riesige Flüchtlingslager, in denen vor allem muslimische Vertriebene ihr Dasein fristeten.[166] Die massive Gewalt serbischer Četnik-Milizen gegen Muslime in Ostbosnien stärkte die Position derer, die forderten, man müsse Serben und Muslime räumlich voneinander trennen.

Das Scheitern der Ansiedlung der Slowenen

Angesichts der Einigung mit dem Deutschen Reich musste sich der kroatische Staat bereit erklären, 180000 Slowenen aufzunehmen, obwohl dies dem Ziel nationaler Homogenisierung zuwiderlief. Man baute Lager, die als Drehscheiben für die Verschiebung mehrerer Bevölkerungsgruppen dienten. Kiran Patel hat für die verschiedenen Typen nationalsozialistischer Lager aufgezeigt, dass diese nicht nur dem Ausschluss und der Zerstörung »Gemeinschaftsfremder« dienten, sondern dass Lager auch zu dem Zweck betrieben wurden, um Volksgenossen der deutschen Volksgemeinschaft zuzuführen.[167] Die Umsiedlungslager der Ponova erfüllten beide Funktionen auf einmal, da die Ankunft der aus den vom

---

165 Krakov, General Milan Nedić, Bd. 1, S. 152f. Eine ähnliche Formulierung findet sich bei Draža Mihailović im Frühjahr 1942, siehe Mihailović, Rat i mir, Bd. 2, S. 10. Das Projekt wurde in abgewandelter Form nach 1945 durch die kommunistische Regierung weitergeführt, indem sie Albaner ermunterte, die türkische Staatsangehörigkeit anzunehmen und auszuwandern, vgl. Djokić, Yugoslavism, S. 314.

166 Bericht d. Deutschen Konsulats Sarajevo, 14. Mai 1942, PA AA/Zagreb Geheim 21/IIa, o. lfd. Nr. Auch nach Serbien flohen Tausende Muslime, siehe Verwaltungsstab des Bfh.s Serbien an Kasche, 21. Januar 1942, NARA/T-120/5787, H301643ff.

167 Patel, »Auslese« und »Ausmerze«, S. 339.

Deutschen Reich annektierten Gebieten Untersteiermark und dem Unterkrain vertriebenen Slowenen parallel zur Vertreibung von Serben aus dem USK erfolgte.[168] Die Ponova instruierte die 141 Bezirke, je 2500 Slowenen aufzunehmen. Dies ergibt eine Gesamtzahl von 352500 Menschen, also knapp das Doppelte der 180000 Slowenen, von denen in den deutsch-kroatischen Gesprächen die Rede war. Es ist unklar, warum die Regierung die Zahlen so stark in die Höhe trieb. Denn die Ankündigung der überhöhten Aufnahmezahlen löste in den Bezirksregierungen beträchtliche Unruhe und Verunsicherung aus. Andererseits entfalteten sie eine starke legitimatorische Wirkung hinsichtlich der Aussiedlung der Serben. Angesichts der erwarteten Ankunft slowenischer Aussiedler wurde in allen Bezirken eine Infrastruktur für die Umsiedlungen errichtet.

Der enge Zusammenhang zwischen Ansiedlung und Vertreibung zeigt sich darin, dass sich die Betroffenen buchstäblich die Klinke in die Hand gaben. Das Beispiel der zentralbosnischen Stadt Teslić verdeutlicht dies: Am Abend des 10. Juli 1941 wurden dort 22 serbische Familien verhaftet und am 12. Juli in einem gesonderten Eisenbahnwaggon in das Umsiedlerlager Sisak verbracht. Dort trafen sie auf slowenische Aussiedler, von denen am 16. Juli 500 nach Teslić transportiert und dort zunächst in einem ehemaligen Hotel untergebracht wurden.[169] In der Regel wurden die slowenischen Flüchtlinge sukzessive auf den Höfen der serbischen Deportierten angesiedelt, die sie samt Inventar und Vieh treuhänderisch übernahmen. Wo dies nicht möglich war, wurden serbische Familien verpflichtet, Slowenen aufzunehmen.

Statt der erwarteten 180000 Slowenen kamen aufgrund der Unfähigkeit der kroatischen Regierung, die Absprachen mit den Deutschen einzuhalten, nur etwa 26000 in Kroatien an.[170] Die Legitima-

---

[168] Zur nationalsozialistischen Slowenienpolitik vgl. Olshausen, Zwischenspiel; Milošević, Izbeglice i preseljenici; Ferenc, Quellen; Promitzer, Täterwissenschaft, sowie Stiller, Slowenen.

[169] Bezirk Teslić an DRP, 16. Juli 1941, HR HDA/1076.1/443, Nr. 977/41.

[170] DGA, Abschließender Bericht über die Umsiedlung, 20. November 1941, abgedr. in: Ferenc, Quellen, S. 352ff. Die Gesamtzahl der im USK angesiedelten Personen inklusive repatriierter Kroaten soll sich auf bis zu 95000 belaufen haben, siehe *NZZ*, 21. Juli u. 3. November 1941, sowie *DZK*, 18. Juli u. 22. Juli 1941; siehe auch Kroatische Presseauszüge 34/1941, 26. Juli 1941 sowie *World-Telegram* (New York), 13. August 1941, zit. n.

tion, Serben zu deportieren, speiste sich insofern weniger aus der tatsächlichen Ankunft der Slowenen als vielmehr aus der Erwartung, dass sie eines Tages eintreffen würden. Somit war vor allem der gefühlte Handlungsdruck in den Kommunen groß. Der Bezirkshauptmann von Brinje beispielsweise drängte darauf, 2500 der 5000 ortsansässigen Serben zu vertreiben, da man ja schließlich ebenso viele Slowenen aufnehmen müsse. Tatsächlich kamen nie slowenische Vertriebene in Brinje an.[171] Zum einen wurden weniger Slowenen als geplant aus Slowenien ausgesiedelt, zum anderen ließ die italienische Armee in ihrem Interessensbereich keine Ansiedlungen zu. Auch die von Aufständen betroffenen Gebiete kamen nicht infrage. Daher kann von einer landesweiten Ansiedlung in Kroatien keine Rede sein, die slowenischen Vertriebenen wurden ausschließlich in einigen Bezirken in der deutschen Interessenssphäre im USK untergebracht.

Die Slowenen wurden zwar wegen ihrer angeblich projugoslawischen politischen Überzeugungen mit Argwohn betrachtet, galten aber – im Gegensatz zu den Serben – als assimilierbar. Aus pragmatischen Gründen änderte die kroatische Regierung daher ihre Slowenenpolitik. Hatte sie die Slowenen zunächst beruflich wie staatsbürgerlich benachteiligt, hieß es seit Juni 1941, dass ihre Aufnahme von vitalem Interesse für die kroatische Nation sei und ihre politische und wirtschaftliche Integration befördert werden müsse. In der Praxis aber war das Verhalten der Behörden ihnen gegenüber ambivalent und von Misstrauen geprägt. Die Slowenen waren Diskriminierungen, Schikanen und einer Arbeits- und Residenzpflicht unterworfen. Vor allem aber war ihre Ansiedlung schlecht vorbereitet und stürzte sie ins Elend. Die meisten Bezirke hatten sich keine Gedanken gemacht, wie das von ihnen erzwungene Zusammenleben von slowenischen Vertriebenen und der unterdrückten serbischen Be-

---

Schechtmann, European Population Transfers, S. 440; zu binnenkolonisatorischen Projekten siehe Ivo Petrić, »Die Malaria und ihre Bekämpfung«, in: *Neue Ordnung* (Hg.), Kroatien baut auf. Jahreslese in Wort und Bild aus der Wochenschrift *Neue Ordnung*, Zagreb, 1943 (2), S. 155–160; »Binnenkolonisation«, in: ebenda, S. 161–167, sowie »Das Ende des Mostarer Sumpfes«, in: ebenda, S. 169f.; vgl. ferner Milošević, Izbeglice i preseljenici, S. 41.

171 Bezirk Brinje an DRP, 15. Juli 1941, HR HDA/1076.1/442, Nr. 686/41; zur Ansiedlung der Slowenen siehe Verzeichnis der DRP, 23. März 1942, HR HDA/223/41, I.A. 1828/42.

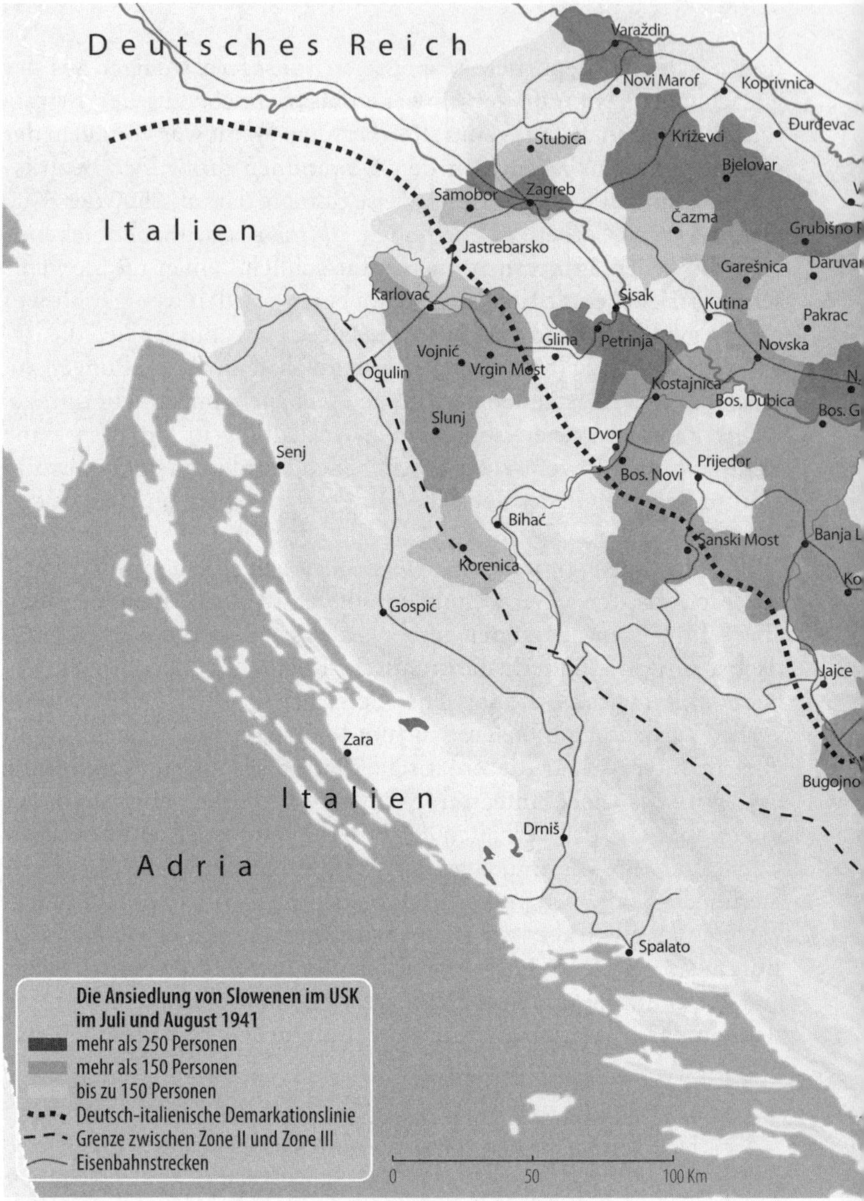

Abb. 15: Die Ansiedlung slowenischer Vertriebener im USK. Die Karte verdeutlicht, dass die slowenischen Vertriebenen fast ausschließlich im deutschen Interessengebiet und zu einem kleinen Teil in der III. Zone des italienischen Interessengebietes angesiedelt wurden.[172]
© Tobias Stiefel

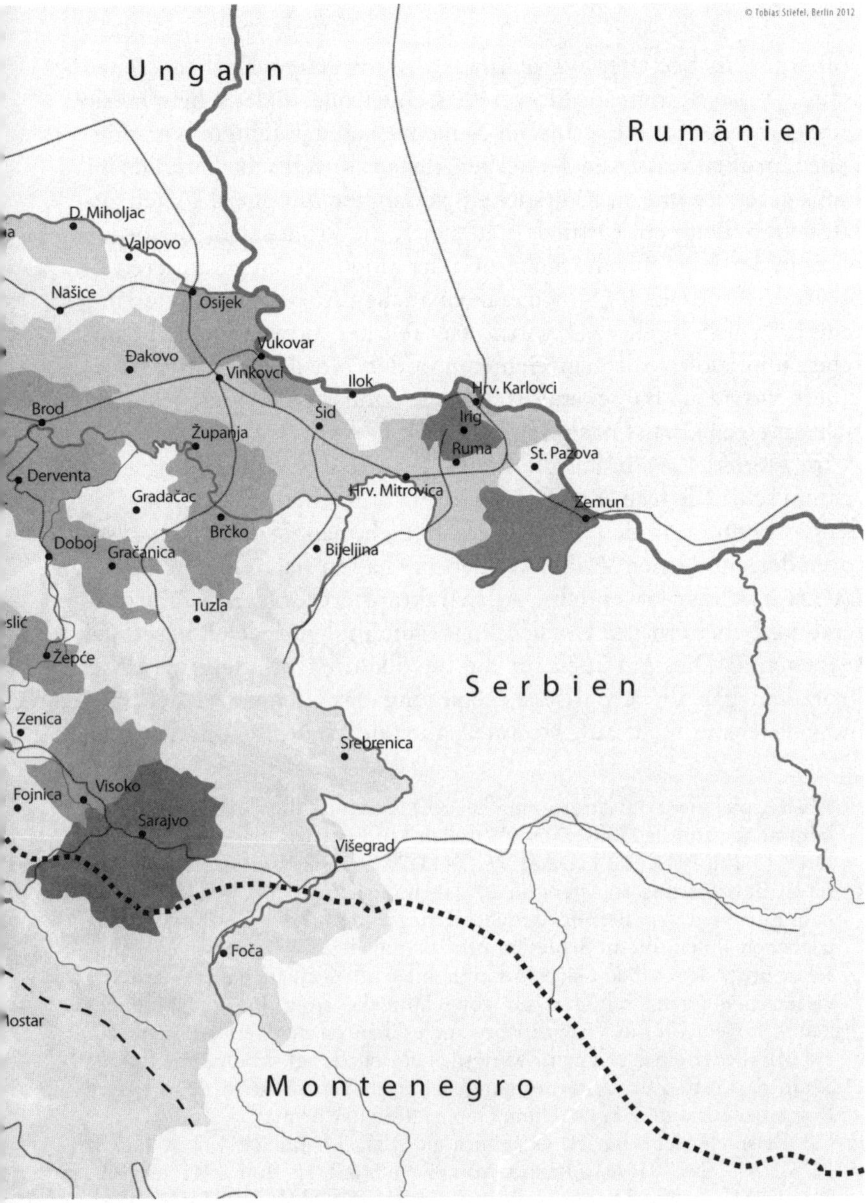

172 Die Angaben basieren auf einem unvollständigen Verzeichnis der dt. Gesandtschaft über die Verteilung von insgesamt 8438 umgesiedelten Slowenen (DGA, 30. August 1941, NARA/T-120/5781, H296677).

völkerung in beengten Verhältnissen unter einem Dach aussehen sollte.[173] Dies drängte die Slowenen in eine Rolle, in der scheinbar sie die Bedrohung für die serbische Gemeinschaft darstellten. Um mögliche Unruhen vonseiten der Serben, denen slowenische Familien ins Haus gesetzt wurden, zu ersticken, verlangten die Bezirke nach zusätzlichen Truppen. Oftmals sahen sich die kroatischen Behörden nicht in der Lage, für die Sicherheit der Slowenen zu garantieren.[174] So war die Präsenz der Slowenen in manchen Aufstandsgebieten nur temporär, und noch 1941 wurde ein Teil der Slowenen aus bosnischen und südkroatischen Gebieten in den Norden Kroatiens evakuiert, wo sie in »Barackendörfern« leben mussten.[175] Viele schlugen sich auf eigene Faust nach Zagreb durch.[176]

Im Herbst 1941 brach die deutsche Seite das Umsiedlungsprogramm schließlich ab. Zur Deportation vorgesehene Slowenen wurden von nun an in den Warthegau abgeschoben.[177] »Die Organisatoren der ›modernen Völkerwanderung‹ hatten sich wider Willen in Lagerverwalter verwandelt«, so charakterisiert Götz Aly sehr treffend das Scheitern der Umsiedlungspläne in den deutsch besetzten Gebieten.[178] Dies gilt auch für die Bevölkerungspolitiker im USK. Trotzdem gab die kroatische Regierung das Ziel nationaler Homogenisierung nicht auf. So unternahm sie Vorstöße, die deutsche

---

173 Als Beispiel dient die Anordnung der KO Korenica, die slowenischen Ankömmlinge auf die Häuser der »Wlachen« zu verteilen, siehe Schreiben an DRP, 13. Juli 1941, HR HDA/1076.1/443, 797/41. Im Kontext der europäischen Bevölkerungstransfers im 20. Jahrhundert ist ein solches Vorgehen kein Einzelfall. Am Beispiel der nach Kriegsende aus der Westukraine vertriebenen Polen, die in Schlesien oftmals mit den noch ansässigen Deutschen unter demselben Dach wohnten, bis schließlich auch diese das Land verlassen mussten, schildert Gregor Thum die Konflikte, die Möglichkeiten für ein Modus vivendi, aber auch Chancen der Verständigung für die Mitglieder einer solchen Zwangsgemeinschaft, vgl. Thum, Die fremde Stadt, S. 134ff. Zur Unterbringung der nach Transnistrien deportierten Roma bei Ukrainern vgl. Achim, Deportation der Roma.

174 Für Beispiele siehe Bezirk Garešnica an DRP, 14. Juli 1941, HR HDA/1076.1/443, Nr. 817/41; Bezirk Vojnić an DRP, 15. Juli 1941, ebenda, Nr. 955/41, sowie DRP an alle VŽ, Juni 1941, HM BIH/NDH/1941, Nrn. 1255 u. 1428.

175 Besprechung mit dem MB Serbien, Aktenvermerk, 21. Mai 1941, abgedr. in: Ferenc, Quellen, S. 111ff.

176 DRP an MUP, 27. Februar 1942, HR HDA/223/42, I-A 2019/42.

177 Vgl. Seckendorf, Okkupationspolitik, S. 45.

178 Aly, »Endlösung«, S. 176f.

Minderheit in Kroatien gegen die kroatische Minderheit im Burgenland und in den annektierten slowenischen Gebieten auszutauschen. Sie versuchte sogar, diesen Bevölkerungsaustausch mit der Deportation der Juden zu verbinden: Juden und Volksdeutsche sollten aus Kroatien ausgesiedelt, Burgenlandkroaten angesiedelt werden.[179] Dieser Vorstoß verdeutlicht einmal mehr, wie sehr der Holocaust in Kroatien in eine bevölkerungspolitische Gesamtplanung eingebettet war. Der auf deutscher Seite umstrittene Austausch von Kroaten und Volksdeutschen kam jedoch nie zustande.[180] Stattdessen bemühte sich die deutsche Gesandtschaft um die Aussiedlung des sogenannten Streudeutschtums beispielsweise aus Bosnien. Wegen der Gefährdung durch Partisanenüberfälle wurden mehrere Tausend Deutsche innerhalb des USK umgesiedelt. Die meisten kamen nach Syrmien, wo eine ethnische Arrondierung der deutschen Siedlungsgebiete angestrebt wurde. Ab Ende 1942 begann das Reichskommissariat für die Festigung des Deutschtums mit ihrer Aussiedlung aus Kroatien und ihrer Ansiedlung im Distrikt Lublin.[181] Das Projekt des neuerlichen deutsch-kroatischen Bevölkerungsaustauschs wurde auf einen Zeitpunkt nach Kriegsende verschoben.[182] Die Burgenlandkroaten mussten ihre Heimat letztlich nicht verlassen. Anders die deutsche Minderheit in Jugoslawien: Noch vor Kriegsende wurden 110000 Deutsche durch deutsche Stellen umgesiedelt.[183] Die übrigen wurden nach Kriegsende aus Jugoslawien vertrieben.[184]

---

179 DGA (Kasche) an Verteiler (Gesandtschaft), Protokoll über die Besprechung mit Außenminister Lorković am 19. 8. 42, 20. August 1942, BA-MA/RH 31 III/3, o. lfd. Nr.

180 Chef Sipo/SD, 7. Juni 1943, BArch/R58/185, Bl. 33ff. [Fiche 112], sowie, Vereinbarung zwischen der deutschen Regierung und der Regierung des USK, 11. August 1943, PA AA/Büro StS, Kroatien Bd. 5, Bl. 162752ff.

181 SS-Stubaf. Brückner an Rudolf Brandt, 28. Oktober 1942 BArch/NS 19/41, 2ff.; zu Umsiedlungen nach Lublin siehe RKF, Anordnung, 9. Dezember 1942, AVII/N.A./32, I, 1a/38; siehe ferner *Grenzwacht*, Nr. 40, 9. Oktober 1942, S. 10.

182 Chef Sipo/SD, Meldungen, 7. Juni 1943, BArch/R58/185, Bl. 33ff. [Fiche 112].

183 DGA, »Abschluss der Aussiedlung der Jugoslawiendeutschen«, 5. Januar 1945, ADAP/E VIII, Nr. 330.

184 Vgl. Wehler, Nationalitätenpolitik in Jugoslawien.

Probleme bei den Umsiedlungen

Zahlreiche Probleme führten dazu, dass die gesetzten Ziele der kroatischen Regierung nicht im Ansatz realisiert werden konnten. Die gigantomanischen Umsiedlungspläne im USK und ihr Scheitern führten zu einer wirtschaftlichen Katastrophe und zu Aufständen und bahnten so den Weg für eine weitere Radikalisierung. Im Folgenden seien die fünf wichtigsten Problemfelder dargestellt, denen sich die Protagonisten der Umsiedlungen gegenübersahen: infrastrukturelle Schwächen, Schwierigkeiten im Zusammenhang mit der Präsenz deutscher und italienischer Truppen, Ernährungsprobleme, Widerstand der Betroffenen und schließlich interne kroatische Konflikte.

Das staatliche Umsiedlungsprogramm konnte vor allem in jenen Bezirken nicht buchstabengetreu umgesetzt werden, die nicht an das Bahnnetz angeschlossen waren. Wegen der schlechten Wege waren manche Dörfer mit motorisierten Verkehrsmitteln kaum zu erreichen. Die Bezirkshauptmänner erkannten, dass eine ausreichende Verkehrsanbindung entscheidend war, um auch aus abgelegenen Weilern Serben abtransportieren zu können. Darüber hinaus fehlte es aber oft an ganz elementaren Dingen. Manchmal gab es keine alphabetisierten Beamten und keine Schreibmaschinen, um den beschlagnahmten Besitz registrieren zu können, manchmal fehlte es an Barmitteln, Benzin, Taschenlampen sowie den vorgeschriebenen Formularen, Karteikarten, Vignetten und Siegeln. Manche Bezirkschefs sahen eine Chance, im Rahmen des staatlichen Umsiedlungsprogramms ihre Bezirke technisch aufzurüsten, und baten die Ponova um Hilfe oder nahmen die benötigten Investitionen aus den beschlagnahmten Mitteln vor. Auch die Armee wurde zu einer Stütze der Umsiedlungen, indem sie den Bezirken Geländewagen und Treibstoff zur Verfügung stellte oder angesichts der bevorstehenden Deportationen Telefonleitungen zwischen den wichtigsten Orten legte.[185]

---

[185] Zu verkehrstechnischen Probleme siehe Bezirk Otočac an DRP, 10. Juli 1941, HR HDA/1076.1/442, Nr. 641/41; zu schlecht ausgebildeten Beamten siehe Bezirk Sarajvo an DRP, 12. Juli 1941, ebenda, Nr. 719/41, sowie Bezirk Udbina an DRP, 11. Juli 1941, ebenda, Nr. 685/41; zu Forderungen nach Verbesserung der Infrastruktur siehe Bezirk Irig an DRP, 1. Juli 1941, HR HDA/1076.1/443, Nr. 802/41, sowie Büro der DRP Šid an DRP, 10. Juli 1941, HR HDA/1076.1/442, Nr. 704/41; zu Bitten um Treibstoff siehe Bezirk Brinje an DRP, 15. Juli 1941, ebenda, Nr. 686/41.

Zuweilen stellte die Präsenz deutscher und italienischer Truppen eine Behinderung der Umsiedlungsaktivitäten dar. Häufig schob die Regionalverwaltung die schleppende Umsetzung der Vorgaben auf die Präsenz der Besatzungsarmeen, welche die Zugstrecken und größten Gebäude beanspruchten. Da die italienische Armee die Anzahl der deutschen Soldaten um das Dreißigfache übertraf, nahm sie entsprechend stärker die infrastrukturellen Ressourcen des USK in Anspruch.[186] In manchen Bezirken waren bis zu 10000 italienische Soldaten stationiert. In Delnice musste selbst die Ustaša-Miliz ihre Kasernen räumen und ein Zeltlager auf einem Tennisplatz einrichten. Verhandlungen mit den Italienern über die Freigabe geeigneter Gebäude blieben meist erfolglos.[187] Zudem stießen die Vertreibungen auch auf den Widerspruch von Einheiten des italienischen Heeres und der Deutschen Wehrmacht, vor allem, wenn diese mit deren negativen Auswirkungen konfrontiert waren.

Die Ponova hatte sich keinen Gefallen damit getan, die Ankunft einer überhöhten Anzahl von 2500 Slowenen pro Bezirk anzukündigen. Dadurch löste sie Unruhe in denjenigen Regionen aus, die sich nicht imstande sahen, die Slowenen zu ernähren. Da die Umsiedlungsaktion mitten in die Erntezeit fiel, hätten die Slowenen die deportierten Serben unmittelbar bei der Feldarbeit ersetzen müssen. Der Bezirksvorsteher von Korenica schrieb, die anzusiedelnden Slowenen müssten schnell in den bereits geleerten 195 serbischen Häusern untergebracht werden, damit sie noch die Ernte auf den Feldern der Vertriebenen einbringen könnten.[188] Dies betraf insbesondere

---

186 Der Bezirk Brinje beispielsweise meldete, dass das italienische Militär alle großen Gebäude in der Bezirkshauptstadt okkupiert habe und das Umsiedlungslager daher im 13 km entfernten, in den Bergen gelegenen Ort Stajnica eingerichtet worden sei, siehe ebenda.

187 Für Beispiele für das Verhalten der italienischen Armee siehe Bezirkshauptmann Ogulin an DRP, 15. Juli 1941, HR HDA/1076.1/443, Nr. 752/41; zur Ausquartierung der Ustaša siehe Bezirk Delnice an DRP, 11. Juli 1941, HR HDA/1076.1/442, Nr. 720/41, zu den Verhandlungen siehe Bezirk Otočac an DRP, 10. Juli 1941, ebenda, Nr. 641/41.

188 Für die Lika siehe Bezirk Korenica an DRP, 13. Juli 1941, HR HDA/1076.1/443, Nr. 797/41, sowie Bezirk Gospić an DRP, 10. Juli 1941, HR HDA/1076.1/442, Nr. 615/41; siehe des Weiteren Bezirk Gračac an DRP, 19. Juli 1941, HR HDA/1076.1/441, Nr. 316/41; für die Herzegowina siehe Bezirk Ljubuški an DRP, 11. Juli 1941, HR HDA/1076.1/443, Nr. 796/41; zahlreiche weitere Beispiele finden sich im Bestand Ponova, HR HDA/1076.1/442 sowie 443.

Bezirke, aus denen die serbische Landbevölkerung flächendeckend vertrieben worden war. Ein problemloser Austausch der agrarischen Bevölkerung war völlig unrealistisch. Anders stellte sich das Problem in den unter Nahrungsmittelknappheit leidenden, in ihrer eigenen Wahrnehmung überbevölkerten Bezirken vor allem der dinarischen Gebirgsregionen dar. Dort war man gewillt, die Abschiebungen der Serben durchzuführen, vermeldete aber, dass es nicht möglich sei, Slowenen anzusiedeln, da man in diesem Fall eine Ernährungskatastrophe fürchtete. Bezirke mit negativer Ernährungsbilanz sahen sich nicht einmal in der Lage, die Verhaftungen der Serben durchzuführen, da diese in den Sammellagern nicht ernährt werden konnten. Der Bezirk Udbina schlug eine Verschiebung der Aktion auf die Zeit nach der Ernte vor. Die unterernährte Bevölkerung, die sich zum fraglichen Zeitpunkt fast ausschließlich von Kartoffeln und Wasser ernähren müsse, sei nicht einmal physisch in der Lage, Feldarbeiten zu verrichten, geschweige denn, die Strapazen einer Umsiedlung auf sich zu nehmen.[189] Die Ponova bemühte sich, die Versorgungsschwierigkeiten unter Kontrolle zu bringen. Zum einen appellierte sie in Rundbriefen an die kollektive Verantwortung der Dorfbevölkerung, die ausstehende Ernte trotz der Umsiedlungen einzubringen und die angesiedelten Slowenen als Gemeindemitglieder zu integrieren.[190] Zum anderen betonte sie, wie wichtig die sachgerechte Unterbringung des Viehs und der Nutztiere der Verhafteten war. Die Zentrale in Zagreb reagierte äußerst alarmiert auf Berichte aus Bosnien, nach denen die Bevölkerung die Herden der Vertriebenen abgeschlachtet habe, und beschwor die Bürgermeister, das Übel abzustellen. Die Herden müssten um jeden Preis gerettet werden.[191]

Auch sicherheitspolitische Erwägungen stellten den Ablauf der Aktion infrage. Bezirke mit einer serbischen Bevölkerungsmehrheit gaben sich keinen Illusionen hin, Aussiedlungen ohne den Einsatz von militärischer Gewalt durchführen zu können. Wie sollten die fünf in Tešanj stationierten Ustaša-Männer in der Lage sein, unter den 9000 dort lebenden Serben Verhaftungen durchzuführen? Die örtlichen Verantwortlichen gaben zu bedenken, dass bereits die ers-

---

[189] Bezirk Udbina an DRP, 11. Juli 1941, HR HDA/1076.1/442, Nr. 685/41.
[190] DRP an alle VŽ, Juni 1941, HM BiH/NDH/1941, Nrn. 1255 u. 1428.
[191] DRP, Rundbrief Nr. 7610/41–24, 3. September 1941, HR HDA/223/28, 30774.

ten Verhaftungen einen Aufstand auslösen würden.[192] In Bezirken mit serbischer Bevölkerungsmehrheit hatte die schwache kroatische Verwaltung keine Chance, mit polizeilichen Mitteln gegen die Serben vorzugehen. Dort, wo serbische Aufstände bereits ausgebrochen waren, war an eine planmäßig geleitete Umsiedlung überhaupt nicht zu denken. »Außer dem Austausch von Schusswechseln haben wir überhaupt keinen Kontakt mehr zur serbischen Bevölkerung«, meldete ein herzegowinischer Bezirk.[193] Dabei blieb es auch, denn in einigen Landesteilen sollte die kroatische Regierung nie wieder Fuß fassen und weder ihren Machtanspruch noch ihre Vertreibungspläne verwirklichen können. Gleichermaßen unrealistisch war mancherorts die Ansiedlung von Slowenen. Die Behörden befürchteten, dass diese schlechterdings von den Četnici umgebracht werden würden.[194]

Schließlich verkomplizierten auch interne Konflikte die Umsiedlungen. Eine eindeutige Machtabgrenzung zwischen Ustaša, Armee und Zivilverwaltung war nie erfolgt, und doch wollten alle in Umsiedlungsfragen mitentscheiden und verteidigten ihre unterschiedlich gelagerten Interessen. Hierbei ging es allerdings nicht um das Ob, sondern um das Wie der Deportationen. Einen exemplarischen Konflikt fochten die Zivilverwaltung und die Armee in der Stadt Bihać aus. Letztere plante, am 27. Juni 1941 eine Musterung serbischer Jugendlicher in der Stadt durchzuführen, möglicherweise, um sie einzuziehen oder zur Zwangsarbeit einzusetzen.[195] Drei Tage zuvor hatte jedoch der Obergespan Kvaternik einen allgemeinen Ausweisungsbefehl gegen alle Serben in der Region erlassen. Deshalb forderte er den zuständigen Oberst auf, die geplante Musterung auf die Zeit nach Abschluss »meiner Aktion der Beseitigung der Wlachen«[196] zu verschieben. Der Konflikt wurde öffentlich ausgetragen, da die Serben von beiden Seiten über Plakate aufgefordert worden

---

192 Bezirk Brinje an DRP, 15. Juli 1941, HR HDA/1076.1/442, Nr. 686/41, sowie Bezirk Tešanj an DRP, 11. Juli 1941, ebenda, Nr. 738/41.

193 Bezirk Bileća an DRP, 12. Juli 1941, HR HDA/1076.1/443, Nr. 997/41.

194 Bezirk Hrvatska Mitrovica an DRP, 10. Juli 1941, HR HDA/1076.1/442, Nr. 673/41; Bezirk Donji Lapac an DRP, 11. Juli 1941, ebenda, Nr. 688/41; Bezirk Irig an DRP, 1. Juli 1941, HR HDA/1076.1/443, Nr. 802/41.

195 Die Einrichtung serbischer Arbeitskompanien erfolgte erst 1942, vgl. Barić, Ustroj kopnene vojske.

196 VŽ Krbava i Psat an MVP, Bericht Reg. Nr. 173/41, 18. Juli 1941, HR HDA/223/25, 19983 Pr.

waren, sich zur Aussiedlung respektive zur Musterung einzufinden. Der Obergespan setzte sich schließlich durch und ließ die Verhaftungen wie geplant durchführen.[197]

Die verschiedenen Reaktionen der Bezirke verweisen auf die Handlungsspielräume, über die lokale Behörden verfügten, und demonstrieren die regionalen Unterschiede. Vor allem aber wird deutlich, dass der kroatische Staat weder über die Infrastruktur noch über die Ressourcen noch über die Expertise verfügte, um das geplante gigantomanische Umsiedlungsprojekt durchzuführen. Unter Kriegsbedingungen war es schlichtweg unmöglich, mehrere Hunderttausend Menschen im USK aus- und anzusiedeln, ohne Massenflucht, Aufstände, Ernteausfälle, Hungersnöte und wirtschaftliche Engpässe auszulösen. All dies aber trat ein und brachte Kroatien ein großes Stück näher an den Abgrund der Massengewalt, in dem es schließlich versinken sollte.

Enteignungspolitik: Erscheinungen und Folgen

Im September 1941 beschwerte sich ein Ustaša-Scharführer in einem Schreiben an die Ponova, dass »zwischenzeitlich [...] eine schreckliche Anarchie ausgebrochen ist, und die Treuhänder plündern zusammen mit den Bauern und teilen die Güter untereinander auf, sodass der Staat nicht herausfinden kann, wer was genommen hat. [...] Ich habe mich schon mehrfach bei den Behörden beschwert, doch mir wurde stets geantwortet, dass das Vermögen doch in kroatischen Volkshänden verbleibt und daher nichts verloren geht. Dabei ist es offensichtlich, dass weder das kroatische Volk noch der Staat einen Nutzen daraus ziehen, wenn sich Plünderer der Güter bemächtigen.« Der Bericht ist bezeichnend für das Dilemma des kroatischen Staates. Auf der einen Seite basierte sein finanzielles Funktionieren auf der Enteignung serbischen und jüdischen Vermögens. Da »durch das Vorgehen gegen Juden und Serben ganz ansehnliche staatliche Geldreserven geschaffen worden« seien, war der deutsche Gesandte der Ansicht, »dass sich die Finanzlage halten lassen wird«.[198]

---

[197] Ebenda.

[198] D.G.i.A. an OKW, Lagebericht 304/41, 29. September 1941, BA-MA/RH 31 III/1, Bl. 171f.

Auf der anderen Seite öffnete die beginnende Enteignung von Minderheiten die Tore zur Hölle und schuf eine unkontrollierbare Situation, in der staatliches Handeln völlig unmöglich wurde.

Bei den Enteignungen handelte es sich weder um ein von den Deutschen koordiniertes Verbrechen, noch richteten sie sich ausschließlich gegen die Juden. Ähnliches gilt für Länder wie die Slowakei, Ungarn, Kroatien und Rumänien.[199] Im USK firmierte der Raub des jüdischen und serbischen Vermögens unter den Begriffen Nationalisierung oder Verstaatlichung.[200] Da der Begriff »Arisierungen« im kroatischen Kontext kaum gebraucht und zudem nicht auf die Enteignung der Serben bezogen wurde, lassen sich die mit den Vertreibungen verbundenen Raubzüge präziser als Enteignungspolitik bezeichnen.[201]

Zwar spielte der direkte wie indirekte deutsche Einfluss immer eine gewisse Rolle. Doch beteiligten sich überall, auf staatlicher wie auf nichtstaatlicher Ebene, lokale Akteure an der Verfolgung mit dem Ziel, sich materiell zu bereichern.[202] Auf der anderen Seite aber hatte, wie das Eingangszitat verdeutlicht, die Enteignungspolitik Folgen, die den kroatischen Staat in seinem Bestand selbst gefährdeten. Funktionäre ebenso wie Privatpersonen bereicherten sich auf allen Ebenen, und Plünderungen grassierten im ganzen Land. Im

---

199 Bislang ist kaum erforscht, wie die Enteignung jüdischen Eigentums mit der gegen Polen, Roma, Ukrainer oder andere Gruppen gerichteten Wirtschaftspolitik verschränkt war; dagegen sind die Enteignungs- und Distributionswege bezüglich jüdischen Eigentums für die meisten mittel- und südosteuropäischen Länder beschrieben, vgl. bspw. Ioanid, The Holocaust.

200 Vgl. Kisić-Kolanović, Podržavljenje imovine židova.

201 Des Weiteren ließe sich von der Politik der Vernichtung der wirtschaftlichen Existenz von Juden, Serben und Roma sprechen. Diese Begrifflichkeit erfasst im Gegensatz zu Begriffen wie »Arisierung« oder »Entjudung« den wirtschaftlichen und politischen Gesamtkontext der Enteignungs- und Übernahmepolitik, vgl. Kreutzmüller, Händler und Handlungsgehilfen, S. 20.

202 Vgl. Dean u.a., Robbery and Restitution, sowie ders., Robbing the Jews; für Ungarn vgl. Aly u.a., Das letzte Kapitel; für die Slowakei vgl. Tönsmeyer, Das Dritte Reich, sowie Tönsmeyer, Raub, S. 82; für Kroatien vgl. Broszat u.a., Der kroatische Ustascha-Staat, S. 91. In Bezug auf die Ukraine schreibt Desbois die Verwertung der Güter der Ermordeten fast ausschließlich den Deutschen zu, ohne jedoch zu fragen, was mit dem Vieh und den Häusern der Getöteten geschah, vgl. Desbois, Der vergessene Holocaust.

Folgenden wird nach den Auswirkungen der ökonomischen Umverteilung gefragt, die die Umsiedlungspolitik der Ustaša in Gang gesetzt hatte und die in einer zunehmenden Entgrenzung der Gewalt resultierte. Zuvor werden in aller Kürze die ökonomischen Interessen der Deutschen im USK diskutiert.

Die Rolle der Deutschen

Die deutsche Politik in Kroatien wurde als » Scheitern einer Ausbeutungsstrategie« bezeichnet, so auch der Untertitel von Sundhaussens Monografie zum USK. Dabei wird allerdings übersehen, dass die deutschen Besatzer auf einem Feld sehr wohl erfolgreich agierten, und zwar bei der Konfiskation jüdischen Eigentums.

Nach dem Überfall auf Jugoslawien befand sich die kroatische Wirtschaft zunächst unter deutscher Kontrolle. Die kroatische Währung war an die Reichsmark gekoppelt. Im Rahmen des Schuldenclearings musste Kroatien Rohstoffe wie Mineralöl und Bauxit nach Deutschland liefern und bis 1943 für den Sold der im Land stationierten deutschen Soldaten aufkommen. Zudem verpflichtete sich Kroatien, mehr als 130000 Bergleute, Bau- und Forstarbeiter sowie Haushaltsgehilfinnen in das Deutsche Reich zu entsenden.[203]

Aus Deutschland reisten im Gegenzug »Interessenten aus der deutschen Wirtschaft« an, um von der neuen Lage zu profitieren.[204] Unter der Anleitung der Auslandsorganisation (AO) der NSDAP gründeten sie eine Deutsche Handelskammer, die gemäß der deutschen Fachpresse lauthals die »Entjudung« der kroatischen Wirtschaft forderte.[205] Darüber hinaus betätigten sich der Wehrwirt-

---

[203] Zur Ausbeutung durch das Deutsche Reich vgl. Sundhaussen, Wirtschaftsgeschichte Kroatiens; Umbreit, Deutsche Herrschaft, S. 88ff., sowie König, Kooperation als Machtkampf, S. 219 u. 224, sowie *Hrvatski Narod*, 14. März 1942; zur Entsendung von Arbeitskräften siehe Aufzeichnung Kasches vom 25. Oktober 1942, BA-MA/RH 31 III/7, o. lfd. Nr.

[204] DGA (Kasche), 3. Mai 1941, zit. n. König, Kooperation als Machtkampf, S. 207.

[205] Vgl. Hausmann, »Auch im Krieg schweigen die Musen nicht«, S. 305 u. 317, sowie Wirtschaftlicher Wochenbericht der Deutschen Handelskammer in Gründung, Nr. 1, 2. Februar 1942, Hans Gerlach, Vorwort. Siehe auch folgende Artikel im *Südost-Echo* (Wien), Jg. 11: »Wiedersehen mit Agram«, Nr. 18, 2. Mai 1941, S. 2; »Organe der kroatischen Wirtschaftslenkung. Der Poglavnik Dr. Pavelitsch über kroatische Wirtschaftsaufgaben – Die Stellung der Zentralen«, Nr. 20, 16. Mai 1941, S. 5; »Nationalisierung der Wirtschaft«,

Abb. 16: Deutsche Wirtschaftsinteressen im USK.
Aus: Kroatien. Behörden, Wirtschaftsorganisationen, Formen. Zusammengestellt vom volkswirtschaftlichen Ausschuss des Mitteleuropäischen Wirtschaftstages, Berlin 1943, S. 51.

schaftsstab Südost der Wehrmacht, die Organisation Todt und die SS.[206] Der Einsatzstab Rosenberg war zunächst vor allem an der Beschlagnahme von Hebraica und Judaica interessiert, um sie an antisemitische Forschungsinstitute in Deutschland zu überstellen. Bald aber ging er zu Plünderungen und dem Raub von Kunstwerken allgemein über.[207] Die genannten Institutionen und die dort beschäftigten Mitarbeiter partizipierten an der Raubpolitik. Angehörige des

Nr. 27, 5. Juli 1941, S. 9; »Die neuen kroatischen Minister«, Nr. 28, 12. Juli 1941, S. 2; »Beschleunigte Nationalisierung«, Nr. 29, 19. Juli 1941, S. 8.

206 Diese wurden in Zagreb durch den Chef des SS-Wirtschaftsstabs Südost, Obersturmbannführer Erhard Berger, vertreten, der dem Wirtschaftsverwaltungshauptamt der SS unterstand, siehe Erklärung Dr. Wilhelm Beisners, München, 13. September 1974, YVA/O.10/174, Bl. 22–25 (mit Bezug auf eine Eisenhütte in Sisak).

207 Vgl. Arendt, Eichmann in Jerusalem, S. 225; siehe auch MVP (Lorković) an Einsatzstab R.R., 24. Juni 1941, OAM 1441/1.4, o. Nr.

deutschen Besatzungspersonals zogen in Villen, deren Besitzer vertrieben wurden.[208] Um an geeignete Immobilien zu kommen, gingen sie buchstäblich über Leichen. Als der Chef des Einsatzstabes Rosenberg, SA-Obersturmbannführer Dr. Lauber, im August 1941 die früheren jüdischen Bewohner in der Nähe des Hauses, in dem er sich einquartiert hatte, sichtete, forderte er von der Zagreber Polizeidirektion ihre Verbringung in ein KZ, da er sich belästigt fühlte.[209] Dieses Fehlverhalten ging jedoch schließlich selbst seinen Vorgesetzten zu weit, und sie versuchten ihn wegen Amtsanmaßung loszuwerden.[210] Allerdings beteiligten sich auch alle anderen deutschen Stellen sowie Wehrmachtsangehörige an Plünderungen oder initiierten diese sogar.

Trotz der zumindest in den Städten geballten deutschen Präsenz blieb der deutsche Einfluss auf die Enteignungen aus vier Gründen insgesamt beschränkt. Erstens konkurrierten die Deutschen untereinander um konkrete Objekte und paktierten dabei jeweils mit lokalen Verbündeten.[211] Sie traten also nicht als geeinte Akteursgruppe mit einer gemeinsamen Agenda auf. Zweitens musste das Deutsche Reich auf italienische Befindlichkeiten Rücksicht nehmen. So wurden zwar einige Wirtschaftsfelder wie Bauxit, Leder und Chemie durch deutsche Berater kontrolliert, doch legte die Gesandtschaft aus Rücksicht auf den italienischen Partner Wert darauf, dass die Beratermissionen keinerlei offiziellen Charakter bekamen.[212] Somit waren der deutschen Einflussnahme wegen der deutsch-italienischen Konkurrenz bündnisstrukturelle Grenzen gesetzt, was die kroatische Eigenständigkeit erhöhte. Drittens war die deutsche Prä-

---

208 Für Glaise von Horstenau vgl. Vogel u.a., Dienen und Verdienen, S. 175ff.; für die NSDAP AO siehe Landesgruppenleiter Empting an Finanzminister Košak, 14. August 1942, PA AA/NL Kasche 3/2, Bl. 11.

209 Sondereinsatzkommando Einsatzstab R.R. beim AOK 2 an Polizeidirektion Agram, 27. Mai 1941, HR HDA/223/24, 18557 Pr.

210 Bericht des Leiters des Referats Südosten des Einsatzstabes Reichsleiter Rosenberg, von Ingram, 2. Mai 1942, abgedruckt bei Poliakov u.a., Denker, S. 163f.

211 Zur Konkurrenz zwischen dem SD und dem Einsatzstab R.R. siehe Aktenvermerk über Beschlagnahmungen in Dubrovnik, Einsatzstab R.R. (Hille), 21. Juli 1941, OAM/1441/1.11, o. Nr.; zum allgemeinen Agieren deutscher Akteure bei den Enteignungen siehe Erklärung Dr. Wilhelm Beisners, München, 13. September 1974, YVA/O.10/174, Bl. 22–25.

212 Vgl. Sundhaussen, Wirtschaftsgeschichte Kroatiens.

senz auf die Städte und Orte entlang der großen Verkehrsachsen beschränkt und im Hinterland und in Westkroatien nur schwach ausgeprägt. Viertens schließlich machte das jüdische Vermögen nur einen Teil der Enteignungserlöse aus. Die antiserbische Stoßrichtung der kroatischen Wirtschaftspolitik hingegen blieb von deutschen Interventionen weitgehend unberührt.

Die Folge war, dass trotz des intensiven deutschen Einflusses im USK deutsche Arisierungsfachleute im Prozess der Vermögenstransformation so gut wie keine Rolle spielten. Zwar wurde im Sommer 1941 auf kroatische Initiative der frühere Breslauer DNVP-Stadtverordnete und Wirtschaftsprüfer Dr. Hermann Dzialas (1874–?) als Arisierungsberater bei der Ponova angestellt. Dieser handelte aber nicht etwa in deutschem, sondern im Auftrag der kroatischen Regierung.[213] Er kündigte bereits nach sechs Wochen und reiste enttäuscht ab. Die Episode ist insofern bemerkenswert, als sie das hohe Maß an Misstrauen zwischen deutschen und kroatischen Stellen sichtbar macht. Denn obgleich die kroatische Seite ihn ursprünglich angefordert hatte, versperrte sie ihm den Aktenzugang. Offenbar wollte man deutsche Einblicke in die kroatische Wirtschaftspolitik verhindern, möglicherweise, um sich bei laufenden Wirtschaftsverhandlungen mit dem Deutschen Reich nicht in die Karten schauen zu lassen. Dzialas hatte ursprünglich geplant, als Wirtschaftsberater industriepolitisch tätig zu werden. Er schrieb, dass die »Aufgabe meinen Ehrgeiz anspornte und mir Freude bereitete«[214]. Nun fühlte er sich unterfordert und ausgenutzt, da ihn die kroatischen Behörden lediglich damit beauftragten, Verzeichnisse von Grundstücken in jüdischem Besitz anzufertigen. Doch war der kroatische Argwohn berechtigt, denn die deutsche Gesandtschaft hatte in der Tat bei der Gauleitung Schlesien der NSDAP Einkünfte über Dzialas eingeholt und mit diesem anschließend seine informelle Mitarbeit vereinbart.[215] Seine enttäuschte Reaktion demonstriert,

---

213 Von Troll-Obergfell an DGA, FS Nr. 226, 14. August 1941, PA AA/5259, fr. B3; vgl. ferner Goldstein u.a., Holokaust u Zagrebu, S. 176. Dzialas hatte in Breslau zudem als dänischer Konsul fungiert.

214 Dzialas an Rožanković, 23. September 1941, YVA/M.70/36, Bl. 1, sowie »Bericht über meine Tätigkeit bei der Staatsdirektion für die Erneuerung der Wirtschaft in der Zeit vom 1. 8.–12. 9. 1941«, ebenda Bl. 2ff.

215 NSDAP Gauleitung Schlesien an AA, »Parteigutachten Dzialas«, 26. August 1941. Des Weiteren sandte der Regierungskommissar der Hauptstadt Olmütz eine Beurteilung über Dzialas an den Bürgermeister von Neu-Tit-

dass er nicht verstand, dass er mehr Loyalität hätte demonstrieren müssen, um das Vertrauen seiner kroatischen Vorgesetzten zu gewinnen. Mit seiner Abreise erlosch dieser deutsche Einblick in die Interna der kroatischen Enteignungspolitik.

Plünderung und staatliche Kontrollversuche

Die materielle Komponente der Bevölkerungspolitik der Ustaša bestand aus dem Versuch, den Verfolgten den ökonomischen Boden für ein Leben in Kroatien zu entziehen und die Erlöse in den Umbau der kroatischen Gesellschaft einfließen zu lassen. Zugleich handelte es sich bei der Verfolgung von Serben, Juden und Roma aber auch um einen Raub- und Plünderzug, an dem sich Einzelpersonen, Ustaša-Gliederungen, Behörden wie auch die deutschen und italienischen Besatzer bereicherten. Die zahlreichen Fälle von Raub, Erpressung, Schnäppchenjagd und öffentlichen Versteigerungen beschlagnahmter Güter belegen eine breite gesellschaftliche Partizipation an den Verfolgungen. Dies war ganz im Sinne der Ustaša, die die gesellschaftliche Solidarität zerstören und nach ethnisierten Linien aufbrechen wollte. Gleichwohl waren die Resultate aus ihrer Sicht nicht immer erfreulich, da die Beteiligung der Bevölkerung an den Raubzügen oftmals in chaotischen Plünderungen mündete, wodurch dem kroatischen Staat unermessliche Werte entgingen.

In Bezug auf Raub und Enteignung lassen sich drei Tendenzen unterscheiden, die sich zeitlich überschnitten: erstens deutsche und kroatische Raubzüge in der Frühphase des Regimes, zweitens der Versuch des kroatischen Staates, die Enteignungspolitik unter seine Kontrolle zu bekommen, und drittens die massenhafte Plünderung von Gütern im Zusammenhang mit Massakern der Ustaša.

Raubzüge der Ustaša-Milizen

Vom Frühjahr 1941 an lieferten sich die Ustaša, die kroatische Verwaltung, Berufsverbände, Privatpersonen und die deutschen Besatzer ein regelrechtes Wettrennen um die Enteignung jüdischer und serbischer Güter. Räuberische und ideologische, private und politische Motive amalgamierten zu einem mafiösen System, politisch-

---

schein, laut der er »als Obertreuhänder […] besonders in Arisierungssachen gearbeitet« habe, 26. August 1941 (»mit Nordmährergruß«), PA AA/ Inland II A/B/ R 99.307, Bl. K326902f.

ideologische Motive verschränkten sich mit privater Bereicherung. Es ist typisch für bürgerkriegsähnliche Situationen, wie der Soziologe Peter Waldmann festgestellt hat, dass die Gewalt die Tendenz hat, sich zu »privatisieren«.[216] Der USK bot eine hervorragende Gelegenheitsstruktur zur Bereicherung vieler auf Kosten der Verfolgten, wie die folgenden Beispiele zeigen. Das heißt, Profiteure waren nicht nur die Ustaše, sondern alle Bürgerkriegsparteien, die Gewalt als Ressource für vielerlei Zwecke, wie etwa materiellen Profit, nutzten.

Ein Beispiel aus dem Herrschaftsbereich der Ustaša bilden die sogenannten Kontributionen der jüdischen Gemeinden im Frühjahr 1941. An verschiedenen Orten wurden jüdische Persönlichkeiten von regionalen Ustaša-Größen in Geiselhaft genommen, mit dem Tode bedroht und gezwungen, Geld und Wertsachen bei den jüdischen Gemeinden einzusammeln. Bis zum Sommer 1941 wurden den kroatischen Behörden in Zagreb 82 Kisten übergeben, die Wertgegenstände im Gegenwert von zirka zehn Millionen Schweizer Franken enthielten.[217] Nutznießer hiervon waren auch kroatische Spitzenpolitiker, die sich besondere Objekte aushändigen ließen.[218] Klein- und Bezirksstädte wurden Schauplatz regelrechter Jagden auf serbische und jüdische Unternehmer.[219] Die Vertreibung von Juden aus ihren Wohnungen bot selbst Ustaše niederen Ranges die Möglichkeit, ihre persönliche wirtschaftliche Situation zu verbessern. Oft standen bewaffnete Ustaše vor der Tür und warfen die Bewohner kurzerhand aus ihren Wohnungen.

In manchen Gegenden basierte das ganze Regime bestimmter Ustaša-Führer auf dem Raub jüdischer und serbischer Güter. So baute in der Bosanska Krajina der Großgespan Viktor Gutić seine

---

216 Waldmann, Gesellschaften im Bürgerkrieg, S. 344 u. 357.

217 Abschlussbericht vom 31. Oktober 1941, zit. n. Goldstein u.a., Holokaust u Zagrebu, S. 164; für Osijek vgl. Bethke, (K)Eine gemeinsame Sprache; vgl. auch den Bestand BA 57/904, der Akten zu Arisierungen im USK enthält.

218 O. A., »Kurze Darstellung über die bisherigen antijüdischen Maßnahmen und die Lage der Juden in Kroatien« (Mitte Mai 1942), YVA/M.70/140, Bl. 51–68. Nach dem Krieg beschuldigten sich die in Jugoslawien inhaftierten Ustaša-Politiker gegenseitig der Korruption und der Bereicherung, bspw. Košak, der in Verhören Vorwürfe gegen Slavko Kvaternik erhob, siehe AJ/110/908, Nr. 52634.

219 Bezirksorganisation der Ustaša Samobor an Bezirksverwaltung, 25. April 1941, YVA/M.70/69, Bl. 1.

Machtposition aus, indem er manche Gefolgsleute am Raub partizipieren ließ oder andere von den Erträgen ausschloss.[220] Die Konfiskation des jüdischen Eigentums diente somit sowohl der Bereicherung der einheimischen Funktionseliten als auch der Sicherung von politischer Loyalität. Gutić selbst bezog ein jüdisches Anwesen in Banja Luka, während sein Bruder in das Haus eines geflohenen serbischen Arztes zog. Die Immobilien waren mehrere Hunderttausende Kuna wert. Keiner der beiden Politiker zahlte Miete; dafür besorgten sie sich persönlich die passende Einrichtung in den Häusern anderer Verfolgter und verschleuderten Firmen an Familienangehörige, bis schließlich der Bürgermeister eine Beschwerde bei der kroatischen Sicherheitspolizei einreichte.[221] Das Beispiel der Gutić-Brüder ist zwar extrem, aber nicht atypisch. Denn da die Ustaša mit nur begrenzten Finanzmitteln in Kroatien einrückte, war die schnelle Enteignung ihrer angeblichen Feinde entscheidend für die konkrete Machtfrage. Selbst Vertreter der Bewegung, denen es eigentlich nicht um Raub ging, waren darauf angewiesen, bei den Verfolgten abzuschöpfen. Dies wird deutlich anhand der Zwangsabgaben, die zahlreiche jüdische Gemeinden sowie Einzelpersonen unmittelbar nach der Ankunft der Ustaša entrichten mussten.[222]

Auf die Tatsache, dass durch Massenvertreibungen innenpolitische Sachzwänge geschaffen wurden, die aus Sicht der Täter Enteignungen erforderlich machten, hat bereits der Historiker Andreas Hillgruber verwiesen. In Rumänien wurden geraubte Barmittel verwandt, um den »Staatshaushalt von der Fürsorge« für rumänische Flüchtlinge aus den zuvor an Ungarn und Bulgarien abgetretenen Gebieten »zu entlasten«.[223] In Kroatien verschlang allein der Verwaltungsapparat der Ponova Unsummen.[224]

---

[220] Vgl. Vukmanović, Neka pitanja III, S. 123f.

[221] Elf Kuna entsprachen einem Schweizer Franken, vgl. Kretzschmann, »Die Reichskreditkassen«, S. 116f.; zu den Vorgängen in Banja Luka siehe GP Banja Luka an RAVSIGUR, 22. November 1941, HM BiH/NDH/1941, Nr. 183.

[222] US Križevci an Ljudevit Strauss, 13. April 1941, YVA/M.70/50, Bl. 78, sowie Bescheid des UL Križevci, 27. Juni 1941, ebenda, Bl. 74. Strauss wurde aufgefordert, binnen 24 Stunden die Summe von 30000 Dinar aufzubringen; vgl. auch Goldstein u.a., Holokaust u Zagrebu, S. 162–172.

[223] Hillgruber, Hitler, S. 238; auch Christian Gerlach verweist darauf, was für ein kostspieliges Unterfangen »Nationalisierungspolitik« in der Regel war, siehe Andrea D'Onofrio, Tagungsbericht, »Territorialer und innerer Revi-

Zwar gab es Akteure, die sich wahrhaftig bemühten, die Enteignungswelle sozial und produktiv im Sinne der kroatischen Mehrheitsgesellschaft zu gestalten. So rühmte sich die Berufsgenossenschaft »Kroatischer Arbeiter«, die bei der Auswahl der Bewerber für Betriebsübernahmen gewichtigen Einfluss hatte, stark auf die Bedürfnisse jugendlicher Berufseinsteiger geachtet und in 23 000 Fällen [!] vermittelt zu haben.[225] Solche Versuche verblassen jedoch – selbst wenn sie ernst gemeint gewesen sein sollten – angesichts der Masse an Fällen, in denen es um pure persönliche oder institutionelle Bereicherung ging.

Die Akademie der Wissenschaften, Genossenschaften und Berufsverbände schlugen Unternehmen und Einzelgeschäfte zur Enteignung vor und beanspruchten bestimmte Gebäude für ihre Zwecke.[226] So rief die Agramer Handelskammer ihre Mitglieder auf, bei Interesse für die Übernahme der bis dahin in jüdischen Händen befindlichen Parfümeriegeschäfte umgehend Gesuche einzureichen.[227] Tausende aufstiegswillige einfache Bürger schrieben den Behörden mit der Bitte, Werkstätten, Geschäfte oder Firmen übernehmen zu dürfen.[228] Am 8. August 1941 bat Marija Barac, eine 27-jährige

---

sionismus. Die Politik der deutschen Verbündeten 1938–1943«, (September 2008, Blaubeuren), siehe http://hsozkult.geschichte.hu-berlin.de/tagungsberichte/id=2455 [31. 05. 2012].

224 Zu den Gehältern und Aufwandsentschädigungen der Kommissionsmitglieder siehe Bezirk Valpovo an DRP, 10. Juli 1941, HR HDA/1076.1/442, Nr. 671/41.

225 Kvaternik, Vilim V. (1942): Das kroatische Berufsförderungswerk *Hrvatski Radiša*, in: *Neue Internationale Rundschau der Arbeit*, Jg. 2, Nr. 3, S. 249–254, S. 253.

226 Zur *Matica Hrvatska* vgl. Goldstein u. a., Holokaust u Zagrebu, S. 193; zur Genossenschaft »Kroatischer Arbeiter« (*Hrvatski Radiša*) vgl. Kisić-Kolanović, Podržavljenje imovine židova.

227 *DZK*, 28. Juni 1941.

228 Siehe auch Gemeinde Kapela an Institut für Kolonisierung, 5. August 1941, HR HDA/246/11, 11066/41; siehe ferner die Bitte, eine »serbische Bäckerei« übernehmen zu dürfen (Büro des Poglavnik an DRP, 25. August 1941, HR HDA/1076.1/548, T I, 91/41), die Bitte, eine Apotheke übertragen zu bekommen (Ante Svalina an DRP, 16. Juli 1941, HR HDA/1076.1/443, Nr. 879/41) sowie die Bitte um die Rückgabe eines Paars Stiefel, die sich bei einem verhafteten serbischen Schuster befanden (David Edgard an DRP, 15. Juli 1941, HR HDA/1076.1/443, Nr. 873/41); siehe ferner das »Verzeichnis der bis 25. VIII. 1941 eingelaufenen Arisierungsgesuche«, PA AA/Zagreb 173/1, Arisierung, o. lfd. Nr.; für eine Übernahmeliste jüdischer

geschiedene Hausfrau aus Zagreb, das Regierungspräsidium, ihr ein ehemals von Juden oder Serben geleitetes Buffet oder eine Wirtschaft zu übertragen.[229] Anfang August sandte ein Kleinbauer aus dem Bezirk Bjelovar dem Kolonisierungsamt eine Eingabe, in der er darum bat, mit seiner bedürftigen Familie »auf einen Dobrovolzenhof oder den Hof eines internierten orthodoxen Serben gesetzt zu werden«.[230] Die Behörde schickte dem Mann die nötigen Formulare. Damit die Enteignungen schnell vonstattengehen konnten, überschrieb die Ponova den Interessenten für jüdische und serbische Unternehmen diese auch auf Kredit.[231]

Bald geriet jedoch das gesamte System außer Kontrolle: Heerscharen von offiziellen oder selbst ernannten Treuhändern bemächtigten sich diverser Unternehmen und Geschäfte und bereicherten sich an diesen. Funktionierende Firmen wurden ruiniert; manchmal wurden lediglich die Waren ausverkauft, keine neuen bestellt und das Geschäft nach kurzer Zeit geschlossen.[232] Intakte Häuser wurden abgerissen, um Baumaterial zu gewinnen.[233] Die Staatsdirektion für wirtschaftliche Erneuerung versuchte zu retten, was zu retten war, und die Treuhänder unter ihre Kontrolle zu bringen.[234] Verzweifelt suchte man nach Fachleuten für von Schließung bedrohte Unternehmen.[235] Doch die kroatische Wirtschaft hatte durch die Liquidierung zahlreicher funktionierender Unternehmen bereits schweren Schaden genommen.

Unternehmen siehe Bund der kroatischen Arbeiter und Angestellten an Gesundheitsministerium, 19. April 1941, USHMMA/1998.A.0026/1, Nr. 10033/S-5.

[229] Marija Barac an Regierungspräsidium, 8. August 1941, HR HDA/1076.1/548, T I, 80/41.

[230] Gemeinde Kapela an Kolonisierungsamt, 5. August 1941, HDA/246/11, 11066/41.

[231] »Beschleunigte Nationalisierung«, in: *Südost-Echo* (Wien), Jg. 11, Nr. 29, 19. Juli 1941, S. 8.

[232] UL Novska an Volkswirtschaftsministerium, 13. Mai 1941, USHMMA/1999.A.0177/9, fr. 246f., sowie US Bjelovar an Volkswirtschaftsministerium, 7. Mai 1941, USHMMA/1999.A.0177/9, fr. 55.

[233] DRP an MUP, Weiterleitung einer Beschwerde des US Bihać, 5. September 1941, HR HDA/223/32, I-A 891/41.

[234] DRP an die Kommunen, 9. September 1941, AJ/110/677, 23.

[235] Handwerkskammer für Stadt und Kreis Zagreb an DRP, 15. Juli 1941, HR HDA/1076.1/443, Nr. 1072/41.

Staatliche Kontrollversuche

Der staatliche Apparat, der mit Enteignungen zu tun hatte, wurde immer größer. Die Verteilung der Vermögenswerte Zehntausender Flüchtlinge und Vertriebener war eine unüberschaubare Aufgabe. Das für diesen Zweck gegründete »Amt für einbehaltenes Vermögen« spürte noch lange Zeit illegal geraubtem jüdischem Besitz nach, um ihn in staatliche Hände zu transferieren. Aufrufe der kroatischen Behörden, unterschlagenes Raubgut anzumelden, häuften sich.[236] Die Bereicherung durch die Ustaša nahm derart dreiste Formen an, dass staatliche Behörden zusehends dagegenhielten. So beschuldigte die kroatische Regionalverwaltung im September 1941 den Ustaša-Führer von Varaždin, von den Juden in der Stadt Geldbeträge in Höhe von drei Millionen Kuna erpresst zu haben. Der Großgespan schrieb an Pavelić, dass man dringend gegen den Mann vorgehen müsse, da sein Verhalten einen Schatten auf die gesamte Ustaša werfe.[237] Die kroatische Armee berichtete von »ungesetzmäßigen und anarchistischen« Bereicherungskampagnen durch muslimische Ustaše aus Ostbosnien. So hatte ein Anführer in Bijeljina untergeordnete Organe ermächtigt, eigenständig gegen serbische Haushalte vorzugehen und die geraubten Güter an bedürftige Muslime zu verteilen.[238] Einige Verantwortliche für Fälle besonders krassen Raubes wurden festgenommen, unter ihnen beispielsweise der Bürgermeister von Bjelovar.[239]

Verordnungen Pavelić', wie beispielsweise die zur »Anmeldung verborgenen Vermögens und Eigentums Ausgesiedelter und jener, die das Land verlassen haben«,[240] zeugen davon, wie schwer es dem Staat fiel, enteignete Güter in seinen Besitz zu bringen.[241] Die

---

236 Bericht der Polizei Zemun an die Steuerbehörde, 19. April 1942, JIMB/k. 22, 8/2.1.

237 VŽ Zagorje an den Poglavnik, 17. September 1941, HR HDA/223/34, I-A 2920/41.

238 Kommandantur der Gendarmerie Tuzla an VŽ Bosanski Brod, 4. Juli 1941, AVII/NDH/174, 11/3–1. Betroffen waren laut dem Bericht vor allem sogenannte serbische Dobrowolzen.

239 »Übergriffe durch Ustaša«, Bericht aus Bjelovar an die DGA, 5. März 1942, PA AA/Zagreb 66/2, Pol.3 Nr. 4, 122/42.

240 Verordnungen Pavelić' Nr. CCLIII – 1728/41, 20. Oktober 1941 u. Nr. CCLII – 1815/41, 25. November 1941, in: Bekanntmachung der Steuerbehörde Gospić, 15. September 1942, HR HDA/Zbirka Štampata/907, 107/205.

241 Anordnung des RUR Varaždin, 14. Juli 1941, HR HDA/907, 99/127.

Ponova erließ strikte Maßregeln, deren Missachtung von Standgerichten mit dem Tode bestraft werden konnte. Kroatische Nachbarn der geräumten Häuser wurden verpflichtet, dafür Sorge zu tragen, dass nicht geplündert wurde. Dafür war es nötig, die geleerten Wohnungen so rasch wie möglich wieder mit Mietern zu füllen, was zumindest in den Städten scheinbar gelang.[242] Die Annahme von Geschenken von Serben und Juden wurde ebenso verboten wie die Aufbewahrung oder der Kauf ihrer Güter. Alle Gegenstände, die Kroaten ab dem 1. März 1941 von Serben oder Juden gekauft hatten, mussten schriftlich angemeldet werden.

Serben, die außer Landes gegangen waren, wurden ihre Eigentumsrechte und ihre Staatsbürgerschaft offiziell entzogen.[243] Ähnlich dem Deutschen Reich, das das Vermögen von Juden einzog, wenn sie in ein Getto oder ein Vernichtungslager deportiert wurden, versuchte die kroatische Regierung, den Besitz der Geflohenen und Deportierten zu sichern, unabhängig davon, ob diese noch am Leben waren oder nicht. Stets wiederkehrende Erlasse an Juden, ihr verbliebenes Vermögen und Wertgegenstände, wie Tafelsilber und Briefmarkensammlungen, anzumelden, zeugen aber auch vom Unvermögen der Behörden, den Überblick zu behalten.[244]

Raubökonomie und Massenmord

Eine dritte Ebene der Enteignungspolitik fand im Rahmen der Massaker der Ustaša-Milizen statt, die diese seit dem Sommer 1941 in serbischen Siedlungsgebieten begingen. Diese Art der Raub- und Bürgerkriegsökonomie stand weitgehend außerhalb staatlicher Kontrolle und folgte eigenen Regeln. Ein von der Ustaša verübtes Massaker im Dorf Crkveni Bok, das in Plünderungen mündete, soll hierfür als Beispiel dienen.

Soldaten der Ustaša waren am 13. Oktober 1942 in das südöstlich von Zagreb an der Save gelegene Dorf entsandt worden, um Verhaf-

---

[242] Institut für Kolonisierung, o. D., Verzeichnis der Immobilien und der beweglichen Habe der ausgesiedelten Personen im Bezirk Vukovar, HR HDA/246/8, 3600/43.

[243] Bezirk Teslić an DRP, 12. Juli 1941, HR HDA/1076.1/442, Nr. 651/41, sowie Bezirk Valpovo an DRP, 10. Juli 1941, HR HDA/1076.1/442, Nr. 671/41.

[244] Zur Meldepflicht jüdischen Eigentums siehe Steuerbehörde Bjelovar an die Behörde für verstaatlichtes Vermögen beim Finanzministerium, Nr. 77.936–1942, 5. November 1942, HR HDA/Zbirka Štampata/907, 107/103.

tungen vorzunehmen. Dabei vertrieben und töteten sie mehrere Dorfbewohner. Was sich anschließend ereignete, berichtete der katholische Pfarrer des Ortes in einem Beschwerdebrief an Pavelić. Wachen aus dem nahe gelegenen KZ Jasenovac hätten Wagen requiriert und seien mehrmals in das Dorf gekommen, um mithilfe von Mitgliedern der Ustaša-Jugend Möbel und Hausrat der Getöteten abzutransportieren. Anschließend seien Bewohner der umliegenden Dörfer zum Plündern gekommen. Da die Ustaša den Großteil des Hausrats bereits fortgeschafft hatte, begannen die Zivilisten damit, intakte Häuser zu zerstören, um Baumaterial zu gewinnen.[245] Von den Behörden befragte Plünderer gaben an, dass ihnen ihre Vorgesetzten gesagt hätten, dass sie aus von der Ustaša angegriffenen serbischen Dörfern alles mitnehmen dürften.[246]

Ein ähnlicher Fall ereignete sich im nordwestbosnischen Velika Kladuša. Dort hatte ein aus Zagreb entsandtes Ustaša-Kommando Ende Juli 1941 Verhaftungen durchgeführt und anschließend Häftlinge erschossen. Im Zusammenhang damit war die serbische Bevölkerung aus einigen umliegenden Dörfern geflüchtet. Ein 13-köpfiges Kommando unter dem Offizier Bonaventura Baljak sollte die Übernahme der geleerten Wohnungen und der Besitztümer der Vertriebenen koordinieren. Schockiert berichtete die Bezirksverwaltung, dass die Ustaša ganze Lastwagenladungen mit Gebrauchsgütern und Hausrat für den eigenen Bedarf fortschaffte, und bat um die Einrichtung einer staatlichen Kommission, die auch befugt sein müsse, Hausdurchsuchungen bei Ustaša-Angehörigen durchzuführen. Die Beamten berichteten, dass die Aktion völlig außer Kontrolle geraten sei. Zivile Plünderer, die sich auch an den Vertreibungen und Morden beteiligt hatten, seien nicht mehr aufzuhalten gewesen, sodass die Ustaša schließlich einzelne Plünderer habe »füsilieren müssen«, um den Zugriff auf die Güter nicht zu verlieren.[247]

Die Zugriffsmöglichkeiten staatlicher Stellen wie der Ponova waren in solchen Fällen extrem begrenzt. Wenn Gemeindeverwaltungen zur Sicherstellung des Hausrats von Serben Siegel an die Türen

---

245 Bericht des Vorstehers der Kirchengemeinde (Augustin Kralj) an Poglavnik, 16. Oktober 1942, BA-MA/RH 31 III/3, o. lfd. Nr.

246 Gemeinde Doboj an Bezirk Doboj, 1. September 1941, HM BiH/NDH/1941, Nr. 85.

247 Bezirksexpositur Velika Kladuša an ŽRO Krbava i Psat, 23. Oktober 1941, BArch/R 58/92, Bl. 20–23.

der verlassenen Häuser anbrachten, wurden diese wieder entfernt, und Ustaše oder herkömmliche Kriminelle raubten das Inventar.[248] Es wäre jedoch ein zu einfaches Bild, die Zivilverwaltung als Verteidigerin der geraubten Güter im Interesse einer staatlichen Nationalisierungspolitik zu sehen, denn mancherorts agierten die Gruppen mit vertauschten Rollen. Im knapp 40 Kilometer von Velika Kladuša entfernten Bihać war es der Chef der Ustaša namens Šimić, der die Verwaltung für den Ablauf der Vertreibung der Serben und Juden scharf kritisierte. In einer Beschwerde an die Ponova berichtete er von Korruption und räuberischer Erpressung bei der Übernahme enteigneter jüdischer und serbischer Unternehmen, die von durch die Zivilverwaltung eingesetzten inkompetenten Kommissaren binnen kurzer Zeit zugrunde gerichtet worden seien. »Die Säuberung des Kreises von Wlachen und Juden« habe millionenfache Erträge eingebracht, doch sei die Region mittlerweile im Chaos versunken. Mehrere ehemals wohlhabende Dörfer seien nach der erfolgten Vertreibung der serbischen Bewohner durch kroatische Bauern aus der Umgebung so vollständig ausgeplündert worden, dass kein Stein mehr auf dem anderen stehe. Šimić schätzte, dass nur 10 Prozent des serbischen und jüdischen Besitzes in staatliche Hände gelangt seien. Er bat dringend um die Entsendung eines Bevollmächtigten aus Zagreb, damit wenigstens ein Teil der beschlagnahmten Güter für den Staat gesichert werde. Die Konflikte waren jedoch auch Teil eines Machtkampfs, und mit seinen Eingaben zwecks einer effektiveren Verteilung der geraubten Güter versuchte der Milizchef, seinen Konkurrenten zu schaden. Dabei stilisierte er sich als Kämpfer, der, gezwungen durch seine Heimatliebe und sein »Ustaša-Gewissen«, nicht dulden könne, dass sich die einen im Hinterland bereicherten, während die Ustaša im Kampf gegen die Aufständischen den Kopf hinhalte.[249]

Ereignisse wie in und um Bihać waren keine Einzelfälle. Sie verdeutlichen die destruktive Dynamik, die von den Umverteilungsprozessen ausging und die breiten Bevölkerungskreisen die Möglichkeit eröffnete, sich zu beteiligen. Ein Unrecht zog das nächste nach sich,

---

[248] Bezirk Bosanska Dubica an ŽRO Nova Gradiška, 10. Juni 1942, AVII/NDH/196, 1/48–1; zu ähnlichen Ereignissen in Banja Luka vgl. Lukać, Banja Luka, S. 100.

[249] Beschwerde des US Bihać, DRP an MUP, 5. September 1941, HR HDA/223/32, I-A 891/41.

und Serben und Juden, die aus ihren Wohnungen und Häusern vertrieben wurden, wurden bald ihrer restlichen Habe beraubt. Vertriebene und Flüchtlinge wiederum wurden auf ihren Fluchtwegen ausgeraubt, sodass sie oft nicht mehr als ihr nacktes Leben retten konnten. Auch deshalb funktionierten die ehrgeizigen Nationalisierungspläne der Ponova, die »wirtschaftliche Erneuerung«, nicht, denn die landesweite Beteiligung Zehntausender an Plünderungen stürzten ganze Landstriche ins Chaos, wie die Beispiele der einst prosperierenden, durch Plünderer zerstörten Dörfer illustrieren. Staatliche Stellen versuchten, mittels Drohungen und Standgerichtsurteilen die Einhaltung ihrer Vorgaben durchzusetzen, doch zeigt die Frequenz solcher Schreiben vielmehr den Misserfolg der Bemühungen.[250] Letztlich blieb den Behörden nichts anderes übrig, als Waffengewalt gegen Plünderer anzuwenden.[251] Doch war es zu spät, die Ereignisse noch in die Bahnen umzulenken, von denen die Sozialutopisten der Ustaša einst geträumt hatten. Denn die Vertreibungen bildeten die Ursache für Ernteausfälle, Hungersnöte, Epidemien, wirtschaftliche Verluste, flächendeckende Plünderung, Zerstörung von ganzen Dörfern, Massakern durch die Milizen, Aufstände und Konflikte mit den Deutschen. Die Krise des USK war irreversibel.

Deutsche und italienische Reaktionen auf Flucht und Vertreibung

»Grüßt man einen Ustascha mit ›Heil Hitler!‹, so schaut er einen wild an und schimpft auf die deutsche Schule […]. Da bemerkt man schon die Deutschfeindlichkeit.« Die Episode, die eine deutsche Ortsgruppe dem Volksgruppenführer berichtete, ist Ausdruck für die Eiszeit, die nach einer kurzen Phase der Euphorie zwischen Deutschen und Kroaten ausgebrochen war.[252] Das gemeinsame Umsiedlungsvorhaben, das im Fiasko geendet war, bildet den Startpunkt dieser Entwicklung.

---

250 Rundbrief, VŽ Lašva u. Glaž an die Bezirke, 20. August 1941, HR HDA/223/26, Pr. 26639/41.

251 Vgl. Vukmanović, Neka pitanja II, S. 125.

252 Deutsche Volksgruppe in Kroatien (Ortsgruppe Dubrovac) an Volksgruppenführer, 18. Oktober 1942, PA AA/Zagreb 66/2, »Übergriffe durch Ustaša«.

Da sich die kroatische Seite nicht an das im Juni 1941 mit den Deutschen vereinbarte Prozedere hielt, lösten die Vertreibungen eine erste ernsthafte Krise im deutsch-kroatischen Verhältnis aus. Die Ustaša erwies sich als widerspenstiger Partner. Vor allem die Milizen der Ustaša fühlten sich nicht an Absprachen mit den Deutschen gebunden und vertrieben so viele Serben, wie sie nur konnten. In der Folge kam es zu scharfen Konflikten zwischen dem Deutschen Reich und Kroatien.

Die unorganisierte Ankunft Zehntausender Flüchtlinge in Serbien führte zu einer Destabilisierung des deutschen Besatzungsregimes, da diese das Heer der Unzufriedenen und Widerstandswilligen bedeutend verstärkten. Aus deutscher Sicht war einzig das Schleusungsverfahren über Belgrad akzeptabel, auf das man sich im Juni verständigt hatte. Stattdessen aber wuchs die Zahl der illegal über die Grenze nach Serbien Vertriebenen von Woche zu Woche. Ende Juli 1941 belief sich die Zahl der Vertriebenen auf bis zu 180000. Unter den Flüchtlingen entlang der Grenze zu Serbien brach eine Flecktyphusepidemie aus, sodass die Wehrmachtsführung die Gesundheit ihrer Truppen in Gefahr sah.[253] Die Tatsache, dass sich die kroatische Regierung als unfähig erwies, die vereinbarte Anzahl von slowenischen Umsiedlern aufzunehmen, steigerte die deutsche Verärgerung. Der deutsche kommandierende General in Serbien zog die Notbremse und wies die deutschen Grenztruppen an, weitere Abschiebungen über die Drina zur Not mit Waffengewalt zu verhindern.[254] So hatte sich das kurze Zeitfenster, in dem die Ustaše legal Serben nach Serbien vertreiben durften, schnell wieder geschlossen. Die Wehrmacht besetzte Brücken und Furten und beschlagnahmte Fähren und Boote, um die Flüchtlinge abzuwehren. Das Vorgehen richtete sich somit zunächst gegen die flüchtenden Serben und nicht gegen die vertreibenden Ustaše. Doch ließ sich die unübersichtliche Grenze nicht wirksam sperren. Der politische

---

[253] Vgl. Olshausen, Zwischenspiel, S. 226. Für Schätzungen für Juni 1941 (40000) siehe Bericht eines V-Mannes, 28. Juni 1941, BA-MA/Wi/IC3.10; für Schätzungen für Juli 1941 (180000) siehe Aufzeichnung v. Triska, 31. Juli
1941, PA AA/Abt. Inland II, D, 401, H 297932f., sowie Promemoria für das MVP, 30. Juli 1941, AVII/NDH/234, 1/55–2, Bl. 2ff.

[254] Abgeordneter des Marschallsamtes an DRP, 19. Juli 1941, AVII/ NDH/ 234, 1/55–7.

Druck auf Kroatien, die Vertreibungen abzubrechen, wuchs. Deutsche Diplomaten konfrontierten den kroatischen Außenminister Lorković mit »erschütternden Berichten [...] und [...] Fotos«, die die Vertreibungsgewalt illustrierten. Im Gegenzug behaupteten kroatische Vertreter, dass lokale Milizen für die Vertreibungen verantwortlich seien.[255]

Ende Juli 1941 wurde eine deutsch-kroatische Kommission einberufen, die die Vertreibungen über die Drina beenden und die Umsiedlungs- und Flüchtlingslager auf beiden Seiten der Grenze in Augenschein nehmen sollte. Um die Kommission gab es erhebliche Auseinandersetzungen zwischen deutschen Stellen in Kroatien und Serbien. Die kroatische Seite versuchte vor allem zu verhindern, dass Vertreter aus Serbien die kroatischen Lager betreten durften, und sprach sich vehement gegen die Beteiligung des Serbischen Roten Kreuzes aus. Auf einer Reihe unterkühlter Treffen machten die deutschen Vertreter ihren kroatischen Kollegen eindringlich klar, dass weitere Vertreibungen über die Drina sofort einzustellen seien. Besonders demütigend muss in kroatischen Ohren die Drohung des Chefs der Einsatzgruppe der Sicherheitspolizei und des SD für Serbien, SS-Standartenführer Dr. Wilhelm Fuchs (1898–1947), geklungen haben, deutschfreundliche Četnici in das Grenzgebiet einmarschieren zu lassen, sollten sich die dortigen Verhältnisse nicht bessern. Deutsche Kommissionsmitglieder verwiesen auf ihr Leitbild von »ordentlicher Gewalt« im Gegensatz zum Vorgehen der Ustaša. Einem Bericht der kroatischen Delegation zufolge verlor Fuchs die Fassung und schrie, dass die Ustaša noch tiefer stehe als die Bolschewisten, da sie den Flüchtlingen an der Grenze sogar die Stiefel abnehme, und dass ein Land, das so etwas zulasse, von der Karte Europas radiert werden müsse. Handlungen, die mit der Humanität und der deutschen Kultur nicht vereinbar seien, würden künftig nicht mehr hingenommen werden.[256] Die Vertreibungen sollten wieder stärker das Bild eines zwar schmerzhaften, aber doch einer höheren Vernunft verpflichteten Bevölkerungstransfers demonstrieren. Deshalb mussten sich die kroatischen Behörden verpflichten, alle Umsiedler namentlich zu registrieren, vier Tage im

---

[255] DGA (von Troll-Obergfell) an AA, FS Nr. 726, 11. Juli 1941, PA AA/Büro StS, Kroatien Bd. 1, Bl. 310 sowie Kdr.Gen.u.Bef.i.S. an WBSO, 20. April 1942, BA-MA/RW 40/28, Bl. 78.

[256] Promemoria für das MVP, 30. Juli 1941, AVII/NDH/234, 1/55–2, Bl. 2ff.

Voraus den deutschen Stellen die Listen zuzustellen und den Anteil der Kinder zu vermerken, um deren Versorgung mit Milch sicherzustellen.[257] Denn es hatte auch Fälle gegeben, in denen abgeschobenen Müttern die Kinder weggenommen wurden, die dann anschließend in die Obhut von Ustaša-Jugendorganisationen gegeben wurden. Gegen diese Praxis gab es scharfe deutsche Proteste, da sie »dem allgemeinen völkischen Interesse widerspreche«.[258] General Glaise von Horstenau ließ sich »die besonders rücksichtsvolle Behandlung der Abwanderer« von der kroatischen Führung zusichern.[259] Solche Interventionen waren offenkundig nicht darauf ausgerichtet, die Vertreibungen zu beenden, sondern dienten vor allem der Gewissensberuhigung der deutschen Protagonisten.

Darüber hinaus gab es jedoch zahlreiche Fälle, in denen deutsche Armeeangehörige serbischen Vertriebenen aktiv halfen – und zugleich einen lukrativen Grenzhandel führten. Das Risiko war relativ gering, da Deutsche an der serbisch-kroatischen Grenze kaum kontrolliert wurden und daher ungehindert Personen und Güter in die eine oder andere Richtung transportieren konnten.[260] Manchmal wurden deutsche Soldaten in dieser Weise aktiv, weil sie sich einzelnen Menschen verbunden fühlten, in anderen Fällen ließen sie sich bezahlen. Die kroatische Regierung musste das Bild gewinnen, dass die Wehrmacht ständig die serbisch-kroatische Grenze unterlaufe und zusammen mit serbischen Kriegsgewinnlern den USK ausplündere.

Angesichts dieser Konflikte machte sich das kroatische Außenministerium zunehmend Sorgen um die Außenwirkung des Landes

---

[257] Bericht über die Konferenz von Vertretern des kroatischen Außenministeriums und deutschen Vertretern in Belgrad und Šabac, 29. und 30. Juli 1941, AVII/NDH/234, 1/55–2, Bl. 1.

[258] MVP an MUP, 1. August 1941, AVII/NDH/203, 1/31–1. Solche Praxen galten indes nicht als inhuman, wenn sie im Rahmen von Eindeutschungsmaßnahmen in den durch das Deutsche Reich annektierten Gebieten vorgenommen wurden, vgl. Heinemann, »Rasse, Siedlung, deutsches Blut«.

[259] D.G.i.A. an AOK 12, 7. Juli 1941, BA-MA/20–12/454, Nr. 184/41.

[260] In einem Fall kam es zu einem ernsten Konflikt, da zwei deutsche Soldaten, die auf ihrem Geländewagen eine Serbin mitsamt ihres Hausrats nach Serbien fuhren, von Ustaše aufgehalten und entwaffnet wurden und der Wagen samt Inhalt beschlagnahmt wurde und versteigert werden sollte, siehe Kommandantur Šid an DRP, 18. August 1941, AVII/234, 234, 1/55–23, sowie AVII/213, 2/20–2; für einen weiteren Fall siehe DRP Šid an Ponova, 26. August 1941, AVII/234, 1/55–9.

und unterbreitete deshalb der Ponova Vorschläge, die dazu angetan waren, den kroatischen Ruf zu verbessern. Ausländische Staatsbürger und Härtefälle sollten umgehend aus den Lagern entlassen werden und die zahlreichen Einzelfallinterventionen deutscher Offiziere in Zukunft wohlwollend geprüft werden. Das Außenministerium schlug vor, in manchen Fällen die Ausweisungsbescheide aufzuheben und bereits Vertriebenen die Rückkehr oder zumindest die Ordnung ihrer Besitzverhältnisse zu gestatten.[261] Außerdem versuchte die kroatische Gendarmerie fortan, illegale Vertreibungen nach Serbien zu unterbinden, da »der Fortbestand der deutsch-kroatischen Umsiedlungsvereinbarung« davon abhänge.[262] Ponova-Chef Rožanković hatte die Zeichen der Zeit erkannt. Man habe den Deutschen versprochen, keine illegalen Vertreibungen mehr vorzunehmen, und nun stehe das Ansehen des USK und die Freundschaft zum Deutschen Reich auf dem Spiel, schrieb er allen betroffenen Behörden.[263] Das Problem war jedoch, dass die Vertreibungen nicht per Dekret beendet werden konnten. Denn bereits frühere Versuche, diese unter Kontrolle zu bekommen, waren an den unkontrollierbaren Dynamiken vor Ort gescheitert.[264]

Bereits nach wenigen Wochen war das gemeinsame deutsch-kroatische Umsiedlungsprojekt aus deutscher Sicht in einem Fiasko zu Ende gegangen. Die Mehrzahl der Slowenen hatte nicht im USK angesiedelt werden können, und die Massenvertreibungen der Ustaša hatten Kroatien in eine Krise gestürzt, die vor den Deutschen nicht haltmachte. Genährt wurde die Frustration auf deutscher Seite auch dadurch, dass der italienische Achsenpartner die Lage auszubeuten begann, indem er sich als die vergleichsweise weniger brutale Besatzungsmacht inszenierte, die Umsiedlungen auf ihrem Gebiet nicht zuließ. Dabei buhlte die italienische Armee gezielt um die Sympathien der einheimischen Bevölkerung. Der italienische Außenminister Graf Ciano äußerte in seinen Tagebüchern die Hoffnung, dass die italienische Besatzungspolitik mit ihren seiner Mei-

---

[261] MVP an DRP, 1. August 1941, AVII/NDH/234, 1/55–2, Bl. 6.

[262] 4. HOP, Rundbrief, FS Taj. J. S. Nr. 105, 12. Juli 1941, abgedr. in: Vojnoistorijski Institut, Borbe u Bosni, Nr. 235.

[263] DRP an GSUV, 30. September 1941, HR HDA/1076.1/441, 281/Pr.; siehe auch Verbindungsführer des MB Serbien an der DGA (Beisner) an DRP, 25. August 1941, AVII/NDH/239, 1/11–16.

[264] 4. HOP an alle Gendarmerieposten, 18. Juli 1941, AVII/NDH 143a, 52/7.

nung nach sehr liberalen Konzepten den Effekt haben werde, die Sympathien der Bevölkerung selbst in den von Deutschland besetzten Gebieten zu erlangen.[265] Giuseppe Pièche (1886–1977), General der Carabinieri, schlug sogar vor, mit Verweis auf deutsche Gewalttaten die antideutsche Stimmung innerhalb der Bevölkerung gezielt zu schüren.[266] Glaise von Horstenau musste eingestehen, dass sich die Zivilbevölkerung im italienisch besetzten Gebiet wegen der niedrigeren Toleranzschwelle der italienischen Behörden gegenüber der Ustaša insgesamt »geborgener« fühle als im deutschen Besatzungsgebiet.[267] Kasche notierte frustriert, dass sich Italien erfolgreich als Anwalt kleiner Völker geriere, während Deutschland als egoistische, nur an den eigenen völkischen Interessen orientierte Macht dastehe.[268] Die italienische Realpolitik, also die passive Behinderung der Umsetzung des deutsch-kroatischen Umsiedlungsabkommens, die italienische Besetzung Westkroatiens Mitte August 1941 sowie die anschließende Entwaffnung der Milizen der Ustaša verlieh diesem Anspruch Glaubwürdigkeit. Die italienische Heeresverwaltung untersagte die Rekrutierung serbischer Zivilisten als Zwangsarbeiter für die deutsche Kriegswirtschaft und rief serbische Flüchtlinge zur Rückkehr in ihre Dörfer auf. Auch begann sie, die Enteignungen durch den kroatischen Staat in Teilen rückgängig zu machen. Die Folge war ein immer frostigeres Verhältnis zwischen Italienern und Kroaten, das sich wiederholt in Schießereien und anderen Zwischenfällen von Truppenteilen beider Armeen entlud. So wurden italienische Soldaten im USK ständig angepöbelt.[269] Im Gegenzug spielten sie ihre Macht gegen die Ustaša aus und demütigten diese öffentlich bei mehr als einer Gelegenheit.[270] Die Folgen des italienischen Politikwechsels vom August 1941 können in ihrer Wirkung gar nicht unterschätzt werden. Kroatien wurde fortan wie ein besiegter Feind behandelt und die kroatische Sou-

---

[265] Ciano nimmt dabei Bezug auf das annektierte Slowenien, siehe Ciano, The Ciano Diaries, Eintrag vom 28. April 1941.

[266] »Rapporto sulla Serbia«, General Pièche an GABAP, 26. September 1942, AUSSME/M3, b. 6/1, sowie Rodogno, Fascism's European Empire, S. 39.

[267] Zit. n. Fricke, Kroatien 1941–1944, S. 42.

[268] Abschließender Bericht über die Umsiedlung, 20. November 1941, abgedr. in: Ferenc, Quellen, S. 352ff.

[269] D.G.i.A. an OKW, 19. Mai 1942, BA-MA/RH 31 III/2, o. lfd. Nr., S. 9; vgl. ferner Kisić-Kolanović, NDH i Italija, S. 192.

[270] Vgl. Rodogno, Fascism's European Empire, S. 192.

veränität im italienischen Machtbereich aufgehoben. Wenn die Italiener fortan etwas erreichen wollten, verhandelten sie direkt mit örtlichen Würdenträgern und ließen die Vertreter des USK außen vor.[271]

Im Gegensatz zu italienischen Interventionen blieben deutsche Proteste letztlich unwirksam. Dies lag nicht zuletzt daran, dass das Deutsche Reich die Massenvertreibungen initiiert hatte. Folglich gelang es deutschen Akteuren nicht ohne Weiteres, die Geister, die sie gerufen hatten, auf glaubwürdige Weise wieder von der Ausübung von Gewalt abzubringen.[272] Vertreter der Ustaša vor Ort behaupteten immer wieder, Vertreibungen eigentlich im Auftrag der Deutschen auszuführen. Ein Ustaša-Führer in Hrvatska Mitrovica ließ sogar Ausweisungsbescheide drucken, in denen er den Serben seines Bezirkes mitteilte, dass ihr weiterer Aufenthalt auf kroatischem Territorium »auf Anordnung des deutschen Militärbefehlshabers« unerwünscht sei.[273] Auch betonten Ustaše als Reaktion auf Kritik von deutscher Seite, dass der Deutsche Kulturbund ebenso für Vertreibungen von Serben verantwortlich sei.[274]

Ein weiterer Grund für die Wirkungslosigkeit deutscher Proteste war die Uneinigkeit des deutschen Personals. Förderer der Ustaša, vor allem der Gesandte Kasche, waren mit den vermeintlich proserbisch eingestellten deutschen Vertretern zerstritten.[275] Der Apparat des RSHA versuchte, das Scheitern der Umsiedlungen im Machtkampf mit der deutschen Gesandtschaft auszunutzen. In seiner Funktion als Reichskommissar für die Festigung des Deutschtums ordnete Himmler auf Bitte der deutschen Stellen in Serbien im August 1941 den vollständigen Stopp aller Umsiedlungen an.[276] Kasche

---

[271] Vgl. Monzali, Fascist Italy.

[272] Dies war auch den Vertretern der Deutschen Gesandtschaft bewusst, siehe DGA (von Troll-Obergfell) an AA, FS Nr. 726, 11. Juli 1941, PA AA/Büro StS, Kroatien Bd. 1, Bl. 310.

[273] Vordruck für Ausweisung, US Hrvatska Mitrovica, o. D., AJ/110/677, 253.

[274] Promemoria für das MVP, 30. Juli 1941, AVII/NDH/234, 1/55–2, Bl. 2ff.

[275] Die deutschen Behörden in Serbien gelangten zwangsläufig in einen Konflikt mit der kroatischen Regierung, da deren Verfolgungspolitik ihren Interessen schadete, vgl. Schmider, Auf Umwegen.

[276] »Evakuierungsaktion Südosten«, RSHA IV B4 (Eichmann) an KdS Veldes/ Umsiedlungsstab Untersteiermark (SS-Oberstubaf. Volkenborn) u. Marburg (SS-Staf. Lurker), 21. August 1941, abgedr. in: Ferenc, Quellen, S. 226f.

betrachtete dies als einen Eingriff der SS in sein Gebiet, den zu tolerieren er nicht bereit war,[277] und setzte folglich die Wiederaufnahme der Deportationen durch. Die gegensätzlichen Interessen der deutschen Akteure waren nicht mehr zu übertünchen. Am 22. September 1941 wurde in den Räumen der Deutschen Gesandtschaft in Zagreb bei einem Treffen aller beteiligten deutschen Stellen der Versuch unternommen, einen Kompromiss zu finden.[278] Allerdings wurde auf der Besprechung vor allem das Scheitern der gesamten Ringvertreibung offenkundig, denn die kroatische Regierung hatte im Vorfeld eingestehen müssen, dass sie nicht in der Lage war, weitere Umsiedler aus Slowenien aufzunehmen. Heydrich riskierte die Konfrontation und forderte das Auswärtige Amt auf, die Abschiebung weiterer 80000 Slowenen in den USK durchzusetzen.[279] Kasche blieb nichts anderes übrig, als den USK zu verteidigen, indem er die Zahlen des RSHA bestritt: Der USK sei allenfalls die Aufnahme von 26000 Umsiedlern schuldig geblieben.[280]

Der Bevölkerungsaustausch, auf den man sich drei Monate zuvor voller Elan geeinigt hatte, war in einem Gewirr aus Streit, nicht eingehaltenen Absprachen, divergierenden Interessen und gewalttätigen Massenvertreibungen, die unkontrollierbare Fluchtbewegungen ausgelöst hatten, stecken geblieben. Weitere Umsiedlungen innerhalb des ehemaligen Jugoslawien waren undenkbar. Daher fiel am 13. Oktober 1941 die Entscheidung, die bereits in Sammellagern internierten Slowenen im Warthegau statt in Kroatien anzusiedeln.[281] Den Schlusspunkt der Umsiedlungen aus Kroatien bildete die Ausweisung von 1400 serbischen Häftlingen samt ihrer Familien aus den Konzentrationslagern der Ustaša nach Belgrad.[282] Die Beteiligten

---

277 DGA (Kasche) an AA/StS, FS Nr. 1064, 27. August 1941, PA AA/Büro StS, Kroatien Bd. 4, Bl. 121.

278 »Besprechung über die Umsiedlung«, DGA an AA, 22. September 1941, abgedr. in: Ferenc, Quellen, S. 271ff.

279 RSHA (Heydrich) an RAM (von Ribbentrop), 26. September 1941, PA AA/Büro StS, Kroatien Bd. 2., 161536, abgedr. in: Ferenc, Quellen, S. 279.

280 DGA, Abschließender Bericht über die Umsiedlung, 20. November 1941, abgedr. in: Ferenc, Quellen, S. 352ff., sowie DGA an AA, FS Nr. 1217, 8. Oktober 1941, abgedr. in: Ferenc, Quellen, S. 294.

281 »Aufzeichnung betr. Serbenumsiedlung«, DGA, 28. Oktober 1941, AVII/NDH/234, 1/55–2, Bl. 7; zur Entscheidung des RFSS vom 13. Oktober 1941 vgl. Milošević, Izbeglice i preseljenici (1982), S. 43.

282 DGA, Aufzeichnung, 23. Januar 1942, NARA/T-120/5787, H301785ff.

reagierten mit gegenseitigen Schuldzuweisungen. Heydrich kritisierte, dass die von ihm »abgelehnte und störende Zwischenschaltung Kroatiens in die Gesamtumsiedlungsarbeit im Südosten seinerzeit durch den Gesandten [...] veranlasst«[283] worden sei. Während der RSHA-Chef also Kasche für die Probleme verantwortlich machte, versuchte dieser, die Verantwortung für das Scheitern der SS und ihren Germanisierungsplänen für Slowenien anzuhängen. Die Kroaten, das einzige Deutschland in wirklicher Freundschaft und Liebe zugeneigte Volk in Europa, seien durch die Umsiedlung der Slowenen mit deutschfeindlichen und panslawischen Elementen durchsetzt worden. Wegen dieser sinnlosen Belastungen hätten die Kroaten nun das Vertrauen zu Deutschland verloren, da man befürchte, eines Tages selbst umgesiedelt zu werden.[284]

Die anhaltenden Animositäten zwischen der SS und der Gesandtschaft verhinderten eine koordinierte Reaktion der Deutschen auf die Massenvertreibungen der Ustaša. Es ist erstaunlich, dass sich die deutsche Seite überhaupt nicht bemühte, ihre Konflikte intern zu klären. Auf den Umsiedlungskonferenzen bekamen kroatische Sitzungsteilnehmer tiefe Einblicke in die deutschen Diskussionsprozesse. Dieses Insiderwissen erleichterte es ihnen, bei Kritik am kroatischen Kurs deutsche Akteure gegeneinander auszuspielen. So hielt die kroatische Führung an den Grundzügen ihrer Politik fest und versuchte, ihre Handlungsspielräume auch gegen deutschen Druck zu verteidigen. Nachdem sie beispielsweise im Spätsommer 1941 erkannt hatte, dass weitere Vertreibungen aus Kroatien nach Serbien nicht mehr möglich waren, verweigerte sie sich auf der sogenannten zweiten Umsiedlungsbesprechung im September 1941 der ungeliebten Aufnahme der Slowenen.[285] Auf Heydrichs erboste Vorhaltungen, dass dies die Ansiedlung der Gottschee-Deutschen in Slowenien gefährde, zeigte sich die kroatische Delegation eigensinnig und machte sich die Argumentation der Wehrmacht zu eigen, indem sie drohte, dass es bei einer weiteren Ansiedlung von Slowenen zu Aufständen im USK kommen werde und dies die Versorgung der deut-

---

283 RSHA (Heydrich) an RAM (von Ribbentrop), 26. September 1941, PA AA/Büro StS, Kroatien Bd. 2, 161536, abgedr. in: Ferenc, Quellen, S. 279.

284 DGA, Abschließender Bericht über die Umsiedlung, 20. November 1941, abgedr. in: Ferenc, Quellen, S. 352ff.

285 RSHA (Heydrich) an RAM (von Ribbentrop), 26. September 1941, PA AA/Büro StS, Kroatien Bd. 2, 161536, abgedr. in: Ferenc, Quellen, S. 279.

schen Truppen ernsthaft gefährde.[286] Auf deutsche Vorhaltungen hin wiesen kroatische Politiker jede Verantwortung von sich. Ein Bericht Glaise von Horstenaus über seine Proteste gegen Vertreibungen, die zu Massakern an der serbischen Zivilbevölkerung geführt hatten, verdeutlicht erstens die eigensinnigen Reaktionen des kroatischen Spitzenpersonals auf entsprechende Vorwürfe und zweitens die Zahnlosigkeit deutscher Proteste. Glaise von Horstenau hatte sich vorgenommen, Pavelić und den Marschall Kvaternik, die Nummer zwei im kroatischen Staat, »ernstlich zu warnen«:

> »Kvaternik atmete, als er meine Klagen vernahm, geradezu auf, da auch ihn als Wehrmachtführer die Ustaschafrage schwer bedrückt, und bat mich, meine Beschwerde dem Poglavnik vorzutragen. [...] In einer mehr als einstündigen Unterredung, die in Gegenwart Kvaterniks stattfand, brachte ich dem Poglavnik in ebenso rücksichtsvoller wie deutlicher Sprache meine schweren Bedenken gegen den Unfug vor, den die Ustascha treibt. Der Poglavnik gab mir im Allgemeinen Recht, berief sich auf die allen Revolutionen gemeinsamen Erscheinungen und verwies im Übrigen auf seinen gewiss lobenswerten, aber bisher nur teilweise auswirkenden Erlass vom 27.6. [in dem er ein Ende unautorisierter Gewalttaten forderte]. Wir kamen überein, dass in Zukunft krassere Fälle einer genauen Untersuchung unterzogen werden.«[287]

Der Chef der kroatischen Armee präsentierte sich als Mann, der mit der Verfolgungspolitik der Ustaša nichts zu tun habe. Der Staatschef wiederum zeigte sich voller Verständnis für deutsche Bedenken und gab sich kooperationsbereit. In der Sache freilich änderte sich überhaupt nichts.

Schließlich erkannten auch die Deutschen, dass Kroatien zu keinem Nationalstaat geformt werden konnte. Hitlers Forderungen nach einem ethnisch homogenen Kroatien wurden relativiert, beispielsweise durch Glaise von Horstenau, der anerkannte, dass es sich bei Kroatien um einen »Nationalitätenstaat« handle.[288] Die auf dem

---

[286] DRP an MVP, 8. Oktober 1941, HR HDA/223/32, I-A, 1290/41. Die Gottschee lag im italienisch annektierten Teil Sloweniens. Ihre Bewohner wurden seit Oktober 1941 in die Untersteiermark umgesiedelt, vgl. Karner, Die Steiermark, S. 231.

[287] D.G.i.A. an AOK 12, FS Nr. 187/41, 10. Juli 1941, BA-MA/20-12/454, Nr. 13268.

[288] D.G.i.A. an OKW, Lagebericht Nr. 377/41, 21. November 1941, BA-MA/RH 31 III/1, Bl. 228f.

Reißbrett geplanten ethnischen Säuberungen widersprachen den deutschen militärischen Zielen vor Ort, die Einheiten der Wehrmacht hatten kein Interesse an der gewaltsamen Errichtung eines kroatischen Nationalstaates, wenn dies bedeutete, dass die geflüchteten Serben den bewaffneten Kampf aufnahmen. Dementsprechend wurde schon früh Druck auf die kroatische Regierung ausgeübt, unterschiedslose Vertreibungen von Serben zu unterlassen und Teile der serbischen Bevölkerung in den kroatischen Staat zu integrieren, beispielsweise durch die Ausweitung der Wehrpflicht auf serbische Rekruten.[289]

Dennoch unterließ es die deutsche Seite, ultimativ und unter Androhung von Gewalt ein sofortiges Ende der Vertreibungen zu fordern. Die Gründe dafür wurden zum Teil schon genannt: Die Ustaša war die einzige Gruppierung, die bedingungslos bereit war, den kroatischen Staat im Bündnis mit dem Deutschen Reich zu führen. Der zunehmende Erfolg des bewaffneten Widerstands im Land schien die Ustaša sogar noch unentbehrlicher zu machen. Ihre Ablösung, wie von manchen Militärs gefordert, hätte also ein Ende des unabhängigen kroatischen Staates bedeutet, ein Schritt, zu dem die deutsche Führung nicht bereit war. Dies hätte die Verlegung deutscher Einheiten nach Kroatien erfordert, Kräfte, die kaum vorhanden waren.

Allerdings war die kroatische Regierung auch kaum in der Lage, von den Deutschen geforderte Veränderungen wirksam durchzusetzen. Denn Versuche, Massenvertreibungen vor Ort zu unterbinden (bzw. in das System der Umsiedlungslager zu kanalisieren), scheiterten meist an der Unabhängigkeit der Akteure vor Ort. Die kroatische Armee und die Gendarmerie waren die einzigen Organe, die der Ustaša etwas entgegensetzen hätten können. Sie waren jedoch vom ewigen Konkurrenzkampf mit den Milizen der Ustaša zermürbt und befanden sich wegen ihrer schlechten Ausrüstung in einer schwachen Position. Die marginalisierte Armeeführung vertrat keine einheitliche Haltung, und ihre Einheiten waren vor Ort vielfach an antiserbischen Gewalttaten beteiligt. Insofern bildete die Armee kein wirksames Gegengewicht zu den semistaatlichen Ustaša-Milizen. Diese bestritten regelmäßig, dass es zu Vertreibun-

---

289 »Bemerkungen anlässlich der Reise des stellvertretenden Herrn Oberbefehlshabers nach Belgrad«, Ia an OB, 5. Dezember 1941, BA-MA/20–12/121, o. lfd. Nr.; siehe auch Barić, Ustroj kopnene vojske.

gen gekommen sei. Die Armeebefehlshaber mussten eingestehen, überhaupt nicht in der Lage zu sein, die Grenze bzw. die Ustaše wirksam zu kontrollieren und Vertreibungen zu verhindern.[290] Dessen waren sich die lokalen Milizen bewusst. Da zudem die Deutschen keine wirksamen Sanktionen gegen die Ustaša durchführten, zogen viele der lokalen Ustaše daraus den Schluss, ihre Grenzen weiter austesten zu können.

290 Für Berichte über die mangelhafte lokale Vernetzung der Armee siehe Befehlshaber Militärgenze an MUP, Sarajevo, 10. Dezember 1941, HR HDA/223/37, 4576 I.A.; zum Kontrollverlust siehe 4. HOP an alle Einheiten., Sarajevo, 18. Juli 1941, AVII/NDH/143a, 1/52–7, sowie VŽ Vrhbosna an MUP, 31. Oktober 1941, HR HDA/223/37, 2853 I.A. [3065].

III. Entgrenzte Gewalt: Die Massaker der Ustaša und ihre Folgen

Ab April 1941 überzogen Milizen der Ustaša die serbischen Siedlungsgebiete des USK mit Massakern. In dichter Folge drangen sie in die Dörfer ein und brachten einen Teil der serbischen Bevölkerung in ihre Gewalt. Dabei begingen sie eine Unzahl von Massakern: kollektive Hinrichtungen von Nichtkombattanten, oftmals von Grausamkeiten begleitet, »die auf den ersten Blick völlig sinnlos erscheinen«.[1] Aus Sicht der Täter gab es allerdings eine Reihe von Gründen, die ihrem Vorgehen einen Sinn verliehen. Denn obwohl die Massentötungen ohne militärische Notwendigkeit begangen wurden, waren sie in den Augen der Ustaša sehr wohl nicht nur Teil einer militärischen Auseinandersetzung im Rahmen des Kampfes gegen die Aufständischen und ihre Unterstützer, sondern auch Teil des Kampfes für die kroatische Unabhängigkeit.

Der Ablauf und das Ausmaß der Massaker wurden durch verschiedene Faktoren bestimmt. Dazu gehörten situative Momente, der regionale Kontext, die psychologische Verfassung der Täter und die Reaktion der Opfer. Gewalt kann überdies als Form der Auseinandersetzung über gesellschaftliche Probleme verstanden werden, wobei der kommunikative Gehalt der Gewaltakte zu entschlüsseln ist.[2] Insofern ist in der Entgrenzung der Gewalt in den Massakern der Ustaša auch der kommunikative Impetus von Bedeutung. Dieser richtete sich nicht zuletzt an die Überlebenden, denn die Mehrheit der serbischen Bevölkerung sollte eingeschüchtert oder zur Flucht veranlasst werden.

Die meisten Massaker ereigneten sich im Zeitraum zwischen April 1941 und Herbst 1942. In dieser Zeit genoss die Ustaša ihre größte Unabhängigkeit. An den Massenmorden waren verschiedene Tätergruppen beteiligt, die jedoch keine einheitliche Politik verfolgten. Zudem waren Massenerschießungen stets umstritten: Während Vertreter der Ustaša in ihnen das einzige Mittel zur Verteidigung des

---

[1] Sémelin, Säubern und Vernichten, S. 386–389; zur Unterscheidung von einzelnen Typen von Massakern vgl. Sémelin, Du massacre.

[2] Bulst u.a., Gewalt, S. 8.

kroatischen Staates vor seinen Gegnern sahen, war diese Form regelloser Gewaltanwendung für ihre Widersacher aus den Reihen von Armee und Zivilverwaltung der Grund für seinen Niedergang. Die deutschen und italienischen Besatzer wiederum forderten konsequente Gewaltanwendung im Rahmen der Partisanenbekämpfung, lehnten aber die Massaker der Ustaša ab. Auf das Gewalthandeln der Ustaša wurde also stets von allen beteiligten Parteien eingewirkt, sodass es ständig Änderungen unterlag.

Auf eine Phase der Beschleunigung des Verlaufs und der Intensität der Gewalt im Sommer 1941 folgte im Herbst eine Phase der Einhegung, da dem kroatischen Staat der Zusammenbruch drohte und die Führung die Lage beruhigen musste. Im Frühjahr und Sommer 1942 kam es jedoch erneut zu einer Häufung der Massaker, die nun meist im Kontext des Partisanenkriegs verübt wurden. Erst im Herbst 1942, als die Unabhängigkeit des USK durch die Deutschen umfassend beschränkt wurde, konnten auch die für die Massaker verantwortlichen Milizen eingehegt werden.

Die quantitative Dimension der Massaker ist Gegenstand zahlreicher wissenschaftlicher Kontroversen, wobei die jugoslawischen Historiker Vladimir Žerjavić und Bogoljub Kočović in den 1980er Jahren erstmals verlässliche Berechnungen der möglichen Opferzahlen anstellten. Žerjavić geht von 307000 serbischen zivilen und militärischen Opfern auf dem Gebiet des USK aus, die auf Aktivitäten der Ustaša oder der Besatzer zurückzuführen sind. Kočović ermittelte mit einer anderen Methode einen ähnlich hohen Wert von 334000 Getöteten.[3] Schwieriger ist die Bestimmung der jeweiligen Täter und der Todesumstände der Opfer, doch können die üblicherweise verlässlichen Berechnungen Žerjavić' als Richtwert dienen. Dieser geht in einer jüngeren Schätzung davon aus, dass 140400 Serben »direktem Terror« außerhalb der Lager, also Massakern zum Opfer gefallen sind. Den Anteil der von Deutschen und Italienern im Rahmen des Partisanenkriegs erschossenen Serben taxiert er auf 45000 bzw. 1000.[4] Demnach fielen den Massakern kroatischer Trup-

---

[3] Žerjavić, Population Losses, S. 135f., sowie Kočović, Žrtve drugog svetskog rata, S. 62ff.

[4] Eine Analyse der Zahlen findet sich bei Dulić, Mass Killing, S. 316f.; eine Überblicksdarstellung der Diskussionen über die Opferzahlen bei Tomasevich, Occupation and Collaboration, S. 718ff., sowie bei Bogosavljejvić, The Unresolved Genocide.

pen und Milizen an der serbischen Zivilbevölkerung etwa 80000 Menschen zum Opfer.

In vielen Fällen waren die Massaker der Ustaša mit den im vorherigen Kapitel geschilderten Vertreibungen verquickt. Im Gegensatz zu diesen zielten sie jedoch nicht allein auf die physische Entfernung, sondern auf die Tötung eines Teils der Betroffenen. Anders als die in einem späteren Kapitel zu schildernde Gewalt in den Lagern handelte es sich bei den Massakern meist um eine kurze Interaktion zwischen Verfolgern und Verfolgten. Die Milizen waren nicht permanent an den Orten stationiert, in denen sie Massaker verübten, sondern suchten sie im Rahmen von Kampagnen und Feldzügen auf, um danach weiterzuziehen.

Für die Massaker der Ustaša fehlen oftmals Quellen, um ihren Hergang in ausreichender Dichte rekonstruieren zu können. Die entscheidende Frage, warum sich bestimmte Täter in bestimmten Situationen für die Ausübung von Tötungsgewalt entschieden, ist besonders schwer zu beantworten, da gerade die Milizen der Ustaša kaum schriftliche Dokumente hinterlassen haben. Der Versuch, sich dem Geschehen anzunähern, stützt sich daher vor allem auf Quellen aus dem Fundus der Beobachter und der von der Gewalt der Ustaša-Milizen Betroffenen.

1941: Eskalation der Gewalt

Unter Historikern ist die Auffassung weit verbreitet, dass die Ustaša bei ihren Taten nach einem detaillierten und im Vorfeld ausgearbeiteten Plan vorgegangen sei. Obwohl es für die Existenz eines Vernichtungsplans keine dokumentierten Belege gibt, hält sich der Mythos hartnäckig. Nach dem vermeintlichen Plan sollte ein Drittel der Serben aus Kroatien vertrieben, ein weiteres Drittel zum katholischen Glauben gezwungen und das letzte Drittel getötet werden.[5]

---

[5] Siehe Martin, Ally Betrayed, S. 48; Novak, Magnum crimen, S. 605; Vukmanović-Tempo, Revolucija koja teče, S. 192; Zöller, Der »Unabhängige Staat Kroatien«, S. 15; Manhattan, The Vatican's Holocaust, S. 60; Dedijer, Vatikan i Jasenovac, S. 185; Bulajić, Ustaški zločini genocida, S. 210; Irvine, The Croat Question, S. 96; Ognyanova-Krivoshieva, Nationalism and National Policy, S. 15; Lampe, Yugoslavia as History, S. 209; Gumz, Wehrmacht Perceptions; Bremer, Kleine Geschichte, S. 33; Mann, The Dark Side, S. 296; Minehan, Civil War, S. 105; Ruzicic-Kessler, Die italienische Okku-

Diese mutmaßlichen Äußerungen des Kulturministers der Ustaša, Mile Budak, wurden während und vor allem nach dem Krieg vielfach kolportiert und schienen die Realität treffend wiederzugeben, da alle drei Gewaltformen – Massenmord, Vertreibung und Assimilation – tatsächlich zur Anwendung gekommen waren.[6] Für die Existenz solcher Pläne gibt es jedoch keine empirischen Hinweise, und auch die Praxis der Ustaša vermittelt nicht den Eindruck, dass die Handlungen einem Plan gefolgt wären.

Intentionalistische Interpretationen von Völkermorden sind mittlerweile durch die Forschung vielfach infrage gestellt und widerlegt worden.[7] Auch die vorliegende Studie hat von den Impulsen der jüngeren Forschung profitiert: Leitend ist die Frage, zu welchen Zeitpunkten, unter welchen Bedingungen und aus welchen Gründen sich die Ustaša dafür entschied, ihre Gegner anzugreifen und zu töten. Zweifelsohne handelte es sich bei der Ustaša um ein Regime, das von Anbeginn die Tötung seiner Gegner als legitimes Mittel im politischen Kampf ansah. Dort aber, wo sie sich durch vermeintliche Feinde konkreten Problemen gegenübersah, tendierte sie zum Einsatz massiver Gewalt. Stathis Kalyvas, der den Partisanen- und Bürgerkrieg in Griechenland während des Zweiten Weltkriegs untersuchte, bezeichnet diesen Unterschied als einen Wechsel von selektiver zu unterschiedsloser Gewalt.[8] Dieser Übergang erfolgte vor allem dort, wo die Ustaša ohne Rückhalt war und sich nur unter Schwierigkeiten behaupten konnte.

Es ist unbestritten, dass führende Vertreter der Ustaša-Bewegung im Frühjahr 1941 auf Massenveranstaltungen Hetzreden hielten und die Stimmung gegen die Serben aufputschten. Sie riefen zur Abrech-

---

pation, S. 18; Cox, Ante Pavelić, S. 201; Sundhaussen, Serben, sowie Grünfelder, Arbeitseinsatz, S. 69; je nach Position des Autors sei die vollständige Ermordung der Juden und Roma in Kroatien entweder Teil des ursprünglichen Plans gewesen, oder die Ustaša-Führung habe ihre Vernichtungspläne auf Druck der Deutschen nach kurzer Zeit auch auf die Juden und Roma ausgeweitet.

[6] Zur Entstehung des Mythos vgl. Dulić, Utopias of Nation, S. 100, sowie Sojčić, Die »Lösung«, S. 231; Pavlowitch, Hitler's New Disorder, S. 32, verweist darauf, dass es keinen schriftlichen Beleg für das Zitat gibt.

[7] In Bezug auf den Holocaust vgl. stellvertretend Brayard, To what Extent; in Bezug auf mehrere Fälle von Massengewalt vgl. Gerlach, Extremely Violent Societies.

[8] Kalyvas, Logic of Violence.

nung mit Serben und Juden auf, bezeichneten sie als gemeinschaftsfremd, stellten sie als Gefahr für die kroatische Unabhängigkeit dar und kündigten Rachemaßnahmen an.[9] Diese Reden nahmen brutale Verfolgungsmaßnahmen durch die Ustaša vorweg, ohne jedoch konkrete Maßnahmen anzukündigen – mit Ausnahme der Umverteilung serbischen Großgrundbesitzes und der Ausweisung nicht in Kroatien geborener Serben und Juden. Das Ende des serbischen und jüdischen Jochs wurde vielmehr abstrakt proklamiert. Einige der Reden riefen aber auch unverhohlen zur Gewalt auf: Muratbeg Pašić, Ustaša-Chef der ostbosnischen Stadt Bijeljina, forderte am 27. Juni 1941 in einer Rede vor Ustaša-Mitgliedern und Bürgern, alle Serben herbeizuschaffen, die sich während der Zeit des jugoslawischen Regimes antimuslimisch geäußert hätten, und sie nach Serbien zu vertreiben.[10] Viktor Gutić, der Ustaša-Chef von Banja Luka, sprach in seinen Reden mehrfach von der Gewalt, die die serbische Bevölkerung zu erwarten hätte.[11] Diese Aufzählung ließe sich lange fortsetzen. Die serbische Bevölkerung war durch diese Reden außerordentlich beunruhigt. »Da die Ustascha schon von Anbeginn Vergeltung an den Serben verkündete, war dies allein Grund für die Serben genug, in die Wälder zu flüchten«, berichtete Arthur Häffner, ein volksdeutscher V-Mann. »Führende Männer der Ustaša beteiligten sich, ohne sich über die Tragweite ihres Vorgehens Gedanken zu machen«, schrieb er weiter.[12]

Dass sich Führer der Ustaša vor Menschenmengen stellten, ihrem Hass auf die Serben und Juden freien Lauf ließen und zu gewaltsamen Vergeltungen aufriefen, markiert eine wichtige Stufe im Ra-

---

[9] Mladen Lorković, *Novi List,* Nr. 37, 5. Juni 1941, S. 5, sowie in *Hrvatski Narod,* Nr. 113, 28. Juli 1941; Ähnliches gilt für eine weitere berüchtigte Rede Budaks, auf der er die Serben aufrief, sich zu assimilieren oder zu verschwinden (*»Ili se pokloni ili ukloni«*), siehe *Novi List*, 9. Juni 1941, S. 4f.; vgl. des Weiteren Tomasevich, Occupation and Collaboration, S. 593; Peršen, Ustaški logori, S. 9–17, sowie Jelić-Butić, Ustaše i NDH, S. 158–187; Abdrucke diverser Reden finden sich bei Sojčić, Die »Lösung«.

[10] Befehlshaber der Gendarmerie Tuzla an VŽ Bosanski Brod, 4. Juli 1941, AVII/NDH/174, 11/3–1.

[11] DGA, Bericht (Anlage 2), 26. Oktober 1942, BA-MA/RH 31 III/7, o. lfd. Nr. [der Bericht enthält einen übersetzten Artikel aus der *Hrvatska Krajina* (Banja Luka), Nr. 19, 30. Mai 1941]; vgl. des Weiteren Dulić, Utopias of Nation, S. 218f.

[12] Häffner, Bericht an D.G.i.A., 14. Juni 1941, BA-MA/RH 31 III/13, Bl. 16ff.

dikalisierungsprozess. Die Reden belegen, dass die Führungsriege der Ustaša zum gewaltsamen Losschlagen tendierte. Beweise für das Vorhandensein detaillierter Pläne für einen Massenmord sind sie allerdings nicht.[13] Denn obwohl die Ustaša entschlossen war, gegen die serbische Bevölkerung vorzugehen, hing die genaue Ausgestaltung dieser Politik von zahlreichen unwägbaren Faktoren ab. So musste sich zum Beispiel erst herausstellen, inwieweit die Besatzungsmächte das Vorgehen der Ustaša tolerieren würden. Bald jedoch begannen die Ustaše, die serbische Gemeinschaft systematisch ihrer Führung zu berauben. Ihre angebliche Bereitschaft zum Widerstand sollte Gewalttaten als defensive Präventivmaßnahmen erscheinen lassen. Mit Demonstrationen der Stärke wollte man die serbische Bevölkerung einschüchtern. Dieses Klima bildete den Hintergrund für die ersten Massaker im Frühjahr 1941. Ante Pavelić und die kroatische Führung ordneten Einsätze der Ustaša-Verbände in den Provinzen an, in denen sie Widerstand befürchteten. Massaker wurden dabei in Kauf genommen. Nicht immer aber befürwortete die kroatische Regierung die Massaker. Manche Terroraktion ging auch der Führung zu weit, sie vermochte jedoch die entgrenzten Gewaltregime der Ustaša-Milizen vor Ort nicht immer zu kontrollieren. Und da die kroatische Führung nicht immer an einem Strang zog, wurde die Intensität des Massenmords zu einem Feld, auf dem Machtkämpfe zwischen einzelnen Ustaše ausgetragen wurden.

Die kroatischen Akteure im Gewaltraum

Im Partisanenkrieg, aber auch im Vernichtungskrieg gegen die Serben operierten auf kroatischer Seite vier Formationen, deren Kompetenzen allerdings nicht klar voneinander abgegrenzt waren, deren Ziele sich unterschieden und die deshalb miteinander rivalisierten. Das militärische Rückgrat der Bewegung bildete die reguläre Ustaša-Miliz; die kroatische Armee war das wichtigste Glied im Krieg gegen die Aufständischen; die kroatische Gendarmerie bildete eine Landwehr, mit einem Netz von Stützpunkten, die sich über das gesamte Staatsgebiet erstreckten; die irregulären Ustaša-Milizen schließlich waren im Sommer 1941 für einen Großteil der Massaker in serbischen Siedlungsgebieten verantwortlich.

---

[13] Dulić, Utopias of Nation, S. 338f.

Die reguläre Ustaša-Miliz unter dem Kommando von Oberstleutnant Tomislav Sertić (1902–1945) umfasste etwa 4500 Männer.[14] Sie bestand aus stehenden Regimentern, der Leibgarde des Poglavnik (PTB) sowie weiteren Verbänden, wie zum Beispiel Ausbildungstruppen der Ustaša-Jugend und der angegliederten Einsatzstaffel der deutschen Volksgruppe.[15] Die PTB war eine eingeschworene Elitegarde, deren Kern 18- bis 24-jährige ehemalige Exilanten und verdiente Ustaše bildeten. Anfangs unterstützte die SS ihre Ausbildung und Ausrüstung. Die ersten beiden Anführer der PTB, Vjekoslav Servatzy (1889–1945) und Ante Moškov (1911–1947/48?), gehörten zur Gruppe der ehemaligen Italienexilanten. Die PTB wurde auch im Feld eingesetzt und beging mehrfach Massaker an Zivilisten.[16] Ein besonderer Kult wurde um eine weitere, besonders fanatisierte Eliteformation, das »Schwarze Legion« getaufte erste Ustaša-Regiment, betrieben. Ihr Einsatzgebiet war die durch die Ustaša mythisch überhöhte Ostgrenze des USK entlang des Flusses Drina. Viele ihrer Kämpfer bestanden aus Muslimen, deren Dörfer von Četnici zerstört worden waren. Mit der Führung der Legion wurden charismatische Kämpfer wie Jure Francetić (1912–1942) und Ante Vokić (1909–1945) betraut.[17] Francetić wurde im Alter von gerade einmal 29 Jahren mit dem bedeutenden Posten als Regierungsbeauftragter für Bosnien betraut und war somit verantwortlich für den wichtigsten Schauplatz sowohl der ethnischen Säuberungen als auch des Partisanenkriegs.

Auch die einfachen Soldaten in den Ustaša-Einheiten waren oft außerordentlich jung. Glaise von Horstenau berichtet von Gruppen 15- bis 20-Jähriger, die serbische Dörfer attackierten.[18] Darüber hinaus setzte die Ustaša Kindersoldaten ein. Die Wachmannschaften von Jasenovac bildeten sogenannte Janitscharen aus serbisch-orthodoxen Kindern, deren Eltern gestorben oder getötet worden waren. Diese Kinder wurden in Ustaša-Uniformen gesteckt und sollten im Sinne des Regimes erzogen werden.[19]

---

[14] Vgl. Pavlowitch, Hitler's New Disorder, S. 29.

[15] Vgl. Broszat u.a., Der kroatische Ustascha-Staat, S. 87.

[16] Zur PTB vgl. Broszat u.a., Der kroatische Ustascha-Staat, S. 71f., sowie Zeng, Axis History Forum.

[17] Vgl. Yeomans, »For Us, Beloved Commander«.

[18] Siehe Broucek, Deutscher Bevollmächtigter General, S. 168.

[19] Vgl. Dulić, Utopias of Nation, S. 253. Dulić geht davon aus, dass die meisten dieser Kinder die Ustaša-Herrschaft nicht überlebt haben.

Abb. 17: Im Konzentrationslager Gornja Rijeka fotografierte Kinder, von denen einige in Ustaša-Uniformen gekleidet sind.
United States Holocaust Memorial Museum (USHMM), #46563 (Memorijalni muzej Jasenovac)

Insgesamt waren die Milizen gegenüber der regulären Armee, deren Soldaten oft hungrig und zerlumpt marschieren mussten, in einer privilegierten Situation. Galten die PTB und die Schwarze Legion als draufgängerische und kühne Verbände, verbrachte das Gros der Ustaša-Milizen, so beschrieb es Glaise von Horstenau, ein »behagliches Dasein in den Städten und nahm an der Front nur eine gelegentliche Gastrolle ein. Bei Paraden marschierten die Ustaše dafür an erster Stelle und wurden auch im Wehralltag vielfach bevorzugt.«[20]

In den Gebieten, in denen Ustaša-Milizen Massaker verübten, operierten außerdem die kroatische Armee und die kroatische Gendarmerie. Ähnlich wie die Gendarmerie wird die Armee häufig als Gegenspielerin der Ustaša wahrgenommen. In der Tat herrschte in ihren Rängen oft die Einschätzung vor, für die Bekämpfung der von der Ustaša verursachten Aufstände den Kopf hinzuhalten zu müs-

---

[20] Bericht Glaise von Horstenaus an OKW, 25. Februar 1942, BA-MA/RH 31 III/2, o. lfd. Nr.

sen. Gleichwohl hatten die Streitkräfte erhebliche Anteile an der Verfolgungspolitik im USK. So beraubten sie Juden und Serben ihrer Güter, diskriminierten Tausende von Serben in Arbeitsbataillonen,[21] und ihre Einheiten begingen selbst gezielt Massaker. Darüber hinaus richtete sich der Krieg gegen die Partisanen per se auch gegen Unbeteiligte.[22] In Kroatien lauteten die Richtlinien für Heer und Gendarmerie, alle Frauen und Kinder aus verdächtigen Dörfern, in denen keine Männer anzutreffen waren, als Geiseln in ein KZ zu verbringen. Dörfer, aus denen Schüsse auf kroatische Einheiten fielen, waren niederzubrennen.[23]

Die Gendarmerie, deren eigentliche Aufgabe es war, den Landfrieden zu garantieren, war die einzige Formation des kroatischen Staates, die flächendeckend präsent war. Deshalb war sie direkt mit den Folgen der Aktionen der Ustaša konfrontiert, denn ihre über das Land verteilten bewaffneten Posten wurden häufig von serbischen Aufständischen überrannt. Und es waren meist die Gendarmen, die die Beseitigung der Leichen veranlassen mussten, wenn eine Ustaša-Miliz ein Massaker begangen hatte und gleich danach weitergezogen war.[24] Deshalb nahmen die Gendarmen meist eine äußerst kritische Haltung zur Milizgewalt ein. Ihr gut funktionierendes Berichtswesen dokumentierte nicht nur zahlreiche Massaker, sondern analysierte, gerade in der Anfangsphase der Massenmorde, oft auch deren Hergang.

Mitte Juni 1941 fand eine Patrouille der Gendarmerie in einer Flussmündung 14 angetriebene Männerleichen. Auftragsgemäß versuchten die Gendarmen auf geradezu akribische Weise, die Täter zu ermitteln. So wurden Anwohner verhört und die Leichen obduziert. Ein Brückenwächter, der die Taten beobachtet, jedoch nicht gemeldet hatte, wurde sogar festgenommen.[25] Gerade in der Anfangsphase ist den Berichten der Gendarmen anzumerken, dass diese stark ver-

---

[21] Ein Beispiel ist die Beschlagnahmung von Kameras und Kinoprojektoren im Besitz von Juden, siehe Hauptquartier des Marschallsamts (Propagandaabt.) an den Judenbeauftragten bei der Ustaša-Polizei, 20. Mai 1941, YVA/M.70/5, Bl. 84; zu Arbeitsbataillonen (»Dora«) vgl. Barić, Ustroj kopnene vojske.

[22] Vgl. stellvertretend Kalyvas, Logic of Violence.

[23] Oberkommando der Gendarmerie an 4. Gendarmerieregiment in Sarajevo, 25. November 1941, AVII/NDH/143, 5/24–1.

[24] Bewaffneter Posten Sarajevo an 4. HOP, AVII/NDH/143c, 7/50.

[25] Gendarmerie Zenica an 4. HOP, 18. Juni 1941, AVII/NDH/143, 1/18–1.

unsichert waren, wie sie die Gewalttaten der Ustaša-Verbände bewerten sollten. Ihnen war keineswegs klar, dass die Staatsspitze in Zagreb die Gewalttäter deckte. Zur Ermittlung der Täter reichten jedoch weder der politische Wille noch die Möglichkeiten der Gendarmen aus. Da sie gegen die Ustaša ohnehin nichts hätten erreichen können, handelte es sich in manchen Fällen eher um Alibi-Ermittlungen, um einen geschäftigen Leerlauf. Gelegentlich wurde aber auch intern gegen Gendarmen ermittelt, die ihrer Pflicht nicht nachkamen und die Gewalttaten verschwiegen oder gedeckt hatten.[26] Dabei ging es der Gendarmerieführung aber möglicherweise darum, die Loyalität des eigenen Personals zu erzwingen. Letztendlich war auch die Gendarmerie eine Partei im Bürgerkrieg, die sich der Gewalt nicht entziehen konnte. Dies betrifft in erster Linie ihre Beteiligung an der Bekämpfung serbischer Aufständischer und an Geiselerschießungen. Noch deutlicher aber wird das ambivalente Verhalten der Gendarmerie an ihrer herausragenden Rolle bei der Verhaftung und Deportation der Roma im USK.

In der Regel hatten weder die Armee noch die Gendarmerie etwas gegen gewaltsame sogenannte Säuberungen einzuwenden, solange sie selbst für die Durchführung verantwortlich waren. Die unabhängige Position der Gendarmerie sowie der Armee wurde dabei aber stetig durch die Ustaša unterhöhlt. Im Juni 1942 wurde die Gendarmerie dem Ustaša-Oberstleutnant Vilko Pečnikar (1909–1984), einem der Ustaša-Führer aus dem italienischen Exil, unterstellt. Im Dezember 1944 schließlich fusionierten die Ustaša-Milizen mit der Armee. Die relative Unabhängigkeit beider Truppen war damit aufgehoben.[27]

Auch die kroatische Führung war an der Einhaltung des staatlichen Gewaltmonopols interessiert, nachdem die Milizgewalt im Sommer 1941 außer Kontrolle geraten war. Pavelić erinnerte Ende Juni 1941 in einer Rede vor Würdenträgern der Ustaša in deutlichen Worten daran.[28] Sein Dilemma war jedoch, dass die Milizen das einzige Machtmittel darstellten, auf das er sich in den umkämpften Pro-

[26] Dies gilt bspw. für den genannten Brückenwärter.

[27] Vgl. Grčić, Tko je tko, S. 314, sowie Tomasevich, Occupation and Collaboration, S. 456f.

[28] Rede Pavelić' vor Ustaša-Würdentägern und den Großgespanen am 30. Juni 1941 in Zagreb, abgedr. in: Pavelić, Poglavnik govori, S. 44f.; vgl. ferner Dulić, Utopias of Nation, S. 149.

vinzen stützen konnte. Der Versuch, sie zu bändigen, hätte bedeutet, an dem Ast zu sägen, auf dem die Ustaša-Herrschaft saß. Ihre erheblichen Spielräume konnten daher nicht wirksam eingegrenzt werden. In entscheidenden Situationen fand die Zentrale jedoch Wege, ihren Einfluss geltend zu machen. Schließlich handelte es sich bei den Führern der Irregulären meist um ehemalige Exilanten aus Pavelić' Dunstkreis. Zudem agierten die irregulären Milizen nicht im leeren Raum, sondern mussten sich mit der Polizei, der Gendarmerie und der Armee koordinieren. Dabei kam es nicht nur zu Konflikten, sondern von Fall zu Fall auch zu vertrauensvoller Zusammenarbeit.

Im Jahr 1941 dominierten irreguläre Ustaša-Milizen das Geschehen. Diesen hybriden, sich zerstreuenden und wieder zusammenkommenden Verbänden gehörten landesweit 25000 bis 30000 Männer an, die weder einem einheitlichen Befehl unterstanden noch koordinierte Ziele verfolgten. Zeitgenossen haben den Begriff »wilde Ustaša« oder »selbsternannte Ustaša« geprägt.[29] Damit sollte zum Ausdruck kommen, dass sie irregulär, also »wild« waren und keiner staatlichen Kontrolle unterstanden. Die Zagreber Regierung bediente sich der Begriffe, um davon abzulenken, dass die Gewalt in den Provinzen durchaus auch auf politischen Entscheidungen in Zagreb beruhte. Des Weiteren qualifizierte das Attribut »wild« die Art der Gewaltausübung. Bei den von den Milizen verübten Massakern handelte es sich vielfach um Exzesstaten, bei denen Opfer gequält und verstümmelt wurden.

Die Gewalt der Ustaša löste enormen Widerstand aus. Den »wilden Ustaše« standen Aufständische gegenüber, deren Strukturen zunächst nicht viel klarer waren. Es sollte Monate dauern, bis sich herauskristallisierte, wer sich zu den kommunistischen Partisanen und wer zu den nationalistischen Četnici zählte. Gerade in der Anfangszeit handelte es sich um eine serbische Aufstandsbewegung mit zwei politischen Polen, deren Abgrenzung stets ungenau blieb. Ende 1941 begannen Četnici und Partisanen, sich gegenseitig zu bekrie-

---

[29] Zur Weise, wie die Milizen benannt wurden, siehe Bericht des Befehlshabers der Divisionskdo.s Vrbas an den Befehlshaber des Heeres, 28. Juni 1941, zit. n. Vukčević, Zločini NDH, S. Nr. 87, S. 162ff.; eine quantitative Einschätzung der Irregulären findet sich im Bericht eines V-Mannes der Deutschen Informationsstelle III an AA (StS von Weizsäcker), 8. Juli 1941, PA AA/Büro StS, Kroatien Bd. 1, Bl. 283f., Nr. 262 gRs; vgl. ferner Jug, Oružane snage NDH, S. 258ff., sowie Sundhaussen, Der Ustascha-Staat, S. 505.

gen. Dieser Krieg im Kriege führte zu einer weiteren Radikalisierung des kroatischen Kriegsschauplatzes. Auf deutschen Druck schlossen sich ab Herbst 1941 Četnici vor allem in Serbien dem Kampf der Wehrmacht gegen die Partisanen an. Die militärische Eroberung der Partisanenhochburg von Užice Ende November 1941 führte zu einer langfristigen Schwächung der Partisanen, und die Reste ihrer Bewegung waren gezwungen, nach Kroatien auszuweichen. Damit stießen sie in einen Raum vor, in dem sie schließlich im Laufe zweier Jahre zur dominierenden Kraft wurden. Ihr schärfster Konkurrent um die Dominanz im Anti-Ustaša-Lager und um den direkten Draht zu den Alliierten waren die in Kroatien operierenden Četnici. Diese erfuhren im Juni 1942 eine bedeutende Stärkung, als die italienischen Truppen einen Teilrückzug aus Kroatien vollzogen und ihre überlasteten und ausgelaugten Truppen durch Verbände der Četnici ablösen ließen. Diese politische und militärische Aufwertung führte auch zu einer teilweisen Anerkennung des kroatischen Staates durch die Četnici. Lokale Waffenstillstandsabkommen zwischen Četnici und Ustaše und eine stärkere Einbindung der Četnici in den Krieg gegen die Partisanen waren die Folge.[30] Die Partisanen gewannen aber im Lauf des Jahres 1942 im Bürgerkrieg gegen die Četnici die Oberhand, nicht zuletzt deshalb, weil es ihnen gelingen sollte, sich zu einer multiethnischen Streitmacht weiterzuentwickeln, wohingegen sich die Četnici immer stärker in das Fahrwasser der Achsenmächte begaben und somit an Profil verloren. Mit dem Ausscheiden ihres italienischen Sponsors im September 1943 war auch das Schicksal der Četnici besiegelt.

Wege in die exzessive Gewalt: Die Massaker im Frühjahr 1941

Ustaša-Verbände begingen im Zusammenhang mit der Übernahme der Macht mindestens drei größere Massaker. In der historischen Forschung werden diese meist als Auftakt der genozidalen Kampa-

---

[30] Zum Übereinkommen zwischen Četnici und Ustaša: BA-MA, Rl 21/218, Bl. 5, Redžić, Bosnia and Herzegovina, S. 87ff. sowie Waldmann, Gesellschaften im Bürgerkrieg; zur Kooperation zwischen der italienischen Armee und den Četnici siehe Tomasevich, The Chetniks, S. 213–220; Collotti, Zur italienischen Repressionspolitik; Tomasevich, Occupation and Collaboration, S. 246–268, sowie Casagrande, Die volksdeutsche SS-Division, S. 199ff.; zur italienischen Militärpolitik siehe Dassovich, Fronte jugoslavo, 1941–'42, sowie Fronte jugoslavo, 1943.

gne der Ustaša angesehen, also als Startschuss für einen abrupt einsetzenden Genozid. Diese Interpretation wird jedoch dem tatsächlichen Verlauf der Gewalt der Ustaša in der Anfangsphase nicht gerecht. Denn den ersten Gewaltaktionen folgte im April 1941 zunächst eine etwa vierwöchige Phase der Beruhigung, danach nahmen sie graduell zu, um schließlich in einigen Regionen des USK das politische Geschehen vollkommen zu dominieren. Auch wenn Historiker diesen sukzessiven Gewaltverlauf miteinbezogen, versuchten sie, ihn in ihr Schema von einem Genozid zu pressen: Sie interpretieren die ersten Massaker als Test für den Genozid und die Wochen mit einem niedrigerem Gewaltniveau als Vorbereitungsphase, die die Ustaša genutzt habe, um den Völkermord im Sommer 1941 vollends in Gang zu setzen.[31] Hier wird deutlich, dass teleologische Ansätze dieser Art mehr verdecken als erschließen, da sie die Bedeutung von Radikalisierungsdynamiken nicht wahrnehmen. Die im Folgenden interessierende Frage lautet daher, wie die Schritte in die Eskalation genau aussahen.

Die ersten Angriffe von Verbänden der Ustaša auf serbische Dörfer fanden im April und Mai 1941 statt und sind als Teil des Prozesses der Machtübernahme zu begreifen. Der jugoslawische Staat löste sich auf, die kroatische Regierung saß noch nicht fest im Sattel, und in den Provinzen stellten sich anarchische Zustände ein. Dies lässt sich im Gebiet zwischen dem östlichen Kernkroatien (Bilagora) und Westslawonien beobachten. Reste der zerfallenen Slawonischen Division der Jugoslawischen Armee und versprengte Soldaten versuchten, der Kriegsgefangenschaft zu entgehen und sich nach Serbien durchzuschlagen. Dabei kam es zu Übergriffen gegen die kroatische Zivilbevölkerung. Am 10. April 1941 wurden im Dorf Donji Mosti (siehe Karte S. 270) elf kroatische Dorfbewohner getötet.[32] Jugoslawische Truppenreste gerieten in Rückzugsgefechte und Schießereien mit kroatischen Wehrgruppen, die sie gefangen zu nehmen und zu entwaffnen versuchten. Hierbei handelte es sich allerdings nicht um einen konsequenten militärischen serbischen Widerstand gegen die kroatische Staatsgründung, wie dies von Propagandisten

[31] Die Interpretation eines schlagartigen Einsetzens der Gewalt findet sich bspw. bei Biondich, »We Were Defending the State«, S. 63, letztere Interpretation bei Broszat u. a., Der kroatische Ustascha-Staat, sowie Goldstein, The Independent State, S. 419.

[32] Dizdar, Bjelovarski ustanak, S. 601; Goldstein, 1941, S. 92.

Abb. 18: Die in diesem Kapitel behandelten Schauplätze früher Massaker. © Tobias Stiefel

der Ustaša dargestellt wurde. Von Anbeginn behauptete die kroatische Regierung, dass serbische Soldaten, jugoslawische Beamte und Juden die kroatische Bevölkerung terrorisierten, und stellte ihre Einsätze als Selbstverteidigung dar. Man müsse Ustaša-Verbände dorthin entsenden, wo feindliche Kräfte die Wiederauferstehung des kroatischen Staates torpedierten.[33]

Am 24. April 1941 begab sich der Chef des UNS, Eugen Kvaternik, mit einem Trupp aus etwa 30 ehemaligen Exilanten der Ustaša nach Slawonien. Im Ort Grubišno Polje wurde die Gruppe durch örtliche Mitglieder verstärkt und begann mit einer Verhaftungs-

[33] Kovačić, Greueltaten und Verwüstungen, S. 16, sowie Goldstein, 1941, S. 95.

aktion gegen die serbische Bevölkerung. Im Ort allein wurden rund 500 Männer festgenommen und in einer Schule interniert. Die Behandlung der Gefangenen war extrem brutal. Augenzeugen zufolge verkündete Kvaterniks Stellvertreter, Ivica Šarić (1914–1945), den Gefangenen, dass »Četnici« künftig keinen Platz mehr in Kroatien hätten. Die Mehrzahl der in Slawonien gemachten Gefangenen wurde in das im Gebäude einer Getreidemühle eröffnete Gefangenenlager Danica verbracht. Nur in Ausnahmefällen wurden die Gefangenen getötet. Beispielsweise attackierte eine Ustaša-Eskorte in der Nacht vom 17. auf den 18. April 1941 in der Nähe des Dorfes Staro Petrovo Selo (siehe Karte S. 270) 30 ihr unterstellte Gefangene mit Messern und brachte alle um bis auf fünf, denen die Flucht gelang. Der Bestimmungsort der Häftlinge war offiziell ein Verhörzentrum in der Stadt Nova Gradiška. Warum die Wachen ihre Gefangenen angriffen, anstatt sie abzuliefern, ist nicht bekannt.[34]

In Gudovac (siehe Karte S. 270) war es Ende April zu einer Schießerei zwischen flüchtigen serbischen Soldaten und ihren Verfolgern gekommen, bei der es drei Tote gegeben hatte. Das bereits in der Region weilende Expeditionskorps der Ustaša begab sich nach dem Zwischenfall umgehend in die nahe gelegene Stadt Bjelovar. Erneut versicherte sich Kvaternik nach der Ankunft im Gebiet der Unterstützung durch die lokale Miliz, der Bauernpartei sowie der Bjelovarer Ustaša, sodass insgesamt 70 Bewaffnete zur Verfügung standen.

Am 28. April 1941 wurden etwa 200 wohlhabende serbische Bauern, Lehrer und Priester in Gudovac und Umgebung verhaftet. Das Massaker, das sich an dem Tag ereignete, lässt sich aufgrund der vorhandenen Quellenlage nur annähernd skizzieren. Die Gefangenen wurden auf dem Marktplatz des Dorfes zusammengetrieben, woraufhin Soldaten der Ustaša begannen, mit zwei Maschinengewehren und Handfeuerwaffen in die Gruppe zu schießen. Ob das Massaker durch eine situative Dynamik ausgelöst wurde oder ob es

[34] Peršen, Ustaški logori, S. 67f.; Milošević, Izbeglice i preseljenici (1982), S. 126, sowie Goldstein, 1941, S. 92f.; zur Anwesenheit Kvaterniks siehe Goldstein, The Independent State, S. 423f. Über Šaric liegen keine Forschungsergebnisse vor, selbst sein Vorname ist umstritten. Zum Angriff auf die Gefangenen siehe Bericht HOP an ZHO, 1. Mai 1941, abgedr. in: Vukčević, Zločini NDH, S. 18; zur Lagergründung vgl. Dizdar, Ljudski gubici, S. 47. Die größte Häftlingsgruppe wurde von Grubišno Polje per Zug in das Lager verbracht; eine ausführliche Analyse des Massakers von Gudovac findet sich bei Dinu, Faschistische Gewalt«, S. 207ff.

geplant war, die Gefangenen im Ort umzubringen, lässt sich nicht klären. Offenbar hatten die Täter Maschinengewehre auf dem Marktplatz montiert. Fünf Männern gelang es, verletzt zu fliehen, bis zu 187 Menschen wurden getötet. Die Toten wurden anschließend in einer Grube verscharrt.[35] Allerdings hatte die Tat Proteste der Wehrmacht zur Folge. Der Ortskommandant, ein Leutnant Hanusch, ließ im Anschluss an die Tat 40 Milizionäre, die er für die Tat verantwortlich machte, verhaften. Daraufhin begab sich der designierte kroatische Außenminister Mladen Lorković zum deutschen Gesandten und erwirkte bei diesem die Freilassung der Verhafteten.[36] Er rechtfertigte die Tat, indem er die vorangegangenen Morde an elf Kroaten durch serbische Banden in dem Gebiet schilderte und sich auf die Gesetzesverordnung zum Schutz von Volk und Staat berief. Der Gesandte Kasche erklärte das Massaker daraufhin zum Teil eines Kampfgeschehens, auf das die kroatische Polizei und die Ustaša mit überzogenen Geiselerschießungen reagiert hätten. Die eigentliche Ursache aber seien Überfälle versprengter Serben, mit denen noch länger zu rechnen sei.[37] Der Historiker Radu Harald Dinu beschreibt das Massaker als paradigmatisch für die beginnende Eskalation der Gewalt in Kroatien: Vor dem Hintergrund einer Bedrohungskulisse gingen die Ustaše willkürlich gegen die serbische Zivilbevölkerung vor, was das Entstehen einer wirkungsvollen Widerstandsbewegung zur Folge hatte und im Sinne einer sich selbst bewahrheitenden Prophezeiung wirkte.[38] Hochrangige Ustaša gossen durch ihre Anwesenheit und durch ihre Taten Öl ins Feuer. Bald entwickelte sich ein erbitterter Bürgerkrieg, der bis weit in das Jahr 1945 andauerte.

Obgleich die ersten Massaker zum Teil von denselben Tätern begangen wurden, unterschied sich der Ablauf der frühen Angriffe von Einsatz zu Einsatz. Im Kordun kam es Anfang Mai zur Gefangennahme von etwa 400 Menschen und in der Folge zu Massenerschießungen, denen im Ort Hrvatski Blagaj (siehe Karte S. 270) 334 Gefangene zum Opfer fielen. Anders als beim vorangegangenen Massaker von Gudovac wurde aber diesmal ein Standgericht einge-

---

[35] Goldstein, 1941, S. 95f.

[36] DGA an AA, 30. April 1941, NARA T-120/5787, H301722.

[37] DGA an AA, 3. Mai 1941, NARA/T-120/5782, Lagebericht 10/41; dies war auch die nach außen getragene Einschätzung kroatischer Stellen, siehe Kovačić, Greueltaten und Verwüstungen, S. 16.

[38] Dinu, Faschistische Gewalt, S. 208.

setzt. Die Gefangenen wurden angeklagt, für die Ermordung einer kroatischen Müllersfamilie verantwortlich zu sein und einen Aufstand geplant zu haben. Aus Sicht der Täter erwies sich das scheinlegale Prozedere jedoch als dysfunktional. Bei der Besetzung des Gerichts hatte es Schwierigkeiten gegeben, und der Prozess zog sich über mehrere Tage hin. Schließlich kam es zu Konflikten über das Urteil, das von der Einsatzgruppe der Ustaša als zu zögerlich empfunden wurde, da die Richter lediglich 32 Gefangene zum Tode verurteilt hatten. Zudem wurde durch die mehrtägige Gefangenschaft mehrerer Hundert Menschen eine im nahen Slunj stationierte italienische Militäreinheit auf die Situation aufmerksam, die sodann die Freilassung eines Teils der Gefangenen bewirkte. Vielleicht hatte die Nähe der Italiener überhaupt erst bewirkt, dass man sich für ein Gerichtsverfahren entschieden hatte, um den Schein der Legalität zu wahren. Die Ustaša musste dann entscheiden, was mit den nicht zum Tode verurteilten Gefangenen zu geschehen habe. Von dem Entscheidungsprozess ist indes nur das Ergebnis bekannt: Die Ustaša erschoss auch den Rest der Gefangenen. Dies könnte daran gelegen haben, dass in jenem Teil Kroatiens noch kein Lager existierte, in das eine große Zahl Gefangener hätte deportiert werden können.

Bei einem weiteren Einsatz in Glina wurden in der Nacht vom 12. auf den 13. Mai 300 bis zu 400 serbische Bewohner unweit der Stadt erschossen (siehe Karte S. 270).[39] Der Regierungsbevollmächtigte für Glina war Eugen Šarić, der gleichzeitig auch der Stellvertreter Kvaterniks war. Außerdem befand sich mit dem zum Justizminister beförderten Glinaer Anwalt Dr. Mirko Puk (1884–1945) ein weiterer einflussreicher Ustaša-Führer in der Stadt. Die Erschießungen wurden also nicht hinter dem Rücken der Zagreber Regierung verübt. Die genaue Motivlage der Ustaša für den Massenmord von Glina liegt im Dunkeln, da es im Vorfeld keine Übergriffe auf kroa-

---

[39] Zu jugoslawischen Forschungen zum Glinaer Massaker siehe Despot, Glina 1941; Klobučar u.a., Ustaški teror, sowie Roksandić, Teror ustaša. Für eine jüngere Zusammenfassung vgl. Mirković, Recollections, S. 79, sowie Goldstein, 1941. Vgl. des Weiteren die Zeugenaussage Slavko Križanić', Glina, 25. Oktober 1944, AJ/110/292, 418, sowie die Erinnerungen des Ustaša-Mitglieds und Leiters des Krankenhauses in Glina, Dr. Rebok (Rebok, Sjećanja). Das Massaker vom Mai 1941 wird in der Forschung häufig mit einer Serie von Massenmorden verwechselt, die Ende Juli/Anfang August 1941 in derselben Gemeinde verübt wurden, vgl. Aralica, Ustaški pokolji Srba.

tische Zivilisten gegeben hatte. Im Unterschied zu den Taten im Kordun lagen nur wenige Stunden zwischen der Verhaftung und Erschießung von bis zu 400 serbischen Bürgern. Unter dem Einsatz massiver Gewalt wurden die Verhafteten zusammengetrieben, wobei mindestens vier Personen bereits in ihren Häusern getötet wurden. Was die Tötungsmethoden betrifft, schienen die Täter mittlerweile eine Routine entwickelt zu haben, die auch bei späteren Massenerschießungen angewandt wurde. Die Gefangenen wurden nachts in Gruppen von je 20 Gefangenen aus dem Gefängnis geholt, jeweils zu zweit aneinandergefesselt und auf Lastwagen, mit Planen abgedeckt, zum Ort der Erschießung gefahren. Wie zuvor im Kordun hatten Dorfbewohner oder örtliche Ustaše im Vorfeld Erschießungsgruben ausheben müssen. Vor diesen Gruben wurde den Gefangenen in den Kopf oder Nacken geschossen.[40] Der Massenmord von Glina hatte einen Protestbrief des Erzbischofs von Zagreb, Alojzije Stepinac (1898–1960), zur Folge, der allerdings ohne Wirkung blieb. Erst 1943 sollte der Kardinal seine Stimme öffentlich erheben.[41]

Öffentliche Massaker wie das auf dem Marktplatz von Gudovac bildeten die Ausnahme. In den ersten vier Wochen ihrer Herrschaft ermordeten die Ustaše bei insgesamt drei großen Massakern mehr als 1000 Menschen in verschiedenen Landesteilen Kroatiens. Zwar unterschied sich der genaue Ablauf von Fall zu Fall und hing von den Bedingungen vor Ort, dessen Topografie, dem Verhalten der Verfolgten oder der möglichen Anwesenheit von Verbänden der Verbündeten ab. Dennoch lässt sich eine Entwicklung herauslesen, die darauf schließen lässt, dass die Erfahrungen, die die Täter bei den ersten Massentötungen machten, zu einer gewissen Professionalisierung ihrer Gewalt führten. Somit lässt sich die Geschichte der ersten Ustaša-Massaker als Lernprozess interpretieren: Während es sich beim ersten Massaker um ein Blutbad an einem öffentlichen Ort gehandelt hatte, beim zweiten Massaker um ein schlecht koordiniertes Standgerichtsverfahren, das schließlich in Massenerschießungen mündete, handelte es sich erst beim dritten Einsatz um eine rasch durchgeführte und sorgfältig getarnte Massentötung.

Die bislang geschilderten Fälle enthüllen ein Muster: Auf Nachrichten über lokalen Widerstand sowie auf Übergriffe auf kroatische Zivilisten reagierte die Führung der Ustaša mit extremer Brutalität.

---

40 Goldstein, 1941, S. 100ff.

41 Siehe Blet u.a., Le Saint Siège, S. 224; vgl. auch Stella, The Triple Myth, S. 77.

Unverzüglich entsandte sie kleine, mobile und schnelle Einsatzgruppen in der Stärke von 30 bis 100 Soldaten, die in Pkws, Geländewagen oder Mannschaftsbussen von Zagreb aus zu ihren Einsatzorten fuhren. Die ersten Gewalttaten wurden teilweise von ein und denselben Tätern verübt. Doch bleiben die genauen Routen und Personenangaben uneindeutig, auch wenn meist Kvaternik, sein Stellvertreter Šarić oder Vjekoslav Luburić (1914–1969), der später zum Inspektor der KZ aufsteigen sollte, Erwähnung finden. Bei den ersten Gewaltaktionen war die Ustaša-Führung in Zagreb also direkt beteiligt, indem sie ihr Sicherheitspersonal in die Provinzen entsandte. Zudem pendelten Regionalführer der Ustaša zwischen ihren Heimatorten und Zagreb, und Regierungsmitglieder statteten den Provinzen regelmäßig Besuche ab. Somit waren die Aktivitäten der Ustaša in der Frühphase des Regimes im Unterschied zur nächsten Welle von Massakern koordiniert und unterlagen einer gewissen Aufsicht durch die Führung, auch wenn die Quellen keine Auskunft darüber geben, ob beispielsweise Pavelić am Entscheidungsprozess beteiligt war.[42]

Den harten Kern der Täter stellten Aktivisten der Ustaša aus dem Exil, die als besonders verlässlich galten. Zwar stammten viele von ihnen aus der Region, in der sie eingesetzt wurden, hatten aber in Zagreb studiert oder Jahre im Exil verbracht.[43] Bei Razzien verhafteten sie bis zu 500 männliche Serben im Alter zwischen 16 und 60 Jahren. Die wenigen Kroaten und Muslime unter den Verhafteten wurden in der Regel nach kurzer Zeit wieder entlassen. Sofern es in den Quellen Angaben zur Zugehörigkeit zu bestimmten sozialen oder Berufsgruppen unter den Gefangenen gibt, handelte es sich um überproportional viele Angehörige der serbischen Führungsschicht – Popen, Lehrer, politisch profilierte Persönlichkeiten der serbischen Landbevölkerung, wie zum Beispiel Angehörige der Radikalen Serbischen Partei, Ingenieure und Facharbeiter. Diese repräsentierten aus Sicht der Ustaša den besonders gefährlichen Teil der serbischen Bevölkerung. Die häufige Benennung der Verhafteten

---

[42] Zu dieser Schlussfolgerung kommt auch Jug, Oružane snage NDH, S. 261. Indes lässt sich seine Annahme, dass die Milizen auch zu einem späteren Zeitpunkt in genauer Abstimmung mit der kroatischen Führung handelten, empirisch kaum belegen.

[43] Pavlowitch, Hitler's New Disorder, S. 29f. Bislang liegt keine Studie zu den mobilen Einsatzgruppen vor.

als »Četnici« deutet auf mögliche nationale Vorkriegsaktivitäten der Verhafteten hin. Die große Mehrheit der Erschossenen waren Bauern, die nicht notwendigerweise oppositionell gesinnt waren. Bei den meisten Massakern wurden ausschließlich Männer getötet, wobei die Ustaša nicht immer alle ihrer Gefangenen erschoss. Juden und Roma waren allenfalls individuell betroffen.[44]

Bei der Untersuchung der ersten Massaker wird auch deutlich, dass diese nicht das Produkt lokaler ethnischer Auseinandersetzungen waren, sondern durch kleine und mobile Gruppen trainierter Ustaša-Aktivisten initiiert wurden, die mit voller Rückendeckung der Ustaša-Führung in Zagreb agierten. Diese entsandte die Kommandos in Gegenden, in denen sich die serbische Bevölkerung aus ihrer Sicht dem neuen Staat nicht unterwerfen wollte. Falls es vor Ort noch vorhandene Reste der jugoslawischen Armee oder oppositionelle Verbände gab, wurden diese von den Ustaša-Verbänden niedergekämpft oder vertrieben. Die brutale Tötung Hunderter männlicher Zivilisten war aus Sicht der Ustaša ein Schlag gegen den serbischen Widerstand und ein Mittel zur Herrschaftsdurchsetzung. Darüber hinaus zeigt sich, dass Proteste der Deutschen und der katholischen Kirche die Taten zwar nicht verhindern konnten, die Täter jedoch verunsicherten. Allerdings konterkarierte die Wehrmacht ihre eigenen Proteste auch dadurch, dass sie in Fällen, in denen sie Angriffe auf Serben als legitimen Teil militärischer Auseinandersetzungen wahrnahm, selbst nicht davor zurückschreckte, serbische Geiseln zu erschießen.[45] Damit erodierte ihre Glaubwürdigkeit, wenn sie die Ustaša für ähnliche Vorfälle zur Rede stellte.

Ein Vergleich mit den besetzten Gebieten der Sowjetunion verdeutlicht einige der Besonderheiten des kroatischen Gewaltraums. Wie im April 1941 in Jugoslawien fielen zehn Wochen später deutsche Einheiten in die Sowjetunion ein und exportierten letale Gewalt in Regionen, die schon zuvor durch außerordentlich hohe zwischenethnische und gesellschaftliche Spannungen belastet waren. Die Gewalt der Einsatzgruppen im Baltikum, in Ostpolen und der

---

[44] Bspw. erschossen Ustaše am 29. Juli 1941 15 Roma in Ivanović Jarak im Rahmen von Kämpfen mit Aufständischen, vgl. Lengel-Krizman, Genocide, S. 162.

[45] In kroatischen Quellen wird eine Massenerschießung durch Wehrmachtsangehörige in Sanski Most erwähnt, bei der vermutlich die Ereignisse in Kijevo gemeint waren, siehe General Laksa an Marschall Kvaternik, 22. Mai 1941, abgedruckt in: Vukčević, Zločini NDH, S. 55.

Westukraine richtete sich gegen Juden, und zwar zunächst vor allem gegen Männer. Massentötungen der Einsatzgruppen der Ustaša in umkämpften Räumen betrafen fast ausschließlich männliche Serben. Aus Sicht der Täter nahmen beide Gruppen eine ähnliche Funktion ein: Sie galten als eine potenzielle Gefahr für die neue Ordnung und bildeten das imaginierte Bindeglied zwischen Moskau, Belgrad und den Kommandostellen der Partisanen. So wurden Juden, insbesondere anhand des Bildes des jüdischen Kommissars, als fünfte Kolonne Moskaus betrachtet, während die Serben als verlängerter Arm Belgrads auf kroatischem Gebiet gesehen wurden. Dies legt die Vermutung nahe, dass Serben in Kroatien in den Augen der kroatischen Nationalisten eine strukturell ähnliche Rolle einnahmen wie Juden in den Augen litauischer oder ukrainischer Nationalisten. Darüber hinaus sind strukturelle Unterschiede zwischen den Gewalträumen zu konstatieren. In Kroatien brach die Gewalt unvermittelter aus als beispielsweise in der Westukraine, wo die polnisch-ukrainischen Auseinandersetzungen bereits im Anschluss an den Ersten Weltkrieg in einen Bürgerkrieg gemündet hatten und während der sowjetischen Okkupation von 1939 bis 1941 eine zusätzliche Ethnisierung erfuhren. Im Unterschied dazu war Jugoslawien seit 1918 ein ausgesprochen friedliches Land.[46] Die Schlussfolgerung könnte insofern lauten, dass der interethnische Hass in der Westukraine stärker bzw. dass die Brutalisierung des gesellschaftlichen Klimas weiter vorangeschritten war.

Ein weiterer Unterschied liegt darin, dass die Gewalt, die 1941 in Kroatien ausbrach, im Vergleich mit anderen Regionen, in denen nichtdeutsche Täter zum Massenmord schritten, heftiger ausfiel. Hier reichen indes Emotionen wie Rache oder Hass nicht aus, um die besondere Situation Kroatiens zu erklären. Vielmehr war das Machtvakuum, das die Wehrmacht hinterließ und in das die zur Gewalt fest entschlossene Ustaša stieß, deutlich größer als im Baltikum oder der Westukraine, also Gebieten, die die Wehrmacht einer relativ festen militärischen Kontrolle unterwarf. Somit vermochte sie Bürgerkriege, beispielsweise zwischen Ukrainern und Polen, zu-

[46] Vgl. Newman, Post-Imperial and Post-War Violence. Der Autor betont hier zwar für den südosteuropäischen Raum besonders die gewaltsamen Aspekte des Zerfalls der k.u.k.-Monarchie, doch lässt der Vergleich zu anderen Räumen Ost und Ostmitteleuropas diesen wiederum vergleichsweise friedlich erscheinen.

nächst zu verhindern. In der Sowjetunion behielten die deutschen Truppen das Ruder in der Hand, nichtdeutsche Nationalisten verfügten über geringere Spielräume als in Jugoslawien. Wahrscheinlich kam es deshalb, abgesehen von den antijüdischen Massakern, zunächst nur zu wenigen Fällen interethnischer Gewalt. Philipp Ther berichtet, dass ukrainische Nationalisten erstmalig Ende 1942 polnische Dorfbewohner in Wolhynien ermordeten.[47] Anders stellte sich die Lage in Kroatien dar. Die relative Schwäche deutscher Truppen, die unausgereifte Planung für die Zeit nach dem Feldzug, die nicht funktionierenden Absprachen mit dem italienischen Partner sorgten von Anbeginn für das Entstehen eines Machtvakuums. Dieses Vakuum, ein Raum fern funktionierender staatlicher oder militärischer Strukturen, trug entscheidend zur mörderischen und eskalativen Gewalt der Ustaša bei.

Massaker in der Herzegowina, Frühsommer 1941

Die Gewalttaten vom April und Mai 1941 hatten vorweggenommen, was der serbischen Bevölkerung in anderen Landesteilen im Sommer 1941 noch bevorstand. Anfang Juni erfolgte nach einer mehrwöchigen Ruhephase in der Herzegowina der flächendeckende Angriff auf serbische Dörfer. Eine Welle der Gewalt überzog auch Teile Bosniens und Nordwestkroatiens. Dem Ausbruch der Gewalt war zunächst eine mehrere Wochen andauernde italienische Truppenpräsenz vorausgegangen. Erst am 18. Mai 1941 erfolgte die Übergabe der Zivilverwaltung an kroatische Beamte. Im Anschluss zogen Milizen der Ustaša in die abgeschiedenen westlichen Landesteile, in denen viele Serben lebten. Zunächst trafen Vorkommandos der Ustaša ein, die dem Regierungsbevollmächtigten für Bosnien, Jure Francetić, unterstanden, Einheiten der regulären Armee unter General Ivan Prpić (1887–1967) erreichten die Region Mitte Mai 1941.

Den Auftakt für die Massenmorde bildeten die Ereignisse in der herzegowinischen Bezirkshauptstadt Trebinje, die sich tief abgelegen im Südwesten des USK befand. Dort trafen am 28. Mai 1941 zehn Studenten aus Zagreb ein, allesamt Mitglieder der Ustaša. In Trebinje wie anderswo löste die Ankunft der Männer aus Zagreb Neugier und Unruhe gleichermaßen aus. Mit ihren Ustaša-Uniformen – ehemalige Emigranten trugen in der Anfangsphase meist

[47] Ther, Dunkle Seite der Nationalstaaten, S. 140.

khakifarbene italienische Kolonialuniformen – gaben sie ein auffälliges Erscheinungsbild ab. Zunächst übernahmen sie das Kommando über die lokalen Behörden und gegebenenfalls auch vorhandene lokale Verbände der Ustaša – ohne die Verstärkung durch lokales Personal hätten sie gar nicht tätig werden können. Dies war auch in den meisten Provinzen der Fall, doch mussten sich die jungen Funktionäre dabei abstimmen. Die Vorstellungen und Aufträge der Ustaša-Führung vermischten sich mit lokalen Ideen und Erfahrungen. In der benachbarten Stadt Gacko (siehe Karte S. 270) beispielsweise gründete ein entsandter Ustaša-Führer und Student der Veterinärmedizin namens Herman Tongl (1914–?) eine Miliz, für die er etwa 100 muslimische junge Männer rekrutierte. Eine rein kroatische Miliz aufzustellen, wäre in dem Landesteil kaum möglich gewesen. Die Mobilisierung örtlicher Strukturen erfolgte also jeweils abhängig von den Bedingungen vor Ort und den Vorstellungen des lokalen Personals. Dabei kam es nicht selten zu Machtkämpfen zwischen den örtlichen Behörden und den Ustaša-Kerngruppen.

Der örtliche Gendarm in Trebinje berichtete, dass die Ustaša-Studenten zwei nationale Denkmäler der Serben vernichtet und kyrillische Aufschriften von den Amtsgebäuden entfernt hatten. Damit zerstörten sie zunächst die symbolische Ordnung der alten Herrschaft. Der Übergang zur Gewalt gegen Menschen verlief zügig. Frischgebackene halbwüchsige Ustaše begannen, Serben als »Feinde Kroatiens« zu verhaften und den öffentlichen Raum zu kontrollieren. Eine aus Studenten aus Zagreb und Jugendlichen aus dem Ort bestehende Gruppe verübte schließlich das erste Massaker in der Region. Am Morgen des ersten Juni töteten sie neun Gefangene mit Gewehrschüssen. Die Tat war der Auftakt für eine Reihe von weiteren Erschießungen, die schließlich die gesamte Region erfassen sollten.[48]

Die Vorgänge in Trebinje zeigen einmal mehr, wie stark der Ausbruch der Gewalt mit der Ankunft der Initiatoren aus Zagreb zusammenhing. Kleine, entschlossene Gruppen, bestehend aus ehemaligen Emigranten, Studenten der Zagreber Universität, jungen Aktivisten, Gymnasiasten und Handelsgehilfen, reisten in die Provinzen, um für die Ustaša die Macht zu übernehmen. Sie ernannten

[48] Dulić, Utopias of Nation, S. 123ff.; die Ankunft der jungen Ustaše schildert der Gendarmeriebefehlshaber Bileća in einem Bericht an die 4. HOP vom 1. Juni 1941 (AVII/NDH/143a, 1/12–1).

junge Dorfbewohner zu »Gendarmen«, die sich fortan die Macht über Leben und Tod anmaßten. Akte der Gewalt, wie Denkmalzerstörungen oder Tötungen einzelner Persönlichkeiten, waren meist ihr erstes öffentliches Handeln, durch das sie zugleich die neue Ordnung demonstrierten.[49] Mit gezielten Tötungen setzten sie in kurzer Zeit einen Gewaltprozess in Gang, der ganze Regionen erfasste und Gewalttäter scheinbar wie von selbst rekrutierte. Zwar waren die Radikalen aus Zagreb für die Initiation erforderlich, doch mangelte es vor Ort nicht an Personen, die bereit waren, sich an Ausschreitungen und Morden zu beteiligen.

Der Historiker Tomislav Dulić analysierte in einer Fallstudie die von der Ustaša im Sommer 1941 in der Herzegowina verübten Massaker.[50] Er stellte fest, dass es vermutlich keinen konkreten Anlass und keine Zusammenstöße als Auslöser für die Angriffe auf die serbische Zivilbevölkerung gab. Gleichwohl war das Klima seit Wochen sehr angespannt. Die serbische Bevölkerung lebte in Furcht, während sich die Ustaša einer feindlichen serbischen Mehrheit gegenübersah, die jederzeit zum Aufstand gegen den kroatischen Staat bereit war. Die Mischung aus Entschlossenheit und Paranoia, aus Militanz, Furcht und mangelndem Realitätssinn führte dazu, dass die Verantwortlichen von Ustaša und Gendarmerie in der Ostherzegowina eine Ausgangssperre für Serben und Juden verhängten, zahlreiche serbische Persönlichkeiten als Geiseln nahmen und androhten, für jeden getöteten Kroaten bis zu 100 Serben zu erschießen. Man holte also aus einer Rhetorik der Defensive zum Schlag aus. In den folgenden Tagen und Wochen entwickelten sich die Gefangennahme von Geiseln, Schießereien auf der Straße sowie Versuche, die Bevölkerung zu mobilisieren und neue Ustaša-Einheiten auszuheben, zu einem immer dichteren und gewalttätigeren Treiben. Am 3. Juni 1941 verübte Tongls Truppe im außerhalb von Gacko gelegenen serbischen Dorf Korita das erste große Massaker (siehe Karte S. 270).[51]

---

[49] Ihre Vorgesetzten waren die Inhaber der regionalen Befehlsgewalt oder höhere Ustaša-Führer in Zagreb mit engen informellen Verbindungen in ihre Heimatregion. Goldstein, 1941, S. 79f., zeigt am Beispiel der Stadt Karlovac, wie der Obergespan und spätere Innenminister Dr. Ante Nikšić mittels seiner Vertrauensleute seine Macht ausspielte.

[50] Dulić, Utopias of Nation, S. 124ff.

[51] Die Beschreibung des Massakers von Korita folgt Dulić, Utopias of Nation, S. 124ff.; Tomasevich, Occupation and Collaboration, S. 938, sowie Kovačević u.a., June 1941, S. 107.

Etwa 150 männliche Dorfbewohner im Alter zwischen 16 und 60 Jahren wurden von Tongls frischgebackener Miliz festgenommen und in einem öffentlichen Gebäude eingesperrt. An die Gefangenen wurde appelliert, Waffenverstecke zu verraten, um im Gegenzug nach Hause entlassen zu werden. Das Leben der wenigen Gefangenen, die von versteckten Waffen wussten, sollte jedoch nicht geschont werden. Nach der Festnahme verließ Tongl für zwei Tage den Ort – ob er Verstärkungen oder Fahrzeuge organisierte, sich mit der Topografie vertraut machte oder aus anderen Gründen unterwegs war, ist nicht bekannt. Möglicherweise fiel in dieser Zeit auch erst die Entscheidung, dass die Gefangenen getötet werden sollten. Unter dem Vorwand, nach Deutschland zur Zwangsarbeit deportiert zu werden, wurde die gesamte Gruppe in Kleingruppen aus dem Gebäude geholt, in Dreiergruppen aneinandergefesselt, auf einen Lastwagen verladen und zu einer in der Nähe gelegenen Karsthöhle gebracht. Dort wurden bis zu 133 Gefangene erschlagen oder erschossen und tot oder verletzt in die Tiefe gestoßen. Insgesamt neun Personen, die den Sturz in die Tiefe mehr oder weniger schwer verletzt überlebt hatten, konnten das Massaker bezeugen. Ihren Aussagen zufolge kannten sie viele der Täter persönlich.[52]

Nach dem nächtlichen Massaker plünderten die Täter das Dorf, töteten weitere Personen, zogen samt dem gestohlenen Vieh ab und überließen die überlebende Bevölkerung, bestehend vor allem aus Frauen, Kindern und Greisen, sich selbst. Unklar ist, ob die örtlichen Täter im Dorf blieben oder zusammen mit der Ustaša-Einheit weiterzogen. Binnen kürzester Zeit war die gesamte Umgebung über das Massaker informiert. Zwei Tage später sicherte eine Gruppe bewaffneter serbischer Bauern den Eingang zur Höhle und barg unter erheblichen Schwierigkeiten die verletzten Überlebenden. Diese wurden medizinisch erstversorgt und dann in sichere Dörfer oder über die Grenze ins benachbarte Montenegro gebracht. Unmittelbar danach begann die lokale Rebellion serbischer Dörfer, die sich der Kontrolle durch den kroatischen Staat entzogen und begannen, gegen die Ustaša zu kämpfen.

Zur gleichen Zeit übernahm die Ustaša im Nachbarbezirk Ljubinje die Kontrolle. Beim leitenden Offizier handelte es sich um Leo Tongl, den Bruder des bereits erwähnten Herman Tongl. Die Ereig-

---

[52] Die Aussagen befinden sich im AS sowie im AJ und sind teilweise publiziert, siehe Bjelica, Zapisi, sowie Dedijer u.a., Proterivanje Srba, S. 155ff.

nisse ähnelten denen im Bezirk Trebinje: Eine aus Zagreb entsandte Gruppe von 15 Ustaša-Milizionären bemächtigte sich Ende Mai 1941 der lokalen Strukturen, nahm Verhaftungen unter der männlichen serbischen Bevölkerung vor und richtete am 7. Juni 1941 ein Massaker unter den Gefangenen an. Dessen Ablauf unterschied sich jedoch vom Massaker in Korita. Mangels Fahrzeugen mussten mehr als 100 Gefangene mit Seilen in Gruppen zusammengebunden zum Schlund einer Karsthöhle laufen. Nachdem die Ustaša-Wachen begonnen hatten, die Gefangenen zu töten und in die Höhle zu stoßen, kam es zu panikartigem Widerstand, den die Ustaša nicht unterdrücken konnte. Dabei gelang bis zu 50 Gefangenen die Flucht.[53] Von den Ereignissen alarmiert flüchtete die gesamte serbische Bevölkerung des Bezirks aus ihren Dörfern. In den folgenden Tagen lag die Situation im Bezirk in der Schwebe: Die Ustaša-Trupps und die Aufständischen belauerten sich, ohne dass es zu offenen Kämpfen kam. Die Ustaša war zu schwach, um in den Wäldern anzugreifen, die Aufständischen wiederum trauten sich nur nachts, etwas zu unternehmen, beispielsweise in ihre Dörfer zu gehen, um tagsüber wieder die Sicherheit des Waldes zu suchen. Zwar wurden auf beiden Seiten keine Gefangenen gemacht, doch war im Unterschied zur Ustaša die Gewalt der Aufständischen insgesamt selektiver. So wurden kroatische Gendarmen, deren Stationen überrannt oder eingenommen wurden, nicht grundsätzlich erschossen, sondern entwaffnet, zu ihrer Einschätzung der Lage befragt und manchmal anschließend freigelassen. Bei der Ustaša hingegen gehörte das Massaker zum beinahe alltäglichen Repertoire ihrer Mittel. Jedes Mal, wenn ihre Soldaten in dieser Phase ein serbisches Dorf einnahmen, war damit zu rechnen, dass sie einen Teil der männlichen Bevölkerung töteten. Zwischen dem 23. und 25. Juni 1941 erschossen Ustaše aus dem Gebiet Ravno bis zu 150 Serben in einem Gebiet, das acht Dörfer umfasste (siehe Karte S. 270). Aktionen dieser Art hatten immer die Flucht der überlebenden Bevölkerung zur Folge.

Im Juni 1941 hielten sich etwa 3500 Serben in den Hügel- und Waldgebieten des Bezirks Ravno auf. Die kroatische Gendarmerie und die Zivilverwaltung waren daran interessiert, die Flüchtlinge zur Rückkehr in ihre Dörfer zu bewegen. Wegen der anhaltenden Präsenz der Ustaša gelang dies aber nur bedingt. Das Vieh war aus

---

[53] Dulić, Utopias of Nation, S. 136ff. Zum Massaker von Ljubinje vgl. des Weiteren Radić, Lubinje i Popovo polje.

den Dörfern vertrieben worden und die Bauern somit ihrer Existenzgrundlage beraubt. Außerdem trauten die meisten Flüchtlinge den Zusicherungen der kroatischen Beamten nicht.[54] Mehr noch: Die serbische Bevölkerung tendierte immer deutlicher dazu, den Widerstand gegen die Ustaša zu verstärken und sich vom USK abzuspalten. Wo kroatische Behörden existierten, war die serbische Bevölkerung nicht mehr bereit, ihren Anordnungen Folge zu leisten. Auf Großversammlungen entschieden sich mehrere Dörfer zur gleichen Zeit für den bewaffneten Widerstand.[55]

Die serbische Bevölkerung in diesem in seiner Geschichte an Konflikten reichen Teil der Herzegowina war durchaus nicht wehrlos. Die Bauern und Hirten verfügten vielfach über Schusswaffen, auch wenn diese veraltet waren. Darüber hinaus fielen Teile der Waffenbestände der jugoslawischen Armee in serbische Hände. Aufstände gegen die osmanische Herrschaft, die fast permanente Präsenz von Räubern und Deserteuren und ein breites Repertoire heroischer Sagen hatten dazu geführt, dass bewaffneter Widerstand für die Landbevölkerung nichts Fremdes war. Dies begünstigte ihre Entschlossenheit, vor allem nachdem klar geworden war, dass Gegenwehr das einzige Mittel gegen die Ustaša war. Die Kämpfe konzentrierten sich auf die Hauptstraße, die entlang der Landesgrenze in Nord-Süd-Richtung verlief und die Herzegowina mit Ostbosnien verband. Aufständische kappten die Telefonleitungen, behinderten den Verkehr auf der Landstraße und besetzten die kroatischen Gendarmeriestationen. Der Aufstand gewann dadurch an Wirksamkeit, dass die Rebellen die montenegrinischen Gebiete jenseits der Grenze als Rückzugs- und Rekrutierungsgebiet nutzen konnten.[56] Die Ustaša antwortete darauf mit der Geiselhaft von über hundert Menschen, von denen zwar der Großteil entlassen, 20 jedoch bei einem weiteren Massaker getötet wurden. Sie war nicht in der Lage, den Osten der Herzegowina militärisch zu kontrollieren und suchte stattdessen den Ausweg in weiterer Gewalt, also in Fest-

---

[54] Gendarmeriebefehlshaber Bileća an 4. HOP, 15. Juli 1941, AVII/NDH, 143, 3/56, sowie 1. HOP an RAVSIGUR, 16. August 1941, AVII/NDH, 145, 2/1.

[55] Vgl. Hoare, How Bosnia Armed, S. 75ff.

[56] Zur Situation im Bezirk siehe Lagebericht des Gendarmeriebefehlshabers Bileća an 4. HOP, 13. Juni 1941, AVII/NDH/143, 1/6–2, sowie Dulić, Utopias of Nation, S. 141f.

nahmen der männlichen Bevölkerung der Dörfer und in Geiselerschießungen. Dies wiederum heizte den Widerstand an.

Es kam also ständig zu militärischen Zusammenstößen bewaffneter Gruppen, Überfällen auf Dörfer durch Milizen, Drohungen, Racheakten und anderen gewaltförmigen Interaktionen zwischen den Parteien. Beispielsweise wurde Dörfern, in denen die Straße beschossen wurde, gedroht, dass sie niedergebrannt würden. Jeder erneute Überfall minimierte die Chancen auf einen Waffenstillstand, um den sich die Vertreter der kroatischen Zivilverwaltung, Armee und Gendarmerie zunächst bemühten. Sie wollten die serbischen Aufständischen dazu bewegen, ihre Waffen niederzulegen, wobei jedoch Unklarheit über die weitergehenden Ziele herrschte. Allerdings erwiesen sich die verschiedenen Rebellengruppen numerisch als stark überlegen. Da viele Haushalte über Waffen verfügten, kam bald eine Streitmacht mit 300 bis 400 Bewaffneten zusammen, die lose verbunden waren und meist von Familienoberhäuptern oder ehemaligen Armeeoffizieren geleitet wurden. Durch die Übermacht wurden die Ustaša und die kroatische Armee zum Rückzug gezwungen, und die kroatische und muslimische Bevölkerung floh aus Angst vor der Rache der Rebellen mit ihnen. In der Tat steckten die Rebellen einige Dörfer in Brand und ermordeten dort muslimische Zivilisten.[57] Regional schlug die anfänglich asymmetrische Gewalt der Ustaša in einen Bürgerkrieg um, in dem alle Parteien Gewalttaten verübten.

Eskalation der Milizgewalt, Hochsommer 1941

Im Laufe des Hochsommers erfuhr die Milizgewalt eine geografische Ausweitung. Ein hohes Gewaltniveau prägte fortan den Alltag im Land. Aus vielen Bezirken wurden monatlich Tote infolge von Razzien, Scharmützeln, Anschlägen und Raubmorden gemeldet. In den Berichten der Armee und Gendarmerie wurden Gewalttaten der Ustaša-Milizen oft nicht einmal mehr eigens aufgeführt.[58] Dennoch

---

[57] Dulić, Utopias of Nation, S. 133ff.

[58] Das Ausmaß an alltäglicher Gewalt und Gegengewalt verdeutlicht ein Bericht des UL Glina an den US in der VŽ Gora, 17. Dezember 1941, AVII/NDH/114b, 2/1–1; siehe auch Bericht des Befehlshabers der Divisionskdo.s Vrbas an den Befehlshaber des Heeres, 28. Juni 1941, zit. n. Vukčević, Zločini NDH, S. Nr. 87, S. 162ff.

Abb. 19: Die in diesem Kapitel behandelten Schauplätze von Massakern seit dem Hochsommer 1941.
© Tobias Stiefel

waren die Betroffenen vom Ausmaß der Brutalität der Ustaša überrascht. So beobachtete eine Gruppe von Partisanen Ende Juli in der Nähe von Karlovac eine Ustaša-Einheit, die etwa 150 serbische Bauern auf Lastwagen in einen Wald verbrachte. Nach längerer Diskussion entschieden sich die Partisanen mehrheitlich gegen ein Eingreifen, weil sie die Ermordung der Gefangenen für unwahrscheinlich hielten. Etwa zwei Stunden später stand jedoch fest, dass die gesamte Gruppe ermordet worden war.[59]

In der Herzegowina blieb das Gewaltniveau dauerhaft hoch und richtete sich in manchen Bezirken nun auch gegen Frauen und Kinder. Die in dem Gebiet stationierten italienischen Truppen verhiel-

[59] Vgl. Holjevac, Okupacije, S. 49f.

ten sich weiterhin abwartend, sodass die Milizen freie Hand behielten. Aus Stolac, dem Hauptort des einzigen herzegowinischen Bezirks mit einer katholischen Bevölkerungsmehrheit, meldete ein Beamter, dass mittlerweile 80 Prozent der volljährigen serbischen Bevölkerung von der Ustaša getötet worden seien.[60] In der Nacht zum 11. August erschien eine 50-köpfige Ustaša-Einheit im Dorf Čavas, verbrachte 104 serbische Männer, Frauen und Kinder zu einer außerhalb des Dorfes gelegenen Senke, erschoss sie dort und schüttete anschließend die Ränder der Schlucht zu.[61] Dieser Befund ist insofern bedeutsam, als er darauf hindeutet, dass die Ustaše durchaus auch aus einer Position der Stärke die Massenmorde intensivierte, und nicht nur dort, wo ihnen ein Machtverlust drohte.[62]

Reichte die Macht der Ustaša nicht aus, um eine Gegend zu kontrollieren, richteten sich die Angriffe gegen einzelne Serben, beispielsweise gegen Hirten oder Reisende. Zudem wurden Dörfer und Felder in Brand gesteckt.[63] Auch in der Lika verging kaum eine Woche, in der die Ustaša kein Massaker verübte. Bis zu 80 Aufständische und 300 Dorfbewohner wurden Anfang August bei Gospić im Zusammenhang mit Kämpfen zwischen Četnici und der Ustaša getötet.[64] In der Bosanska Krajina, der Landesmitte des USK, verübten Ustaše im August 1941 eine Reihe von Massakern, die in ihrer Quantität das bisher Geschehene in den Schatten stellten und bei denen bis zu 4000 Menschen getötet wurden.[65] Mit Maschinengewehren erschossen die Täter die Gefangenen, die sich in vorher gegrabene Gruben stellen mussten. Diese Aktionen erinnern in ihrer Ausführung

---

[60] KO Stolac an Ponova, 15. Juli 1941, HR HDA/1076.1/442, 677/41; die Ustaša des Bezirks Stolac verübte vom 25. auf den 26. Juni 1941 ein Massaker an 283 Personen am Ufer der Neretva unterhalb von Opuzen, siehe OP Opuzen an VŽ Hum, 4. Juli 1941, AVII/NDH/189, 1/7. Die Zusammensetzung der Bevölkerung im Bezirk scheint die Hypothese des Soziologen Randy Collins zu bestätigen, dass ethnische Massengewalt dort besondere Intensität erreicht, wo das Zahlenverhältnis einer Mehrheit gegenüber einer Minderheit stark zugunsten der Mehrheit ausfällt; vgl. Collins, Dynamik der Gewalt.

[61] Gendarmerieposten Ljubinje an 4. HOP, 18. August 1941, AVII NDH/143b, 6/7–4.

[62] Diese These vertritt Dulić, Utopias of Nation.

[63] Polizeibericht, 1. Juli 1941, in Abschrift Arthur Häffners für D.G.i.A., BA-MA/RH 31 III/13, Bl. 26.

[64] 1. HOP an RAVSIGUR, 12. August 1941, AVII/NDH/152, 4/21–4.

[65] Dulić, Utopias of Nation, S. 222.

sehr an die Massaker der deutschen Einsatzgruppen der Sicherheitspolizei (Sipo) und des SD in der besetzen Sowjetunion.[66] Doch kopierte die Ustaša ihre Tötungspraxis nicht von den deutschen Einsatzgruppen, diese resultierte vielmehr aus den Erfahrungen, die die Milizen bei ihren eigenen Aktionen in Kroatien machten.

In Glina kam es zwischen Ende Juli und Anfang August 1941 zu einer Reihe von Gewalttaten, die in einem Massaker in der orthodoxen Kirche in der Stadt kulminierten, bei dem Ustaše das Gebäude in Brand setzten, in dem sich bis zu 300 serbische Gefangene befanden. Es ist unklar, ob es sich beim Kern der Täter um lokale oder um auswärtige Ustaše handelte, Tatsache ist jedoch, dass die Wucht der Gewalt sowohl die Stadt als auch die Umgebung Glinas erfasste. Die bereits anfangs ungezügelte Gewalt scheint mit der Ankunft hoher Ustaša-Führer, darunter des Befehlshabers der Ustaša-Polizei Božidar Cerovski, an Intensität noch zugenommen zu haben.[67] Anfang August erschossen auswärtige Ustaša-Mitglieder in Prijedor 200 Serben unter den Augen der Stadtbevölkerung. Die verantwortliche Einheit war aus der Herzegowina angereist, wurde durch Soldaten aus Zagreb verstärkt und mit örtlichen Kroaten und Muslimen aufgefüllt.[68] Des Weiteren attackierten Ustaša-Verbände die serbischen Siedlungsgebiete in den Bezirken Bileća, Livno, Velika Kladuša (Bezirk Cazin), Kupres, Vojnić und Tuzla. Dabei verübten sie Gewalttaten, die insgesamt mehrere tausend Opfer forderten (siehe Karte S. 285).[69]

---

[66] Zur Organisation der Einsatzgruppen vgl. Wildt, Generation des Unbedingten, S. 538–607; zu Praxen der Einsatzgruppen vgl. Krausnick u.a., Truppe des Weltanschauungskrieges.

[67] Vgl. Aralica, Ustaški pokolji Srba. Der Kenntnisstand, was sich genau in Glina ereignet hat, ist noch lückenhaft, doch hat unlängst eine intensive Erforschung der Ereignisse eingesetzt, vgl. Sveučilište u Zagrebu (Hg.), Što se u istinu dogodilo u Glinskoj Srpskopravoslavnoj Crkvi između 29/30. Srpnja i 4/5. Kolovoza 1941.: Svedočanstva i kultura sjećanja, Colloquia 4/2012.

[68] Halb-Bataillon I./I.R.750 an Division 718, O.U., 8. August 1941, BA-MA/ 26–118/5, o. lfd. Nr., sowie NARA, RG 242, T-315, reel 2265/683 u. 707.

[69] Für Bileća siehe Bericht Br. 215/41, 4. HOP an ZHO, 10. Juni 1941, AVII/ NDH/143b, 2/11–1; für Livno vgl. Kvesić, Dalmacija u NOB, S. 79; für Velika Kladuša siehe Bezirksexpositur Velika Kladuša an ŽRO Krbava i Psat, 23. Oktober 1941, BArch/R 58/92, Bl. 20–23; für Kupres vgl. Kumović, Poreklo, migracije i stradanje; für Vojnić siehe Arthur Häffner an D.G.i.A., 3. August 1941, BA-MA/RH 31 III/13, Bl. 42f; für Tuzla siehe Städtische Polizei an VB Usora u. Soli, 19. Juli 1941, AVII/NDH/213, 2/7, Bl. 6.

Ein besonders gut dokumentiertes Massaker ereignete sich Anfang September 1941 bei Sarajevo. In der Umgebung der Stadt war es ab August immer wieder zu Feuerwechseln zwischen Aufständischen und der Ustaša sowie der kroatischen Gendarmerie gekommen. Die Ustaša befürchtete nichts so sehr wie den Verlust der zweitgrößten Stadt des USK. In der Stadt herrschte eine Versorgungskrise, das Umland war von einer mehrheitlich serbischen Bevölkerung bewohnt – aus Sicht der Ustaša war die Stadt belagert. Nach Feuerüberfällen auf Versorgungskonvois mit einigen Toten unternahmen Milizen der Ustaša mithilfe einiger Gendarmen im Weichgürtel der Stadt mehrwöchige Rachefeldzüge, im Zuge derer 80 serbische Bauern erschossen und mehrere Bauernhöfe in Brand gesteckt wurden.[70] Am 7. September 1941 nahm eine etwa 30-köpfige Schar lokaler Ustaše, verstärkt durch einige Männer aus Mostar, etwa 20 serbische Dorfbewohner unter dem Vorwand gefangen, sie für die Reparatur einer Bahnstrecke zu benötigen. In einem Lastwagen wurden die Gefangenen abtransportiert. Anstatt sie allerdings zur Arbeit einzusetzen, wurden sie im Eisenbahnposten Reljevo mit Draht gefesselt, in ein Haus verbracht, dort getötet und das Haus in Brand gesteckt (siehe Karte S. 285). Kroatische Militärs fanden später die verkohlten Leichen und machten einige Aufnahmen.[71] Da die verantwortlichen Ustaše auch noch weitere Häuser anzündeten, belief sich die Zahl der Toten auf mindestens 76 serbische Männer, Frauen und Kinder.[72] Ermittlungen gegen einen Gendarmen, der die Taten gedeckt hatte, verliefen im Sand, da dessen Vorgesetzte seiner Version der Ereignisse Glauben schenkten. Er wurde lediglich belehrt, wann er im Schriftverkehr den Ustaša-Gruß zu verwenden habe und wann nicht.[73]

---

70 4. HOP an RAVSIGUR, 19. August 1941, AVII/NDH/143, 8/30–1.

71 Verhör des Muja Sadžak, Gendarmeriebefehlshaber Sarajevo, 30. September 1941, AVII/NDH/150a, 2/28.

72 Gendarmerieposten Alipašin Most an 4. HOP, 9. September 1941, AVII/NDH/143c, 1/28. In einem Bericht desselben Postens vom 14. September 1941 ist allerdings nur von 20 Toten die Rede. Eine Schar lokaler Ustaše, verstärkt durch einige Männer aus Mostar, habe die Gefangenen in einem Lastwagen fortgebracht, sie in einem nahe gelegen Haus getötet und dieses angezündet, siehe ebenda 2/22–2.

73 Gendarmeriebefehlshaber Sarajevo an 4. HOP, 13. September 1941, AVII/NDH, 143, 9/45–4; Antwort vom 24. September 1941, AVII/NDH/143a, 3/26–1.

Zwei Tage später äscherten vermutlich dieselben Täter das Dorf Krivoglavci in der Nähe Sarajevos ein und töteten 36 Männer, Frauen und Kinder im Alter von drei Monaten bis 80 Jahren.[74] Der Kampf um Sarajevo führte zu einem Schulterschluss zwischen Ustaša, Gendarmerie und Armee. Aus allen drei Formationen kam es zu tödlichen Angriffen auf serbische Zivilisten.

Gründe für die Radikalisierung

Eine Reihe von Faktoren führte dazu, dass sich die Gewalt nicht etwa auf diejenigen Regionen beschränkte, in denen sich die Ustaša bedroht sah und Schwierigkeiten hatte, staatliche Strukturen zu etablieren. Dort verstetigte sie sich zwar, doch darüber hinaus kam es nun auch in Gegenden zu Gewalttaten, in denen die Verfolgung bislang in administrativen und polizeilichen Maßnahmen bestanden hatte. Als Gründe, die zu einer weiteren Radikalisierung führten, sind der deutsche Angriff auf die Sowjetunion am 22. Juni 1941, der sich manifestierende serbische Widerstand sowie die landesweite antiserbische Vertreibungswelle von Anfang Juli zu nennen.

Der deutsche Angriff auf die Sowjetunion stellte auch auf dem Balkan eine Zäsur dar, da kommunistische Widerstandskämpfer nun verstärkt zu den Waffen griffen und das Regime immer brutalere Gegenmittel einsetzte.[75] »Der Russenkrieg hat die Spannungen, die Kroatien beherrschen, noch erheblich vermehrt. Natürlich sind auch die Juden stark am Werk. Pavelić will in den nächsten Tagen einige hundert Agramer Juden auf freiem Feld hinter Stacheldraht zusammentreiben«, berichtete Glaise von Horstenau.[76] Doch führten die sich überstürzenden internationalen Ereignisse nicht nur zu einer Radikalisierung der kroatischen Judenpolitik, sondern zu erhöhter Gewaltbereitschaft insgesamt. Vermehrt wurden die serbischen Feinde der Regimes in einem Atemzug mit den Sowjets genannt. Slavko Kvaternik rief gar einen totalen Krieg um die Heimat aus. Am 3. Juli 1941 erließ Pavelić einen Aufruf an Freiwillige für

---

[74] Bericht des Gendarmeriepostens Semizovac an 4. HOP, 10. September 1941, AVII/NDH/143c, 1/15–3.

[75] Am 3. Juli 1941 rief Stalin die Völker Europas dazu auf, sich gegen die Faschisten zu erheben. Am folgenden Tag beschloss die KPJ den bewaffneten Kampf; vgl. Vukmanović-Tempo, Mein Weg mit Tito, S. 92.

[76] D.G.i.A. an OKW (Abt. Ausland), FS 274/41 geh., 28. Juni 1941, BA-MA/RH 31 III/1, Nr. 48.

den Krieg gegen die Sowjetunion und ließ zu diesem Zweck die »Kroatische Legion« ausheben.[77] Der Abzug der meisten Wehrmachtseinheiten sowie der Rückzug der italienischen Armee an die Küste hinterließen ein Machtvakuum, das die Ausbreitung der Aufstände enorm begünstigte. So entglitt den Deutschen, den Italienern und der Ustaša im Spätsommer 1941 die Kontrolle über einen großen Teil der serbischen Siedlungsgebiete in der Region.

Die Stimmung wurde auch noch dadurch angeheizt, dass im Vorfeld des als serbischen Nationalfeiertag begangenen Veitstages (*Vidovdan*) Ustaša-Vertreter ein Bedrohungsszenario entwarfen, das den Tag als Fanal für einen serbischen Aufstand deutete.[78] Dabei handelte es sich um ein bekanntes Muster: Schon im Mai hieß es, die Četnici planten einen Aufstand und wollten als Signal für dessen Beginn die katholische Kathedrale von Đakovo in die Luft sprengen.[79] Nun, Anfang Juli, gossen Ustaša-Milizen im Vorfeld des Veitstages Öl ins Feuer, indem sie Verdächtige verhafteten, um, so behaupteten sie, einem Aufstand vorzubeugen. Am Feiertag selbst zerstörten sie die orthodoxe Kathedrale von Bihać.[80] Die Bedrohung durch serbische Aufständische basierte zwar zu weiten Teilen auf der Imagination der Ustaša. Allerdings kam es tatsächlich zu Fällen, in denen nationalserbische Gruppen orthodoxe Feiertage zum Anlass für Widerstandsaktionen nahmen.

Das Verhalten der Ustaša jener Tage wurde als »psychotisch« charakterisiert.[81] Vielmehr handelte es sich jedoch um eine kollektive Imagination der Bedrohung. Die Ustaša sah sich in ihrem manischen Verfolgungswahn von Feinden umgeben.[82] Die ersten militärischen Zusammenstöße – von der Ustaša selbst provoziert – funktionierten

---

[77] Erklärung des Außenministers Lorković, DZK, Nr. 88, 20. Juli 1941, S. 5, sowie Aufruf des Ministers Kvaternik vom 10. Juli 1941, zit. n. Barić, Ustroj kopnene vojske, S. 453.

[78] »Eine Aktion kommunistisch-serbischer Terroristen sei auch am alten serbischen Revolutionsfeiertag, dem St. Eliastag, begangen worden«, *DZK*, 7. August 1941.

[79] *Hrvatski Narod*, 11. Mai 1941.

[80] Laut Paris wurde die Kirche am 28. Juni 1941 von Ustaše gesprengt, vgl. Paris, Genocide in Satellite Croatia, S. 88. Tatsächlich scheint sie eher abgetragen worden zu sein, vgl. Radić, Bihać, S. 14.

[81] Goldstein u.a., Holokaust u Zagrebu, S. 255.

[82] Was Baberowski als manischen Verfolgungswahn für die Bolschewiki beschrieben hat, lässt sich auch auf die Ustaša anwenden, siehe Baberowski, Der Feind ist überall, S. 753.

gleich einer sich selbst erfüllenden Prophezeiung: Jeder neue Vorfall bewies die Gefahr und die Bosheit der Gegner Kroatiens. Als zum Beispiel am 3. Juli 1941 Mijo Babić (1903–?), ein Mitglied der Führungsriege der Ustaša, bei einem Einsatz in der Herzegowina fiel, sollte die achttägige Staatstrauer nach seinem Tod demonstrieren, dass der kroatische Staat unter dem beständigen Angriff seiner serbischen Gegner stand.[83] Ante Pavelić begegnete dem wachsenden Widerstand mit der öffentlichkeitswirksamen Erschießung von zehn gefangenen Kommunisten und einer drastischen Ausweitung des Standrechts – den Anlass lieferte der Mord an einem Polizeibeamten. In der Folgezeit wurden Hunderte vermeintliche Kommunisten zum Tod durch Erschießen verurteilt. Allein am 5. August 1941 wurden nach einem Bombenanschlag auf eine Ustaša-Wache in Zagreb 102 »Kommunisten und Juden« erschossen.[84] Die Erschießungen durch die Standgerichte verweisen auf die Verzahnung antikommunistischer Gewaltbereitschaft mit der tödlichen Verfolgung von Serben und Juden. Um die erhoffte Abschreckung zu erzielen, wurde die Erschießung von Geiseln öffentlich plakatiert. Damit trug die Regierung den Terror aus den vom Krieg betroffenen Provinzen in die Hauptstadt Zagreb. Auch die Landesteile, in denen es bislang friedlich geblieben war, wurden von der Tötungswelle erfasst. Pavelić ordnete in mehreren Städten die Installation sogenannter Volksgerichte und mobiler Standgerichte an.[85]

Schließlich wurde Anfang Juli 1941 durch die geschilderte Verhaftung und Abschiebung Zehntausender Serben wie mit einem Transmissionsriemen antiserbische Gewalt flächendeckend in alle Bezirke des USK getragen, in denen Serben lebten. Während die Verhafteten in den östlichen Landesteilen über die Grenze nach Serbien verschleppt oder in eines der Sammellager verbracht wurden, bereitete es der Polizei in den westlichen Landesteilen erheblich größere Schwierigkeiten, die Verhafteten abzuschieben. Solche Fälle ereigne-

---

[83] *DZK*, 5. Juli 1941; siehe auch Miletić, Koncentracioni logor Jasenovac a, S. 1012.

[84] *DZK*, 6. August 1941; am 7. August wurden erneut acht »Juden und Kommunisten«, darunter ein Rabbiner, erschossen.

[85] Zu Meldungen über standrechtliche Erschießungen siehe *DZK*, Nr. 67, 29. Juni 1941, S. 1f; Ende Juli 1941 wurden in und bei Sarajevo mehr als 50 Geiseln erschossen, siehe NARA/IMT Nr. V., Fall VII/8, 455, 21. Juli 1947; für Provinzstädte wie Sisak siehe Ankündigung der Erschießung von sechs Kommunisten, 22. Juli 1941, USHMMA RG-49.003/1.

ten sich beispielsweise Mitte Juli 1941 im Nordwesten Bosniens in der Gegend um Bihać.[86] Gebiete, in denen es zu Binnenvertreibungen gekommen war, erwiesen sich als besonders anfällig für Gewalttaten der Ustaša-Milizen. Die Vertriebenen wurden als Gefahr für Ruhe und Ordnung angesehen. Flüchtlingstrecks und wandernde Gruppen waren ein besonders anfälliges Ziel für Angriffe und Raubüberfälle, da sie sich kaum verteidigen konnten.

All diese Elemente trugen zur Beschleunigung der Verfolgungspolitik und zur Radikalisierung der Täter bei. Die Folge der wahllosen Angriffe waren dann in der Tat die von der Ustaša beschworenen Aufstände, die wiederum die Täter zu noch aggressiverem Vorgehen anspornten: Ihren Verdacht, bei den Serben handle es sich um gefährliche Unruhestifter, sahen sie bestätigt. In einer Art kroatischer Dolchstoßlegende wurde behauptet, dass die serbische Bevölkerung Kroatien im schwierigen Prozess der Staatsbildung ein Messer in den Rücken stieße.[87] Die Ustaša empfahl sich als die Kraft, die Kroatien vor der drohenden Gefahr zu retten vermöge. Allen Beobachtern lag zwar klar vor Augen, dass die Ustaša Ursache und Wirkung verdrehte, doch im nun entfesselten Krieg spielten solche Feinheiten keine Rolle mehr.[88]

Mitte Juli 1941 erhoben sich die Häftlinge des Gefangenenlagers Kerestinec und unternahmen einen Massenausbruch. Anschläge auf Zugstrecken häuften sich.[89] Der gleichzeitige Beginn eines Aufstands gegen die italienischen Besatzungstruppen im benachbarten Montenegro beflügelte die Rebellen im Südwesten des USK.[90] Zunächst galt es vor allen Dingen, den Ustaše den Zugang zu den serbischen Dörfern zu verwehren und Angriffe auf die Bevölkerung zu vereiteln. Erst als die Aufstände ganze Gebiete erfassten, bildeten sich übergeordnete Zielsetzungen und Strukturen heraus. Infolge-

---

86 Bericht, Bezirksexpositur Velika Kladuša an Polizeidirektion Krbava i Psat, 23. Oktober 1941, BArch/R 58/92, Bl. 20–23.

87 Denkschrift Eugen Kvaterniks, »Die Ereignisse um die Gründung des kroatischen Staates im Jahre 1941«, (1943), HR HDA/36/1996, S. 37.

88 Berichterstatter der Wehrmacht, der Gendarmerie, der kroatischen Armee sowie der Zivilverwaltung betonten wiederholt die Verantwortung der Ustaša für den Ausbruch der Aufstände. Ihre Empörung über gegenteilige Behauptungen der Ustaša zieht sich wie ein roter Faden durch die Quellen, vgl. Tomasevich, Occupation and Collaboration, S. 416ff.

89 Ereignisbericht UdSSR Nr. 27, JIMB/k. 21, 2a, 1/13.

90 Dulić, Utopias of Nation, S. 153.

dessen kamen der Verkehr und die Postverbindungen des kroatischen Staates teilweise zum Erliegen. Neben der Herzegowina entwickelten sich Ostbosnien und die Lika zu Zentren serbischer Aufstände und kosteten die Ustaša die Macht.[91] So wurde die likanische Industriestadt Drvar Anfang August von 400 schlecht bewaffneten Holzarbeitern eingenommen. Nach dem Aufstand wehten sowohl die serbische Trikolore als auch die rote Fahne über der Stadt. Unter dem Eindruck ihres Terrors erfüllte sich der von der Ustaša imaginierte Bund zwischen serbischen Patrioten und Kommunisten.

Ein weiteres Radikalisierungsmoment hat mit der an späterer Stelle zu schildernden Besetzung Westkroatiens durch die italienische Armee Ende August zu tun. Da die Italiener die Aktivitäten der Ustaša-Milizen in ihrem Besatzungsgebiet nicht länger duldeten, mussten diese zwangsläufig in das Innere des NDH, also vor allem nach Zentral- und Ostbosnien, ausweichen. Dort verschärften sie bereits bestehende Spannungen.[92]

Lokale Beteiligung an Gewalttaten

Ohne die Einsätze auswärtiger Ustaše, die die Tötungen initiierten und das Ausmaß der Gewalt bestimmten, hätte ein beträchtlicher Teil der Massaker nicht stattgefunden. Gleichwohl beteiligten sich örtliche Aktivisten und zuweilen die lokale Zivilbevölkerung an den Gewalttaten. Bei den Ustaša-Gruppen vor Ort, die in weiten Teilen des USK die Realität darstellte, handelte es sich oft um kleinere Verbände, bestehend aus Koalitionen von entschiedenen Ustaše, lokalen Patriarchen, entlassenen Kriminellen und zufällig zur Truppe gestoßenen Mitgliedern,[93] die sich um einen oder mehrere Warlords

[91] Bericht D.G.i.A., 13. Juli 1941 BA-MA/RH 31 III/1, Nr. 71.

[92] Bericht des Befehlshabers der Militärgrenze an das Militärbüro des Poglavnik, 4. September 1941, HM BiH/NDH/1941, Nr. 92; zu weiteren Hinweisen auf diesen regionalen Transfer der Massengewalt siehe Talpo, Dalmazia, S. 513f., sowie Shelah, Un debito di gratitudine, S. 45ff. Schon bald beantragte General Laksa, dass die neu eingerückten Ustaše Bosnien wieder verlassen sollten, siehe General Laksa an MinDom, 11. September 1941, AVII/NDH, V.T.V. No. 798.

[93] Ein Bericht über eine typische Zusammensetzung der Ustaša-Miliz liegt bspw. für die Bosanska Krajina vor. Dort wurden von der Ustaša befreite Häftlinge aus der Strafanstalt Zenica umgehend in die Miliz integriert, siehe Arthur Häffner an D.G.i.A., 23. Juni 1941, BA-MA/RH 31 III/13, Bl. 10.

gruppierten und von einem Stützpunkt aus ein mittelgroßes Territorium beherrschten. Dies gilt beispielsweise für das Regime eines muslimischen Warlords namens Muša Mutavelić im Bezirk Vlasenica, der Berichterstatter der Armee zum einen wegen seiner räuberischen und erpresserischen Methoden sowie wegen der unter seiner Ägide stattfindenden Massenvergewaltigungen von Serbinnen empörte, vor allem aber dadurch, dass er bei seinen Aktivitäten stets den Eindruck vermittelte, auf persönlichen Geheiß Ante Pavelić' zu handeln.[94] In der Tat waren persönliche Beziehungen zu Pavelić oft der Grund für die Einsetzung der Provinzfürsten. Ein anderes persönliches Gewaltregime errichtete ein kroatischer Bezirkschef namens Montani im nordbosnischen Brčko, das laut der deutschen Gesandtschaft auf »pogromartigen Verfolgungen« der serbischen Bevölkerung beruhte.[95] Überall dort, wo die Institutionen des kroatischen Staates schwach waren, war die Etablierung solcher Gewaltstrukturen wahrscheinlich.[96] In Gebieten mit mehr Staatlichkeit nahm die Verfolgung der Serben andere, stärker institutionalisierte Formen an.

Der Ustaša fiel es nicht schwer, in den Regionen Aktivisten zu rekrutieren. Schon vor 1941 hatten sich ausreichend junge Männer als Mitglieder verstanden; andere meldeten sich später für den Dienst. Daneben gibt es aber auch Beispiele für Zwangsrekrutierungen. Die Ustaša-Führer zweifelten indes zumindest in den ersten Wochen an der Zuverlässigkeit und Entschlossenheit ihrer lokalen Basis.[97] Deshalb wurden regional rekrutierte Männer häufig zu Hilfsdiensten herangezogen, etwa dem Graben der Gruben bei Glina. Und tatsächlich gibt es auch Berichte, nach denen Ortsansässige nur widerwillig bei Gewalttaten mitgewirkt haben und manchmal von auswärtigen Ustaša dazu gezwungen wurden. Bei Verhaftungsaktionen stellten die Offiziere häufig Patrouillen aus je einem lokalen Soldaten, der über die notwendige Ortskenntnis verfügte, und einem auswärtigen Ustaša, der die notwendige Entschlossenheit aufzubringen

---

[94] Bericht des Befehlshabers der Militärgrenze an das Militärbüro des Poglavnik, 4. September 1941, HM BiH/NDH/1941, Nr. 92.

[95] DGA, Bericht, 26. Oktober 1942, BA-MA/RH 31 III/7, o. lfd. Nr., Anlage 2.

[96] Für ein weiteres Beispiel aus der Lika siehe Priester Matjević an Gendarmeriebefehlshaber, 12. August 1941, AVII/NDH/67, 9/18–1.

[97] Goldstein, 1941, S. 83 u. 98.

versprach, zusammen.[98] Dass die zwei Milizionäre einander nicht kannten, hatte zur Folge, dass sie sich jeweils durch ihr Gegenüber kontrolliert fühlen mussten und deshalb bemüht waren, ihre Aufgabe besonders gewissenhaft zu erfüllen.

Wo sich lokale Täter an den Gewalttaten beteiligten oder diese ausführten, war eine besondere Situation gegeben, da sie viele der Gefangenen persönlich kannten. Die kulturelle Nähe zwischen Täter und Opfer sowie das Wissen, das sie übereinander hatten, führte zu einer größeren Emotionalität der Taten und zu Formen der Interaktion, die nur Eingeweihten schlüssig war. Lokale Täter hatten meist einen anderen Radikalisierungskurs durchlaufen als ihre Zagreber Kameraden. Die Tatsache, dass sie ihre Opfer kannten, gab ihren Gewalttaten eine persönliche Note. Manche putschten sich in eine Art Gewaltrausch, in dem intimes Wissen über die Opfer eine gewisse Rolle spielte. Dies kam in Beschimpfungen und Beleidigungen zum Ausdruck, insbesondere in Fällen, in denen für regionale Ereignisse »Rache« genommen wurde. Auch bemühten die Täter ihre Kenntnisse über die kulturellen und religiösen Differenzen ihrer serbischen Opfer und machten die individuelle Verhöhnung und Entehrung zum Teil ihrer Gewalttaten.[99] Denjenigen Tätern, die keine exzessive Gewalt anwandten, war es oft nicht gelungen, ihre Opfer zu entmenschlichen bzw. auszublenden, dass es sich um ihre ehemaligen Nachbarn handelte. Ihre Botschaft an diese lautete sinngemäß: »Ich kann dir nicht helfen.« In Einzelfällen verhalfen sie bestimmten Gefangenen sogar zur Flucht.

Ehemalige Nachbarn beteiligten sich vor allem an Plünderungen und daraus resultierend auch an gewalttätigen Ausschreitungen. Dies gilt insbesondere für die Bezirke, in denen es der Ustaša gelungen war, serbisch-muslimische Animositäten zu entfachen, was zu einer beschleunigten Entgrenzung der Gewalt und beträchtlicher Beteiligung muslimischer Bewohner bei Aktionen der Ustaša führen konnte. Die Plünderer bezogen sich vielfach auf die jugoslawischen Landreformen, bei denen einige Jahre zuvor muslimischen Grundbesitzern Unrecht widerfahren war. Solche Bezugnahmen bilden die Schnittstelle zwischen der Ethnisierung der Opfer und der persönlichen Bereicherung der Täter in Form der Aneignung von Barmitteln, Waren und dem Hausrat der verfolgten Serben. Selbst den Er-

---

[98] Ebenda, S. 100.

[99] Siehe Dinu, Faschistische Gewalt, S. 239ff.

schossenen wurden noch Kleidungsstücke abgenommen.[100] Raub war ein integraler Bestandteil der Verfolgung.

Je nach Konstellation sowie ethnischer und politischer Zugehörigkeit verfügten Menschen über unterschiedliche Möglichkeiten, die Gewalt in ihrem Sinne zu nutzen. Private Konflikte aus der Vorkriegszeit, Schulden, Eifersucht und Gier waren die Motive, sich an der Gewalt der neuen Machthaber zu beteiligen oder ihr zuzuarbeiten. Stathis Kalyvas hat dies am Beispiel des griechischen Besatzungsbürgerkrieges als »Privatisierung der Politik« im Unterschied zu einer meist angenommenen Politisierung des Privaten analysiert.[101] Alle Bürgerkriegsparteien versuchten mittels Gewalt, die Zivilbevölkerung zu kontrollieren. Den vielen von der Gewalt Geschädigten stand eine beträchtliche Zahl von Profiteuren gegenüber – der Großteil der Ansässigen dürfte sowohl gelitten als auch profitiert haben. Die Denunziation war das wirksamste Mittel, über das Dorfbewohner verfügten, die Gewalt mitzusteuern. Sie stellten den Verfolgern spezifisches lokales Wissen zur Verfügung, beispielsweise indem sie den Ustaše den Weg zu den Häusern ihrer serbischen Nachbarn wiesen. Dabei bestimmten sie die Auswahl des Opfers mit – Entscheidungen, die nicht wahllos getroffen wurden. Kalyvas betont, dass, wenn sich in der extremen Situation eines Bürgerkriegs Täter und Opfer kennen, das Private und vorhandene soziale Bindungen eine elementare Rolle spielen. Oft finden das Private und das Soziale gerade in der Gewalt ihren pervertierten Ausdruck.[102]

Denunziationen und materielle Bereicherung waren für viele einfache Dorfbewohner opportun, nur in wenigen Fällen beteiligten sie sich aber an spontanen Tötungsakten. In manchen Fällen zogen die Ustaše kroatische Dorfbewohner zwar für Hilfsdienste bei den Tötungen heran und überließen ihnen dafür einen Teil der Habe und

---

100 Dulić, Utopias of Nation, S. 134.

101 Kalyvas, Logic of Violence; Peter Waldmann hat das gleiche Phänomen am Beispiel kolumbianischer Guerillatruppen untersucht, vgl. Waldmann, Rache ohne Regeln; vgl. ferner den instruktiven Sammelband über »politische und ethnische Gewalt in Südosteuropa und Lateinamerika«, siehe Höpken u.a., Politische und ethnische Gewalt.

102 Kalyvas, Logic of Violence, S. 363. Zu Denunziationen im USK siehe ZHO an alle zentralen Stellen des Staates, der Ustaša und der Armee, 18. Februar 1942, AVII/NDH/75, 2/16–1, Bericht Nr. 431 taj.

des Viehs.[103] Ob sie dabei Zwang ausübten, ist nicht überliefert. Wieder ein anderer Teil der Bevölkerung schloss sich den Tätern an und bildete fortan einen Teil der Struktur der Ustaša. Zu Pogromen oder »ethnic riots« kam es in Kroatien während des Krieges indes nur selten.[104] Des Weiteren gab es durchaus auch entgegengesetzte Dynamiken. Mancherorts schlug die Stimmung gegen die Ustaša um. Es liegen auch Berichte vor, nach denen die örtliche kroatische Bevölkerung über das Vorgehen der Ustaša entsetzt war.[105] Die Dynamiken von Gewalt und Ethnisierung erfassten also nicht alle Bevölkerungsteile gleichermaßen und wirkten sich unterschiedlich aus.

Ausdrucksformen der Gewalt

Täter erklären selten, was sie bei der Ausübung von Gewalt empfinden. Der Brief eines Ortsgruppenleiters der Ustaša aus Bosanska Gradiška an einen unbekannten Empfänger bildet eine Ausnahme, aus ihm stammt der folgende Auszug.

> »Ich hoffe, dass es bei uns bald wieder zu einer Säuberungsaktion kommt. Solange es Serben geben wird, werden wir auch mit Partisanen zu tun haben – was kann man da machen, wenn man nicht so handeln kann, wie man will – [als] mit aufgekrempelten Ärmeln, alles von Anfang an wegräumen. In mir kocht es nur so. Ich bin kein Scharfrichter, aber ich gestehe dir offen ein, dass ich große Lust verspüre, mich einmal ordentlich in diesem Blute auszutoben, und soll mich auch später hundertmal der Teufel holen.«[106]

---

[103] Gendarmerieposten Ljubinje an 4. HOP, 18. August 1941, AVII NDH/143b, 6/7–4.

[104] Unter »ethnic riot« oder auch »communal massacre« verstehen Sozialwissenschaftler die Tötung eines Teils der Bevölkerung unter beträchtlicher Beteiligung ihrer Nachbarn. Im Hinblick auf die Breite der Täterschaft sind diese Begriffe präziser als »Pogrom«; vgl. Horowitz, The Deadly Ethnic Riot.

[105] 1. HOP an RAVSIGUR, 16. August 1941, AVII/NDH/145, 2/1.

[106] Aus dem Brief eines Ortsgruppenleiters der Ustaša an einen unbekannten Empfänger, 6. März 1943. Auslandsbriefprüfstelle Wien an D.B.G.i.K., 31. Mai 1943 (Übersetzung eines Briefes von Zvonimir Sukić vom 6. März 1943), BA-MA/RH 31 III/9, Bl. 57f.

Die deutsche militärische Postzensur hatte den Brief abgefangen und ins Deutsche übersetzt. Wie bereits erwähnt, sind Berichte, die extreme Gewalttaten schildern, oft in der Intention verfasst, die Täter zu dämonisieren. Das Original des abgefangenen Briefes liegt nicht vor. In diesem Fall waren die Zensoren scheinbar weniger an Fragen der Gewalt interessiert, sondern fanden vielmehr die Kritik des Briefschreibers an den politischen Verhältnissen im USK bemerkenswert.[107] Womöglich handelt es sich also um eine authentische Übersetzung.

Aus dem Brief spricht die Frustration des Autors, der unzufrieden mit seiner Arbeit und mit der Entwicklung des kroatischen Staates ist, in dem Opportunisten, der Klerus und Neureiche die Macht übernommen hätten. Wegen der bündnispolitischen Kompromisse, Einschränkungen und Sachzwängen fühlt er sich in seinem Handeln unfrei. Allein in der Gewalt sieht er einen Befreiungsschlag. Sein Defätismus, die Agonie des Staates und die Gewalt, durch die er Kraft zu schöpfen gedachte, amalgamieren zu einem deprimierenden Bild.

Vielleicht fängt das Schreiben die Stimmung ein, in der sich ein Teil der Täter der Ustaša zumindest in der zweiten Kriegshälfte befand. Eine Mikroanalyse der Gewalt ist jedoch anhand solcher – gleichermaßen seltener wie fragwürdiger – Egodokumente nicht zu leisten. Doch auch die oft starren und sehr ungenauen Zeitzeugenberichte der jugoslawischen Kriegsverbrecherkommissionen hinterlassen ein unscharfes Bild. Schon früh hat eine stereotype Kanonisierung der Gewalt der Ustaša in den Aussagen der Zeitzeugen Oberhand gewonnen. Leider können wir deshalb nur wenig darüber sagen, wie genau ihre Grausamkeit beim Töten zustande kam, ob sie zur alltäglichen Routine wurde oder ob sie sich überwinden mussten, um grausam zu agieren, ob eine situative Eskalation das grausame Töten in Gang setzte oder ob sie genau wussten, wann und wie sie zum ersten Hieb ausholen würden.

---

107 Der Brief ist Teil eines Dossiers mit drei Briefen; die Kritik am katholischen und muslimischen Establishment im USK nimmt breiten Raum ein; beim Autor handelt es sich gewissermaßen um einen sozialrevolutionären Ustaša.

Die Milizen und der Massenmord

Die Ideologie der Ustaše bildete zwar den rhetorischen Bezugsrahmen der Milizen, doch was die Truppe zusammenhielt, war die Fähigkeit, die Interessen der einzelnen Gruppenmitglieder zu befriedigen. Die gemeinsam durchlebten Erfahrungen und das gemeinsame Ausüben von Gewalt – sei es in Form von Morden, Foltern oder Vergewaltigen – stärkten den Gruppenzusammenhalt der Täter, da sie ein kollektives Gefühl der Macht erzeugten. Auch die gemeinsame Angst vor Strafverfolgung und Rache schweißte die Täter zusammen. Alkohol und Plünderungen stellten zusätzliche Bindemittel dar. Die Gewalt eröffnete den Mitgliedern der Ustaša ökonomische Möglichkeiten und Karrierechancen. Da die Söldner von der Gewalt lebten, waren sie auch an keiner Befriedung interessiert. Wie zu zeigen seien wird, agierten sie geschickt darin, lokale Friedensschlüsse zu verhindern.

Beim Terror der Milizen waren Massenmord und Raub zwei Seiten derselben Medaille. Die Errichtung einer Gewaltökonomie mittels der Erpressung jüdischer und serbischer Einwohner sowie die Plünderung ihrer Geschäfte diente nicht nur der persönlichen Bereicherung der Bandenmitglieder, sondern bildete überhaupt erst die Basis ihrer Aktivitäten.[108] Ein Gendarm beschrieb die »Säuberungen« der Ustaša als eine Mischung aus sadistischer Gewalt gegen Männer, Frauen und Kinder und Plünderungen, wobei es unter den Ustaše zum Streit kam, wer die wohlhabenden Familien »säubern« dürfe. Vergewaltigungen serbischer Frauen waren Bestandteil solcher »Säuberungen«. Die Entgrenzung sexueller Gewalt führte dazu, dass es im Zuge solcher Aktionen auch zu Übergriffen gegen kroatische Frauen kam.[109]

Auch der systematische Raub von Lebensmitteln und Vieh in den eroberten Dörfern war ein Merkmal der Herrschaft der Milizen. Im November 1941 verübten Ustaša-Truppen im Raum Petrinje Massaker mit bis zu 800 Toten. Die Beute bestand aus etwa 20 Eisenbahn-

---

108 Ein eindrückliches Beispiel für das Warlord-Regime eines Ustaša-Verbandes in Drvar findet sich in einem Gendarmeriebericht vom 1. Juli 1941, in Abschrift Arthur Häffners für D.G.i.A., BA-MA/RH 31 III/13, Bl. 26; vgl. auch Hoare, Genocide and Resistance, S. 128.

109 1. HOP an RAVSIGUR, 16. August 1941, AVII/NDH/145, 2/1; für die Benutzung des Begriffes »Säuberung« durch die Ustaša siehe Gendarmeriebefehlshaber Gospić an 1. HOP, 16. August 1941, AVII/NDH/150a, 2–41.

waggons mit Vieh.[110] Was sie nicht abtransportieren konnten, vernichteten sie zusammen mit der Aussaat. Es gab sogar Fälle, in denen das Vieh vor Ort abgeschlachtet wurde, was massive behördliche Kritik auf sich zog.[111] Besorgt schrieben Vertreter des kroatischen Staates, dass sich »eine wahre Revolution« vollziehe, gegen die die Ordnungsbehörden nicht einzuschreiten vermochten.[112] Gegen eine aus ihrer Sicht ordnungsgemäße Verteilung der Raubgüter hätten sie nichts einzuwenden gehabt.

Bestimmte Gegenden mussten auf Dauer ein extremes Ausmaß an Gewalt ertragen. Monatelang zogen Ustaše, Četnici und Partisanen durch den Kordun, die Lika, Ostbosnien und die Herzegowina. Obgleich sich ihr Verhalten graduell unterschied, einte sie doch eins: Alle ernährten sich aus dem Land, plünderten Bauern aus oder requirierten bei diesen und nahmen Rache, sobald einem ihrer Söldner etwas zustieß.[113] Meist verblieben irreguläre Milizen längere Zeit in der Region ihrer Wahl, ohne dabei aber die absolute Herrschaft auszuüben. Sie setzten ihre jeweiligen Ziele nicht etwa durch Kontrolle oder Regierungshandeln durch, sondern durch den Einsatz von Gewalt, Terror und Gerüchten. Den Ustaša-Kommandos lag daran, die Gefahr für die eigene Truppe bei ihren Angriffen möglichst gering zu halten. Deshalb richteten sie diese meist nicht direkt gegen die feindlichen Milizen, sondern gegen die Zivilbevölkerung der gegnerischen Seite. Da Schnelligkeit und Mobilität den Ausschlag gaben, waren sie meist motorisiert, beritten oder operierten entlang einer Eisenbahnlinie, weshalb die irregulären Milizen auch »fliegende Kolonnen der Ustaša« genannt wurden.[114] »Säuberungen« durch die

---

110 D.G.i.A. an Kasche, 3. Dezember 1941, BA-MA/RH 31 III/2, Nr. 1964/41 geh., sowie DGA, Bericht (Anlage 2), 26. Oktober 1942, BA-MA/RH 31 III/7, o. lfd. Nr.

111 Rundbrief Nr. 7610/41–24 der DRP, 3. September 1941, HR HDA/223/28, 30774.

112 Bezirksaußenstelle Bos. Kostajnica an Bezirkschef Bos. Novi, 6. Juni 1941, AVII/NDH/202, 24/14–2.

113 Ein Bericht der OP Lasinja an die KO Pisarovina vom 21. Oktober 1941 verdeutlicht die Gewaltlatenz exemplarisch für den Bezirk im Juli 1941 (HR HDA/223/34, Nr. 31951 Pr./41). Auch eine Liste der zerstörten Dörfer im Bezirk Žepče vom 9. Februar 1942 verdeutlicht dies (KO Žepče, AVII/NDH/150a, 11/36).

114 Arthur Häffner an D.G.i.A., 23. Juni 1941, BA-MA/RH 31 III/13, Bl. 10. Zwischen den irregulären Milizen und den Einsatzgruppen der Ustaša wurde von Zeitgenossen offenbar nicht streng unterschieden.

Ustaša verliefen laut Berichterstattern der Gendarmerie militärisch ineffektiv, da »Nichtkombattanten gesäubert wurden, während die Kämpfer im Wald blieben«.[115] Wenn die Banden in Dörfer in Partisanengebieten vordrangen, ermordeten sie immer wieder serbische Zivilisten. Trafen sie Männer an, wurden diese erschossen, waren sie flüchtig, war dies der Beleg für ihre Partisanentätigkeit, und es wurde Rache an ihren Angehörigen genommen, oftmals an Frauen und Kindern.[116] Gewalt gegen unbewaffnete Zivilisten in Gebieten mit Partisanentätigkeit war ungefährlich und schien die Partisanen doch zu treffen.[117] In der Regel hielten sich die Milizen nicht lange in einem überfallenen Dorf auf, wie Berichte über die Aktivitäten einer Ustaša-Einheit im Raum Sarajevo belegen.

Nach einem Überfall von Četnici auf eine Patrouille im Dorf Kosindol zog die Ustaša in ihrer gesamten Stärke in das Dorf und verübte am 20. März 1942 ein Massaker an den Bewohnern. Dabei wurden alle Männer über 16 Jahren getötet, Frauen und Jugendliche verschleppt. Die »Beute« der Ustaša bestand aus 35 Frauen ihrer Gegner. Daraufhin flohen die serbischen Bewohner der umliegenden Dörfer mitsamt ihrem Vieh zu den Četnici. Diese überfielen aus Rache fünf Tage später die Ustaša und verletzten bzw. töteten drei ihrer Mitglieder. Als Antwort überfiel die Ustaša wiederum das in der Nähe gelegene Dorf Gornja Mladice, steckte es in Brand, und trieb das Vieh davon (siehe Karte S. 285).[118] Ein ähnlicher Fall von Gewalt und Gegengewalt ereignete sich im Sommer 1942 in Slawonien. Ein Spähtrupp der Ustaša tötete wahllos einige Bauern, denen er begegnete, und beging im Dorf Orljavac Plünderungen und Vergewaltigungen. In der Umgebung operierende Partisanen stellten den Trupp und töteten bei einem Feuergefecht zwölf Ustaše. Daraufhin holten die Ustaše zu einem massiven Gegenschlag aus und erschossen diesmal nicht nur die männliche Bevölkerung der Dörfer, in deren Nähe es zum Überfall auf das Ustaša-Kommando gekommen war, sondern töteten auch Frauen und Kinder. Die Gewalttat

---

115 1. HOP an RAVSIGUR, 16. August 1941, AVII/NDH/145, 2/1.

116 Dies verdeutlicht bspw. der Bericht der Geheimen Feldpolizei 9 vom 20. November 1943 an eine deutsch-kroatische Untersuchungskommission, siehe NARA/T-120/5789, H303259ff.

117 Gendarmerieposten Sarajevo an 4. HOP, 17. März 1942, AVII/NDH/144, 2/57.

118 OP Alipašin Most an KO Sarajevo, 26. März 1942, AVII/NDH/172, 181, 1/27.

wuchs zum internationalen Skandal aus, weil sich unter den Ermordeten einige serbische Gastarbeiter aus dem Deutschen Reich befanden, die Urlaub in ihrer Heimat machten.[119]

Der Raub von Lebensmitteln sollte den Lebensnerv der serbischen Bevölkerung treffen und die Widerstandskraft der Aufständischen schwächen, da die serbischen Dörfer als Nachschubbasen der Aufständischen galten und häufig auch waren. In der Folge brachen Hungersnöte unter der verbliebenen Bevölkerung aus. Der Zusammenhang zwischen Ernährungsfragen und der Gewalt gegen Serben ist offenkundig. Im Juli 1941 verschärfte die Ankunft slowenischer Ansiedler die Nahrungsmittelkrise und radikalisierte damit die antiserbische Gewalt. Der deutsche Informant Arthur Häffner berichtete von einem Fall, bei dem Ende Juli 1941 einigen Bauern aus serbischen Dörfern im Kordun befohlen wurde, Nahrungsmittel für etwa 100 slowenische Neusiedler abzuliefern. Nach der Zwangsabgabe wurden die Bauern von einer Ustaša-Abteilung abgeführt und kurzerhand erschossen.[120] Die Hungerpolitik und Zerstörung der Dörfer entfaltete aber auch deshalb eine solche Intensität, weil sie fester Bestandteil des Gewaltrepertoires ethnischer Säuberungen im Bürgerkrieg waren. Mit anderen Worten: Der Viehdiebstahl diente nicht nur der Bereicherung, und das Anzünden der Dörfer war nicht nur der Lust am Sengen und Brennen geschuldet. Solche Gewalttechniken sollten nicht zuletzt sicherstellen, dass die flüchtigen Dorfbewohner nicht in ihre Heimat zurückkehrten und damit auch den Partisanen keinen Unterschlupf und keine Ernährung mehr bieten konnten. Ihre Ressourcen und Produktionsmittel sollten der Ustaša zufallen.

Damit stellt sich die Frage nach den Taktiken der Ustaša. Mobilität und kurze Verweildauer in den Einsatzgebieten sollten es den Tätern erlauben, nicht von der Wehrmacht bei einem Massaker überrascht zu werden. Es war leichter, die Taten im Nachhinein in ein besseres Licht zu rücken und beispielsweise zu behaupten, die Getöteten hätten einen Angriff provoziert. Die Strategie der Milizen, sich nicht angreifbar zu machen und unter geringem Risiko zu ope-

---

[119] DGA, Aufzeichnung, »Ermordung und Verbrennung serbischer Frauen und Kinder«, 15. September 1942, AVII/NDH/243, 1/28.

[120] Sie seien zusammen mit zuvor in anderen Orten gefangengenommenen Männern am 29. Juli 1941 getötet worden. Die Gesamtzahl der Opfer habe sich auf etwa 400 belaufen, siehe Arthur Häffner an D.G.i.A., 3. August 1941, BA-MA/RH 31 III/13, Bl. 42.

rieren, beeinflusste auch die Auswahl der Angriffsziele. So waren unbewaffnete Dörfer eher Angriffen ausgesetzt als solche, in denen sich Aufständische aufhielten – es sei denn, die Ustaša wurde von der kroatischen Armee oder der Wehrmacht in militärische Operationen eingebunden. Auch die Topografie wirkte sich auf die Entscheidungsprozesse der Milizen aus. Am Waldrand gelegene serbische Dörfer waren besonders häufig Repressalien durch die Ustaša ausgesetzt, da diese nicht ganz zu Unrecht annahm, dass sich Partisanen dort (mangels Alternativen) versorgen konnten.[121] Auch neigte die Ustaša dazu, leicht zugängliche Dörfer anzugreifen oder in Brand zu stecken. Täler befanden sich oft in der Hand kroatischer Verbände, während sie Siedlungen in Hochlagen und hügeligem Gelände häufig umgingen.[122] Dabei handelte es sich natürlich um keine goldene Regel. Doch wird deutlich, dass die Topografie des Landes, das Vorhandensein von natürlichen Barrieren, Versteckmöglichkeiten oder leicht zugänglichen Fluchtrouten die Art der Ausübung von Gewalt stark prägten. Mehr als die wenig klar umrissenen Fronten bestimmte die Beherrschung relevanter geografischer Punkte, wie von Pässen, Kreuzungen, zentralen Orten oder Taleingängen, über den Verlauf der Gewalt. Denn diese entschieden darüber, ob und unter welchen Anstrengungen der Zugang zu bestimmten Dörfern möglich war oder verwehrt blieb.

Nicht zuletzt spielte die ethnische Zusammensetzung eine wichtige Rolle in Bezug darauf, wer in den Dörfern das Sagen hatte. Während der Ustaša in kroatischen und muslimischen Siedlungsgebieten der Aufbau einer funktionierenden Verwaltung gelang und sich die dortigen Widerstandsgruppen auf Untergrundaktivitäten beschränkten, konnte sie in den überwiegend serbischen Gebieten nie richtig Fuß fassen.[123] In vielen Gebieten gingen ihre Aktionen über gelegentliche Feuerüberfälle auf serbische Dörfer nicht hinaus. Bei diesen verbreiteten sie Terror, bemächtigten sich der Ressourcen und sprengten die Kirchtürme, damit diese von den Partisanen nicht als Beobachtungsposten genutzt werden konnten.[124]

---

121 1. HOP an 4. HOP, 28. Dezember 1941, AVII/NDH/144, 1/2.

122 Gendarmerieposten Semizovac an 4. HOP, 10. September 1941, AVII/NDH/143c, 1/15–3.

123 Vgl. Lukać, Neke posebnosti djelovanja, S. 150, sowie Bokan, Borba s Ustašama.

124 Aussage des Jona Polak, Jerusalem, 18. Dezember 1958, YVA/O.3/1142.

Elemente und Dynamiken der Massaker

Massaker setzten sich aus verschiedenen Elementen zusammen. Extrem gewaltbereite Täter betraten mit dem Gewehr im Anschlag ein ihnen meist unbekanntes Dorf. In einer solchen Situation genügten nichtige Anlässe, um einem Massaker einen bestimmten Verlauf zu geben.

Wiederholt folterten Ustaše Menschen öffentlich zu Tode. Dies entsprang nicht nur einer spontanen Grausamkeit, sondern geschah vor allem dann, wenn die Opfer den Tätern persönlich bekannt waren oder wenn die Täter das Gefühl hatten, ihre Opfer zu kennen. Dies war beispielsweise bei Popen der Fall, die aus Sicht der Ustaša die Gegnerschaft zu Kroatien in einer besonderen Weise repräsentierten. Mehrfach peinigten Ustaša-Mitglieder orthodoxe Priester vor Publikum und setzten sie entwürdigenden Behandlungen aus, indem sie beispielsweise ihre Bärte anzündeten. Sie setzen ein hohes Maß an Energie ein, um die Körper ihrer Opfer zu schänden. Was blieb, waren die furchtbar verstümmelten Leichname, die in manchen Fällen so hinterlassen wurden, als ob sie eine Botschaft der Ustaša an die serbische Bevölkerung überbringen sollten. Die Historikerinnen Elissa Mailänder-Koslov und Veronika Springmann haben gezeigt, wie die hinter den Taten verborgene Semantik der grausamen Gesten rekonstruiert werden kann: die Grausamkeit nicht »psychologisieren oder in sexuell-sadistischen Erklärungsmustern […] begreifen«, sondern die Bedeutungen im mikrosozialen Kontext aufdecken.[125] Prozessakten, auch wenn sie nicht den Tatort, sondern meist Jahrzehnte später den Kontext des Gerichtsaals widerspiegeln, seien hierfür besonders ergiebige Quellen. Im Fall der Ustaša sind Gerichtsprozesse bisher noch nicht systematisch ausgewertet worden und zudem nur unzureichend erschlossen.[126]

Massakern ging meist eine zwar nach außen hin ruhige, doch durch starke Spannungen geprägte Phase voraus. Die Ruhe wurde durch einzelne Zwischenfälle unterbrochen, von denen jeder den

---

125 Zur Diskussion, ob die Verursacher exzessiver Gewalttaten die Gewalt als Selbstzweck begreifen oder sekundäre Motive die Gewalt prägen, vgl. Mailänder Koslov, Gewalt im Dienstalltag, S. 28ff. sowie 451ff., hier S. 31; vgl. ferner Springmann, Rennen auf Leben und Tod.

126 Gerichtsakten sagen allerdings oft mehr über die Situation im Gerichtssaal als über das Fühlen und Denken der Täter vor Ort aus, vgl. Welzer, Täter.

Ausschlag für eine Gewalteruption großen Ausmaßes geben konnte. Gewaltsoziologische Studien zeigen, dass unmittelbar vor Gewaltausbrüchen Gerüchte ein großes Ausmaß annehmen und Interaktionen dieser Art zwischen den Konfliktparteien in einer Art Ruhe vor dem Sturm zentrale Bedeutung erlangen.[127] Gerüchte sind eine Kommunikation der Angst, die Menschen verunsichert und die Gräben zwischen ihnen vertieft. Solche Gerüchte wurden von den Ustaše gezielt in Umlauf gebracht. Da sie sich einer bis an die Zähne bewaffneten, feindlich gesinnten Bevölkerung gegenübersahen, machten ihre Gerüchte aus jedem serbischen Bauern einen gefährlichen Četnik. Durch die auf diese Weise erzeugte erhöhte Anspannung sollte die eigene Bevölkerung mobilisiert werden. So lösten Gerüchte über die Allgegenwärtigkeit serbischer Einheiten Panik unter der kroatischen Bevölkerung aus, während sie die serbische Bevölkerung einschüchterte oder zur Flucht veranlasste. Das so entstandene Klima der Panik bildete einen guten Nährboden für die Milizgewalt.[128]

Bürgerkriegsgerüchte verbreiteten sich wie ein Lauffeuer und konnten von der Regierung in keiner Weise kontrolliert werden. Insbesondere in Gegenden, in denen der kroatische Staat nur wenig Kontrolle ausübte, mobilisierten Gerüchte über die Taten der Ustaša die serbische Bevölkerung gegen die kroatische Regierung. Der kommunistische Funktionär Milovan Djilas reiste im Sommer 1941 im Zug durch das Land und stieß mehrfach auf Überlebende von Massakern, die Neuigkeiten über den Massenmord verbreiteten und die Bereitschaft zum Widerstand dadurch steigerten.[129] Die Propagandisten der Ustaša taten dies als Gräuelpropaganda ab und behaupteten im selben Atemzug, dass Ausschreitungen der Ustaša eine Reaktion auf angeblich vorausgegangene Gewalttaten durch die Četnici darstellten.[130]

Die Gewalt der Ustaša beförderte ihr Ziel, das Zusammenleben von Serben und Kroaten zu zerstören, damit sich ihr Postulat von der Unvereinbarkeit beider Ethnien bewahrheitete. Der ethnisierte

---

127 Vgl. stellvertretend Collins, Dynamik der Gewalt, S. 119f.

128 Beispielhaft für den Einsatz von Gerüchten ist ein kroatischer Gendarmeriebericht vom 1. Juli 1941, in Abschrift Arthur Häffners für D.G.i.A., BA-MA/RH 31 III/13, Bl. 26.

129 Djilas, Der Krieg der Partisanen, S. 19.

130 Siehe Kovačić, Greueltaten und Verwüstungen.

Krieg trieb Serben in den Widerstand und zwang im Gegenzug viele Kroaten zur Solidarität mit ihrer Regierung. Damit wurde eine Dynamik der Ethnisierung und Militarisierung in Gang gesetzt, die genau den Zielen der Ustaša entsprach. So gelang es ihr beispielsweise, den serbisch-muslimischen Antagonismus zu vertiefen und einen serbisch-muslimischen Krieg im Kriege zu provozieren. Muslimische Milizen und Banden griffen nun von sich aus serbische Dörfer an und handelten damit ganz im Sinne der Ustaša. Serbische Gegenangriffe auf Muslime wurden in Kauf genommen. Es existieren übereinstimmende Berichte, dass sich Ustaše bei ihren Einsätzen als Muslime verkleidet haben – mit dem obligatorischen Fez auf dem Kopf – und sich während der Massaker mit muslimischen Namen anriefen. Wie wenig glaubhaft solche Inszenierungen auch gewesen seien mögen, das Ziel, die Schuld für antiserbische Gewalttaten auf Muslime zu schieben, erscheint eindeutig.[131] Laut eines Beschwerdebriefs muslimischer Provenienz zwangen Ustaše Frauen gefangener Serben vor Gericht auszusagen, dass Ausschreitungen muslimischer Bürger die Serben zur Flucht in den Wald bewogen hätten. Auch hieß es, dass Ustaše mit vorgehaltener Waffe Muslime gezwungen hätten, ihre serbischen Nachbarn mit Äxten zu erschlagen, um die Taten anschließend als Ergebnis serbisch-muslimischer Fehden zu erklären.[132] Dies bedeutet freilich nicht, dass es sich bei von Muslimen begangenen Gewalttaten um einen bloßen Propagandatrick der Ustaša gehandelt hat: Muslimische Milizen, die sich im Kampf gegen die Četnici befanden, unternahmen zahlreiche Übergriffe gegen die serbische Zivilbevölkerung.[133] Beispielsweise fielen am 22. August 1941 200 bewaffnete Muslime in ein serbisches Dorf ein, zündeten mehrere Häuser und Scheunen an, töteten versteckte Dorfbewohner und zogen mit geraubten Wertgegenständen und Vieh wieder ab.

---

[131] Bezirksexpositur Velika Kladuša an Polizeidirektion Krbava i Psat, 23. Oktober 1941, BArch/R 58/92, Bl. 20–23. Offenbar erfüllten die Taten ihren Zweck, denn die Bilder von Serben tötenden Ustaše im Fez wurden auch in Belgrad verteilt, siehe Dr. Ahmet an Reichsleiter Bouhler, Ende April 1942, PA AA/Inland I D, Kroatien Kirche (Nr. 4744), o. lfd. Nr.

[132] Muslimische Gemeinde (*Kotarsko vakufsko mearifsko povjerenstvo*) an den Reis Ul Ulema, 23. September 1941, HR HDA/227/1, o. lfd. Nr. Vgl. ferner Donia, Sarajevo, S. 187, sowie Greble, Sarajevo, 1941–1945, S. 148.

[133] Für Berichte für die Tätigkeit muslimischer Milizen siehe Ereignismeldung UdSSR Nr. 40, 5. August 1941, BArch/R 58/215, sowie Bericht Nr. 3 des I./I.R. 750 an 718. ID., 12. August 1941, BA-MA/26–118/5, o. lfd. Nr.

Die kroatische Gendarmerie fand 26 Leichen in dem Dorf.[134] Durch Aktionen dieser Art war die Entfesselung eines ethnisierten Bürgerkrieges schließlich von Erfolg gekrönt. Die Ethnisierung war so nachhaltig, dass die kroatische Regierung dort, wo sie an einer Eindämmung der Gewalt interessiert war, enorme Schwierigkeiten hatte, diese herbeizuführen.[135] Die Dynamik von Ethnisierung und Gewalt wurde zum Selbstläufer, da sie sich zunehmend in Form von Angriffen durch Četnici oder Partisanen auch gegen die kroatische Bevölkerung richtete. Dazu kam, dass die Angst vor einem Kontrollverlust die Ustaša immer blindwütiger zuschlagen ließ – auch gegen die eigene Bevölkerung. »Die [...] wesentlich auf Gewalt eingestellte Politik der Machthaber trifft [...] zunehmend auch die kroatischen Volksteile«, notierte Glaise von Horstenau im Mai 1942. »Allenthalben verschwinden auch Kroaten für kürzere oder längere Zeit hinter den Mauern von Polizeikerkern und Konzentrationslagern.«[136]

Die Ethnisierung im USK ist ein schwer zu fassendes Phänomen. In manchen Gegenden herrschte eine stabilere interethnische Balance als in anderen. Einigen jüngeren Studien zufolge kommt ethnische Massengewalt vor allem dort zum Ausbruch, wo sich die Bevölkerung zwar auf verschiedene ethnische oder religiöse Gruppen verteilt, aber eine der Gruppen quantitativ deutlich dominiert.[137] Die Gründe hierfür sind nicht immer auszumachen, und es wäre verfrüht, für Jugoslawien solche Behauptungen aufzustellen, solange keine belastbaren Lokalstudien vorliegen. Zu viele Faktoren sind zu berücksichtigen: die Art der gesellschaftlichen Balance, die Präsenz der Deutschen oder der Italiener, das Ausmaß an bewaffnetem Widerstand etc. Doch es scheint, dass bi-ethnische Gegenden, in der zwei Bevölkerungsgruppen miteinander lebten (also Serben und Kroaten oder Serben und Muslime) anfälliger für eine Eskalation der Massengewalt waren als Gegenden, deren Multiethnizität auf mehreren Gruppen basierte, wie dies beispielsweise in Slawonien und

---

[134] 3. HOP an RAVSIGUR, 28. August 1941, AVII/NDH/145, 6/43. Der Name des Dorfes lautete Kotor oder Kotorani.

[135] Dies gilt bspw. für den Schutz von zum Katholizismus konvertierten Serben, um den das Kultusministerium oft vergeblich ersuchte, siehe MpiB an MUP, 16. April 1942, AVII/NDH/153a, 9/14–1.

[136] Lagebericht, D.G.i.A. an OKW, 19. Mai 1942, BA-MA/RH 31 III/2, o. lfd. Nr.

[137] Horowitz, The Deadly Ethnic Riot; Collins, Dynamik der Gewalt, S. 119f.

Syrmien der Fall war, in denen es 1941 zu keinen Ausbrüchen kollektiver Gewalt kam. Dies ließe sich zum einem durch eine mögliche Konkurrenzsituation um die gesellschaftliche Dominanz in einer biethnischen Gesellschaft erklären, während in einer multi-ethnischen Gesellschaft (wegen möglicher Koalitionen) andere Mechanismen greifen. Diesen Befund unterstützt auch Michael Mann, dem allerdings Philipp Ther widerspricht, der konstatiert, dass alle ethnischen Säuberungen historisch betrachtet in Gegenden erfolgten, in denen es mehr als eine Minderheit gab.[138]

Des Weiteren sei am Rande vermerkt, dass die Ethnisierung durchaus ambivalente Effekte barg. Der kroatisch-serbische Antagonismus führte beispielsweise dazu, dass geflohene Juden oft Schutz in serbischen Dörfern fanden und sich dort verstecken konnten. Selbst bei den ultranationalistischen Četnici konnten Juden vereinzelt Zuflucht finden.[139] Auch ist es nicht weiter erstaunlich, dass sich die Verfolgung in verschiedenen (ethnischen) Kontexten unterschiedlich abspielte. Beispielsweise konnte die Ustaša die Serbenverfolgung in den autonomen Gebieten der deutschen Minderheit nur bedingt durchsetzen. Da deren Funktionäre die Ziele der Ustaša nicht teilten und Serben und Kommunisten nicht gleichsetzten, nahm die Verfolgung dort einen anderen Verlauf. So wurden in der deutschen Hochburg Ruma bei den Massenerschießungen im August 1942 deutlich weniger Serben getötet als in anderen Städten Syrmiens.[140] Auch muslimische Resolutionen gegen die Verfolgung der Serben zeigen, dass die jeweilige Position einer der Bevölkerungsgruppen der multiethnischen Gesellschaft lokale Gewalt im Guten wie im Schlechten beeinflussen konnte.[141]

---

138 Mann, Die dunkle Seite, sowie Philipp Ther: Rezension von: M. Mann: The Dark Side of Democracy, in: sehepunkte 6 (2006), Nr. 9, URL: http://www.sehepunkte.de/2006/09/8926.html [31. 05. 2012].

139 Aussage Jona Polak, Jerusalem, 18. Dezember 1958, YVA/O.3/1142; weitere Berichte über gute serbisch-jüdische Beziehungen während des Krieges finden sich in: »Kurze Darstellung der jüdischen Verhältnisse in Jugoslawien« [o. D.], CZA L17/188; zu Juden bei den Četnici (in Serbien) siehe Markovits, Stets bei Verstand.

140 Deutsche Volksgruppe, Altgayer an Kdr.Gen.u.Bef.i.S., 1. August 1942, NARA/T-120/250; Aussage Zević, 14. September 1945, AJ/110/683, S. 14–17; Kasche an AA, 11. Januar 1943, PA AA/Botschaft Rom (Quirinal) geh./152, S. E259549ff.

141 Vgl. Greble, Sarajevo, 1941–1945.

In denjenigen Gegenden, in denen der ethnisierte Bürgerkrieg tobte oder in denen die Aufständischen stark waren, ließen sich die Angriffe der Ustaša auf die serbische Zivilbevölkerung kaum mehr stoppen. Die Strategien ihrer Milizen bestanden darin, Unfrieden zu stiften und eine Stabilisierung der Lage nach Möglichkeit zu verhindern. Der Grund lag zum einen darin, dass die Milizen in ihrem ideologischen Hass nur schwer von Angriffen auf die serbische Bevölkerung ablassen konnten. Zum anderen hatten sie sich im System der Raubökonomie gut eingerichtet. Eine Befriedung ihres Kampfgebietes hätte auch das Ende ihres Raubrittertums bedeutet. Die Männer wären zu regulären Einheiten eingezogen worden, hätten sich an weit gefährlicheren Kampfeinsätzen beteiligen müssen und fürchteten möglicherweise auch, für ihre Taten zur Rechenschaft gezogen zu werden. Deshalb unternahmen Mitglieder der Milizen alles Erdenkliche, um die zu verschiedenen Zeiten von der kroatischen Armee oder der Gendarmerie unternommenen Versuche, die Befriedung einer Region herbeizuführen, zu torpedieren. Diese hatten in lokal begrenzten Aufrufen die in die Wälder geflüchtete oder aufständische serbische Zivilbevölkerung mehrfach aufgefordert, sich in ihre Dörfer zurückzubegeben, und ihnen im Gegenzug Straffreiheit zugesichert oder die Sicherheit von Leben und Eigentum versprochen – ein Versprechen, dass die Gendarmerie durchzusetzen allerdings so gut wie nie in der Lage war. Nun genügten den Milizen Überfälle auf einzelne Rückkehrer, um das mühsam hergestellte Vertrauen mit einem Schlag zunichte zu machen. Die Heimkehrer begaben sich unmittelbar zurück in die Wälder und damit meist wieder in die Obhut der Partisanen oder der Četnici.[142] Manchmal waren die Morde an den Heimkehrern ausgesprochen brutal. In einem Fall aus Bosanska Krupa seien »14 serbische Insurgenten, die die Waffen niedergelegt hatten, von Ustaše […] mit Messern wortwörtlich geschlachtet« worden, heißt es im Lagebericht eines Informanten der Deutschen. Das Vorhaben, Kroaten mit Verhandlungen zu betrauen, denen von serbischer Seite ein gewisses Vertrauen entgegen gebracht wurde, sei wegen der Ustaša gescheitert, berichtete ein Gewährsmann der Wehrmacht.[143]

---

142 DGA, Bericht (Anlage 2), 26. Oktober 1942, BA-MA/RH 31 III/7, o. lfd. Nr.

143 Lagebericht Arthur Häffners an D.G.i.A./Abwehr, 27. August 1941, BA-MA/RH 31 III/13, Bl. 49.

Der demonstrative Einsatz von brutaler Tötungsgewalt unterstrich die Botschaft an die serbische Bevölkerung, die da lautete, dass die Ustaša niemals ihre Integration in den kroatischen Staat zulassen werde. Gleiches gilt für die Morde an Serben, die zum Katholizismus konvertiert waren. Bei den Konversionskampagnen handelte es sich um einen von der deutschen Gesandtschaft initiierten Versuch der kroatischen Regierung, einen Teil der serbischen Bevölkerung mit friedlichen Mitteln zu assimilieren. Die Milizen hatten kein Problem damit, die Versprechen, die ihre Regierung den Konvertiten gegeben hatte, zu brechen, und das Restvertrauen gegenüber den staatlichen Einrichtungen gezielt zu zerstören.[144] Diese Eskalation entsprach vielmehr ihren Interessen. Wer auch immer im USK also an einer Deeskalation der Lage interessiert war, würde direkt gegen die Ustaša-Milizen vorgehen müssen.

Eine weitere Spielart der Opposition gegen örtlich begrenzte Waffenstillstände ging von muslimischen Ustaša-Milizen aus, die versuchten, einen kroatisch-serbischen Ausgleich (oder was sie als einen solchen wahrnahmen) um jeden Preis zu verhindern. Dies verdankte sich der Erfahrung, zwischen Serben und Kroaten marginalisiert zu werden, wie zuletzt 1939, und die Massaker, die Četnici zur Jahreswende 1941/42 in muslimischen Dörfern verübt hatten, machten Vorsicht zu einer Frage von Leben und Tod. Im Frühjahr 1942 begannen Unterhändler der Četnici und der kroatischen Behörden, für Ostbosnien einen Waffenstillstand auszuhandeln. Sobald der muslimische Ustaša-Führer von Foča davon erfahren hatte, zog er mit 100 Bewaffneten in den Ort Prača, in dem die Verhandlungen geführt wurden, tötete einen Serben und trug anschließend dessen abgeschnittenen Kopf auf einem Stab durch den Ort. Erwartungsgemäß wurden die Verhandlungen mit den Četnici, zum Bedauern der kroatischen Behörden, sofort abgebrochen.[145] Solche Strategien waren freilich nicht den bosnischen Muslimen vorbehalten.

---

[144] Für einen Fall, in denen die Milizen eben erst konvertierte Serben töteten, siehe bspw. Bezirksexpositur Velika Kladuša an ŽRO Krbava i Psat, 23. Oktober 1941, BArch/R 58/92, Bl. 20–23.

[145] 4. HOP an VOZ, 4. März 1942, AVII/NDH/75, 3/17–1.

Kulturen der Gewalt

Obgleich das Ausmaß der Gewaltexzesse der Ustaša radikal neu war, entwuchsen sie doch dem kulturellen Erbe der Region und ihrer Bewohner, die während der osmanischen Epoche, den Balkankriegen und dem Ersten Weltkrieg bestimmte Gewalttraditionen entwickelt hatten. Dass auch die Kultur und die Ökonomie einer Region durch die Gewalt zu uns sprechen, bemerkte Mark Mazower: »Ländliche Bauerngesellschaften wie die in Südosteuropa hatten andere Moralvorstellungen und lebten in einem anderen mechanischen und politischen Universum.«[146] Damit ist nicht gemeint, dass ein Menschenleben auf dem Balkan weniger geachtet worden wäre als beispielsweise in Mitteleuropa. Doch ist ein anderes Funktionieren gesellschaftlicher Normen und darüber auch ein anderes Verhältnis zur Gewalt zu konstatieren.

Auf dem Balkan war die im Lauf des 19. Jahrhunderts im Westen des Kontinents erfolgte Neunormierung der Gewalt, also die vermeintliche Zivilisierung der Gewalt, die Durchsetzung der Staatsgewalt, die Vorstellung, man müsse unnötige Schmerzen bei Hinrichtungen vermeiden, die Verbannung von Galgen und Guillotine von den öffentlichen Plätzen hinter die Mauern der modernen Haftanstalten wie auch die Verregelung der Kriegsführung, nur wenig fortgeschritten.[147] Nichts verdeutlicht das besser als der auf dem Balkan bis in den Zweiten Weltkrieg verbreitete Einsatz von Messern beim Verletzen und Töten von Gegnern. Was westliche Beobachter erschaudern ließ, löste in den durch Weide- und Viehwirtschaft geprägten Gesellschaften des westlichen Balkans keinen größeren Schrecken aus.[148] Damit wäre ein regionalspezifischer und kultureller Kontext der Gewalttaten benannt, nicht aber deren Ursachen. Um Erklärungen für die Exzesstaten und Massenvergewaltigungen zu finden, lohnt wohl am ehesten der genaue Blick auf die Logiken des Bürgerkriegs. Die diffuse Bürgerkriegsgewalt auf lokaler Ebene im Kontext eines konfusen und anhaltenden Kampfes um die Macht erlaubte es den Tätern, Sinn in solchen Taten zu sehen. Die Täter der Ustaša hatten Angst vor ihren serbischen Gegnern. Diese Angst

---

146 Mazower, Der Balkan, S. 230.

147 Vgl. Foucault, Überwachen und Strafen.

148 Zur ideologischen Überhöhung des Messergebrauchs durch die Ustaša und die Četnici vgl. Wörsdörfer, Krisenherd Adria, S. 80. Für die Ustaša vgl. Dulić, Utopias of Nation, S. 351 f.

speiste sich aus mythischen Erzählungen, Paranoia im Bürgerkrieg und durchaus realen Befürchtungen. Extreme Gewalt konnte womöglich auch dazu dienen, diese Angst zu besiegen. Der Soziologe Randy Collins hat beschrieben, wie eine Situation, in der eine mit Angst verbundene Spannung herrscht, sich in einer »Vorwärtspanik« auflösen kann, als panikartiges und übermäßig gewalttätiges Handeln.[149] Die Gewalt der Ustaša kann also auch als eine Reaktion auf Angst verstanden werden. Damit soll nicht bestritten werden, dass brutale Gewalt ebenso aus einem Allmachtsgefühl der Täter verübt wurde. Möglicherweise ist es sogar gerade die Ambivalenz von Angst und Allmacht, die extreme, gegen den Körper des Gegners gerichtete Gewalt erklären kann. Denn der Terror gegen die Körper der Opfer symbolisiert die zum Verletzen und Töten geronnene und daher scheinbar die absolute Macht der Täter. Somit diente Terror der Versicherung von Macht.

Sowohl bei Massakern als auch bei Massentötungen in den Lagern bedienten sich die Kommandos der Ustaša grauenhafter Tötungsmethoden, die an Ritualmorde erinnern. Wie erwähnt, investierten die Täter gerade bei ihren Verbrechen gegen orthodoxe Priester viel Zeit, Energie und Kraft. Bevor sie ihre Opfer töteten, vergingen sie sich oft in grausamster Weise an ihnen. Dazu gehörte das Anzünden von Bärten, das Ausstechen von Augen, das Abschneiden von Gliedmaßen, Nasen, Ohren und Zungen sowie das Aufschlitzen der Leiber.[150] Die Tatwerkzeuge waren meist Messer,

---

[149] Collins, Dynamik der Gewalt, S. 130ff.

[150] Die hier angesprochen Quälereien basieren auf einer Überlieferung der DGA (in Weiterleitung an den MB Serbien, 24. Juni 1941), zit. n. Vukčević, Zločini NDH, S. 137f., Dok. 76, sowie der Wehrmacht (718. ID, Ia an Kdr.Gen.u.Bef.i.S., Weiterleitung an OKW, 9. Juni 1942, NARA/T-501/250, fr. 1072 ff.), wie auch auf dem Bericht des kroatischen Befehlshabers der Militärgrenze an das Militärbüro des Poglavnik vom 4. September 1941 (HM BiH NDH/1941, Nr. 92). In den Berichten der Überlebenden der Massaker der Ustaša innerhalb wie außerhalb der Lager finden sich zahlreiche Schilderungen entgrenzter und sadistischer Gewalttaten, vgl. bspw. in: Berger, 44 mjeseca, S. 42; Kolar-Dimitrijević, Sjećanja veterinara Zorka Goluba, S. 175; Ciliga, Sam kroz Europu, S. 236, sowie Savez jevrejskih opština, Zločini fašističkih okupatora, S. 93; siehe ferner Broucek, Deutscher Bevollmächtigter General, S. 165ff.; vgl. auch Kazimirović, NDH u svetlu nemačkih dokumenata, S. 111ff. Zum Einsatz von sowohl stumpfen als auch scharfen Waffen beim Töten siehe Arthur Häffner an D.G.i.A., 3. August 1941, BA-MA/RH 31 III/13, Bl. 42, sowie ZHO an alle zentralen Stel-

Abb. 20: Ein im März 1944 in Pale (nahe Sarajevo) an serbischen Dorfbewohnern verübtes Massaker hatte eine Untersuchung durch die Wehrmacht zur Folge.
Aus: Politisches Archiv des Auswärtigen Amtes: Gesandtschaft Zagreb-Geheimakten, Bericht des Res.Jäg.Regs.1 an DGA, 23. März 1944.

doch kamen auch Schlaghölzer, Hämmer und Äxte zum Einsatz. Männlichen wie weiblichen Gefangenen wurde die Kehle durchgeschnitten, oder sie wurden zu Tode geprügelt. Auch liegen Berichte vor, dass Gegenstände in die Körper der gemarterten Menschen gesteckt oder gestopft wurden, oftmals in Zusammenhang mit Vergewaltigungen. Ein besonders abscheuliches Massaker ereignete sich in der Nacht auf den 23. Oktober 1942 im Dorf Palančište bei Prijedor (siehe Karte S. 285). Im Rahmen einer Operation gegen Partisanen ermordeten Ustaše weit mehr als 300 Männer, Frauen und Kinder. Bei dem Massenmord soll kein einziger Schuss gefallen sein, der Aussage einer Überlebenden zufolge wurden die Opfer allesamt durch Axthiebe und Messerstiche getötet. Während des Massen-

len des Staates, der Ustaša und der Armee, 18. Februar 1942, AVII/NDH/75, 2/16–1, Bericht Nr. 431 taj., sowie Interview mit Miloš Despot aus Bijeljina, USHMMA RG-50.468/10, Tape 1. Zu besonderem Dank bin ich Radu Harald Dinu verpflichtet. Die Diskussionen mit ihm über die Frage, wie die extremen Gewalttaten der Ustaša zu deuten sind, haben mein Verständnis entscheidend erweitert.

mordes beschimpften die Täter ihre Opfer als Partisanen, schmähten die serbische Kultur und schändeten auch die Körper der Getöteten, wie eine spätere, von der deutschen Feldgendarmerie und kroatischen Gendarmerie durchgeführte Exhumierung bestätigen sollte.[151] Ein anwesender deutsche Offizier ordnete die Suche nach den Tätern und ihre Entwaffnung an.[152] Offenbar bestand also ein Zusammenhang zwischen der Art des Massenmordes und der Tatsache, dass es sich um einen der seltenen Fälle handelte, in dem die Wehrmacht im Anschluss an die Taten entschieden gegen Gewalttäter der Ustaša vorging.

Was aber motivierte die Gewalttäter zur brutalen Zurichtung ihrer Opfer? Eine Erklärung hierfür ist, dass mit der Zurschaustellung der vergewaltigten und getöteten Zivilbevölkerung die gegnerischen Kämpfer demoralisiert werden sollten. Bernd Greiner hat solche Fälle aus dem Vietnamkrieg analysiert, und auch aus anderen Konflikten sind ähnliche Fälle dokumentiert, sodass von einem kriegstypischen Muster von demonstrativer Gewalt ausgegangen werden kann.[153] Wenn Mitglieder von Ustaša-Milizen Sterbende oder Tote während der oder im Anschluss an die Tortur aufhingen, an Tore nagelten oder einzelne Körperteile verstreuten oder gut sichtbar platzierten, lebten sie nicht lediglich ihre sadistischen Triebe aus, sondern übermittelten zugleich eine Botschaft der Gewalt. Aus Brčko

---

[151] Aussage der Dara Banović, AVII/NDH, 44/7–2, 162, sowie Flügelkdo. der Gendarmerie Banja Luka an hohe staatliche u. militärische Stellen (Verteiler), 12. November 1942, AVII/NDH/162, 9/27; zur Rechtfertigung des Massakers vonseiten der Ustaša als militärischer Einsatz siehe Bericht des 8. Ustaša-Bataillons, AVII/NDH, 4–63, 76.

[152] Bericht des 3. Kroatischen Gendarmerieregiments, 10. Oktober 1942, AVII Fond NDH/162, 8/14–1.

[153] Greiner, Krieg ohne Fronten, S. 328; zu Kroatien: Einheiten der Wehrmacht verhafteten im Juni 1942 eine ganze Kompanie der Ustaša, nachdem diese mehrere Männer und Frauen verstümmelt und getötet und ihre Leichname geschändet hatten, siehe Kdr.Gen.u.Bef.i.S., Ia, an OKW, 9. Juni 1942, NARA/T-501/250, fr. 1072; Hinweise auf Massenvergewaltigungen finden sich im Bericht der KO Bos. Novi vom 24. September 1941, (AVII/NDH/202, 4/23), sowie im Bericht der Geheimen Feldpolizei 9 im Rahmen einer deutsch-kroatischen Untersuchungskommission vom 20. November 1943 (NARA/T-120/5789, H303259ff.); von einem Fall eines demonstrativ zurechtgelegten Leichnams einer vergewaltigten Frau berichtet Glaise von Horstenau aus dem Dorf Crkveni Bok, siehe Broucek, Deutscher Bevollmächtigter General.

Abb. 21: Eine der zahlreichen Abbildungen, auf der Milizionäre der Ustaša mit den Leichen der von ihnen getöteten Menschen posieren, ohne dass der Kontext der Taten bekannt ist.
USHMM, #46640 (Memorijalni muzej Jasenovac)

ist beispielsweise (siehe Karte S. 285) überliefert, dass der Kopf eines getöteten Četnik drei Tage lang auf einem Pfahl aufgesetzt am Marktplatz der Stadt aufgestellt war, »wie dies einst zur Türkenzeit üblich war«, wie der deutsche V-Mann Arthur Häffner vermerkte.[154] Der abgetrennte Kopf sollte die Četnici abschrecken und symbolisieren, dass die Ustaša die Macht vor Ort innehatte. Gleichzeitig sollte er der serbischen Bevölkerung Angst machen und demonstrieren, wie gefährlich es war, sich mit den Gegnern der Ustaša einzulassen. Die Zurschaustellung der Taten führte dazu, dass sich jeder mit ihnen auseinandersetzen musste. Die Botschaft war damit in der Welt, ob sie nun dem Zweck diente, Angst zu verbreiten, Versöhnung zu hintertreiben oder anhand der geschändeten Körper den Eindruck zu erwecken, dass Serben Unmenschen waren.

---

[154] Arthur Häffner an D.G.i.A., 1. März 1942, BA-MA/RH 31 III/13, Bl. 57. Zu ähnlichen Praxen im spätosmanischen Reich vgl. Allcock, Explaining Yugoslavia, S. 396f., sowie Grandits, Herrschaft und Loyalität, S. 106.

Während zumindest die Folgen der Tötungsexzesse in vielen Berichten ausführlich geschildert wurden, kommen Vergewaltigungen meist nicht vor.[155] Die überlebenden Frauen schwiegen meist aus Gründen der Scham. Kroatische staatliche ebenso wie serbische Berichterstatter umgingen das Thema in der Regel, als ob damit der vom Gegner an der eigenen Gruppe hinterlassene Makel getilgt werden sollte. Doch stecken die Quellen voller Andeutungen, die erahnen lassen, dass Vergewaltigungen ein fester Bestandteil der Kriegsführung der Bürgerkriegsparteien im USK wie auch eine häufige Komponente der Massaker waren.[156] Aus Sicht patriarchal sozialisierter Bandenmitglieder der Ustaša und der Četnici zielten Vergewaltigungen auf das Prestige des Kriegsgegners. Sie machten deutlich, dass der Gegner nicht in der Lage war, die eigenen Frauen zu beschützen. Vergewaltigungen waren also Waffen im Bürgerkrieg. Schwangerschaften vergewaltigter Frauen machten die Niederlage öffentlich und bargen das Potenzial, die gegnerische Gesellschaft zu zerrütten.[157] In den Pamphleten, mit denen sich die Bürgerkriegsparteien propagandistisch bekämpften, wird dies überdeutlich. So interpretierte der Četnik-Führer Dobroslav Jevđević (1895–1962) ein Massaker an serbischen Frauen und Kindern durch die Schwarze Legion der Ustaša als »Aufforderung zum Kampf«[158].

Dass Vergewaltigungen negative Auswirkung auf die Kampfmoral des Gegners hatten, war auch der Wehrmacht bekannt. Deshalb

---

[155] Überlebendenberichte, in denen Vergewaltigungen thematisiert werden, finden sich bei Dulić, Utopias of Nation, S. 158.

[156] Im Fall von regulären Armeen handelte es sich bei Vergewaltigungen zumeist nicht um intendierte Begleiterscheinungen der Kriegsführung. Zu diesem Ergebnis kommen Studien zur Kriegsführung der Wehrmacht an der Ostfront, vgl. Mühlhäuser, Eroberungen.

[157] Vgl. Herzog, Brutality and Desire; zu Diskussionen über Bedeutung und Umfang von Massenvergewaltigungen während der Jugoslawienkriege der 1990er Jahre vgl. Stiglmayer, Mass Rape, darin insbesondere Seifert, War and Rape. Zur Funktion sexueller Gewalt in »neuen Kriegen« vgl. Münkler, Die neuen Kriege, S. 142–153, sowie Eschebach u. a., Krieg und Geschlecht; zur Lesart von sexueller Gewalt als in erster Linie einer Kommunikation zwischen Männern, vgl. Brownmiller, Gegen unseren Willen, S. 45 ff.; daran anschließend Opitz, Von Frauen im Krieg, S. 40 ff.; Seifert, Der weibliche Körper. Zur Diskussion der Motive und Folgen auf Täterseite bezogen auf den Vietnamkrieg, vgl. Greiner, Krieg ohne Fronten, S. 223–227.

[158] Dobroslav Jevdjević, »Schreiben an die Muselmanen«, 9. Oktober 1942, NARA/T-120/5792, H305469.

drang sie darauf, dass die Massenvergewaltigung kroatischer Frauen, die durch mit der Wehrmacht verbündeten Kosaken oder Četnici verübt wurden, unbedingt einzustellen waren. General Glaise von Horstenau beklagte, dass »es [...] kroatischen Soldaten und Legionären kaum zuzumuten [ist], für Großdeutschland ihr Leben einzusetzen, während [zeitgleich] ihre Häuser zerstört und ihre Frauen und Bräute vergewaltigt« würden.[159]

Aber auch im Umkreis der Ustaša waren Vergewaltigungen keineswegs konsensfähig. Bei den schockierten Berichten zahlreicher Beamter und Gendarmen handelte es sich keineswegs nur um rhetorische Scheingefechte. Vielmehr drücken sie die ehrliche Besorgnis aus, dass der Ruf des kroatischen Staates durch solche Taten Schaden nehmen werde. Mehrfach wurden beispielsweise Vergewaltiger zum Tode verurteilt, wie noch zu zeigen sein wird. Auch dies ist als wichtiger Beleg dafür anzusetzen, wie stark solche Gewaltpraxen und -formen (also nicht die Gewalt an sich) aus dem lokalen Kontext entstanden und eben nicht von der kroatischen Führung in Zagreb angeordnet wurden, wie oft behauptet wird. Die Ustaša-Führung sah sich eher gezwungen, das Treiben der Milizen zu tolerieren.

Zum Umgang mit den Toten

Der Umgang der Milizen mit den Körpern der Ermordeten war zumeist durch pragmatische Motive bestimmt, unterschied sich aber von Massaker zu Massaker. Wenn die Täter keine Arbeit mit den Leichen haben wollten, ließen sie die Toten am Ort des Massakers liegen.[160] Die Täter verließen sich darauf, dass die Angehörigen oder die Gendarmerie die Leichen bestatten würden. Da dies nicht immer der Fall war, gab es auch Leichenfelder, deren Gestank die Umgebung verpestete und wilde Tiere anzog.[161] Oft wurden die

---

159 D.B.G.i.K. an O.Kdo. Heeresgruppe F, 19. Oktober 1943, BA-MA/RH 31 III/11, o. lfd. Nr.

160 So geschehen nach einem Massaker im slawonischen Sekulinci im Papuk-Gebirge Anfang Februar 1942, siehe DGA, Bericht (Anlage 2c), 26. Oktober 1942, BA-MA/RH 31 III/7, o. lfd. Nr. Die Toten lagen bei manchen Massakern auch über einen weiten Raum verstreut, vor allem, wenn die Ustaša Flüchtende verfolgt hatte, vgl. Dedijer, The War Diaries, S. 270f.

161 Bericht des 3. Ustaša-Zuges des 1. Inf.-Bat.s, Juli 1941, abgedr. in: Vojnoistorijski Institut, Borbe u Bosni b; siehe ferner Arthur Häffner an D.G.i.A., 23. Juni 1941, BA-MA/RH 31 III/13, Bl. 10.

Körper kurzerhand in Flüssen entsorgt.[162] In selteneren Fällen verscharrten die Täter selbst die Toten, verbuddelten sie in im Vorfeld – manchmal von den Opfern selbst – ausgehobenen Massengräbern oder sprengten die Ränder der Schluchten, in denen die Morde erfolgt waren. Auch hierfür wurden häufig Dorfbewohner zur Zwangsarbeit rekrutiert. Unter Aspekten der Geheimhaltung war das Liegenlassen der Toten ein Problem: Sie blieben sichtbar und kündeten vom Massenmord. Es gab Fälle von noch Lebenden, die beerdigt wurden, sowie von Leichen, die gar nicht oder nur unzulänglich verscharrt wurden, sodass Überlebende bald begannen, im Erdboden nach ihren Angehörigen zu suchen.[163]

Der Umgang mit den Toten folgte keinem einheitlichen Muster. Meist schien es den Ustaša-Milizen völlig egal zu sein, ob ihre Taten entdeckt wurden oder nicht. So nahmen sie offenbar in Kauf, dass die Toten, die sie in Flüsse geworfen hatten, irgendwo angespült und aufgefunden wurden. Allein Anfang Juni 1941 wurden 92 tote Serben aus dem Vrbas, der Vrbanja und der Save gezogen.[164] Für in die Neretva geworfene Leichen war das fantasierte Ziel die Adria, ein Topos, der Eingang ins zeitgenössische rechtsradikale Liedgut in Kroatien gefunden hat.[165] In einigen Fällen entsprach die Publizität des Mordens sogar der Intention der Täter: Denn warfen sie die Leichen in die Save oder die Drina, trieben diese in Richtung Serbien. In Bosanska Gradiška wurden laut eines Berichts der deutschen Gesandtschaft Ende Mai 1941 die aneinandergebundenen Leichen einer vierköpfigen Familie an Land geschwemmt, an denen eine Tafel mit der Aufschrift »Glückliche Reise nach Belgrad« befestigt war.[166] Flüsse, in die zahlreiche Ermordete geworfen wurden, dienten also der zumindest kurzfristigen Beseitigung der Toten und zur Verwischung der Spu-

[162] Interview mit Miloš Despot aus Bijeljina, USHMMA RG-50.468/10, Tape 1; siehe auch Broucek, Deutscher Bevollmächtigter General, S. 168.

[163] Die 1. HOP berichtete in einem Bericht vom 16. August 1941 an das RAVSIGUR, wie die überlebende serbische Bevölkerung mit den Folgen des Massenmordes umging (AVII/NDH/145, 2/1).

[164] DGA, Bericht (Anlage 2), 26. Oktober 1942, BA-MA/RH 31 III/7, o. lfd. Nr. Bereits Ende Mai 1941 war der Leichnam des orthodoxen Bischofs von Banja Luka, Platon, im Zusammenfluss beider Flüsse gefunden worden.

[165] Die Rockband Thompson besingt den Topos, möglicherweise auf zeitgenössische Lieder zurückgreifend, vgl. http://www.youtube.com/watch?v=usD7Ty6qs30, Min. 1:54 [31. 05. 2012].

[166] Serbian Eastern Orthodox Diocese, Martyrdom.

ren, fungierten aber gleichzeitig auch als Medium: Wie es scheint, sollten die Flüsse die Botschaft durch das Land tragen, dass die Ustaša die Macht übernommen habe und dass die Serben, tot oder lebendig, Kroatien verlassen müssten. Die angeschwemmten Leichen – oft wiesen sie Zeichen von Misshandlungen oder Verstümmelungen auf – sollten Schrecken verbreiten und die Adressaten in Serbien bzw. in serbischen Siedlungsgebieten zur Flucht bewegen. Allerdings rief die Praxis, die Ermordeten in Flüsse zu werfen, massive Proteste und auch handfeste Schwierigkeiten hervor, denn die Flüsse wurden dadurch verseucht. Diese Botschaft gelangte bis nach Belgrad, wo aus seuchenhygienischen Gründen das städtische Flussbad geschlossen wurde, und gelegentlich bis ins ferne Rumänien.[167] In der Neretva behinderten die Knäuel von zusammengebundenen Leichen sogar die Schifffahrt und verschlechterten das Verhältnis zu den Italienern, in deren Gebiet die Toten schließlich angetrieben wurden.[168]

Die ersten Leichen, die angeschwemmt wurden oder auf Feldern oder am Wegesrand entdeckt wurden, erregten große Aufmerksamkeit. Berichterstatter beschrieben detailliert die Tatorte, Gerichtsmediziner untersuchten die Leichen, und nach den zunächst unbekannten Tätern wurde gefahndet.[169] Die Unsicherheit aufseiten der Behörden belegt, dass die frühen Morde nicht von staatlichen Stellen angeordnet waren.

Von Anfang an bedienten sich die Täter auch Methoden, bei denen die Körper verschwinden sollten. Dafür boten sich in Westkroatien die zahlreichen Karstspalten an, die so typisch für die dinarischen Gebirge sind. Jules Verne beschrieb die Eingänge in die unterirdischen Höhlen als »breiten und tiefen Schlund, dessen steile Wände […] schnurgerade in der Tiefe gehen. […] Keine Stufe zeigt sich, mit deren Hilfe man hinauf- oder herunterklettern […] kann. Wir haben mit einem Worte einen Abgrund vor uns, der unseren Blick anzieht, fesselt, und welcher von dem, was da hineingeworfen

---

[167] American Joint Distribution Committee Belgrad, Bericht über angeschwemmte Leichen, 13. März 1946, YVA/O.10/11, Bl. 4, sowie YVA/O.10/3-1-5. In den 1990er Jahren wurde die Geschichte bzw. möglicherweise gar die Praxis erneut aufgenommen, vgl. Allcock, Explaining Yugoslavia, S. 382.

[168] Vgl. Kvesić, Dalmacija u NOB, S. 79, sowie Steinberg, Deutsche, Italiener und Juden, S. 49.

[169] Gendarmerieposten Ilidža an 4. HOP, Bericht Nr. 207, 25. Mai 1941, AVII/NDH 143B, 41/1-3, abgedr. in: Vukčević, Zločini NDH, S. 57f., Dok. 34.

wird, gewiss nichts wieder herausgibt.«[170] Am Rand solcher Spalten erschossen oder erschlugen die Milizionäre der Ustaša häufig ihre Opfer und stießen sie in die Tiefe. Manchmal warfen sie Handgranaten hinterher oder sprengten die Höhleneingänge. Die Morde im Karst setzten gewisse Ortskenntnisse und Vorbereitungen vonseiten der Täter voraus. In zumindest einem Fall soll eigens ein Fahrweg zu einer Karsthöhle gebaut worden sein, um den Transport der zu Tötenden zu erleichtern.[171] In der zweiten Kriegshälfte sollten die kommunistischen Partisanen zahlreiche Kollaborateure des Faschismus in die Karstschlünde, italienisch *foibe*, stoßen, und auch die Četnici bedienten sich dieser Methode.[172]

In der italienischen Historiografie zu Mythos und Wirklichkeit der *foibe* wird suggeriert, dass es sich dabei um eine typisch balkanische bzw. südslawische Gewaltpraxis mit rituellem Charakter gehandelt habe.[173] Zweifelsohne bildete sich in den Karstgebieten eine spezifische Tötungspraxis heraus. Die Gründe dafür dürften aber nicht in der Kultur der Region und ihrer Bewohner zu finden sein. Die getöteten Opfer wurden schlicht in die Höhlen gestoßen, weil es sie gab. Und doch haftet der Mordpraxis im Karst etwas Spezifisches an. Der Historiker Rolf Wörsdörfer vermutet in Bezug auf kommunistische Partisanen, die ihre Gegner in die Tiefe der Höhlen warfen, dass auch »die Furcht vor der Trauer des Feindes, vor dem ausgedehnten serbisch-orthodoxen Begräbnisritual und vor der suggestiven Kraft der Klageweiber [...] die Partisanengruppen [...] bewog, die Körper erschossener Gegner verschwinden zu lassen«.[174] Dies kann auch bei den Ustaše eine Rolle gespielt haben.

Das Verschwinden der Körper beinhaltete neben den praktischen Vorteilen für die Täter auch eine Drohung an die Lebenden, die möglicherweise wirksamer, weil latenter war als die Morde, die auf-

---

170 Zit. n. Strutz, Dalmatien, S. 61 f.; vgl. Wörsdörfer, Krisenherd Adria, S. 477, der den Zusammenhang zwischen Gewalt und Landschaftsformen in Bezug auf den Karst diskutiert.

171 Für entsprechende Berichte über eine Höhle beim Dorf Boričevac an der bosnisch-kroatischen Grenze unweit von Kulen Vakuf vgl. Pilipović, Bosanska Krajina.

172 Zu Partisanen vgl. Karl-Peter Schwarz, »Auch Norma lebte noch«, in: *Frankfurter Allgemeine Zeitung* Nr. 73, 27. März 2010, S. 3.; für die Četnici vgl. Jurjević, Pogrom u Krnjeuši.

173 Vgl. Wörsdörfer, Krisenherd Adria, S. 483 u. 502.

174 Ebenda, S. 483.

grund aufgefundener Leichen rekonstruiert und imaginiert werden konnten. Diese Annahme gewinnt dadurch an Plausibilität, dass sich um die Karsthöhlen schaurige Mythen rankten. Beispielsweise hieß es, dass sogenannte Schlundfrauen (*jamarice*) den Sturz in die Schluchten überlebt hätten, dort von den Nahrungsmitteln lebten, die Hirten hin und wieder hinunterwarfen, und dort sogar schon Kinder zur Welt gebracht hätten.[175] Das männliche Pendant zu *jamarice* hingegen, die Bezeichnung *jamari*, bezog sich auf das Mordpersonal und bedeutet in etwa »Grubengeier«.[176] Außerhalb des Karsts kamen andere Methoden zur Anwendung. So wurden die Toten der Lager auf der Adriainsel Pag im Meer beseitigt. Im Landesinneren wurden die Leichen in Flüssen entsorgt oder verscharrt.

Sollten die Täter im Karst in erster Linie das Verschwinden der Körper im Sinn gehabt haben, ist ihr Vorhaben nicht geglückt. Denn zum einen spülten unterirdische Flüsse gelegentlich Leichen aus den Karsthöhlen ans Tageslicht,[177] zum anderen wurden in den vergangenen Jahren immer wieder Massengräber entdeckt und die darin verborgenen Gebeine geborgen.[178] Doch konnte die Ustaša vor allem nicht verhindern, dass die Höhleneingänge bereits kurz nach den Massenmorden zu Gedächtnisorten wurden. Nach der Besetzung Westkroatiens durch italienische Truppen im August 1941 kam es zu systematischen Versuchen, die Leichen aus den Höhlen zu bergen und die Massenmorde fotografisch zu dokumentieren. Italienische Soldaten befragten die Anwohner umliegender Gemeinden und informierten sie über den Stand der Ermittlungen.[179] Die Bergungs-

---

[175] Sremac, Zapisi, S. 43.

[176] PKUZ Vojvodina (Srem), Bescheid (Odluka) Nr. 1214 zu Viktor Tomić, 17. Juni 1946, AJ/110/3380, Bl. 109/401 ff. In der Übertragung des Begriffs folge ich Wörsdörfer (der die Bezeichnung von Partisanen als *jamari* thematisiert), vgl. Wörsdörfer, Krisenherd Adria, S. 483.

[177] Djilas, Der Krieg der Partisanen, S. 126.

[178] Vgl. bspw. *SPIEGEL ONLINE*, Partisanenkrieg. Rätsel der verschwundenen Division, http://einestages.spiegel.de/static/topicalbumbackground/3931/1/raetsel_der_verschwundenen_division.html [31. 05. 2012].

[179] VOZ Mostar an Militärbüro des Poglavnik, 18. September 1942, AVII/NDH/229, MHD br. 4628/Taj., sowie Bericht des kroatischen Gendarmeriepostens Široka Kula, 3. September 1941, 3. September 1941, AVII/NDH/67, 3/20–1, sowie Trifković, The Ustaša Movement, S. 223. In einigen Fällen wurden die Leichen von der italienischen Armee mit Benzin übergossen und verbrannt, siehe 1. HOP an RAVSIGUR, 21. September 1941, AVII/NDH/152, 5/43.

versuche erfolgten unter erheblichen Schwierigkeiten – an Seilen heruntergelassene Soldaten wurden ohnmächtig und mussten mit Gasmasken ausgestattet werden.[180] Die sterblichen Überreste wurden eingesargt und mit Fahrzeugen der italienischen Armee zu orthodoxen Friedhöfen gebracht, wo sie feierlich unter großer Anteilnahme der Bevölkerung und unter lautem und anhaltendem Glockengeläute bestattet wurden. So wurden die Begräbniszeremonien zu Festen serbisch-italienischer Verbrüderung, mit den sichtbar aufgebahrten Toten demonstrierte man, dass sich das Bündnis gegen die Ustaša richtete. Während der Ustaša und dem kroatischen Staat das Stigma von Massenmördern angeheftet wurde, hängten sich die italienische Armee und die Četnici mit ihren gemeinsamen Anstrengungen, die Ermordeten würdig zu bestatten, ein Mäntelchen des Humanismus um. Sehr viele serbische Frauen in Kroatien trugen demonstrativ Schwarz.[181] Grimmig beäugten kroatische Gendarmen und Beamte (die im August 1941 im Gegensatz zur Ustaša nicht aus den italienisch besetzten Gebieten geflohen waren) solche Zeremonien. Muslimen und Kroaten wurde die Teilnahme von italienischen Ortskommandanten ausdrücklich verboten, Abordnungen kroatischer Gendarmen, die den Auftrag hatten, die Begräbnisse zu beobachten, wurden des Platzes verwiesen.[182] Allerdings gab es auch Fälle, in denen der kroatischen Gendarmerie befohlen wurde, bei Exhumierungen teilzunehmen, was einer öffentlichen Demütigung gleichkam.[183]

Kroatische Berichterstatter verstanden die Begräbnisfeierlichkeiten auch als einen italienischen Versuch, die besetzten Gebiete zu ethnisieren und Serben und Kroaten gegeneinander auszuspielen. Darüber hinaus sollte der Hass der serbischen Bevölkerung gegen die Ustaša und den kroatischen Staat geschürt werden. Die italienische Seite wurde gebeten, von den Exhumierungen Abstand zu neh-

---

[180] Aus einem Abhörprotokoll kriegsgefangener italienischer Generäle, B.R.I.G. 33, 26. Mai 1943, TNA w.o. 38/2154, Bl. 1.3. Für den Hinweis danke ich Amedeo Osti Guerazzi. Siehe auch MUP an MVP, 7. November 1941, AVII/NDH/152, 8/36–1.

[181] Transportministerium Serbien an MP Nedić, 17. September 1941, HIA/Tomasevich Collection/11, o. Nr.

[182] 4. HOP an RAVSIGUR, 8. Oktober 1941, AVII/NDH/143a, 4/19–1.

[183] Flügelkdo. der Gendarmerie Bileća an 4. HOP, 27. November 1941, AVII/NDH/143a, 7/29–1, sowie Gendarmerieposten Ravno an 4. HOP, 22. September 1941, AVII/NDH/143c, 3/30–1.

men, um die italienisch-kroatischen Beziehungen nicht zu belasten. In der Gendarmerieführung bestritt man allerdings, dass es sich bei den geborgenen Toten überhaupt um Opfer der Ustaša handelte.[184] Ein kroatischer General riet Pavelić, solche »Provokationen« nicht zu tolerieren.[185]

Weder die Körper der Toten noch die Erinnerung an sie waren also verschwunden. Im Gegenteil: Serbische Aufständische und italienische Besatzer reichten sich über den Gräbern der Ermordeten die Hand und schmiedeten dabei mit Hinweis auf die Toten ein Bündnis gegen die Ustaša. All dies aktivierte Stimmungen gegen die Ustaša. Es hatte sich als vollkommen unmöglich erwiesen, den Massenmord im Karst wie anderswo zu vertuschen.

Folgen der Massaker

Die Massengewalt der Ustaša zerstörte den USK und stürzte das Regime in eine existenzielle Krise. Infolge der Gewalt kam es zu Aufständen, Gegengewalt, Hungersnöten und zur Zerrüttung der Wirtschaft. Auch die Voraussetzungen für den Gewalteinsatz selbst änderten sich. Vor allem die serbischen Aufstände bedrohten den kroatischen Staat in seinem Bestand. Dabei waren sich die meisten Berichterstatter der Gendarmerie, der Armee und der Lokalverwaltung, von denen viele in enger Fühlung zur Landbevölkerung standen, einig, dass sich die serbische Bevölkerung dem kroatischen Staat gegenüber kooperativ verhalten hätte, wäre sie nicht durch die Milizen der Ustaša angegriffen worden. »Die serbische Bevölkerung sei zumindest nach außen hin loyal zum kroatischen Staat gewesen. Sie sei auf alles vorbereitet gewesen, einschließlich Zwangsarbeit, Umsiedlung und Übertritt zum Katholizismus, nicht aber auf die mörderische Säuberungsaktion. Am liebsten wäre man zu Hause geblieben und hätte ertragen, was kommt«, heißt es in einem zusammenfassenden Bericht eines Gendarmen.[186] Erst die massive Gewalt der Ustaša trieb die eher konservative serbische Landbevölkerung in

[184] Lagebericht, VOZ an Militärbüro des Poglavnik, 10. September 1942, HR HDA/223/30, Nr. 1180.

[185] VOZ Mostar an Militärbüro des Poglavnik, 18. September 1942, AVII/NDH/229, MHD br. 4628/Taj.

[186] 1. HOP an RAVSIGUR, 16. August 1941, AVII/NDH/145, 2/1.

die Arme der Četnici und der Kommunisten. Aus Bauern wurden binnen weniger Monate entschiedene Partisanen, und zwar weniger aus politischen Gründen, sondern um zu überleben.
Die serbischen Aufständischen versuchten zunächst, die Kommunikationslinien des kroatischen Staates zu kappen. Sie hatten erkannt, dass die Gefahr für die serbische Bevölkerung nicht von den kroatischen Dörfern und Städten an sich ausging, sondern von den aus Zagreb in die Provinz entsandten Funktionären. Ein kroatischer Gendarm berichtete aus Bosnien seinen Vorgesetzten, dass die serbischen Aufständischen den Autoverkehr, die Telegrafenlinien und die Bahnstrecke blockierten, um die Aktivitäten dreier Ustaša-Führer, die für die Gewalt im Bezirk hauptverantwortlich waren, zu behindern.[187] Dies verdeutlicht, wie defensiv die Aktivitäten der oft nur mit Messern, Sensen und Beilen bewaffneten Aufständischen zunächst ausgerichtet waren. Wenn es ihnen gelang, eine Stadt zu erobern, galt die Aufmerksamkeit zunächst der Vernichtung der Akten in den Gemeindearchiven und Rathäusern, um weitere Verfolgungen durch die Behörden zu erschweren.[188]

Der Krieg gegen die Zivilbevölkerung sowie Flucht und Vertreibung Hunderttausender führten in weiten Teilen des Landes zu apokalyptischen Zuständen. Die serbische Bevölkerung versteckte sich – alarmiert durch die Gerüchte über Massaker – vielerorts in den Hügeln in der Nähe ihrer Dörfer. Hunderttausende von Flüchtlingen zogen unkontrolliert und unterversorgt durchs Land. Schon geringe Anlässe genügten, um die Bevölkerung gesamter Landstriche zur Flucht zu bewegen. Nach einem Partisanen-Anschlag auf eine Eisenbahnstrecke floh ein beträchtlicher Teil der serbischen Bevölkerung aus Slunj in Erwartung von Repressalien der Ustaša in die Wälder.[189] Zahllose Kinder, so ein Lagebericht, deren Eltern verschleppt oder ermordet worden waren, bevölkerten hungernd die Landstraßen und belagerten die Feldküchen der Wehrmacht.[190] Das humanitäre Drama betraf die Zivilbevölkerung aller Nationalitäten. In Zagreb und Sarajevo entstanden Zeltstädte und Slums, in de-

---

[187] 4. HOP an RAVSIGUR, 20. August 1941, AVII/NDH/150a, Nr. 831.
[188] Bezirksaußenstelle Bos. Kostajnica an Bezirkschef Bos. Novi, 6. Juni 1941, AVII/NDH/202, 24/14–2.
[189] 1. HOP an RAVSIGUR, 16. August 1941, AVII/NDH/145, 2/1.
[190] Lagebeurteilung für die Zeit vom 6.2. bis 15. 2. 1943, BA-MA/RH 24–15, Bd. 2, o. lfd. Nr.

nen Zehntausende Menschen in primitivsten Verhältnissen darbten. Darunter waren serbische Flüchtlinge aus dem Landesinneren, kroatische Flüchtlinge aus den von Italien besetzten Gebieten sowie Muslime, die sich vor den Četnici hatten retten können.[191] An der Drina sammelten sich Zehntausende, die versuchten, über den Fluss ins benachbarte Serbien zu gelangen.[192] Die Wehrmacht konnte dies angesichts der nur schwach besetzten Grenze nicht verhindern. Doch die Tatsache, dass der Flüchtlingsstrom die deutsche Herrschaft in Serbien destabilisierte, kostete die kroatische Regierung die letzten Sympathien bei der Wehrmacht. »Für Kroatien ist es nicht gut, dass so viele Menschen aus dem Land fliehen, da die Felder nicht bestellt werden«, lautete die einfache wie klare Analyse deutscher Stellen in Serbien.[193] Unter den Flüchtlingen brachen Hungersnöte und Seuchen aus, und an der serbischen Grenze sah sich die Wehrmacht durch eine Fleckfieberepidemie bedroht.[194] Wehrmachtsberichterstatter beklagten, dass die kroatische Regierung nicht in der Lage war, in eroberten Gebieten eine Verwaltung einzuführen. Die Verfolgung serbischer Facharbeiter und Ingenieure führte zudem zu regionalen Zusammenbrüchen der Industrieproduktion, wie beispielsweise in Drvar, Zenica, Sarajevo oder im Anschluss an Überfälle auf das Bergwerk Rakovec.[195]

Neben der wirtschaftlichen und sozialen Zerrüttung erfuhr Kroatien infolge der Erosion des Sicherheitsgefühls der Bevölkerung auch einen Verfall der gesellschaftlichen Moral. Die landesweiten Plünderungen, die Korruption und Misswirtschaft, die in Teilen auch Folge des Massenmordes waren, führten zur Erosion des mo-

---

191 Zu serbischen Flüchtlingen in Sarajevo siehe Bericht des Leiters des Einsatzkommando Sarajevo der Einsatzgruppe E, 4. August 1942, NARA/T-120/380/802/274698; zu kroatischen Flüchtlingen in Zagreb siehe D.G.i.A. an OKW, 8. Oktober 1941, BA-MA/RH 31 III/2, o. lfd. Nr. Laut Angaben der kroatischen Regierung gab es im Land über 200000 Binnenflüchtlinge, siehe Polizeiattaché an Gesandter Kasche, 6. Dezember 1943, PA AA/Gesandtschaft Zagreb-Geheimakten/5, Bl. H304730.

192 Der Bevollmächtigte des AA beim Befehlshaber Serbien an AA, 10. April 1942, PA AA/R 29.664, Büro StS, Jugoslawien/4, Bl. 153585.

193 Tägl. Bericht des MVP an Poglavnik, 2. Mai 1942, HR HDA/227/1, 227.

194 Kdr.Gen.u.Bef.i.S. an WBSO, 20. April 1942, BA-MA/RW 40/28, Bl. 78, sowie PA AA/Büro StS, Kroatien Bd. 1, Bl. 310.

195 Zu Berichten über Angriffe auf die Belegschaft von Unternehmen siehe RAVSIGUR. 14. Februar 1942, AVII/NDH/153a, 7/45–1, sowie BArch/R 58/92, Bl. 6–19, 22. Mai 1943.

ralisch-politischen Kredits, über den die Ustaša eine kurze Zeit lang verfügt hatte.[196] Der Rückhalt der Bevölkerung für das Regime war im Schwinden begriffen. In der Folge sank auch die Kampfmoral der kroatischen Truppen. Idealistische kroatische Nationalisten hatten es immer schwerer, vor sich selbst das Projekt des Ustaša-Staates als die bessere Alternative zum jugoslawischen Regime zu rechtfertigen.

In einem solchen Klima gedieh die Gewalt und wurde zunehmend alltäglicher. Die Motive für Gewalttaten nahmen immer diffuseren Charakter an. Brutale Tötungsakte aus banalen Gründen, persönliche Rachefeldzüge und ethnonational motivierte Taten waren kaum mehr voneinander zu trennen. Ein kroatischer Beamter berichtete von einem Ustaša-Milizionär aus Drvar, der damit prahlte, wie gut er zielen könne. Um dies zu beweisen, »nahm er am 1. Juli 1941 im Dorfe Sujava um 6h nachmittags mit dem Gewehr eine Hirtin aufs Korn [...], die ruhig in einer Entfernung von 200m ihre Schafe hütete, die er nach einigen wohl gezielten Schüssen traf und auf der Stelle tötete«.[197]

Im Jahr 1943 veranlasste das RAVSIGUR die Ustaša, in größeren Orten Dreierzellen aus zuverlässigen Mitgliedern aufzustellen, um mittels dieser Vertrauensleute ein Mindestmaß an Kontrolle zu behalten und »bestimmte Personen [zu beseitigen], die dem USK feindlich gesinnt sind«, wobei von der Ermordung Frauen und Kindern ausdrücklich abgesehen werden sollte. Diese Zellen gerieten in mehreren Fällen völlig außer Kontrolle. Vermutlich fühlten sie sich als Auserwählte mit einer Lizenz zum Töten und ignorierten schon bald ihre Vorgaben. Im syrmischen Ilok fasste ein Hauptmann der Ustaša einige Studenten zu einer Gruppe zusammen, »mit denen er Serben, Frauen und Kinder tötete«. In Vukovar wurde bei einer fingierten Hausdurchsuchung eine dreiköpfige serbische Familie mit Schüssen in den Hinterkopf getötet. In einem benachbarten Haus wurden zwei weitere Personen erschossen und eine dritte erstochen.

---

196 Ein Bericht der Bezirksaußenstelle Bos. Kostajnica an den Bezirkschef Bos. Novi vom 6. Juni 1941 verdeutlicht die negative Wirkung, die Plünderungen auf die gesellschaftliche Moral hatten und die zu einer massiven Beteiligung an Plünderungen führte (AVII/NDH/202, 24/14–2). Einen ähnlichen Bericht verfasste Arthur Häffner am 1. März 1942 für D.G.i.A. (BA-MA/RH 31 III/13, Bl. 57).

197 Polizeibericht über Ustascha, weitergeleitet von Arthur Häffner an D.G.i.A., 18. Juli 1941, BA-MA/RH 31 III/13, Bl. 26.

Zudem tötete die Gruppe einen Kroaten, der zufällig hinzugekommen war. Ein solches wahlloses Morden war selbst aus Sicht der kroatischen Behörden nicht hinnehmbar. Insgesamt wurden vier Angehörige der Terrorzelle, darunter der Ustaša-Hauptmann, vor ein Standgericht gestellt und einer der Angeklagten zum Tode verurteilt.[198] Dies verdeutlicht aber vor allem, dass die Regierung die Geister, die sie gerufen hatte, nicht mehr loswurde. War die Gewalt einmal entfesselt, ließ sie sich kaum noch kontrollieren. Der berühmte jugoslawische Schriftsteller Miroslav Krleža, der während des Krieges zurückgezogen in Zagreb lebte, sich aber als linker jugoslawischer Dichter in tödlicher Gefahr befand, fürchtete sich eigenen Angaben zufolge weniger vor der Ustaša-Führung »als vor irgendwelchen eigenmächtigen, rabiaten Ustaša-Gruppen – z.B. aus Lika oder Bosnien –, die womöglich etwas über ihn als kommunistischen Schriftsteller gehört, seine Wohnung gestürmt und ihn ganz einfach abgeschlachtet hätten«[199].

Gewalttaten waren mittlerweile Teil des kroatischen Alltags. Nach wie vor operierten fast überall in Bosnien kleine Militärkommandos, die auf der Jagd nach Partisanen waren. Diese wiederum legten den Eisenbahn- und Straßenverkehr lahm, verübten Sabotageakte, stoppten Fahrzeuge auf der Suche nach vermeintlichen Kollaborateuren und erschossen diese meist umgehend. Darüber hinaus verübten sie gezielte Anschläge auf berüchtigte Ustaša-Führer.[200] Die Folge waren heftige Repressalien.

Zugleich aber hatte Ende 1941 die Milizgewalt einige Änderungen erfahren. Die Vertreibung der Ustaša aus Westkroatien durch die Italiener sowie die Verstärkung deutscher Truppen hatten ein allmähliches, wenn auch niemals vollständiges Ausschalten der irregulären Milizen zur Folge. Im Herbst 1941 kam es nach Interventionen der Ustaša-Führung zu einem relativen Rückgang der Milizgewalt in ländlichen Gebieten.[201] Die Blütezeit der irregulären Milizen war vorbei. Zudem schränkte die kalte Jahreszeit ihre Mobilität ein.

---

198 Helm an Kasche u. D.B.G.i.K., Betreff, »Terrorgruppe der Ustaša«, 5. November 1943, NARA/T-120/5791, 2690/43.

199 Djilas, Jahre der Macht, S. 67.

200 Für einen Überblick auf die Aktivitäten der Partisanen vgl. Vukmanović-Tempo, Mein Weg mit Tito, S. 96, sowie Vojnoistorijski Institut, Oslobodilački rat naroda, S. 324. Nach einem Bericht Häffners kam bspw. die Holzindustrie im USK weitgehend zum Erliegen (IfZ/MA 515, Bl. 627–630).

201 Vgl. Dulić, Utopias of Nation, S. 282ff.

Auch die militärische Kraft und die Entschiedenheit der Partisanen setzten der kroatischen Regierung Grenzen. Gegen Ende des Jahres 1941 hatten sich die Bürgerkriegsfronten etwas geklärt. Die Četnici, die einen Sezessionskrieg gegen den kroatischen Staat führten, beherrschten nun einigermaßen fest umrissene Territorien. Die Partisanen waren hingegen klar identifiziert und wurden vor allem als militärische Gegner betrachtet. Die Paranoia der Anfangszeit, als überall geheimes Wirken serbo-kommunistischer Aufständischer vermutet wurde, war also einer gewissen Kenntnis des Gegners gewichen. Obwohl die Grenzen zwischen militärischen Operationen und willkürlichen Racheakten gegen serbische Dörfer grau blieben, was an der Natur des irregulären Krieges lag, ebbten ab dem Herbst 1941 die von Milizen auf dem flachen Land verübten Massaker ab.

Wandlungen in der Milizgewalt korrespondierten allerdings keineswegs mit dem Verlauf der Gewalt in den Lagern der Ustaša. Zehntausende von Menschen waren bis zum Winter 1941 in das Lagersystem der Ustaša verschleppt worden. Dort galten zwar nicht minder mörderische, aber andere Dynamiken der Gewalt. An dieser Stelle wird das nächste Kapitel einsetzen. Zunächst aber sollen die Spuren der Milizen in das Jahr 1942 weiter verfolgt werden.

1942: Das Wiederaufflammen der Milizgewalt

Der Hochphase der Milizgewalt im Sommer 1941 folgte im Herbst und Winter 1941 eine Phase relativer Beruhigung, die durch andere Gewaltformen, wie beispielsweise die Deportation der kroatischen Juden in Lager der Ustaša, gekennzeichnet war. Die sogenannten wilden Ustaše waren im Herbst 1941 weitgehend aufgelöst worden oder hatten sich zerstreut. Jedoch ist im Frühjahr 1942 ein erneutes Ansteigen der Gewalteinsätze der Ustaša zu beobachten, die jedoch zunehmend in die militärischen Operationen der Wehrmacht eingebunden waren. Im Kontext militärischer Großeinsätze führten Verbände der Ustaša Massenerschießungen durch, die sich in ihrer Form von denen des Vorjahrs unterschieden. Die Auswahl der Opfer ging nun selektiver vonstatten und hatte die Bekämpfung des Widerstands zum Ziel. Eine gemeinsame deutsch-kroatische militärische Planung und die häufige Versetzung ihrer Einheiten erlaubten es der Ustaša seltener als zuvor, wahllos serbische Dörfer anzugreifen. Auch musste sie stärker als im Vorjahr kriegswirtschaftliche

Erfordernisse, Fragen der Ernährung und die allgemeine Lage im Partisanenkrieg berücksichtigen. Insofern ist der Titel des Kapitels, »entgrenzte Gewalt«, für die Gewalttaten des Jahres 1942 etwas weniger geeignet. Da aber stationäre oder durchziehende Ustaša-Einheiten weiterhin wahllos Massaker in Dörfern verübten, kann man zwar von einer Akzentverschiebung sprechen, nicht aber von einer totalen Änderung im Vergleich zu 1941.

Kampf um die Ressource Nahrung

Im zweiten Kriegsjahr war für alle Kriegsparteien die entscheidende Frage, wie man die eigenen Truppen und die loyale Bevölkerung vor Hunger bewahren konnte. Die daraus resultierende Konkurrenz um Nahrung und Ressourcen befeuerte die Gewalt. Wie antisemitische Initiativen der jugoslawischen Vorkriegsregierung belegen, war der Zusammenhang zwischen Ernährungsfragen und Diskriminierung bestimmter Gruppen nicht neu: 1940 verbot die Regierung den Juden jegliche Beteiligung am Lebensmittelhandel und suggerierte, dass Juden in Fragen der nationalen Ernährung nicht vertraut werden dürfe.[202] Antisemiten wussten die knappe Ernährungslage für ihre Zwecke auszubeuten und intensivierten ihre Hetze gegen Juden.[203] Die Ustaša radikalisierte nach ihrem Machtantritt diesen Diskurs. In ihren Presseorganen warf sie den kroatischen Juden nicht nur parasitäres Verhalten vor, beispielsweise wenn es in einer Rückschau auf die jugoslawische Ära hieß, dass »Nahrungsmittel lastwagenweise in jüdischen Villen verschwanden, während die Kinder kein Brot zum essen hatten«.[204] Sie machte die Juden auch für aktuelle Hungersnöte und die allgemeine Unterversorgung verantwortlich. Die Propaganda der Ustaša setzte an dem Umstand an, dass viele Betreiber von Getreidemühlen Juden waren, und bediente damit einen für Südosteuropa spezifischen antisemitischen Topos. Je schlimmer die Versorgungslage der Bevölkerung aufgrund des Versagens der Ustaša-Regierung wurde, desto lauter wurden die Dro-

---

[202] Vgl. Lampe, Yugoslavia as History.

[203] Siehe Bethke, (K)Eine gemeinsame Sprache, S. 202; Bethke zitiert einen Artikel aus der *Rheinisch-Westfälischen Zeitung* vom 12. Februar 1941 (»Wachsende antjüdische Stimmung in Jugoslawien«).

[204] *Hrvatski Narod*, 17. April 1941; siehe auch Pavelić, Die kroatische Frage, S. 28.

hungen gegen die Juden, sie sollten aufhören, Nahrungsmittel zu horten und die Produktion zu sabotieren.[205] Massenverhaftungen von Juden wurden mehrfach damit begründet, dass sie sich nicht an solche Warnungen hielten.[206]

Die propagandistischen Ausfälle der Regierung erfolgten vor dem Hintergrund, dass die Kontrolle der Ernteerträge und Produktionsmittel immer stärker zur Ursache militärischer Auseinandersetzungen zwischen den Kriegsparteien wurden. Der Hunger zermürbte die Bürgerkriegsparteien und schwächte ihre Kampfkraft in einem Ausmaß, das sie zur Auflösung von Verbänden oder gar zur Aufgabe zwingen konnte. Die »Kampfmüdigkeit und Verhandlungsbereitschaft« der Četnici, die sogar zu lokalen Waffenstillständen mit dem kroatischen Staat führten, hatte der deutschen Gesandtschaft zufolge direkt mit ihrer Unterversorgung zu tun.[207] Folgerichtig war der Kampf um die Ernte existenziell und das Provozieren von Hungersnöten ein verbreitetes Mittel im Kampf der Ustaša mit ihren Gegnern.[208] Lebensmittel waren zur kriegsentscheidenden Ressource geworden, nach der alle bewaffneten Gruppen strebten. In der Folge wurden die Landbewohner entweder als nützliche Produzenten oder aber als unproduktive Verbraucher von Ressourcen wahrgenommen.

Die deutsche Besatzung hatte in großen Teilen Südosteuropas Hungersnöte verursacht, denen Hunderttausende Menschen zum Opfer fielen.[209] Grund waren vor allem die Requirierungen durch den deutschen – in weit kleinerem Ausmaß auch durch den italienischen – Besatzungsapparat in Griechenland und Serbien. Im Gegensatz zu ihrer Politik in Serbien requirierten die Deutschen bei ihrem

---

205 *Hrvatski Narod*, 29. Juni 1941, zit. n. Goldstein u.a., Holokaust u Zagrebu, S. 256.

206 *Novi List*, 27. Juni 1941, abgedr. in: *DZK*, Nr. 66, 28. Juni 1941, S. 4; zur Begründung der Festnahme von 366 Juden in Vinkovci am 23. November 1941 siehe Löwenthal, Crimes, S. 61.

207 DGA (Pol. 3) an AA, 3. Juli 1942, PA AA/Botschaft Rom (Quirinal) geheim/151, Bl. E258807ff.

208 Dies verdeutlicht ein Lagebericht Dr. Mosers an DGA (Staf. Wilhelm Requard) vom 19. September 1942 (Anlage eines Briefes von Kasche an Lorković, Pol.3. Nr. 13, 11. Januar 1943), PA AA/Botschaft Rom (Quirinal) geheim/152, Bl. E302619.

209 Zu Griechenland vgl. Evans, The Third Reich, S. 156; zu Serbien siehe Benzler an AA am 16. September 1942, PA AA/Belgrad 60/4, o. lfd. Nr., sowie AA (von Sonnleithner), Notiz für den Führer, 5. Oktober 1942, PA AA/R 29.664, Büro StS, Jugoslawien/4, Bl. 153790ff.

kroatischen Verbündeten nur wenige Lebensmittel. Die Hungersnöte im USK waren hausgemacht. Infolge der Angriffe der Ustaša-Milizen auf serbische Dörfer kam es zu dramatischen Produktionsausfällen. Bereits im Herbst 1941 waren zahlreiche Dörfer verlassen. Vielerorts waren sie bis auf die Grundmauern zerstört, das Vieh weggetrieben und die Felder verwaist.[210] Dadurch unterblieb die Aussaat. Deutsche Südosteuropa-Spezialisten taxierten die unbestellten landwirtschaftlichen Flächen auf ein Drittel des Landes. Die Ernten der Jahre 1941 und 1942 fielen extrem gering aus, obwohl üppige Erträge erwartet worden waren.[211] Bereits 1941 ging die landwirtschaftliche Produktion um 50 Prozent zurück. In weiten Teilen Bosniens wurden gerade einmal 20 Prozent des Vorkriegsertrages erwirtschaftet. Zudem ging binnen kurzer Zeit der Viehbestand um mehr als die Hälfte zurück.[212] Nach dem Winter 1941/42 erreichte die Nahrungsknappheit existenzielle Ausmaße und betraf besonders stark die urbane kroatische und muslimische Bevölkerung sowie die Rekruten der kroatischen Armee. Die staatliche Mindestration belief sich bald nur noch auf 200 Gramm Maisbrot.[213] Lebensmittel waren neunmal teurer als im Deutschen Reich. Nach Griechenland war die Teuerungsrate die zweithöchste im Europa der Achse.[214] Der Stillstand der landwirtschaftlichen Produktion hatte verheerende mittelfristige Folgen, denn 80 Prozent der kroatischen Bevölkerung arbeiteten im Agrarsektor.

---

[210] Siehe bspw. den Tätigkeitsbericht der 714. ID. für Oktober 1942, BA-MA/RH 26–114/13, o. lfd. Nr.

[211] *Grenzwacht* (Esseg), Jg. 7, Nr. 26, 3. Juli 1942, S. 10.

[212] Siehe Sundhaussen, Wirtschaftsgeschichte Kroatiens, S. 263ff.; im Jahr darauf bezifferte das kroatische Ernährungsministerium einen weiteren Rückgang der Ernte, siehe D.G.i.A. an OKW, Lagebericht 304/41, 29. September 1941, BA-MA/RH 31 III/1, Bl. 171f.

[213] Zur Witterung siehe VŽ Gospić an MUP, 14. August 1941, HR HDA/223/26, Pr. 24171/41; zu Ausbrüchen von Hungersnöten siehe Gendarmeriebefehlshaber Bileća an 4. HOP, 15. Juli 1941, AVII/NDH, 143, 3/56; im Februar 1942 meldete die Stadt Dubrovnik den Ausbruch einer Hungersnot, siehe HR HDA/223/42 I-A-1972/42; zu Versorgungsengpässen in den kroatischen Städten siehe Lagebericht Kroatien, Ulmansky an Ronneberger, Gerlach, Kaltenbrunner u. weitere, 20. April 1942, BArch/R 63/65, Bl. 180ff., sowie Vernehmung Alexander Löhrs durch die OZNA, Belgrad, 14. Mai 1945, HIA/Tomasevich Collection/11, o. Nr.

[214] *Südost-Echo*, Jg. 11, Nr. 29, 19. Juli 1941, S. 8, sowie AO der NSDAP, Empting an D.B.G.i.K., 26. Juli 1943, BA-MA/RH 31 III/6, o. lfd. Nr.

Nicht zuletzt, weil die Ustaša die meisten Städte beherrschte, waren die Gebiete unter Kontrolle des kroatischen Staates stärker von Hungersnöten betroffen als die aufständischen Gebiete. Der kroatische Staat besaß nicht die militärischen Kapazitäten, erwirtschaftete Ernteerträge aus serbischen Dörfern abzutransportieren,[215] und konnte die ohnehin reduzierten Erträge nur zu drei Vierteln einfahren. Ein Viertel ging an die Partisanen. Somit standen der Regierung des USK 1942 etwa 55 Prozent weniger Nahrungsmittel zur Verfügung als im Vorjahr.[216] Die Erfassungsbilanz des kroatischen Staates fiel von Jahr zu Jahr negativer aus, da die landwirtschaftlichen Zuschussgebiete von den Produzenten abgeschnitten waren.[217] Bauern stellten auf Selbstversorgung um, da die Ernte ein gefährliches Unterfangen war und die staatlichen Mindestpreise die Arbeit nicht besonders lohnend machten. Die staatliche Propaganda forderte die Bauern auf, ihre Felder bis in den letzten Winkel zu bestellen, da sie sonst für den Hunger ihrer Landsleute in anderen Landesteilen verantwortlich seien. Scharfe Repressionen wurden angedroht.[218] Requirierungen bei kroatischen Bauern brachten indes nichts. »Gewalt würde ein noch größeren Wirrwarr schaffen«, analysierte Jakob Elicker (1906–?), der Großgespan der besonders fruchtbaren Region Syrmien.[219] Seiner Analyse zufolge führten die landwirtschaftlichen Festpreise dazu, dass die Landwirtschaft für die Bauern zu einem Verlustgeschäft wurde. Sie zogen es vor, an die Partisanen zu verkaufen, die für den Weizen besser bezahlten als der kroatische Staat.

---

215 KO Udbina an MUP, 16. Oktober 1941, HR HDA/223/34, I-A 2384/41.

216 Der Deutsche Wehrwirtschaftoffizier Agram (Schardt) an Wehrwirtschaftstab Südosten, Bericht September 1943, BA-MA/RW 29/28, Bl. 39.

217 Für kroatische Schätzungen siehe Bericht des Ministeriums für Handwerk und Handel an das Hauptquartier des Poglavnik, 539/42, 14. August 1942, HIA/Tomasevich Collection/1, o. lfd. Nr.; für deutsche Schätzungen siehe Lagebericht Kroatien, Ulmansky an Ronneberger, Gerlach, Kaltenbrunner u. weitere, 20. April 1942, BArch/R 63/65, Bl. 180ff.; zu Ausfällen der Mais- und Weizenernte von 1942 siehe Der Deutsche Wehrwirtschaftoffizier Agram (Schardt) an Wehrwirtschaftstab Südosten, 5. Oktober 1942, BA-MA/RW 29/27, Bl. 113.

218 Rundbrief Nr. 8 des Staatlichen Propagandabüros (Vilko Rieger), 5. Februar 1943, HIA/Tomasevich Collection/11, o. Nr.

219 VŽ Elicker an DGA, 6. August 1942, NARA/T-120/5781, Nr. unleserlich; zum selben Schluss kommt ein anonymer Schweizer Berichterstatter, siehe Anonymus, Reisebericht aus Kroatien vom März 1942, Silberschein-Archiv, YVA/M.20/105, Bl. 40–43.

Ustaše, Četnici und Partisanen passten ihre Kriegsführung der Versorgungslage an. Von entscheidender Bedeutung war, ob es sich bei einem angegriffenen Dorf um das potenzielle Produktionsgebiet des Feindes handelte oder ob man ungeachtet der ethnischen Zugehörigkeit der Bauern die Nahrungsmittelerträge selbst abschöpfen konnte. Für den Zeitpunkt militärischer Einsätze war zudem entscheidend, wie hoch die Feldfrüchte standen und wann Erträge zu erwarten waren. Die Ustaša-Milizen entwickelten eine differenziertere Raubzugsökonomie, ihr Gewalteinsatz diente zusehends dem Zweck, die Ernteerträge sicherzustellen. Folglich verlagerten sich die Schwerpunkte militärischer Einsätze in landwirtschaftliche Überschussgebiete, vor allem nach Slawonien und Syrmien. Beide Regionen galten als Kornkammern des USK, die es vor den Zugriffen der Partisanen auf die Ernte zu schützen galt.[220] Von Partisanen gehaltene Gebiete in den unfruchtbaren Karstgebieten in Westkroatien verloren aus Sicht der Ustaša an Bedeutung, verglichen mit den Partisanenbasen in kleineren Mittelgebirgen wie dem Papuk, der Kozara und der Fruška Gora, die am Rande oder inmitten fruchtbarer Ebenen lagen (siehe Karte S. 337). Diese Gebiete wurden Sommer 1942 zu Epizentren der Massengewalt.

Mit der Verlagerung des Partisanenkriegs in die landwirtschaftlichen Produktionsgebiete entbrannte der Kampf um die Ernte vollends. Wenn die Ähren oder der Mais hoch standen und ein perfektes Versteck für Widerstandsgruppen boten, trauten sich die Bauern nicht auf die Felder. Im Sommer 1942 fühlte man sich im Landstädtchen Ruma regelrecht belagert, weil Kornfelder die Stadt umgaben.[221] »Die Partisanen stecken im Kukuruz«, sagten die Wehrmachtssoldaten aus Österreich, und die Orden, die Ante Pavelić an Wehrmachtsangehörige für Tapferkeit vor dem Feind verlieh, nannten sie abfällig den »Kukuruzorden«.[222] Den Orden verdienten sie sich unter anderem dadurch, dass sie Felder in Brand steckten, um den Partisanen so ihre Schlupfwinkel zu nehmen. Dies verschärfte die Hungerkrise umgehend. Ustaša-Verbände zogen während der

---

[220] Kasche an D.G.i.A., 361/42, 10. Juli 1942, NARA/T-501/250, fr. 115f.

[221] Vernehmung Alexander Löhrs durch die OZNA, Belgrad, 14. Mai 1945, HIA/Tomasevich Collection/11, o. Nr.

[222] Siehe Dietrich Strothmann, Der Mann und seine Schatten. Kurt Waldheim im Wahlkampf und im Rechtfertigungsstreit, in: *Die Zeit*, 14. März 1986, Nr. 12.

Erntezeit in serbische Siedlungsgebiete, sobald sie ihre Nahrungsmittelvorräte aufstocken mussten, und besorgten sich unter der Androhung oder Anwendung von Gewalt Lebens- und Futtermittel.[223] Im Oktober 1942 beobachtete ein Gendarm zwei Ustaša-Trupps in Slawonien auf dem Weg nach Požega. Er zählte 142 Wagenladungen mit geraubten Feldfrüchten. Als Ustaša-Offiziere darauf aufmerksam wurden, dass der Gendarm die Wagenladungen registrierte, verboten sie ihm dies unter deutlichen Drohungen.[224] Die Raubzüge der Ustaša linderten die Not in den hungernden Städten in keiner Weise. In der Stadt Vinkovci, die im Herzen eines Weizenanbaugebietes gelegen war, herrschte im Sommer 1942 akuter Brotmangel.[225]

Auf der anderen Seite zielten die Partisanen zusehends darauf ab, den Ustaša-Staat auszuhungern. Systematisch versuchten sie, die Anbaugebiete samt Produktionsmitteln zu kontrollieren. Wo dies nicht möglich war, zerstörten sie die Dresch- und Erntemaschinen und steckten Getreidevorräte in Brand.[226] In den Sommermonaten der Jahre 1942 bis 1944 kam es immer wieder zu einem »gewaltsamen Wettlauf um die Erfassung der Erntevorräte«, wie es der oberste deutsche Wehrwirtschaftsoffizier in Kroatien nannte. Er berichtete, dass »die Aufständischen [...] die Zufuhr von Fleisch, Fett, Gemüse und Obst in die Städte und Industriebetriebe planmäßig ab[riegeln]«.[227] Gleichermaßen waren die Četnici bemüht, Ressourcen unter ihre Kontrolle zu bringen, und verbrachten Wolle, Lebensmittel und Vieh nach Serbien, wo ihnen die Reichtümer besser aufgehoben schienen als im Ustaša-Staat. Četnici aus Bosnien setzten regelmäßig über die Save nach Syrmien über, raubten so

---

223 Bericht des Kriegsgerichtsrates Dr. Arthur von Reisinger über die Lage in Ruma an die Feldkommandantur 725, 3. August 1942, NARA/T-120/250.

224 VOZ an Verteiler, 23. Oktober 1942, AVII/NDH/75, 4/2–1.

225 Deutsche Volksgruppe (Altgayer) an Kdr.Gen.u.Bef.i.S., 1. August 1942, NARA/T-120/250.

226 Zum Abtransport ganzer Wagenkolonnen in den Wald siehe VŽ Elicker an DGA, 6. August 1942, NARA/T-120/5781, Nr. unleserlich; zur Kontrolle der Zwetschgenernte durch die Partisanen siehe Bericht aus Kroatien für den RFSS, 29. September 1943, BArch/NS 19/319, 135ff.; zur Zerstörung von Erntemaschinen siehe 714. ID. Tätigkeitsbericht Juli 1942, YVA/O.4/275, Bl. 25; zum Anzünden von Getreide siehe DGA an AA, Bericht Nr. 1841/42, 21. Juli 1942, NARA/T-120/5786, H300790f.

227 Deutscher Wehrwirtschaftoffizier Agram (Schardt) an Wehrwirtschaftstab Südosten, Bericht f. September 1943, BA-MA/RW 29/28, Bl. 39.

viele Lebensmittel wie möglich und zogen sich damit nach Bosnien zurück.[228]

Vor dem Hintergrund einer hungernden Bevölkerung entwickelte sich die Ernte vor allem in den Städten immer mehr zu einer militärischen Operation. Lebensmitteltransporte wurden von schwer bewaffneten Konvois begleitet. Verarbeitungsplätze, wie beispielsweise Mühlen, wurden immer besser gesichert, Mähmaschinen wurden an befestigen Plätzen geparkt und fuhren unter Geleitschutz auf die Felder. Unfreiwillig fand sich die Wehrmacht in einer Rolle als Aufseherin über kroatischen Ressourcen wieder. Beispielsweise eroberten deutsche Truppen bei einem Einsatz gegen Partisanen in Bosnien rund 2000 Stück Vieh und waren im Anschluss damit beschäftigt, dieses an die Zivilbevölkerung in den Flüchtlingslagern zu verteilen. Dabei kam es zu deutsch-kroatischen Konflikten, denn die Wehrmacht wollte Nahrungsmittel und Saatgut auch an die rückkehrwillige serbische Bevölkerung verteilen, um die Hungersnot zu bekämpfen.[229] Die kroatischen Behörden räumten dagegen der Ernährung der kroatischen und muslimischen Bevölkerung oberste Priorität ein und konfiszierten in einigen Fällen das von den Deutschen serbischen Flüchtlingen zugewiesene »Beutevieh«, schlachteten es und verkauften oder verteilten das Fleisch. Die deutsche Großzügigkeit bezog sich indes nur auf Gebiete, in denen die Wehrmacht militärisch obsiegt hatte. Aufstandsgebiete hingegen sollten von jeglicher Nahrungsmittelzufuhr abgeschnitten, sprich ausgehungert werden.[230]

Alle deutschen und kroatischen Versuche, den Hunger zu besiegen, erwiesen sich als unzureichend, sodass sich die deutsche Seite schließlich gezwungen sah, mehrere Zehntausend Tonnen Getreide und Zucker in den USK zu exportieren. Der USK war die meiste Zeit seines Bestehens von deutschen Nahrungsmittellieferungen ab-

---

[228] Zu Abtransporten nach Serbien siehe Bahnhofsoffizier Oberleutnant Lehmann an Transport-Kommandantur Agram, 27. November 1942, NARA/T-120/5794, H307256; zu Raubzügen der Četnici siehe Bericht des Ministeriums für Handwerk und Handel an das Hauptquartier des Poglavnik, 539/42, 14. August 1942, HIA/Tomasevich Collection/1, o. lfd. Nr.

[229] Führungsstab KG Bader an KHQu., Nr. 784/42 geh., 20. Mai 1942, NARA/T-120/250, fr. 940ff., sowie Ergebnisse der Gespräche Kasches mit Pavelić, 10. Juli 1942, NARA/T-501/250, fr. 115f.

[230] Aktenvermerk über die Besprechung in Saloniki am 20. Mai 1942, BA-MA/RH 31 III/2, o. lfd. Nr., S. 6.

hängig.[231] Der deutsche Reichsernährungsminister Herbert Backe zeigte sich entsetzt darüber, dass sowohl die deutschen Truppen als auch Teile der Zivilbevölkerung in Kroatien von Deutschland aus ernährt wurden und die kroatische Regierung darüber hinaus die Lieferung von Brotgetreide verlangte. Er forderte von Himmler, dass in den landwirtschaftlich bedeutenden Gebieten der Ausnahmezustand verhängt werde und alles getan werden müsse, »um aus den bedrohten Gebieten soweit nur irgend möglich Nahrungsmittel herauszuholen«.[232] Auch die einfachen deutschen Soldaten fühlten sich um ihren Sieg betrogen, da ihnen beim Aufkauf von Lebensmitteln Zurückhaltung auferlegt wurde und sie nicht, wie zum Beispiel aus Belgien oder Dänemark, Genussmittel nach Hause schicken konnten. Dies sorgte für Unmut bei der Truppe.[233] Das Deutsche Reich musste Getreide in ein agrarisches Überschussgebiet importieren. Einen deutlicheren Beleg für das Scheitern der deutschen Ausbeutungspläne kann es nicht geben.

Massengewalt im Partisanenkrieg

Im Spätherbst 1941 waren die aufständischen Kommunisten unter Tito unter dem Eindruck einer deutschen Offensive aus Südwestserbien in den USK ausgewichen und brachten das Regime der Ustaša

---

[231] Dies war das Ergebnis eines Treffens deutscher Ernährungsspezialisten (Reichmann, Busch, Schwedler) mit dem kroatischen Botschafter Budak in Berlin, siehe DGA an MVP, 1. Juli 1942, HR HDA/227/1, od. 4., o. lfd. Nr.; zur geplanten Lieferung von 35000 Tonnen Getreide aus Rumänien: »Bericht über die Lage in Kroatien 2. Hälfte Februar 1942«, 25. Februar 1942, D.G.i.A. an OKW, BA-MA/RH 31 III/2, o. lfd. Nr. Da sich die Sendung aus Rumänien verzögerte, willigte das Deutsche Reich ein, 300 Güterwaggons Mais in den USK zu exportieren: Clodius an Kasche, 17. Juli 1942, NARA/T120/75787, H301365, sowie Täglicher Bericht MVP an den Poglavnik, Nr. 44, 18. Juli 1942, HR HDA/223/1, 446; zu 1943: AA, Aufzeichnung für den Empfang des kroatischen Gesandten, Prof. Dr. Ratković, 31. Mai 1943, PA AA/Büro StS, Kroatien Bd. 5, Bl. 162574.

[232] RM für Ernährung und Landwirtschaft an RFSS, 20. Juni 1944, BArch/NS 19/319, 255.

[233] Kommandeur der Gruppe Heeresstreifendienst in Kroatien an Oberkommando des Heeres, 23. Juni 1942, PA AA/Gesandtschaft Zagreb-Geheimakten/1, Bl. H302248ff; zu den sich hiervon unterscheidenden Verhältnissen in den besetzten Gebieten in Westeuropa vgl. Aly, Hitlers Volksstaat; vgl. insbesondere auch Sundhaussen, Wirtschaftsgeschichte Kroatiens.

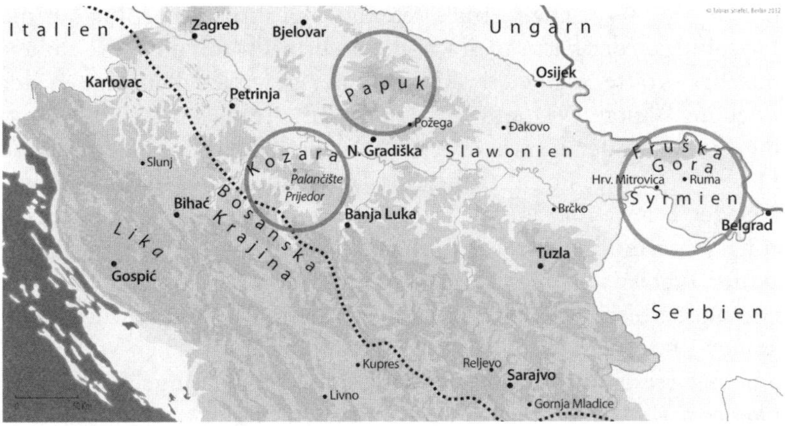

Abb. 22: Deutsch-kroatische Angriffe auf Partisanenhochburgen im Sommer 1942.
© Tobias Stiefel

zusätzlich ins Wanken. Partisanengruppen konnten sich entlang des dinarischen Sperrgürtels sowie in den meisten Mittelgebirgen Kroatiens festsetzen. Von den Gebirgen aus waren die Verkehrswege leicht zu stören. Hatte der beschwerliche Winter 1941/42 die Aktivitäten aller bewaffneten Gruppen zunächst stark eingeschränkt, begannen sie sich im Frühjahr 1942 wieder zu regen und unternahmen erste Feindfahrten und Einsätze. Die Wehrmacht war unterdessen verstärkt worden und fest entschlossen, die Partisanengruppen zu zerschlagen.[234] Die folgenden Ausführungen beschäftigen sich mit den Operationen der Wehrmacht in Ostkroatien, die zwischen Frühjahr und Herbst 1942 erfolgten. Den Hintergrund bildeten die erwähnten Auseinandersetzungen um landwirtschaftliche Ressourcen, die zunehmende Destabilisierung des Ustaša-Staates und das Interesse der Wehrmacht, ihre Nachschubwege zu schützen.

Operationen wie *Trio* (in Ostbosnien), *Kozara*, *Fruška Gora* und eine weitere im Papuk-Gebirge wurden von der Wehrmacht in Zusammenarbeit mit kroatischen Stellen geplant und durchgeführt. Neben der Wehrmacht waren auch Einheiten der Ustaša, des kroatischen Heeres sowie manchmal italienische und ungarische Ein-

[234] Zum Kriegsverlauf vgl. Schmider, Partisanenkrieg in Jugoslawien, S. 104 ff.

heiten oder serbische Četnici beteiligt. Bei ihren Angriffen auf die Hochburgen der Partisanen war die Wehrmacht auf die Hilfe einheimischer Kräfte angewiesen. Nach einer gewissen Beruhigung der Lage im Winter 1941 war die deutsche Führung positiv gestimmt, die Einheiten der Ustaša unter Kontrolle halten zu können. Diese Hoffnung erwies sich allerdings als Trugschluss. Wegen der Wendigkeit der Ustaša und ihrer Entschlossenheit, die serbische Bevölkerung weiterhin in ihrer Gesamtheit als Feinde zu betrachten, gelang es der Wehrmacht nicht, die Verbände ihres kroatischen Partners von antiserbischen Gewalttaten abzuhalten. Die Ustaše fürchteten keine Sanktionen. Da die Wehrmacht auf die kroatischen Verbündeten angewiesen war und Hitler das Bündnis nicht aufgeben mochte, kam es nie zu ihrer vollständigen Entmachtung.

Der einzige Gewaltmodus, den die Wehrmacht anerkannte, waren standrechtliche Erschießungen gegnerischer Gefangener. Aufgrund der Natur des Partisanenkriegs war es jedoch völlig unrealistisch, dass die Wehrmacht die Ustaša von Übergriffen hätte abhalten können. Die Einsätze richteten sich fast immer gegen serbische Siedlungsgebiete. Und da die Wehrmacht selbst einen Vernichtungskrieg gegen die Partisanen führte, konnte sie nicht glaubwürdig Mäßigung von der Ustaša einfordern. Das Ausmaß an Gewalt gegen Dörfer und ihre Bewohner, die der Zusammenarbeit mit Partisanen verdächtigt wurden, unterschied sich von Einsatz zu Einsatz. Grundsätzlich aber wurden männliche Bewohner der von Partisanen gehaltenen Dörfern erschossen, sofern ihnen Verbindungen zu diesen vorgeworfen wurden. Mitglieder von Haushalten, in denen keine Männer angetroffen wurden, konnten als Geiseln in ein KZ verschleppt werden.[235] Die Mehrheit der übrigen Bevölkerung wurde deportiert oder umgesiedelt. Häufig wurden die Dörfer zum Zwecke der Abschreckung abgebrannt.[236]

Bei solchen Vorgaben im Rahmen eines asymmetrischen Krieges verwundert es nicht, dass nicht nur kroatische Verbände, sondern auch deutsche Einheiten Massaker verübten, die mit standrechtlichen Erschießungen nichts gemein hatten. So erschossen Angehörige des Lehrregiments Brandenburg im syrmischen Grgurevci

---

235 4. HOP an alle Einheiten, 30. November 1941, AVII/NDH/143b, 8/28–1.
236 Vgl. Gumz, Wehrmacht Perceptions, S. 1022, sowie Shepherd, Terror in the Balkans.

wahllos 257 serbische Dorfbewohner (siehe Karte S. 342).[237] Auch in den folgenden Kriegsjahren beging die Wehrmacht wiederholt Massaker, die durch einen Kontrollverlust der Täter gekennzeichnet sind. Die Tatsache, dass deutsche Truppen ab 1943 Massaker auch an kroatischen Dorfbewohnern verübten, verweist auf die Entgrenzung des Partisanenkrieges. Allerdings war in Wehrmachtskreisen die massenhafte Erschießung gegnerischer Kämpfer und derer, die man dafür hielt, nicht unumstritten – nicht zuletzt aufgrund der Tatsache, dass die Erschießung aller Gefangenen gegnerische Kämpfer dazu zwang, bis zur letzten Patrone zu kämpfen, da die Aufgabe den sicheren Tod bedeutete. Die Wehrmacht befand sich jedoch in einem Teufelskreis, da die Mehrheit des serbischen Teils der Bevölkerung die Partisanen tatsächlich unterstützte. Eine Unterscheidung zwischen Kombattanten und Nichtkombattanten konnte nicht funktionieren. Die deutschen Soldaten gewöhnten sich zusehends an die Brutalität des Krieges, und ihre repressiven Maßnahmen trieben immer mehr Menschen zur Flucht und in den Widerstand.[238] Die Wehrmacht war weder willens noch in der Lage, für friedlichere Verhältnisse zu sorgen. Ihre Führung ließ die Täter in ihren eigenen Reihen gewähren. Trotzdem glaubten die deutschen Kommandeure weiterhin, dass eine Unterscheidung zwischen schuldiger kommunistischer Bevölkerung und unschuldiger serbischer Zivilbevölkerung möglich sei. Auf deutschen Druck näherte sich die Ustaša sowohl semantisch als auch in ihrer Erschießungspraxis den Gewaltmodi der Wehrmacht an. Sobald es aber zu gemeinsamen militärischen Operationen kam, entzog sich die Ustaša, wenn möglich, den Beschränkungen durch die Wehrmacht. Da die Unterscheidung zwischen nichtkommunistischen Serben und kommunistischen Partisanen in ihren Augen keinen Sinn ergab und sie die Kritik der Wehrmacht an ihrem Vorgehen nicht nachvollziehen konnte, verfiel sie immer wieder in ihr ursprüngliches Verhaltensmuster zurück und griff die serbische Bevölkerung in ihrer Gesamtheit an. Im Gegensatz dazu bedurfte die Wehrmacht für die von ihr verantworteten

---

[237] D.G.i.A. an Kdr.Gen.u.Bef.i.S., FS Nr. 1486/42 g. Kdos., 8. Juni 1942, BA-MA/75836; für eine Übersicht kroatischer Gewalttaten siehe DGA, Bericht (Anlage 2), 26. Oktober 1942, BA-MA/RH 31 III/7, o. lfd. Nr.

[238] Vgl. Shepherd, With the Devil; zur Brutalisierung deutscher Soldaten am Bsp. der Ostfront vgl. Bartov, Hitler's Army, und Shepherd, War in the Wild East.

Massenerschießungen gerade der militärischen Rahmung, da dies für ihr Selbstbild als Armee im Einsatz unverzichtbar war und ihr erlaubte, die eigene Gewalt als notwendig und rational, die Gewalt der anderen als blutdürstig, primitiv und grausam zu bewerten.[239]

Bei der wegen der Beteiligung Kurt Waldheims (1918–2007), des späteren Präsidenten Österreichs, wohl bekanntesten Großaktion der Wehrmacht, dem Kozara-Feldzug, eroberten 21000 kroatische, 15000 deutsche Soldaten sowie 2000 Kämpfer der Četnici im Juli 1942 die von den Partisanen gehaltene Stadt Prijedor samt der Partisanenbasis im Kozara-Gebirge, das der Aktion ihren Namen gab. Aus Sicht der Verbündeten handelte es sich bei der Zerschlagung der westbosnischen Partisanenhochburg um einen militärischen Erfolg. Mehr als 3000 feindliche Kombattanten und Gefangene wurden erschossen. Weitere 8000 Menschen wurden in Lager oder zur Zwangsarbeit verschleppt. Die Erschießung von kriegsgefangenen Partisanen und Massenerschießungen als Vergeltung für Anschläge gehörten zum Alltag der Operationen. Die Vorgaben für den Kozara-Feldzug lauteten, alle männlichen Dorfbewohner aus dem Gebiet, die älter als 14 Jahre waren, in ein Lager zu überstellen.[240] Dass bei der Aktion gemeinsame Kriegsziele verfolgt wurden, wurde dadurch unterstrichen, dass Pavelić zusammen mit Kasche dem Kriegsgebiet Ende Juni 1942 einen Besuch abstattete. Dabei besichtigten sie auch das KZ Jasenovac, wohin die aus der Kampfzone deportierten Dorfbewohner zunächst verbracht werden sollten.[241]

Das Besondere am Kozara-Feldzug war die Verschleppung fast der gesamten serbischen Zivilbevölkerung und damit die Entvölkerung eines ganzen Landstrichs. Der Krieg gegen die Zivilbevölkerung war mit ethnopolitischen Neuordnungsvorstellungen gekoppelt, denn während ein großer Teil der serbischen Zivilbevölkerung ins deutsche Reich zur Zwangsarbeit verschleppt wurde, sollte die Neubesiedelung der entsprechenden Gebiete durch kroatische Bauern erfolgen. Wurden junge Männer und Frauen häufig nach Deutschland deportiert, strandete die ältere Bevölkerung, so sie nicht in ihren

---

239 Hierzu vgl. Mazower, Der Balkan, S. 229.

240 Zur Kozara-Operation vgl. Dulić, Utopias of Nation, S. 245ff., sowie Gumz, Wehrmacht Perceptions, S. 1022. Siehe ferner 714. ID. Tätigkeitsbericht Juli 42.-, YVA/O.4/275, Bl. 26; Divisionsgeschichte der 714. ID, NARA/T-315/2258, Nr. 1472, sowie Berichte, T-501/351, Nr. 1145 u. 1167.

241 DGA (Pol 3) an AA, 3. Juli 1942, PA AA/Botschaft Rom (Quirinal) geheim/151, Bl. E258807ff.

Abb. 23: Diese Abbildung zeigt einen Teil der über 4000 serbischen Zivilisten, die im Rahmen der Operation Kozara in ein Lager bei Daruvar verschleppt wurden. Bei 85 Prozent der Verschleppten handelte es sich um Frauen und Kinder.
USHMM, #01150 (Courtesy of Lydia Chagoll)

Dörfern verbleiben konnte, in Flüchtlingscamps oder in einem der Lager der Ustaša. Branimir Altgayer (1897–1950), der deutsche Volksgruppenführer, schlug vor, junge serbische Frauen als Mägde bei den Volksdeutschen einzusetzen. Kinder wurden in Waisenhäuser verschickt oder zur Adoption freigegeben.[242] Die Pläne für die Umsiedlungen waren jedoch nicht unumstritten. Vor allem die Regionalverwaltung befürchtete erneute Ernteausfälle.[243] Darüber, was mit den Serben in Deutschland nach Kriegsende geschehen solle, machte man sich auf deutscher Seite scheinbar keine Gedanken.

Eine gemeinsame Operation beider Seiten in Syrmien an der kroatischen Ostgrenze ist besonders instruktiv für eine Analyse des

---

242 Für eine Übersicht der verschiedenen Zugriffe siehe MVP an Poglavnik, Tägl. Bericht Nr. 42, 16. Juli 1942, HR HDA/227/1, 506.

243 Abschrift des Berichts Nr. 68/42 (KO Ruma an VŽ Vuka vom 30. Juli 1942), weitergeleitet und kommentiert von VŽ Jakob Elicker an DGA, 6. August 1942, NARA/T-120/5781, Paginierung unleserlich.

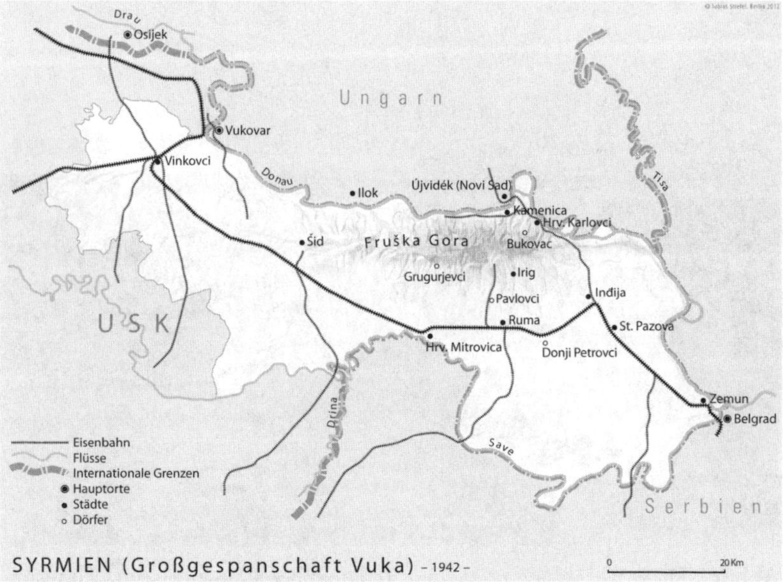

Abb. 24: Syrmien. Die Operationen der Wehrmacht und der Ustaša in der Region bieten ein instruktives Fallbeispiel für unterschiedliche Gewaltmodi beider Parteien.
© Tobias Stiefel

unterschiedlichen Einsatzes von Gewalt durch die Wehrmacht und die Verbände der Ustaša im Partisanenkrieg. Die Wehrmacht, die aus ihrer Sicht einen rein militärischen deutsch-kroatischen Einsatz leitete, schuf den Rahmen, den die Ustaša für Massaker an der serbischen Bevölkerung in Syrmien nutzte. Die Wehrmacht war nicht in der Lage, die Gewalttaten zu verhindern. Dieses Mal kam es darüber zu deutsch-kroatischen Konflikten, die das übliche Ausmaß übertrafen und schließlich in einer Absetzung einiger Ustaša-Führer und der partiellen Entmachtung der Ustaša mündeten.[244]

[244] Die Darstellung der syrmischen Operation basiert auf einem Aufsatz, in dem ich die unterschiedlichen deutschen und kroatischen Konzepte und Zugriffe einem systematischen Vergleich unterzogen habe, vgl. Korb, The Germans and the Ustaša massacrers; für jugoslawische Darstellungen siehe Vojnoistorijski Institut, Oslobodilački rat naroda, Savić, Srem u NOB, sowie Atanacković, Srem u NOR.

Die gemeinsame Operation war durch unterschiedliche Zielsetzungen bei der Wehrmacht auf der einen und der Ustaša auf der anderen Seite geprägt. Galt es vom deutschen Standpunkt aus, einen Gebirgszug von Partisanen zu säubern, die die Nachschubwege nach Belgrad bedrohten, ging es den kroatischen Truppen um den Erhalt der territorialen Integrität des USK. Die kroatische Führung hielt Syrmien für ein Epizentrum des Widerstands im USK. Die Tatsache, dass sie sogar das Hauptquartier des Četnik-Führers Draža Mihajlović (1893–1946) dort vermutete – in Wirklichkeit hielt er sich in Serbien auf –, verdeutlicht das Ausmaß an Paranoia bei der Ustaša.[245] Der Motor ihrer Aktionen war die Angst, das fruchtbare und strategisch wie ökonomisch wichtige Syrmien an den serbischen Feind zu verlieren. Denn serbische Politiker in Belgrad stellten zunehmend die 1941 gezogenen Grenzen infrage und versuchten nicht ohne Erfolg, deutsche Militärs für eine Grenzrevision zuungunsten Kroatiens zu gewinnen.[246] Das Misstrauen führender Ustaše gegen die deutschen Verbündeten wurde immer stärker. Gerüchte waren im Umlauf, dass die Wehrmacht die Ustaša fallen lassen wolle, um stattdessen ein Bündnis mit den serbischen Nationalisten einzugehen. Außerdem befürchtete die Regierung einen Schulterschluss der serbischen und deutschen Volksgruppen auf Kosten kroatischer Interessen.[247] Gewalttätige Angriffe auf die serbische Bevölkerung in Syrmien waren die Reaktion der Ustaša auf solche Entwicklungen. Bei drohendem Kontrollverlust und Phasen der Unsicherheit Zuflucht in der Gewalt zu suchen, war ein bewährtes Verhaltensmuster der Ustaša.

Die ursprünglichen Absprachen zwischen den Verbündeten sahen vor, dass der militärische Angriff auf die Partisanenhochburg unter dem Kommando der Wehrmacht durchgeführt werden sollte, während die kroatische Polizei und die Ustaša das Hinterland und die syrmischen Städte auf der Suche nach Widerstandskämpfern durchkämmen sollten. Die Wehrmacht erfüllte ihren Teil der Aufgabe Ende August 1942. Mit deutschen und kroatischen Truppen in

---

[245] Kroatische Konsularvertretung Belgrad an MVP, 26. August 1942, YVA/M.70/122, Bl. 32ff.

[246] Ebenda.

[247] Lagebericht Dr. Mosers an DGA (Staf. Wilhelm Requard) vom 19. September 1942 (Anlage eines Briefes von Kasche an Lorković, Pol.3. Nr. 13, 11. Januar 1943), PA AA/Botschaft Rom (Quirinal) geheim/152, E302619.

der Stärke von 17000 Mann umzingelte sie etwas weniger als 1000 in den Bergen verschanzte Partisanen und zerstörte deren Basis. Die Befehle der Truppe lauteten, alle Bewaffneten, unbewaffnete Unterstützer sowie Ortsfremde zu erschießen. Nichtpartisanen sollten verschont werden, wenn sie sich kooperativ verhielten, die Gefangenen wurden an die kroatischen Behörden überstellt. Die meisten Einheiten hielten sich an diese Vorgaben. Obgleich die Zahlen der durch die Wehrmacht Erschossenen nicht zu ermitteln sind, scheint es, dass der drakonische Erschießungskodex der Wehrmacht alles in allem eingehalten wurde. Zu unkontrollierten Massakern kam es nicht.

Zur gleichen Zeit kamen kroatische Kräfte ihrem Teil der Aufgabe nach. Hierfür wurde der Oberst der Ustaša Viktor Tomić (1910–1947), ein früherer Versicherungsvertreter und Leibwächter Pavelić', als Polizeikommissar und Sonderbeauftragter Pavelić' eingesetzt. Sein Auftrag lautete, Syrmien von den Feinden des USK zu säubern, was sich durchaus als Blankovollmacht verstehen ließ. Tomić versuchte, sowohl die kroatische Bevölkerung als auch die lokale Ustaša der Region zu mobilisieren. Dabei kam es auch zu Gewalttaten gegen angeblich nicht linientreue Ustaša-Mitglieder und gegen kroatische Zivilisten. Es ist bezeichnend für die jeweiligen Selbstbilder, dass die Wehrmacht den Feldzug als »Operation« bezeichnete, während er bei der Ustaša als »Aktion« (*Tomićeva akcija*) lief.[248] Tomić' Einsatzgruppe war ein mobiles Unternehmen, das in verschiedenen syrmischen Städten sein Hauptquartier aufschlug. Seine Aktivitäten waren von der Ustaša-Führung gedeckt, hohe Polizeiführer, wie beispielsweise der UNS-Chef Kvaternik, inspizierten den Einsatz, während Tomić sich während der Operation mehrfach nach Zagreb begab.[249]

Tomić' Polizei- und Ustaša-Einheiten bereisten im Laufe des Augusts ganz Syrmien und erweiterten somit eigenmächtig das geografische Spektrum des Einsatzes. In Städten führten sie polizeiliche Razzien durch, in den Dörfern eine Mischung aus polizeilichen und militärischen Unternehmungen, und in diesem Rahmen fanden auch

---

[248] Vgl. Korb, The Germans and the Ustaša Massacrers; zur Bewertung der Ereignisse aus volksdeutscher Perspektive siehe Wüscht, Die Ereignisse in Syrmien.

[249] Diverse Augenzeugenberichte, siehe AJ/110/683, S. 14ff., sowie 687, S. 105, 135 u.194.

Massenerschießungen statt. Die Aktivitäten ähneln in vielerlei Hinsicht denen des Vorjahres: Durch das Auftauchen einer von außen kommenden, mit Amt und Würden versehenen Autorität gelang es, lokale Beamte und Ustaše effektiv in die Aktion einzubinden. Diese nahmen auf Anweisung Verhaftungen vor und erweiterten den Auftrag um ihre eigenen Ziele. Die Überraschung der Bevölkerung war groß, als sich herausstellte, dass sich die Aktion nicht, wie erwartet, gegen kommunistische Sympathisanten richtete, sondern gegen die gesamte serbische Bevölkerung.[250] Bei den Verhaftungen wurden auffällige blaue Verkehrsbusse aus Zagreb eingesetzt, die sich in die Erinnerungen der Überlebenden einbrannten. Binnen kurzer Zeit befanden sich bis zu 4000 von der Wehrmacht, der kroatischen Armee oder der Polizei inhaftierte Menschen – meist handelte es sich um Serben – im Zentralgefängnis der Ustaša in Hrvatska Mitrovica, in dem extrem gewalttätige Bedingungen herrschten. Weitere Haftstätten waren über die gesamte Region verteilt.

Die Motive der Ustaša für die unterschiedliche Behandlung der Gefangenen sind nur in Ansätzen zu entschlüsseln. Etwa 10 Prozent der Gefangenen wurden aus diversen Gründen entlassen. Die Mehrheit wurde jedoch in den folgenden Wochen auf festen Exekutionsplätzen am Stadtrand von Mitrovica oder Vukovar erschossen. Von diesen wiederum war ein kleinerer Teil von Standgerichten zum Tode verurteilt worden, während der größere ohne Urteil als Geiseln erschossen wurde. Vermutlich gab es gegen die zum Tode Verurteilten zumindest eine Spur von Beweisen, während die Geiseln ausschließlich aufgrund ihres sozialen Status ausgewählt worden waren. Besonders stark betroffen war die serbische Mittel- und Oberschicht.[251] Die Deutschen beschuldigten Tomić im Anschluss an die Aktion, nicht gezielt gegen Kommunisten vorgegangen zu sein, sondern versucht zu haben, die serbische Elite der Region systematisch auszurotten.[252] Aus Sicht der Ustaša war dies jedoch kein Widerspruch, denn Serbentum und Kommunismus wurden als Ein-

---

[250] Häffner an D.G.i.A., 27 September 1942, BA-MA/RH 31 III/13, Bl. 108ff; siehe des Weiteren Kasche an Lorković, 11 September 1942, PA AA/Rom geheim/152, E302618.

[251] Aussage Dr. Šimunović, AJ/110/683 S. 110; der Arzt Šimunović musste am 31. Juli 1942 an insgesamt 15 Erschießungen teilnehmen; vgl. ferner Jelić-Butić, Ustaše i NDH, S. 159, sowie Kovačić, Osnivanje ŽRO, S. 271.

[252] Kasche an AA, 11. Januar 1943, PA AA/Botschaft Rom (Quirinal) geh./ 152, Bl. E259549ff.

heit betrachtet, und wohlhabende Serben galten als die Sponsoren kommunistischer Aktivitäten.

Am 4. und 5. September 1942 erfolgten Massenerschießungen auf dem orthodoxen Friedhof von Mitrovica, die wahrscheinlich über 1000 Menschen das Leben kosteten. Dabei handelte es sich meist um serbische Männer im Erwachsenenalter. Zudem wurden einige Jungen und Mädchen einer kommunistischen Jugendzelle aus Zemun erschossen. Das jüngste der Opfer war zehn Jahre alt. Gruppen von bis zu dreißig Gefangenen wurden bereits im Gefängnis gefesselt, in Bussen an den Ort der Erschießung gefahren und dann einzeln an den Rand vorher gegrabener Gruben eskortiert. Dort mussten sie sich auf die Körper bereits Erschossener begeben. Ein Ustaša-Soldat folgte den Gefangenen und schoss ihnen in den Hinterkopf. Diese Routine wurde dann durchbrochen, wenn sich die Täter Problemen oder Zeitdruck ausgesetzt sahen. Dann begannen sie, ihre Opfer zu misshandeln und zu beschimpfen. Vergewaltigungen und Misshandlungen waren die Regel, es kam vor, dass die Täter ihre männlichen wie weiblichen Opfer mit Peitschen schlugen. Schon kurz nach Beginn der Massenerschießungen war ein guter Teil der Ustaša-Männer betrunken. Die Aktion hatte als Massenexekution von Geiseln begonnen, die bestimmten Regeln folgte, und endete in einem entgrenzten und chaotischen Massaker.

Ähnlich verliefen auch andere deutsch-kroatische Operationen gegen Partisanen. Dennoch unterscheiden sich die Massenmorde des Jahres 1942 in vielen Fällen signifikant von denen des Vorjahres. Vor allem wurden sie den Deutschen gegenüber als legal dargestellt. Die Gefangenen wurden entweder von einem Richter und zwei Beisitzern standrechtlich zum Tode verurteilt oder aus einer Gruppe registrierter Geiseln ausgewählt. Die Namen der Erschossenen wurden auf Plakaten öffentlich bekannt gegeben. Auch wurde der polizeiliche Charakter dadurch unterstrichen, dass deutsche Gestapo-Offiziere einigen Hinrichtungen offiziell beiwohnten, was bei den Massenmorden des Jahres 1941 undenkbar gewesen wäre.

Als die Ustaše dann aber in frühere Mordmodi zurückfielen, änderte sich das Zuschauerverhalten der anwesenden Offiziere der Wehrmacht und der Gestapo. Was sie zu Beginn als »legale Exekutionen« von Verurteilten wahrnahmen, erkannten sie bald als das, was es in Wirklichkeit war: nämlich ein wahlloser Massenmord an der serbischen Bevölkerung, ungeachtet ihres Verhaltens oder ihrer politischen Einstellungen. Die Deutschen realisierten, dass die Ustaša die gemeinsame Aktion unterlaufen hatte. Nun war es allerdings zu spät, den Verlauf substanziell zu beeinflussen.[253]

Wehrmachtsstellen gingen von bis zu 7000 Toten aus. Dabei handelte es sich möglicherweise um eine Schätzung aller zivilen und militärischen Verluste aus der Zeit der syrmischen Operationen. Bei Exhumierungen nach dem Krieg wurden allein an den zentralen Erschießungsorten 2180 Leichen entdeckt. Hunderte Gefangene wurden zudem in den KZ-Komplex Jasenovac verschleppt. Doch aufgrund der Masse an Gefangenen erreichte Jasenovac seine Kapazitätsgrenze, und die kroatischen Behörden wussten oft nicht, wohin mit den Häftlingen. Es kam sogar vor, dass nach Jasenovac verschickte Häftlingstransporte nach Syrmien zurückgesandt wurden.[254] Dies offenbart ein selbst produziertes Dilemma der Ustaša: Sie konnte zwar Gefangene freilassen, was sich aber in ihrer Logik meist verbot, da sie in ihnen gefährliche Gegner sah. Deren Schuld galt allein schon durch den Umstand erwiesen, dass sie gefangengenommen worden waren. Eine Überstellung in Lager erwies sich jedoch als unmöglich, nachdem diese im Zuge der Kozara-Operation völlig überfüllt waren. So verengten sich mögliche Lösungen, was zur Bereitschaft der Ustaša beitrug, die Gefangenen zu erschießen.

Entgrenzung und Einhegung der Gewalt

Im folgenden Abschnitt geht es um die Versuche der Ustaša-Führung, die Gewalt der Ustaša-Milizen einzudämmen. Dabei handelte es sich mitunter um ernst gemeinte Kontrollversuche, nie aber um eine grundsätzliche Abkehr von der Gewalt. Vielmehr wollte die Ustaša-Führung, die Gewalt in neue und effizientere Bahnen lenken, die noch dazu kompatibel mit den Vorstellungen der deutschen Verbündeten sein sollten. Im Anschluss werden deutsche Reaktionsmuster auf die Massaker untersucht. Dies erfordert einen Rückblick auf die Reaktionen auf die Gewalt im Jahr 1941.

---

[253] Aussage des Petar Milošević vor der Enquetekommission zur Untersuchung von Kriegsverbrechen von Sremska Mitrovica, o. D., AJ/110/683, Bl. 24ff.; Bericht Katschinkas an Kasche, 16. September 1942, PA AA/Gesandtschaft Zagreb geheim/2, Nr. 1241.

[254] Kasche an D.G.i.A., 10. Juli 1942, NARA/T-501/250, fr. 115f.; vgl. ferner Gumz, Wehrmacht Perceptions, S. 1022.

Ambivalent: Kroatische Initiativen

Die Ambivalenz der Haltung der Ustaša-Führung liegt auf der Hand: Durch ihre propagandistischen Kampagnen gegen Serben und Juden beförderte sie die Gewalt und goss ständig Öl ins Feuer. Ziel war die Vertreibung, physische Beseitigung und Einschüchterung der serbischen Bevölkerung. Die Begleiterscheinungen der Milizmassaker – Aufstände, Produktionsrückgang und Hungersnöte – waren jedoch nicht im Sinne der kroatischen Führung, da diese das Regime destabilisierten. Dieses Dilemma beschäftigte das Ustaša-Regime von Anbeginn. Sehr früh schon kam es zu massiver externer wie interner Kritik an den Ausschreitungen der Milizen. Die Reaktionen vereinten stets verschiedene Elemente, deren Gewicht sich mit der politischen Konjunktur änderte: Beschwichtigungsversuche den Verbündeten gegenüber, aggressive Anschuldigungen gegen die Aufständischen als den eigentlich Schuldigen für die Gewalt sowie Kontrollversuche nach innen.

Schon bald erwies sich die Tatsache, dass sich die Milizen nicht wirksam kontrollieren ließen, als ernsthaftes Problem. Bereits Ende Juni 1941 erließ daher Ante Pavelić eine außerordentliche Gesetzesverordnung, in der er ein Ende irregulärer Gewalt und eine Auflösung der »wilden« Ustaša-Formationen ankündigte. Die Verlautbarung wurde in der deutschen und kroatischen Presse abgedruckt und erlangte große Publizität. In einer Rede vor dem Ustaša-Führungskorps erläuterte der Staatschef die Bedeutung seiner Befehle.[255] Das Dekret kann als ein paradigmatischer Richtungswechsel angesehen werden, da die Botschaft lautete, »dass nunmehr die Zeit der Revolution vorbei sei und wieder eine geregelte Arbeit geleistet werden müsse«.[256] In dem Dekret wurde die Todesstrafe für Macht- oder Amtsmissbrauch, ein schärferes Vorgehen gegen die inneren Feinde der Ustaša und insbesondere gegen die Juden angekündigt. Dabei handelte es sich keineswegs um reine Lippenbekenntnisse,[257] sondern um ernst zu nehmende Versuche, den Einfluss der Milizen zurückzudrängen. Bereits Anfang Juni 1941 hatte

---

[255] Deutsche Informationsstelle III an AA (StS von Weizsäcker), 8. Juli 1941, PA AA/Büro StS, Kroatien Bd. 1, Bl. 283f., Nr. 262 gRs.

[256] So fasste die Presse den Aufruf zusammen, siehe bspw. »Die neuen kroatischen Minister«, in: *Südost-Echo* (Wien), Jg. 11, Nr. 28, 12. Juli 1941, S. 2.

[257] Dies behauptet stellvertretend Goldstein u.a., Holokaust u Zagrebu, S. 255f.

Pavelić Feldmarschallleutnant Vladimir Laksa (1870–1946) zum militärischen Sondergesandten für die Herzegowina ernannt, in der Hoffnung, dass er die Milizen unter Kontrolle bringen könne. Laksa bildete als hoch dekorierter ehemaliger k.u.k.-Offizier und Angehöriger der jugoslawischen Streitkräfte ein biografisches Gegenstück zu den meisten Ustaše. In seinen Berichten bezog er eindeutig Position: Weniger die Aufständischen als vielmehr die irregulären Ustaša-Gruppen seien für die Destabilisierung der Lage verantwortlich. Er ging so weit, die Auflösung nicht nur der irregulären, sondern aller Milizen der Ustaša zu fordern und diese auf den Status einer politischen Partei zu beschränken.[258]

Der öffentliche Erlass Pavelić' und das Wirken des Ustaša-kritischen Generals Laksa hatten konkrete Folgen, da sich diejenigen Verbände und Instanzen, die den entgrenzten Gewaltkurs ablehnten, in ihrer Kritik ermuntert fühlten.[259] Anfang Juli sah sich sogar die Hauptdirektion für öffentliche Ordnung und Sicherheit (RAVSIGUR) gezwungen, die Regionalverwaltungen anzuweisen, Personen aus den Sicherheitsbehörden und der Ustaša zu melden, die ihre Vollmachten überschritten und willkürliche Gewalttaten begangen hatten.[260] Tatsächlich wurden in vielleicht einem Dutzend Fälle Gewalttäter aus den Reihen der Ustaša festgesetzt, von Standgerichten zum Tode verurteilt und hingerichtet.[261] Doch wird be-

---

[258] General Laksa an den Oberbefehlshaber des kr. Heeres, Nr. V.T. 40, 5. Juni 1941, AVII/NDH/84, 3–55.

[259] Darauf verweist Dulić, Utopias of Nation, S. 150 unter Bezug auf Berichte General Slavko Stanzers vom 30. Juni 1941 sowie Laksas vom 5. Juli 1941, siehe AVII/NDH/84, 3–21. Der Forderung, die bewaffneten Ustaša-Verbände aufzulösen, schlossen sich lokale Berichterstatter an, siehe bspw. Flügelkdo. der Gendarmerie Tuzla an VŽ Bos. Brod, 30. Juni 1941, AVII/NDH/174, 11/18–2.

[260] RAVSIGUR (E. Kvaternik) an alle VŽ und die Ordnungsämter, 5. Juli 1941, AVII/NDH/180, 1/5–1; für eine Zusammenfassung der Reaktionen siehe DGA, Bericht (Anlage 2), 26. Oktober 1942, BA-MA/RH 31 III/7, o. lfd. Nr.

[261] *DZK*, 29. Juni 1941/67, S. 1 sowie vom 23. August 1941; siehe auch Bericht des Kommandanten d. Militärgrenze Ostbosnien, 14. Dezember 1941, abgedr. in: Vojnoistorijski Institut, Borbe u Bosni c, 17. April, Nr. 18. Während ein Teil der Fälle auf Plakaten oder in Zeitungen öffentlich bekannt gegeben wurde, liegen zu weiteren Fällen interne Untersuchungen oder Urteile der Ustaša vor, ohne dass jedoch deutlich wird, ob diese wirklich vollstreckt wurden, siehe bspw. Bericht des Kriegsgerichts des 1. Ustaša-Korps Sarajevo (Anlage 5), 30. November 1943, NARA/T-120/5789, H303259ff.

reits hier die Ambivalenz von Pavelić' Vorstoß sichtbar. Handelte es sich einerseits um den ernst gemeinten Versuch, die Milizen unter seine Kontrolle zu bringen, so änderte sich andererseits strukturell nichts an den grundsätzlichen Zielen. Die hingerichteten »wilden Ustaše« waren in erster Linie Bauernopfer niederen Ranges und dazu noch in der Mehrzahl Muslime, was den Eindruck erweckt, dass die Standgerichte die Schuld für Ausschreitungen in erster Linie den Muslimen zuschieben wollten. Höhere Ustaše wurden meist nur dann belangt, wenn interne Intrigen gegen sie liefen oder wenn die Deutschen ausreichend Druck ausübten.[262]

Dennoch beruhigte sich die Lage in der Herzegowina wie auch andernorts Anfang Juli 1941. Die italienische Armee konstatierte einen Übergang vom Massenmord zu »legalen« Methoden der Verfolgung und die Rückkehr eines Teils der Flüchtlinge in ihre Dörfer.[263] Der Druck der Armee sorgte dafür, dass die Milizen einen Teil der festgesetzten serbischen Zivilbevölkerung aus der Geiselhaft entließen. Einige Flüchtlinge nutzten die Ruhe, um in ihre Heime zurückzukehren. Serbische Honoratioren forderten von den lokalen Behörden Garantien für die Sicherheit der serbischen Bevölkerung, eine offizielle Untersuchung der Gewalttaten vom Juni 1941, die würdige Bestattung der Opfer der Massaker und die Rückgabe des geplünderten Eigentums.[264] Die einsetzenden Gespräche zwischen kroatischen und serbischen Vertretern deuten auf eine nachhaltige Veränderung der Lage hin. Möglichweise hätte Ende Juni 1941 der bereits eingeschlagene Weg in den Massenmord an der serbischen Bevölkerung verlassen werden können. Markiert Pavelić' Dekret also einerseits Versuche, die Gewalt gegen Serben einzudämmen, wäre es andererseits dennoch verfehlt, ihm einen weiterreichenden deradikalisierenden Charakter zuzuschreiben. Vielmehr ist es beispielhaft für die Ustaša-typische Ambivalenz zwischen Einhegung

---

[262] Beispielsweise wurde der Polizeichef der Großgespanschaft Zagorje, Božidar Gregl, bei Pavelić persönlich denunziert, weil er im Varaždiner Gefängnis eine jüdische Gefangene vergewaltigt hatte und sie anschließend über die Grenze nach Ungarn abschieben ließ. Im gegen ihn eröffneten Verfahren stand anscheinend jedoch nicht die Vergewaltigung, sondern die Grenzverletzung im Vordergrund; zur Denunziation siehe Lujo Romičić an Ante Pavelić, 24. Juli 1941, YVA M.70/63, Bl. 2; zum Verfahren siehe Gerichtshof Varaždin, 27. April 1942, ebenda, Bl. 8.

[263] Vgl. Dulić, Utopias of Nation, S. 152f.

[264] Vgl. Barić, Ustroj kopnene vojske, S. 456.

und Radikalisierung der Gewalt. Pavelić kündigte in ihm nicht nur die Hinrichtung notorischer Gewalttäter an, sondern leitete zugleich auch eine neue Eskalationsstufe der Gewalt ein. In der Verordnung hieß es:

> »Da die Juden erlogene Nachrichten zur Beunruhigung der Bevölkerung verbreiten und mit ihrer bekannten spekulativen Art die Versorgung der Bevölkerung stören und erschweren, werden sie dafür als kollektiv verantwortlich betrachtet [...]; außerdem werden sie – über die strafrechtliche Verantwortung hinaus – in Häftlingslager unter bloßem Himmel verbracht.«[265]

Der Aufruf zu einem Ende der Gewalt beinhaltete gleichzeitig die öffentliche Ankündigung der Deportation von Juden in Konzentrationslager. Schon bald erfolgten Massenverhaftungen Hunderter von Juden in den kroatischen Städten und ihre Überstellung in die Lager der Ustaša.[266]

Dieser Teil des Dokuments wird in der Forschungsliteratur zwar beschrieben, selten jedoch in seinem Kontext interpretiert.[267] Die schwierige Lage, in der sich die Ustaša befand, wird als Vorwand, keinesfalls aber als Ursache für die verstärkte Judenverfolgung gesehen. Diese Erklärung greift jedoch zu kurz. Das Zitat zeigt, dass die versuchte Deradikalisierung der Serbenpolitik mit der Radikalisierung der Judenpolitik Hand in Hand ging. Pavelić stellte die Juden als Störfaktoren im Hinterland dar, die Versorgungsengpässe der Bevölkerung zu verantworten hätten und mittels Spekulationen und Gerüchten den Staat destabilisierten.[268] Die kroatische Staatsführung schien erkannt zu haben, dass in politischer wie administrativer Hinsicht Änderungen unabdingbar waren. Inflation, Produktionsausfälle, Versorgungsnöte und Schwarzmärkte bedrohten die staat-

---

265 MVP, Außerordentliche Gesetzesverordnung und Befehl Pavelić', 26. Juni 1941, AVII/NDH/234, 4/4, 20–22.

266 Verhaftungswellen, die etwa 600 Juden in Sarajevo sowie 400 in Zagreb betrafen, erfolgten Mitte Juli 1941, siehe *DZK*, 17. Juli 1941 sowie 5. August 1941.

267 Der Aufruf wird in praktisch allen Darstellungen besprochen, vgl. Krizman, Pavelić između Hitlera i Mussolinija, S. 130f.; Vukmanović, Neka pitanja II, S. 121; Tomasevich, Occupation and Collaboration, S. 593; Goldstein, Holokaust u Zagrebu, S. 255; Dulić, Utopias of Nation, S. 149f., sowie Pavlowitch, Hitler's New Disorder, S. 40.

268 So bspw. im oben zitierten Dekret. MVP, Außerordentliche Gesetzesverordnung und Befehl Pavelić', 26. Juni 1941, AVII/NDH/234, 4/4, 20–22.

liche Existenz. Die Verfolgung der landwirtschaftlich produktiven serbischen Bevölkerung verschärfte diese Krisen.[269] In dieser Situation wollte die Ustaša den Juden die Verantwortung für den Ausbruch des Bürgerkriegs zuschieben, um vom eigenen Versagen abzulenken. Diese Strategie war auf der einen Seite leicht durchschaubar. Auf der anderen Seite korrespondierte die Schuldzuweisung mit dem Weltbild der Ustaša, nach dem es den Juden stets gelungen sei, Konflikte zwischen den jugoslawischen Völkern für eigene Zwecke auszunutzen. Sie wurden als gefährliche Agenten Serbiens und als eine Art fünfte Kolonne in Kroatien wahrgenommen, gleichzeitig aber auch als eigentliche Verursacher der serbisch-kroatischen Auseinandersetzungen. In den Vorstellungen vieler kroatischer Führer trugen damit letztendlich die Juden die Verantwortung für die Radikalisierung der Gewalt: Die Massaker der Ustaša-Milizen hatten ihre Ursache im serbisch-kroatischen Antagonismus, der erst durch das Wirken der Juden an Schärfe gewann. Die eigentlichen Profiteure der Eskalation der Lage seien die Juden.

Die Ausführungen zeigen, wie die außer Kontrolle geratene Gewalt gegen die Serben die Ustaša-Führung dazu brachte, den inneren Zusammenhalt des Landes durch eine Ausweitung der Gewalt auf eine weitere Gruppe, die Juden, zu erreichen. Die Interpretation des Dekrets vom 26. Juni 1941 und die Verschärfung der Judenverfolgung muss vor dem Hintergrund dieses Weltbildes erfolgen. Freilich richtete sich Pavelić' Gesetzesverordnung auch und vor allem an die Deutschen, denen verdeutlicht werden sollte, dass die Regierung willens war, gegen Ausschreitungen durch irreguläre Banden vorzugehen, und zugleich die antisemitische Politik merkbar intensivierte. Jedes Mal, wenn er künftig von den Deutschen für das Verhalten seiner Milizen kritisiert wurde, nahm der Staatschef Bezug auf seine Verordnung vom Juni 1941. Er habe doch alles in seiner Macht Stehende getan, um Ausschreitungen zu verhindern.[270] Indem er den Juden auch antideutsche Hetze vorwarf – es hieß, diese würden die Deutschen für die eigentlich von ihnen verursachte Nahrungsmittelkrise verantwortlich machen[271] –, versuchte er überdies, die Intensi-

---

[269] Deutsche Informationsstelle III an AA (StS von Weizsäcker), 8. Juli 1941, PA AA/Büro StS, Kroatien Bd. 1, Bl. 283f., Nr. 262 gRs.

[270] D.G.i.A. (FS Nr. 187/41) an AOK 12, 10. Juli 1941, BA-MA/20–12/454, Nr. 13268.

[271] *Hrvatski Narod* (Zagreb), Nr. 64, 17. April 1941.

vierung der Judenverfolgung als Beitrag zu besseren deutsch-kroatischen Beziehungen darzustellen.

Die zwischenzeitliche Ruhephase der Gewalt währte nur kurz und war regional begrenzt. Sie wurde zunichte gemacht, als Anfang Juli 1941 die landesweite Verhaftungswelle der Serben über das Land rollte, mit der Abschiebungen nach Serbien vorbereitet werden sollten. Aus Sicht der Machthaber stellte die staatlich organisierte Abschiebung der serbischen Führungsschicht zwar eine völlig andere Maßnahme dar als die Angriffe irregulärer Milzen auf serbische Dörfer. Aus Sicht der Verfolgten hingegen waren die Unterschiede weniger greifbar: Bei beiden Maßnahmen handelte es sich um Attacken der Ustaša und ihrer Gliederungen auf das serbische Gemeinwesen, von beiden ging tödliche Gefahr aus, und beide waren vor Ort verzahnt. Deshalb vermochten Pavelić' Ankündigungen zwar die deutschen Verbündeten zu beruhigen, nicht aber die serbische Bevölkerung. Die Verhaftungswelle löste massive Unruhe aus, auf die die Milizen entsprechend gewalttätig reagierten. Die erhoffte Beruhigung der Lage wurde nicht erreicht. So war die sichtbarste Folge von Pavelić' außerordentlicher Gesetzesverordnung die Verschärfung der Judenpolitik und die Festnahme Hunderter von Juden seit Juni 1941, während die Kontrolle der Milizen weiterhin ein ungelöstes Problem blieb.

So kam es wenige Wochen später zum nächsten Versuch, unautorisierte Gewalttaten einzuhegen. Anfang August 1941 ordnete Ante Pavelić die Auflösung aller nicht offiziell autorisierter Ustaša-Milizen und die Amtsenthebung der verantwortlichen Funktionäre sowie einiger Bezirkschefs an.[272] Dies sollte die Verbündeten beschwichtigen und sie davon abhalten, Gewalttaten als Vorwand für Interventionen gegen die Ustaša zu nehmen. Erneut wurden einige Plünderer und Vergewaltiger aus den Reihen der Ustaša vor Gericht gestellt und hingerichtet.[273] Und erneut setzten deutsche Stellen große Hoffnungen in das »Reinigungsverfahren«, wie Glaise von Horstenau den Versuch nannte, die »ordentliche« Ustaša-Miliz von

---

[272] FS Kasches an AA, 11. August 1941 PA AA/Staatssekretär/Kroatien Bd. 2, Bl. 26, sowie D.G.i.A. an OKW/WFSt, 9. August 1941, BA-MA/75834/117–19, Nr. 443, zit. n. Sundhaussen, Der Ustascha-Staat, S. 505; auch Zeitungen druckten die Meldung, siehe *Novi List* (Zagreb), 10. August 1941.

[273] Am 23. August 1941 wurden bspw. vier Ustaše in Sarajevo standrechtlich erschossen, siehe *NZZ*, 24. August 1941.

irregulären Verbänden zu separieren. Auch die kroatische Presse sprach von einer »heilsamen Säuberung« der Ustaša.[274] Da Pavelić General Laksa mit der Auflösung der Milizen beauftragte, erwarteten Beobachter, dass die Armee auf Kosten der Ustaša gestärkt aus der Krise hervorgehen werde.[275] Vielfach drängten Ortskommandos der Gendarmerie und der Armee auf die Entwaffnung der Ustaša-Milizen in ihrer Nähe.[276] Ein Teil der Irregulären entzog sich freilich der Auflösung.

Die Neuausrichtung der Politik ist aber nicht nur an den Verlautbarungen der Parteispitze abzulesen, sondern insbesondere auch daran, dass im ganzen Land politische Kräfte damit begannen, ihre Vorstellungen zu artikulieren. Einige Politiker der oppositionellen Bauernpartei sollten in die Ustaša aufgenommen werden und so die Regierungsbasis verbreitern. Die *Neue Zürcher Zeitung* schrieb unter Berufung auf Agenturmeldungen, dass eine »Wende der Politik gegenüber der großen serbischen Minderheit [...] ein Zusammenleben [...] ermöglichen [könne]«.[277] Auch gab es Versuche, die Ustaša zu reorganisieren. Beispielsweise sollten der zum Tragen der Uniform berechtigte Personenkreis verkleinert und Sondervollmachten beschnitten werden. Glaise von Horstenau wertete dies als Versuch für eine selbstständige Exekutive, die über den Maßnahmen der Ustaša stand.[278]

Ein Wechsel in der konkreten Verfolgungspolitik zeichnete sich dadurch ab, dass Teile der kroatischen Regierung verstärkt auf die Zwangsassimilation der serbischen Bevölkerung setzten. Dabei handelte es sich erstmalig um den Versuch, die Ziele der Ustaša-Bewegung vom großkroatischen Nationalstaat, die Forderungen der Deutschen nach Einhegung der Gewalt sowie die Notwendigkeit, den Staatszerfall aufzuhalten, miteinander zu vereinbaren. Aufbauend auf den ideologischen Vorannahmen, dass es sich bei den meis-

---

274 *Ustaša* (Zagreb) Nr. 7, 17. August 1941.

275 Glaise von Horstenau an OKW, Nr. 244/41, 10. August 1941, BA-MA/RH 31 III/2, o. lfd. Nr.

276 Das Ustaša-Hauptquartier machte in einem Schreiben vom 29. August 1941 an das Oberkdo. der Gendarmerie deutlich, dass es die Neuordnung der Milzen als seine eigene Aufgabe betrachte, und protestierte gegen die zahlreichen Fälle von Entwaffnungen der Milizen (AVII//143, 2/12–1).

277 Dies vermeldete Agentur Stefani, siehe *NZZ*, 13. August 1941.

278 Glaise von Horstenau an OKW, Nr. 244f./41, 10. August 1941, BA-MA/RH 31 III/2, o. lfd. Nr.

ten Serben um ethnische Kroaten handle, setzte die Staatsbürokratie im Sommer 1941 die Politik der Zwangskonversionen systematisch in Gang.

Die konventionelle Lesart der Zwangskonversionen lautet, dass es sich dabei um einen integralen Bestandteil der Ustaša-Vernichtungspolitik gehandelt habe. Überdies war insbesondere Autoren mit antikatholischer Agenda daran gelegen, die vermeintliche Beteiligung des Vatikan und der katholischen Kirche an den Massenmorden der Ustaša nachzuweisen.[279] Dem Historiker Mark Biondich hingegen gelang es aufzuzeigen, dass die Praxis der Zwangskonversionen weniger eine Begleiterscheinung der Massenmorde war und somit auch nicht Teil eines ursprünglichen Plans, sondern vielmehr eine Folge des Umstands, dass die Massenmorde das Land in eine tiefe Krise gestürzt hatten.[280] Mit dem Übertritt orthodoxer Gemeinden zum Katholizismus sollte eine »Lösung der serbischen Frage« erreicht werden, die nicht zwangsläufig mit Massentötungen, Aufständen und dem Niedergang ganzer Regionen verbunden war. Auch die von der Gewalt betroffenen Dörfer und Gemeinden sahen im Glaubenswechsel einen möglichen Ausweg aus der Verfolgung und beantragten zu Dutzenden die Aufnahme in die katholische Kirche. Der Grundtenor aller beteiligten Behörden lautete, dass der orthodoxen Bevölkerung der Kirchenübertritt ermöglich werden und die konvertierte serbische Bevölkerung besonderen Schutz genießen solle.[281] Die Zwangskonversionen von Serben zum Katholizismus wurden in den konventionellen Darstellungen der Ustaša als Beleg für die gemeinsamen Ziele von katholischer Kirche und Ustaša gedeutet.[282] Diese Interpretation missachtet allerdings das ambivalente Verhältnis zwischen Kirche und Bewegung. Die Haltung der Kirche lässt sich nicht leicht auf einen Nenner bringen. Das

---

[279] Den Grundstein hierfür legte im Jahr 1948 der Historiker Viktor Novak, siehe Novak, Magnum crimen; der Fokus auf die Verwicklungen der katholischen Kirche ist seither ein Leitmotiv vieler, vor allem politisch motivierter Arbeiten, siehe Hervé u.a., Assassins, Hervé u.a., Genocide, Manhattan, The Vatican, sowie Dakina, Budi Katolik.

[280] Biondich, Religion and Nation.

[281] Die Akten des Ministeriums für Justiz und Religion (HR HDA/218.1) verdeutlichen, dass Zwangskonversionen vor allem im Spätsommer und Herbst 1941 stattgefunden haben.

[282] Siehe Simić, Prekrštavanje Srba; Bandžović, Prisilno prekrštavanje, sowie Đurić, Prekrštavanje Srba.

Spektrum an Motiven, sich an den sogenannten Umtaufungen zu beteiligen, reichte vom Wunsch, die Betroffenen vor der Ustaša zu retten, bis hin zu Fantasien von einem katholischen Westbalkan. Biondich konnte mit seiner Untersuchung zeigen, dass es sich bei der kroatischen Praxis der Zwangskonversionen auch um ein säkulares Projekt handelte. Sie galten als eine mögliche Lösung der »Serbenfrage«, nachdem Massenmorde als dysfunktional erkannt worden waren und die Politik der Vertreibungen an ihre Grenzen gestoßen war.[283]

Die Konversion selbst war eine religiöse Zeremonie, die in einen Gottesdienst eingerahmt wurde. Jedoch gab der örtliche Ustaša-Chef eine politische Einschätzung der Konvertiten ab, und auf der meist stattfindenden Feier, auf der die Konvertiten als Teil des neuen Kroatien begrüßt wurden, hielten Bürgermeister und Abgesandte der Ustaša politische Reden.[284] Aus Sicht der Ustaša war daher nicht das Bekenntnis der Serben zum Katholizismus entscheidend, sondern ihr Bekenntnis, Teil der ethnischen kroatischen Nation zu sein.

Nach außen hin war die Konversion von bis zu 200000 Serben zum Katholizismus ein Erfolg im Sinne der Ustaša.[285] Dennoch erwies sich der Ansatz insgesamt als Fehlschlag, weil er weder an den Verhältnissen vor Ort noch an den Angriffen der Ustaša noch an der Haltung der serbischen Bevölkerung etwas zu ändern vermochte. Milizen griffen auch konvertierte Dörfer an und demonstrierten damit, dass der Glaubenswechsel keinen Schutz bot. Und auch in der Führung der Ustaša war es nicht unumstritten, ob die konvertierte Bevölkerung im neuen Kroatien wirklich einen Platz haben sollte. Deshalb führten die vorsichtigen Versuche, einen Politikwechsel einzuleiten, zu massiven innerkroatischen Spannungen. Die Repräsentanten der Ustaša waren nicht gewillt, die von den Militärs geforderte Trennung zwischen der politischen und der militärischen Sphäre, aus der die Ustaša ausgeschlossen worden wäre, hinzuneh-

---

283 Vgl. Biondich, Religion and Nation.

284 Siehe stellvertretend Bericht der KO Županja an VŽ Posavje, 3. Februar 1942, HR HDA/1076/549, 1092-B/42.

285 Die Schätzungen der Zahl der zum Glaubenswechsel gezwungenen Personen belaufen sich in jüngeren Studien auf etwa 100000, vgl. Biondich, Religion and Nation, S. 91, sowie Dulić, Mass Killing, S. 268. Ältere Studien gingen noch von insgesamt 240000 konvertierten Serben aus, vgl. Jelić-Butić, Ustaše i NDH, S. 176ff.

men. Schließlich verstanden sie die Bekämpfung serbischer Aufständischer und die Verteidigung der kroatischen Unabhängigkeit als ihre ureigenste Aufgabe. Der Ustaša gelang es jedoch schon bald, die entbrannten Machtkämpfe zu ihren Gunsten zu lösen.[286] General Laksas entschiedene Präsenz im Feld war daher nur von kurzer Dauer. Im September 1941 wurde er aus den umkämpften Gebieten weggeordert, indem er zum Generalstabschef des kroatischen Heeres ernannt wurde.

Versuche der Staatsführung, die Gewalt einzuhegen, stießen also schnell an strukturelle Grenzen. Zwar war die Entwaffnung einzelner Milizen praktikabel, grundsätzliche Veränderungen der Position der Ustaša als Bewegung, Staatspartei und Miliz waren aber wegen des Widerstands aus deren Reihen nicht durchzusetzen. Angriffe aus der Armee auf die Machtstellung der Ustaša galten als Verrat an den Zielen und wurden den Protagonisten persönlich nachgetragen. Dies galt für Laksa ebenso wie für den Ustaša-kritischen General Ivan Prpić, der erst in den Ruhestand versetzt wurde, um wenig später nur knapp einem Mordanschlag der Ustaša zu entgehen.[287]

Die Machtkämpfe vor Ort hatten zum Teil furchtbare Konsequenzen für die Verfolgten. Denn wo Armeekommandeure versuchten, die Lage zu befrieden, indem sie Aufrufe an die geflüchtete Bevölkerung zur Rückkehr in ihre Dörfer erließen, war es für die Milizen der Ustaša ein Leichtes, mit gezielten Gewalttaten nicht nur die serbische Bevölkerung zu terrorisieren und ihr Restvertrauen zu zerstören, sondern zugleich auch der Politik ihrer internen Widersacher einen Schlag zu versetzen.[288] Gleiches gilt für diejenigen Massaker, bei denen Ustaše liturgische Elemente, um die Opfer zu verhöhnen, in den Tötungsvorgang aufnahmen oder bereits zum Katholizismus Konvertierte töteten. Indem Milizchefs, Warlords und radikale Parteiführer die konversionsbereite serbische Bevölkerung in Angst und Schrecken versetzten und das Projekt der

---

286 Vgl. Broszat u.a., Der kroatische Ustascha-Staat, S. 100f.

287 D.G.i.A. an OKW/WFSt, 9. August 1941, BA-MA/75834/117–19, Nr. 443, zit. n. Sundhaussen, Der Ustascha-Staat, S. 505; siehe auch die Bad Gasteiner Rechtfertigungsschrift Slavko Kvaterniks von 1946, HR HDA/36/1996, S. 34f.; siehe auch Broucek, Deutscher Bevollmächtigter General, S. 356f.

288 DGA, Bericht (Anlage 2), 26. Oktober 1942, BA-MA/RH 31 III/7, o. lfd. Nr.

Zwangskonversionen torpedierten, verteidigten sie mit Erfolg auch ihre Unabhängigkeit gegenüber einer Institutionalisierung der Gewalt durch die Regierung.[289] Mit ihren Überfällen auf zurückgekehrte Flüchtlinge, denen die Armee zuvor Straffreiheit zugesichert hatte, stürzten sie ganze Regionen erneut in den Abgrund und legitimierten somit die Stellung ihrer Banden und Milizen.

Waren nun Pavelić' Ankündigungen, die Serbenpolitik neu zu ordnen und Ausschreitungen der Ustaša künftig zu verhindern, ernst gemeint? Auf der einen Seite war ein zielgerichteterer Gewalteinsatz durchaus im Sinne der Führung, da die Milizgewalt auch einen Kontrollverlust mit sich brachte. Das Regime beanspruchte das Gewaltmonopol für sich. Auf der anderen Seite entsprach eine Deradikalisierung der Serbenpolitik nicht den politischen Vorstellungen der Ustaša und war auch intern kaum durchsetzbar. Denn schließlich basierte die Herrschaft zum Teil auf der Macht jener Milizen, die Pavelić disziplinieren wollte. Er unterließ es aber, ein Machtwort zu sprechen, und Versuche, die Milizgewalt einzudämmen, blieben oftmals in Anfängen stecken. Der Staatschef konnte oder wollte eine effektive Reorganisierung der Ustaša nicht durchsetzen: Eine wirksame Einhegung der Gewalt kam der Quadratur eines Kreises gleich, da man dafür die gesamte Ustaša hätte austauschen müssen. Die Ambivalenz von Einhegung und Entgrenzung wird anhand eines Plakats vom Juli 1941 sichtbar, auf dem die Hinrichtung zweier »wilder Ustaše« wegen Vergewaltigungen und Plünderungen bekannt gegeben wurde. Der zweite Absatz des Textes verkündete die Hinrichtung von 50 Juden und Kommunisten.[290]

Mit dem Vorgehen gegen Willkürtäter ging also keine Eingrenzung der Gewalt an sich einher. Pavelić versuchte nie wirklich, eine quantitative Abnahme der Gewalt durchzusetzen. Immer wieder torpedierte der Staatschef Interventionen zugunsten einzelner Ver-

---

289 In der bisherigen historischen Forschung galten solche Massaker hingegen meist als Beleg dafür, dass die Zwangskonversionen ein integraler Bestandteil des Massenmords waren, siehe bspw. Novak, Magnum crimen, sowie Paris, Genocide in Satellite Croatia.

290 Siehe die Todesurteile vom 21. September 1941 gegen Smajil Jusić und Ivan Gržanić, die landesweit publiziert und plakatiert wurden, KO Daruvar, 96/71 sowie 96/189, HR HDA/Zbirka Štampata sowie *DZK*, 24. September 1941; auch die *NZZ* meldete am 23. September 1941 die Hinrichtungen »ein[es] muselmanischen Bauer[n] und ein[es] kroatischen Schreiner[s], die als ›wilde‹ Ustaschen eigenmächtig Serben mordeten und beraubten«.

folgtengruppen,[291] setzte radikale Parteiführer auf leitende Positionen und entschied sich bei politischen Entscheidungen für die gewaltvollen Alternativen.[292] Zwar gelang die Einhegung der Gewalt phasenweise, doch jedes Mal, wenn Angriffe der Partisanen, Versorgungsengpässe oder die Angst um die kroatische Unabhängigkeit die Verbände der Ustaša frustrierten, bedienten sie sich wieder extremer Gewalt. Doch änderten sich die Gewaltformen. Im Kapitel zur konzentrierten Gewalt wird zu sehen sein, dass ein Teil der Gewalt hinter den Stacheldraht der Lager verbannt wurde.

Unentschlossen: Deutsche Reaktionen

Aus deutscher Sicht war es riskant, gegen die Massaker der Ustaša zu intervenieren. Da im Vorfeld des Angriffs auf die Sowjetunion die deutschen Kampfverbände aus Kroatien abgezogen worden waren, belief sich im Sommer 1941 die effektive Truppenstärke auf nunmehr 8000 Mann.[293] Dies bewog General Glaise von Horstenau, sich gegen ein Einschreiten der Wehrmacht bei Gewalttaten der Ustaša auszusprechen. Er befürchtete, dass Interventionen in Einzelfällen die Wehrmacht mitverantwortlich machen würde für die Massaker, bei denen sie nicht eingreifen könnte.[294] Zwar übte die deutsche Seite Druck aus, die irregulären Ustaša-Verbände aufzulösen, doch wenn man sich die dominante Rolle des Deutschen Reiches in Kroatien vor Augen führt, ist vor allem die Zahn- und Wirkungslosigkeit deutscher Proteste bemerkenswert.[295] Ausnahmen bestätigen die Regel: Im Anschluss an einen besonders grauenvollen Massenmord

---

[291] Der Teil des Dekrets vom 26. Juni 1941, der am stärksten an eine breite Öffentlichkeit gewandt war, stellte Fürsprachen bei staatlichen Stellen unter Strafe und kündigte an, sie als »Sabotage« vor einem Standgericht anzuklagen. Dulić, Utopias of Nation, S. 148 zufolge sollte die Passage eine weitgehende Atomisierung der kroatischen Gesellschaft erreichen und Petitionen für Verfolgte verunmöglichen.

[292] Bspw. wurde kurz nach Laksas Ernennung zum Generalstabschef Viktor Gutić, der aus deutscher Sicht für »seit Mitte April d. J. systematisch betriebene Massenmorde und für den Ausbruch des Serbenaufstandes« verantwortlich war, zum Inspektor aller Großgespanschaften ernannt, siehe Arthur Häffner an D.G.i.A., 31. August 1941, BA-MA/RH 31 III/13, Nr. 51f.

[293] Vgl. Schmider, Partisanenkrieg in Jugoslawien, S. 586ff.

[294] Fernschreiben Nr. 187/41, D.G.i.A. an AOK 12, 10. Juli 1941, BA-MA/20–12/454, Nr. 13268.

[295] Vgl. Pavlowitch, Hitler's New Disorder, S. 40.

an serbischen Männern, Frauen und Kindern im zwischen Jasenovac und Prijedor gelegenen Dorf Palančište im Oktober 1942 entwaffneten Wehrmachtseinheiten die verantwortliche Ustaša-Einheit und verhafteten 13 Milizionäre, um sie vor ein deutsches Kriegsgericht zu bringen. Der Führer der Einheit, ein gewisser Batinić, versuchte daraufhin, sich das Leben zu nehmen, überlebte jedoch schwer verletzt.[296] Der Fall unterstreicht die Bedeutung der Zäsur vom Oktober 1942, nach der die Wehrmacht stärker einzugreifen gewillt war und die Spielräume der Ustaša schrumpften. Leider ist nicht bekannt, ob es jemals zu dem angestrebten Kriegsgerichtsverfahren kam.

Ein entschlossenes militärisches Eingreifen gegen die Ustaša blieb jedoch aus. Stattdessen konzentrierten sich die deutschen Versuche, die Verhältnisse in Kroatien zu verändern, auf die politische Beeinflussung des Kurses der Ustaša. Glaise von Horstenau berichtete vom »wachsenden Verständnis dafür, dass auch in der Serbenfrage nicht bloß mit Gewaltmitteln, sondern auch durch eine konstruktive Lösung geholfen werden muss«.[297] Im Allgemeinen lautete das deutsche Credo, die »Serbenfrage« solle »politisch behandelt« werden. Damit waren nicht letale Verfolgungsmethoden wie Umsiedlung und Formen der Zwangsassimilation wie Konversionen zum Katholizismus gemeint.[298] Jedoch konnte keine Einigkeit darüber erzielt werden, wie auf die Ustaša eingewirkt werden sollte. Während operative Stellen der Wehrmacht vorschlugen, kroatische Verbände grundsätzlich aus militärischen Operationen herauszuhalten, plädierte Glaise von Horstenau dafür, kroatische Zivilkommissare damit zu beauftragen, Massaker der Ustaša zu verhindern. Kasche zog es dagegen vor, politisch auf die Ziele der Ustaša Einfluss zu nehmen, und setzte sich damit durch.[299] In diesem Sinne unterstützte

[296] Berichte des 3. Kroatischen Gendarmerieregiments, 10. Oktober 1942, AVII/NDH/162, 8/14–1, sowie 12. November 1942, ebenda, 9/27; zu Ermittlungen gegen Batinić siehe AJ/110f.br. 25533.

[297] D.G.i.A. an OKW (Nr. 272/41), 2. September 1941, BA-MA/RH 31 III/1, Bl. 142f.

[298] »Politische Behandlung der Serbenfrage« lautete der Titel einer Besprechung in Belgrad, bei der Kasche versuchte, eine politische »Gesamtlösung« herbeizuführen, siehe DGA (Kasche) an AA, 8. September 1941, PA AA/Büro StS, Kroatien Bd. 2, Bl. 177f., sowie Kasche an StS, FS Nr. 1137, 10. September 1941, ebenda.

[299] D.B.G.i.K., Aktenvermerk, 14. Januar 1943, AVII/Na./8A, 1/174.

Abb. 25: Eine 1941 im slawonischen Mikleuš aufgenommene Zeremonie, bei der serbische Dorfbewohner unter Zwang zum Katholizismus konvertierten. USHMM, #90166 (Memorijalni muzej Jasenovac)

der Gesandte seit dem Sommer 1941 die Politik der Zwangskonversionen. Glaise von Horstenau würdigte den »hervorragenden Mitverdienst unseres Gesandten und seine taktvollen, unaufdringlichen Ratschläge«.[300]

Ab Anfang 1942 machte sich Kasche für ein neues Projekt stark: die Gründung einer »kroatisch-orthodoxen Kirche«, die gewährleisten sollte, dass die serbische Bevölkerung Teil der kroatischen Titularnation werden würde.[301] Gleich den Zwangskonversionen handelte es sich um einen säkularen Vorstoß, der mittels religiöser Angebote die serbische Bevölkerung an den kroatischen Nationalstaat binden sollte und ihr dabei gewisse Spielräume einräumte. Trotz der propagandistischen Ausschlachtung der Kirchenneugrün-

---

[300] D.G.i.A. an OKW (Nr. 272/41), 2. September 1941, BA-MA/RH 31 III/1, Bl. 142f.

[301] Vgl. Đurić, Ustaše i pravoslavlje, sowie Krišto, Sukob simbola. Apologeten der Ustaša werteten dies als Beweis, dass dem Regime an einer friedlichen Integration der orthodoxen Bevölkerung in den USK gelegen gewesen sei, siehe Pavelić, Hrvatska Pravoslavna Crkva, sowie Požar, Hrvatska Pravoslavna Crkva.

dung gelang es auch mit dieser Maßnahme nicht, das verlorene Vertrauen der serbischen Bevölkerung wiederherzustellen. Immerhin konnten einige der 1941 geschlossenen orthodoxen Kirchen wieder öffnen. Die serbische Beteiligung an dem Projekt blieb jedoch gering. Nicht zufällig handelte es sich beim Kirchenoberhaupt auch um keinen serbischen Kleriker, sondern um den emigrierten russisch-orthodoxen Bischof Grigorij Ivanovič Maksimov (1861–1945), der unter dem Titel Germogen Metropolit der kroatisch-orthodoxen Kirche wurde.[302]

Parallel dazu war es aus Sicht der Wehrmacht notwendig, die im Partisanenkrieg eroberten Gebiete zu »befrieden« und der Zivilbevölkerung zu vermitteln, dass es sicher sei, an ihre Wohnorte zurückzukehren. In Erwartung neuer Ausschreitungen im Sommer versuchten deutsche Militärs die kroatische Führung darauf festzulegen, »alle gesetzestreuen Bürger ungeachtet ihrer Religion und Volkszugehörigkeit vor dem Gesetze gleich zu behandeln«, was die kroatische Führung denn auch versprach.[303] Die Aufrufe ähnelten jenen, die die italienische Besatzungsmacht ein Jahr zuvor erlassen hatte. Anders als die Italiener entwaffneten die Deutschen die Ustaša jedoch nicht, sodass diese erneute Angriffe starteten, die wiederum Aufstände verursachten. Auf Einspruch Kasches unterblieb die Einführung einer Militärverwaltung der Wehrmacht.[304] »Hätte die Regierung die Ustaša nicht wüten lassen und hätte sie die Serben an der Verwaltung und Staatsaufbau beteiligt, wäre es in Ostbosnien nicht zum Aufstand gekommen«, analysierte der deutsche General Bader die Lage im Frühjahr 1942.[305]

Nicht alle deutschen Beobachter waren in Bezug auf die Serbenverfolgung so scharfsichtig. Denn die deutsche Lagebeurteilung war auch deshalb unzureichend, weil Vorurteile die Analyse vernebelten. Die Schuld für den eskalierenden Bürgerkrieg wurde auf der einen Seite den Italienern, auf der anderen Seite den Juden zugeschrieben. Hitler bezeichnete die kroatischen Juden als die »unterirdischen Te-

---

302 Vgl. Grčić, Tko je tko, S. 129.

303 Zu 1942 siehe Protokoll deutsch-kroatischer Konsultationen in Sarajevo, 19./20. April 1942, NARA/T-501/250/338; zu 1943 siehe D.B.G.i.K., Vorsprache bei Pavelić, 3. März 1943, BA-MA/RH 31 III/9, 19ff.

304 B.K.G.i.S. (FS Ia. Nr. 1137 geh.) an WBSO, Februar 1942, BA-MA/RW 40/51, KTB, Anlage 83.

305 Führungsstab KG Bader an KHQu., Nr. 784/42 geh., 20. Mai 1942, NARA/T-120/250, fr. 940ff.

lefonkabel und Meldeköpfe aller Aufstandsbewegungen«.[306] Die antisemitischen Analyseraster deutscher Sicherheitsorgane ließen keinen anderen Schluss zu, als dass die Juden hinter der Eskalation der Gewalt steckten. Folgerichtig konstatierten deutsche Stellen, dass »je heftiger die Verfolgung der Serben anstieg, desto milder die Judengesetze gehandhabt wurden«.[307] Auf der einen Seite verunmöglichte diese ideologische Sichtweise ein effektives Einschreiten gegen die Ustaša. Auf der anderen Seite bildete aufgrund des aus deutscher Sicht bestehenden Zusammenhangs zwischen einer systematischen antisemitischen Politik und der Konsolidierung des kroatischen Staates die Deportation der Juden die Voraussetzung dafür, die antiserbische Gewalt einzuhegen. Glaise von Horstenau benannte diesen Zusammenhang, als er vermerkte, dass das Regime die Verhaftung der Juden in Angriff genommen habe und simultan »überaus strenge gesetzliche Bestimmungen […] gegen weitere Ausschreitungen der […] Parteigarde« erlassen habe. »Hoffentlich dringt der Poglavnik mit seinen guten Absichten durch«, lautete sein Fazit.[308]

Die politische Rücksichtnahme auf die kroatische Unabhängigkeit und eine analytische Fehleinschätzung der Lage führten dazu, dass – im Unterschied zur italienischen Politik – kein wirksamer Druck der deutschen Stellen auf die Ustaša erfolgte, die Gewalt zu begrenzen. Dies wird in einer Verteidigungsschrift des Gesandten Kasche deutlich, in der er Kroatien vor interner Kritik in Schutz nahm:

> »Die Ustascha ist die die Regierung tragende Bewegung. Sie ist eine gegebene Größe, mit der wir rechnen müssen. Es ist billig, ihr alle Schuld in die Schuhe zu schieben. Dies entspricht aber nicht den Tatsachen. Die Behauptung, dass die Ustascha 400000 Pravoslawen ermordet habe, kann nicht bewiesen werden. Sie ist falsch. Nach neuesten, begründeten Berechnungen sind im Verlaufe der Kampfhandlungen bis zu Sommer 1942 hier 250000 Menschen

---

306 »Aufzeichnung über die Unterredung zwischen dem Führer und dem Poglavnik am 23. 9. 42« (25. September 1942), PA AA/Botschaft/Rom (Quirinal) geheim/152, Bl. E259263ff. Zuvor hatte die DZK am 14. Juli 1942 die Juden als »die Partisanen Roosevelts in Südosteuropa« bezeichnet. »1800000 Juden bedeutet 1800000 Partisanen«, hieß es in dem Artikel.

307 Schellenberg an RFSS, Weiterleitung eines Lageberichts der Landesgruppe der NSDAP AO, 1. September 1942, IfZ/Fd 47, Bl. 1432ff.

308 D.G.i.A. an OKW (Abt. Ausland), FS 274/41 geh., 28. Juni 1941, BA-MA/RH 31 III/1, Nr. 48.

ums Leben gekommen. Weniger als die Hälfte davon sind Pravoslawen, der größere Teil muselmanische und katholische Kroaten. [...] Beurteilung hiesiger Verhältnisse vom Standpunkt der Humanität ist politisch unzweckmäßig.«[309]

Weniger die genaue Anzahl der bis zum Sommer 1942 getöteten Serben steht hier im Vordergrund – sie dürfte bei etwa 200000 Toten gelegen haben[310] –, sondern die Wahrnehmung der Massaker als Teil eines bilateralen Konflikts zwischen Serben und Kroaten, in den man sich besser nicht einzumischen habe. Da Kasche und viele weitere deutsche Entscheidungsträger »das anfänglich radikale Vorgehen der Ustascha [...] weniger [als] von oben her bewirkt, als [als] Ergebnis einer in der Bevölkerung liegenden Stimmung« wahrnahmen,[311] ist es nicht verwunderlich, dass sie von einem entschiedenen Eingreifen gegen die meist kleinen Tätergruppen keinen Erfolg erwarteten. Dabei belegt eine Vielzahl von Fällen, dass die Wehrmacht strukturell in der Lage war, gegen die Verfolgung der Serben einzuschreiten. Dort, wo bewaffnete deutsche Einheiten mit dem Einverständnis ihrer Vorgesetzten oder gegen ihren Willen einschritten, waren sie erfolgreich. Glaise von Horstenaus Befürchtungen, dass punktuelles Einschreiten nur noch schlimmere Konsequenzen nach sich ziehe, waren unbegründet. Dies hatten nicht nur couragierte deutsche Kommandeure, sondern auch die italienischen Verbündeten bewiesen, denen es sehr wirksam gelungen war, die Angriffe der Ustaša auf die Zivilbevölkerung zu unterbinden – freilich auf Kosten der kroatischen Unabhängigkeit. Doch auch einzelne Kommandeure der Wehrmacht beschränkten die Ustaša in den ihnen zugeordneten Gebieten so restriktiv, dass diese nur noch über einen kleinen Gewaltspielraum verfügte.[312] Wehrmachtsoffiziere konnten

---

309 DGA (Kasche) an AA, 19. Mai 1943, PA AA/Gesandtschaft Zagreb-Geheimakten/1, Bl. H305295ff.

310 Interessanterweise ist Kasches Einschätzung nicht allzu weit von den als zuverlässig anzusehenden Schätzungen Žerjavić' entfernt, der auf 220800 serbische Tote im Rahmen der Massaker und des Partisanenkriegs zwischen 1941 und 1945 kommt, also jener Gewaltformen, die Kasche als »Kampfhandlungen« bezeichnet, vgl. Žerjavić, Population Losses, S. 90ff., sowie Dulić, Mass Killing, S. 271.

311 DGA (Kasche) an AA, 19. Mai 1943, PA AA/Gesandtschaft Zagreb-Geheimakten/1, Bl. H305295ff.

312 Dies gilt vor allem für Ostbosnien, wo die Wehrmacht eher nach Serbien als nach Kroatien ausgerichtet war. Bspw. schilderte der Ustaša-Führer von

überdies die Einsetzung kroatischer Kriegsgerichte veranlassen. Gerade in den Fällen, in denen Verbindungsoffiziere der Wehrmacht die Verfahren beaufsichtigten, mussten angeklagte Gewalttäter eine Verurteilung fürchten. Meist flohen die Verdächtigten und konnten auf ein Netzwerk von Helfern bauen, bis sich die Lage für sie beruhigt hatte. Es gab jedoch auch Fälle, die zur Verhandlung kamen und bei denen die Angeklagten nach einem Schuldspruch erschossen wurden.[313] Ein konsequentes und flächendeckendes Durchgreifen vonseiten der Wehrmacht war aber nicht möglich, weil die deutschen Spitzen in Zagreb wie auch Hitler persönlich einen solchen Ansatz ablehnten.

Weit bis in das Jahr 1942 hinein waren die deutschen Versuche, die Gewalt gegen Serben einzuhegen, erfolglos. Das lag zum einen an der Uneinigkeit auf deutscher Seite. Zum anderen blieb ihr aber auch aufgrund der politischen Grundsatzentscheidung, das Bündnis mit der Ustaša nicht infrage zu stellen, nur die Intervention gegen einige wenige Haupttäter. Und selbst dieser Ansatz zeichnete sich durch Unentschlossenheit aus. Beispielsweise bezichtigte Glaise von Horstenau den Staatssekretär Eugen Kvaternik bereits im September 1941 als den »Haupturheber der planlos ›wilden‹ Richtung«. Obwohl er ihn für »immer weniger tragbar« hielt, sollte es noch ein ganzes Jahr dauern, bis dieser auf deutschen Druck abgesetzt wurde.[314] Die lokalen Milizen waren sich bewusst, dass die Deutschen keine wirksamen Sanktionen einsetzten. Viele zogen daraus den Schluss, ihre Grenzen weiter austesten zu können.

Die Operation Fruška Gora vom August 1942 bildete eine Zäsur, weil die Ustaša dieses Mal auf deutscher Seite eine Toleranzschwelle überschritt, als sie einen gemeinsame Einsatz dafür nutzte, hinter den deutschen Kampflinien unautorisierte Massenerschießungen an Kriegsgefangenen durchzuführen, die die Wehrmacht vorne im Feld gemacht hatte. Dass die Morde in einem Landstrich stattfanden, der bislang von der Massengewalt der Milizen weitgehend verschont geblieben war, wog umso schlimmer. »Neuerliche Aussiedlungs-

---

Višegrad in seinen Berichten vom 12. sowie vom 24. Juli 1941 ausführlich die Beschränkungen, die ihm die deutsche Seite auferlegt hatte, siehe AVII/NDH/238, 2/36–5 und 57–2.

313 Bericht des Kriegsgerichts des 1. Ustaša-Korps Sarajevo (Anlage 5), 30. November 1943, NARA/T-120/5789, H303259ff.

314 D.G.i.A. an OKW (Nr. 272/41), 2. September 1941, BA-MA/RH 31 III/1, Bl. 142f.

und Ausrottungsmaßnahmen der kroatischen Regierung haben die Flucht zahlreicher bisher freundlicher Bevölkerungsteile in die Wälder zur Folge«,[315] vermerkte Kasche unter Verweis auf die enormen wirtschaftlichen Schäden, die die Aktion auslöste. Obwohl die Ausschreitungen der Ustaša nicht das Maß an Brutalität überschritten hatten, das man von ihr gewohnt war, fielen die deutschen Reaktionen außergewöhnlich heftig aus. Kasche sprach von »Abschlachtungen und sadistischen Ausschreitungen«.[316] Spät, aber umso deutlicher erkannte man in der deutschen Gesandtschaft, dass die Ustaša erneut völlig außer Kontrolle geraten war. Auch die kroatische Zivilverwaltung stimmte in den Protest ein.[317] Da das deutsche Führungspersonal in Kroatien zum selben Zeitpunkt Pavelić auf einem Besuch bei Hitler in Winnica begleitete, waren unmittelbare deutsche Interventionsmöglichkeiten begrenzt.[318] Die Wehrmacht wiederum war in den Bergen operativ eingebunden. Eine Entwaffnung der Milizen wäre zu diesem Zeitpunkt nicht möglich gewesen. Aufgrund der im Vorfeld getroffenen Absprachen und mangels alternativer Unterbringungsmöglichkeiten überstellte sie sogar weiterhin Gefangene an die Ustaša.[319] Erneut erwies es sich als unmöglich, eine einmal begonnene Aktion in ihrem Verlauf zu modifizieren. Erst Interventionen auf oberster Ebene führten zum Abzug von Tomić' Streitkraft aus Syrmien und zur Freilassung einiger Gefangener. Doch selbst auf ihrem Rückweg nach Zagreb unternahmen Tomić' Einheiten weitere Massaker in Slawonien sowie in der Gegend von Bjelovar.[320]

---

315 DGA, Bericht (Anlage 2), 26. Oktober 1942, BA-MA/RH 31 III/7, o. lfd. Nr.

316 Ebenda; siehe auch Kasche an AA, 11. Januar 1943, PA AA/Botschaft Rom (Quirinal) geh./152, Bl. E259549ff.

317 DGA an AA, siehe darin Bericht Dr. Krainers, 11. Januar 1943, PA AA/Botschaft Rom (Quirinal) geheim/152, Bl. E302619, sowie Helm an RFSS, 25. September 1942, PA-AA/Inland II g, R 100.766, Bl. H300193.

318 Siehe Broucek, Deutscher Bevollmächtigter General, S. 166.

319 Bericht des Kriegsgerichtsrates Dr. Arthur von Reisinger über die Lage in Ruma an die Feldkommandantur 725, 3. August 1942, NARA/T-120/250, sowie Feldkommandantur Agram an Kdr.Gen.u.Bef.i.S., 8. August 1942, NARA/T-120/250.

320 Kdr.Gen.u.Bef.i.S., 27. September 1942, BA-MA/RW 40/33, S. 14f., sowie DGA, Bericht (Anlage 2), 26. Oktober 1942, BA-MA/RH 31 III/7, o. lfd. Nr.

Die aus dem Ruder gelaufene Polizeiaktion machte auch die militärischen Erfolge der Deutschen zunichte. Als Folge der Fluchtbewegung Tausender Menschen bildeten sich vor Jahresende erneut Partisanengruppen in der Fruška Gora. Der serbische Ministerpräsident Nedić drohte unter dem Eindruck der Massenmorde an seinen serbischen Landsleuten – Belgrad war von den Erschießungsstätten keine 50 Kilometer entfernt – mit seinem Rücktritt. Dies hätte einen schweren Schlag für die deutsche Besatzungspolitik bedeutet.[321] Die deutsche Gesandtschaft setzte sich nun erstmalig gemeinsam mit Teilen der Wehrmacht für signifikante Änderungen im USK ein. Am 17. September 1942 kamen Kasche, Glaise von Horstenau und der Wehrmachtsoberbefehlshaber Südost, Generaloberst Alexander Löhr (1885–1947), bei einer Besprechung in Sofia überein, dass »eine vernünftige Lösung für das Serbenproblem [...] eine der vordringlichsten Aufgaben für die kroatische Politik« sei. Mit Lösung des Serbenproblems war mittlerweile gemeint, wie man die Ustaša dazu bringen könnte, die Mehrheit der serbischen Bevölkerung im USK zu integrieren, da es nicht möglich sei, die zwei Millionen Serben im USK umzubringen.[322] Mit anderen Worten galt es, das »Ustaša-Problem« zu lösen, oder, wie Glaise von Horstenau sagte, das »Ustašawüten« und den »Serbenterror« abzustellen.

Erneut aber erwies sich die Wehrmacht als unfähig, eine klare Linie zu fahren. Denn Glaise von Horstenau fühlte sich bemüßigt zu erklären, dass seine Vorschläge nicht als »unangebrachte Sentimentalität« verstanden werden sollten.[323] Im selben Atemzug offenbarten die Generäle ihre antiserbische Haltung, wenn es hieß, »man [solle] den Serben die Stiefel ausziehen« und die Divisionen der Wehrmacht seien »zu proserbisch« eingestellt.[324] Die Wehrmacht konnte keinen Politikwechsel auf dem Westbalkan herbeiführen, da sie sich selbst im Weg stand. Das hatte zur Folge, dass die deutschen Umsteuerungsversuche nie ausreichen sollten, um die Gewalttaten der Ustaša-Milizen wirksam zu verhindern. Wegen der politischen

321 AA (von Sonnleithner), Notiz für den Führer, 5. Oktober 1942, PA AA/R 29.664, Büro StS, Jugoslawien/4, Bl. 153790ff., sowie Kasche an AA, 12. September 1942, NARA/T-120/5786, fr. H300833.

322 Vgl. Tomasevich, Occupation and Collaboration, S. 440.

323 FS Nr. 275/42g vom 18. September 1942 an OKW/WFSt, BA-MA/RH 31 III/12.

324 KTB 718. ID, BA-MA RW 40/34, Eintrag vom 2. Oktober 1942 (»Chef-Besprechung Saloniki«).

Rahmenbedingungen standen weder die kroatische Unabhängigkeit, Staatschef Pavelić noch die Ustaša als Staatspartei zur Disposition. Und: Statt die Ustaša konsequent zu kritisieren, wurde die Schuld für die verfahrene Lage wieder bei anderen gesucht – in diesem Fall beim italienischen Verbündeten, der mit seiner Politik für die kroatische Staatskrise hauptverantwortlich sei. Daher beschränkte sich die deutsche Seite darauf, die Absetzung einzelner Ustaša-Führer zu fordern, die als Exponenten eines radikalen Kurses identifiziert wurden. Massiver Druck führte zur Ablösung Eugen Kvaterniks wegen seiner Rolle bei den Serbenverfolgungen, Vjekoslav Luburić' wegen der aus deutscher Sicht unbefriedigenden Leitung des Lagers Jasenovac sowie Viktor Tomić' wegen der Operation in Syrmien. Zusätzlich wurde auf Druck der Wehrmacht die Demission des Kriegsministers Slavko Kvaternik wegen seiner Unfähigkeit, eine funktionierende kroatische Armee aufzubauen, erwirkt.[325] Den Geschassten gelang es jedoch teilweise, ihren Einfluss im Hintergrund auszuüben. Pavelić selbst blieb hingegen bis Kriegsende unangetastet. Dennoch wird deutlich, dass die Deutschen umfangreiche Änderungen mit Leichtigkeit durchsetzen konnten, sobald sie mit einer Stimme sprachen und Hitler nicht gegenteiliger Meinung war. Pavelić blieb bei seinem Besuch in Hitlers Hauptquartier in der Ukraine am 23. September 1942 nichts anderes übrig, als die Personalveränderungen zu bestätigen.[326]

Insgesamt blieben deutsche Reaktionen auf die Gewalt der Ustaša jedoch ambivalent und hingen auch stark von den jeweiligen Gewaltformen ab. So wurden die Umsiedlungen von Serben aus Kroatien politisch grundsätzlich für richtig befunden und nur dann kritisiert, wenn sie sich nicht auf die bloße Verhaftung, Internierung und Abschiebung der Betroffenen beschränkten – was selten der Fall war –, sondern in unkontrollierbaren Massenvertreibungen nach Serbien mündeten. Massaker an der serbischen Zivilbevölkerung in den Provinzen stießen hingegen stets auf massive deutsche Kritik. Da die mobilen Täter oft schwer zu identifizieren waren und zwischen den Fronten des Bürgerkriegs der genaue Hergang der Taten

---

[325] Vgl. Broszat u.a., Der kroatische Ustascha-Staat, S. 135.

[326] RAM, Protokoll des Treffens im Führer-Hauptquartier, 24. September 1942, YVA/M.9/173, o. lfd. Nr., sowie »Aufzeichnung über die Unterredung zwischen dem Führer und dem Poglavnik am 23. 9. 42«, PA AA/Botschaft/Rom (Quirinal) geheim/152, Bl. E259263ff. (25. September 1942).

nicht immer zu entschlüsseln war, stritt die Ustaša-Führung die Verantwortung meist ab oder beschwichtigte die Deutschen mit Aufrufen, die allerdings die Gewalt nicht zu stoppen vermochten. Zwar führten die Absetzung einzelner Gewalttäter, die Einrichtung von Operationszonen durch die Wehrmacht sowie verschiedene politische Maßnahmen, wie beispielsweise die Gründung der kroatisch-orthodoxen Kirche, zu einem lokalen und/oder temporären Abflauen der Gewalt. Doch sobald Ustaša-Verbände im Feld auf serbischen Widerstand stießen, war die Wahrscheinlichkeit hoch, dass sie neue Massaker begingen. Gerade die Operationen in Syrmien verdeutlichen, wie sich militärische Einsätze zu undifferenzierter Massengewalt gegen Zivilisten auswachsen konnten. Die Tatsache, dass es auch in Einheiten der Wehrmacht zu Ausschreitungen in serbischen Dörfern kam, diente der kroatischen Seite als Legitimation und als probates Mittel, von deutscher Seite geäußerte Kritik abzuwehren.

Eine Form der Prävention entgrenzter Gewalt waren aus deutscher Sicht die Konzentrationslager der Ustaša. Irreguläre Milizen sollten aufgelöst werden und Gewalt in den Lagern konzentriert, ihnen also ein Ort zugewiesen werden. Die räumliche Begrenzung derselben sollte ihre Verregelung und Kontrolle gewährleisten und helfen, eine weitere Destabilisierung des USK zu verhindern.

IV. Konzentrierte Gewalt: Die Lager der Ustaša

Dieses Kapitel widmet sich einer Gewaltform, die in erster Linie durch ihren Ort geprägt war: Etwa ein Drittel der Opfer der Ustaša starb in einem ihrer Lager. Die Zeitgeschichtsforschung ist sich einig, dass etwa 85000 Serben, Roma, Juden, Kroaten und Muslime allein im KZ Jasenovac getötet wurden.[1] Aufgrund der Anzahl der Häftlinge wie auch der geschätzten Anzahl der Opfer gilt es als eines der großen Konzentrationslager in Europa während des Zweiten Weltkriegs.

Eine Erklärung für das lang anhaltende mangelnde Forschungsinteresse an der Vernichtungspolitik der Nationalsozialisten lautet, »dass sich das vollkommen Schreckliche, das ausweglos Furchtbare historischer Analyse zu entziehen schien – denn was sonst als die Totalität des Schreckens hätte dabei zu Tage gefördert werden können?«[2] Obgleich kein Thema der jugoslawischen Zeitgeschichte ähnlich große wissenschaftliche wie politische Aufmerksamkeit fand wie die Konzentrationslager der Ustaša, gilt Ulrich Herberts Diktum gleichermaßen für Jugoslawien. Denn während Themen wie der administrative Aufbau der kroatischen Lager, das Vorgehen des Wachpersonals und das Verhalten der Funktionshäftlinge als insgesamt gut erforscht gelten können, wurde die Gewalt in den Lagern bisher kaum quellenkritischen und sozialwissenschaftlich inspirierten Untersuchungen unterzogen. Auch die Frage nach den Entscheidungsprozessen, die zur Vernichtung eines Teils der Gefangenen führten, wurde noch nicht umfassend untersucht. Dies ist angesichts Tausender zur Lagergeschichte erschienener Titel erstaunlich[3] und

[1] Die Schätzung basiert auf den Studien von Kočović, Sahrana jednog mita, sowie Žerjavić, Population Losses; sie werden gedeckt durch die Befunde des durch die Friedrich-Naumann-Stiftung initiierten serbisch-kroatischen Historikerdialogs, siehe Fleck u.a., Kroatisch-Serbischer Historikerdialog.

[2] Herbert u.a., Die nationalsozialistischen Konzentrationslager, S. 19.

[3] Eine von Jovan Mirković herausgegeben Bibliografie für die Jahre 1945 bis 1999 umfasst 1188 Monografien und Sammelbände sowie 1544 Fachartikel zur Thematik, siehe Mirković, Objavljeni izvori; vgl. auch Dulić, Utopias of Nation, S. 261.

demonstriert aufs Neue, dass die eigentliche Gewalt der Ustaša aus oben genanntem Grund nicht als erklärungsbedürftig galt. Die empirischen Forschungen wurden überdies überschattet vom Streit um die Opferzahlen in Jasenovac, der schließlich einem politischen Glaubensbekenntnis gleichkam. Als Symbol für die Vernichtungspolitik der Ustaša wurde das Lager Jasenovac zum umstrittensten geschichtspolitischen Gegenstand der jugoslawischen Geschichte.

Jasenovac wurde in der historischen Forschung als Vernichtungslager wahrgenommen. Dieser verengte Fokus geht mit einer Charakterisierung des Lagers als »Auschwitz des Balkans« einher.[4] Selbst die Tatsache, dass die Häftlinge in Jasenovac nicht in Gaskammern ermordet wurden, weckte an dieser Etikettierung keine Zweifel. Im Gegenteil: Steht Auschwitz als Symbol für die systematische und rational durchorganisierte Mordpraxis der Deutschen, galten die Morde der Ustaša als zwar impulsive, aber nicht weniger totale und grausame Variante der Massenvernichtung. Die Ausführungen machen jedoch deutlich, dass es sich beim Lagersystem der Ustaša um keine bloße Kopie deutscher Lager handelte, sondern dass sich sowohl ihr Entstehungskontext als auch die Art und Weise des Funktionierens (und Scheiterns) unterschied.

Die Einordnung als »Auschwitz des Balkans« zielte vor allem darauf ab, den Verbrechen im international nur wenig bekannten Lager Jasenovac Aufmerksamkeit zu verschaffen, führt aber in verschiedener Hinsicht in die Irre. Zum einen trägt die Kontrastierung von »geordnetem« und »wilden« Töten nicht. Wie verfehlt die Metapher der »Todesfabrik« für Auschwitz ist, hat Michael Wildt dargelegt: »Die Vorstellung des reibungslosen Ineinandergreifens vieler Teile einer großen Maschine entrückt das tatsächliche, brutale, willkürliche und viehische Geschehen. Vielleicht entlastet das Bild von der ›Todesfabrik‹ die Phantasie, sich das Unvorstellbare vor Augen zu führen. Die maschinelle Ordnung, die das Bild suggeriert, hat es in der Wirklichkeit nie gegeben.«[5] Zum anderen darf der analytische Wert der Gleichsetzung der Lager Auschwitz und Jasenovac ange-

---

[4] Siehe bspw. stellvertretend für jugoslawische Autoren Dedijer, Jasenovac, sowie für deutsche Autoren Schiller, Deutschland; dieser Auffassung widerspricht Dulić, Utopias of Nation, S. 279.

[5] Wildt, Geschichte des Nationalsozialismus, S. 175f.

zweifelt werden, insbesondere vor dem Hintergrund, dass ein systematischer Vergleich der Funktionen und Gewaltpraxen beider Lager nie unternommen wurde.[6] Die Lager der Ustaša in den Kontext des internationalen Forschungs- und Diskussionsstandes zu Lagern zu integrieren, wäre daher eine lohnenswerte Aufgabe.

Zygmunt Bauman prägte das Diktum vom 20. Jahrhundert als »Jahrhundert der Lager«.[7] Ausgangspunkt seiner Überlegungen sind modernistische Zugriffe von Staaten auf ihre Bevölkerung: die bürokratische Erfassung der Menschen, groß angelegte Planungen zur Organisation der Gesellschaft und die biowissenschaftlich inspirierte Aufteilung zwischen Entbehrlichen und Unentbehrlichen. Umsiedlungen, Zwangsarbeit und Internierungen werden als die gewalttätigen Folgen dieser Zugriffe identifiziert – und demnach als integrale Bestandteile der Moderne.[8] Das Lager ist laut Bauman die konzentrierte Form dieser Funktionsprinzipien und gibt somit dem Jahrhundert sein Gesicht. Von der ursprünglich mit dem Begriff »Moderne« verknüpften kritischen Intention Baumans, der Warnung, die Ambivalenzen der modernen Zivilgesellschaften im Auge zu behalten, ist in der Diskussion mittlerweile wenig zu finden. Stand das Lager für Bauman paradigmatisch für die Moderne, so lässt sich in der aktuellen Diskussion beobachten, dass für Internierungen verschiedener Couleur die nationalsozialistischen Vernich-

---

[6] Dass die Lager der Ustaša vorschnell als Kopie des Lagersystems der Nationalsozialisten deklariert wurden, gilt nicht nur für Jasenovac. Siehe stellvertretend Goldstein u.a., Holokaust u Zagrebu, S. 283 u. 312.

[7] Bauman, Das Jahrhundert der Lager.

[8] Vgl. Bauman, Modernity; Baumans Werk orientiert sich in vielen Passagen an Hannah Arendts Beschreibung der Konzentrationslager als Kennzeichen totaler Herrschaft. Im Gegensatz zu Bauman geht Arendt jedoch von keiner Kausalität zwischen Moderne und Lagern aus, sondern fragt nach den historischen Ursprüngen totaler Herrschaft (Arendt, Elemente und Ursprünge). Die Gegenposition zu Baumans Denkfigur findet sich bei Jean Améry, der die Integration von Auschwitz in ein groß angelegtes Narrativ der Moderne entschieden kritisierte. Auch aus seiner Erfahrung als ehemaliger Lagerhäftling verwehrte er sich in Auseinandersetzung mit dem Werk Theodor W. Adornos dagegen, »dass wieder einmal Auschwitz herhalten muss, ein dialektisches Exerzitium zu inspirieren« (Améry, Jargon der Dialektik, S. 266f.). Unter großer öffentlicher Aufmerksamkeit stellt auch Giorgio Agamben das Konzentrationslager als zentrales Moment der Moderne in seinem biopolitisch inspirierten Werk »Homo sacer« heraus.

tungslager als Referenzpunkt bemüht werden.[9] Im Gegensatz zu Beispielen aus den Jugoslawienkriegen der 1990er Jahre oder Guantanamo Bay liegt dieser Vergleich im Fall der Lager der Ustaša sogar nahe. Doch selbst die Zwangslager von mit den Deutschen verbündeten Faschisten waren keine reine Kopien nationalsozialistischer Lager. Zwar orientierten sich die verantwortlichen Administratoren der Lager der Ustaša am deutschen KZ-System, wie zwei Inspektionsreisen nach Oranienburg belegen. Angesichts der Gewaltdynamiken in den Lagern der Ustaša sind solche Transfers jedoch von nachrangiger Bedeutung.

Für das System der Ustaša stellt sich die Frage nach den genauen Funktionen der Lager, der Bedeutung deutscher Vorbilder sowie dem deutschen Einfluss. Die jüngeren Forschungserkenntnisse zum nationalsozialistischen Lagersystem bieten reiche Anknüpfungspunkte, die bei der Analyse der Lager Ustaša berücksichtigt werden müssen.[10] Dadurch können neben strukturellen Ähnlichkeiten auch Unterschiede identifiziert werden, die zeigen, dass es sich beim Lagersystem der Ustaša um einen Gewaltraum mit spezifischen Dynamiken und Herrschaftslogiken handelte. Da die Ustaša gerade einmal vier Jahre lang an der Macht war, verfügte sie über keine Vorkriegserfahrung im Bezug auf Lager; deshalb blieben diese stärker noch als die deutschen Lager des Zweiten Weltkriegs Provisorien, in denen meist nicht einmal die erste Planstufe erreicht wurde.

Im Folgenden kann keine erschöpfende Geschichte der kroatischen Konzentrationslager erzählt werden, das würde den Rahmen dieser Arbeit sprengen. Stattdessen sollen aufbauend auf der existierenden Literatur typische Charakteristika der Gewalt in den Lagern analysiert und ihre Kulminationspunkte betrachtet werden. Im Fokus steht zunächst der westkroatische Lagerkomplex von Gospić, in dem die Ustaša bereits im Frühsommer 1941 damit begann, Gefan-

---

9 Zu Konzentrationslagervergleichen in den Jugoslawienkriegen siehe bspw. die Äußerungen des damaligen deutschen Verteidigungsministers Rudolf Scharping, siehe »Hinweise auf serbische Konzentrationslager«, in *Spiegel Online* 13/1999, 31. März 1999 [31. 05. 2012]. Eine Analyse, die die Phänomene Auschwitz und Guantanamo Bay miteinander verbindet, findet sich bspw. bei Agamben, Ausnahmezustand.

10 Für einen Forschungsüberblick siehe Herbert u.a., Die nationalsozialistischen Konzentrationslager; zu Hauptlagern vgl. bspw. Kaienburg, Nationalsozialistische Konzentrationslager; zum System der Außenlager am Beispiel Neuengammes vgl. Buggeln, Arbeit und Gewalt.

gene in großer Zahl zu ermorden. Im zweiten Abschnitt werden die Versuche geschildert, ein funktionierendes Lagersystem mit Jasenovac als Zentrum aufzubauen. Damit schuf die Ustaša einen extremen, multifunktionalen und in vielerlei Hinsicht dysfunktionalen Gewaltraum, in dem die Lagerverwaltung über dreieinhalb Jahre hinweg Massenmorde verübte. Das Kapitel interessiert sich auch dafür, welche inneren wie äußeren Faktoren auf die Täter des Massenmordes einwirkten, diesen beschleunigten und bremsten. Schließlich wird auf die Kooperation und die Konflikte zwischen den Vertretern des Deutschen Reiches und der kroatischen Regierung hinsichtlich der Lager und der Deportation der Juden aus Kroatien nach Auschwitz eingegangen.

Die Tötungsstätten der Ustaša in Westkroatien, Sommer 1941

Nach der Machtübernahme errichtete die Ustaša in kurzer Zeit ein Netz von größeren und kleineren Lagern unterschiedlicher Funktion, das den gesamten USK umspannte. Die Haftstätten dienten dazu, vermeintliche Regimegegner festzusetzen, bei denen es sich mehrheitlich um Serben und Juden handelte. Darüber hinaus wurden Umsiedlungs- und Transitlager errichtet, durch die sowohl die von der deutschen Sipo in den USK deportierten Slowenen sowie die nach Serbien zu deportierenden Serben geschleust wurden. Doch schon bald verschwammen die Grenzen zwischen den beiden Formen. Die meisten Lager befanden sich in Gebieten mit mehrheitlich serbischer Bevölkerung. So dienten sie als militärische Stützpunkte, von denen aus die Kommandounternehmen der Milizen starteten, als Kontrollschwerpunkte von Regionen, in denen die Ustaša keinen Rückhalt hatte, und als Orte konzentrierten Terrors, in denen die Gegner der Ustaša interniert bzw. vernichtet werden konnten.[11]

Die Konzentrations- und Sammellager in Kroatien unterstanden der dritten Abteilung des Ustaša-Aufsichtsdienstes unter Vjekoslav Luburić. Sein direkter Vorgesetzter war Eugen Kvaternik, der wie-

[11] Siehe Teil II: »Ordnende Gewalt«; vgl. auch Korb, La Construction nationale.

derum Ante Pavelić' Befehlsgewalt unterstand.[12] Nach den Besuchen führender Sicherheitsoffiziere der Ustaša, darunter Luburić und Kvaternik, in Berlin und Oranienburg flossen an das NS-Lagersystem angelehnte Elemente beim Ausbau der kroatischen Lager mit ein. Dazu zählen die Ankunft, Registrierung und Unterbringung der Häftlinge, die Appelle, die Organisation der Zwangsarbeit, das System der Funktionshäftlinge sowie die unterschiedliche Behandlung der heterogenen Häftlingsgruppen in verschiedenen Sektionen im Lager. Die Gefangenen wurden nummeriert und zeitweise je nach Gruppenzugehörigkeit farblich unterschiedlich markiert.[13]

Gewaltgemeinschaft: Das kroatische Lagerpersonal

Die Forschungen zu den Tätern und Täterinnen in den Konzentrationslagern, zu ihren Kommandostrukturen, ihrer lagerspezifischen Sozialisation und zu den Gewaltdynamiken an ihrem Arbeitsplatz eröffneten Perspektiven auf das Verhältnis zwischen politisch-ideologischen Faktoren auf der einen und Elementen wie Gruppendruck und zunehmender Verrohung auf der anderen Seite.[14] Forschungen zur Lager-Ustaša als einer eingeschworenen Gewaltgemeinschaft stehen indes weiterhin aus.

Wie die meisten Leitungspositionen der Ustaša waren die Kommandanturen der Lager mit ehemaligen Exilanten besetzt, die treu zu Pavelić standen und eine eingeschworene Gewaltgemeinschaft bildeten. Der Befehlshaber der Ustaša-Polizei Božidar Cerovski (1902–1947) wurde zum Verantwortlichen für die Durchführung von Verhaftungen und Deportationen ernannt, während Mijo Babić (1903–1941) innerhalb des Ustaša-Aufsichtsdienstes zum Ober-

---

[12] Vgl. Dulić, Utopias of Nation, S. 257; auch in Verhören führender Ustaša-Funktionäre wird die Befehlskette von Pavelić über E. Kvaternik zu den Lagerkommandanten betont, siehe bspw. den Auszug des Verhörs Ljubo Miloš', auszugsweise abgedr. in: Miletić, Koncentracioni logor Jasenovac a, S. 1010ff., hier S. 1012. Da Miloš' Angaben sich teilweise mit den Aussagen Überlebender und z.T. mit weiteren Quellen decken, wird seinem Verhör und seinem Elaborat zur Geschichte des Lagers (abgedr. in: Miletić, Koncentracioni logor Jasenovac a, S. 1051ff.) im Allgemeinen ein recht hoher Quellenwert beigemessen, siehe Goldstein u.a., Holokaust u Zagrebu, S. 311.

[13] Vgl. Goldstein u.a., Holokaust u Zagrebu, S. 317ff.

[14] Zu Aufseherinnen in Majdanek vgl. Mailänder Koslov, Gewalt im Dienstalltag.

Abb. 26: Zahlreiche Propagandafotografien aus Jasenovac suggerieren einen effektiv organisierten Arbeitseinsatz im Lager, wie beispielsweise diese Aufnahme von Häftlingen beim Flechten von Körben. Tatsächlich wurde jedoch kaum etwas im Lager produziert.
USHMM, #68307 (Jewish Historical Museum, Belgrade)

befehlshaber aller Konzentrationslager aufstieg.[15] Aus dem Umfeld regionaler Ustaša-Gruppen – Bekannten, Familienangehörigen und Sympathisanten – arbeitete sich eine Reihe von Männern innerhalb des Lagersystems hoch. Zahlreiche kroatische Nationalisten wie auch unpolitische Mitläufer waren durch ihre Mitgliedschaft in Milizen seit dem Frühsommer 1941 in einen immer dichteren Kreislauf der Gewalt geraten, auch aus diesen Gruppen rekrutierte sich das Lagerpersonal. Das Gros des Personals von Jasenovac hatte bei der Gründung des Lagers im August 1941 bereits eine beachtliche Gewaltkarriere hinter sich. Dulić bezeichnet diesen Teil der Täter, den er anhand eines der Haupttäter von Jasenovac, Miroslav Filipović (1915–1946), exemplarisch untersucht hat, als »Tötungselite«.[16]

[15] Vgl. Goldstein u.a., Holokaust u Zagrebu, S. 20, sowie Grčić, Tko je tko, S. 67f.

[16] Vgl. Dulić, Utopias of Nation, S. 270f. Filipović' Gewaltkarriere verlief insofern nicht immer gradlinig, als er wegen seiner Beteiligung an Ausschreitungen eine Haftstrafe verbüßen musste, allerdings nach kurzer Zeit wieder begnadigt wurde.

Auch Filipović begann als einfacher Milizionär, nahm allerdings als katholischer Priester und Seelsorger seines Verbandes eine Sonderrolle ein. Am Beispiel seines Aufstiegs zum hochrangigen Lageradministrator beschreibt Dulić die Bedeutung von Gruppenzwang und von Autoritätshörigkeit für die Täter sowie die Art und Weise, in der sie die Gewalt rationalisierten. Das Beispiel Filipović', der erst Anfang 1942 zur Ustaša gestoßen war, zeigt auch, dass die Wachmänner keine lange Verbindung zur Bewegung haben mussten, um im Lagersystem aufzusteigen und sich an das System der Gewalt zu gewöhnen. Entscheidend für die Sozialisierung der Gewalttäter und ihre Habitualisierung an die Gewalt waren eben nicht nur das Vorleben oder die Ideologie des Wachpersonals, sondern auch der unmittelbare zeitliche wie räumliche Kontext. Ähnliches hat der Historiker Marc Buggeln am Beispiel des KZ-Komplexes Neuengamme während des Krieges festgestellt: Neu rekrutierte Wachmänner, selbst wenn sie von außerhalb der SS kamen, adaptierten sehr schnell die im Lager herrschenden Gewaltstandards. Mit anderen Worten: Sie mussten nicht lange trainiert werden, um im Lager zu brutalen Aufsehern zu werden. Der Habitus des Ustaša-Wachmanns entwickelte sich also im Lager selbst. Dort gewöhnten sich die Männer ans Töten, an einen massiven Konsum von Alkohol, und dort kämpften sie mit den aus ihrem Alltag resultierenden psychischen Problemen.

Der Kampf, den die Lagerleitung gegen die daraus folgenden Disziplinlosigkeiten und Auflösungserscheinungen führte, ist vergleichbar mit den Versuchen der Ustaša-Führung, die irregulären Milizen zu kontrollieren. Er war von vornherein aussichtslos, denn die Führung hielt ja an der Struktur fest, aus der genau solche Taten erwuchsen. So wurde zwar in einer Vielzahl von Fällen gegen Wachmänner wegen Unterschlagung, Raub oder Vergewaltigung ermittelt, doch das Verhalten der korrupten und an Willkür gewohnten Milizionäre änderte sich dadurch kaum. Die Lager-Ustaša erschoss in Jasenovac zahlreiche Häftlinge wegen angeblicher Korruption. Mehr noch aber verweist die beträchtliche Zahl an Wachleuten, die wegen Diebstahls oder Hehlerei exekutiert wurden, darauf, dass die Lagerleitung die Korruption im Lager nicht in den Griff bekam.[17]

[17] Siehe die Aussage Mladen Iveković', abgedr. in: Miletić, Koncentracioni logor Jasenovac a, S. 870ff., sowie Kolar-Dimitrijević, Sjećanja veterinara Zorka Goluba; siehe auch Verhör des Ljubo Miloš, abgedr. in: Miletić, Koncentracioni logor Jasenovac a, S. 1010ff., hier S. 1063.

Darüber hinaus ließ die Lagerleitung Dutzende Ustaša-Männer wegen diverser Vergehen im Häftlingslager inhaftieren, was der Gewalt jedoch förderlich war. Denn diese bildeten fortan eine besonders brutale Häftlingsgruppe bzw. Verfügungstruppe innerhalb der Lager.[18]

Abb. 27: Wachleute der Ustaša im Lager Jasenovac, undatierte Aufnahme. USHM, #90181 (Muzej Revolucije Narodnosti Jugoslavije)

Die Massentötungen in den Lagern stellen eine eigenständige Gewaltform dar. Zwar ähneln sie vielfach der Eskalation der Milizgewalt in den Provinzen, doch führten der Kontext und die Logiken des Lagers zur Herausbildung einiger Besonderheiten der Lagergewalt. Zunächst ist festzuhalten, dass die Wachmannschaften mit ihren Häftlingen in den meisten Fällen in einem längeren direkten interaktiven Verhältnis standen, was zu einer Verstetigung der Gewalt führte. Die Lagerverwaltung musste sich überlegen, ob und wie sie Gefangene ernähren, unterbringen und zu welcher Art von Zwangsarbeit sie sie heranführen sollte. Dafür waren Ressourcen wie Nahrungsmittel und Baumaterialien sowie die Schaffung einer Infrastruktur erforderlich. Selbst wenn die Tötung eines Teils der Gefangenen von Anfang an intendiert war, bedurfte die Ustaša der Arbeitskraft Hunderter Häftlinge.

Durch Strukturen, wie ein reglementiertes Gewaltregime im Lagerinneren, die Selektion von Facharbeitern, die Errichtung fester Plätze für das Töten sowie die Beanspruchung der Arbeitskraft der Häftlinge auch für den Tötungsprozess, unterscheidet sich die Gewalt in den Lagern von den Massakern in den Provinzen. Auch verfügten die Häftlinge im Lager verglichen mit der verfolgten Zivilbevölkerung auf dem Land über geringere Handlungsspielräume.

---

[18] Für arretierte Ustaše, die sich im Lager »bewähren« sollten, vgl. Dulić, Utopias of Nation, S. 270ff.

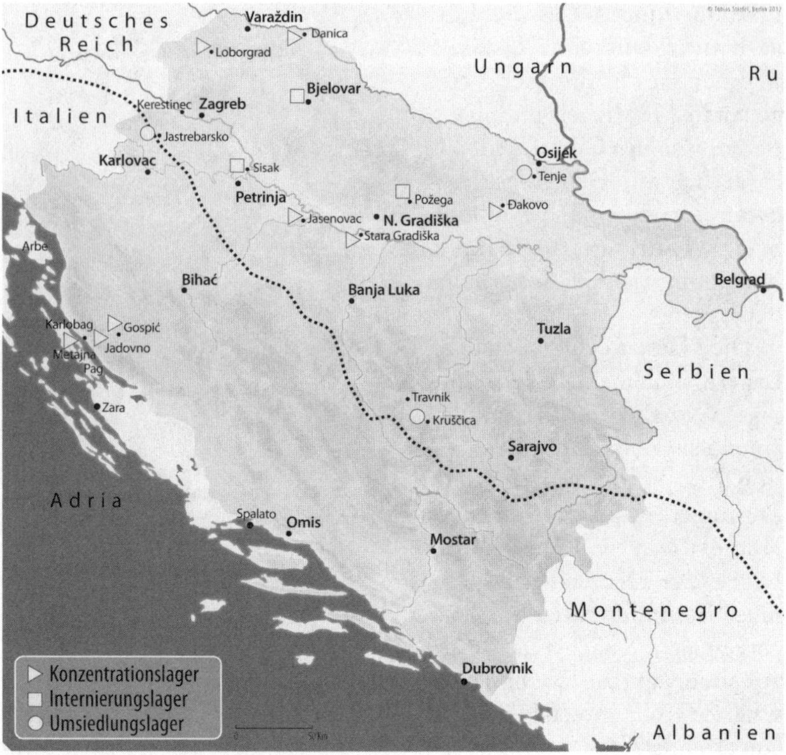

Abb. 28: Das Lagersystem der Ustaša.
© Tobias Stiefel

Ähnliches galt auch aufseiten der Täter, bedingten doch die hierarchische Struktur im Lager und die Verregelung der Gewalt geringere Spielräume im Vergleich zu den Angehörigen der mobilen Milizen. Ein weiterer Unterschied besteht darin, dass in einigen Lagern auch Aufseherinnen arbeiteten, die für die Bewachung der Frauenabteilungen verantwortlich waren. Dieser Aspekt der Gewaltherrschaft der Ustaša ist jedoch kaum erforscht.[19]

---

[19] Vgl. Lengel-Krizman, A Contribution, sowie Bitunjac, Intelektualke u ženskoj lozi. Bereits am 29. Mai 1945 wurde die Leiterin der Frauenabteilung des Lagers Stara Gradiška durch ein Militärgericht in Zagreb zum Tode verurteilt, siehe *Borba*, 30. Mai 1941.

Erste Massenmorde: Der Lagerkomplex Gospić

Im Juni und Juli 1941 begann die Polizei in zahlreichen Kommunen, jüdische und serbische Bürger zu verhaften und in Konzentrationslager abzuschieben. Infolge Pavelić' Erlass vom 26. Juni 1941, die kroatischen Juden in Lagern zu internieren, bezog die Polizei erstmalig Frauen und Kinder in die Verhaftungen mit ein. Insgesamt wurden in dieser Phase des kroatischen KZ-Systems bis zu 2500 Juden, also etwa 5 Prozent der jüdischen Gesamtbevölkerung, deportiert. Zunächst wurden sie in der Regel in Transit- oder Sammellagern in der Nähe ihrer Wohnorte registriert und von ihren Familien getrennt. Bestimmte Gefangene wurden wieder nach Hause entlassen.[20] Als Auffanglager diente ein Komplex von Lagern in der Umgebung der likanischen Stadt Gospić, der ab Mitte Juni 1941 unter der Führung des örtlichen Polizeibefehlshabers Stjepan Rubinić (1909–?) aufgebaut wurde. Rubinić war ein eigenwilliger Kommandeur, der sich, als das kroatische Innenministerium einmal die Freilassung bestimmter Häftlinge forderte, über dessen vermeintlich verweichlichte Haltung mokierte und auch heftige Konflikte mit der deutschen Wehrmacht nicht scheute.[21]

Infolge von Pavelić' Deportationserlass vom Juni bestimmte die Ustaša-Polizei im Juli 1941 Gospić zum Zentrallager für alle serbischen wie jüdischen »Kommunisten«.[22] Insgesamt wurden im Juni und Juli 1941 bis zu 30000 Häftlinge sowohl aus anderen Konzentrationslagern wie auch aus Kommunen überall im Land meist mit dem Zug nach Gospić deportiert und dort auf verschiedene Lager verteilt, wo sie zu Zwangsarbeit auf den Feldern sowie beim Bau von Straßen eingesetzt wurden.[23] In zweien dieser Außenlager, in Slana

---

[20] Vgl. Goldstein u.a., Holokaust u Zagrebu, S. 262f.

[21] DGA, Bericht (Anlage 2), 26. Oktober 1942, BA-MA/RH 31 III/7, o. lfd. Nr.

[22] RUR an alle VŽ, 23. Juli 1941, YVA/M.70/74, Bl. 18, sowie Schreiben RAVSIGUR an alle VŽ, 30. Juli 1941, YVA/M.70/47, Bl. 4. Laut dem Dekret sollten kroatische und muslimische Kommunisten in andere Lager verschickt werden, kamen jedoch in Ausnahmefällen ebenfalls nach Gospić. Einer Nachkriegsausage Rubinić' zufolge war bis auf ca. 3000 Juden und 1000 Kroaten die große Mehrheit der Gefangenen Serben, vgl. Goldstein u.a., Holokaust u Zagrebu, S. 279f.

[23] Die erste detaillierte Aussage über die Gospićer Lager verfasste im Dezember 1943 der Zagreber Rechtsanwalt Dr. Edo Neufeld, dem die Flucht aus dem Lager über Italien in die Schweiz gelungen war, siehe Neufeld, Svjedočanstvo preživjelog; siehe des Weiteren die eidesstattlichen Versicherungen

auf der Insel Pag sowie in Jadovno im Velebit-Gebirge, waren die Bedingungen besonders mörderisch. Sie waren offenbar vor allem für Häftlinge vorgesehen, die als besonders gefährlich galten oder zusätzlich bestraft werden sollten. Errichtet wurden diese Außenlager bereits Ende Juni 1941, und zwar an aus ökonomischer Sicht völlig unproduktiven Standorten.

Den Schilderungen eines italienische Armeebeobachters zufolge entstand auf der Insel Pag »das Lager für die Unerwünschten« (*indesiderabili*).[24] Bis zu 3000 Gefangene wurden ab dem 25. Juni 1941 per Boot von Karlobag auf die Insel gebracht.[25] An der Nordspitze der Insel ließ die Lagerleitung der Ustaša auf einem unwirtlichen Felsplateau ein Lager für männliche Gefangene errichten. Auch serbische und weibliche jüdische Häftlinge und Kinder wurden auf die Insel deportiert und dort im einige Kilometer südlich des Männerlagers gelegenen Dorf Metajna untergebracht, in dem sich auch der Sitz der Wachmannschaften befand. Für die Überwachung sorgten bis zu 300 Mitglieder der Ustaša-Miliz.

Eine zweite Gruppe von etwa 3000 Gefangenen verbrachten die Ustaše in das Männerlager Jadovno, das sich auf einer Waldlichtung in 1200 Meter Höhe im Küstengebirge befand. Die ersten Häftlinge waren mit Rodungsarbeiten beschäftigt und mussten für die Ustaša Baracken bauen, während die Gefangenen unter freiem Himmel in behelfsmäßigen Unterkünften schliefen.[26] In beiden Lagern trafen stetig neue Transporte ein. Ein Teil der Häftlinge wurde während der kurzen Zeit des Bestehens der Lager vor Ort getötet, wenn die Unterbringungskapazitäten überschritten wurden.[27]

Die Zustände auf Pag wie auch in Jadovno kommen dem recht nahe, was Pavelić in seinem Erlass Ende Juni 1941 angekündigt hatte, dass nämlich die kroatischen Juden »in Arbeitslagern unter

---

Dr. Emil Freundlichs vom 6. März 1958 in Jerusalem, Dr. Bela Hohšteters vom 12. April 1958 in Zagreb, sowie Dr. Milan Polaks vom 4. Mai 1958 in Jerusalem (YVA/O.10/123, Bl. 12ff.)

[24] Militärposten Nr. 10 an Kdo. 2. ital. Armee, 1. August 1941, YVA/O.10/64, Bl. 3.

[25] Zu Zeugenaussagen zum Frauenaußenlager siehe Zatezalo, Jadovno, S. 218ff. Die Zeugenaussage eines an der Verschiffung beteiligten Fischers zitieren Peršen, Ustaški logori, S. 98f., sowie Goldstein u.a., Holokaust u Zagrebu, S. 282ff.

[26] Vgl. Peršen, Ustaški logori, S. 90.

[27] Vgl. Goldstein, Holokaust u Zagrebu, S. 291ff.

freiem Himmel« untergebracht werden sollten.[28] Darüber hinaus spiegeln sich in der Praxis der Lager, die der Ustaša-Aufsichtsdienst schuf, auch die öffentlichen Verlautbarungen hinsichtlich der »Lösung der jüdischen Frage«, die durch den Einsatz von Juden bei Entwässerungs- und Entsalzungsarbeiten an der Küste und auf adriatischen Inseln erfolgen sollte.[29] Italienische Berichte, nach denen große Mengen an Baumaterial auf die Insel Pag geschafft wurden, angeblich um Straßen zu bauen, verweisen überdies darauf, dass die Propaganda von den »Arbeitslagern« keine reine Fiktion war.[30] Nach wie vor dürfte es das Ziel der kroatischen Führung gewesen sein, die als fünfte Kolonne geltenden Juden und einen Teil der serbischen Bevölkerung aus den kroatischen Städten zu entfernen, sie in Lager zu verschleppen und ihre Arbeitskraft in entlegenen Gebieten auszubeuten. Die Tatsache, dass Milizen der Ustaša zur gleichen Zeit bereits Massaker verübt hatten, die zum Teil von der Ustaša-Führung gebilligt wurden, legt jedoch die Frage nahe, ob der Ustaša-Aufsichtsdienst, in dem ohnehin besonders radikale Teile der Ustaša vereint waren, nicht von Anfang an Massentötungen der serbischen und jüdischen Häftlinge intendierte. Die Wachleute selbst schätzten die Überlebenschancen in beiden Lagern jedenfalls als sehr gering ein. Dies wird nicht zuletzt daraus ersichtlich, dass einige von ihnen, die unter den Deportierten Bekannte erkannten, dafür sorgten, dass diese nicht nach Jadovno oder Pag überstellt wurden.[31]

Da es nur wenige Überlebende dieser Lager gab, wurden in der Forschung sowohl Pag als auch Jadovno als Vernichtungs- bzw. Todeslager eingestuft. Die Ustaša habe Serben und Juden mit dem alleinigen Ziel dorthin verbracht, sie zu vernichten.[32] In der Tat war

---

28 MVP, Außerordentliche Gesetzesverordnung und Befehl Pavelić', 26. Juni 1941, AVII/NDH/234, 4/4, 20–22.

29 *Neue Ordnung*, Nr. 3, 13. Juli 1941, S. 6, sowie *Berliner Börsen-Zeitung. Tageszeitung für Politik u. Wirtschaft, für Wehrfragen, Kultur u. Unterhaltung*, Jg. 88, Nr. 424 (Ausg. Abend), 8. September 1942, S. 2.

30 Militärposten Nr. 10 (Pag) an Kdo. ital. 2. Armee, 1. August 1941, YVA/O.10/64, Bl. 3.

31 Dies gilt für eine Gruppe von zehn jüdischen Häftlingen, die ein höherer Offizier der Ustaša aus Jadovno zurück nach Gospić beorderte, vermutlich, da sie in Zagreb seine Schulkameraden gewesen waren (Goldstein u. a., Holokaust u Zagrebu, S. 297); siehe auch Švarc, Kako sam preživio.

32 Bspw. betont Zatezalo, dass die Ustaše mit Jadovno bereits ein Vernichtungslager errichtet hätten, Monate bevor die Gaskammern von Auschwitz und Treblinka in Betrieb genommen worden seien, um den aus seiner Sicht

die Behandlung der Häftlinge mörderisch, und ihr Leben wurde in keiner Weise geschont. Unterernährung, schwere und oft sinnlose körperliche Arbeit, Misshandlungen und Folter machten das Leben in beiden Lagern zur Hölle. Serben und Juden wurden in verschiedene Häftlingsgruppen aufgeteilt, zwischen denen Kontakte untersagt waren. Berichten überlebender jüdischer Häftlinge zufolge behandelte die Ustaša die serbischen Häftlinge zu Beginn deutlich brutaler als die Juden.[33] Dies weist darauf hin, dass die Serben gerade während der Anfangsphase als Hauptfeind der Ustaša galten. Die Trennung der Häftlinge passte zu dem Vorhaben, die Gesellschaft, in diesem Fall die Häftlingsgesellschaft, zu ethnisieren und sie gegeneinander aufzuhetzen. Dabei gelang es der Ustaša, bestehende Vorurteile zu aktivieren und zu verstärken, wie nicht zuletzt der virulente Antisemitismus in den Lagern belegt.[34] Auf der anderen Seite gibt es zahlreiche Beispiele der gegenseitigen Solidarität unter Serben und Juden, die die Grenzen der Ethnokratie der Ustaša auch in den Lagern aufzeigen.[35]

Nach einigen Wochen begannen die Wachmannschaften der Ustaša sowohl in Jadovno als auch auf Pag mit Massentötungen von Häftlingen. Auf Pag wurden am 3. Juli 1941 55 ältere jüdische Häftlinge aus dem Lager gebracht und laut Nachkriegsaussagen eines der

---

exzeptionellen Charakter des Lagers zu unterstreichen, siehe Zatezalo, Jadovno, S. 761. Goldstein stuft das Lager auf Pag als »echtes Todeslager« ein, Goldstein u. a., Holokaust u Zagrebu, S. 291.

[33] Siehe Neufeld, Svjedočanstvo preživjelog; siehe auch Aussage Oto Radans abgedr. in: Zemljar, Haron i Sudbine, S. 72f.

[34] Ein Beispiel für virulenten Antisemitismus ist der Bericht des Ing. Blažić Seligmann über seinen Aufenthalt in Jasenovac vom 1. Januar 1944 (YVA/O.10/79, Bl. 20). Seligmann sagte, erst im Lager sei er wegen des Verhaltens jüdischer Häftlinge zum Antisemit geworden. Goldstein hält es für plausibel, dass die vor 1945 aufgenommenen Aussagen ehemaliger Häftlinge bei der Transkription in ihrem Antisemitismus verschärft und somit verfälscht wurden, siehe Goldstein u. a., Holokaust u Zagrebu, S. 341. Dabei nimmt er Bezug auf die am 11. März 1942 in Serbien aufgenommene Aussage Vojislav Prnjatović', abgedr. in: Miletić, Koncentracioni logor Jasenovac b, S. 106ff.; auch Dulić betont das Interesse serbischer Behörden, die die Aussagen aufnahmen, an einer antisemitischen Grundtendenz, siehe Dulić, Mapping out the »Wasteland« sowie die Einleitung.

[35] Für Beispiele siehe Dulić, Utopias of Nation, S. 157; siehe auch das Interview mit dem serbischen Überlebenden Miloš Despot, Interview vom 26. Juli 1997, USHMMA/Tobi Herr Collection, RG-50.468/10, Tape 1.

Täter in einiger Entfernung in einer Höhle getötet.[36] Auch in den folgenden Wochen führten die Wachmannschaften Massentötungen einzelner Gruppen durch, und die Häftlinge im Lager, die meist in der Nacht Maschinengewehrfeuer hörten, machten sich keine Hoffnungen, dass ihre weggebrachten Mitgefangenen überleben könnten.[37] Einige Häftlingsgruppen wurden unmittelbar nach ihrer Ankunft erschossen, wie beispielsweise 165 jüdische Jugendliche, die bereits Ende Mai wegen ihrer vermeintlich linken Gesinnung von der Polizei in Zagreb verhaftet und am 10. Juli 1941 aus dem KZ Danica nach Jadovno überstellt worden waren.[38] Der Transport von einem KZ in ein anderes, abgelegenes Lager legt nahe, dass die Ermordung der Gefangenen alleiniger Zweck der Verlegung war. Allerdings wird in der Forschung darauf verwiesen, dass die Wachmannschaften auch in dem Fall (ausgewählte) Häftlinge töteten, wenn die Kapazitäten des Lagers für die weitere Aufnahme von Häftlingen erschöpft waren. Deshalb stellt sich die Frage, ob Transporte, wie der vom 10. Juli 1941, mit dem Ziel der Vernichtung nach Westkroatien verschickt wurden oder ob die Gefangenen nicht getötet worden wären, wenn es mehr Platz im Lager gegeben hätte. Vor dem Hintergrund der Quellenlage lässt sich die Frage nicht abschließend beantworten. Die Taten belegen indes die Mordbereitschaft der Täter, die sich bewusst für die Tötung bestimmter Häftlingsgruppen entschieden.

Die Tatsache, dass zunächst vor allem jüdische Häftlinge von den Massentötungen betroffen waren, ist angesichts der brutaleren Behandlung der serbischen Häftlinge erstaunlich. Ob dies am relativ hohen Anteil jüdischer Häftlinge, an persönlichen oder politischen Spezifika der Opfer lag – einige hatten vor dem Krieg als Anwälte gegen Ustaše prozessiert –, oder ob es sich um einen planmäßigen Angriff auf jüdische Häftlinge als solchen handelte, lässt sich bislang nicht beantworten. Möglicherweise hatte die strikte Unterteilung in jüdische und in serbische Häftlinge auch besondere Dynamiken im Lager zur Folge. Allerdings wurden in den folgenden Wochen ver-

---

36 Peršen, Ustaški logori, S. 96; siehe Aussage Oto Radans abgedr. in: Zemljar, Haron i Sudbine, S. 113f.

37 Siehe ebenda, S. 71f.

38 Vgl. Lengel-Krizman u.a., Hapšenje 165 omladinaca, S. 7ff., sowie Peršen, Ustaški logori, S. 84; für den Bericht eines Überlebenden aus der Gruppe siehe Aussage des Bozo Švarc, Nr. 571/45, 17. Juli 1945, HR HDA/ZKRZ-GUZ 2235/6–45, k. 11; siehe auch Švarc, Kako sam preživio.

stärkt auch Gruppen serbischer Häftlinge ermordet. Häftlinge beider Gruppen, die die Haft in Gospić überlebten, wurden anschließend nach Jasenovac deportiert. Die Anzahl derer, die überlebten, ist minimal. Nur sechs männliche und drei weibliche jüdische Gefangene, die zuvor im Lager Pag waren, erlebten die Befreiung.[39]

Die Diskussion um den Grad der Planung und Intentionalität beim Einsetzen des Massenmords an den Häftlingen im August 1941 kann nicht geführt werden, ohne die Dynamiken, die der Einmarsch der italienischen Armee in Westkroatien auslöste, miteinzubeziehen. Denn der Einmarsch und die anschließende Entmachtung der Ustaša verliefen keineswegs sanft, sondern waren begleitet von heftigen Eruptionen der Gewalt. Auf kroatischer Seite herrschte eine Art paranoider Angst vor der Politik der italienischen Armee. So fühlten sich die Administratoren des Lagers Gospić ständig durch das italienische Militär observiert.[40] Eine Annektierung Westkroatiens durch Italien schien unmittelbar bevorzustehen. Allein deshalb galt es, eine Befreiung der Häftlinge durch die Italiener unbedingt zu verhindern. Am 23. August 1941 befahl der Ustaša-Aufsichtsdienst die Auflösung der Lager und die Evakuierung ins Landesinnere – eine organisatorische Herausforderung, die zu bewältigen die Ustaše aufgrund des Chaos in den Tagen der Auflösung und wegen der mangelnden Transportkapazitäten gar nicht in der Lage waren. Mehr noch als für das in den Bergen gelegene Lager Jadovno gilt dies für Pag, von wo aus die Wachmannschaften nur einige Schiffe mit Häftlingen auf das Festland bringen konnten.[41] Die Ustaša war offenbar keinesfalls bereit, die Gefangenen in die Hände der Italiener fallen zu lassen. Dabei unterlag sie jedoch einer radikalen Fehleinschätzung, denn die italienischen Soldaten hinderten die KZ-Wachmannschaften in keiner Weise daran, die Gefangenen ins Landesinnere zu verlegen.[42]

Wie auch immer, die Ustaša-Wachmannschaften begannen, ganze Gruppen von Gefangenen zu töten. Sowohl den einrückenden ita-

---

[39] Vgl. Goldstein u. a., Holokaust u Zagrebu, S. 292.

[40] RUR an OUS, 12. August 1941, USHMMA/1998.A.0019/7, ZO 4133/41.

[41] Zit. n. Goldstein u. a., Holokaust u Zagrebu, S. 291 f., der Aussagen des ehemaligen Ustaša-Lagerpersonals während eines Prozesses im Jahr 1952 in Zadar analysiert.

[42] Vgl. Zatezalo, Jadovno, S. 758.

lienischen Soldaten als auch den Bewohnern aus den umliegenden Gemeinden, die nach dem Abzug der Ustaša einen Blick in die Lager wagten, bot sich ein schreckliches Bild, da sich die Wachmänner nicht die Mühe gemacht hatten, die Leichen zu beseitigen.[43] Aussagen von Fischern und Anwohnern zufolge hatten die Wachmannschaften an der Küste Pags gruppenweise Häftlinge erschossen und ihre Leichen ins Meer geworfen.[44] Einmal mehr stellt sich die Frage, ob die Ustaša die Gefangenen in Jadovno und auf Pag tötete, weil sie die Ermordung dieser Häftlinge ohnehin intendierte, oder aber ob den Häftlingen nicht auch die Abgelegenheit beider Lagerstandorte zum Verhängnis wurde, da es der Ustaša nicht gelingen konnte, die Gefangenen von dort abzutransportieren. Ustaša-interne Untersuchungen gegen den Lagerkommandanten Rubinić wegen der missglückten Evakuierung der Lager samt ihrer Häftlinge deuten darauf hin, dass seine Vorgesetzten mit dem Verlauf nicht zufrieden waren.[45]

Rubinić wurde mit einigen anderen Ustaše aus seinem Stab am 13. September 1941 im Lager Jastrebarsko verhaftet. In den anschließenden Untersuchungen stand die Frage im Vordergrund, wer die »Evakuierung« des Lagers Jadovno überhaupt angeordnet habe. Damit war möglicherweise nicht die Verlegung des Lagers an sich gemeint, sondern das Massaker an den Häftlingen, da die Verlegung der Lager an sich unstrittig war. Dies bestätigte der Kommandant aller KZ der Ustaša, Vjekoslav Luburić, der in der Untersuchung die Schwierigkeiten betonte, die abgelegenen Lager mit Nahrungsmitteln und Baumaterial zu versorgen. Aus Sicht der Ustaša-Führung war die Verlegung aufgrund der italienischen Besetzung alternativlos. Neben seinem eigenmächtigen Handeln wurden Rubinić Unterschlagungen sowie sexuelle Übergriffe auf Häftlinge vorgeworfen. Er gab zu Protokoll, dass er sich mit der Aufgabe, die Lager ins Lan-

---

[43] Vgl. Shelah, Heshbon Damim, S. 35ff., sowie Goldstein u.a., Holokaust u Zagrebu, S. 292.

[44] 10. Militärposten an Kdo. 2. ital. Armee, 1. August 1941, YVA/O.10/64, Bl. 3.

[45] Die Prozessakten des Straf- und Disziplinargerichts der Ustaša sind erhalten in den Beständen des Innenministeriums, siehe HR HDA/223 (MUP)/RH II/91, k. 150, USIKS 337/41, Akten Nrn. 738–868; zur Befragung Rubinić' siehe Akte Nr. 804; des Weiteren sagten führende Ustaše in dem Verfahren aus; Ivo Goldstein hat den Bestand analysiert, (Goldstein u.a., Holokaust u Zagrebu, S. 299f.).

desinnere zu evakuieren, überfordert gefühlt habe. Innerhalb der Ustaša in Gospić sei er isoliert gewesen und habe einen schweren Stand gehabt. Ein Disziplinargericht verurteilte Rubinić zum Ausschluss aus der Ustaša und zu einer einjährigen Haftstrafe im Lager Stara Gradiška, die er als Funktionshäftling verbüßte.[46]

Auf der Insel Pag exhumierten italienische Truppen nach ihrem Einmarsch etwa 800 Tote und verbrannten diese aus seuchenhygienischen Gründen. Eine Armeekommission dokumentierte die Arbeit.[47] Auch in den Jahren nach dem Krieg wurden einige Massengräber untersucht, doch ein Teil der Tatorte konnte nie gefunden werden. Gerade in der Umgebung des Lagers Jadovno befinden sich unzählige Karsthöhlen, die bis zu 50 Meter in die Tiefe reichen.[48] Auf Pag wiederum waren viele Tote ins Meer geworfen worden. Falls die Transporte nach Gospić überhaupt nach Listen geführt wurden, sind diese vernichtetet worden. Deshalb konnten bislang weder die Gesamtzahl der Häftlinge noch die Anzahl der ermordeten Häftlinge ermittelt werden.[49]

Die Tatsache, dass die Ustaša lange Evakuierungsmärsche geschwächter Häftlinge sowie Massaker unter den Augen italienischer Militärangehöriger durchführen konnte, erschüttert das Bild von den Italienern als Befreiern.[50] Noch bevor die italienische Armee

---

46 Vgl. Goldstein u.a., Holokaust u Zagrebu, S. 299f.

47 Die Dokumentation ist jedoch im italienischen Militärarchiv AUSSME nicht auffindbar. Nicht verifizierbare Auszüge sind abgedr. in: Zemljar, Haron i Sudbine, S. 222ff. (online abrufbar unter http://www.jadovno.com/originalni-dokumenti-talijanske-vojno-sanitetske-sluzbe.html [31. 05. 2012]). Auch eine ähnliche Dokumentation im Archiv des italienischen Außenministerium, auf die Steinberg Bezug nimmt (Steinberg, Deutsche, Italiener und Juden, S. 49), scheint nicht auffindbar. Vgl. des Weiteren Peršen, Ustaški logori, S. 101f.

48 Laut Zatezalo machten die Täter manche der Tatorte unkenntlich, indem sie Beton in die Karsthöhlen schütteten, Zatezalo, Jadovno, S. 738. Jedoch sind Zweifel angebracht, ob sie angesichts der bevorstehenden italienischen Besetzung einen solchen Aufwand betrieben.

49 Zatezalo geht von 32000 in Jadovno und 8000 auf Pag ermordeten Häftlingen aus, von denen 38000 Serben und 2000 Juden gewesen seien, Zatezalo, Jadovno, S. 764f. Allerdings sind die Berechnungen des Autors sehr hoch angesetzt und wegen seines unkritischen Umgangs mit den Quellen wenig plausibel.

50 Zvi Loker verwies früh auf die Indifferenz des italienischen Personals bei der Evakuierung der Gospićer Lager und warf ihm vor, durch sein Nichteingreifen den Tod von Menschen in Kauf genommen zu haben, Loker,

Mitte August in Westkroatien einmarschierte und die Zivilverwaltung übernahm, befanden sich zahlreiche italienische Militärbeobachter, Verbindungsoffiziere und Ausbilder im Gebiet, ohne aber einzugreifen. In den Erinnerungen der Überlebenden der Gospićer Lager kommt die Fassungslosigkeit darüber zum Ausdruck, dass das italienische Militär die Gefangenen komplett ignorierte.[51] Auch als schließlich die Zweite Armee die Gebiete militärisch besetzte, in denen sich die Lager befanden, bedeutete dies nicht automatisch die Rettung der Gefangenen vor der Ustaša. Der Einmarsch der italienischen Verbände und der Abzug der Ustaše samt ihrer Gefangenen überschnitt sich um einige Tage, und es gab sogar Fälle, wie bei der Besetzung von Pag, dass italienische Truppen den Transport der Gefangenen übernahmen und diese anschließend wieder den Ustaše übergaben.[52]

Die Frage, ob auch humanitäre Motive den italienischen Einmarsch leiteten, ist umstritten.[53] Nach dem Historiker Menachem Shelach führten die Erfahrungen, die die italienischen Militärangehörigen in diesen Wochen angesichts der Massaker in Westkroatien gemacht hatten, zum Wendepunkt der italienisch-kroatischen Beziehungen. Die Berichte über die Massaker hätten sogar höchste Stellen in Italien erreicht und dort ein Umdenken in der Haltung gegenüber der Ustaša veranlasst.[54] Angesichts der wochenlangen Tolerierung verschiedener Gewalttaten und der sehr langsamen Wandlung der italienischen Haltung ist dies jedoch unwahrscheinlich. Eher war die atmosphärische Verschlechterung im Verhältnis der Italiener und der Ustaša dafür verantwortlich, dass sich italienische Militärs schließlich dafür entschieden, aktiv gegen die Gewalttaten der Ustaša zu intervenieren.

Die italienische Besetzung Westkroatiens stürzte das KZ-System der Ustaša in eine Krise. Aus den Lagern in und um Gospić wurden insgesamt etwa 4000 Häftlinge zurück in den Osten Kroatiens deportiert. Überstürzt ließ der Ustaša-Aufsichtsdienst außerhalb der

---

Testimony, S. 69. Noch stärker kritisierten jugoslawische Autoren das italienische Verhalten, siehe Löwenthal, Crimes, S. 130, sowie Romano, Jevreji Jugoslavije, S. 154.

51 Vgl. Loker, Testimony, S. 69.

52 Vgl. Zatezalo, Jadovno, S. 758.

53 Vgl. Hodzic, Italienische Historiographie, S. 492ff.

54 Vgl. Shelah, The Italian Rescue, S. 208, sowie ders., Kroatische Juden, S. 185.

Reichweite der Italiener zwei Transitlager einrichten, in die aus Westkroatien evakuierte Häftlinge aufgenommen wurden und später die aus Sarajevo und anderen Städten deportierten Juden. Auf einem Anwesen bei Jastrebarsko, einer zwischen Zagreb und Karlovac gelegenen Kleinstadt, wurden bis zu 1500 jüdische Gefangene untergebracht.[55] In das bereits aus jugoslawischer Zeit existierende Internierungslager Kruščica in Zentralbosnien kamen im September 1941 3000 jüdische und serbische Männer, Frauen und Kinder. Nach der Fertigstellung neuer KZ, wie Jasenovac und Loborgrad im Spätsommer 1941, wurden die Häftlinge dorthin deportiert.[56]

Das Konzentrationslager Jasenovac

Mit der Ermordung der Häftlinge in den Lagern Westkroatiens und der Evakuierung der Überlebenden nach Zentralkroatien verlegte die Ustaša ihre Aktionen in das Konzentrationslager Jasenovac, das der Ustaša-Aufsichtsdienst als das neue Zentrallager konzipiert hatte. Jasenovac war ein aus fünf Hauptabteilungen bestehender Lagerkomplex, der sich entlang des linken Save-Ufers von der Una-Mündung bis Stara-Gradiška hinzog und sich auf etwa 240 Quadratkilometer erstreckte. Bis zur Jahreswende 1941/42 bildeten jüdische und kommunistische Häftlinge die größte Gruppe im Lager, ab 1942 stellten Serben die große Mehrheit der Häftlinge. Viele von ihnen wurden aus der näheren Umgebung des Lagers nach Jasenovac verschleppt.[57] Von diesem Zeitpunkt an stieg auch die Anzahl kroatischer und muslimischer politischer Häftlinge. Roma wurden im Frühsommer 1942 in größeren Gruppen in das Lager deportiert.

Das größte Häftlingslager befand sich im Sektor III (Ciglana). Weibliche Häftlinge wurden vor allem im Sektor V (Stara Gradiška) untergebracht. Die Fluktuation war enorm, da immer wieder kranke

---

[55] Kroatisches Rotes Kreuz an RUR ŽO, 22. August 1941, YVA/M.70/15, Bl. 3. Zur Geschichte des Lagers siehe Milosavljević, Dečji ustaški koncentracioni logor; zu den Aktivitäten des Roten Kreuzes siehe Kevo, Posjet poslanika Crvenog Križa, sowie Kevo, Crveni Križ.

[56] Vgl. Donia, Sarajevo, S. 178, sowie Peršen, Ustaški logori, S. 100.

[57] Vgl. Goldstein u. a., Holokaust u Zagrebu, S. 342.

Abb. 29: Ansicht des Konzentrationslagers Jasenovac im Winter 1941/42. USHMM, #67090 (Yad Vashem Photo Archives, Courtesy of Milan Bulajic)

oder geschwächte Häftlinge starben oder getötet wurden und fast wöchentlich neue Transporte im Lager eintrafen.[58] Die Häftlinge wurden in gigantischen Bauprojekten eingesetzt, bei denen Tausende starben. Produziert wurde in Jasenovac verhältnismäßig wenig, da es der Ustaša nicht gelang, eine nennenswerte Industrie in Lagernähe aufzubauen. Insofern spielte die Privatindustrie im Unterschied zum deutschen KZ-Lagersystem nur eine marginale Rolle. Viele Häftlinge produzierten jedoch Bedarfsgüter für die Aufseher, in der Hoffnung, sich auf diese Weise unentbehrlich zu machen.[59]

Massentötungen von Häftlingen erfolgten als Repressalien nach der Flucht einzelner Häftlinge, aus Furcht vor Häftlingsaufständen oder sollten als Bedrohung fungieren, wenn in der Nähe des Lagers

[58] Siehe Verhör des Ljubo Miloš, abgedr. in: Miletić, Koncentracioni logor Jasenovac a, S. 1010ff. Miloš war seit 1942 der Kommandant der Sektion III von Jasenovac. Im Jahr 1947 machte er als Gefangener der jugoslawischen Sicherheitspolizei ausführliche Aussagen über die von ihm verantworteten Gewalttaten.

[59] Vgl. Dulić, Utopias of Nation, S. 275.

Partisaneneinheiten operierten. Auch die Überbelegung des Lagers sowie der permanente Mangel an Nahrungsmitteln waren Gründe für Massentötungen. Im Unterschied zu deutschen Vernichtungslagern gab es in Jasenovac keine Massenmorde durch Giftgas in Gaskammern.[60]

Zu erwähnen sind auch hier wieder die grausamen Tötungsmethoden der Wachmannschaften.[61] Dass viele der Opfer in Jasenovac durch Schlagwaffen getötet wurden, wurde unter anderem darauf zurückgeführt, dass die Ustaša-Wachen im Lager ihren pathologischen Sadismus ausgelebt hätten.[62] Vielleicht ist es aber gerade die Mischung von modernen und brutalen, archaisch anmutenden Methoden, die die Besonderheit von Jasenovac ausmachen. Mark Mazower bezeichnete sie als »Fusion älterer und neuerer Mentalitäten und Technologien«.[63] Doch erlaubt die Auswahl der Tötungsinstrumente allein noch keine Aussagen über die Mentalität der Täter. Denn auch mit Schlagwerkzeugen und Messern konnte effizient getötet werden, ohne dass ein Massaker zwangsläufig in Entgrenzung im Sinne eines Kontrollverlusts der Täter enden musste.

Der ehemalige Häftling Albert Maestro berichtete kurz nach Kriegsende über eine Massentötung, die er an Weihnachten 1941 hatte beobachten können. Wachmänner hatten eine Baracke gestürmt, und unter Ausnutzung des Überraschungsmoments sowie Einsatz massiver Gewalt die Häftlinge überwältigt und ihre Hände mit Draht gefesselt. Anschließend führten sie diese in die Umgebung des Lagers zu im Vorfeld ausgehobenen Gräben. Die Häftlinge mussten sich in einer langen Reihe aufstellen, woraufhin ihnen die Wachmänner von hinten mit Holzhämmern auf den Kopf schlugen. Nachdem die Häftlinge zusammengebrochen waren, töteten die Ustaše die Bewusstlosen mit Messern.[64] Angesichts des kaltblütigen

---

[60] In der Forschung gibt es eine Kontroverse, ob Gaskammern für Jasenovac geplant waren, vgl. Basta, Agonija i slom, S. 99, sowie Sundhaussen, Der Ustascha-Staat, S. 525.

[61] Vgl. Ebenda, S. 272.

[62] Bspw. identifizierte der israelische Präsident Shimon Peres bei einem Besuch in der Gedenkstätte Jasenovac darin ein zentrales Charakteristikum des Lagers, siehe *Focus Online*, 25. Juli 2010, http://www.focus.de/politik/weitere-meldungen/kroatien-peres-besucht-ehemaliges-konzentrations lager_aid_534049.html [31. 05. 2012].

[63] Mazower, Der Balkan, S. 233.

[64] Maestro, Memories, sowie Maestro, Jasenovac.

Ablaufs drängt sich die Frage auf, ob qualitativ wirklich ein Unterschied zu einer Massenerschießung durch die SS besteht, von den physischen Kontaktmomenten des Schlags bzw. des Stichs abgesehen.[65] Warum die Täter ihre Häftlinge erschlugen, anstatt sie zu erschießen, lässt sich nicht sagen. Gründe wie Munitionsersparnis oder die Sorge, dass die Schüsse zu hören wären, sind möglich, aber nicht zwingend.[66]

Das Sterben der Häftlinge: Funktion oder Dysfunktion?

Befriedigte die Inhaftierung und das Töten vermeintlicher und echter Gegner am neuen Standort Jasenovac auch die sicherheits- und ethnopolitischen Bedürfnisse der Ustaša, so war das Lager in anderer Hinsicht dysfunktional. So ließen das allgemeine Chaos und die Disziplinlosigkeit der Wachmannschaften eine wirtschaftlich produktive Ausbeutung der Arbeitskraft der Häftlinge nicht zu. Die bereits sehr gering angesetzten Essensrationen erreichten nicht alle Häftlinge, sodass viele an Hunger oder Krankheiten starben. Ivo Goldstein konstatiert, dass es sich dabei um eine gezielte mörderische Hungerpolitik gehandelt habe.[67] In der Tat hatte die Versorgung der Lager mit Lebensmitteln für die Ustaša keine Priorität. Dies gilt auch ganz allgemein für ihre Milizen, die in serbischen Dörfern Lebensmittel plünderten, ungeachtet dessen, ob deren Einwohner anschließend verhungerten. Der Ustaša-Aufsichtsdienst wälzte die Verantwortung für die Ernährung jüdischer Häftlinge weitgehend auf die Wohlfahrtsämter der jüdischen Gemeinden ab.[68] Da Untersuchungen zur monatlichen Todesrate unter den Häftlingen bislang nicht vorliegen, ist es nicht möglich, die Konjunkturen und Momente verdichteter Gewalt quantitativ zu belegen. Unstrit-

---

[65] Siehe Erinnerungen Albert Maestros, abgedr. in: Sindik, Sećanja Jevreja, S. 124 f.; für solche Gewaltpraktiken im Lager Jasenovac siehe Tonbandaufnahme eines Interviews mit Eduard Sajer, 28. Juni 1997, USHMMA/RG-50.468*0003/Acc. 1997.A.0387; Abbildungen der Schlagwaffen finden sich bspw. bei Miletić, Koncentracioni logor Jasenovac, S. 93, sowie in der Online-Ausstellung des United States Holocaust Memorial Museum, siehe http://www.ushmm.org/museum/exhibit/online/jasenovac/frameset.html [08. 08. 2010].

[66] Siehe Erinnerungen Leon Koens, abgedr. in: Sindik, Sećanja Jevreja, S. 141 f.

[67] Vgl. Goldstein u. a., Holokaust u Zagrebu, S. 291.

[68] Vgl. ebenda, S. 301.

tig ist jedoch, dass Hunger und Durst ständige Begleiter der Häftlinge waren, die häufig zum Tod führten. Bereits im Oktober 1941 starben die ersten der bis zu 5000 Häftlinge in Jasenovac an Unterernährung.[69]

Nun hatte die Lageradministration infolge der im USK grassierenden Hungersnöte ja tatsächlich Schwierigkeiten, die Lager zu versorgen. Dies darf indes nicht ihre Verantwortung für den Hungertod im Lager relativieren. Der Hinweis sollte vielmehr verstehen helfen, dass das Versagen des Regimes apokalyptische Bedingungen innerhalb wie außerhalb der Lagergrenzen schuf. Diese hatten auch zur Folge, dass die Ustaša nicht immer ihren eigenen Vorstellungen gemäß agieren konnte. Obwohl alle Elemente des Lagersystems, also Unterernährung, Häftlingskonkurrenz, mörderische Zwangsarbeit und der Mord an Häftlingen, durch die Lagerverwaltung intendiert waren, begann ihr die Kontrolle der Verhältnisse im Lager zu entgleiten. Immer weniger war sie in der Lage, die Ereignisse bewusst zu steuern.[70] Vor allem die Hungersnöte infolge von Versorgungsengpässen ließen die Todesrate im Lager sprunghaft ansteigen. Im Winter 1941/42 starben täglich mehr als 20 Menschen an Unterernährung.[71] Zu dieser Zeit kamen immer mehr Häftlinge ins Lager. Da die Nahrungsrationen nicht für das Überleben aller ausreichten, ergaben sich Kämpfe zwischen den Häftlingen um die knappen Ressourcen. Dies war im Sinne der Wachmannschaften, denen daran gelegen war, Konflikte zu schüren und Häftlinge gegeneinander auszuspielen.[72] Ende Oktober 1941 trieb der Hunger eine Gruppe von Häftlingen zu einem nächtlichen Aufstandsversuch. Die Antwort der Ustaša war an Brutalität kaum zu überbieten und ist den Reaktionen auf bewaffneten Widerstand außerhalb des Lagerkosmos nicht unähnlich. Der Aufsichtsdienst entsandte eigens ein mobiles Standgericht in das Lager, das im Anschluss an eine oberflächliche

---

[69] Vgl. ebenda, S. 307f.; zum Mangel an Trinkwasser siehe Interview mit Eduard Sajer, 28. Juni 1997, Tonbandaufnahme, USHMMA/RG-50.468 *0003/ Acc. 1997.A.0387.

[70] Zu den Bedingungen in Jasenovac siehe v.a. Peršen, Ustaški logori, sowie die Erinnerungen überlebender jüdischer Häftlinge, siehe hier v.a. in: Sindik, Sećanja Jevreja, sowie Berger, 44 mjeseca.

[71] Vgl. Goldstein u.a., Holokaust u Zagrebu, S. 309.

[72] Für einen instruktiven Überblick über das System der Unterversorgung in den Außenlagern des nationalsozialistischen KZ-Systems siehe Buggeln, Arbeit und Gewalt, S. 165ff.

Untersuchung etwa 100 Häftlinge erschießen ließ.[73] Goldstein bezeichnet diesen Vorfall als die erste Massentötung im Lager Jasenovac.[74]

Soziale Prozesse werden immer auch durch Zufall und Kontingenz mitbestimmt, schreibt der Sozialpsychologe Harald Welzer im Hinblick auf den Zusammenhang zwischen Klimakatastrophen und von Menschen ausgeübter Massengewalt.[75] Dieses Phänomen ist auch bei einem Hochwasser der Save im Spätherbst 1941 zu beobachten, das eine der schlimmsten Krisen des Lagers Jasenovac auslöste, der Tausende Häftlinge zum Opfer fielen. Ende Oktober 1941 begann es im Gebiet des sich noch im Aufbau befindlichen Lagers ununterbrochen und heftig zu regnen. Die verheerenden Witterungsbedingungen legten zunächst die Zwangsarbeitsprojekte lahm und bedrohten die Gesundheit der Häftlinge. Bald standen Teile des Lagers unter Wasser und waren unbewohnbar. Mitte November stieg der Pegel der Save weiter. Dammbrüche führten dazu, dass der in der Nähe des Dorfes Krapje gelegene Teil des Lagers (Jasenovac I) versank und der Lagerkomplex praktisch von Wasser eingeschlossen war. Überlebende berichteten von bis zu 550 Häftlingen, die ertranken und deren Leichen erst Wochen später aus den Baracken geborgen wurden.[76] Mitte November 1941 wurde ein Aufnahmestopp für Jasenovac erlassen[77] und die Überlebenden in den etwas höher gelegenen Lagerteil III evakuiert.[78] Dort wurden sie mangels Baracken in einem großen Gebäude einer Ziegelei untergebracht.[79]

Im Winter 1941/42 glich Jasenovac einem Inferno. Überlebende erinnern sich an zu Haufen aufgetürmte, völlig ausgemergelte

---

[73] Siehe die Aussage Oto Brejers vor der Untersuchungskommission für den Kreis Banija, 25. April 1945, abgedr. in: Miletić, Koncentracioni logor Jasenovac a, S. 897.

[74] Goldstein u.a., Holokaust u Zagrebu, S. 311.

[75] Welzer, Klimakriege, S. 123.

[76] Zit. n. Goldstein u.a., Holokaust u Zagrebu, S. 317f., sowie Peršen, Ustaški logori, S. 138.

[77] RUR an VŽ Vrhbosna, 13. November 1941, abgedr. in: Miletić, Koncentracioni logor Jasenovac, S. 93.

[78] Siehe Erinnerungen Leon Koens, abgedr. in: Sindik, Sećanja Jevreja, S. 141, sowie die Aussage des Vukašin Žegarac vom 10. April 1942 vor dem Flüchtlingskommissariat in Belgrad, abgedr. in: Miletić, Koncentracioni logor Jasenovac, S. 221ff.

[79] Siehe Erinnerungen Albert Maestros, abgedr. in: Sindik, Sećanja Jevreja, S. 122.

Abb. 30: Nach Kriegsende exhumierten die Mitarbeiter der jugoslawischen Untersuchungskommissionen zahlreiche Leichen in der Umgebung von Jasenovac, so wie hier am Save-Ufer.
USHMM, #46689 (Memorijalni muzej Jasenovac, courtesy of Muzej Narodne Revolucije BIH)

Leichname, die im Freien lagen. Häftlingskommandos wurden gezwungen, die Toten auf der anderen Flussseite zu verscharren. Mitte Dezember 1941 froren die Wasserleitungen ein, sodass sich die Häftlinge weder mit sauberem Wasser waschen konnten noch über ausreichend Trinkwasser verfügten. Die Mischung aus Unterernährung, extrem kalten Wetter und Zwangsarbeit in feuchter Umgebung oder gar im Wasser bewirkte, dass Hunderte Häftlinge erfroren, an Krankheiten starben und verhungerten.[80] Die Todesrate war immens: 50 Prozent aller Häftlinge überlebten diese Phase des Lagers nicht.[81] Feuchtigkeit, Enge, die achtlose Beseitigung der Toten, all

[80] Vgl. Goldstein u.a., Holokaust u Zagrebu, S. 317f.

[81] Vgl. Mataušić, Jasenovac Concentration Camp, S. 35. Siehe auch Erinnerungen Jakov Kabiljos sowie Albert Maestros, abgedr. in: Sindik, Sećanja Jevreja, S. 87 u. 123; Letzterer berichtete, dass das Arbeitskommando, dem er angehörte, 1200 Leichen bestattet habe; vgl. weiterhin Peršen, Ustaški logori, S. 139f.

dies führte zum Ausbruch einer Typhusepidemie, die die Überlebenschancen der Häftlinge weiter verminderte.

In dieser Situation kam es Mitte November 1941 zu Massentötungen an Häftlingen.[82] Damit schuf die Lageradministration jedoch neue Probleme, da sie mit der Beseitigung der Gestorbenen und Getöteten nicht mehr hinterherkam. Die Häftlingskommandos konnten die Leichen nicht im gefrorenen Boden begraben, brachten sie deshalb zur Save und versenkten sie im Fluss.[83] Zu einem späteren Zeitpunkt gab es in Jasenovac auch einen Verbrennungsofen für die Kremation von Leichen, allerdings war dieser Augenzeugenberichten zufolge sehr störungsanfällig und daher selten in Betrieb. Das Problem der Leichenbeseitigung blieb bis zur Auflösung des Lagers bestehen.[84]

Der Gewaltraum um die Lager: Diffusion der Gewalt

Untersuchungen zum Verhältnis zwischen Lager und umgebendem Raum belegten, dass Lager oftmals Teil oder gar Zentrum eines größeren Gewaltkontextes waren, der eng mit der Politik des Genozids auch auf regionaler Ebene verknüpft war.[85] Die Tatsache, dass mit Jasenovac ihr wichtigster Lagerstandort von serbischen Dörfern umgeben war, in denen potenziell Partisanen operieren konnten, befeuerte die Paranoia der Ustaša. Immer wieder brannten Kommandos aus dem Lager serbische Dörfer in der Umgebung nieder und ermordeten oder verschleppten deren Bevölkerung.

Die Gewalt im Jasenovac umgebenden Raum war endemisch, unterlag jedoch anderen Konjunkturen als die Milizgewalt im Rest des Landes: Während die Macht unabhängiger Milizen insgesamt nach dem Sommer 1941 teilweise beschnitten wurde, waren diese in Jasenovac noch deutlich länger aktiv und terrorisierten die Umgebung mit ihren Einsätzen. Dies lag auch daran, dass sie einen festen Standort hatten, von dem aus sie bis Kriegsende operieren konnten. Ähnlich wie Verbände der Waffen-SS in unmittelbarer Nähe der KZ sta-

---

82 Siehe Erinnerungen Albert Maestros, abgedr. in: Sindik, Sećanja Jevreja, S. 122.

83 Siehe Erinnerungen Jakov Kabiljos, abgedr. in: Sindik, Sećanja Jevreja, S. 87.

84 Vgl. Dulić, Utopias of Nation, S. 277.

85 Zur Bedeutung von Auschwitz als Zentrum der SS für Ostoberschlesien vgl. Steinbacher, Auschwitz.

Abb. 31: Nach Jasenovac verschleppte serbische Bauern (1942). USHMM, #46647 (Memorijalni muzej Jasenovac)

tioniert waren, hatte auch eine eigene Formation der Ustaša namens Verteidigungsbrigade (UOZ) ihr Quartier in Jasenovac. Diese war für die Sicherung des Lagers zuständig und betrachtete das weitere Umfeld als ihr Einsatzgebiet. Sie unternahm Fahrten in die umliegenden, meist serbischen Dörfer, requirierte Lebensmittel und lieferte sich Kämpfe mit den Partisanen. Der Radius der im Lager stationierten Ustaša-Einheiten betrug etwa 100 Kilometer.[86]

Wie stark sie dabei ihren Charakter als Bürgerkriegsmilizen, die jede sich bietende Gelegenheit zu nutzen wussten, behielten, wird auch daran deutlich, dass sie mit in der Gegend der Lager ansässigen Četnik-Verbänden Handel trieben.[87] Ihre Überfälle auf Dörfer und die Gewalttaten gegen ihre Bewohner unterscheiden sich grundsätzlich nicht von den übrigen von Milizen verübten Massakern. Für die

[86] Mitte August 1942 erfolgten bspw. Attacken auf die Dörfer Brestovac und Sloboština in Slawonien, rund 80 km von Jasenovac entfernt, siehe DGA, Aufzeichnung, 15. September 1942, AVII/NDH/243, 1/28.

[87] UP Koprivnica, Tagesbefehl des KZ Danica Nr. 2/41, 23. Mai 1941, USHMMA/RG. 1998, A.0025.

Analyse der Gewalt der Ustaša müssen diese Massaker daher nicht eigens beschrieben werden. Im Unterschied zu den Milizen, die sich meist nach einer bestimmten Zeit auflösten oder aufgelöst wurden, waren die Gewalttäter aus Jasenovac jedoch mit einer Hartnäckigkeit zugange, die erstaunt. Keine Intervention und kein Druck von außen hielten sie von gewaltsamen Expeditionen ab[88] – als ob in dem Lager ein Schwelbrand am Werk gewesen wäre, der immer neue Brände auslöste. Offenbar wurde die in Jasenovac stationierte Verteidigungsbrigade von der im Lager herrschenden Gewalt in einer Weise erfasst, die es ihr unmöglich machte, rein militärische Einsätze gegen Partisanen zu führen, ohne dabei die Zivilbevölkerung anzugreifen. Damit ignorierten die in Jasenovac stationierten Milizen die graduellen Neuausrichtungen der Serbenpolitik durch die Ustaša-Führung.

Da in der Umgebung Partisanen operierten, war die Gefährdung des Lagers durchaus real und beruhte nicht ausschließlich auf Projektionen der Ustaša. Im Jahr 1942 verfügten Partisanengruppen in dem Gebiet sogar über drei Panzer. Da die Partisanen systematisch die Gleiskörper zerstörten, beispielsweise die der Erzbahn aus Prijedor, wurde auch die wirtschaftliche Situation des KZ-Komplexes Jasenovac in Mitleidenschaft gezogen.[89] Die Entwicklung des Lagers muss daher auch im Zusammenhang mit den Konjunkturen des Partisanenkrieges verstanden werden. Angesichts der Widerstandsaktivitäten begannen die im Lager stationierten Ustaša-Milizen damit, Tausende in der Umgebung lebende serbische Dorfbewohner nach Jasenovac zu verschleppen. Die Entwicklung des Lagers kann daher nur im Zusammenhang mit den Konjunkturen des Partisanenkriegs verstanden werden.

---

[88] Zu Interventionen von deutscher Seite siehe bspw. Broucek, Deutscher Bevollmächtigter General, S. 166f.

[89] Zu Partisanen, die nördlich der Save im Gebiet von Dvor operierten, vgl. Djurić, Čerkezovački narodnooslobodilački partizanski odred; zu Gleiszerstörungen siehe Transport-Kommandatur Agram Nr. 778.42/geh., »Entwicklung der Aufstandsbewegung im Hinblick auf die Eisenbahnstrecken in Kroatien in der Zeit vom 16. 5.–31. 5. 1942«, 5. Juni 1942, NARA/T-120/5797, fr. H309971; zu Berichten über Kämpfe der Lager-Ustaša mit gut ausgerüsteten Partisanen siehe KO Bosanska Dubica an ŽRO Nova Gradiška, 2. Juni 1942, AVII/NDH/196, 2/18–1; zu Feuergefechten der Wehrmacht bei Jasenovac siehe Dienststelle Eisenbahn-Panzerzug 24 an 718. ID, Sarajevo, 24. Mai 1942, BA-MA/26–118/21, Bl. 785.

Massentötungen in Jasenovac und Auschwitz, 1942

Im Jahr 1942 führten Wachmannschaften der Ustaša in Jasenovac erstmalig Massenmorde an größeren Gruppen weiblicher Häftlinge durch, denen zudem auch zahlreiche Kinder zum Opfer fielen. Der Massenmord an den aus diversen kroatischen Städten in die Lager verschleppten jüdischen Frauen markiert eine deutliche Radikalisierung der Verfolgungspolitik der Ustaša. Im folgenden Abschnitt wird am Beispiel zweier Außenlager der Ustaša für weibliche Häftlinge sowie des Lagers Jasenovac gezeigt, dass sich diese Taten vor allem aus den Gewaltlogiken innerhalb des Lagersystems erklären lassen. Massenmorde erfolgten auch nicht zwangsläufig aufgrund zentraler Anweisungen durch die Zagreber Führung, sondern konnten ebenso Folge der katastrophalen Verhältnisse oder der Versorgungskrisen innerhalb der einzelnen Lager sein. In einem zweiten Teil wird die Ermordung der nach Jasenovac deportierten Roma diskutiert, ein schwieriges Unterfangen, da aussagekräftige Quellen fehlen, was nicht zuletzt auf die Grenzen historischer Forschung verweist. Weder lässt sich mit Bestimmtheit sagen, wie der Entscheidungsprozess, die kroatischen Roma in ihrer Mehrzahl zu ermorden, verlaufen ist, noch wird deutlich, wer aufseiten der Ustaša die genauen Entscheidungsträger waren.

Massenmord an Jüdinnen: Đakovo und Loborgrad

Im Herbst 1941 begann die Ustaša-Polizei, jüdische Frauen in großer Zahl in die sogenannten Anhaltelager Kruščica und Jastrebarsko zu deportieren. Dazu kamen serbische Frauen, die im Zuge der Partisanenbekämpfung aus ihren Dörfern verschleppt worden waren, sowie politische Häftlinge. Vom Spätjahr 1941 an wurden mehrere sogenannte Sammellager gegründet und die Gefangenen dorthin verlegt.[90] Die bedeutendsten dieser Frauen-KZ waren die Lager Loborgrad und Đakovo. Beide wurden im Sommer 1942 aufgelöst. Doch während die Insassinnen des Lagers Đakovo im Juli 1942 in Jasenovac von den Ustaše ermordet wurden, wurden die Frauen

---

[90] Für Kruščica siehe Bericht Nr. 1052 des Bevollmächtigten der jüdischen Gemeinde Sarajevo an Ministerium für Finanzen, 25. Juli 1944, zit. in: Untersuchungsbericht, HR HDA/Fond ZKRZ GUZ Z-2942, Nr. 101; siehe auch Steckel, Destruction and Survival.

aus Loborgrad im August desselben Jahres durch das RSHA nach Auschwitz deportiert. Die Untersuchung der Geschehnisse in den beiden Lagern verspricht Erkenntnisse darüber, wie die Ustaša-Führung den Weg in den Massenmord an den Juden in Kroatien beschritt. Während die Ereignisgeschichte der Lager als in weiten Teilen erforscht gelten kann, unterblieb bislang deren Interpretation. Es stellt sich die Frage, wer zu welchem Zeitpunkt Zugriff auf die Häftlinge hatte und warum die einen in einem kroatischen, die anderen hingegen in einem deutschen Lager getötet wurden.

Beide Lager lagen in der Verantwortung des Ustaša-Aufsichtsdienstes. Das Frauenlager Đakovo befand sich von Dezember 1941 bis Juli 1942 in einer stillgelegten Getreidefabrik.[91] Ab Ende 1941 wurden bis zu 3800 jüdische Frauen und Kinder aus Städten und Gemeinden im Osten des Landes, aus Sarajevo sowie aus Zagreb dorthin deportiert. Außerdem befanden sich etwa 100 serbische Frauen und Mädchen im Lager.[92] Loborgrad war in einem nördlich von Zagreb gelegenen ehemaligen Herrenhaus untergebracht und existierte von Herbst 1941 bis Herbst 1942. Bereits im Oktober 1941 befanden sich dort etwa 1700 jüdische und 300 serbische Häftlinge, darunter viele Kinder.[93] Dieses Lager stellt insofern einen Sonderfall im System der Ustaša dar, da es von einer volksdeutschen Clique unter dem Kommandanten Karlo Heger (1906–?) geleitet und bewacht wurde. Als Angehöriger der Einsatzstaffel der Organisation der Deutschen Minderheit im USK unterstand Heger eigentlich deutscher Befehlsgewalt. Seine Vorgesetzten sahen es nur ungern, dass Mitglieder der Einsatzstaffel in die Kommandostrukturen der Ustaša eingebunden waren, da sich daraus in der Regel Konflikte ergaben. Da Heger seine Befehle jedoch vom Ustaša-Aufsichtsdienst bekam, sollte Loborgrad auch als Lager der Ustaša angesehen werden.[94]

---

[91] Für Đakovo vgl. Lengel-Krizman, Prilog proučavanju terora, S. 23ff.; Vasiljević, Sabirni Logor Đakovo; Peršen, Ustaški logori, S. 282ff., sowie Sundhaussen, Der Ustascha-Staat, S. 525.

[92] Vgl. Goldstein u.a., Holokaust u Zagrebu, S. 360f.

[93] Für Loborgrad vgl. Lengel-Krizman, Prilog proučavanju terora, S. 12ff.; dies., A Contribution, sowie Peršen, Ustaški logori, S. 279f.

[94] Zu den Auseinandersetzungen vgl. Bethke, Frauen- und Kinderkonzentrationslager Loborgrad; zur Struktur der Volksgruppe vgl. Bethke, Deutsche und ungarische Minderheiten. Die »Einsatzstaffel der Deutschen Volksgruppe« wurde Ende 1942 in die Division der Waffen-SS »Prinz Eugen« eingegliedert, vgl. Casagrande, Die volksdeutsche SS-Division, S. 237f.

Bereits in den Transitlagern verschlechterte sich der körperliche Zustand der Deportierten rapide, da sie kaum Nahrung erhielten. Bei ihrer Einlieferung in das KZ-System von Đakovo bzw. Loborgrad war ihr Zusammenbruch nur noch eine Frage der Zeit. Die gesundheitliche Versorgung und die Ernährung waren katastrophal und wurden von der Ustaša auf die jüdischen Gemeinden von Osijek und Zagreb oder auf das Rote Kreuz abgewälzt. Überdies wurden die weiblichen Gefangenen bedroht, geschlagen oder vergewaltigt.[95] Anders als in den Männerlagern der Ustaša kam es jedoch zu keinen Massenerschießungen von Jüdinnen und Serbinnen.

In beiden Lagern brach im Winter 1941/42 Typhus aus. Die ersten Fälle in Loborgrad traten im Dezember 1941 auf. Bald war mehr als ein Drittel der Häftlinge erkrankt, von denen etwa 200 starben.[96] Dies entspricht einem knappen Viertel der Gefangenen. Nach Ausbruch der Typhus-Epidemie erließ Kommandant Heger eine Reihe von Maßnahmen, um der Seuche beizukommen. Augenzeugen zufolge hatte er panische Angst davor, sich selbst zu infizieren, und bemühte sich deshalb, die sanitären Bedingungen im Lager zu verbessern.[97] Er ließ gesunde und vermeintlich kranke Häftlinge voneinander trennen und schränkte die Außenkontakte ein. Die Anzahl der Gefangenen im Lager wurde gesenkt, wodurch sich die sanitären Bedingungen verbesserten. Auch gestattete er der jüdischen Gemeinde Zagreb, Lebensmittel, Hygieneartikel und Medikamente ins Lager zu entsenden. Einige von der Gemeinde bestimmte Ärzte und Ärztinnen übernahmen die Betreuung der Kranken im Lager. Insgesamt wurden 61 Häftlinge in Zagreber Krankenhäuser überstellt und kamen so in die Obhut der jüdischen Gemeinde. Nach ihrer Gesundung kehrte die Mehrheit nicht in das Lager Loborgrad zurück. Diese Kooperation ging so weit, dass Vertreter der jüdischen Gemeinden die für Loborgrad bestimmten Deportationszüge inspi-

---

95 Vgl. Bethke, Frauen- und Kinderkonzentrationslager Loborgrad, S. 130f.

96 Die jüdische Gemeinde berichtete Mitte Mai 1942 von 420 verstorbenen weiblichen Häftlingen, siehe O. A., Kurze Darstellung über die bisherigen antijüdischen Maßnahmen und die Lage der Juden in Kroatien (Mitte Mai 1942), YVA/M.70/140; vgl. auch Lengel-Krizman, Prilog proučavanju terora, S. 13; zur Anzahl an Verstorbenen vgl. Goldstein u. a., Holokaust u Zagrebu, S. 352ff.

97 Im Sommer 1945 sagten die ehemalige Gefangene Anica Ehrenfreud-Polić sowie der Häftlingsartzt Pavao Stern vor einer Kriegsverbrecherkommission aus, zit. n. Bethke, Das Frauen- und Kinderkonzentrationslager.

zierten und in einigen Fällen kranke Deportierte in Krankenhäuser einwiesen. Im April 1942 begann die Anzahl der erkrankten Häftlinge zu sinken.[98]

Der Verlauf der Ereignisse zeigt, dass sich Lagerleiter durchaus erfolgreich dafür einsetzen konnten, die Verhältnisse in den ihnen unterstellten Lagern zu verbessern. Insgesamt hatte dies jedoch keine menschlichere Behandlung der Gefangenen zur Folge. So stand den Deportierten, die aufgrund der Epidemie nicht in Loborgrad aufgenommen wurden, eine schreckliche Odyssee durch die Lager des USK bevor.[99]

Im KZ Đakovo konnte die Epidemie nicht wirkungsvoll bekämpft werden. Im Gegenteil, teilweise wurden die Häftlingstransporte, deren Aufnahme Loborgrad aus epidemiologischen Gründen abgelehnt hatte, dort aufgenommen. Goldstein schätzt die Zahl der Opfer auf bis zu 800.[100] Allein Ende Februar erreichten mehr als 1000 Personen das völlig überfüllte Lager.[101] Frühe Proteste der Zivilverwaltung, dass es unmöglich sei, die Deportierten unterzubringen und zu ernähren, blieben ungehört.[102] Zwar bemühte sich die jüdische Gemeinde um Linderung der katastrophalen hygienischen Zustände, blieb aber weitgehend erfolglos.[103] Dann gab es in der nahe gelegenen Stadt gleichen Namens Proteste gegen die Zustände im Lager. Eine anschließende Gesundheitskontrolle des Lagers und der Häftlinge befand, dass eine akute Ansteckungsgefahr für die Anwohner bestehe. Die Ärztekommission schlug vor, das Lager zu verlegen.[104] Auch das Gesundheitsministerium erhob Einwände gegen das Lager und forderte eine bessere Ernährung der Häftlinge.[105] Es dauerte bis Ende Juni 1942, bis das Lager aufgelöst und etwa 3000 jüdische

[98] Vgl. Goldstein u.a., Holokaust u Zagrebu, S. 352ff.

[99] Siehe Steckel, Destruction and Survival, S. 26.

[100] Allein laut einem Friedhofsverzeichnis verstarben 569 Häftlinge während des halbjährigen Bestehens im Lager, siehe Goldstein u.a., Holokaust u Zagrebu, S. 362.

[101] Vgl. Goldstein u.a., Holokaust u Zagrebu, S. 360.

[102] FS VŽ Baranja (Dr. Hefer) an MUP, 24. Dezember 1941, HR HDA 223/38, I-A, 70/42 [3187].

[103] Jüdische Gemeinde an RUR ŽO, 27. Januar 1942, HR HDA 252/9, 28842.

[104] »Gesundheitspolizeilicher Kommissionsbericht über das Judenlager in Đjakovo«, KO Đakovo an ŽRR Osijek, 9. Februar 1942, YVA/M.70/16, Bl. 3.

[105] Vgl. Goldstein u.a., Holokaust u Zagrebu, S. 418.

Frauen und Kinder nach Jasenovac verbracht wurden. Die Deportationen dauerten mehrere Tage und vollzogen sich unter solch desaströsen Bedingungen, dass einige der Häftlinge unterwegs starben.[106]

Angesichts der extremen Gewaltbereitschaft der Wachmannschaften der Ustaša in anderen Lagern und ihrer Milizen im Rest des Landes ist es erstaunlich, dass sich die Lagerleitung in Loborgrad dafür entschied, die an Typhus erkrankten Häftlinge kurieren zu lassen, und nicht etwa dafür, sie zu töten. Genau dies geschah hingegen im Fall der Häftlinge nach der Auflösung des Lagers Đakovo: Nach ihrer Ankunft in Jasenovac ließ man die Frauen tagelang in den verschlossenen Eisenbahnwaggons, wo ein großer Teil von ihnen verdurstete oder erstickte. Schließlich wurden dem Augenzeugen Albert Maestro zufolge die noch Lebenden nach einigen Tagen auf das andere Ufer der Save verbracht und getötet.[107] Über das Massaker selbst existieren keine Augenzeugenberichte.

Wie es scheint, lag aufgrund der besseren Fürsorge in Loborgrad keine gesundheitspolitische Notwendigkeit vor, das Lager zu verlegen. Den Häftlingen blieb somit die Deportation nach Jasenovac erspart. Ermordet wurde die Mehrheit von ihnen dennoch: In der Zwischenzeit war eine deutsch-kroatische Einigung erzielt worden, nach der die Juden aus Kroatien ins Deutsche Reich zu deportieren waren. Also wurden die jüdischen Gefangenen aus Loborgrad im August 1942 nach Auschwitz verschleppt und dort ermordet.[108] Die serbischen Insassinnen hingegen wurden seit Mitte 1942 sukzessive entlassen. Im September 1942 wurde das Lager Loborgrad aufgelöst.

Dass die Deportation von Menschen in die Lager nicht zwangsläufig mit dem Tod enden musste, zeigt auch das Beispiel Tausender serbischer Kinder, die nach Angriffen auf Partisanengebiete zusammen mit ihren Eltern in das Lager Jasenovac verschleppt worden waren. Ihre Eltern wurden zum Teil ins Deutsche Reich weiterdeportiert, in Kroatien zur Zwangsarbeit gezwungen oder ermordet. Die Kinder waren somit im Lager auf sich allein gestellt. In einer aufwändigen Rettungsaktion bemühten sich daraufhin einige Pri-

---

[106] Vgl. ebenda, S. 362. Zur Interpretation des Vorgangs fehlt leider eine komparative Untersuchung der Behandlung der serbischen und der jüdischen Gefangenen durch die Ustaša.

[107] Vgl. Goldstein u.a., Holokaust u Zagrebu, S. 324 u. 418ff.; siehe auch die Erinnerungen Albert Maestros, abgedr. in: Sindik, Sećanja Jevreja, S. 128ff.

[108] Vgl. Goldstein u.a., Holokaust u Zagrebu, S. 347.

vatpersonen mithilfe des Roten Kreuzes und der katholischen Kirche um die Freilassung der Kinder und um ihre Unterbringung in Waisenhäusern und Kinderlagern. Die Initiative war weitgehend erfolgreich, nicht zuletzt, da es den Initiatoren gelungen war, auch deutsche Repräsentanten zu Interventionen zugunsten der jungen Gefangenen zu bewegen.[109] Gleichwohl überlebten nur diejenigen, die rechtzeitig das Lager wieder verlassen konnten: Bis zu 5000 serbische Kinder verstarben im Lager.[110]

Funktionswandel in Jasenovac

Die wachsende Legitimationskrise der Ustaša und der drohende Verfall ihrer Herrschaft führten zu einer landesweiten Zunahme polizeilicher Terrormaßnahmen. Dies hatte zur Folge, dass eine wachsende Anzahl vermeintlicher Gegner der Ustaša zu Zeitstrafen im Lager verurteilt wurde.[111] Darunter befanden sich auch zahlreiche weibliche Häftlinge.[112] Die durchschnittliche Häftlingszahl in Jasenovac bewegte sich ab 1942 zwischen 3000 bis 5000 Häftlingen.[113] Auch der seit Frühjahr 1942 an Intensität zunehmende Partisanenkrieg führte dazu, dass eine große Anzahl von Häftlingen in das Lager Jasenovac eingewiesen wurde. Als Reaktion auf den im gesamten Land um sich greifenden bewaffneten Widerstand gab der Ustaša-Aufsichtsdienst Ende April 1942 bekannt, dass Jasenovac ab sofort in der Lage sei, »eine unbegrenzte Anzahl von Häftlingen aufzunehmen«.[114] Die Erhöhung der Häftlingszahlen ging indes nicht mit einer tatsächlichen Erweiterung der Kapazitäten einher.[115]

[109] Vgl. Peršen, Ustaški logori, S. 272ff., sowie Goldstein u.a., Holokaust u Zagrebu, S. 324 sowie S. 385ff.; für die Tagebücher einer der Aktivistinnen siehe Kolanović, Dnevnik.

[110] Vgl. Goldstein u.a., Holokaust u Zagrebu, S. 324.

[111] Vgl. ebenda, S. 315; die Gesetzesverordnung des Poglavnik vom 25. November 1941 ist abgedr. in: Miletić, Koncentracioni logor Jasenovac, S. 98ff.

[112] Am 16. November 1941 deportierte die ŽRO Sarajevo gemäß der Transportlisten 116 angebliche Kommunisten nach Jasenovac, von denen knapp ein Fünftel Frauen waren (ŽRO Sarajevo an VŽ Vrhbosna, vom 18. November 1941, abgedr. in: Miletić, Koncentracioni logor Jasenovac, S. 95ff. Zur Auswertung der Zusammensetzung des Transports vgl. Goldstein u.a., Holokaust u Zagrebu, S. 315.

[113] Vgl. Goldstein u.a., Holokaust u Zagrebu, S. 316.

[114] Rundbrief (Abschrift), VŽ Varaždin an die untergeordneten Behörden, 16. April 1942, abgedr. in: Miletić, Koncentracioni logor Jasenovac, S. 258f.,

Im Frühjahr 1942 setzten massive Offensiven gegen die von Partisanen gehaltenen Gebiete ein. Die große Mehrheit der in den eroberten Gebieten lebenden Bevölkerung wurde deportiert. Allein im Zuge der deutsch-kroatischen Offensive im Kozara-Gebirge wurden 68000 Menschen nach Jasenovac verbracht.[116] Am 11. Juli 1942 zählte ein Beamter der Regionalverwaltung 155 Eisenbahnwaggons, die serbische Bürgerkriegsgefangene aus Westbosnien mit Umweg über Jasenovac nach Slawonien verschleppten.[117] Dort und in anderen Gegenden wurden die Dislozierten meist sich selbst überlassen und waren ein beliebtes Angriffsziel der Ustaša-Milizen. Einen Monat darauf wurden bei der Operation Fruška Gora erneut Zehntausende festgenommen.[118]

Diese neue numerische Dimension brachte auch eine Funktionsverschiebung des Lagers mit sich, das seit dem Frühjahr 1942 zu einem multifunktionalen Lagerkomplex und zu einem überregionalen Verteilungszentrum für Flüchtlinge, für Zwangsarbeiter, die in das Reich transportiert wurden, für Umsiedler, die nach Serbien geleitet, und für Juden, die nach Auschwitz deportiert werden sollten, ausgebaut wurde.[119] Der Funktionswandel wird daran sichtbar, dass nur ein Teil der Häftlinge im Lager verblieb, während andere Häftlingsgruppen nur für eine Weile im oder in der Umgebung des Lagers untergebracht wurden, um anschließend innerhalb oder außerhalb Kroatiens weiterdeportiert zu werden. Zwischen 100000 und 200000 Serben wurden aus dem USK zur Zwangsarbeit in das Deutsche Reich verschickt. Deutsche Kommissare nahmen im Lager die Auswahl der Häftlinge vor. Um der Haft zu entkommen, meldeten sich zahlreiche serbische Häftlinge, sodass insgesamt fünf Personenzüge mit Arbeitern für die deutsche Industrie abgefertigt werden

---

sowie GUS an Domobran, MUP und die Milizen der Ustaša, 27. April 1942, abgedr. in: Miletić, Koncentracioni logor Jasenovac, S. 269f. Offiziell bezog sich der Erlass auf »kommunistische Gefangene«.

115 Zum Umbau der Lagerstrukturen im Jahr 1942 vgl. Mataušić, Jasenovac, S. 61f.

116 Vgl. Dulić, Utopias of Nation, S. 243ff.

117 Aufzeichnung der KO Slavonska Požega, 30. August 1942, abgedr. in: Miletić, Koncentracioni logor Jasenovac, S. 431.

118 Vgl. Dulić, Utopias of Nation, S. 243, sowie Goldstein u.a., Holokaust u Zagrebu, S. 323.

119 Zu den Aussiedlungen der in Jasenovac inhaftierten Serben nach Serbien: PA-AA, Zagreb, 58/1.

konnten.[120] Vom Beginn ihrer Regierungstätigkeit an zeigte die Ustaša starkes Interesse, serbische Gefangene als Zwangsarbeiter in das Deutsche Reich zu überstellen – und nicht wieder zurückkehren zu lassen. Damit etablierte sich eine Praxis stiller ethnischer Säuberungen. Allerdings verursachte der Zugang deutscher Kommissionen und ihr direkter Kontakt zu serbischen Gefangenen bei der Ustaša Ängste vor einem Kontrollverlust in den eigenen Lagern. Deshalb untersagte sie die direkte Rekrutierung im Lager Jasenovac. Ab 1943 wurden serbische Dorfbewohner, die als Zwangsarbeiter nach Deutschland verbracht werden sollten, vor allem im unter Kontrolle der SS stehenden Lager Semlin (Zemun) bei Belgrad selektiert. Das Lager wurde zum Umschlagplatz für Verschiebungen von Menschen aus ganz Südosteuropa.[121] Dazu gehörten sogar Rekruten, die in der Waffen-SS eingesetzt werden sollten.[122] Eine weitere Gruppe bildeten kriegsgefangene Partisanen, die durch die Wehrmacht nach Norwegen zur Zwangsarbeit verschleppt wurden, wo die überwiegende Mehrheit von ihnen den Tod fand.[123]

Angesichts des Funktionswandels im Lager Jasenovac versuchte die Lagerverwaltung auf der einen Seite, das eigentliche Häftlingslager zu konsolidieren und die Produktionsbedingungen effizienter zu gestalten. Eine Straffung der Organisation im KZ-System erfolgte vor allem 1943, die Willkürmaßnahmen der Wachmannschaften wurden zum Teil eingestellt und die Gefangenen etwas besser versorgt. Als Ausdruck des Funktionswandels kann auch die Tatsa-

---

120 Aussage des Ing. Blažić Seligmann aus Zagreb über seinen Aufenthalt in Jasenovac, 1. Januar 1944, YVA/O.10/79, Bl. 20; vgl. auch Dulić, Utopias of Nation, S. 270.

121 Vgl. Koljanin, Nemački logor; siehe auch Der Beauftragte für den Vierjahresplan, Generalbevollmächtigter für den Arbeitseinsatz, Dienststelle Kroatien (Dr. Petersen) an SS-General Kammerhofer, »Vermittlung albanischer Arbeitskräfte aus dem SS-Lager Semlin nach Deutschland«, 9. Juli 1943, BA-MA/RH 31 III/7, o. lfd. Nr.; zur Sicht eines Betroffenen siehe Aussage von Žika Radulović, 14. März 1947, AJ/110/687–194; siehe auch Anonymus, Reisebericht aus Kroatien vom März 1942, YVA/M.20/105, Bl. 40–43; vgl. ferner Goldstein u.a., Croatia, S. 139, sowie Lampe, Yugoslavia as History, S. 223

122 DGA an AA, 19. Juli 1943, PA AA/Gesandtschaft Zagreb-Geheimakten/2, Nr. 12. Auch das Lager Tenje bei Osijek wurde zu Ausgangspunkten von Deportationen nach Auschwitz, vgl. Odavić, Sabirni logor Tenje, S. 209.

123 Vgl. Riedel, Die SS-Inspektion.

che verstanden werden, dass von diesem Jahr an Sterbeurkunden für verstorbene Gefangene ausgestellt werden sollten.[124] Weiterhin aber starben Hunderte von Häftlingen an Krankheiten und Hunger. Die anhaltende extreme Gewaltbereitschaft der Wachmannschaften trug ebenfalls zum Tod von Häftlingen bei. Dabei begünstigte die Disposition der Täter, die sich in einem Belagerungszustand wähnten, die Gewalt. Die eigentlichen Massenhinrichtungen hingegen resultierten meist aus keiner situativen Dynamik. Im Gegenteil: Diese wurden geplant, kaltblütig vorbereitet und trafen schließlich wehrlose und geschwächte oder ahnungslose Opfer.

Massenmord an den Roma

Am 16. Mai 1942 ordnete der Aufsichtsdienst der Ustaša die Verhaftung aller Roma im USK und ihre Überstellung in das KZ Jasenovac an.[125] Diese Aktion hatte keineswegs allein die Ustaša zu verantworten. Das Innenministerium instruierte die Chefs der Großgespanschaften, und das Gendarmeriekommando befahl seinen Einheiten, die Verhaftungen durchzuführen. Alle Institutionen wurden angehalten, bei der Deportation der Roma nach Jasenovac eng zu kooperieren.[126]

In der Forschung wurde diskutiert, warum die Vernichtung der Roma erst etwa ein Jahr nach Beginn des Massenmordes an Juden und Serben einsetzte. Eine Erklärung war, dass die Ustaša zu sehr mit den Serben und Juden als ihren eigentlichen Feinden beschäftigt gewesen sei,[127] eine andere, dass eine frühere Deportation und Ermordung der Roma in die Lager nicht erfolgt sei, weil im Winter 1941/42 die Böden gefroren waren und daher ein Vergraben der Leichen nicht möglich war.[128] All diese Interpretationen basieren auf der intentionalistischen Vorannahme, dass es das Regime von Anbe-

---

[124] Vgl. Peršen, Ustaški logori, S. 161ff., sowie Goldstein u.a., Holokaust u Zagrebu, S. 326f.

[125] »Evakuierung der Zigeuner«, VOZ an 1.–6. Gendarmerieregimenter, 19. Mai 1942, AVII/NDH/145, 38/10–1, Nr., 1580 taj; 400 Roma wurden scheinbar in das KZ Danica deportiert, vgl. Dizdar, Logori, S. 64.

[126] »Zigeunerevakuierung«, UNS, Dekret Nr. 24789, 19 Mai 1942, AVII, NDH/150a, 4/43, sowie Oberes Gendarmeriekommando an die Gendarmerieregimenter, 19. Mai 1942, AVII/NDH/145, 38/10–1.

[127] Vgl. Biondich, Persecution of Roma-Sinti.

[128] Vgl. Lengel-Krizman, Genocide, S. 162f.

ginn auf die Ermordung der Roma abgesehen und lediglich auf einen geeigneten Zeitpunkt gewartet habe, um das Vorhaben auszuführen. Eine solche Intention lässt sich jedoch nicht belegen. Wie auch hinsichtlich anderer Gewaltpraxen der Ustaša verspricht der Blick auf deren Wandlungen und Radikalisierungsmomente differenzierte Ergebnisse. Offen bleibt allerdings die Frage, warum die kroatischen Roma im Frühsommer 1942 nach Jasenovac deportiert wurden. Mark Biondich hält es für möglich, dass die Vorbereitungen der Deportation der Juden aus Kroatien nach Auschwitz die Verhaftungswelle gegen die Roma inspiriert haben.[129] Dies deckt sich mit den bisherigen Befunden, dass die Radikalisierung der Verfolgung einer Gruppe stets weitere Gruppenverfolgungen nach sich zog, sei es, weil sich für die Ustaše neue Denkhorizonte auftaten, sei es, weil sich neue Opportunitätsstrukturen ergaben.

Was die Verfolgung der Roma in der Tat wirksam gebremst haben dürfte, ist, dass es keine Klarheit darüber gab, wer als Zigeuner einzustufen war und wer nicht, und dass es damit zusammenhängend zu konkreten Konflikten kam. Doch trotz zahlreicher Interventionen zugunsten muslimischer Roma wurde die Verhaftung der Roma in vielen – nicht aber in allen – Gemeinden schnell und effizient durchgeführt. Die Organisationen der Ustaša spielten dabei eine eher untergeordnete Rolle, das Rückgrat der Verhaftungswelle bildeten vielmehr die flächendeckend präsenten Einrichtungen wie die Armee und die Gendarmerie. In einigen Fällen assistierten lokale Verbände wie die Einsatzstaffel der deutschen Volksgruppe.[130] Die Verhaftungen zogen sich über Wochen hin, und ihr Verlauf unterschied sich je nach Kontext. Manche fanden im Rahmen von größeren Anti-Partisanenoperationen statt,[131] andere wiederum standen in Zusammenhang mit der Deportation der Juden im August 1942.[132] Die eigentlichen Deportationen der Roma unterschieden

129 Biondich, Persecution of Roma-Sinti, S. 35f.

130 Siehe einen Artikel über die Deportationen von Roma im USK, in: *Vjesnik*, 23. April 1986. Siehe des Weiteren 2. Armeegruppe an MinDom, 2. Juni 1942, abgedr. in: Miletić, Koncentracioni logor Jasenovac, S. 294ff.

131 Bericht des American Joint Distribution Committee (Belgrad), 13. März 1946, YVA/O.10/3–1–8; Untersuchungskommission Sremska Mitrovica, 2. April 1945, AJ/110/683.

132 »Verhaftung der Juden und Zigeuner«, ŽRO Nova Gradiška an RO Požega, 29. August 1942, USHMM/ 1999.A.0173/2; KO Prnjavor an ŽRO Nova Gradiška, 31. August 1942, HM BiH/UNS/1942.

sich meist nicht wesentlich von denen anderer Gruppen im USK. Vor Ort wurden sie von Polizisten und Gendarmen in provisorischen Lagern in Schulen, Scheunen oder Fabrikgebäuden interniert und dann nach ein paar Tagen zum nächsten Bahnhof eskortiert, von wo aus sie per Zug nach Jasenovac deportiert wurden. Darüber hinaus verpflichteten die Behörden nichtsesshafte Roma, in ihren eigenen Fuhrwerken nach Jasenovac zu fahren, vor allem wenn sie aus den nahe gelegenen Landesteilen stammten. Dies hatte zur Folge, dass sie mitsamt ihren Pferden, ihrem Vieh, ihren Wagen und in manchen Fällen ihren Schautieren, wie Bären und Affen, im KZ ankamen.[133] Allein in der ersten Junihälfte erreichten etwa 4000 Roma das Lager. Die Gesamtzahl wird auf mehr als 10000 geschätzt.[134] Meist wurden die Betroffenen nicht individuell registriert, sondern in großen Gruppen und in allen Altersgruppen deportiert.[135] Nach ihrer Ankunft wurden sie ihrer Habseligkeiten beraubt und registriert. Dies war der Moment, in dem viele Roma erstmalig extremer Brutalität der Ustaša ausgesetzt waren.[136]

Deportierte Roma wurden nach ihrer Ankunft zunächst in abgesonderten Sektionen des Lagers isoliert. Waren sie ohnehin schon als Gruppe identifizierbar, so erleichterte ihre Isolierung der Lagerverwaltung, sie einem besonders brutalen Regime zu unterwerfen. Von Anbeginn ermordeten Wachleute einzelne Roma. Ein Überlebender erinnerte sich: »Die Roma befanden sich in einer tödlichen Sack-

---

133 Zu den verschiedenen Wegen, auf denen Roma nach Jasenovac deportiert wurden, siehe die Dokumente abgedr. in: Miletić, Koncentracioni logor Jasenovac, S. 289ff., sowie Dulić, Utopias of Nation, S. 270.

134 Peršen, Ustaški logori, S. 156ff. Am 5. Juni 1942 meldet die KO Županja dem Ordnungsamt der Großgespanschaft in Brod an der Save, dass aus ihrem Bezirk über 2000 Roma in 83 Eisenbahnwaggons deportiert worden seien (abgedr. in: Miletić, Koncentracioni logor Jasenovac, S. 299f.); in manchen Dörfern erfolgte der Abtransport der Roma absolut umfassend. Bspw. wurden im Mai 1942 alle 115 aus dem syrmischen Dorf Jamena deportiert, siehe lebensgeschichtliches Interview mit Miloš Despot, Interview vom 26. Juli 1997, USHMMA/RG-50.468/10, Tape 1; bemerkenswert ist auch, dass der Interviewpartner nicht eine Nachfrage bezüglich der Roma stellte, sondern an der entsprechenden Stelle schnell das Thema wechselte.

135 Ausnahmen bestätigen die Regel: zu einer Deportation, bei der die Gefangen individuell registriert wurden, siehe Städt. Polizei Zagreb (Kriminalabt.) an Lagerverwaltung Jasenovac, 28. Mai 1942, abgedr. in: Miletić, Koncentracioni logor Jasenovac, S. 291.

136 Vgl. Korb, Ustaša Mass Violence.

gasse. Die Wachen betrachteten sie als minderwertige Tiere und fühlten sich berufen, sie brutal zu behandeln. Niemand wurde je zur Rechenschaft gezogen.«[137]

Vieles deutet darauf hin, dass die Lagerleitung von den anhaltenden Deportationen in das Lager überfordert war und in Massentötungen eine Art Lösung sahen. Während erste Massentötungen am Rande eines vorläufigen Aufnahmelagers in einem verlassenen serbischen Dorf in Lagernähe stattgefunden hatten, perfektionierten die Ustaše den Massenmord bald, indem sie die Roma fortan bei vorbereiteten Massengräbern töteten. Zu diesem Zweck schafften sie einen schwer quantifizierbaren Teil der Ankömmlinge auf ein *killing field* im halb versunkenen Dorf Gradina auf der anderen Seite der Save. Die übrigen Häftlinge verbrachten sie in eine Sektion des Lagers namens III C. Diese bestand aus nicht viel mehr als einer freien Fläche hinter Stacheldraht, auf der grauenvolle Lebensbedingungen herrschten, die eine immense Todesrate unter den Gefangenen verursachten. Nur ein kleiner Teil der Gefangenen kam als Arbeiter in den Ziegeleien, Sägewerken oder an den Deichen, die das Lager umgaben, zum Einsatz. Trotz der mörderischen Bedingungen beim Zwangsarbeitseinsatz in Jasenovac verbesserte die Zugehörigkeit zu einem Häftlingskommando vermutlich die Überlebenschancen, verglichen mit der tödlichen Zone der Sektion III C. Ein weiteres Kommando wurde aus Häftlingen geformt, die im Zusammenhang mit dem unmittelbaren Morden eingesetzt wurden. Ihre Aufgabe bestand darin, Massengräber auszuheben und die Leichen zu beseitigen.[138]

Der Mangel an glaubwürdigen Quellen macht eine Beschreibung des Leidens der Roma in den Lagern der Ustaša äußerst schwierig. Es sind vor allem Aussagen und Memoiren überlebender Häftlinge von Jasenovac – jedoch fast ausnahmslos von Nicht-Roma –, die über den Massenmord an den Roma Auskunft erteilen.[139] In man-

---

[137] Riffer, Grad mrtvih.

[138] Goldstein u.a., Holokaust u Zagrebu.

[139] Folgende Berichte nehmen Bezug auf den Massenmord an Roma in Jasenovac: Milan Radosavljević, Aussage vor Bezirksgericht, 10. März 1952, USHMM/1998.A.0028/4; Zusammenstellung durch Rade Đorđević, 26. Februar 1952, USHMM/1998.A.0028/1; Mahajlo Solak vor dem Kreisgericht Zagreb, 25. Juni 1951, USHMM/1998.A.0028/1; Miroslav Meduk vor dem Kreisgericht, 11. April 1956, USHMM/1998.A.0028/1; Dr. Josip Riboli vor der Kroatischen Staatlichen Untersuchungskommission, 28. Mai

chen wird berichtet, dass Roma angeblich von sich aus Grausamkeiten begangen haben oder dass Ustaše Roma gezwungen haben sollen, Ustaša-Kappen aufzusetzen und unter dem Einfluss von Alkohol beim Erschlagen der Opfer zu helfen.[140] Wieder andere Berichte stecken voller Stereotypen, wenn zum Beispiel geschildert wird, wie Zigeunerkapellen den Massenmord mit traurigen Liedern begleiteten oder wenn die Roma als fröhliches und naives Volk beschrieben werden, das ahnungslos und in farbenfrohen Kleidern dem Massenmord entgegengeschritten sei. Zwar sind einige Berichte auch voller Empathie, doch überwiegen die Narrative, die sich nach dem Krieg verfestigt zu haben scheinen und die von romantisch-exotisierenden Stereotypen durchzogen sind. Da diese Berichte überdies nicht aus erster Hand stammen, sondern auf Hörensagen basieren, bestehen Zweifel an ihrer Glaubwürdigkeit.[141] Denn obgleich einige Überlebende die Massenhinrichtungen beschrieben, als ob sie ihnen selbst beigewohnt hätten, ist es unwahrscheinlich, dass sie sich in Nähe der Tötungsfelder auf der anderen Flussseite befunden haben.[142] Die Berichte über das angebliche Verhalten der Roma sind eher Ausdruck der Ethnisierung in den Lagern und Folge des Regimes einer Lagerverwaltung, das die Häftlingsgruppen gegeneinander aufstachelte.

Aus der Übereinstimmung von dokumentarischem Material, den Nachkriegsaussagen einiger Täter und Berichten Überlebender ergibt sich dennoch ein Bild vom Massenmord an den Roma. Danach verübten die Ustaša-Wachen die Taten mit stumpfen Schlagwaffen auf die grausamste Weise. Dabei zogen sie auch in einem Leichenkommando eingesetzte Häftlinge zu Hilfsarbeiten heran. Dies konnte sogar so weit gehen, dass einzelne Häftlinge zur Beteiligung an den Tötungen gezwungen wurden.

1945, AJ/110/292; für veröffentlichte Memoiren siehe Riffer, Grad mrtvih, Nikolić, Le camp, S. 257ff., sowie Nikolić, Jasenovački logor smrti, S. 242ff.; vgl. auch Đurić, Il calvario.

140 Siehe bspw. Interview mit Miloš Despot, 26. Juli 1997, USHMMA/RG-50.468/10 (Tape 1) sowie Riffer, Grad mrtvih.

141 Vgl. Dulić, Mapping Out the »Wasteland«.

142 Ein Ausnahme bildet bspw. das lebensgeschichtliche Interview mit Miloš Despot, der mit anderen Kameraden auf Booten auf der Save eingesetzt war (Interview vom 26. Juli 1997, USHMMA/RG-50.468/10, Tape 1), sowie die Erinnerungen Maestros, der genau beschreibt, wie und warum er zum Augenzeugen der Hinrichtungen wurde, siehe Sindik, Sećanja Jevreja, S. 87ff.

Die Deportation der Roma nach Jasenovac war eine vom UNS initiierte und staatlich koordinierte Aktion, bei der sich die wichtigsten Behörden und die Armee engagierten. Wer die Ermordung der Mehrheit der Roma in Jasenovac anordnete, ist nicht bekannt. Die Selektionen und die im Vorfeld ausgehobenen Massengräber legen ein gewisses Maß an vorheriger Planung nahe. Gleichzeitig steigerte die Ustaša sowohl die Systematik als auch die Mordrate sukzessive, sodass der Weg auch in diesen Massenmord vielleicht verschlungener war als gemeinhin angenommen. Die Anzahl der ermordeten Roma ist aufgrund der Quellenlage kaum einzuschätzen, sie bewegt sich zwischen 16000 und 40000.[143]

Deportationen nach Auschwitz

Zwischen August 1942 und Mai 1943 wurden Tausende von Juden von Kroatien nach Auschwitz deportiert. Bei der Verhaftung und Deportation der kroatischen Juden handelte es sich um ein deutsch-kroatisches Gemeinschaftsunternehmen. Da aber die beiden Akteure unterschiedliche Prioritäten hatten, funktionierte die Zusammenarbeit nicht optimal. Aus deutscher Sicht zogen sich die Deportationen zu lange hin, die kroatischen Partner erschienen unzuverlässig und schlecht organisiert.[144] Am 24. Februar 1942, auf der Eröffnung der kroatischen Ständevertretung (*Sabor*), verkündete der kroatische Innenminister Andrija Artuković, dass die Judenfrage in Kroatien gelöst sei,[145] was allerdings aus deutscher Sicht nicht zutraf. Deshalb bemühte sich die deutsche Gesandtschaft darum, zusammen mit der kroatischen Regierung die Deportation der verbliebenen Juden aus Kroatien zu organisieren, zumal sie sich nicht darauf verließ, dass die Ustaša die »Endlösung der jüdischen Frage« in Europa im deutschen Sinne durchführen würde. Zwar hatte die kroatische Führung bereits den größten Teil der Strecke auf dem Weg zur Vernichtung der jüdischen Minderheit im Land zusammen mit den Deutschen zurückgelegt. Dennoch gehorchte die Judenverfolgung im USK anderen Interessen als die Judenpoli-

---

143 Žerjavić, Population Losses, 135f; Korb, Ustaša Mass Violence, sowie Dulić, Mass Killing, S. 273.

144 DGA (Kasche) an AA Inland II, 13. April 1942, PA AA/Inland IIg, R 100.874, Bl. H299714.

145 Vgl. Tomasevich, Occupation and Collaboration, S. 595.

tik des RSHA: Die Politik der Ustaša war auf die Entfernung einer ethnischen Minderheit angelegt, die schließlich im Massenmord kulminierte, und antijüdische Maßnahmen erfolgten insgesamt wahlloser. Abgesehen davon entsprach es ohnehin nicht der Politik des RSHA, sich auf die antisemitischen Maßnahmen anderer Regierungen in Europa zu verlassen, auch dann nicht, wenn diese bereits genozidale Tendenzen aufwies, wie in Rumänien oder Kroatien. Nachdem sich die Deutschen auf der Wannseekonferenz auf ein europaweites Deportationsprogramm verständigt hatten, sollte nun die Deportation der Juden aus den entsprechenden Ländern auch umgesetzt werden. Hatte das RSHA vor der Wannseekonferenz zwei kroatische Anfragen, die auf die Abschiebung kroatischer Juden nach Deutschland abzielten, noch abschlägig beschieden,[146] beantragte die deutsche Gesandtschaft nach der Wannseekonferenz hingegen aktiv bei der kroatischen Regierung die Deportation der verbliebenen Juden in das Reichsgebiet. Die kroatischen Initiativen hatten den Deutschen bereits signalisiert, dass von kroatischer Seite mit keinen Einwänden zu rechnen war.[147] Dieser Hoffnung hatte der Chef des RSHA, Reinhard Heydrich, auf der Wannseekonferenz Ausdruck verliehen. Dort hieß es, dass »in der Slowakei und in Kroatien […] die Angelegenheit nicht mehr allzu schwer [sei], da die wesentlichsten Kernfragen in dieser Hinsicht dort bereits einer Lösung zugeführt wurden«.[148] Damit waren indes nicht die bereits erfolgten Massentötungen von Juden gemeint, sondern administrative Voraussetzungen für die Deportationen, also die Identifizierung, Entrechtung, Markierung und Registrierung der Juden. Nach der Entscheidung, Juden aus den europäischen Ländern in den Osten des Kontinents zu deportieren, um sie dort umzubringen, begannen die deutschen Behörden, starken Druck auf ihren kroatischen Verbündeten auszuüben. So setzten Hitler und Kasche auf einem Treffen mit Pavelić im September 1942 die Juden mit den Partisanen gleich und beschworen die Gefahr, die von ihnen ausgehe. Außerdem prangerten sie die angeblich judenfreundliche Politik

---

[146] Vgl. Browning, The Final Solution, S. 115 u. 200, sowie Tomasevich, Occupation and Collaboration, S. 595.

[147] AA (von Thadden) an Inl. II, 24. Mai 1942, JIMB/4, fr. 1254.

[148] Besprechungsprotokoll »der am 20. Januar 1942 in Berlin […] stattgefundenen Besprechung über die Endlösung der Judenfrage«, Bl. 9, abgedr. in: Haus der Wannseekonferenz, Die Wannsee-Konferenz, S. 117.

Italiens an und suggerierten damit, dass mit der Entfernung der Juden die Beseitigung des ungeliebten italienischen Einflusses einherginge.[149]

Der Ustaša-Führung kam die Deportation der Juden gelegen. Während die deutsche Seite versucht hatte, die kroatische Antipathie gegen die italienische Politik auszunutzen, bot sich nun für Kroatien die Gelegenheit, den deutsch-italienischen Gegensatz auszubeuten. Denn die zögerliche Haltung der italienischen Militärs, Juden auszuliefern, sorgte unweigerlich für deutsch-italienische Spannungen. Auch deshalb insistierte das kroatische Außenministerium wiederholt in Berlin, deutsche Diplomaten sollten versuchen, von Italien die Auslieferung der kroatischen Juden zu erwirken.[150] Die deutsche Gesandtschaft nahm kroatische Beschwerden gegen die italienische Judenpolitik in der Regel sehr ernst und ging ihnen nach.[151]

Kroatische Stellen beantragten jedoch auch direkt bei den Italienern, die geflüchteten Juden nach Kroatien auszuliefern.[152] Die kroatischen Forderungen unterschieden sich jedoch dadurch von den deutschen Initiativen, dass entweder die Auslieferung der Juden aus der italienischen Besatzungszone oder aber die Überstellung aller Juden aus dem italienisch besetzten kroatischen Staatsgebiet in

149 »Aufzeichnung über die Unterredung zwischen dem Führer und dem Poglavnik am 23.9.42« (25. September 1942), PA AA/Botschaft/Rom (Quirinal) geheim/152, Bl. E259263ff.

150 Solche Interventionen lassen sich bereits für den Sommer 1941 belegen, siehe DGA (Kasche), Vermerk über Gespräch mit Bürgermeister Dr. Deak aus Karlovac, 22. August 1941, BA-MA/RH 31 III/8, o. lfd. Nr. Im Sommer 1942 bat der italienische Außenminister Lorković den Gesandten Kasche, »dass wir in Rom ebenfalls vorstellig werden«, siehe DGA (Kasche) an AA, 20. August 1942, PA AA/Inland IIg, R 100.874/, Bl. H299623; vgl. auch Browning, The Final Solution, S. 119.

151 Bspw. denunzierte der Großgespan von Cetina gegenüber der Deutschen Gesandtschaft das italienische Verhalten in Dalmatien, 2. Oktober 1942, AA PA/Nachlass Kasche 2/1, Bl. 57; in seiner Antwort machte Kasche »die nicht unbeträchtliche Anzahl von Juden, die sich in diese Gebiete begeben haben, [für] diese Treibereien« verantwortlich und kündigte Schritte »zur Beseitigung des jüdischen Einflusses« an, siehe Kasche an den kroatischen Gesandten Edo Bulat (1901–1984), 17. Oktober 1942, AA PA/Nachlass Kasche 2/1, Bl. 73f.; kroatische Vorwürfe werden auch aufgegriffen in einem Aktenvermerk des Einsatzstabs R.R. für Kroatien, »Juden in Sarajewo«, 21. September 1942, OAM/1401/1/5, o. lfd. Nr.

152 AA (Luther) an Deutsche Botschaft Rom, 18. November 1942, YVA/O.10/49, Bl. 2f.

das eigentliche Italien gefordert wurde.[153] Damit wird noch einmal das Hauptziel der kroatischen Politik deutlich: Es ging um die physische Entfernung der Juden aus Kroatien, und dabei konnte es sich sowohl um ihre Deportation in ein deutsches Vernichtungslager als auch um ihre Abschiebung nach Italien handeln. Deshalb wurde der jüdische Exodus aus Zentralkroatien in die italienisch besetzten Küstengebiete auch stillschweigend akzeptiert.[154]

Nicht abschließend beantworten lässt sich die Frage, ob die Ustaša-Regierung darüber informiert war, dass die deportierten Juden in Auschwitz ermordet wurden. Historiker sind stets wie selbstverständlich davon ausgegangen, dass die kroatische Regierung eingeweiht gewesen sein musste. Die Tatsache, dass die Ustaša eigenständige Massenmorde verübte, erschien ihnen Beweis genug. Interne Berichte und Tagebucheinträge deuten jedoch darauf hin, dass man beispielsweise innerhalb der italienischen Führung erst seit etwa Mitte 1942 über die Judenvernichtung in den deutschen Vernichtungslagern Bescheid wusste.[155] Es ist nicht wahrscheinlich, dass die kroatische Regierung besser informiert war als die italienische, der zudem geheimdienstliche Mittel zur Verfügung standen. Auch ist nicht plausibel, dass die deutsche Gesandtschaft kroatische Dienststellen direkt über die Judenvernichtung informierte. Sie hielt sich an den Sprachgebrauch von einer angeblichen Umsiedlung der kroatischen Juden. Offenbar war dies der Kenntnisstand zumindest eines Teils der kroatischen Beamtenschaft. Beispielsweise bat die kroatische Botschaft in Berlin im Oktober 1944 das Auswärtige Amt zu veranlassen, dass eine versehentlich in das »KZ Birkenau bei Neu-Berun in Oberschlesien« deportierte 22-jährige »Halbjüdin« entlassen werde. Die Frau war jedoch bereits 16 Monate, bevor das Schreiben abgeschickt wurde, in Auschwitz durch Giftgas ermordet worden. Die Sipo ließ der kroatischen Botschaft bestellen, dass die Gesuchte nicht auffindbar sei.[156]

---

153 Vrančić an ital. 2. Armee, 29. Mai 1942, NARA/T-821/402, fr. 1089ff.

154 Siehe O. A., Kurze Darstellung über die bisherigen antijüdischen Maßnahmen und die Lage der Juden in Kroatien (Mitte Mai 1942), YVA/M.70/140, Bl. 9f.

155 Vgl. Rodogno, Italiani brava gente, S. 221. Die Massenerschießungen in den besetzten Gebieten oder bspw. das Pogrom im rumänischen Jassy waren früher bekannt, vgl. Picciotto, The Italians and the Jews, S. 508f.

156 Gesandtschaft des USK in Berlin an AA, 3. Oktober 1944, PA/AA Inland II A/B, R 99.425, Fiche Nr. 5649.

Allerdings standen Amtsträgern in Kroatien ebenso wie in allen anderen Ländern, aus denen Juden deportiert wurden, Informationen zur Verfügung, die die offizielle Version von Umsiedlungen wenig plausibel erscheinen ließ. Dies gilt beispielsweise für Nachrichten, die vom kroatischen Expeditionskorps an der Ostfront nach Kroatien flossen, sowie für gelegentliche Hinweise aus dem deutschen Propagandaministerium.[157] Es gab eine Vielzahl von Anzeichen dafür, dass ein Großteil der deportierten Juden nicht überleben würde. Ob sie jedoch in ihrer Gesamtheit oder partiell getötet oder tatsächlich umgesiedelt werden würden, war aus kroatischer Sicht nicht entscheidend. Während die Deutschen eine möglichst systematische Vernichtung auch der kroatischen Juden anstrebten, ging es der kroatischen Führung darum, eine Minderheit physisch aus Kroatien zu entfernen, die als ein Fremdkörper angesehen wurde. Deshalb hatte sie bereits im Herbst 1941 angefragt, ob die kroatischen Juden in die von Deutschland besetzten Gebiete deportiert werden könnten, also zu einem Zeitpunkt, als der Massenmord in den deutschen Vernichtungslagern noch gar nicht angelaufen war.

Die kroatische Regierung nahm den Massenmord jedoch in Kauf und erhob keine Einwände gegen die Deportationen. Sie übernahm den Sprachgebrauch der Deutschen von den »Evakuierungen nach Osten« und intensivierte im Vorfeld der Deportationen die Propaganda gegen die Juden.[158] Das RSHA ernannte den SS-Sturmbannführer Franz Abromeit (1907–1964) zum Judenbeauftragten an der Gesandtschaft in Zagreb. Im Juli 1942 weilte Kasche in Berlin, möglicherweise, um bezüglich der Judendeportationen notwendige Absprachen zu treffen.[159] Während Abromeit und sein Vorgesetzter, Polizeiattaché Hans Helm, in Zusammenarbeit mit der Gesandtschaft und dem RSHA die Durchführung planten, arbeiteten kroatische Stellen ihnen zu und führten die Verhaftungen durch. Abromeits wichtigste Verbindungsmänner waren der Chef der Ustaša-Polizei Joso Rukavina (1912–1968) und deren Judenreferent Vilko Kühnel. Die Deportationen aus Kroatien erfolgten zeitgleich mit denjenigen aus Westeuropa und der Slowakei. Zwischen dem

---

157 Vgl. Longerich, »Davon haben wir nichts gewusst!«, S. 201 ff.

158 Bericht des kroatischen Außenministeriums an den Poglavnik vom 7. Mai 1942, HR HDA/227/1, Nr. 4; siehe auch Goldstein u.a., Holokaust u Zagrebu, S. 424 ff.

159 Dienstkalender des Gesandten (Juli 1942), PA AA/NL Kasche 3/3, 1942.

8. und dem 13. August wurden allein in Zagreb 1200 Juden von der Sicherheitspolizei der Ustaša verhaftet und in Zagreber Gefängnissen oder in einem in einer Schule untergebrachten Transitlager interniert. Die jüdische Gemeinde versorgte die Gefangenen mit Nahrung. Etwa 400 ältere Personen und Ärzte wurden wieder freigelassen.[160] Zu den in Zagreb, in Sarajevo und an anderen Orten Verhafteten stießen die im kroatischen KZ Loborgrad internierten Jüdinnen sowie die im »Getto Tenje« bei Osijek gefangenen Osijeker Juden. Diese waren Mitte August 1942 in einer von der Osijeker Ustaša und von Milizionären der deutschen Volksgruppe gemeinsam durchgeführten Aktion unter besonders brutalen Bedingungen verhaftet worden. Die volksdeutschen KZ-Wächter aus Loborgrad brachten die Deportierten bis an die Grenze und übergaben sie dort der SS und der deutschen Polizei.[161] An dieser Zusammenarbeit wird deutlich, dass sich die Beteiligung volksdeutscher Verbände radikalisierend auf das Ausmaß und die Formen der Judenverfolgung auswirkte.

Die Züge für die Deportationen stellten die kroatischen Staatseisenbahnen. Der Repräsentant der Deutschen Reichsbahn in Zagreb, Reichsbahnrat Franz Schmelz, koordinierte die deutschen und die kroatischen Bahnen.[162] Am 13. August 1942 verließ der erste Deportationszug um 21 Uhr den Hauptbahnhof der kroatischen Hauptstadt. Angehörige und Bekannte der Verhafteten hatten sich am Zug versammelt, um ihnen über den Kordon von Wachen hinweg letzte Worte zuzurufen.[163] Ab dem Grenzbahnhof Brückel übernahmen deutsche Angehörige der Schutzpolizei Marburg die Transportbegleitung. Am 15. August 1942 traf der Zug im KZ Auschwitz ein. Von 1200 Deportierten wurden mehr als 1000 Menschen unmittelbar nach ihrer Ankunft im Lager getötet. Lediglich 87 Männer und 69 Frauen wurden als Häftlinge im Lager registriert. Weitere Deportationszüge verließen Kroatien am 16., 20., 24. und 27. August von Osijek und von Zagreb aus. Insgesamt wurden im August 1942 nach Angaben des RSHA 4927 Juden aus Kroatien nach Auschwitz

160 Vgl. Goldstein u.a., Holokaust u Zagrebu, S. 428.

161 Vgl. Bethke, (K)Eine gemeinsame Sprache, S. 301.

162 RUR ŽO an Direktion der kroatischen Staatsbahnen, 29. August 1942, HR HDA/252/15, 29861; für Schmelz siehe Verkehrswissenschaftliche Lehrmittelgesellschaft, Verzeichnis, S. 115 u. 662.

163 Vgl. Goldstein u.a., Holokaust u Zagrebu, S. 430f.

deportiert. Von 587 Männern und Frauen, die als Häftlinge im KZ Auschwitz registriert wurden, scheint nach Berichten anderer kroatischer Überlebender niemand das Jahr 1943 überlebt zu haben.[164]

Der kroatische Finanzminister Vladimir Košak (1908–1947) verständigte sich im Anschluss an die Deportationen mit den deutschen Stellen darauf, für die Kosten der Deportationen in Kroatien aufzukommen und darüber hinaus pro Deportiertem 30 Reichsmark an das Deutsche Reich zu zahlen.[165] Im Gegenzug durfte sich die kroatische Regierung am Besitz der Deportierten schadlos halten. Die Kosten für die Deportationen wurden indes zum Teil den jüdischen Gemeinden in Rechnung gestellt.[166] Auf einem weiteren Treffen am 19. Januar 1943 kam RAVSIGUR-Chef Filip Crvenković (1898–1967), der sekundiert wurde von Vilko Kühnel, mit Abromeit überein, die kroatischen Juden nunmehr in ihrer Gesamtheit zu deportieren.[167] Die Verhaftungen und Deportationen in Zagreb deckten sich zeitlich mit einem Besuch des Reichsführers SS Heinrich Himmler in Kroatien.[168] Es gibt aber keinen Beweis dafür, dass Himmler die Deportationen beaufsichtigte oder in anderer Weise gegen die kroatischen Juden intervenierte. Himmler hielt Besprechungen ab und bekam einen kroatischen Orden verliehen. Die These kroatischer Historiker, Himmler habe persönlich nach Zagreb kommen müssen, um die Deportationen aus Kroatien durchzusetzen, ist angesichts der generellen kroatischen Kooperationsbereitschaft nicht plausibel.[169]

---

[164] RSHA IV B 4 an Auschwitz, z. Hd. Obersturmbannführer Höß, 14. August 1942, PA AA/Inland II g, Bl. 72; Korherr-Bericht, 19. April 1943 (NO-5193), zit. n. Hilberg, The Destruction, S. 717 u. 1204, sowie Czech, Kalendarium der Ereignisse; zu kroatischen Häftlingen in Auschwitz vgl. Goldstein u.a., Holokaust u Zagrebu, S. 434.

[165] DGA (Kasche) an AA, 14. Oktober 1942, NARA/T-120, Roll 5784, H299.660, abgedr. in: Poliakov u.a., Das Dritte Reich, S. 40; vgl. auch Tomasevich, Occupation and Collaboration, S. 596.

[166] UNS III an Wirtschaftsabt. des Sammellagers Tenje, 2. Juni 1942, HR HDA/248/1, k. 5/2–5.

[167] Vgl. Goldstein u.a., Holokaust u Zagrebu, S. 465.

[168] DGA, Besuchsprogramm, 5. Mai 1943, YVA/O.10/57, Bl. 1–3.

[169] Siehe Pečarić, Serbian Myth, S. 228; einen Zusammenhang vermutet auch Krizman, Pavelić između Hitlera i Mussolinija, S. 557. Eine differenzierte Auffassung vertritt Goldstein u.a., Holokaust u Zagrebu, S. 475, nach der der Himmler-Besuch während der Deportationen allenfalls motivierend auf das deutsche und das kroatische Personal gewirkt haben könnte.

Gleichwohl beaufsichtigten Abromeit bzw. Beamte der Gestapo persönlich die Verhaftung von 1700 Juden in Zagreb und etwa 300 in weiteren Städten.[170] Die Verhafteten verbrachten einige Nächte in einem Transitlager in Zagreb. Am 5. und am 10. Mai 1943 wurden insgesamt 2000 Personen am Zagreber Westbahnhof in zwei Güterzüge verladen. Die Gefangenen wurden von der kroatischen Polizei bewacht, bis die SS kurz vor der Abfertigung das Kommando übernahm. Unter den Gefangenen befanden sich überproportional viele ältere Menschen. Allein in Zagreb waren vier jüdische Altersheime geräumt worden. Obwohl die Deportierten in Wien von der jüdischen Gemeinde mit Wasser und Nahrung versorgt wurden, starben einige der Gefangenen bereits während des Transports. Unmittelbar nach der Ankunft im KZ Auschwitz-Birkenau wurden alle bis auf 70 Männer und 25 Frauen durch Giftgas getötet.[171]

Die deutsch-kroatische Zusammenarbeit verlief jedoch alles andere als reibungslos. Bereits im Vorfeld artikulierten SS-Offiziere ihr Misstrauen gegen die Ustaša. Sie fühlten sich vom kroatischen Lagersystem ausgeschlossen und forderten den Zugriff auf die 2000 jüdischen Häftlinge, die sie dort vermuteten. Wegen dieses Misstrauens sahen die deutschen Organisatoren 1943 Jasenovac als »kein geeignetes Lager zur Konzentrierung« an. Stattdessen setzten sie eine bezirksweise Deportation der Juden durch, da sie ein solches Verfahren besser beaufsichtigen zu können glaubten.[172] Offenbar war das Vertrauen der Deutschen in die kroatischen Partner an einem Tiefpunkt angelangt, denn dieses Mal plante das RSHA, die Deportationen unabhängig davon durchzuführen, ob die kroatische Seite kooperierte oder nicht.[173] Im Anschluss an die Deportationen kam es zu Auseinandersetzungen um einige italienische und ungarische Bürger, die versehentlich deportiert worden waren und aus

---

170 DGA (Kasche) an AA Inland II, 13. April 1943, PA AA/Inland IIg, R 100.874/, Bl. H299714; vgl. auch Krizman, Pavelić između Hitlera i Mussolinija, S. 560.

171 Vgl. Goldstein u.a., Holokaust u Zagrebu, S. 473f., sowie Czech, Kalendarium der Ereignisse.

172 Kasche (FS Nr. 952)an AA, 4. Februar 1943, YVA/M.70/46, o. lfd. Nr.

173 DGA (Kasche) an AA Inland II, 13. April 1943, PA AA/Inland IIg, R 100.874/, Bl. H299714, sowie Schreiben DGA (Kasche/Helm) an AA (»Aussiedlung wird unabhängig von der Stellung des Kopfgeldes und der Lebensmittel durchgeführt«), 4. März 1943, PA AA/Inland IIg, R 100.874/, Bl. H299710.

Auschwitz nach Kroatien zurückgeholt wurden.[174] Der deutsche Polizeiattaché Helm und sein Judenreferent Abromeit beschuldigten kroatische Politiker, durch Interventionen zahlreiche Juden dem deutschen Zugriff entzogen zu haben – zum Teil seien Juden noch aus den Deportationszügen herausgeholt worden. Die Vorwürfe waren in der Sache nichts Neues, denn seit der kroatischen Staatsgründung beschwerten sich deutsche Repräsentanten immer wieder über die angebliche Verjudung des kroatischen Spitzenpersonals, über Ausnahmeregelungen für gewisse Juden, die per Gesetz zu Ehrenariern bestimmt worden waren, sowie über den aus ihrer Sicht zu starken Einfluss der kroatischen Kirche.[175] Das Ausmaß der deutschen Paranoia ging so weit, dass »den Kroaten« vorgeworfen wurde, »mit Absicht öffentlichkeitswirksam alte Frauen und junge Mädchen ab[zu]transportieren, um Mitleid zu wecken, [sie] aber nicht hinter der Aktion stünden und diese nicht wirksam durchführen wollten«.[176] Die deutschen Vertreter des RSHA konnten daher nicht zufrieden sein. Auseinandersetzungen um einzelne Juden, die aus Sicht der kroatischen Regierung nicht deportiert werden sollten, zogen sich bis kurz vor Kriegsende hin. Deshalb ist die Meldung vom Polizeiattaché in Zagreb, SS-Obersturmbannführer Hans Helm, an das Auswärtige Amt, dass »die Durchführung der Judenaussiedlung [...] so zufriedenstellend [war], dass Kroatien [...] als jenes Land angesehen werden kann, in dem die Judenfrage im Großen und Ganzen als gelöst anzusehen [ist]«, als eine Erfolgsmeldung für die Vorgesetzten zu interpretieren, nicht jedoch als interne Bewertung der eigenen Judenpolitik.[177]

In der Tat führte der Eigensinn der kroatischen Regierung dazu, dass die deutschen antijüdischen Maßstäbe nicht in vollem Umfang Anwendung fanden. Wichtiger noch scheint die mangelnde Bereit-

---

[174] RSHA IV B 4 an KL Auschwitz (Obersturmbannführer Höß), 14. August 1942, PA AA/Inland II g, Bl. 72.

[175] Zu den deutschen Perspektiven vgl. Tomasevich, Occupation and Collaboration, S. 595, sowie Weitkamp, Braune Diplomaten, S. 282; zu Gruppen, die zunächst von Deportationen ausgenommen waren, siehe Schreiben Nr. V.T. 32/42 der ŽRO Nova Gradiška an KO, 28. August 1942, YVA/M.70/47, Bl. 4.

[176] Feldkommandantur Agram an Polizei-Attache Helm, 11. Mai 43, YVA/M. 70/46, Bl. 3.

[177] Ostubaf. Helm, Überblick über die Judenfrage in Kroatien, 18. April 1944, YVA/O.10/60, Bl. 4f.

schaft weiter Bevölkerungskreise gewesen zu sein, versteckte Juden in Kroatien zu denunzieren. Den entscheidenden Grund für das Überleben eines guten Viertels der kroatischen Juden stellte aber die fehlende Bereitschaft Italiens dar, diese an die Ustaša bzw. an die Deutschen auszuliefern. Die außenpolitische Maxime des Deutschen Reiches, Italien im Adriaraum freie Hand zu gewähren, hatte zur Folge, dass die Deutschen ihren Partner zunächst nicht drängten, die Juden ihrer Zone auszuliefern. Erst Mitte 1942 intervenierte das Spitzenpersonal des Deutschen Reiches regelmäßig, um die Auslieferung der Juden aus den von Italien besetzten Gebieten zu erzwingen.[178] Die Führer der Ustaša wussten Öl ins Feuer zu gießen. Beispielsweise verknüpfte Pavelić in einem Gespräch mit Hitler geschickt Kritik an der italienischen Judenpolitik mit seinen Forderungen an Hitler, den militärischen Einfluss Italiens zurückzudrängen, wie Glaise von Horstenau berichtete:

> »Auch die Unterstützung der Juden durch die Italiener wurde gebührend hervorgehoben, wobei der Poglavnik mit dem Brustton der Überzeugung hervorhob, dass dort, wo die kroatische Regierung ihres Amtes walten könne, die Judenfrage gelöst sei. Und als er in diesem Zusammenhang noch gar mit Achselzucken den Vatikan erwähnte und Adolf Hitler gleich entrüstet wie triumphierend über den kleinen Kreis [der Gesprächsteilnehmer] hinwegblickte, da hatte der kroatische Staatschef gewonnen.«[179]

Die Episode verdeutlicht, wie es nichtdeutschen Verbündeten des Deutschen Reiches gelingen konnte, dessen Bemühen um eine Radikalisierung der Judenpolitik in ihrem Sinne zu instrumentalisieren. Zugleich verstärkte die deutsch-italienische Rivalität ebenso wie die italienisch-kroatische Entfremdung die Obstruktionshaltung des italienischen Personals. Dies einte wiederum die deutsche und die kroatische Regierung in ihrer Kritik.[180] Die Deutschen sahen sich in ihrem Vorhaben behindert, alle Juden aus Kroatien zu deportieren. Der kroatischen Regierung wiederum wurde vor Augen geführt, wie machtlos sie auf einem Teil ihres Territoriums war. Die Tatsache,

---

[178] Für den Sommer 1942 siehe AA (Troll) an DGA (Kasche), 30. Juli 1942, PA AA/Inland IIg, R 100.874/, Bl. 485799; von deutscher Seite intervenierten Himmler, von Ribbentrop und Gestapo-Chef Müller. Die italienische Politik ist insgesamt sehr gut erforscht, siehe bspw. Steinberg, All or Nothing, sowie Knox, Das faschistische Italien.

[179] Broucek, Deutscher Bevollmächtigter General, S. 148.

[180] Vgl. Knox, Das faschistische Italien.

dass ausgerechnet die Italiener die Juden schützten, war in den Augen der Ustaša Ausdruck eines Zusammenschlusses ihrer italienischen, serbischen und jüdischen Gegner und führte zu einer Verstärkung und Verschränkung der jeweiligen Ressentiments und zu einer intensivierten Gleichsetzung der Juden mit Staatsfeinden. Den Massenverhaftungen folgte daher nicht etwa eine Beruhigung der Judenverfolgung in Kroatien. Mitglieder der jüdischen Restgemeinden, die von den Deportationen nach Auschwitz verschont geblieben waren, wurden nun verstärkt in kroatische Lager deportiert.[181]

Deutsche Reaktionen auf die Gewalt im Lager Jasenovac

Während die deutschsprachige Südosteuropaforschung zuweilen behauptete, dass es sich bei Jasenovac um ein Lager gehandelt habe, »in das hineinzusehen die Ustaša keinem Deutschen gestattete«,[182] hieß es in der Holocaustforschung, die Deutschen hätten »die Kontrolle über Jasenovac der kroatischen Marionettenregierung übertragen«.[183] Beide Sichtweisen sind irreführend. Während die eine Richtung dazu tendiert, den Einfluss der Deutschen auf die Ustaša zu negieren, will die andere die Handlungsspielräume der Ustaša nicht wahrhaben. Im folgenden Abschnitt soll der Einfluss der Deutschen auf das Lagersystem der Ustaša eingeschätzt und analysiert werden, wie sie die dort stattfindende Gewalt wahrgenommen haben.

Im Gegensatz zu Massakern waren Lager eine Gewaltform, die die Deutschen grundsätzlich akzeptierten und beförderten. Zwar ähnelten sich die Gewaltpraxen innerhalb wie außerhalb des Lagers. Gleichwohl galten Lager im Gegensatz zu Massakern als eine Gewaltform, die Ordnung schuf und die sich steuern und kontrollieren ließ. Die Existenz von Lagern wurde deshalb nie grundsätzlich infrage gestellt. Stattdessen ging es darum, die Lager in ihren Verfol-

---

181 Zur Verhaftung von 57 Juden in Varaždin siehe ŽRO an RAVSIGUR, 28. November 1942, YVA/M.70/63, Bl. 7.

182 Kiszling, Die Kroaten, S. 205. Das Zitat scheint auf Glaise von Horstenaus Notizen zu basieren, siehe Broucek, Deutscher Bevollmächtigter General, S. 167.

183 Rozett u.a., Encyclopedia of the Holocaust (Eintrag zu Jasenovac).

gungsfunktionen zu präzisieren und in ihrer Effizienz zu verbessern. Darüber hinaus war aus deutscher Sicht erstens entscheidend, dass die Gewalt der Lager nicht auf das Außen übergriff und somit gleich den Massakern ganze Regionen destabilisierte, und zweitens, dass ein deutscher Zugriff auf die Häftlinge gewährleistet war. Denn vor dem Hintergrund der veränderten Strategien der deutschen Kriegsführung seit etwa Ende 1941 bedurften die deutschen Besatzer der Lager für die Internierung der gefangenen Zivilbevölkerung, als Umschlagplatz für Zwangsarbeiter, die in das Deutsche Reich geschafft werden sollten, sowie als Vorhof für Deportationen in andere Konzentrationslager.

Um diese Funktionen sicherzustellen, erfolgten zahlreiche deutsche Interventionen. Sie belegen, dass deutsche Repräsentanten sehr wohl in der Lage waren, sich Zugang zu den Lagern der Ustaša zu verschaffen. Deutsche Instanzen, die über ein gewisses Maß an Unabhängigkeit verfügten oder dezidiert ihre partikularen Interessen verfolgten, griffen wiederholt in das kroatische Lagersystem ein, wie die folgenden Beispiele belegen. So befürchteten deutsche Stellen wegen der häufigen Festnahme serbischer Arbeiter durch die Ustaša die »völlige Auflösung jeglicher Arbeitsorganisation«.[184] Folglich bemühten sich deutsche Arbeitsstäbe, ihre serbischen Arbeiter aus den Lagern freizubekommen. Im Lager Danica setzten Soldaten der Wehrmacht sogar den Kommandanten fest und ließen ihn erst frei, als ein von ihnen gesuchter Häftling entlassen wurde.[185] Nach der desaströsen Krise des Lagers Jasenovac im Winter 1942 verständigten sich unter deutscher Anleitung die diplomatischen Vertretungen in Kroatien, dass eine internationale Delegation das Lager inspizieren solle. Im Februar 1942 besuchten Angehörige der Gesandtschaften der mit dem USK verbündeten Staaten sowie einige Journalisten das Lager. Solche Besuche in Lagern waren in Wirklichkeit Abstecher in potemkinsche Dörfer. Berichte ehemaliger Häftlinge belegen die kosmetischen Änderungen des Lagers im Vorfeld der Inspektion.[186] Dennoch ist davon auszugehen, dass die Delegationsmitglieder Blicke hinter die Kulissen werfen konnten. Denn Vertreter

---

[184] Bericht einer deutsch-kroatischen Untersuchungskommission, Geheime Feldpolizei 9, 20. November 1943, NARA/T-120/5789, H303259ff.

[185] Eidesstattliche Versicherung Dr. Milan Pollaks am 4. Mai 1958 in Jerusalem, YVA/O.10/123, o. Nr.

[186] Vgl. Goldstein u. a., Holokaust u Zagrebu, S. 319.

der jüdischen Gemeinden, die im selben Zeitraum Zugang zum Lager hatten, berichteten von verhungernden Häftlingen, die Gras essen mussten, und von konkreten Gewalttaten der Wachmannschaften.[187] Mitglied der Delegation war auch der Journalist Hermann Proebst (1904–1970), im Übrigen von 1960 an Chefredakteur der Süddeutschen Zeitung, der im Anschluss seine Eindrücke des Lagerbesuchs in deutschen und kroatischen Zeitungen veröffentlichte. In der von ihm herausgegebenen Wochenzeitung *Neue Ordnung* überschrieb er die Berichte zum Besuch wie folgt: Jasenovac sei »kein Sanatorium, aber auch keine Folterkammer«. Er stellte die Aufgaben des Lagers heraus, die nach seiner Ansicht besonders gut funktionierten: die Ausschaltung gefährlicher Gegner zum einen, der produktive Einsatz ansonsten unproduktiver Ethnien wie Juden zum anderen und schließlich die Rückführung kroatischer politischer Gefangener in die kroatische Volksgemeinschaft.[188] Damit lag er ganz auf der Linie der deutschen Gesandtschaft, deren journalistisches Sprachrohr er war.[189] Solche journalistischen Anleitungen der Ustaša lassen erahnen, wie stark die deutschen Einflüsse hinter den Kulissen gewesen sein dürften.

Bereits im Jahr 1941 reagierten deutsche Kommandeure vor Ort unter Ausnutzung ihrer Spielräume unmittelbar, wenn Lager der Ustaša aus ihrer militärischen Perspektive und in ihrem Wirkungskreis Probleme verursachten. Die wichtigsten deutschen Repräsentanten jedoch, der Gesandte Kasche und der deutsche General Glaise von Horstenau, versuchten erst ab 1942, auf die Lager, so weit sie sich aus deutscher Sicht zu Orten problematischer Gewalt entwickelt hatten, Einfluss zu nehmen. Dabei setzten sie insbesondere auf die Ablösung einzelner Gewalttäter. Zum Beispiel wurde Pavelić damit konfrontiert, dass Vjekoslav Luburić' »Tätigkeit [...] die deutschen Truppen derart [stört], dass seine Entfernung aus dem

[187] Vgl. Herzl, Aufzeichnungen, S. 638.

[188] *DZK*, Nr. 45, 22. Februar 1942, sowie *Neue Ordnung*, Nr. 38, S. 3; auch in kroatischen Zeitungen wurde der Artikel nachgedruckt, so in *Hrvatski Narod*, 10. Februar 1942, sowie *Spremnost*, 3. März 1942, abgedr. in: Miletić, Koncentracioni logor Jasenovac, S. 174ff. Das Schlagwort entwickelte im USK einige Popularität und wurde zur geflügelten Apologie für das ehemalige Lagerpersonal, vgl. Melčić, Späte Gerechtigkeit, S. 191.

[189] Bspw. nahm Proebst regelmäßig an den internen Propaganda-Sitzungen der deutschen Gesandtschaft teil, siehe PA AA/Zagreb, Akten betreffend Judenfrage, 68/2, Bd. 1, ohne lfd. Nr.

Abb. 32: Vjekoslav Luburić (li.) empfängt Wehrmachtsbesuch im Lagerkomplex Jasenovac (Stara Gradiška), Juni 1942.
USHMM, #85797 (Muzej Revolucije Naroda i Narodnosti Jugoslavije)

kroatischen Raum geboten ist«.[190] Im September 1942 wurde mit ihm einer der Hauptverantwortlichen des Lagers abgelöst. Dies änderte jedoch strukturell wenig am Gewaltregime. Die deutschen Vertreter erwiesen sich als unfähig, mehr als nur graduelle Änderungen zu erreichen. Zwar machten sie sich über die Verhältnisse im Lager nichts vor. Glaise von Horstenau wusste über die Massentötungen im Lager Bescheid. Auf Bitten des Erzbischofs von Zagreb, Alojzije Stepinac, intervenierte er wegen des Massenmordes an etwa 1500 Häftlingen im Herbst 1942 und des Verbleibs einiger katholischer Priester bei Pavelić. Die Intervention blieb erfolglos. Über die Ausflüchte Pavelić', dass »alle [Häftlinge] sich bester Gesundheit erfreuen«, machte sich der General keine Illusionen.[191] Er schrieb dem Erzbischof, »dass ich, wie so oft, mit leeren Phrasen abgespeist worden bin. Von den 1500 ist angeblich kein Wort wahr, selbstverständlich auch nicht von den Priestern. [...] Wir müssen uns jetzt ein paar

190 D.B.G.i.K., Vermerk vom 17. November 1942, BA-MA/RH 31 III/9, Nr. 8.
191 Ebenda.

Wochen gedulden, bis wir selbst nachschauen können. Es wird geschehen.«[192] Glaise von Horstenaus Pläne sahen vor, unter militärischem Vorwand eine Wehrmachtsinspektion im Lager vornehmen zu lassen.[193] Auch Kasche inspizierte im Juni 1942 Jasenovac, um die Einweisung der im Zuge einer deutschen Offensive erwarteten Gefangenen vorzubereiten und sicherzustellen, dass die Judendeportationen nicht wegen massenhafter Verhaftungen von Serben in Mitleidenschaft gezogen würden.[194] Dabei bemängelte er zwar, dass »die Ustascha des Lagers Jasenovac [...] einen undisziplinierten Eindruck [mache]. Ihr Führer Luburić ist eine unerfreuliche Persönlichkeit. Ein primitiver Mensch, mehr Agent und Henker als Soldat.«[195] Dennoch gaben die deutschen Vertreter die Hoffnung nie auf, die Verhältnisse in den Lagern über politische Interventionen in ihrem Sinne gestalten zu können. Wenn es in ihren Berichten hieß, dass »die KZ und deren Beschickung [...] wohl nicht länger der Willkür entmenschter Wüstlinge überlassen bleiben dürften«,[196] so bedeutete dies im Umkehrschluss, dass man glaubte, mithilfe moderater bzw. prodeutscher Ustaše ließen sich die kroatischen Lager im Sinne der deutschen Besatzung betreiben. Damit machte sich der deutsche Apparat von jenen Partnern in der kroatischen Regierung abhängig, über die er auf die Verhältnisse einzuwirken versuchte. Beispielsweise erstattete der von seinen deutschen Kollegen hoch geschätzte kroatische Außenminister Mladen Lorković nach einem Besuch in Jasenovac im Juli 1942 der deutschen Gesandtschaft Be-

---

[192] D.B.G.i.K. an Erzbischof Stepinac, 17. November 1942, BA-MA/RH 31 III/14, Bl. 106.

[193] Der General schrieb, dass »der Alarmsicherung dieses Lagers auch vom militärischen Standpunkt besondere Bedeutung zu[kommt]. Befehlshaber Brod könnte in Berufung auf Dienstanweisung gebeten werden, die Alarmvorkehrungen zu überprüfen, um bei dieser Gelegenheit die Zustände im Lager festzustellen«, siehe D.B.G.i.K., Vermerk vom 17. November 1942, BA-MA/RH 31 III/9, Nr. 8.

[194] Kasche an D.G.i.A., 10. Juli 1942, NARA/T-501/250, fr. 115f; Kasche bemühte sich zunächst darum, »Jasenovac nicht frei[zu]geben für Flüchtlinge wegen der Judendeportation, nur Juden können nach Jasenovac geschickt werden«.

[195] »Reise des Poglavnik in das Kampfgebiet Westbosnien«, DGA (Pol 3) an AA, 3. Juli 1942, PA AA/Botschaft Rom (Quirinal) geheim/151, Bl. E258807ff.

[196] Arthur Häffner an D.B.G.i.K., 16. November 1942, BA-MA/RH 31 III/13, Bl. 143.

richt. Er »war im Großen und Ganzen zufrieden mit dem, was er gesehen hatte, insbesondere hinsichtlich der ärztlichen Betreuung«, hieß es in einem internen Vermerk, ohne dass ihm widersprochen wurde.[197]

Im Oktober 1942 erfolgte die Teilentmachtung des Ustaša-Regimes, woraufhin auch der Druck auf die Ustaša in den Lagern stieg. Kasche diktierte Pavelić, dass »die Jasenovac Verbände [...] in Zukunft nicht mehr aus dem Lager hinaus Verwendung finden [würden], es sei denn für die unmittelbare Verteidigung. [...] Es sollen die Insassen der KZ namentlich festgestellt und die Fälle einzeln geprüft werden.«[198] Erneut sollten die Lager mittels einer Kommission, der deutsche Vertrauensleute wie der ehemalige IG-Farben-Mitarbeiter und nunmehrige Staatssekretär im Außenministerium, Vjekoslav Vrančić (1904–1990), angehörten, gesteuert werden.[199] Solange aber nicht die eigentlichen Gewalttäter der Ustaša in den Lagern entmachtet oder zumindest direkt beaufsichtigt wurden, mussten die deutschen diplomatischen Initiativen kraftlos bleiben, und Pavelić brauchte sich um den unabhängigen Bestand seiner KZ zunächst wenig Sorgen zu machen.

---

197 DGA, Aufzeichnung Adjutantur, 16. Juli 1942, o. lfd. Nr., NARA/T-120/5797, H809994.

198 DGA (Kasche), »Vermerk nach einer Besprechung mit dem Poglavnik«, 14. November 1942, PA AA/Gesandtschaft Zagreb-Geheimakten/27, Bl. 241.

199 Vor allem Veesenmayer erwies sich als ein Förderer Vrančić', siehe PA AA/Büro RAM: Kroatien 1941/42, Bl. 504ff.; vgl. auch Broszat u.a., Der kroatische Ustascha-Staat, S. 73; siehe auch Vrančić, Branili smo državu.

V. Die letzten Kriegsjahre und das Ende der Gewalt

Was bewirkten nun die deutschen Umsteuerungsversuche? Ein Ausblick auf die letzten beiden Kriegsjahre soll helfen, diese Frage zu beantworten. Ihre größte Handlungsautonomie genoss die Ustaša in den Jahren 1941 und 1942, wobei ihre Spielräume schon Ende des Jahres 1941 zusehends enger wurden. Im September 1942 setzten deutsche Repräsentanten erstmals ranghohe Ustaše aufgrund ihrer Verantwortung für Gewalttaten ab. Damit verschoben sich die politischen Koordinaten. Zudem wuchs ab 1942 die militärische Stärke von Titos Partisanen zu Lasten der aufständischen Četnici. Die Behauptung der kroatischen Führung, dass nationalserbische und kommunistische Aufständische zwei Seiten einer Medaille darstellten, verlor vor dem Hintergrund von Titos Angriffen auf die Četnici an Plausibilität. Aufgrund des zunehmenden militärischen Potenzials der Partisanen drängte die Wehrmacht auf die militärische Unterordnung der Ustaša. Ein dritter Umstand, der die Spielräume der Ustaša einschränkte, war die Kapitulation Italiens im September 1943. Tausende ehemaliger italienischer Soldaten schlossen sich den Partisanen an, und wichtiger noch: Den Partisanen fielen Unmengen italienischer Waffen in die Hände.[1] Damit war zwar der lange kroatisch-italienische Konkurrenzkampf zugunsten des USK entschieden, die Ustaša konnte jedoch die Präsenz der Italiener nicht mehr länger als Ausrede für das Verhalten ihrer Milizen benutzen.

In Bezug auf den Gesamtstaat lässt sich also sagen, dass die kroatischen Kräfte stärker in die deutsche Kriegsführung eingebunden wurden, unbequeme Ustaša-Führer solchen weichen mussten, die sich an die deutschen Vorstellungen anpassten, und die Ustaša ihre politischen Ziele zurückstecken musste. Mit dem Jahr 1942 verlor die Ustaša als Gesamtbewegung ihre Gestaltungskraft in einem Krieg, der zusehends zwischen den Verbänden der Wehrmacht und den Partisanen ausgefochten wurde. Wo Kämpfer der Ustaša zum Einsatz kamen, sollte es allerdings weiterhin nicht gelingen, diese in deutschem Sinne zu disziplinieren. Nach wie vor verübten sie Mas-

[1] Kisić-Kolanović, NDH i Italija, S. 389.

senmorde, sobald sie unabhängig von deutschen Truppen operieren konnten. Dies gilt beispielsweise für Überfälle, die Ustaša-Milizen aus dem Lager Jasenovac heraus verübten. Im Unterschied zu den Jahren 1941 und 1942 nahm die Wehrmacht mit Fortschreiten des Krieges kaum mehr Rücksicht auf die politischen Befindlichkeiten des kroatischen Verbündeten und ging Konflikten mit der Ustaša nicht mehr aus dem Weg. Einem diplomatischen Bericht zufolge standen deutsche und kroatische Kräfte im August 1944 kurz vor einer bewaffneten Auseinandersetzung.[2] Das wachsende Konfliktpotenzial hatte auch damit zu tun, dass im Rahmen des deutschen Rückzugs von der Balkanhalbinsel immer häufiger in deutschen Diensten stehende serbische Verbände auf dem Weg nach Norden das an den Hauptverkehrsadern gelegene Jasenovac passierten und damit unweigerlich ins Visier der Ustaše gerieten. Mehrfach durchsuchten kroatische Milizionäre deutsche Verwundetentransporte nach Soldaten serbischer Herkunft und verbrachten als solche Identifizierte in das Konzentrationslager, obgleich sie Wehrmachtsuniformen trugen. Im Gegenzug entsandte die Wehrmacht im August 1944 eine Panzerbrigade nach Jasenovac, um die Freilassung von 150 gefangenen, in deutschen Diensten stehenden Četnici zu erwirken.[3]

Ende 1944 brachte ein Vorfall in Zagreb das Fass zum Überlaufen: Am 7. Dezember umstellte eine schwer bewaffnete Ustaša-Abteilung einen Zug am Hauptbahnhof, nahm 36 serbische Offiziere, die in deutschen Diensten standen, gefangen und erschoss sie direkt am Bahnhof. Eine Wehrmachtsstreife konnte 26 weitere Personen vor der Erschießung bewahren.[4] Der Vorfall verdeutlicht, dass der Bürgerkrieg mittlerweile von der Hauptstadt Besitz ergriffen hatte und die deutsch-kroatischen Konflikte kurz vor Kriegsende zu eskalieren drohten. Reichsaußenminister von Ribbentrop richtete Pavelić das stärkste Befremden der Reichsregierung aus, diese könne die Angehörigen der Ustaša nicht länger als Soldaten, sondern nurmehr als verbrecherische Elemente betrachten. Von Ribbentrop forderte von Kroatien, »dessen staatliche Existenz ausschließlich dem Blute

---

[2] Finnische Botschaft Zagreb, Bericht Nr. 47 (August 1944), Finnisches Nationalarchiv. Für den Hinweis danke ich Thomas Debelić.

[3] Ebenda.

[4] Neubacher an RAM, FS Nr. 548, 12. Dezember 1944, NARA/T-120/5784, H299039ff. Kurze Zeit später meldete er einen weiteren gravierenden Fall, bei dem Ustaše sogar Gewalt gegen eine deutsche Begleitmannschaft anwandten.

deutscher Soldaten zu verdanken sei, […] ein für alle Mal« auszuschließen,[5] dass sich solche Vorfälle wiederholten, und verlangte die exemplarische Bestrafung der Schuldigen. Kasche wurde instruiert, die Demarche unverzüglich durchzuführen und sich anschließend zur Berichterstattung nach Berlin zu begeben.[6] Der Sonderbevollmächtigte Südost des Auswärtigen Amtes, Hermann Neubacher (1893–1960), vermerkte, dass eine weitere Bewaffnung der Ustaša-Verbände angesichts ihrer immer deutlicher zutage tretenden deutschfeindlichen Einstellung im Hinblick auf die eigene Sicherheit unverantwortlich sei.[7] Dennoch meldeten sich auch weiterhin die Unterstützer der Ustaša, insbesondere der Gesandte Kasche, zu Wort. Dieser verteidigte die antiserbischen Gewalttaten der Ustaša als Effekte eines Bürgerkriegs, in dem sich zwei Seiten gegenseitig schädigten. Er konnte keinen Sinn darin sehen, gegen die Seite zu intervenieren, mit der das Deutsche Reich nun einmal verbündet war, und parierte die Kritik an der Ustaša mit dem Verweis auf die Gewalttaten der Četnici. Abgesehen davon, so lautete Kasches Fazit, sei es zum gegebenen Zeitpunkt unmöglich, die Ustaša zu entwaffnen. Stattdessen lobte er »die militärische Leistung der Ustaša-Brigade von Jasenovac«[8] und berief sich dabei auf führende Militärs, wie zum Beispiel den Oberbefehlshaber Südost, Feldmarschall von Maximilian Weichs (1881–1954).

In der Tat hatte die Wehrmacht vor dem Hintergrund ihres Rückzugs keine Kapazitäten, gegen die Ustaša vorzugehen. Auch deshalb konnten deren Milizen, die nun mit dem Rücken zur Wand standen, kurz vor dem Kriegsende eine weitere Mordwelle starten. Diese endgültige Eskalation der Gewalt während der Auflösung der Lager sollte fast keiner der Häftlinge überleben. Der seit Januar 1945 erfolgende Rückzug frustrierter Ustaša-Verbände aus Innerkroatien nach Norden nahm in der Nähe des Lagers immer öfter den Charakter von Rachefeldzügen an. Milizchefs verschleppten noch Tausende bisher verschonter Menschen in die Lager, als das Kriegsende bereits in Sicht war. Im Vorfeld der Evakuierung des Lagers verübten die

---

[5] AA (von Ribbentrop) an DGA (Kasche), FS 1197/44, 16. Dezember 1944, NARA/T-120/5784, H299039ff.

[6] Ebenda.

[7] Neubacher an Dienststelle des AA für Bulgarien und Rumänien an AA (Wien), 18. Dezember 1944, PA AA/ 7645, A8.

[8] Kasche an von Ribbentrop, 19. Dezember 1944, NARA/T-120/5784, H299039ff.

Abb. 33: Das zerstörte Lager Jasenovac, Mai 1945.
USHMM, #46550 (Memorijalni muzej Jasenovac)

Wachmannschaften Massaker an den restlichen Gefangenen und begannen zudem, die Spuren des Massenmords zu beseitigen.[9] Am 20. April ermordeten die Wachen ungefähr 700 weibliche Häftlinge, die im Lager Jasenovac verblieben waren. Ein Teil der etwa 1100 noch lebenden männlichen Häftlinge wagte am 22. April 1945 einen Aufstand, in dessen Folge die Mehrzahl von ihnen ums Leben kam. Die Jugoslawische Volksbefreiungsarmee erreichte das zerstörte Lager am 2. Mai 1945.[10]

Die Bilanz der Ustaša-Herrschaft war furchtbar: Mehr als 310000 Serben sowie etwa 26000 Juden und etwa 20000 Roma fielen ihren Vernichtungsexzessen zum Opfer. Sie verwandelte Kroatien in einen unkontrollierbaren Gewaltraum, in dem sich am Ende auch die deutschen Besatzer nicht mehr sicher fühlten und sich zwischen den Bürgerkriegsparteien wiederfanden. Angesichts der entfesselten Gewalt im entgrenzten Bürgerkrieg kann es nicht verwundern, dass die

---

[9] Dies berichten ehemalige Häftlinge, siehe bspw. Carin, Smrt je hodala, S. 178f., sowie Berger, 44 mjeseca, S. 91f; siehe auch Miletić, Koncentracioni logor Jasenovac, Bd. I, S. 1114.

[10] Goldstein u.a., Holokaust u Zagrebu.

Gewalt im Mai 1945 mit dem Sieg der Partisanen und Abzug der deutschen Truppen nicht abrupt stoppte. Versprengte Ustaše und Četnici lieferten sich auch nach Kriegsende Kämpfe mit der jugoslawischen Armee. In der Herzegowina kämpften Guerillas unter der Bezeichnung »Kreuzritter« bis ins Jahr 1950. Dies ist kein Einzelfall in der Geschichte des Zweiten Weltkriegs: Der griechische Bürgerkrieg dauerte bis 1949, und in der Westukraine waren antisowjetische Partisanen sogar bis in die Mitte der 1950er Jahre aktiv.

Mit ihren Guerilla-Aktivitäten war die Ustaša nach 1945 zwar erfolglos, trug aber zu einem hysterischen Klima bei, in dem die Sieger Massenmorde an den Besiegten begehen sollten. Vor dem Hintergrund des Bürgerkrieges können die Gewalttaten der siegreichen Partisanen nicht überraschen, sind aber in ihrem Ausmaß doch erstaunlich. Auf ihr Konto gehen zahlreiche Kriegsverbrechen, die in einer Reihe von Massakern in der Nähe der kärntnerischen Stadt Bleiburg kulminierten. Die Gewalt traf Schuldige und Unschuldige, Kombattanten und Nichtkombattanten, Ustaše und Četnici, deutsche Wehrmachtsangehörige und slowenische Heimwehrsoldaten, Kriegsgefangene und Flüchtlinge gleichermaßen. Den geschlagenen kroatischen und slowenischen Verbänden wurde auf der Flucht vor den Partisanen der Übertritt in die britische Besatzungszone in Kärnten verwehrt. Grenzgefechte, Massaker und Massenflucht durch das Gebirge waren die Folge.[11] Den Kriegsgefangenen, die nicht vor Ort erschossen wurden, standen mörderische Märsche und Transporte ins Innere Jugoslawiens bevor. Allerdings gelang in den Wirren des Kriegsendes einem Teil der Ustaša-Führung, darunter Ante Pavelić, Eugen Kvaternik, Andrija Artuković und Vjekoslav Luburić, die Flucht ins Ausland. Ein Großteil der Ustaša konnte jedoch nicht fliehen und fiel der Siegerjustiz zum Opfer.

Beachtlich ist, dass in kaum einem anderen Teil Europas so viele der deutschen zivilen und militärischen Täter zur Rechenschaft gezogen wurden. Unter anderen wurden der Gesandte Kasche, der Wehrmachtsbefehlshaber Südost Löhr und der Polizeiattaché Helm zum Tode verurteilt und hingerichtet. Glaise von Horstenau und Böhme nahmen sich aus Angst vor einer Auslieferung an Jugoslawien in Nürnberg das Leben. Führende Vertreter der Ustaša, darunter Slavko Kvaternik, Mile Budak sowie Hunderte der Führer

[11] Siehe Tomasevich, Occupation and Collaboration, sowie Goldstein, Hrvatska povijest.

auf mittlerer und unterer Ebene, wurden hingerichtet. Bereits im Jahr 1943 hatte der Antifaschistische Rat der Nationalen Befreiung Jugoslawiens (AVNOJ) die Einsetzung von Kommissionen beschlossen, die Kriegsverbrechen untersuchen und ahnden sollten.[12] Was allerdings als Versuch, Gerechtigkeit herzustellen, begonnen hatte, wurde bald zu einem innenpolitischen Instrument. Die meisten der sogenannten Prozesse gegen die »Okkupatoren und ihre Helfershelfer« waren reine Schauprozesse. Die Urteile standen vielfach von vorherein fest, mit den konkreten Taten der Angeklagten setzten sich die Ankläger und die Richter kaum auseinander. Deshalb tragen die Prozessakten auch wenig zur historischen Aufklärung der Taten bei. An der Schuld der meisten Verurteilten am Tod von Tausenden unschuldigen Menschen kann zwar kein Zweifel bestehen, doch sollte die blutige Abrechnung mit den Tätern als Nachbeben des Bürgerkriegs und somit als Teil davon betrachtet werden.[13]

Auch auf einer weiteren Ebene war es mit der Gewalt am 8. Mai 1945 nicht vorbei. Die Politik der Ustaša hatte eine umfassende und nachhaltige gesellschaftliche Ethnisierung bewirkt, die in der Nachkriegszeit fortwirkte. Das Regime Titos trat insofern in die Fußstapfen der Ustaša, als es den sozialistischen Umbau der Gesellschaft mit ethnischer Gewalt unterfütterte. Dies trifft in erster Linie auf die blutige ethnische Säuberung der deutschen Minderheiten aus Jugoslawien nach 1945 zu, doch ebenso auf die am »Lausanner Modell« orientierte und unter den Augen der UN vollzogene optionale Aussiedlung der italienischen Minderheit von 1947 bis 1950 sowie die gegen ungarische Bürger gerichtete Auswanderungspolitik.[14] Auch die jugoslawische Politik gegenüber nichtslawischen Minderheiten war mit einem (nun kommunistischen) Sozialumbau der Gesellschaft verknüpft. Die Diskriminierung verschiedener Gruppen war miteinander verschränkt, wie die Anschuldigungen gegen jüdische Grundbesitzer, mit dem (deutschen) Feind kollaboriert zu haben,

---

[12] Vgl. Ferhadbegović, Vor Gericht, S. 233ff.

[13] Zur Wahrnehmung der Gewalt in der Folge des Ersten Weltkriegs als Nachbeben siehe Eichenberg u.a., Aftershocks; vgl. auch Gerwarth, War in Peace. Eine Synthese der gewaltsamen Nachwirkungen des Zweiten Weltkriegs steht noch aus. Für erste Ergebnisse siehe Biess u.a., Histories of the Aftermath.

[14] Vgl. Ther, Dunkle Seite, Wehler, Nationalitätenpolitik in Jugoslawien, sowie Portmann, Politik der Vernichtung.

belegen. In einigen Fällen kam es zu einer entschädigungslosen Enteignung zum vermeintlichen Wohle der Mehrheitsgesellschaft.[15]

Somit stellt sich die Frage, wie es dem jugoslawischen Staat gelingen konnte, nach einigen Jahren wieder eine friedliche, supraethnisch verfasste Gesellschaft zu begründen. Antworten können an dieser Stelle lediglich angedeutet werden. Naheliegend ist, dass die Menschen noch während des Krieges der Gewalt müde geworden waren. Die Tatsache, dass Zehntausende von der Ustaša, den Četnici und den muslimischen SS-Verbänden zu den Partisanen desertierten, dürfte nicht in erster Linie am Versprechen einer sozialen Neuordnung gelegen haben. Vielmehr ließ die von den Partisanen propagierte Aussicht auf Frieden die ethnisierten Fronten bröckeln. Die Integration der Überläufer in die Ränge der Partisanen sollte sich allerdings später für den Jugoslawismus als Belastungsprobe erweisen, da durch ihre Inklusion sowohl großserbische Ideen als auch kroatischer Nationalismus Einzug in die Visionen des kommunistischen Jugoslawiens hielten.[16] Das Heldenepos des völkerverbindenden Partisanenkampfes konnte zudem die Erinnerung an die im Krieg verübten Gewalttaten nicht überdecken. Nicht zuletzt in den Narrativen auf privater Ebene lebte diese fort.[17] Empirisch kaum erforscht sind Fragen, wie die Gewalt nach ihrer Beendigung auf lokaler und regionaler Ebene diskutiert wurde, wie die ehemaligen Ustaše in Dorfgemeinschaften integriert wurden, wie sich die Rückkehr der während des Krieges Vertriebenen sowie die Restitution ihres Eigentums vollzog und inwieweit die ethnischen Säuberungen der Ustaša Bestand hatten.

Aus dem Exil versuchte die Ustaša weiterhin, den jugoslawischen Staat zu bekämpfen, und erreichte damit wie bereits in den 1930er Jahren wieder das Stadium einer terroristischen Exilantenvereinigung. Ante Pavelić war die Flucht ins argentinische Exil gelungen; damit war er neben Carl Gustaf Emil Mannerheim der einzige Chef eines mit dem Deutschen Reich verbündeten Staates, der sich nicht vor Gericht verantworten musste. Die globale kroatische Vorkriegsdiaspora wurde nun verstärkt durch Zehntausende jüngere antikommunistische Flüchtlinge, die das Weiterleben der Ustaša sicherten, auch wenn diese keine geeinte Organisation mehr darstellte. Die

[15] Siehe Starman, Constitution and Restitution.
[16] Hoare, Genocide and Resistance, S. 317ff.
[17] Bašić, Tradierung und Geschichtsbewusstsein.

Geschichte ihres Terrors und des Gegenterrors der jugoslawischen Geheimdienste fand nach 1945 ihre Fortsetzung. 1957 fiel schließlich Pavelić selbst dem Terror zum Opfer, als jugoslawische Agenten in Buenos Aires einen Anschlag auf ihn verübten. Er floh ins frankistische Spanien, wo er am 29. Dezember 1959 an den Folgen des Anschlags verstarb.[18] Die Antwort der Ustaše ließ nicht lange auf sich warten: In den 1960er Jahren verübten kroatische Rechtsextremisten Anschläge auf jugoslawische Einrichtungen, unter anderem auch in der Bundesrepublik Deutschland.[19] Trotz ihres folkloristischen Auflebens Ende der 1980er Jahre war die Bewegung jedoch mit Kriegsende historisch bedeutungslos.

---

[18] Zu den einzelnen Biografien siehe Grčić, Tko je tko, sowie Krizman, Pavelić u bjekstvu. Zur Flucht zahlreicher Ustaše über die Rattenlinien siehe Steinacker, Nazis auf der Flucht, S. 147ff.

[19] »Exil-Kroaten: Einig durch Dynamit«, in: *Der Spiegel*, 18/1964 (29. April 1964).

Resümee

Der Zweite Weltkrieg erstreckte sich auf verschiedene Regionen der Welt. Und überall – ob in Europa und Teilen des europäischen Kolonialreiches, ob in der Sowjetunion oder auf den fernöstlichen Kriegsschauplätzen – traf der Krieg der Großmächte auf lokale Akteure, die in eigene gesellschaftliche Spannungen verstrickt waren. Die kriegsbedingte Mobilisierung, vor allem aber die für den Zweiten Weltkrieg so typische Paarung von militärischer Gewalt und Gewalt gegen die Zivilbevölkerung zog eine globale Zerstörung gesellschaftlicher Ordnungen nach sich. Im Ringen der Großmächte gerieten Gesellschaften in einen Strudel der Gewalt, den sie nicht selbst initiiert hatten, der sich aber in lokale Konflikte transformierte.

In Kroatien kam es zu einer Eskalation der Lage, da mit der Ustaša einer radikalnationalistischen Gruppierung die Macht anvertraut wurde, die eine multiethnische Gesellschaft mit Gewalt in ein homogenes nationales Gebilde umzuformen versuchte. Minderheiten sollten entweder im Kroatentum aufgehen oder des Landes verwiesen werden. Besonderen Hass bekam die serbische Bevölkerung zu spüren, die als die Verkörperung der Verknechtung Kroatiens durch das serbo-jugoslawische Regime angesehen wurde. Auch Juden und Roma wurden als Teil des antikroatischen Verschwörungsapparates betrachtet. Eine Besonderheit des kroatischen Raumes besteht darin, dass es sich um den speziellen Fall eines mit dem Deutschen Reich verbündeten Landes handelte, das von zwei fremden Mächten zugleich besetzt war und bereits kurz nach der Ausrufung seiner Unabhängigkeit in einem Bürgerkrieg versank.

Um die Gewalt des Kriegsschauplatzes in Kroatien zu verstehen, wurde in dieser Studie der Schwerpunkt auf die Gewalt in ihren lokalen Kontexten samt ihren vielfachen inter- und transnationalen Verflechtungen gelegt. In Abgrenzung zur konventionellen Genozidforschung, die den normativen Fokus auf Massenmorde als vorab intendierte und planvoll umgesetzte Staatsverbrechen legt, erlaubt dieser Ansatz die Erforschung der Dynamiken eines Bürgerkriegs, der gerade nicht durch staatlich organisierte Akteure, sondern durch sich gegenseitig hochschaukelnde Gewalt und Gegengewalt multipler Gruppen geprägt wird. Dies wurde spätestens mit der Intervention des Historikers Christian Gerlach deutlich, der Massengewalt in extrem gewalttätigen Gesellschaften untersucht hat. Er konnte zeigen, dass eine Verschiebung der Perspektive, ein Interesse am Wechselspiel zwischen einer Vielzahl von Akteursgruppen und die Frage nach der Multikausalität der Gewalt in vielen Fällen zu völlig anderen empirischen Ergebnissen führt als die traditionelle Konzentration auf den Staat, auf die Ideologie der Täter und auf ethnische Differenz als Hauptmotiv für die Gewalt.[1] Durch die empirisch dichte Untersuchung eines bislang wenig erforschten Falls extremer Massengewalt in der jüngeren europäischen Geschichte sollte mit dieser Studie auch ein Beitrag zur vergleichenden Genozidforschung geleistet werden.

Darüber hinaus versteht sich die Studie als Beitrag zur Holocaustforschung, indem sie ein an der Peripherie des deutschen Machtbereichs gelegenes Land ins Zentrum der Analyse gerückt und demonstriert hat, wie sehr nichtdeutsche Täter ihre autochthonen Interessen auch gegen den Willen der deutschen Besatzer durchzusetzen wussten. Damit wird das Verständnis vom Holocaust als epochalem Gewaltereignis in Europa erweitert. Denn am Beispiel Kroatiens konnte gezeigt werden, dass nichtdeutsche Täter ihre eigenen Interessen in die Verfolgung der Juden einzuspeisen wussten, dabei aber keinesfalls als deutsche Marionetten agierten, sondern im Gegenteil selbstbewusst und eigensinnig handelten, und sich ihre Zielvorstellungen durchaus von denen der Nationalsozialisten unterschieden. Deutlich wird dies vor allem an der Verschränkung der Judenverfolgung in Kroatien mit der antiserbischen Praxis der Ustaša.

Im ersten großen Block der Studie zum kroatischen Gewaltraum und seinen Akteuren wird deutlich, dass die Entstehung des Unabhängigen Staates Kroatien im April 1941 die Folge hastiger Entscheidungen in Berlin sowie von Machtkämpfen und übereilt geschlossenen Kompromissen zwischen Deutschland und Italien war. So hatte sich die Ustaša auf ihren Machtantritt nicht vorbereiten können und blieb im fortwährenden Versuch gefangen, ein Machtvakuum zu füllen, das nach der Zerstörung des jugoslawischen Staates entstanden war. Das neue Regime war schwach, der lange ersehnte neue Staat bestand in manchen Regionen nur auf dem Papier,

[1] Gerlach, Extrem gewalttätige Gesellschaften.

und die wichtigsten Machtwerkzeuge verblieben in den Händen der Besatzer. Die politische Inkompetenz der Ustaša, ihr den Bürgerkrieg anheizender Radikalismus und ihre militärische Schwäche trugen zusätzlich dazu bei, dass sie ihren Kredit sowohl bei den Besatzern als auch bei der Mehrzahl der Bevölkerung verspielte. Gleichzeitig erwiesen sich jedoch die Unklarheit der Verhältnisse und das Fehlen klarer Strukturen auch als Vorteil für die Ustaša. Als eine militante und zum Einsatz von brutaler Gewalt fest entschlossene Gruppe sollte es ihr in den folgenden Monaten gelingen, einen Bürgerkrieg zu entfachen, der alle Akteure zu Getriebenen machte.

Auch die Politik der deutschen und italienischen Besatzer erlaubte es der Ustaša, sich zu entfalten. Zwar schränkten sie deren Handlungsspielräume in mancherlei Hinsicht ein, doch unterlag der kroatische Staat keiner effektiven Kontrolle durch die Besatzungsmächte. Das lag zum einen daran, dass die Wehrmacht im Vorfeld des Überfalls auf die Sowjetunion die meisten Truppen aus Kroatien abzog. Zum anderen waren die Besatzungsmächte keine monolithischen Blöcke: Sowohl auf deutscher als auch auf italienischer Seite tobte ein andauernder Kompetenzstreit zwischen Militärs, Diplomaten und weiteren Stellen, wie z. B. der SS. Unentschlossen und intern zerstritten waren sie nicht in der Lage, den Gewaltraum zu befrieden. Als die deutschen Besatzer im Herbst 1942 die kroatische Souveränität einschränkten, kamen diese Maßnahmen zu spät. Wirkungsvoller war die Vertreibung der Ustaša durch die italienische Armee aus ihrer Besatzungszone im Sommer 1941. Frieden herzustellen gelang allerdings auch den Italienern nicht. Die Ustaša stellte ihren Eigensinn deutlich unter Beweis, indem sie ihre ethnopolitischen Vorhaben wiederholt gegen den erklärten Willen der Besatzungsmächte durchzusetzen versuchte und dabei ihre relative Autonomie von den großen Kriegsparteien und ihren Zielen demonstrierte.

Darüber hinaus wusste die Ustaša Deutsche untereinander und Deutsche und Italiener geschickt gegeneinander auszuspielen. »Sie sind wie Hund und Katze«[2] – mit dieser Charakterisierung der beiden Besatzungsmächte zeigte Ante Pavelić, dass er sich keineswegs als untergeordneter Partner sah, sondern die Besatzungsmächte souverän analysierte und gewillt war, ihre Schwächen zu seinem Vorteil zu nutzen. Die Ustaša profitierte nicht nur von deutsch-italieni-

---

[2] Hehn, Serbia, Croatia and Germany, S. 357.

schen Konflikten, sondern verstand sich auch darauf, diese gezielt anzuheizen.

Nach Ausrufung des Staates begann die Ustaša damit, ihre Gegner zu verfolgen und einen repressiven Staat aufzubauen. Die Analyse der Ideologie der Ustaša verdeutlicht die Stoßrichtung, die sich eindeutig gegen Serben, aber auch gegen Juden und Roma richtete. Doch erst der Entschluss der deutschen Regierung, in Zusammenarbeit mit Kroatien ein umfangreiches Umsiedlungsprogramm auf jugoslawischem Gebiet durchzuführen, eröffnete der Ustaša-Regierung einen ethnopolitischen Möglichkeitsraum: Es versetzte sie in die Lage, ihre Idee vom ethnisch homogenen Kroatien mit internationaler Billigung in Angriff zu nehmen, was im zweiten großen Abschnitt dieses Buches beschrieben wird. Trotz heftiger Konflikte zwischen Deutschen und Kroaten über den Ablauf der Umsiedlungen ist von deutscher Seite kein Versuch erkennbar, die Ustaša in ihrer Gewalt gegen Juden, Serben und Roma zu bremsen.

Die Vertreibungen von Serben aus Kroatien im Jahr 1941 stellen keinen historischen Sonderfall dar, sondern fallen in eine Reihe von Versuchen in der Moderne, multiethnische Gesellschaften per Zwang und Gewalt zu homogenisieren. So waren die zahlreichen Kriege, die seit den 1870er Jahren den Rückzug des Osmanischen Reiches aus Südosteuropa erzwangen, aufs Engste mit ethnoreligiöser Gewalt verbunden. Die Vertreibung Hunderttausender Muslime aus den neu entstandenen Balkanstaaten unterschied sich strukturell nur wenig von den in diesem Buch behandelten Vertreibungen: Sie ähneln sich sowohl in ihrer Form als auch in ihrem Ausmaß, und wie im Fall Kroatiens waren ebenfalls Drittstaaten und zwischenstaatliche Stellen in die Vertreibungen involviert. Der Siegeszug des Faschismus verlieh jedoch der Verheißung, dass nur ethnisch homogene Staaten Stabilität und nationale Prosperität gewährleisten, zusätzliche Schubkraft. Die Ustaša versuchte, Kontinuitätslinien, wie sie zwischen den internationalen Umsiedlungs- bzw. Neuordnungsabkommen von Neuilly-sur-Seine (1919), Lausanne (1923), München (1938), Wien (1940) und Zagreb (1941) bestanden, als historischen Referenzrahmen zur Legitimierung ihrer Taten zu nutzen.

Die Ustaša ist eine von vielen Bewegungen, die den Zweiten Weltkrieg für die ethnopolitische Umgestaltung ihrer Herrschaftsgebiete zu nutzen versuchten. Ukrainische nationalistische Milizen träumten im Krieg von einer Ukraine ohne Juden und begingen zugleich

Massenmorde an Polen in Wolhynien und in Galizien. Auch in den multiethnischen Gebieten Transnistriens, Bessarabiens, Makedoniens, Thrakiens, im Epirus, im Kosovo und mit Einschränkungen auch in Karelien vermischten sich Krieg, das Verschieben von Grenzen und die Aussicht nichtdeutscher Nationalisten, noch während des Krieges umstrittene Territorien ein für alle Mal national zu homogenisieren, zu einer existenziellen Gefahr für bestimmte Bevölkerungsgruppen.[3] In vielen dieser Gebiete eskalierte die Gewalt gegen jüdische wie nichtjüdische Minderheiten gleichermaßen.

Betrachtet man die mit Deutschland während des Zweiten Weltkriegs verbündeten Staaten, so verübten lediglich der Unabhängige Staat Kroatien und Rumänien eigenständig organisierte Massenmorde an Juden und Roma.[4] Der Vergleich ist insofern aufschlussreich, als beide Staaten versuchten, während des Zweiten Weltkriegs ihr Territorium ethnisch zu arrondieren, und die Gewalt sich vor allem in den neu erworbenen, ethnisch heterogenen Territorien an der Peripherie entlud. Dabei agierten beide Länder in ihrer Verfolgungspolitik – wenn auch zu unterschiedlichen Graden – unabhängig. Vorrangiges Ziel war nicht etwa die Beteiligung am nationalsozialistischen Projekt der Vernichtung der Juden in Europa, sondern die gewaltsame Errichtung eines ethnisch homogenen und vergrößerten Nationalstaates. Die Mittel jedoch deckten sich in der tödlichen Gewalt gegen Juden. Rumänien deportierte Juden und Roma nach Transnistrien, wo die meisten von rumänischen und ukrainischen Tätern ermordet wurden oder in anderer Weise umkamen. Kroatien verfügte über kein solches Zielgebiet für Abschiebungen und sah deshalb die Deportation von Juden nach Auschwitz als geeignetes Mittel, um ethnische Homogenität zu erreichen. In

---

[3] Nicht alle der genannten Regionen sind ausreichend erforscht, und nicht in allen wurden Massenverbrechen verübt. Für einen Überblick vgl. Mazower, Hitlers Imperium, sowie mit Einschränkungen Snyder, Bloodlands. Eine wegweisende Studie über den Zusammenhang von territorialer Konkurrenz, der Annahme, dass nur eine ethnisch homogene Nation Bestand haben könne, und Gewalt bzw. Umsiedlungen verfasste Holly Case, die die ungarisch-rumänischen Zugriffe auf Siebenbürgen während des Krieges vergleicht (Case, Between States). Der siebenbürgische Fall fällt insofern aus dem erwähnten Rahmen, als die Gewalt in dem Gebiet im Vergleich zu Kroatien nicht eskalierte.

[4] Für die Diskussion, ob es in Ungarn zu eigenständigen Massenverbrechen gegen Roma kam, vgl. Karsai, Zentrale Aspekte des Völkermordes.

beiden Ländern richtete sich die Gewalt gegen mehrere Gruppen: Juden, Serben sowie Roma in Kroatien und Juden, Roma sowie Ukrainer in Rumänien. Dass Rumänien den Massenmord an den Juden abbrach, als sich abzeichnete, dass nicht Deutschland, sondern die Alliierten die Nachkriegsordnung bestimmen würden, verdeutlicht die Spielräume des Landes. Während Rumänien den Weg der Eigenstaatlichkeit sogar weiter ausbauen konnte und sich 1944 aus dem Bündnis mit den Deutschen löste, beschritt Kroatien einen anderen Weg. Zwar gab es auch dort gewisse Anzeichen für eine einsetzende Deradikalisierung der Judenverfolgung, doch die militärische Besatzung durch die Deutschen schränkte die kroatischen Spielräume ein. Noch wichtiger aber ist die jeweilige Perspektive auf die Nachkriegszeit: Rumänien hatte eine Perspektive und wechselte die Seiten. Die Ustaša hingegen wusste, dass die deutsche Niederlage auch die ihre war und der kroatische Staat seinem Untergang entgegensah. Ihre einzige Perspektive im Hinblick auf die Nachkriegsordnung bestand darin, ihren Gegnern im Bürgerkrieg so viel Schaden wie möglich zuzufügen.

Trotz der Radikalisierung im Zweiten Weltkrieg lässt sich die Reihe von ethnischen Säuberungen in der ersten Hälfte des 20. Jahrhunderts nicht als ein Phänomen ständig wachsenden Ausmaßes darstellen. Denn die Anzahl der Betroffenen und die Dimension der Gewalt hingen vom jeweiligen Kontext ab und hatten bereits vor und während des Ersten Weltkriegs vor allem im Osmanischen Reich massenmörderische Ausmaße erreicht. Wo immer Umsiedlungsprogramme mit Kriegen einhergingen, kam es zu einer raschen Eskalation der Gewalt. In Zeiten des Krieges fehlte die internationale Kontrolle, die Täter waren brutaler, und Minderheiten wurden stärker als in Friedenszeiten als existenzielle Gefahr wahrgenommen. So auch in Kroatien. Die deutsch-kroatischen Umsiedlungsbestimmungen sahen zwar ein geregeltes Verfahren vor: Überall im Land wurden Umsiedlungsstäbe ins Leben gerufen, die die Aufgabe hatten, einen Teil der serbischen Bevölkerung zu internieren, die Besitztümer zu beschlagnahmen und die Internierten in ein Sammellager oder direkt nach Serbien zu überstellen. Doch waren die kroatischen Behörden außerstande, ein so gigantisches Unterfangen den Zielvorgaben entsprechend zu organisieren. So konnten die internierten Serben kaum ernährt werden, und die kroatische Regierung schaffte es nicht, ihre Zusage an die Deutschen einzuhalten, Zehntausende Slowenen im USK anzusiedeln. Auch verfügte sie über keine Möglichkeiten, in den Regionen Plünderungen und Massaker zu verhindern.

Trotz staatlicher Vorgaben wurden die Umsiedlungen regional völlig unterschiedlich umgesetzt. Das hing unter anderem mit den Vorstellungen und der Zusammensetzung des lokalen Personals zusammen. Die ethnopolitischen Neuordnungsvorstellungen muslimischer oder deutscher Gemeindevertreter unterschieden sich deutlich von denen ihrer kroatischen Kollegen. Auch die soziale und geografische Lage der Gemeinden spielte eine Rolle. Viele Kommunen argumentierten, dass ein Teil der serbischen Minderheit weichen müsse, damit der soziale Standard und die ökonomischen Bedingungen im Gemeindegebiet verbessert werden könnten. Sie wussten ihre Interessen gegen den Staat zu verteidigen und staatliche Vorgaben für das vermeintliche Gemeinwohl zu nutzen. Sichtbar wurde dabei eine Art volksgemeinschaftlichen Referenzrahmens, innerhalb dessen sich die Aktionen vieler Beteiligter abspielten. Bemerkenswert ist dabei, dass viele der lokalen Beteiligten nicht oder nur schwach mit der Ustaša affiliiert waren. Politische Loyalitäten und ideologische Vorprägungen waren offenbar nicht entscheidend.

Insofern zeigen die Ergebnisse der Studie, dass kollektive Handlungsformen, die bislang als spezifisch für das Verhalten der deutschen Bevölkerung unter dem Nationalsozialismus galten, auch in anderen Kontexten typisch sein konnten, ohne dass es einer deutschen Kontrolle oder einer nationalsozialistischen Indoktrinierung der Bevölkerung bedurft hätte. Darüber hinaus wird deutlich, dass lokale Bedingungen und geopolitische Spezifika die Art und Weise prägten, wie die Vertreibungsgewalt gegen Minderheiten innerhalb des deutschen Machtbereichs begründet und ausgeführt wurde. Nicht etwa eine oft angenommene deutsche Allmacht, sondern die nationalen Agenden lokaler Tätergruppen bestimmten die Verhältnisse vor Ort.

Sichtbar wurden auch signifikante Unterschiede zwischen der Ideologie, Programmatik und Praxis der Nationalsozialisten auf der einen und ihrer lokalen Partner wie der Ustaša auf der anderen Seite. Obgleich sich die Ustaša durch die rassenbiologischen Diskurse der Nationalsozialisten und rassistischen Paradigmen des »Neuen Europa« inspiriert fühlte und an diesen partizipierte, waren weder die Ideologie noch die ethnopolitische Programmatik der Ustaša vergleichbar biologisch-deterministisch aufgeladen. Die Flexibilität, die die Ustaša bezüglich der Definierung und der Kategorisierung der von ihr verfolgten Bevölkerungsgruppen an den Tag legte, bestätigt diesen Befund.[5]

Der dritte große Abschnitt dieses Buches beschäftigt sich mit der Frage, was den Gewaltraum veränderte und so strukturierte, dass die ohnehin gewaltsamen Vertreibungen punktuell nahtlos in Massenmorde übergingen. Den von den Ustaša-Milizen vor allem in den Jahren 1941 und 1942 verübten Massakern fielen mehr als 100000 Menschen zum Opfer. Die Analyse der Gewalt ergab drei Befunde, die für das Verständnis von Massengewalt in multiethnischen Gesellschaften von zentraler Bedeutung sind. Erstens zeigte sich, dass es sich weder um einen spontanen Gewaltausbruch handelte, noch dass ein über lange Jahre aufgestauter interethnischer Hass für die Gewalt ursächlich war. Die Eskalation der Gewalt folgte vielmehr der Radikalisierung der Täter und ihrer Vorstellungswelten vor dem Hintergrund einer Situation, die zunehmend außer Kontrolle geriet. Daraus ergibt sich der zweite Befund: Entgegen dem häufigen Postulat in der historischen Forschung lässt sich kein Masterplan der Ustaša zur Vernichtung der Serben, Juden und Roma nachweisen. Aus diesen beiden Punkten erwächst der dritte Befund, der sich auf die Handlungslogik der Ustaše als den Haupttätern und auf den konkreten Kontext bezieht, in dem sie ihre Taten verübten. Mithilfe von Gewalt wollten sie die Kontrolle über bestimmte Regionen gewinnen und das Heft zum Handeln in der Hand behalten. Gewalt diente als ein gezieltes Mittel, um eine Neuordnung der Gesellschaft zu erreichen und zugleich vermeintliche Gegner des kroatischen Staates abzuwehren.

Die gewalttätigen Allmachtsfantasien waren aufs Engste mit Erfahrungen des Scheiterns verbunden. In weiten Teilen Kroatiens, und zwar insbesondere in den serbischen Siedlungsgebieten, konnten keine staatlichen Strukturen aufgebaut werden, mobile Milizen

---

[5] Allerdings stellen Lokalstudien, die sich mit peripheren Räumen befassen, die von den Deutschen kontrolliert wurden, auch dort eine freihändige Praxis der Gegnerdefinition fest. Zum Wechselspiel zwischen mehr und weniger radikalen Genesen massenmörderischer Praxis vgl. Mazower, Hitlers Imperium. S. 342ff. Regionale Unterschiede bestanden auch hinsichtlich der Inklusion und Exklusion der nichtjüdischen Bevölkerung. Am Beispiel des Warthegaus zeigt der Historiker Gerhard Wolf auf, dass die Frage, wer als Deutscher und wer als Pole zu gelten habe, oft pragmatisch bzw. »herrschaftsrational« beantwortet wurde, siehe Wolf: Ideologie und Herrschaftsrationalität, S. 266ff.

bildeten die einzige Repräsentanz kroatischer Macht. In schwacher Position und in feindlicher Umgebung trat die Ustaša mittels Gewalt die Flucht nach vorne an. Gewalt gedieh besonders dort, wo die serbische Bevölkerung die Mehrheit stellte, wo deren Widerstand militant und wirkmächtig war und wo die Gegengewalt der serbischen Aufständischen die von der Ustaša imaginierte Bedrohung des kroatischen Volkskörpers insofern Wirklichkeit werden ließ, als auch die Četnici ethnische Säuberungen gegen Kroaten und Muslime in Gang zu setzen begannen. Die Rhetorik der Ustaša, der zufolge ihre Gewalttaten der Selbstverteidigung dienten, sollte keineswegs lediglich als funktionale Legitimierungsstrategie interpretiert werden. Denn in ihr wird die übersteigerte Furcht vor Feinden und Kontrollverlust offenbar, die der Milizgewalt ihren besonderen Charakter verlieh.

Bald fochten kroatische Ustaše, serbische Četnici, muslimische Verbände und kommunistische Partisanen mit- und gegeneinander. Die Gewalt geriet in eine Spirale zunehmender Beschleunigung, und die Grenzen zwischen konventionellem militärischem Konflikt, Partisanenbekämpfung, Bürger-, Besatzungs- und Befreiungskrieg und anderen Formen der Gewalt verschwammen immer mehr. Je nach Perspektive wurde die Ausübung von Gewalt unterschiedlich begründet. Das grausame Zurichten der Opfer, Folter, Vergewaltigung und Verstümmelung waren dabei nicht nur brutaler Selbstzweck, diese Formen verfolgten auch eine kommunikative Absicht. Auf diese Weise kommunizierte die Ustaša nicht nur ihre gefühlte Allmacht und ihre terroristischen Warnungen an ihre Gegner, sondern auch ihre Entschlossenheit, das multiethnische Zusammenleben in Kroatien für immer zu verunmöglichen.

In Fragen der Gewalt sollten die Deutschen und die Ustaša nie einen Konsens entwickeln. Die Deutschen kämpften zusammen mit faschistischen und nationalistischen Milizen gegen kommunistische Aufständische. Oft genug aber führten ihre Partner eigenmächtig ethnische Säuberungen, Plünderungen oder militärische Aktionen durch. Während die Einheiten der Wehrmacht angehalten waren, nur die Gefangenen zu erschießen, die sie für kommunistische Partisanen oder ihre Unterstützer hielten, richteten sich die Angriffe der Ustaša auch gezielt gegen bürgerliche Serben. Dies führte regelmäßig zu heftigen deutsch-kroatischen Konflikten. Versuche deutscher und italienischer Truppen, mit Unterstützung kroatischer, serbischer oder muslimischer Milizen ihre jeweiligen Interessen durchzusetzen, verschärften die bereits vorhandenen regionalen Konflikte auf dramatische Weise und sind eine der Ursachen für die Eskalation der Gewalt.

Dieses Phänomen erinnert an die sogenannten Stellvertreterkriege während des Kalten Krieges, in denen Konflikte aufgrund von Rivalitäten der Blockmächte eskalierten. Große Mächte investierten erhebliche Ressourcen in Bürgerkriege, verliehen lokalen Konflikten auf diese Weise zusätzliche Dynamik und erhöhten ihr tödliches Potenzial.

Die Gewalt in Kroatien der Jahre 1941 bis 1945 steht beispielhaft für den Typus des Bürgerkriegs in multiethnischen oder multireligiösen Gesellschaften. Sie ging aus von kleinen und entschlossenen Tätergruppen, die mit ihren Gewalttaten gegen die Zivilbevölkerung eine rasche Ethnisierung des gesamten politischen Kontextes erreichten und damit einen ethnisierten Bürgerkrieg entfachten, aus dem sich herauszuhalten für die allermeisten Betroffenen Individuen und Gruppen unmöglich war. Gewalt produzierte Gegengewalt, und die Vertreibung der gegnerischen Zivilbevölkerung erschien zugleich als Investition in die Sicherheit der eigenen Gruppe und für die Nachkriegsordnung. Die Verschiebung der unklaren Fronten ging stets einher mit dem Versuch, ethnisch klare Verhältnisse herzustellen; militärische Operationen waren daher unentrinnbar mit ethnischer Gewalt verbunden. Die Milizen richteten sich in dieser Situation gut ein, denn der Bürgerkrieg legitimierte ihr Verhalten und verhalf ihnen dazu, eine Raubökonomie aufzubauen, in der sie das Verteilungszentrum bildeten. Gewalt blieb für sie die attraktivste Handlungsoption; an Frieden hatten sie kein Interesse. Niemand vermochte die Milizen zu kontrollieren, und das militärische Risiko für ihre marodierenden Mitglieder war gering. Obwohl deutsche und italienische Truppen das Geschehen vor Ort mitverfolgten, bewahrten die Milizen ihre Autonomie, mehr noch: Diese Konstellation verschärfte sogar bestehende Spannungen.

Nicht alle der beschriebenen Merkmale finden sich in anderen ethnisierten Bürgerkriegen, und doch handelt sich es um eine typische und schwer zu beendende Form der Gewalt, die sich in Bosnien-Herzegowina in den 1990ern, Afghanistan in den 2000er Jahren oder im Syrischen Bürgerkrieg 2011/12 wiederfindet.[6] Das

---

[6] Christian Gerlach verdeutlicht diese Zusammenhänge anhand der Beispiele des Osmanischen Reiches im Ersten Weltkrieg, Griechenlands im Zweiten

eindeutigste Alleinstellungsmerkmal des Kroatienkrieges liegt in der Tatsache, dass sich dort seit 1942 mit den Partisanen eine supraethnische Alternative etablierte, die schließlich den Sieg im Bürgerkrieg davontragen sollte.

Der vierte große Abschnitt des Buches widmet sich den Lagern der Ustaša als Orten räumlich konzentrierter und punktuell verstetigter Gewalt. Rund ein Drittel der Opfer der Ustaša kam dort ums Leben. Aufgrund unseres Wissens über die nationalsozialistischen Lager erscheinen uns diese Orte bekannt, sie gehorchten jedoch völlig anderen Regeln und führten aus verschiedenen Gründen zu einer Radikalisierung der Gewalt.

Auch für die Lager gilt, dass nicht nur die Allmacht der Täter, sondern auch ihr drohender Kontrollverlust den Weg in die Gewalt ebnete. Stärker noch als bei den Nationalsozialisten geriet die Situation in den Lagern der Ustaša außer Kontrolle. Hungersnöte und massenhaftes Häftlingssterben in unfertigen Lagern sind zwar ein eindeutiger Beleg für die Grausamkeit der Täter, aber auch Ausdruck ihrer Überforderung. Der Ustaša gelang es nicht, im Sinne einer ökonomischen Ausbeutung der Häftlinge funktionierende Lager zu errichten. Die Häftlinge starben an Hunger, Kälte und Krankheiten, und wenn Probleme nicht zu lösen waren, wurden Häftlinge von Ustaša-Wachen getötet. Die Lager waren ebenso Orte des nichtintendierten Sterbens wie des intendierten Tötens. Nichtintendiertes Massensterben zog oftmals gezielte Massenmorde an den geschwächten Häftlingen nach sich. Massentötungen folgten also auch hier in den meisten Fällen weniger vorgefassten Plänen als vielmehr Veränderungen der Umstände und Prozessen der Radikalisierung.

Nicht nur aufgrund der Logik und Gestalt der Gewalt, sondern auch hinsichtlich der Opfergruppen entwickelte sich in den Lagern eine distinkte Erscheinungsform der Ustaša-Gewalt. Der primäre Zweck der Lager galt der Internierung ethnischer Gruppen, die als gefährliche Feinde des Staates und des Traums von ethnischer Homogenität wahrgenommen wurden. Dies betraf in erster Linie Juden und Roma, die anders als die Serben nicht in eines der benachbarten Länder abgeschoben werden konnten, auch wenn die kroatische Regierung mehrfach Interesse daran bekundete. Deshalb wurden Juden und Roma – anders als die Opfergruppe der Serben – vor allem

---

Weltkrieg, Indonesiens in den 1960er und Ostpakistans in den 1970er Jahren, siehe Gerlach, Extrem gewalttätige Gesellschaften.

in Lagern ermordet. Auch hier folgte der Massenmord keinem vorab bestehenden Vernichtungsplan. Der Bürgerkrieg und der Vernichtungskrieg gegen die Serben hatte die Täter radikalisiert und zudem zu einem Ausbau der Lagerkapazitäten geführt. Der Beginn der Umsiedlungen hatte die kroatische Regierung in dem Glauben bestärkt, dass die Zeit gekommen sei, die ethnische Homogenität des Landes nun mit allen Mitteln herzustellen. Dies, und nicht etwa Vorgaben aus Berlin, führte zu einer Radikalisierung des Vorgehens gegen Juden im Sommer 1941. Juden und Roma wurde unterstellt, dass sie im Verbund mit den Serben den kroatischen Interessen schadeten. Ihre Deportation galt also nicht nur als ethnopolitisch wünschenswert, sondern auch als sicherheitspolitisch notwendig. In den Lagern fielen dann zahlreiche Juden und Roma bald den mörderischen Bedingungen und der brutalen Praxis des Ustaša-Wachpersonals zum Opfer. Dafür bedurfte es keines im Vorfeld ausgearbeiteten Vernichtungsplans.

Der Massenmord an den Roma widerspricht allerdings dem hier entworfenen Gesamtbild: Die Entscheidung der Ustaša-Führung, die Roma nach Jasenovac zu deportieren, und die kurze Zeit später einsetzenden Massentötungen erscheinen deutlicher als im Fall der Serben oder Juden als ein planvoll durchgeführter Massenmord an einer gesamten Bevölkerungsgruppe. Allerdings ist die empirische Lage zu schlecht, um entweder die These eines geplanten Genozids oder die Annahme, der Massenmord sei die Folge einer sich dynamisch steigernden Brutalisierung vor Ort, stichhaltig zu belegen. Dieser Fall zeigt der historischen Forschung ihre Grenzen auf. Mit Sicherheit lässt sich jedoch sagen, dass weder der Massenmord an Roma noch an Juden in Lagern der Ustaša von den Deutschen initiiert wurde.

Die Deutschen kontrollierten zwar in keiner Weise das Innere der Lager und waren auch nicht in der Lage, die aus Unterversorgung und Gewalt entstehenden Dynamiken zu steuern. Doch sicherten sie sich einige Zugriffe auf den Lagerkosmos. Im Jahr 1942 kam es zu einer Vereinbarung zwischen deutschen und kroatischen Stellen über den Abtransport zweier Häftlingsgruppen aus Kroatien ins Deutsche Reich, die zum Großteil durch die Lager geschleust wurden. Zehntausende Serben wurden zur Zwangsarbeit ins Deutsche Reich und über 5000 Juden nach Auschwitz verbracht. Aus deutscher Sicht diente die Deportation der Serben der Überwindung der Arbeitskräfteengpässe in der deutschen Kriegswirtschaft, während die Deportation der Juden als notwendiger Teil der europaweiten Endlösung der Judenfrage betrachtet wurde. Aus kroatischer Sicht hingegen entsprach die Deportation beider Gruppen einem identischen Ziel, nämlich der Fortführung der ethnischen Homogenisierung des USK. Daraus ergibt sich eine wichtige Erkenntnis für die Holocaustforschung: Die kroatischen Täter hatten durchaus eigene Erwartungshorizonte, wenn sie eigenverantwortlich oder in Zusammenarbeit mit den Deutschen an der Deportation der Juden partizipierten.

Trotz der Strahlkraft, die das Deutsche Reich auf faschistische Bewegungen in Ost- und Südosteuropa ausübte, wäre es verfehlt, das Gewalthandeln lokaler Akteure allein aus einer deutschen Perspektive begreifen zu wollen. Denn diese reagierten zwar auf Impulse aus Berlin oder aus Rom, verschmolzen aber mit ihren eigenen Agenden und versuchten so, ihre eigenen Vorstellungen so weit wie möglich durchzusetzen. Dass sie dabei zu massiver Gewalt griffen, wurde oft als eine Übernahme deutscher Vorgaben missinterpretiert. Das genaue Erforschen ihrer eigenen Handlungsspielräume und Maßnahmen, Wünsche und Vorstellungen ermöglicht es jedoch zu verstehen, wie deutsche und lokale Vorstellungen und Praxen amalgamierten und wie stark regionale Kontexte das Geschehen bestimmten. Die Deutschen initiierten vielerorts den Massenmord an den Juden, lokale Täter waren aber unabdingbar für die Umsetzung. Dass diese zudem ihre eigenen Interessen einbrachten und das Ergebnis somit mitbestimmten, wird mehr und mehr zum Bestandteil unseres Wissens über den Holocaust. Bei der Erforschung der Frage, welchen Sinn die oft unbequemen Verbündeten des Deutschen Reiches in Ostmitteleuropa im Einsatz von Gewalt sahen und welche Perspektiven ihnen die Teilnahme am Krieg bot, geht es nicht nur darum, Nischen auszufüllen, die von der Zeitgeschichte bislang übersehen oder marginalisiert wurden. Stattdessen gilt es, regionale Dynamiken in ihrem historischen Kontext ernst zu nehmen. Das Studium vermeintlich peripherer Räume birgt das Potenzial, neue Perspektiven zu eröffnen und somit das Gesamtbild zu verändern. Die letzten Jahre waren durch die wachsende Bereitschaft geprägt, den Holocaust als Bestandteil der jüngeren europäischen Geschichte zu begreifen und nicht als ein ausschließlich von den deutschen Nationalsozialisten getragenes Vernichtungsprojekt. In dieser Perspektive ähnelt der Holocaust einem Puzzle, dessen Erscheinungsbild erst durch das Zusammenfügen der einzelnen Teile voll sichtbar wird. Der Historiker Dan Stone spricht deshalb von »Holocausts« in Bezug auf die so unterschiedlich verlaufenden Fälle von Judenverfolgung in den mittelost- und südosteuropäischen Ländern.[7] Die Synthetisierung solcher Erkenntnisse und ihre globale Einbettung wird der Holocaustforschung ein neues Gesicht geben.

Dies sollte auch die Erinnerungskultur beeinflussen, die zwar Ausdruck dessen ist, dass Europa den Holocaust als Teil der europäischen Geschichte begriffen hat und die Länder der europäischen Union den Judenmord als negativen Gründungsmythos Europas verinnerlicht haben. Doch mit der Fokussierung der Erinnerungskultur auf Auschwitz als Symbol der Vernichtung und mit dem weitreichenden Vergessen nichtjüdischer Opfer verharren Teile der Erinnerungskultur in der Annahme, dass deutsche Praktiken den Holocaust europaweit bestimmten. So benutzt beispielsweise das 2009 errichtete Holocaustmahnmal in Bukarest an Auschwitz anknüpfende Stilelemente wie Schornstein, Eisenbahn und Fabrikhalle. Diese haben jedoch wenig mit den historischen Ereignissen in Rumänien zu tun, und es stellt sich die Frage, ob ein solches von außen importiertes Gedenken funktionieren kann. Die Verantwortlichen der 2006 eröffneten Gedenkstätte Jasenovac sind mit ähnlichen Fragen konfrontiert. Zwar erlag das Museum nicht der Versuchung, Konzepte westlicher Gedenkstätten nach Kroatien zu importieren. Die Repräsentation der für Kroatien typischen Vielfalt an Opfer- und Tätergruppen ist allerdings ein geschichtspolitisch zu umkämpftes Terrain, als dass es zu einem musealen Konsens hätte kommen können. Die Gedenkstätte versucht, das Dilemma dadurch zu lösen, dass vor allem individuelle Schicksale der Gefangenen dargestellt werden.[8]

---

[7] Stone, Histories, S. 19.

[8] Z.B. würdigt Ivo Goldstein die Versuche, die Massengewalt der Ustaša in Jasenovac in ihrem historischen Kontext zu präsentieren, siehe Jasenovac nije ni Jad Vašem ni washingtonski muzej holokausta, in: Srpsko kulturno društvo »Prosvjeta«, Vijesti, online abrufbar unter http://www.skdprosvjeta.com/news.php?id=465 [15. Oktober 2012]. Eine massive Kritik an der Ausstellung äußerte dagegen Ephraim Zuroff, siehe Davor Konjikusic, Exhibition Aims to Show Truth about Jasenovac in: *Southeast European Times*, 8. Januar 2007, online abrufbar unter http://www.setimes.com/cocoon/setimes/xhtml/en_GB/features/setimes/articles/2007/01/08/reportage-01 [15. Oktober 2012].

Eine Erinnerungskultur, die die europäische Dimension der Gewalt und die Komplexität, gerade der ost- und südosteuropäischen Schauplätze des Zweiten Weltkriegs ernst nehmen will, sieht sich spezifischen Problemen gegenüber. Die Vielzahl von Opfer- und Tätergruppen, die unklaren Fronten zwischen den Kriegsparteien, die dynamische Mischung aus Bürgerkrieg, Partisanenkrieg und ethnisierter Gewalt, die Multiethnizität des Raums und damit auch aller beteiligten Gruppen sowie das sich radikalisierende Zusammenspiel zwischen Gewalt und Gegengewalt bilden eine Matrix, die sich in vielen europäischen Ländern für die Zeit des Zweiten Weltkriegs finden lässt. In den baltischen Staaten, den ehemaligen jugoslawischen Republiken, in Belarus, Russland und der Ukraine finden vor diesem Hintergrund so wichtige wie polarisierte geschichtspolitische Auseinandersetzungen über die Zukunft der Erinnerung statt, denen der Westen oftmals hilflos gegenübersteht. Die historische Forschung kann der Erinnerungskultur allein empirische Untersuchungen zur Verfügung stellen, die mit möglichst breiten und inklusiven Ansätzen verdeutlichen, dass die Gewalt lokal, regional wie national unterschiedliche Formen annahm. Darin, und nicht in einem europäischen Meisternarrativ, liegt die Zukunft der Erinnerung.

Danksagung

Der Leiter eines Militärarchivs im ehemaligen Jugoslawien, ein Oberst in Uniform, erklärte mir am ersten Tag meiner Recherche in seinem Haus seine Philosophie: Der Historiker ist die Ziege, die Akten sind das Kraut, und das Archiv schützt das Kraut vor den Ziegen. Ich habe viel Kraut gefunden, und die Arbeit zu dem eigentlich unerfreulichen Thema wurde zu einer außerordentlich erfreulichen Erfahrung. Deshalb kann ich nun voller Enthusiasmus den Menschen danken, die mich unterstützten, mich in fremden Städten aufnahmen und dort herumführten, mich aufheiterten und das Projekt voranbrachten.

Kiran Patel hat dieses Projekt von Anfang an begleitet und als mein *partner in the quest for knowledge* in bewundernswerter Klugheit betreut. Jörg Baberowski ließ mich großzügig von dem hohen Niveau der an seinem Lehrstuhl betriebenen Gewaltforschung profitieren. Mit Michael Wildt unterstützte mich einer der besten Kenner des Nationalsozialismus und seiner Herrschaftsstrukturen. In den letzten Jahren hat er exzellente Gesprächskreise in Hamburg und Berlin geschaffen, die sich mit dem Nationalsozialismus im engeren und mit Gewalt im weiteren Sinne befassen und an denen ich teilnahm. Danken möchte ich zudem meinem akademischen Lehrer Wolfgang Benz, der mich stets ermutigte und unterstützte.

Die Studienstiftung des deutschen Volkes, die mich in den Kreis ihrer Promotionsstipendiaten aufnahm, bot mir ein offenes und exzellentes Netzwerk. Für die unkomplizierte und freundliche Unterstützung durch die Hamburger Stiftung zur Förderung von Wissenschaft und Kultur danke ich ganz herzlich Jan Philipp Reemtsma, Matthias Kamm und Katrin Zulski. Die Charles H. Revson Foundation ermöglichte mir einen neunmonatigen Aufenthalt am Center for Advanced Holocaust Studies des United States Holocaust Memorial Museum in Washington, DC. Mein besonderer Dank gebührt einer kleinen Unterabteilung des Centers, der International Archival Programs Division, bei der und mit der ich viel Zeit verbrachte. Stellvertretend danke ich Vadim Altskan, der immer wieder Material aus Jugoslawien auf Mikrofilm aus großen abgewetzten Paketen zog, die gerade erst den Zoll passiert hatten. Schließlich förderte das Deutsche Historische Institut in Rom meine Recherchen in italienischen Archiven. Ohne die Gespräche mit Lutz Klinkhammer, Amedeo Osti Guerrazzi und Patrick Bernhard wäre mir der italienische Faschismus noch immer ein großes Rätsel.

Auch auf Rechercheresien gewann ich wichtige Einblicke. Menschen, die mich kaum kannten, nahmen mich auf, halfen mir mit Rat und Tat und wurden mir zu lieben Freunden. Dafür danke ich Guy Königstein in Jerusalem, Tamar und Zeev Milo in Tel Aviv, der Familie Beeretz in Freiburg, Marko Strpić und Sara Mihailović in Zagreb, Daniele Dolce in Rom und vielen anderen. In den Archiven, wie sollte es anders sein, wiesen mir die einen den Weg zu den Quellen, während die anderen mich kujonierten und nicht wollten, dass die Ziege sich zu satt frisst. Dritte hatten sehr spezifische Vorstellungen vom Forschen. Eine Archivarin in Sarajevo brachte mir schwarzen Kaffee und einen Aschenbecher, damit ich ordentlich arbeiten könne.

Das Schreiben einer solchen Arbeit basiert auf Austausch. Das ist schnell gesagt, doch der weltweite Austausch zwischen Forschern und Forscherinnen, die verstehen wollen, wie Gewalt und sozialer Ausschluss funktionieren, die ihre Texte gegenseitig korrigieren und füreinander Dokumente in Archiven besorgen, ist einzigartig und straft das Gerede vom akademischen Haifischbecken aus meiner Sicht Lügen. Besonders danke ich den Freunden und Freundinnen, Kollegen und Kolleginnen vom Kolloquium, das Michael Wildt und Birthe Kundrus alle drei Monate am Mittelweg 36 in Hamburg zusammenführten. Dieser kluge wie lustige Kreis wurde zu meiner akademischen *homecrew*, die ich sehr vermisse. Darüber hinaus wurde mein Projekt in zahlreichen Zusammenhängen besprochen und kritisiert. Omer Bartov, Arnd Bauerkämper, Christopher Browning, Steve Feinstein (†), Bernd Greiner, Oliver Janz, Wolfgang Höpken, Norman Naimark, Holm Sundhaussen, Eric Weitz und Peter Widmann danke ich, dass sie mich in ihre Kolloquien und Netzwerke einluden, um dort mit mir über die Ustaša zu diskutieren.

Durch das *Outreach*-Programm des United States Holocaust Memorial Museum konnte ich Vorträge an Colleges und Universitäten in vier Bundesstaaten halten sowie ein Verandagespräch am Deutschen Historischen Institut in Rom, das ich zusammen mit dem italienischen Historiker Eric Gobetti bestritt und bei dem zum ersten Mal seit 1963 die italienische und die deutsche Besatzungspolitik in Jugoslawien in der Öffentlichkeit einem Vergleich unterzogen wurden.

Für den Austausch, die geteilte Expertise, die Gespräche und Hilfe danke ich Götz Aly, David Bankier (†), Kilian Bartikowski, Marc Buggeln, Thomas Debelić, Radu Dinu, Tomislav Dulić, Christian Gerlach, Emily Greble, Emil Holcer, Volker Kasche, Tamar und Zeev Milo, Yehuda Sterk, Christiane Stöter und vielen anderen. Insbesondere sind die Ideen und Korrekturen von Stefan Link, Vero Springmann, Alexa Stiller und Jan Zofka in dieses Manuskript eingeflossen. Ihnen danke ich für ihren Esprit und ihre Freundschaft. Drei Personen danke ich besonders herzlich für ihr professionelles Können und ihre Hilfsbereitschaft: Monika Pilath, die meine Texte gegengelesen hat, Tobias Stiefel, der die Karten für das Buch produziert hat, und Gerhard Koch, der meine Daten gehütet hat.

Ganz besonderer Dank gilt den Mitarbeitern und Mitarbeiterinnen der Hamburger Edition, die allesamt hochprofessionell für einen bedeutenden Verlag arbeiten, dessen Impulse mich stets geprägt haben auf meinem Weg als Historiker. Ich danke vor allem Birgit Otte für die Betreuung des Manuskripts und Sigrid Weber für ihre unschätzbaren Dienste als Lektorin.

Meinen Eltern, Helena und Vojta Korb, danke ich von Herzen für alles und freue mich auf den nächsten Segelturn in Kroatien, auf dem ich nicht eine Minute an die Ustaša denken werde. Die Gespräche mit Sarah Ehlers, meiner großen Liebe, über das Projekt waren kein Vorwand, noch mehr Zeit in ihrer Nähe zu verbringen. Sie hat sich in meine Sprache, meine Texte und in die Ustaša hineingedacht und mich durch dieses Projekt gelotst. Am Ende hatte sie doch den Shortcut für das »Ustaša-s« auf ihrem Computer. Ich danke ihr so sehr.

Geschrieben wurde diese Arbeit in öffentlichen Bibliotheken, seien es die New York Public Library, die Bruno-Lösche-Bibliothek in Berlin-Moabit oder die Philipp-Schaeffer-Bibliothek in Berlin-Mitte. Ein Dank an die öffentlichen Bibliotheken dieser Welt.

Berlin, im Herbst 2012

Anhang

Abkürzungsverzeichnis

AA	Auswärtiges Amt
AO	Auslandsorganisation
AJ	Arhiv Jugoslavije (Archiv Jugoslawiens)
AOK	Armeeoberkommando
AS	Arhiv Srbije (Archiv Serbiens)
b.	busta (Akte)
CAUR	Comitati d'Azione per l'Universalita di Roma (Aktionskommitees für die Universität Rom)
DGA	Deutsche Gesandtschaft in Agram
D.B.G.i.K.	Deutscher Bevollmächtigter General in Kroatien (Glaise von Horstenaus Posten ab 1. Oktober 1942)
D.G.i.A.	Deutscher General in Agram Deutscher Bevollmächtigter General in Kroatien (Glaise von Horstenaus Posten bis zum 1. Oktober 1942)
DRP	Državno Ravnateljstvo za Ponovu (Staatsdirektion für wirtschaftliche Erneuerung, kurz: Ponova (Erneuerung))
DZK	Deutsche Zeitung in Kroatien
FLE	Fondazione Luigi Einaudi (Turin)
Fr	Frame (Rahmen)
FS	Fernschreiben
GP	Gradsko Poglavarstvo (Bürgermeisteramt)
GUS	Glavni ustaški stan (Ustaša-Hauptquartier)
HOP	Hrvatska Oružnička Pukovnija – Kroatisches Infanterieregiment
HSP	Hrvatska Stranka Prava (Kroatische Partei des Rechts)
HSS	Hrvatska Seljačka Stranka (Kroatische Bauernpartei)
ID	Infanteriedivision
k.	Kutija (Box)
Kdr.Gen.u.Bef.i.S.	Kommandierender General und Befehlshaber in Serbien
KdS/SD	Kommandeur der Sicherheitspolizei und des Sicherheitsdienstes der SS
KO	Kotarska Oblast (Bezirksverwaltung)
KPJ	Kommunistische Partei Jugoslawiens
KTB	Kriegstagebuch
MB	Militärbefehlshaber

MinDom	Ministarstvo Hrvatskog Domobranstva (Heimwehrministerium)
MPiB	Ministarstvo Pravosuđa i Bogoštovlja (Kultusministerium)
MUP	Ministarstvo Unutarnjih Poslova (Ministerium für innere Angelegenheiten)
MVP	Ministarstvo Vanjskih Poslova (Ministerium für äußere Angelegenheiten)
NA	Národní archiv Praha
NDH	Nezavisna Država Hrvatska (Unabhängiger Staat Kroatien´)
NSDAP	Nationalsozialistische Deutsche Arbeiterpartei
NSDAP AO	Nationalsozialistische Deutsche Arbeiterpartei Auslandsorganisation
OKW	Oberkommando der Wehrmacht
OP	Oružnička Postaja (Gendarmerieposten)
OZNA	Organ Zaštite Naroda (Armije) (Abteilung für Volksschutz, Jugoslawischer Geheimdienst)
PNF	Partito Nazionale Fascista
PTB	Poglavnikova tjelesna bojna (Leibgarde des Poglavnik)
RAM	Reichsaußenminister
RAVSIGUR	Ravnjatelstvo za javni red i sugurnost (Generaldirektion der öffentlichen Ordnung und Sicherheit
RFSS	Reichsführer SS)
RKFDV	Reichskommissar für die Festigung des deutschen Volkstums
RM	Reichsministerium
RR	Redarstveni Ravnateljstvo (Polizeikommando
R.R.	(Einsatzstab) Reichsleiter Rosenberg)
RSHA	Reichssicherheitshauptamt
RUR ŽO	Ravnateljstvo Ustaškog Redarstva – Židovski odsjek (Ustaša Polizei-Direktion/Jüdischer Abschnitt)
SD	Sicherheitsdienst des Reichsführers SS
Sipo	Hauptamt Sicherheitspolizei
SS	Schutzstaffel der NSDAP
UDBa	Uprava državne bezbednosti (Staatssicherheitsdienst (jugoslawische Geheimpolizei))
UHRO	Ustaša – Hrvatska revolucionarna organizacija (Ustaša – Kroatische revolutionäre Organisation)
UL	Ustaški Logor – Ustaša-Logor (Bezirksorganisation der Ustaša, der i.d.R. eine Ustaška Satnija (Schar) unterstand)
UNS	Ustaška Nadzorna Služba (Ustaša-Aufsichtsdienst)
UP	Ustaško Povjerenistvo (Ustaša-Befehlshaber)

UPI	Ured za pordržavljeni imetak (Amt für verstaatlichtes Eigentum)
US	Ustaški Stožer (Ustaša-Organisation in einer Großgespanschaft, der i.d.R. ein Ustaša-Bataillon unterstand)
USHMM	United States Holocaust Memorial Museum
USK	Unabhängiger Staat Kroatien
UWZ	Umwanderzentralstelle
VOZ	Vrhovno Oružničko Zapovjedništvo (Oberkommando der Gendarmerie)
VŽ	Velika Župa (Obergespanschaft, entspricht in etwa Gau)
WBSO	Wehrmachtsbefehlshaber Südost
WFSt	Wehrmachtsführungsstab
ZHO	Zapovjedništvo Hrvatskog Oružništvza (Oberkommando der kroatischen Gendarmerie)
ŽRO	Županska Redarstvena Oblast Zap. (Kommando eines Gespanschaftspolizei-Distrikts)

Quellen- und Literaturverzeichnis

Übersicht der benutzten Bestände

ACS – Archivo Centrale dello Stato (Zentrales Staatsarchiv), Roma:
- Min. Int., Dir. Centr. P.S., Daur 1943

AfZ – Archiv für Zeitgeschichte, Zürich:
- Pressesammlung (NZZ Kroatien, 1941–43, Politik)

AJ – Arhiv Jugoslavije, Beograd (Archiv Jugoslawiens):
- Fond 103, Emigrantska vlada (Jugoslawische Exilregierung in Kairo bzw. London)
- Fond 110, Državna komisija za utvrđivanje zločina okupator i njihovih pomagača (Staatskommission zur Feststellung der Verbrechen der Okkupatoren und ihrer Helfer)

AS – Arhiv Srbije, Beograd (Archiv Serbiens):
- G-2, Komisarijat za izbeglice (Flüchtlingskommissariat der Nedić-Regierung)

ASMAE – Archivo Storico del Ministerio degli Affari Esteri (Historisches Archiv des Ministeriums für Auswärtige Angelegenheiten), Roma:
- GABAP, Gabinetto Armistizio Pace (Kabinett für Waffenstillstand und Frieden)
- Croatia
- Affari Politici
- Jugoslavia

AUSSME – Archivo dell'Ufficio Storico dello Stato Maggiore dell'Esercito (Archiv der Historischen Abteilung des Generalstabs des Heeres), Roma:
- H 3, Angriff auf Jugoslawien, Luftbilder, Landkarten (1941)
- H 5
- H 8
- H 9
- I 3, Carteggio Comando Supremo e Stato Maggiore Generale, 2a
- M 3, Dokumente, die die Alliierten nach Kriegsende an Italien zurückgaben
- Guerra Mondiale
- N I-II, »Diari storici«

AVII – Arhiv Vojnoistorijskog Instituta Vojske Srbije i Crne Gore (Archiv des Militärhistorischen Institutes der Armee Serbiens und Montenegros), Beograd [Heutige Bezeichnung: Vojni Arhiv Srbije (Serbisches Militärarchiv)]:
- NDH, Arhiva Nezavisne Države Hrvatske (Sammlung USK)
- Ned.a., Nedićevska arhiva (Sammlung Nedić)
- I.a., Italijanska arhiva (Sammlung italienischer Dokumente)
- Č.a., Četnička arhiva (Sammlung zu den Četnici)
- N.a., Nemačka arhiva (Sammlung deutscher Dokumente)

BA-MA – Bundesarchiv-Militärarchiv, Freiburg im Breisgau:
- RH 20–12, Armeeoberkommando 12
- RH 24–15, Befehlshaber der deutschen Truppen in Kroatien [XV. (Geb.) AK]
- RH 26–114, 114 ID.
- RH 26–118, KTB der 718. Inf. Div.
- RH 31 III, Deutscher General in Agram/Bevollmächtigter General in Kroatien
- RL 3, Wehrwirtschaftsstab Südost
- RW 29, Wehrwirtschaftsdienststellen in Südosteuropa
- RW 4, Oberkommando der Wehrmacht/Wehrmachtsführungsstab
- RW 40, Befehlshaber Serbien/ Der kommandierende General in Serbien/Militärbefehlshaber Südost
- RW 5, OKW Amt Ausland/Abwehr

BArch – Bundesarchiv, Berlin:
- DW, Deutsche Wochenschau
- NS 7, SS- und Polizeigerichtsbarkeit
- NS 15, Der Beauftragte des Führers für die Überwachung der gesamten geistigen und weltanschaulichen Schulung und Erziehung der NSDAP
- NS 19, Persönlicher Stab RFSS
- NS 30, Einsatzstab Reichsleiter Rosenberg
- R 6, Reichsministerium für die besetzten Ostgebiete
- R 19, Chef der Ordnungspolizei (Hauptamt Ordnungspolizei)
- R 43, Reichskanzlei
- R 58, RSHA
- R 59, Volksdeutsche Mittelstelle
- R 63, Südosteuropa-Gesellschaft e.V. in Wien
- R 70, Polizeidienststellen in Jugoslawien
- Bestand Bild

BArch FA – Bundesarchiv-Filmarchiv, Berlin:
- Wochenschauen

CZA – Central Zionist Archives, Jerusalem:
- L17, Berichte aus den europäischen Ländern

HIA – Hoover Institution Archives, Stanford, CA:
- Estate Kasche
- Poland, Ministerstwo Spraw Zagranicznych Rzeczypospolitej Polskiej/ Zagreb
- Jozo Tomasevich Collection (Sammlung Jozo Tomasevich)
- Karl von Loesch Collection (Sammlung Karl von Loesch)

HM BiH – Historijski Muzej Bosne i Hercegovine (Archiv des Historischen Museums Bosniens und der Herzegowina), Sarajevo:
- NDH, Sammlung Unabhängiger Staat Kroatien
- UNS, Sammlung Ustaša-Aufsichtsdienst

HR HDA – Hrvatski Državni Arhiv (Kroatisches Staatsarchiv), Zagreb:
- 218.1, Ministarstvo pravosuđa i bogoštovlja NDH, odjel za bogoštovlje (Ministerium für Justiz und Religion, Abt. für Religion)

- 223, Ministarstvo unutranjih poslova – MUP (Innenministerium)
- 227, Ministarstvo vanskih poslova – MVP (Außenministerium)
- 228, Poslanstvo NDH Berlin (Botschaft des USK in Berlin)
- 232, Poslanstvo NDH Rim (Botschaft des USK in Rom)
- 235, Konzularno Predstavnistvo NDH u Beogradu (Konsularvertretung des USK in Belgrad)
- 241, Ravnateljstvo Državnih Željeznica NDH (Direktion der staatlichen Eisenbahnen im USK)
- 246, Zavod za Kolonizaciju (Institut für Kolonisierung)
- 247, Likvidacija Agrarne Reforme na Veleposjedima (Liquidierung der Agrarreform auf Großgrundbesitztümern)
- 248, UNS Ured III. (Ustaša-Aufsichtsdienst Amt III.)
- 248/1, Zapovjedništvo Ustaške Nadzorne Službe (Kdo. UNS)
- 252, Ravnatjelstvo ustaškog redarstva, židovski odsjek (Direktion des Ustaša-Ordnungsdienstes, jüdische Abteilung)
- 1076, Državno Ravnatjelstvo za Ponovu (Staatsdirektion für Erneuerung)
- 1521, Helmova arhiva i popis izvješća prema agentima (Archiv Hans Helm)
- 36/1996, Nachlass Theodor Albert
- O. Nr., Nachlass Dr. R. Walter
- 306 ZKRZ, Serjija GUZ, Zemaljska komisija za utvrđivanje zločina okupatora i njihovih pomagača N.R. Hrvatske 1944–1947. god. (Landeskommission für die Feststellung der Verbrechen der Okkupatoren und ihrer Helfer der Volksrepublik Kroatien)
- Zbirka Štampata (Sammlung der Plakate und Druckerzeugnisse)

IfZ – Archiv des Instituts für Zeitgeschichte, München:
- ED 149, Korrespondenz Siegfried Kasche
- Fa, Auslandsorganisation der NSDAP
- Fd, Abschriften aus den Canaris/Lahousen-Fragmenten
- MA, Records of German Field Commandants: Rear Areas, Occupied Territories and Others
- Eichmann-Prozess Beweisdokumente

JIMB – Jevrejski Istorijski Muzej (Jüdisches Historisches Museum), Beograd:
- Diverse Bestände auf Mikrofilm

NA – Národní archiv (Staatsarchiv), Praha:
- Fond 110, Německé státní ministerstvo pro Čechy a Moravu, Praha

NARA – National Archives Record Administration, Hoover Park, MD:
- IMT, International Military Tribunal Nuremberg No. V., Case VII
- NOKW, Nuremberg Armed Forces High Command
- OSS, Office of Strategic Services
- 860H, Embassy Ankara
- RG. 59, General Records of the Department of State, Yugoslavia, Internal Affairs
- RG 238, WWII Crimes Records – Selected Documents
- RG 242, Collection of Foreign Records Seized

- T-120, AA und Kanzlei
- T-175, Records of the German Ministry of Foreign Affairs
- T-311, Records of German Field Commands, Army Groups
- T-312, Records of German Field Commands, Armies
- T-313, Records of German Field Commands, Panzer Armies
- T-314, Records of German Field Commands, Corps
- T-315, Records of German Field Commands, Divisions
- T-501, Records of German Field Commands: Rear Areas, Occupied Territories
- T-586, Italian Ministry of Popular Culture
- T-71, Reich Ministry of Economics (Reichswirtschaftsministerium)
- T-77, Records of the Headquarters, German Armed Forces High Command
- T-78, Records of the Headquarters, German Army High Command (OKW)
- T-821, Collection of Italian Military Records, 1935–43
- T-84, Miscellaneous German Documents

OAM – Osobyi Arhiv Moskva (Sonderarchiv Moskau):
- OAM 1401, Einsatzstab Reichsleiter Rosenberg
- OAM 1430, Odbor za pomoć židovskim izbeglicam, Zagreb (Komitee zur Unterstützung jüdischer Flüchtlinge in Zagreb)
- OAM 1441, Jüdische Gemeinde Zagreb
- OAM 508, Polizeiverwaltung Sarajewo
- OAM 579, Verlag »Nova Evropa«, Zagreb

PA AA – Politisches Archiv des Auswärtigen Amts, Berlin:
- BA, Bundesarchiv
- Botschaft Belgrad
- Botschaft Rom (Quirinal) geheim
- Büro StS, Diplomatenbesuche
- Büro StS, Jugoslawien
- Büro StS, Kroatien
- Büro StS, Schriftwechsel mit Beamten
- Gesandtschaft Zagreb
- Gesandtschaft Zagreb-Geheimakten
- Handakten Megerle
- Handakten Ritter
- Inland I D, Kroatien Kirche
- Inland II
- Inland II g
- Laibach
- Nachlass Siegfried Kasche
- Pol. Abt. IV, R 103.407, Po 36 Kroatien: Judenfragen
- Zagreb-Landkarten

SSFVA – Steven Spielberg Film and Video Archive (Zugriff durch das USHMM):
- RG-60.0890, Nazi propaganda: War in the Balkans (tape 28)

TNA – The National Archives, Kew:

- w.o. 38, War Office: Abhörprotokoll kriegsgefangener italienischer Generäle
- w.o. 202, War Office: British Military Missions in Liaison with Allied Forces; Military Headquarters Papers, Second World War.

USHMMA – United States Holocaust Memorial Museum Archives, Washington, DC:

- 1998.A.0018, Ustaška nadzorna služba: Ispostava ustaškog redarstvenog povjereništva
- 1998.A.0020, Židovski odsjek, Zagreb (UNS: Außenstelle Zagreb des Ustaša-Ordnungsamtes, Jüd. Abt.)
- 1998.A.0021, Sabirni logor Đakovo (Sammellager Đakovo)
- 1998.A.0022, Loborgrad, Gornja Rijeka, Jasenovac, Kruščica and Kupari concentration camp records
- 1998.A.0024, Zemaljska Komisija za utvrđivanje zločina okupatora i njihovih pomagača Narodne Republike Hrvatske – ZKRZ (Landeskommission für die Feststellung der Verbrechen der Okkupatoren und ihrer Helfer der Volksrepublik Kroatien)
- 1998.A.0025, Ustaško povjereništvo za grad i kotar Koprivnica (Ustaša-Befehlshaber für Stadt und Bezirk Koprivnica)
- 1998.A.0026, Ministarstvo zdravstva i udružbe. Glavno ravnateljstvo za udružbu i društvovnu skrb (Ministry of Health and Social Services, Headquarters for Social Services and Welfare)
- 1998.A.0027, MUP NDH (Innenministerium des USK)
- 1998.A.0028, Javno Tužilastvo SRH: Optužnica Pavelić-Artuković (Staatsanwaltschaft der Sozialistischen Republik Kroatiens: Anklageschrift Pavelić-Artuković)
- 1999.A.0173, Hrvatski Povijesni Muzej Zagreb: Archivska grada o židovima (Kroatisches Historisches Museum Zagreb: Jüdische Sammlung)
- RG-49.002, Selected Records Relating to the Occupation of Yugoslavia during WWII
- RG-49.003, Savez jevrejskih opština Jugoslavije (Bund jüdischer Gemeinden Jugoslawiens): Records Relating to Crimes Against Serbs, Jews, and Other Yugoslav Peoples During World War II, 1941–1943
- RG-49.006M, Selected Records from the Archives of the Military History Institute for the General Staff of the Armed Forces of Serbia and Montenegro [microform]
- RG-50.030, Interviews
- RG-50.468, Jasenovac Oral History Project
- RG-61.001, Records of the Jasenovac Memorial Camp
- RG-61.002M, Ministarstvo Državne Riznice (Finanzministerium)
- 1999.A.0174–0176, Ured za Podržavljeni Imetak Ured za Podržavljeni Imetak (Amt für verstaatlichtes Eigentum)
- 1999.A.0177, Ponova, Židovski Odjel, 1941 (Jüdische Abteilung der Ponova)

- 1999.A.0178, Ponova, 1941–1945
- RG-61.003M, Gradski komitet Saveza komunista Hrvatske u Zagrebu (Stadtkomitee des Bundes der Kommunisten Kroatiens in Zagreb)
- RG-61.004M, Zbirka štampata, brošure, plakati (Collection of Printed Materials, Pamphlets and Posters)

YVA – Yad Vashem Archives, Jerusalem:

- M.20, Archive of Dr. Adolf Silberschein
- M.70, From Yugoslav Archives
- M.9, Simon Wiesenthal Collection
- O.10, Records on Yugoslavia
- O.17, YIVO-Sammlung
- O.3, Testimonies Department of the YVA
- O.33, Collection of Various Testimonies, Diaries and Memoirs
- O.39, Wettbewerbe für Zeitzeugenberichte
- O.4, Yugoslav War Crimes Commission
- O.68, Personalakten aus dem Berlin Document Center

Bildnachweise siehe Bildunterschriften; bezüglich der Abbildungen des United States Holocaust Memorial Museum gilt:

»The views or opinions expressed in this book, and the context in which the images are used, do not necessarily reflect the views or policy of, nor imply approval or endorsement by, the United States Holocaust Memorial Museum.«

Zeitungen/Zeitschriften

Berliner Börsen-Zeitung. Tageszeitung für Politik und Wirtschaft, für Wehrfragen, Kultur und Unterhaltung
Bremische Wirtschaftszeitung
Der Spiegel
Deutsche Zeitung in Kroatien (DZK)
Die Judenfrage
Die Zeit
Donauzeitung (Belgrad)
Focus Online
Frankfurter Allgemeine Zeitung
Grenzwacht (Esseg/Osijek)
Hrvatska Krajina
Hravatski Glas
Hrvatska Gruda (Kroatische Scholle)
Hrvatska Smotra (Kroatische Schau)
Hrvatski List (Kroatisches Blatt)
Hrvatski Narod (Kroatisches Volk)

Katolički List
Narodne Novine (Nationalzeitung)
Naša Domovina
Neue Internationale Rundschau der Arbeit
Neue Ordnung
Neue Zürcher Nachrichten
Neue Zürcher Zeitung (NZZ)
Novi List
Preporod (Wiedergeburt)
Rheinisch-Westfälische Zeitung
Sarajevski Novi List
Southeast European Times
Spiegel Online
Spremnost (Bereitschaft)
Süddeutsche Zeitung
Südost-Echo
Ustaša, Vjesnik Hrvatskih Revolucionara (Ustaša: Nachrichtenblatt kroatischer Revolutionäre)
Völkischer Beobachter (VB)
World-Telegram
Za Dom

Quelleneditionen und Dokumentationen

Blet, Pierre/Graham, Robert A./Martini, Angelo/Schneider, Burkhart (Hg.), Le Saint Siège et les victimes de la guerre. Janvier – décembre 1943, Città del Vaticano 1975 (Actes et documents du Saint Siège relatifs à la Seconde Guerre mondiale, 9).

Bulajić, Milan, Ustaški zločini genocida i suđenje Andriji Artukoviću 1986. god, Beograd 1989 (4 Bde.).

Bundesarchiv (Hg.) unter Mitarbeit von Martin Seckendorf u. a., Die Okkupationspolitik des deutschen Faschismus in Jugoslawien, Griechenland, Albanien, Italien und Ungarn (1941–1945), Berlin, Heidelberg 1992 (Europa unterm Hakenkreuz. Die Okkupationspolitik des deutschen Faschismus, 6: Südosteuropa, Italien).

Ciano, Galeazzo, The Ciano Diaries, 1939–1943. The Complete, Unabridged Diaries of Count Galeazzo Ciano, Italian Minister for Foreign Affairs, 1936–1943, New York 1973.

Czech, Danuta, Kalendarium der Ereignisse im Konzentrationslager Auschwitz-Birkenau 1939–1945, Reinbek bei Hamburg 1989.

Dedijer, Vladimir/Miletić, Antun (Hg.), Proterivanje Srba sa ognjišta 1941–1944. Svedočanstva, Beograd 1989.

Ders. (Hg.), Vatikan i Jasenovac. Dokumenti, Beograd 1987.

Demokratska Federativna Jugoslavija (Hg.), Dokumenti o izdajstvu Draže

Mihailovića, Beograd 1945 (Državna Komisija za Utvrđivanje Zločina Okupatora i Njihovih Pomagača, 1).
Domarus, Max, Untergang (1939–1945). Hitler. Reden und Proklamationen 1932–1945., Würzburg 1963 (Hitler, Bd. 2).
Ferenc, Tone (Hg.), Quellen zur Nationalsozialistischen Entnationalisierungspolitik in Slowenien 1941–1945, Maribor 1980.
Generalkommando 51. A.K. (Hg.), Vorstoß nach Bosnien: Der Einsatz des 51. Armeekorps in der Südsteiermark und Kroatien. Ein Bericht über den jugoslawischen Feldzug des LI. A.K. unter Mitwirkung von Männern der kämpfenden Truppe und einer Propagandakompanie, Köthen 1941.
Greiner, Helmuth/Schramm, Percy Ernst/Jacobsen, Hans Adolf, Kriegstagebuch des Oberkommandos der Wehrmacht (Wehrmachtführungsstab). 1940–1945, Frankfurt am Main 1961.
Himmler, Heinrich, »Denkschrift über die Behandlung der fremdvölkischen im Osten vom 28. Mai 1940«, in: *Vierteljahrshefte für Zeitgeschichte*, S. 194–198.
Horvat, Joza/Stambuk, Zdenko (Hg.), Dokumenti o protunarodnom radu i zločinima jednog dijela katoličkog klera, Zagreb 1946.
Jedinstvena Narodno-Oslobodilačka Fronta Hrvatske (Hg.), Koncentracioni Logori. Dokumenti Ustaškog Terora, Beograd 1944.
Jochmann, Werner, Adolf Hitler. Monologe im Führer-Hauptquartier, 1941–1944. Die Aufzeichnungen v. Heinrich Heims, Hamburg 1980.
Kazimirović, Vasa, NDH u svetlu nemačkih dokumenata i dnevnika Gleza fon Horstenau, 1941–1944, Beograd 1987.
Kempowski, Walter, Das Echolot: ein kollektives Tagebuch Januar und Februar 1943: 18. bis 31. Januar 1943, München 1993 (Bd. 2).
Kolanović, Josip (Hg.), Dnevnik Diane Budisavljević. 1941–1945, Zagreb 2003.
Mihailović, Dragoljub M., Rat i mir đenerala: Izbrani ratni spisi, Beograd 1998 (Bd. 1–2).
Miletić, Antun (Hg.), Koncentracioni logor Jasenovac 1941–1945. Dokumenta. Spomen Područe Jasenovac, Beograd, 3 Bde., I: (1986), II: (1986a), III: (1987b).
Ministarstvo Pravosudja i Bogoštovlja (Hg.) unter Mitarbeit von Josip Junašević und Miroslav Šantek, Zbornik zakona i naredaba Nezavisne Države Hrvatske, 2 Bd., Zagreb 1941.
Ministerium des Äußeren (Hg.) unter Mitarbeit von Ernest Bauer, Das wahre Gesicht der Partisanen im Unabhängigen Staat Kroatien. Der Unabhängige Staat Kroatien im Kampfe gegen den Bolschewismus, Zagreb 1943.
Pavelić, Višnja (Hg.), Džamija poglavnika Ante Pavelića, Madrid 1988 (Acta: Nezavisna Država Hrvatska, 1941–1945).
Dies. (Hg.), Hrvatska Pravoslavna Crkva, Madrid 1984 (Acta: Nezavisna Država Hrvatska, 1941–1945).
Petrović, Ratislav, Genocid sa blagoslovom Vatikana. Izjave Srba-izbeglica, Beograd 1992.

Poliakov, Léon/Wulf, Josef, Das Dritte Reich und seine Diener. Dokumente, Berlin 1975.
Požar, Petar, Hrvatska Pravoslavna Crkva u prošlosti i budućnosti, Zagreb 1996 (Biblioteka hrvatske povijesti).
Ders., Ustaša. Dokumenti o ustaškom pokretu, Zagreb 1995 (Biblioteka Memoria).
Rothfels, Hans (Hg.), Akten zur deutschen auswärtigen Politik 1918–1945 aus dem Archiv des deutschen auswärtigen Amts. Die Kriegsjahre. Serie D. 1937–1945, Göttingen 1969.
Smith, Bradley F./Peterson, Agnes F./Fest, Joachim C., Heinrich Himmler. Geheimreden 1933 bis 1945 und andere Ansprachen, Berlin (West) 1974.
Sremac, Nada, Zapisi sa drugog zasjedanja ANVOJ-a, Zagreb 1964.
Talpo, Oddone, Dalmazia. Una cronaca per la storia. 1941, Roma 1985.
Vojnoistorijski Institut (Hg.), Oslobodilački rat naroda Jugoslavije 1941–1945. Od sloma Kraljevine Jugoslavije do drugog zasedanja AVNOJ-a. Vojnoistorijski Institut, Beograd 1963 (1).
Vojnoistorijski Institut Jugoslovenske Armije (Hg.), Borbe u Bosni i Hercegovini 1941, Beograd, Bände IV/1 (1951a), IV (1951b), IV/2 (1951c), IV/5 (1953 d) (Zbornik dokumenata i podataka o narodnooslobodilačkom ratu jugoslovenskih naroda).
Vojnoistorijski Institut/ Miletić, Antun (Hg.), Aprilski Rat 1941. Zbornik dokumenata, Beograd 1987.
Vukčević, Slavko (Hg.), Zločini Nezavisne Države Hrvatske, 1941–1945, Beograd 1993 (Zločini na jugoslovenskim prostorima u prvom i drugom svetskom ratu: Zbornik dokumenata, 1).

Memoiren

Aschenauer, Rudolf (Hg.) unter Mitarbeit von Adolf Eichmann, Ich, Adolf Eichmann, Leoni am Starnberger See 1980.
Bjelica, Milija, »Zapisi sa koritske jame«, in: Sveto Kovačević (Hg.), Hercegovina u NOB, Beograd 1986.
Broucek, Peter (Hg.), Deutscher Bevollmächtigter General in Kroatien und Zeuge des Untergangs des »Tausendjährigen Reiches«, Wien 1988 (Ein General im Zwielicht. Die Erinnerungen Edmund Glaises von Horstenau, 3).
Carin, Vladimir, Smrt je hodala četveronoške, Zagreb 1961.
Ciliga, Ante, Sam kroz Europu u ratu, 1939–1945, Roma 1978.
Dedijer, Vladimir, The War Diaries of Vladimir Dedijer, Ann Arbor, MI 1990.
Despot, Milan, »Glina 1941. godine«, in: Historijski Arhiv u Karlovcu (Hg.) unter Mitarbeit von Đuro Zatezalo, Prva Godina Narodnooslobodilačkog Rata na Području Karlovca, Korduna, Gline, Like, Gorskog Kotara, Pokuplja i Žumberka, Zbornik 3, Karlovac 1971, S. 593–615.
Djilas, Milovan, Jahre der Macht. Im jugoslawischen Mächtespiel. Memoiren 1945–1966, München 1992.

Ders., Der Krieg der Partisanen. Memoiren 1941–1945, Wien 1978.
Ders., Memoiren 1929–1941, Wien 1973.
Ernsthausen, Adolf von, Die Wölfe der Lika. Mit Legionären, Ustaschi, Domobranen und Tschetniks gegen Titos Partisanen – Erlebnisse in Kroatien 1944, Neckargemünd 1959 (Landser am Feind, 5).
Fellner, Fritz (Hg.), Schicksalsjahre Österreichs 1908–1919. Das politische Tagebuch Josef Redlichs. I. Band: 1908–1914, Graz 1953.
Gisevius, Hans Bernd, Bis zum bitteren Ende. Vom Reichstagsbrand bis zum 20. Juli 1944, Hamburg 1960.
Hagen, Walter, Die geheime Front; Organisation, Personen und Aktionen des deutschen Geheimdienstes, Linz 1950.
Hefer, Stjepan, Croatian Struggle for Freedom and Statehood, Buenos Aires 1959.
Herzl, Theodor, »Aufzeichnungen 1941–1945«, in: *Fantom Slobode*, 2008, H. 1/2, S. 625–682.
Holjevac, Većeslav, »Od okupacije do prvog partizanskog odreda«, in: Historijski Arhiv u Karlovcu unter Mitarbeit von Đuro Zatezalo (Hg.), Prva Godina Narodnooslobodilačkog Rata na Području Karlovca, Korduna, Gline, Like, Gorskog Kotara, Pokuplja i Žumberka, Zbornik, 3, Karlovac 1971, S. 15–53.
Jareb, Jere, »Svjedočanstvo Janka Tokića o Hrvatskoj Seljačkoj Stranici i o travanjskim dogodjajima 1941«, in: *Časopis za Suvremenu Povijest*, Jg. 29, 1997, H. 2, S. 325–367.
Ders. (Hg.), Eugen Dido Kvaternik. Sjećanja i zapažanja, 1925–1945: prilozi za hrvatsku povijest, Zagreb 1995 (Knjižnica Hrvatskog rukopisa).
Kolar-Dimitrijević, Mira, »Sjećanja veterinara Zorka Goluba na trinaest dana boravka u logoru Jasenovac 1942. godine«, in: *Časopis za Suvremenu Povijest*, Jg. 15, 1983, H. 2, S. 155–176.
Loker, Zvi, »The Testimony of Dr. Edo Neufeld: The Italians and the Jews of Croatia«, in: *Holocaust and Genocide Studies*, Jg. 7, 1993, H. 1, S. 67–76.
Maček, Vladko, In the Struggle for Freedom, University Park 1957.
Maestro, Albert, »Jasenovac. Ein Augenzeuge berichtet aus dem Vernichtungslager der Kroaten«, in: Ketzerbriefe. Flaschenpost für unangepaßte Gedanken, 1997, H. 75.
Ders., Albert, Memories of the Ustasha Camps, Ein-Shemer 1996.
Markovits, Pál, Stets bei Verstand sein. Kindheit, Jugend und Arbeitsdienst in Ungarn, Zwangsarbeit und Flucht in Jugoslawien, Schutz bei den Tschetniks sowie Tierarzt bei den Partisanen und in der jugoslawischen Befreiungsarmee, 1917–1945, Konstanz 2006.
Meron, Michael, Wir müssen es alleine schaffen. Aus Zagreb durch deutsche Kriegsgefangenschaft und Jugoslawien nach Israel 1915–1997, Konstanz 1997.
Meštrović, Ivan, Uspomene na političke ljude i dogadjaje, Buenos Aires 1961.
Milićević, Vladeta, Der Königsmord von Marseille, Bad Godesberg 1959.

Milo, Zeev, Im Satellitenstaat Kroatien. Eine Odyssee des Überlebens 1941–1945, Konstanz 2002.

Mirković, Damir, »Recollections of a Forced Conversion to Catholicism and of Ustasha Genocide«, in: *South Slav Journal*, Jg. 17, 1996, H. 1–2, S. 63–64.

Neubacher, Hermann, Sonderauftrag Südost, 1940–1945. Bericht eines fliegenden Diplomaten, Göttingen 1957.

Neufeld, Edo, »Svjedočanstvo preživjelog«, *Novi omanut*, 2000, H. 42/43.

Nikolić, Nikola, Jasenovački logor smrti, Sarajevo 1975.

Ders., Le camp de Jasenovac, Zagreb 1948.

Opačić, Dušan, »Na Veljunu 1941. godine«, in: Milan Bekić/Ivo Butković/Slavko Goldstein (Hg.), Okrug Karlovac 1941, Zagreb 1965, S. 409–439.

Prašek-Całczyńska, Bronisława, Memoari jedne liječnice i drugi spisi, Zagreb 1997.

Rebok, Juraj, »Sjećanja na neke ljude i događaje iz NDH«, in: *Marulić*, Jg. 33, 2000, H. 2, S. 289–297.

Rendulic, Lothar, Gekämpft, Gesiegt, Geschlagen, Heidelberg 1952.

Riffer, Milko, Grad mrtvih. Jasenovac 1943, Zagreb 1946.

Roatta, Mario, Otto milioni di baionette; l'Esercito italiano in guerra dal 1940 al 1944, Milano 1946.

Rochlitz, Imre/Rochlitz, Joseph, Accident of Fate. A Personal Account, 1938–1945, Waterloo, ON 2011.

Schönhuber, Franz, Ich war dabei, München 1988.

Servatzy, Vjekoslav, Razvitak ustaškog pokreta u inozemstvu, Zagreb, 194?.

Sindik, Dušan (Hg.), Sećanja Jevreja na logor Jasenovac, Beograd 1972.

Steckel, Charles W., Destruction and Survival, Los Angeles 1973.

Švarc, Božo, Kako sam preživio, in: *Ha-kol*, 2001, H. 69–70.

Vrančić, Vjekoslav, Branili smo državu: uspomene, osvrti, doživljaji (2 Bde.), Barcelona 1985 (Knjižnica Hrvatske revije. Redovita izdanja).

Vukmanović-Tempo, Svetozar, Mein Weg mit Tito. Ein Revolutionär erinnert sich, München 1972.

Ders., Revolucija koja teče. Vol. 1, Beograd 1971.

Weizsäcker, Ernst von, Erinnerungen, München 1950.

Yones, Eliyahu, Die Straße nach Lemberg. Zwangsarbeit und Widerstand in Ostgalizien 1941–1944, Frankfurt am Main 1999 (Lebensbilder, 17).

Zeitgenössische Literatur (bis 1945)

Altgayer, Branimir, »Ein Baustein zum neuen Europa«, in: *Volk im Osten. Die Zeitschrift des Südostens* (Bukarest), Jg. 3, 1942, H. 4, S. 12–14.

Ammon, Kurt, »Die kroatische Judengesetzgebung im Überblick«, Die Judenfrage, Jg. VII, 1943, H. 5, S. 74f.

Ansaldo, Giovanni, »Italiens Politik auf dem Balkan«, in: *Donaueuropa. Zeitschrift für die Probleme des europäischen Südostens*, Jg. 1, 1941, H. 3, S. 240–245.

Bauer, Ernest, »Die Entwicklung der Publizistik in Kroatien«, Zagreb 1942.

Coselschi, Eugenio, Croazia libera, Roma 1932.

Dresler, Adolf, Kroatien, Essen 1942.

Gärtner, Emil Robert, Kroatien in Südslawien. Historisch-politische Studie, Berlin 1944.

Ginzel, Hermann, »Kroatien heute. Chefkorrespondent des ›Westdeutschen Beobachters‹ Köln«, Broschüre der vom 15. März bis 17. April 1942 im *Westdeutschen Beobachter* veröffentlichten Aufsätze, Zagreb 1942.

Glück, Leopold, »Zur physischen Anthropologie der Zigeuner in Bosnien und der Herzegovina. 1. Die mohammedanischen Zigeuner«, in: *Wissenschaftliche Mitteilungen aus Bosnien und der Hercegovina*, 1897, S. 403–433.

Graham, Stephen, Alexander of Jugoslavia, London 1938.

Korzer, Karl, »Die Kroaten und die »Militärgrenze«, *Südost-Echo* (Wien), Jg. 11, Nr. 24, 13. Juni 1941, S. 6.

Kovačić, Matija, »Vorposten Kroatien«, in: Neue Ordnung (Hg.), Kroatien baut auf. Jahreslese in Wort und Bild aus der Wochenschrift Neue Ordnung, Zagreb 1943 (2), S. 11–13.

Ders. (Hg.), Greueltaten und Verwüstungen der Aufrührer im Unabhängigen Staate Kroatien in den ersten Lebensmonaten des kroatischen Nationalstaates. Ministerium des Äußeren, Zagreb 1942 (Der Unabhängige Staat Kroatien. Ein Bollwerk des Neuen Europa).

Kraus, Felix, »Vom Wesensbilde der Serben«, in: *Volkstum im Südosten. Volkstumspolitische Monatsschrift*, Jg. 18, 1942, H. 1, S. 18.

Ders., »Bevölkerungsbewegungen der Gegenwart in Südosteuropa«, in: *Volkstum im Südosten. Volkstumspolitische Monatsschrift*, Jg. 18, April 1942, S. 61–69.

Kretzschmann, Max, »Die Reichskreditkassen«, Deutsche Geldpolitik, Berlin 1941, S. 113–139.

Küppers-Sonnenberg, Gustav Adolf, »Begegnung mit Balkanzigeunern«, *Volk und Rasse*, Jg. 13, 1938, H. 6, S. 183–193.

Ders., »Die Scholazen der Batschka und Baranya«, in: *Volk und Rasse*, Jg. 13, 1938, H. 3, S. 77–84.

Kvaternik, Eugen, »Staatssekretär Kwaternik über die Entjudung Kroatiens«, *Die Judenfrage*, Jg. 6, 1942, H. 10, S. 97.

Kvaternik, Slavko, Odgoj i značaj hrvatskog domobrana, Zagreb 1941.

Landespropagandaamt der Deutschen Volksgruppe in Kroatien (Hg.), Ein Jahr deutsche Volksgruppe in Kroatien. Sommersonnenwende 1941–42, Esseg 1942.

Landra, Guido, »Razzismo italiano e il sud-est europea.«, in: *La difesa de la Razza*, Jg. 5, 1942 (20. Oktober), H. 24, S. 4–6.

Lemkin, Raphaël, Axis Rule in Occupied Europe: Laws of Occupation, Analysis of Government, Proposals for Redress, Washington, DC 1944.

Loesch, Karl Christian von/Mühlmann, Wilhelm E.; Küppers-Sonnenberg, Gustav Adolf, Die Völker und Rassen Südosteuropas, Berlin 1943.

Ders., Croatia restituta, Zagreb 1941.
Lorković, Mladen, »Die Ustaschabewegung«, in: *Volk im Osten. Die Zeitschrift des Südostens* (Bukarest), Jg. 3, 1942, H. 4, S. 6–7.
Ders., Das Volk und das Land der Kroaten/Narod i zemlja Hrvata, Wien 1941.
Ders., »Die Grundlagen der kroatischen Außenpolitik«, in: *Slowakische Rundschau. Zeitschrift für Politik, Wirtschaft und Kultur*, Jg. 2, 1941, H. 16/17, S. 3–6.
Ders., Geschichte der »Ustaše«-Bewegung, in: *Kroation in Wort und Bild 1*, Zagreb 1941, S. 84–91.
Lukas, Filip, »Za hrvatsku samosvojnost. Zakoni zemlje – krvi – duha«, in: Filip Lukas (Hg.), Eseji, govori, članci, Zagreb 1944.
Makanec, Julius, Die Entwicklung des kroatischen Nationalismus, Zagreb 1944.
Malaparte, Curzio, Kaputt, Evanston, IL 1997.
Ders., Kaputt, Karlsruhe 1961.
März, Josef, Jugoslawien. Probleme aus Volk, Raum und Wirtschaft. Mit einem Vorwort von Karl Haushofer, Berlin 1938.
Pavelić, Ante, »Der Begriff Bosnien durch die Jahrhunderte«, in: *Spremnost*, 1941.
Ders., Die kroatische Frage, Berlin 1941.
Ders., Poglavnik govori, Zagreb 1941 (Naklada Glavnog Ustaškog Stana).
Pavelić, Višnja, Pavelić, Ante. Djela, Madrid 1968.
Pokorný, Ctibor, »Zigeunerromantik im Verschwinden«, in: *Slowakische Rundschau. Zeitschrift für Politik, Wirtschaft und Kultur*, Jg. 3, 1942, H. 1/2, Illustrierte Beilage.
Pozaić, Arzen, »Srpsko Pitanje. Odakle toliki ›Srbi‹ u Hrvatskoj?«, in: *Novi List*, 24. Juni 1941, H. 56, S. 15.
Proebst, Hermann, »Doglavnik Dr. Mile Budak, Dichter und Kämpfer«, in: Neue Ordnung (Hg.), Kroatien marschiert. Erste Jahreslese in Wort und Bild aus der Wochenschrift Neue Ordnung, Zagreb 1942, S. 53–56.
Publikationsstelle Wien (Hg.) unter Mitarbeit von Wilfried Krallert, Die Gliederung der Bevölkerung des ehemaligen Jugoslawien nach Muttersprache und Konfession nach den unveröffentlichten Angaben der Zählung von 1931, Wien 1943.
Ronneberger, Franz, »Ende des Jugoslawismus«, in: *Volkstum im Südosten. Volkstumspolitische Monatsschrift*, Jg. 19, 1943, H. 4, S. 61–68.
Ders., »Bevölkerungsbewegungen der Gegenwart in Südosteuropa«, in: *Volkstum im Südosten. Volkstumspolitische Monatsschrift*, Jg. 18, 1942, H. 4, S. 61–69.
Ruland, Fritz, »Die Zigeunerfrage im Südosten«, in: *Volkstum im Südosten. Volkstumspolitische Monatsschrift*, Jg. 18, 1942, H. 10, S. 163–168.
Sattler, Wilhelm, Die deutsche Volksgruppe im Unabhängigen Staat Kroatien, Graz 1943.
Schneefuß, Walter, Politische Geografie Kroatiens, Graz 1944.
Ders., Die Kroaten und ihre Geschichte, Köthen 1942.

Schuster, Hans, Die Judenfrage in Rumänien, Leipzig 1939.
Šegvić, Cherubin, »Die gotische Abstammung der Kroaten.«, in: *Nordische Welt. Zeitschrift der Gesellschaft für germanische Ur- und Vorgeschichte*, Jg. 9, 1935, H. 3, S. 447–465.
Seitz, Aleksandar, Put do hrvatskog socializma, Zagreb 1943.
Serbian Eastern Orthodox Diocese of the United States of America and Canada (Hg.), Martyrdom of the Serbs. Persecutions of the Serbian Orthodox Church and Massacre of the Serbian People. Documents and Reports of the Trustworthy United Nations and of Eyewitnesses, Chicago 1943.
Stengel, Erich, »Aus der Einsatzarbeit der Thüringer Lehrergruppe in Kroatien. Rassische und völkische Streiflichter aus Kroatien«, in: *Mitteilungsblatt des NSLB*. Gauverwaltung Thüringen, 1942, H. 3/4.
Straka, Manfred, Die volkliche Gliederung Südslawiens, Graz 1940.
Šufflay, Milan, »Occidentem appello!«, in: Neue Ordnung (Hg.), Kroatien baut auf. Jahreslese in Wort und Bild aus der Wochenschrift Neue Ordnung, Zagreb 1943 (2), S. 5.
Uzinorac, Theodor, »Das Problem der Balkannomaden«, in: Neue Ordnung (Hg.), Kroatien baut auf. Jahreslese in Wort und Bild aus der Wochenschrift Neue Ordnung, Zagreb 1943 (2), S. 15–20.
Verkehrswissenschaftliche Lehrmittelgesellschaft (Hg.), Verzeichnis der oberen Reichsbahnbeamten 1943, Leipzig 1943.
Wirtschaftsdienst des Hauptamtes für Volkswirtschaft der deutschen Volksgruppe in Kroatien (Hg.), Jahrbuch, Zagreb 1943.
Wurfbain, André, L'Échange gréco-bulgare des minorités ethniques, Lausanne 1930.
Zakonodavno Povjerenstvo (Hg.) unter Mitarbeit von Josip Junašević und Miroslav Šantek, Zbornik zakona i naredaba Nezavisne Države Hrvatske, Zagreb 1941 (2 Bde.).

Darstellungen

Achim, Viorel, »Introductory Study: The Deportation of Gypsies to Transnistria«, in: ders., (Hg.), Documents Concerning the Deportation of Gypsies to Transnistria, I, Bukarest 2004, S. XXIII–XXIX.
Ders., »Die Deportation der Roma nach Transnistrien«, in: Mariana Hausleitner/Brigitte Mihok/Juliane Wetzel (Hg.), Rumänien und der Holocaust. Zu den Massenverbrechen in Transnistrien 1941–1944, Berlin 2001 (Nationalsozialistische Besatzungspolitik in Europa 1939–1945, 10), S. 101–111.
Adeli, Lisa M., Resistance to the Persecution of Ethnic Minorities in Croatia and Bosnia during World War II, Lewiston, NY 2009.
Dies., From Jasenovac to Yugoslavism. Ethnic Persecution in Croatia during World War II. Dissertation, University of Arizona, Tucson 2004.

Ademović, Fadil, Novinstvo i ustaška propaganda u NDH. Štampa i radio u Bosni i Hercegovini. 1941–1945, Sarajevo 2000.
Agamben, Giorgio, Ausnahmezustand, Frankfurt am Main 2006.
Ders., Homo sacer. Die souveräne Macht und das nackte Leben, Frankfurt am Main 2002.
Allcock, John B., Explaining Yugoslavia, New York 2000.
Aly, Götz, Hitlers Volksstaat. Raub, Rassenkrieg und nationaler Sozialismus, Frankfurt am Main 2005.
Ders./Gerlach, Christian, Das letzte Kapitel: Realpolitik, Ideologie und der Mord an den ungarischen Juden 1944/1945, Stuttgart 2002.
Ders., »Endlösung«. Völkerverschiebung und der Mord an den europäischen Juden, Frankfurt am Main 1995.
Ders./Heim, Susanne, Vordenker der Vernichtung. Auschwitz und die deutschen Pläne für eine neue europäische Ordnung, Hamburg 1991.
Améry, Jean, »Jargon der Dialektik (1967)«, in: Jean Améry (Hg.), Werke, Bd. 6. Unter Mitarbeit von Irene Heidelberger-Leonard, Stuttgart 2002, S. 265–296.
Ancel, Jean, The History of the Holocaust in Romania, Lincoln, Jerusalem 2011.
Anderson, Benedikt, Imagined Communities. Reflections on the Origin and Spread of Nationalism, London 1983.
Antic, Ana, »Fascism under Pressure. Influence of Marxist Discourse on the Ideological Redefinition of the Croatian Fascist Movement 1941–1944«, in: *East European Politics & Societies February*, Jg. 24, 2010, 24, S. 116–158.
Anzulović, Branimir, Heavenly Serbia. From Myth to Genocide, New York 1999.
Aralica, Đuro, Ustaški pokolji Srba u glinskoj crkvi, Beograd 2010.
Arendt, Hannah, Eichmann in Jerusalem. A Report of the Banality of Evil, London 1963.
Dies., Elemente und Ursprünge totaler Herrschaft, Frankfurt am Main 1955.
Armstrong, John A., »Collaborationism in World War II. The Integral Nationalist Variant in Eastern Europe«, in: *Journal of Modern History*, Jg. 40, 1968, H. 3, S. 396–410.
Atanacković, Žarko, Srem u Narodnooslobodilačkom Ratu i Socijalističkoj Revoluciji, Beograd 1968.
Baberowski, Jörg, Verbrannte Erde. Stalins Herrschaft der Gewalt, München 2012.
Ders., »Gewalt verstehen«, *Zeithistorische Forschungen/Studies in Contemporary History*, Jg. 5, 2008, H. 1, S. 5–17.
Ders. (Hg.), Moderne Zeiten? Krieg, Revolution und Gewalt im 20. Jahrhundert, Göttingen 2006.
Ders., Der Feind ist überall. Stalinismus im Kaukasus, München 2003.
Banac, Ivo, The National Question in Yugoslavia. Origins, History and Politics, Ithaca, NY 1991.

Bandžović, Safet, »Prisilno prekrštavanje kao genocidni oblik ustaškog ›rešavanja srpskog pitanja‹ u Bosni i Hercegovivi«, in: *Istorijski Zbornik Banja Luka,* 1987, S. 155–178.

Barić, Nikica, Ustroj kopnene vojske domobranstva Nezavisne Države Hrvatske, 1941–1945, Zagreb 2003.

Bartov, Omer, Hitler's Army. Soldiers, Nazis, and War in the Third Reich, New York u.a. 1991.

Bartulin, Nevenko, »Politiche etniche italiane e croate nel territorio annesso di Dalmazia e nello Stato indipendente di Croazia (1941–1943)«, in: *Geschichte und Region/Storia e regione,* Jg. 18, 2009, H. 2, S. 129–154.

Ders., »The NDH as a ›Central European Bulwark against Italian Imperialism‹: An Assessment of Croatian-Italian Relations within the German ›New Order‹ in Europe«, in: *Review of Croatian History,* Jg. 1, 2007, S. 49–73.

Ders., The Ideology of Nation and Race. The Croatian Ustasha Regime and its Policies toward Minorities in the Independent State of Croatia, 1941–1945, Dissertation, University of New South Wales, Sydney 2006.

Basta, Milan, Agonija i slom Nezavisne Države Hrvatske, Beograd 1971.

Bašić, Natalija, »›Wen interessiert schon der Zweite Weltkrieg?‹ Tradierung von Geschichtsbewusstsein in Familiengeschichten aus Kroatien und Serbien«, in: Harald Welzer (Hg.), Der Krieg der Erinnerungen. Zweiter Weltkrieg, Widerstand und Kollaboration im europäischen Familiengedächtnis, Frankfurt/M. 2007, S. 150–185.

Bauer, Ernest, »Italien und Kroatien 1938–1945«, in: *Zeitschrift für Geopolitik, Weltwirtschaft, Weltpolitik und Auslandwissenschaft* (Darmstadt), Jg. 26, 1955, H. 1, S. 112–122.

Bauerkämper, Arnd, Der Faschismus in Europa 1918–1945, Stuttgart 2006.

Bauman, Zygmunt, »Das Jahrhundert der Lager«, in: *Die neue Gesellschaft/Frankfurter Hefte,* Jg. 41, 1994, H. 1, S. 28–37.

Ders., Dialektik der Ordnung. Die Moderne und der Holocaust, Hamburg 1992.

Ders., »Moderne und Ambivalenz – Der Staat als Gärtner. Gärtnerische Ambivalenz und der Geist der Moderne«, in: *Mittelweg 36,* Jg. 3, 1992, H. 1, S. 9–18.

Ders., Modernity and the Holocaust, Ithaca, NY 1989.

Baumgarten, Murray/Kenez, Peter/Thompson, Bruce (Hg.), Varieties of Antisemitism. History, Ideology, Discourse, Newark, DE 2009.

Becherelli, Alberto, Italia e stato indipendente croato (1941–1943), Roma 2012.

Behschnitt, Wolf Dietrich, Nationalismus bei Serben und Kroaten, 1830–1914: Analyse und Typologie der nationalen Ideologie, München 1980.

Ben-Ghiat, Ruth/Fuller, Mia, Italian Colonialism, New York 2005 (Italian and Italian American studies).

Benson, Leslie, Yugoslavia. A Concise History, Basingstoke 2001.

Berger, Egon, 44 mjeseca u Jasenovcu, Zagreb 1966.

Berger Waldenegg, Georg Christoph, »›From my Point of View, I Never Ceased Being a Good Austian‹. The Ideology and Career of Edmund Glaise von Horstenau«, in: Rebecca Haynes/Martyn Rady (Hg.), In the Shadow of Hitler. Personalities of the Right in Central and Eastern Europe, London 2011, S. 313–328.

Bergholz, Max, »The Strange Silence: Explaining the Absence of Monuments for Muslim Civilians Killed in Bosnia during the Second World War«, *East European Politics and Societies*, Jg. 24, 2010, Nr. 3, S. 408–434.

Bessel, Richard/Haake, Claudia (Hg.), Removing Peoples. Forced Removal in the Modern World, London 2008.

Bethke, Carl, (K)Eine gemeinsame Sprache? Aspekte deutsch-jüdischer Beziehungsgeschichte in Slawonien, 1900–1945, Münster [im Druck] (Studien zur Geschichte, Kultur und Gesellschaft Südosteuropas)

Ders., Deutsche und ungarische Minderheiten in Kroatien und der Vojvodina 1918–1941. Identitätsentwürfe und ethnopolitische Mobilisierung, Wiesbaden 2009.

Ders., »Das Frauen- und Kinderkonzentrationslager Loborgrad in Kroatien (1941–1942)«, in: *Jahrbücher für Geschichte und Kultur Südosteuropas*, Jg. 9, 2008, S. 127–140.

Bidussa, David, Il mito del bravo italiano, Milano 1994.

Biess, Frank u.a. (Hg.), Histories of the Aftermath. The Legacies of the Second Wold War in Europe, New York 2012.

Bijelić, Miodrag, Sabirni ustaški logor u Slavonskoj Požegi 1941. godine, Beograd 2008.

Biondich, Mark, The Balkans: Revolution, War, and Political Violence since 1878, Oxford, New York 2011.

Ders., »Radical Catholicism and Fascism in Croatia«, in: Matthew Feldman (Hg.), Clerical Fascism in Interwar Europe, London 2008, S. 383–399.

Ders., »Controversies surrounding the Catholic Church in Wartime Croatia, 1941–45«, in: *Totalitarian Movements and Political Religions*, Jg. 7, 2006, H. 4, S. 429–457.

Ders., »Religion and Nation in Wartime Croatia: Reflections on the Ustaša Policy of Forced Religious Conversions, 1941–1942«, in: *The Slavonic and East European Review*, Jg. 83, 2005, H. 1, S. 71–116.

Ders., »›We Were Defending the State‹. Nationalism, Myth, and Memory in Twentieth-Century Croatia«, in: John R. Lampe und Mark Mazower (Hg.), Ideologies and National Identities. The Case of Twentieth-Century Southeastern Europe, Budapest 2004, S. 54–81.

Ders., »Persecution of Roma-Sinti in Croatia, 1941–1945«, in: Center for Advanced Holocaust Studies (Hg.), Roma and Sinti. Under-Studied Victims of Nazism. Symposium Proceedings, Washington, DC 2002, S. 33–48.

Ders., Stjepan Radic, the Croat Peasant Party, and the Politics of Mass Mobilization, 1904–1928, Toronto 2000.

Bitunjac, Martina, »Velike su naše dužnosti prema narodu. Intelektualke u

Ženskoj lozi hrvatskog ustaškog pokreta« in: Ivana Cvijović-Javorina, Drago Roksandić (Hg.), Desničini susreti 2011. Zbornik radova, Zagreb 2012.

Dies., »Le donne e il totalitarismo nel Novecento«, in: Giovanna Motta (Hg.), Archivi di famiglia e storia di genere tra età moderna e contemporanea. Quaderni del Dottorato di storia d'Europa, Roma 2010, S. 47–52.

Blagojević, Miloš (Hg.), Istorijski atlas, Beograd 1997.

Bloxham, Donald, The Final Solution. A Genocide, Oxford, New York 2009.

Bogosavljejvić, Srđan, The Unresolved Genocide, in: Nebojša Popov und Drinka Gojković (Hg.), The Road to War in Serbia. Trauma and Catharsis, Budapest 2000, S. 146–159.

Bokan, Branko J., »Borba s Ustašama i Nijemcima u Kijevu i Tramošnji 6–8. maja 1941«, in: *Vojnoistorijski glasnik*, Jg. 36, 1985, H. 3, S. 135–157.

Bokovoy, Melissa, »Croatia«, in: Kevin Passmore (Hg.), Women, Gender and Fascism in Europe, 1919–1945, Manchester 2003.

Botsch, Gideon, »Neues vom Mufti? Palästina und der Nationalsozialismus«, in: *Zeitschrift für Religions- und Geistesgeschichte*, Jg. 61, 2009, S. 280–286.

Božić, Sofija, Srbi u Hrvatskoj 1918–1929, Beograd.

Brakel, Alexander, Der Holocaust. Judenverfolgung und Völkermord«, Berlin 2008.

Brayard, Florent, »To what Extent was the ›Final Solution‹ Planned?«, in: *Yad Vashem Studies*, Jg. 36, 2008, H. 1, S. 73–110.

Bremer, Thomas, Kleine Geschichte der Religionen in Jugoslawien. Königreich – Kommunismus – Krieg, Freiburg im Breisgau 2003.

Breuer, Stefan, Nationalismus und Faschismus. Frankreich, Italien und Deutschland im Vergleich, Darmstadt 2005.

Bright, Charles/Geyer, Michael, »Global Violence and Nationalizing Wars in Eurasia and America: The Geopolitics of War in the Mid-19th Century«, in: *Comparative Studies in Society and History*, Jg. 38, 1996, H. 4, S. 619–657.

Broszat, Martin/Hory, Ladislaus, Der kroatische Ustascha-Staat 1941–1945, Stuttgart 1964.

Browning, Christopher R., Die »Endlösung« und das Auswärtige Amt. Das Referat D III der Abteilung Deutschland 1940–1943, Darmstadt 2010.

Ders. unter Mitarbeit von Jürgen Matthäus, Die Entfesselung der »Endlösung«. Nationalsozialistische Judenpolitik 1939–1942, München 2003.

Ders., The Final Solution and the German Foreign Office. A Study of Referat D III of Abteilung Deutschland 1940–1943, New York 1978.

Brownmiller, Susan, Gegen unseren Willen. Vergewaltigung und Männerherrschaft, Frankfurt am Main 1978.

Brustein, William I., Roots of Hate. Anti-Semitism in Europe Before the Holocaust, Cambridge 2003.

Buchheim, Hans, Die SS – das Herrschaftsinstrument, Befehl und Gehorsam, Olten, Freiburg im Breisgau 1965.

Bucur, Maria, »Eugenics in Eastern Europe, 1870s–1945«, in: Alison Bashford/ Philippa Levine (Hg.), The Oxford Handbook of the History of Eugenics, Oxford, New York 2010, S. 398–412.

Buggeln, Marc, Arbeit und Gewalt. Das Außenlager-System des KZ Neuengamme, Göttingen 2009.

Bulajić, Milan, The Role of the Vatican in the Break-up of the Yugoslav State. The Mission of the Vatican in the Independent State of Croatia. Ustashi Crimes of Genocide, Beograd 1993 (Documents, Facts).

Ders., Jasenovac. The Jewish Serbian Holocaust (the Role of the Vatican) in Nazi-Ustasha Croatia (1941–1945), Beograd 2002.

Bulst, Neithard/Gilcher-Holtey, Ingrid/Haupt, Heinz-Gerhard (Hg.), Gewalt im politischen Raum. Fallanalysen vom Spätmittelalter bis ins 20. Jahrhundert, Frankfurt am Main 2008.

Burgwyn, H. James, »Mussolini's Troika in Occupied Yugoslavia. Fascist Commissars, 2nd Army, and Foreign Ministry«, in: Lutz Klinkhammer/Amedeo Osti Guerrazzi/Thomas Schlemmer (Hg.), Die Achse im Krieg. Politik, Ideologie und Kriegführung 1939 bis 1945, Padeborn 2010, S. 279–289.

Ders., Empire on the Adriatic. Mussolini's Conquest of Yugoslavia, 1941–1943, New York 2005.

Ders., »General Roatta's War against the Partisans in Yugoslavia: 1942«, in: *Journal of Modern Italian Studies*, Jg. 9, 2004, H. 3, S. 314–329.

Burleigh, Michael, Irdische Mächte, göttliches Heil. Die Geschichte des Kampfes zwischen Politik und Religion von der Französischen Revolution bis in die Gegenwart, München 2008.

Byford, Jovan, »When I say ›The Holocaust,‹ I mean ›Jasenovac‹«, in: *East European Jewish Affairs*, Jg. 37, 2007, H. 1, S. 51–74.

Calic, Marie-Janine, Geschichte Jugoslawiens im 20. Jahrhundert, München 2010 (Europäische Geschichte im 20. Jahrhundert).

Carmichael, Cathie, Ethnic Cleansing in the Balkans. Nationalism and the Destruction of Tradition, London 2002.

Carpi, Daniel, »Die Rettung der Juden in der italienischen Zone Kroatiens«, in: *Yad Vashem Studies*, Jg. 12, 1977, S. 109–124.

Casagrande, Thomas, Die volksdeutsche SS-Division »Prinz Eugen«. Die Banater Schwaben und die nationalsozialistischen Kriegsverbrechen, Frankfurt am Main 2003.

Case, Holly, Between States. The Transylvanian Question and the European Idea during World War II, Stanford, CA 2009.

Cattaruzza, Marina, L'Italia e il confine orientale. 1866–2006, Bologna 2007.

Chaumont, Jean-Michel, Die Konkurrenz der Opfer. Genozid, Identität und Anerkennung, Lüneburg 2001.

Clark, Bruce, Twice a Stranger. How Mass Expulsion Forged Modern Greece and Turkey, London 2006.

Clewing, Konrad, »Keine ›Befreier‹: Deutsche und Italiener als Besatzungsmacht im Zweiten Weltkrieg«, in: Agilolf Keßelring (Hg.), Wegweiser zur Geschichte. Bosnien-Herzegowina, Paderborn 2007, S. 43–56.

Cohen, Lenard/Warwick, Paul, Political Cohesion in a Fragile Mosaic: The Yugoslav Experience, Boulder, CO 1973.
Colić, Mladen, Takozvana Nezavisna Država Hrvatska 1941, Beograd 1973.
Collins, Randall, Dynamik der Gewalt. Eine mikrosoziologische Theorie, Hamburg 2011.
Collotti, Enzo, Il fascismo e gli ebrei. Le leggi razziali in Italia, Roma 2003.
Ders./Klinkhammer, Lutz, »Zur Neubewertung des italienischen Faschismus. Enzo Collotti im Gespräch mit Lutz Klinkhammer«, in: *Geschichte und Gesellschaft*, Jg. 26, 2000, S. 285–306.
Ders., »Zur italienischen Repressionspolitik auf dem Balkan«, in: Loukia Droulia/Hagen Fleischer (Hg.), Von Lidice bis Kalavryta. Widerstand und Besatzungsterror. Studien zur Repressalienpolitik im Zweiten Weltkrieg, Berlin 1999, S. 105–124.
Connelly, John, »Nazis and Slavs. From Racial Theory to Racist Practice«, in: *Central European History*, Jg. 32, 1999, S. 1–34.
Conze, Eckart u.a. (Hg.), Das Amt und die Vergangenheit. Deutsche Diplomaten im Dritten Reich und in der Bundesrepublik, München 2010.
Cox, John K., »Ante Pavelić and the Ustaša State in Croatia«, in: Bernd J. Fischer (Hg.), Balkan Strongmen: Dictators and Authoritarian Rulers of South Eastern Europe, West Lafayette, IN 2007, S. 199–238.
Crampton, Richard J., »The Balkans«, in: Robert Gerwarth (Hg.), Twisted Paths. Europe 1914–1945, Oxford 2008, S. 237–270.
Crowe, David M., A History of the Gypsies of Eastern Europe and Russia, New York 1994.
Čubrić, Milan, Između noža i križa, Beograd 1990.
Cüppers, Martin/Mallmann, Klaus-Michael, »Beseitigung der jüdisch-nationalen Heimstätte in Palästina. Das Einsatzkommando bei der Panzerarmee Afrika 1942«, in: Klaus-Michael Mallmann/Jürgen Matthäus (Hg.), Deutsche, Juden, Völkermord, Darmstadt 2006, S. 153–176.
Dakina, Gojko Riste, Budi Katolik ili umri. Genocid nad Srbima u NDH, Beograd 1995.
Dassovich, Mario, Fronte jugoslavo, 1943. La fase finale delle operazioni dell'esercito italiano sull'opposta sponda adriatica durante la seconda guerra mondiale, Udine 2000.
Ders., Fronte jugoslavo, 1941–'42. Aspetti e momenti della presenza militare italiana sull'opposta sponda adriatica durante la seconda guerra mondiale, Udine 1999.
Dávid, Géza/Fodor, Pál (Hg.), Ottomans, Hungarians and Habsburgs in Central Europe: The Military Confines in the Era of Ottoman Conquest, Leiden 2000.
Deák, István, Essays on Hitler's Europe, Lincoln, NE 2001.
Dean, Martin, Robbing the Jews. The Confiscation of Jewish Property in the Holocaust, 1933–1945, Cambridge 2008.
Ders./Goschler, Constantin/Ther, Philipp (Hg.), Robbery and Restitution. The Conflict over Jewish Property in Europe, New York 2007.

Debatte: Positionen und Perspektiven von Jörg Baberowski, Mihran Dabag, Christian Gerlach, Birthe Kundrus und Eric D. Weitz, »NS-Forschung und Genozidforschung«, in: *Zeithistorische Forschungen/Studies in Contemporary History*, 2008, Jg. 5, H. 3, Online-Ausgabe. Online verfügbar unter http://www.zeithistorische-forschungen.de/16126041-Debatte-3-2008 [31. 05. 2012].

Debelić, Thomas, Mladen Lorković, 1909–1945. Biographische Studien zur kroatischen Zeitgeschichte, Dissertation (Manuskript), Albert-Ludwigs-Universität zu Freiburg im Breisgau, 2001.

Dedijer, Vladimir, Jasenovac – das jugoslawische Auschwitz und der Vatikan, Freiburg im Breisgau 1989.

Desbois, Patrick, Der vergessene Holocaust. Die Ermordung der ukrainischen Zeugen. Eine Spurensuche. Mit einem Vorwort von Arno Lustiger, Berlin 2007.

Deschner, Karlheinz, Mit Gott und den Faschisten. Der Vatikan im Bunde mit Mussolini, Franco, Hitler und Pavelić, Stuttgart 1965.

Di Sante, Constantino (Hg.), Italiani senza onore. I crimini in Jugolsavia e i processi negati (1941–1951), Verona 2005.

Dieckmann, Christoph, Deutsche Besatzungspolitik in Litauen 1941–1944, Göttingen 2011.

Ders./Quinkert, Babette/Tönsmeyer, Tatjana, »Editorial«, in: Christoph Dieckmann, Babette Quinkert/Tatjana Tönsmeyer (Hg.), Kooperation und Verbrechen. Formen der »Kollaboration« im östlichen Europa 1939–1945, Göttingen 2003, S. 9–21.

Dinu, Radu Harald, »Faschistische Gewalt ›von unten‹. Rumänien 1940–41«, in: Ders./Mihai-D. Grigore/Marc Zivojinovic (Hg.), Herrschaft in Südosteuropa. Kultur- und sozialwissenschaftliche Perspektiven, Göttingen 2012, S. 177–194.

Ders., Faschismus, Religion und Gewalt in Südosteuropa. Die Ustaša und die Legion Erzengel Michael im Vergleich. Dissertation, Erfurt 2012.

Dizdar, Zdravko, »Bjelovarski ustanak od 7. do 10. travnja 1941«, in: *Časopis za Suvremenu Povijest,* 2007, H. 3, S. 581.–609.

Ders., »Ljudski gubici logora ›Danica‹ kraj Koprivnice 1941–1942«, in: *Časopis za Suvremenu Povijest*, Jg. 34, 2002, H. 2, S. 377–407.

Ders., »Logori na području sjeverozapadne Hrvatske u toku drugog svjetskog rata 1941–1945. g.«, in: *Časopis za Suvremenu Povijest*, Jg. 22, 1990, H. 1–2.

Djilas, Aleksa, The Contested Country: Yugoslav Unity and the Communist Revolution, 1919–1953, Cambridge, MA 1991.

Djokić, Dejan, Pašić and Trumbić. The Kingdom of Serbs, Croats, and Slovenes, London 2009.

Ders., Elusive Compromise. A History of Interwar Yugoslavia, New York 2007.

Ders. (Hg.), Yugoslavism. Histories of a Failed Idea, 1918–1992, London 2003.

Djurić, Ljuban, »Čerkezovački narodnooslobodilački partizanski odred.

Okupacija i teror Ustaša u kotaru Dvor na Uni«, in: *Vojnoistorijski glasnik*, Jg. 17, 1966, H. 2, S. 45–74.
Dogliani, Patricia, Il fascismo degli italiani. Una storia sociale, Torino 2008.
Donia, Robert J., Sarajevo. A Biography, Ann Arbor, MI 2006.
Đorđević, Dimitrije, »The Yugoslav Phenomenon«, in: Joseph Held (Hg.), The Columbia History of Eastern Europe in the Twentieth Century, New York 1992.
Döscher, Hans-Jürgen, Das Auswärtige Amt im Dritten Reich. Diplomatie im Schatten der ›Endlösung‹, Berlin (West) 1987.
Dragnich, Alex N., Serbs and Croats: The Struggle in Yugoslavia, San Diego 1993.
Dragojlov, Fedor, »Der Krieg 1941–1945 auf dem Gebiet des ›Unabhängigen Staates Kroatien‹«, in: *Allgemeine schweizerische Militärzeitschrift*, Jg. 122, 1956, S. 345–364, 425–448, 509–523.
Dulić, Tomislav, »Mapping Out the ›Wasteland‹. Testimonies from the Serbian Commissariat for Refugees in the Service of Tudjman's Revisionism«, in: *Holocaust and Genocide Studies*, Jg. 23, 2009, H. 2, S. 263–284.
Ders., »Mass Killing in the Independent State of Croatia, 1941–1945: A Case for Comparative Research«, in: *Journal of Genocide Research*, Jg. 8, 2006, H. 3, S. 255–281.
Ders., Utopias of Nation. Local Mass Killing in Bosnia and Herzegovina, 1941–42, Uppsala 2005.
Đurić, Rajko, Ohne Heim – Ohne Grab. Die Geschichte der Roma und Sinti, Berlin 1996.
Ders., »Il calvario dei Roma nel campo di concentramente di Jasenovac«, in: *Lacio Drom*, Jg. 4, 1992, S. 14–42.
Đurić, Veljko, Prekrštavanje Srba u Nezavisnoj Državi Hrvatskoj. Priliozi za Istoriju Verskog Genocida, Beograd 1991.
Ders., Ustaše i pravoslavlje. Hrvatska Pravoslavna Crkva, Beograd 1989.
Dwork, Deborah/van Pelt, Robert Jan, Holocaust. A History, London 2002.
Džaja, Srećko M., Bosnien-Herzegowina in der österreichisch-ungarischen Epoche (1878–1918). Die Intelligentsia zwischen Tradition und Ideologie, München 1994.
Eichenberg, Julia/Newman, John Paul, »Aftershocks: Violence in Dissolving Empires after the First World War«, in: *Contemporary European History*, Jg. 19, 2010, H. 3, S. 195–213.
Ekmečić, Milorad, »Crkva i nacija kod Hrvata«, in: Srpska Akademija Nauka i Umetnosti (Hg.), Zbornik o Srbima u Hrvatskoj, Bd. 4, Beograd 1999, S. 7–36.
Eschebach, Insa/Mühlhäuser, Regina (Hg.), Krieg und Geschlecht. Sexuelle Gewalt im Krieg und Sex-Zwangsarbeit in NS-Konzentrationslagern, Berlin 2008.
Etzemüller, Thomas, Die Ordnung der Moderne. Social Engineering im 20. Jahrhundert, Bielefeld 2009.
Evans, Richard John, The Third Reich at War 1939–1945, London u.a. 2008.

Fahlbusch, Michael, »Volkstumsforschung und deutsche Ethnopolitik am Beispiel des Reichssicherheitshauptamt III B und VI G«, in: Frank Hadler/Gabriele Lingelbach/Matthias Middell (Hg.), Historische Institute im internationalen Vergleich, Leipzig 2001, S. 247–267.
Ders., »Die »Südostdeutsche Forschungsgemeinschaft«. Politische Beratung und NS-Volkstumspolitik«, in: Otto Gerhard Oexle/Winfried Schulze (Hg.), Deutsche Historiker im Nationalsozialismus., Frankfurt am Main 1999.
Ders., Wissenschaft im Dienst der nationalsozialistischen Politik? Die »Volksdeutschen Forschungsgemeinschaften« von 1931–1945, Baden-Baden 1999.
Falconi, Carlo, Das Schweigen des Papstes, München 1966.
Ders., Le silence de Pie XII 1939–1945, Monaco 1965.
Farley, Brigit, »Aleksandar Karadjordjević and the Royal Dictatorship in Yugoslavia«, in: Bernd J. Fischer (Hg.), Balkan Strongmen: Dictators and Authoritarian Rulers of South Eastern Europe, West Lafayette, IN 2007, S. 51–86.
Feldman, Matthew (Hg.), Clerical Fascism in Interwar Europe, London 2008.
Felice, Renzo de, Storia degli ebrei italiani sotto il fascismo, Torino 1962.
Ferenc, Tone, »Die Massenvertreibung der Bevölkerung Jugoslawiens während des Zweiten Weltkrieges und der missglückte Plan einer Ansiedlung von Slowenen in Polen«, in: *Studia Historiae Oeconomicae*, Jg. 8, 1973, S. 51–76.
Ferhadbegović, Sabina, »Vor Gericht. Die Soldaten der Handschar-Division im Nachkriegsjugoslawien«, in *Südostforschungen* 69–70, 2010–2011, S. 228–251.
Fertilio Nikolić, Luka, »Poslanici NDH u Trećem Reichu: Mile Budak, in: *Hrvatska Revija*, Jg. 24, 1974, H. 2, S. 143–153.
Fischer-Galati, Stephen, Eastern Europe and the Cold War. Perceptions and Perspectives«, Boulder, CO 1994.
Flacke, Monika/Deutsches Historisches Museum (Hg.), Mythen der Nationen. 1945 – Arena der Erinnerungen [eine Ausstellung des Deutschen Historischen Museums; Begleitbände zur Ausstellung], Berlin 2004.
Fleck, Hans-Georg/Graovac, Igor (Hg.), Kroatisch-Serbischer Historikerdialog. Dijalog povjesničara/istoričara. 1–8, Zagreb 2000–2004.
Foucault, Michel, »Leben machen und sterben lassen«, in: Sebastian Reinfeldt/Richard Schwarz (Hg.), Michel Foucault: Bio-Macht, Duisburg 1992, S. 27–50.
Ders., Surveiller et punir. Naissance de la prison, Paris 1975.
Fox, John P., »Review of Dedijer, Vladimir. The Yugoslav Auschwitz and the Vatican: The Croatian Massacre of the Serbs during World War II«, in: *The Slavonic and East European Review*, Jg. 73, 1995, H. 2, S. 358–360.
Freidenreich, Harriet Pass, The Jews of Yugoslavia. A Quest for Community, Philadelphia 1979.
Fricke, Gert, Kroatien 1941–1944: Der »Unabhängige Staat« in der Sicht des Deutschen Bevollmächtigten Generals in Agram, Glaise von Horstenau, Freiburg im Breisgau 1972.

Friedländer, Saul, Die Jahre der Vernichtung, München 2006.
Ders., Die Jahre der Verfolgung. 1933–1939, München 1998.
Freytag, Carl, Deutschlands »Drang nach Südosten«. Der Mitteleuropäische Wirtschaftstag und der »Ergänzungsraum Südosteuropa« 1931–1945, Wien 2012.
Frusetta, James, »Final Solution in Southeastern Europe: Between Nazi Catalysts and Local Motivations«, in: Jonathan C. Friedman (Hg.), The Routledge History of the Holocaust, Abingdon 2011, S. 264–276.
Gavanski, Đorđe, »Sistem okupatorsko-kvislinške vlasti u Petrovaradinu i tamošnji garnizon 1941–1944. godine«, in: *Vojnoistorijski glasnik*, Jg. 35, 1984, H. 2, S. 115–152.
Gazi, Stephen, A History of Croatia, New York 1973.
Geiger, Vladimir, »Saslušanje Branimira Altgayera, vodje njemačke narodne skupine u Nezavisnoj Državi Hrvatskoj u upravi državne bezbjednosti za Narodnu Republiku Hrvatsku 1949. godine.«, in: *Časopis za Suvremenu Povijest*, Jg. 31, 1999, H. 3, S. 575–638.
Gerlach, Christian, Extrem gewalttätige Gesellschaften: Massengewalt im 20. Jahrhundert, München 2011.
Ders./Werth, Nicolas, »State Violence – Violent Societies«, in: Michael Geyer/ Sheila Fitzpatrick (Hg.), Beyond Totalitarianism. Stalinism and Nazism Compared, New York 2009, S. 133–179.
Ders., »Extremely Violent Societies: An Alternative to the Concept of Genocide«, in: *Journal of Genocide Research*, Jg. 8, 2006, H. 4, S. 455–471.
Ders., »Die Bedeutung der deutschen Ernährungspolitik für die Beschleunigung des Mordes an den Juden 1942. Das Generalgouvernement und die Westukraine«, in: Christian Gerlach (Hg.), Krieg, Ernährung, Völkermord. Deutsche Vernichtungspolitik im Zweiten Weltkrieg, Zürich 2001, S. 153–234.
Ders., Kalkulierte Morde: Die Deutsche Wirtschafts- und Vernichtungspolitik in Weißrussland, 1941 bis 1944, Hamburg 1999.
Ders., »Die Wannsee-Konferenz, das Schicksal der deutschen Juden und Hitlers politische Grundsatzentscheidung, alle Juden Europas zu ermorden«, in: *WerkstattGeschichte*, Jg. 18, 1997, H. 6, S. 7–44.
Gerwarth, Robert, u.a. (Hg.), War in Peace. Paramilitary Violence in Europe after the Great War, Oxford 2012.
Ders. (Hg.), Twisted Paths. Europe 1914–1945, Oxford 2008.
Ders./Malinowski, Stephan, »Der Holocaust als ›kolonialer Genozid‹? Europäische Kolonialgewalt und nationalsozialistischer Vernichtungskrieg«, in: *Geschichte und Gesellschaft*, 2007, H. 33, S. 439–466.
Gitman, Esther, When Courage Prevailed. The Rescue and Survival of Jews in the Independent State of Croatia, 1941–1945, St. Paul, MN 2011.
Dies., Rescue and Survival of Jews in the Independent State of Croatia (NDH), 1941–1945, Dissertation, City University of New York 2005.
Gobetti, Eric, L'occupazione allegra. Gli italiani in Jugoslavia (1941–1943), Roma 2007.

Ders., »Da Marsiglia a Zagabria. Ante Pavelić e il movimento ustaša in Italia (1929–1941)«, in: *Qualestoria*, Jg. 30, 2002, H. 1, S. 103–115.

Goldstein, Ivo, »Genocide on Jews in the Independent State of Croatia«, in: *Fantom Slobode*, Jg. 1–2, 2008, S. 367–389.

Ders., »Ante Pavelić, Charisma and National Mission in Wartime Croatia«, in: Roger Eatwell, Stein Ugelvik Larsen und António Costa Pinto (Hg.), Charisma and Fascism in Interwar Europe. Totalitarian Movements and Political Religions 7 (2), 2006, S. 225–234.

Ders., »Judengenozid in dem unabhängigen Staat Kroatien«, in: Mariana Hausleitner/Harald Roth (Hg.), Der Einfluss von Faschismus und Nationalsozialismus auf Minderheiten in Ostmittel- und Südosteuropa, München 2006, S. 317–330.

Ders., »The Independent State of Croatia in 1941: On the Road to Catastrophe«, in: *Totalitarian Movements and Political Religions*, Jg. 7, 2006, H. 4, S. 417–427.

Ders., »The Boundary on the Drina – the Meaning and the Development of the Mythologem«, in: Pål Kolstø (Hg.), Myths and Boundaries in South Eastern Europe, London 2005, S. 77–105.

Ders., Židovi u Zagrebu, 1918–1941, Zagreb 2004.

Ders., Hrvatska povijest, Zagreb 2003.

Ders./Goldstein, Slavko, Holokaust u Zagrebu, Zagreb 2001.

Ders./Jovanović, Nikolina, Croatia. A History, London 1999.

Goldstein, Slavko, 1941. Godina koja se vraća, Zagreb 2007.

Grandits, Hannes, Herrschaft und Loyalität in der spätosmanischen Gesellschaft. Das Beispiel der multikonfessionellen Herzegowina, Wien 2008.

Grčić, Marko (Hg.), Tko je tko u NDH. Hrvatska 1941.–1945, Zagreb 1997.

Greble, Emily, »When Croatia Needed Serbs: Nationalism and Genocide in Sarajevo, 1941–1942«, in: *Slavic Review*, Jg. 68, 2009, H. 1, S. 116–138.

Dies., Sarajevo, 1941–1945. Muslims, Christians, and Jews in Hitler's Europe, Ithaca, NY 2011.

Greiner, Bernd, Krieg ohne Fronten. Die USA in Vietnam, Hamburg 2007.

Griffin, Roger/Feldman, Matthew, A Fascist Century. Essays, Basingstoke 2008.

Ders., The Nature of Fascism, London, New York 1993.

Groavac, Igor, »Menschenverluste«, in: Dunja Melčić (Hg.), Der Jugoslawien-Krieg, Opladen 1999, S. 184–190.

Groebner, Valentin, Ungestalten. Die visuelle Kultur der Gewalt im Mittelalter, München 2003.

Gross, Jan T., Nachbarn. Der Mord an den Juden von Jedwabne, München, 2001.

Gross, Mirjana, »On the Integration of the Croatian Nation. A Case Study in Nation Building«, in: *East European Quarterly*, Jg. 15, 1981, S. 224.

Grossman, Dave, »Eine Anatomie des Tötens«, in: Peter Gleichmann und Thomas Kühne (Hg.), Massenhaftes Töten. Kriege und Genozide im 20. Jahrhundert, Essen 2004, S. 55–104.

Grünfelder, Anna M., Arbeitseinsatz für die Neuordnung Europas. Zivil- und

ZwangsarbeiterInnen aus Jugoslawien in der »Ostmark« 1938/41–1945, Wien 2010.
Guerrazzi, Amedeo Osti/Di Sante, Constantino, »Die Geschichte der Konzentrationslager im faschistischen Italien«, in: Armin Nolzen/Sven Reichardt (Hg.), Faschismus in Italien und Deutschland. Studien zu Transfer und Vergleich, Göttingen 2005, S. 176–200.
Ders., »Il fascismo e gli zinzari«, in: *Giornale di Storia Contemporanea*, Jg. 7, 2004, H. 1, S. 25–43.
Gumz, Jonathan E., The Resurrection and Collapse of Empire in Habsburg Serbia, 1914–1918, Cambridge 2009.
Ders., »Wehrmacht Perceptions of Mass Violence in Croatia 1941–1942«, in: *Historical Journal*, Jg. 44, 2001, H. 4, S. 1015–1038.
Ders., »German Counterinsurgency Policy in Independent Croatia, 1941–1944«, in: *The Historian*, Jg. 33, 1998, H. 46, S. 1–16.
Gutić, Mirko, »Kvislinštvo i Kolaboracionizam u Jugoslaviji 1941–1945. Vojnoistorijski Glasnik«, in: *Vojnoistorijski glasnik*, Jg. 40, 1989, H. 3, S. 47–76.
Gutman, Israel (Hg.), »Thou shalt not kill.« Poles on Jedwabne, Warschau 2001.
Hachmeister, Lutz, Der Gegnerforscher. Die Karriere des SS-Führers Franz Alfred Six, München 1998.
Hanebrink, Paul A., In Defense of Christian Hungary. Religion, Nationalism, and Antisemitism, 1890–1944, Ithaca, NY 2006.
Haus der Wannseekonferenz, Gedenk- und Bildungsstätte (Kampe, Norbert/Botsch, Gideon, Hg.), Die Wannsee-Konferenz und der Völkermord an den europäischen Juden. Katalog der ständigen Ausstellung. Haus der Wannsee-Konferenz, Berlin 2006.
Hausleitner, Mariana/Roth, Harald (Hg.), Der Einfluss von Faschismus und Nationalsozialismus auf Minderheiten in Ostmittel- und Südosteuropa, München 2006.
Hausmann, Frank-Rutger, »Auch im Krieg schweigen die Musen nicht«. Die Deutschen Wissenschaftlichen Institute im Zweiten Weltkrieg, Göttingen 2001.
Hehn, Paul N., »Serbia, Croatia and Germany, 1941–1945: Civil War and Revolution in the Balkans«, in: *Canadian Slavonic Papers/Revue Canadienne des Slavistes*, Jg. 13, 1971, H. 4, S. 344.
Heinemann, Isabel, »Rasse, Siedlung, deutsches Blut«. Das Rasse- und Siedlungshauptamt der SS und die rassenpolitische Neuordnung Europas, Göttingen 2003.
Heinen, Armin, Rumänien, der Holocaust und die Logik der Gewalt, München 2007.
Herbert, Ulrich/Orth, Karin/Dieckmann, Christoph, »Die nationalsozialistischen Konzentrationslager. Geschichte, Erinnerung, Forschung«, in: Dies./Christoph Dieckmann (Hg.), Die nationalsozialistischen Konzentrationslager. Entwicklung und Struktur. Band I, Frankfurt am Main 2002, S. 17–40.

Herf, Jeffrey, Nazi Propaganda for the Arab World, New Haven, CT 2010.
Ders., »What is Old and what is New in the Terrorism of Islamic Fundamentalism?«, in: Murray Baumgarten/Peter Kenez/Bruce Thompson (Hg.), Varieties of Antisemitism. History, Ideology, Discourse, Newark, DE 2009.
Ders., The Jewish Enemy. Nazi Propaganda during World War II and the Holocaust, Cambridge 2006.
Hervé, Laurire/Lavergne, Bernard, »Genocide in the Puppet ›State‹ of Croatia«, in: *Contemporary Review*, Jg. 224, 1974, H. 1301 (Juni), S. 291–299.
Ders./Miljuš, Branko, Assassins au nom de dieu, Paris 1951.
Herzer, Ivo (Hg.), The Italian Refuge: Rescue of the Jews during the Holocaust, Washington 1989.
Herzog, Dagmar (Hg.), Brutality and Desire. War and Sexuality in Europe's Twentieth Century, Basingstoke 2009.
Hilberg, Raul, Die Vernichtung der europäischen Juden. Die Gesamtgeschichte des Holocaust, Frankfurt am Main 1982.
Ders., The Destruction of the European Jews, London 1961.
Hillgruber, Andreas, Hitler, König Carol und Marschall Antonescu. Die deutsch-rumänischen Beziehungen 1938–1944, Wiesbaden 1954.
Hirsch, Herbert, »Genocide in Yugoslavia«, in: Israel W. Charny (Hg.), Encyclopedia of Genocide, Jerusalem 1999 (II), S. 634.
Hnilicka, Karl, Das Ende auf dem Balkan 1944/45. Die militärische Räumung Jugoslawiens durch die deutsche Wehrmacht, Göttingen 1970.
Hoare, Marko Attila, Genocide and Resistance in Hitler's Bosnia: The Partisans and the Chetniks, 1941–1943, Oxford, New York 2006.
Ders., How Bosnia Armed, London 2004.
Hobsbawn, Eric, Nations and Nationalism since 1780: Programme, Myth, Reality, Cambridge 1990.
Hodzic, Sanela, »Italienische Historiographie zur italienischen Besatzung im Unabhängigen Staat Kroatien«, in: *Südost-Forschungen*, Jg. 69, 2009, S. 479–497.
Hollander, Ethan, Swords Or Shields? Implementing and Subverting the Final Solution in Nazi-Occupied Europe, Dissertation, University of California, San Diego 2006
Holzer, Anton, Das Lächeln der Henker. Der unbekannte Krieg gegen die Zivilbevölkerung 1914–1918, Darmstadt 2008.
Höpken, Wolfgang/Riekenberg, Michael (Hg.), Politische und ethnische Gewalt in Südosteuropa und Lateinamerika, Köln u. a. 2001.
Horowitz, Donald L., The Deadly Ethnic Riot, Berkeley, CA 2001.
Hüttenberger, Peter, »Nationalsozialistische Polykratie«, in: *Geschichte und Gesellschaft*, Jg. 2, 1976, H. 4, S. 417–442.
Ioanid, Radu, »The Deportation of the Jews to Transnistria«, in: Mariana Hausleitner/Brigitte Mihok/Juliane Wetzel (Hg.), Rumänien und der Holocaust. Zu den Massenverbrechen in Transnistrien 1941–1944, Berlin 2001, S. 69–99.
Ders., The Holocaust in Romania. The Destruction of Jews and Gypsies under the Antonescu Regime, 1940–1944, Chicago 2000.

Irvine, Jill A., The Croat Question. Partisan Politics in the Formation of the Yugoslav Socialist State, Boulder, CO 1993.
Iuso, Pasquale, Il fascismo e gli Ustascia 1929–1941. Il seperatismo Croato in Italia, Roma 1998.
Ivanji, Andrej, »Täuschung und Selbsttäuschung im ehemaligen Jugoslawien«, in: Volkhardt Knigge/Norbert Frei (Hg.), Verbrechen erinnern. Die Auseinandersetzung mit Holocaust und Völkermord, Bonn 2005, S. 132–153.
Jakir, Aleksandar, Dalmatien zwischen den Weltkriegen: Agrarische und urbane Lebenswelt und das Scheitern der jugoslawischen Integration, München 1999.
Jareb, Jere, »The Croatian Nation during World War II, 1941–1945«, in: *Journal of Croatian Studies*, Jg. 38, 1997, S. 115–143.
Ders., »Kratki životopis Eugena Dide Kvaternika«, in: Jere Jareb (Hg.), Eugen Dido Kvaternik. Sjećanja i zapažanja, 1925–1945: prilozi za hrvatsku povijest, Zagreb 1995, S. 263–304.
Jareb, Mario, »Jesu li Hrvati postali Goti? Odnos ustaša i vlasti Nezavisne Države Hrvatske prema neslavenskim teorijama o podrijetlu Hrvata«, in: *Časopis za Suvremenu Povijest*, Jg. 40, 2008, H. 3, S. 869–882.
Ders., »The German Ethnic Group in the Independent State of Croatia [Deutsche Volksgruppe in Kroatien] from 1941 to 1945«, in: *Review of Croatian History*, Jg. 1, 2007, S. 201–217.
Ders., Ustaško-domobranski pokret od nastanka do travnja 1941. godine, Zagreb 2006.
Jelavich, Barbara, History of the Balkans, (2 Bde.), Cambridge 1983.
Jelić-Butić, Fikreta, Ustaše i Nezavisna Država Hrvatska 1941–1945, Zagreb 1977.
Dies., »Ustaški pokret i hrvatsko nacionalno pitanje«, in: *Jugoslovenski istorijski časopis*, Jg. 4, 1969.
Jelinek, Yeshayahu A., »The Holocaust and the Internal Policies of the Nazi Satellites in Eastern Europe. A Comparative Study«, in: Michael R. Marrus (Hg.), The Nazi Holocaust: Historical Articles on the Destruction of the European Jews. Vol. 4, The »Final Solution« Outside Germany, Bd. 4.1, Westport, CT 1989, S. 291–297.
Ders., »Clergy and Fascism: The Hlinka Party in Slovakia and the Crotian Ustasha Movement«, in: Stein Ugelvik Larsen/Gerhard Botz (Hg.), Who Were the Fascists?, Bergen 1980, S. 367–378.
Ders., »Nationalities and Minorities in the Independent State of Croatia«, in: *Nationalities Papers*, Jg. 8, 1980, H. 2, S. 195–210.
Ders., »Review of ›Ustaše i Nezavisna Država Hrvatska: 1941–1945‹ by Fikreta Jelić-Butić«, in: *Slavic Review*, Jg. 38, 1979, H. 3 (September), S. 523–524.
Ders., »Review of ›Takozvana Nezavisna Država Hrvatska 1941‹ by Mladen Colić«, in: *Slavic Review*, Jg. 35, 1976, H. 4, S. 765–766.
Jordan, Stefan, Lexikon Geschichtswissenschaft. Hundert Grundbegriffe, Stuttgart 2002.

Jug, Damir, Oružane snage Nezavisne Države Hrvatske, Zagreb 2004.
Jurjević, Josip, Pogrom u Krnjeuši 9. i 10. kolovoza 1941, Zagreb 1999.
Kaienburg, Hermann, Nationalsozialistische Konzentrationslager 1933–1945. Die Veränderung der Existenzbedingungen, Berlin 2010.
Kalyvas, Stathis N., The Logic of Violence in Civil War, Cambridge 2008.
Ders., »How Not To Compare Civil Wars: Greece and Spain«, in: Martin Baumeister/Stefanie Schüler-Springorum (Hg.), »If You Tolerate This ...« The Spanish Civil War in the Age of Total War, Frankfurt 2008, S. 247–263.
Kaplan, Robert, Balkan Ghosts. A Journey Through History, New York 1993.
Karakaš-Obradov, Marica, »Migracije srpskog stanovišta na području Nezavisne Države Hrvatske tijekom 1941. godine«, in: *Časopis za Suvremenu Povijest*, Jg. 43, 2011, H. 3, S. 801–826.
Karner, Stefan, Die Steiermark im 20. Jahrhundert. Politik, Wirtschaft, Gesellschaft, Kultur, Graz 2000.
Karsai, László, »Zentrale Aspekte des Völkermordes an den ungarischen Roma«, in: Brigitte Mihok (Hg.), Ungarn und der Holocaust. Kollaboration, Rettung und Trauma, Berlin 2005, S. 103–114.
Katalinić, Kazimir, Argumenti. NDH, BiH, Bleiburg i genocid, Buenos Aires 1994.
Keßelring, Agilolf, »Zwischen Osmanischem Reich und Österreich-Ungarn«, in: Ders. (Hg.), Wegweiser zur Geschichte. Bosnien-Herzegowina, Paderborn 2007, S. 29–42.
Kessler, Wolfgang, »Jugoslawien – Der erste Versuch. Vorgeschichte und Gründung des ›Ersten Jugoslawien‹«, in: Jürgen Elvert (Hg.), Der Balkan. Eine europäische Krisenregion in Geschichte und Gegenwart, Stuttgart 1997, S. 91–118.
Kevo, Mario, Veze Međunarodnog odbora Crvenog Križa i Nezavisne Države Hrvatske, Slavonski Brod 2009.
Ders., »Posjet poslanika međunarodnog odbora Crvenog križa logorima Jasenovac i Stara Gradiška u ljeto 1944«, in: *Časopis za Suvremenu Povijest,* 2008, H. 2, S. 547–585.
Kisić-Kolanović, Nada, »Siegfried Kasche: Njemački pogled na Hrvatsku 1941. godine«, in: *Časopis za Suvremenu Povijest*, Jg. 43, 2011, H. 3, S. 773–800.
Dies., Muslimani i hrvatski nacionalizam 1941–1945, Zagreb 2009.
Dies., Zagreb – Sofija. Prijateljstvo po mjeri ratnog vremena, 1941–1945, Zagreb 2003.
Dies., NDH i Italija. Političke veze i diplomatski odnosi, Zagreb 2001.
Dies., Mladen Lorković. Ministar urotnik, Zagreb 1998.
Dies., »Podržavljenje imovine židova u NDH«, in: *Časopis za Suvremenu Povijest*, Jg. 30, 1998, H. 3, S. 429–453.
Dies., Vojskovođa i politika. Sjećanja Slavka Kvaternika, Zagreb 1997.
Kiss, Endre/Stagl, Justin (Hg.), Nation und Nationenbildung in Österreich-Ungarn, 1848–1938, Münster u.a. 2006.

Kiszling, Rudolf, »Glaise von Horstenau, Edmund«, in: Neue Deutsche Biographie, Bd. 6, Berlin (West) 1964, S. 423–424.

Ders., Die Kroaten. Schicksalsweg eines Südslawenvolkes, Graz 1956.

Klee, Ernst, »Schöne Zeiten«. Judenmord aus der Sicht der Täter und Gaffer, Frankfurt am Main 1988.

Klinkhammer, Lutz, »Grundlinien nationalsozialistischer Besatzungspolitik in Frankreich, Jugoslawien und Italien«, in: Christof Dipper/Rainer Hudemann/Jens Petersen (Hg.), Faschismus und Faschismen im Vergleich. Wolfgang Schieder zum 60. Geburtstag, Vierow bei Greifswald 1998, S. 183–213.

Klobučar, Stevo/Štefančić, Dragan, »Ustaški teror u Glini 1941. godine«, in: Marijan Jevšovar (Hg.), Sisak i Banija u revolucionarnom radničkom pokretu i ustanku 1941. Zbornik, Zagreb 1974, S. 843–867.

Knox, MacGregor, »Das faschistische Italien und die ›Endlösung‹ 1942/43«, in: *Vierteljahrshefte für Zeitgeschichte*, Jg. 1, 2007, S. 53–92.

Kočović, Bogoljub, Sahrana jednog mita, Beograd 2005.

Ders., Žrtve drugog svetskog rata u Jugoslaviji, London 1985.

Koljanin, Milan B., Nemački logor na Beogradskom sajmištu 1941–1944, Beograd 1992.

König, Malte, Kooperation als Machtkampf. Das faschistische Achsenbündnis Berlin-Rom 1940/41, Köln 2007.

Konjović, Mile, »O nekim pitanjima politike Ustaša prema Hrvatskoj Seljačkoj Stranci 1941. godine«, in: *Vojnoistorijski glasnik*, Jg. 22, 1971, H. 3, S. 173–189.

Korb, Alexander, »Ustaša Mass Violence against Gypsies in Croatia, 1941/42«, in: Anton Weiss-Wendt (Hg.), The Nazi Genocide of the Gypsies: Reevaluation and Commemoration, New York Oxford [im Druck] (War and genocide).

Ders., »A Mutipronged Attack. Ustaša Persecution of Serbs, Jews, and Roma in Wartime Croatia«, in: Anton Weiss-Wendt (Hg.), Eradicating Differences. The Treatment of Minorities in Nazi-Dominated Europe, Newcastle upon Tyne 2010, S. 145–163.

Ders., »The Germans and the Ustaša massacrers. Syrmia 1942«, in: Juliette Pattinson/Ben Shepherd (Hg.), War in a Twilight World. Partisan and Anti-Partisan Warfare in Eastern Europe, 1939–1945, Basingstoke 2010, S. 210–232.

Ders., »La Construction nationale et Shoah. Les déportations dans l'État indépendant Croatie (1941–1945)«, in: Tal Bruttmann/Laurent Joly/Annette Wieviorka (Hg.), Qu'est-ce qu'un déporté? Histoire et mémoires des déportations de la Seconde Guerre Mondiale, Paris 2009, S. 197–224.

Kostich, Lazo M., Holocaust in the Independent State of Croatia. An Account Based on German, Italian and the Other Sources, Chicago 1981.

Košutić, Ivan, Hrvatsko domobranstvo u drugom svjetskom ratu, Zagreb 1992.

Kovačević, Ante, Kijevo i okolica. Kulturnopovijesna, etnografska i prirodna baština Hrvatskog podinarja, Kijevo 2000.

Kovačević, Branko/Skoko, Savo, »The June 1941 Uprising in Hercegovina«, in: Istorija radničkog pokreta. Zbornik radova I, Beograd 1965.

Kovačević, Philip, Der Balkan aus Sicht der SS. Rezeption und Konstruktion des Balkanraumes in der SS-Zeitschrift ›Das Schwarze Korps‹, München 2009.

Kovačić, Davor, »Osnivanje Župskih Redarstvenih Oblasti u Nezavisnoj Državi Hrvatskoj i djelovanje Višeg Redarstvenog Povjerenstva u Srijemu 1942«, in: *Scrinia Slavonica*, Jg. 5, 2005, S. 254–285.

Ković, Miloš, »From Persecutors to Saviours: The Italian Occupation Forces of the Second World War in Post-1989 Serbian Historiography«, in: *Journal of Southern Europe and the Balkans*, Jg. 6, 2004, H. 2, S. 109–123.

Krakov, Stanislav, General Milan Nedić, Beograd 1995 (2 Bde).

Krallert, Wilfried, »Die Geschichte Osteuropas in kartographischer Darstellung. Ein Beitrag zur Methodik der historischen Karte«, in: *Jahrbücher für Geschichte Osteuropas*, Jg. 3, 1955, S. 442–459.

Krausnick, Helmut/Wilhelm, Hans-Heinrich, Die Truppe des Weltanschauungskrieges. Die Einsatzgruppen der Sicherheitspolizei und des SD 1938–1942, Stuttgart 1981.

Kreutzmüller, Christoph, Händler und Handlungsgehilfen, Stuttgart 2005.

Krišto, Jure, Sukob simbola. Politika, vjere i ideologije u Nezavisnoj Državi Hrvatskoj, Zagreb 2001.

Ders., »Katolička Crkva u Nezavisnoj Državi Hrvatskoj«, in: *Časopis za Suvremenu Povijest*, Jg. 27, 1995, H. 3, S. 461–474.

Krizman, Bogdan, Pavelić u bjekstvu, Zagreb 1986.

Ders., Ustaše i Treći Reich, Zagreb (zwei Bde., I: 1983a; II: 1983b.)

Ders., Pavelić između Hitlera i Mussolinija, Zagreb 1980.

Ders., Ante Pavelić i Ustaše, Zagreb 1978.

Kronenbitter, Günther/Pöhlmann, Markus/Walter, Dierk (Hg.), Besatzung. Funktion und Gestalt militärischer Fremdherrschaft von der Antike bis zum 20. Jahrhundert, Paderborn 2006.

Kruševlj, Željko, U žrvnju državnog terora i ustaškog terorizma. Politička zbivanja u koprivničkoj Podravini od objave šestosiječanjske diktature do sloma Kraljevine Jugoslavije, Koprivnica 2001.

Kumović, Mladenko, Poreklo, migracije i stradanja Srba sa Kupresa, Novi Sad 1996.

Kundrus, Birthe, »Entscheidung für den Völkermord? Einleitende Überlegungen zu einem historiographischen Problem«, in: *Mittelweg 36*, Jg. 6, 2006, H. 2006, S. 4–17.

Küntzel, Matthias, »Islamismus und Nationalsozialismus. Gibt es einen Zusammenhang?«, in: *Gesprächskreis Politik und Geschichte im Karl-Marx-Haus*, 2006, H. 6, S. 5–21.

Kunze, Rolf-Ulrich, Nation und Nationalismus, Darmstadt 2005.

Kveder, Dušan, »Der jugoslawische Partisanenkrieg«, in: *Allgemeine Schweizerische Militärzeitschrift*, Jg. 119, 1953, S. 470–483, 550–564, 628–634.

Kvesić, Sibe, Dalmacija u Narodnooslobodilačkoj Borbi, Split 1979.

Lampe, John R., Yugoslavia as History. Twice There Was a Country, Cambridge 2000.

Lang, Hans-Joachim, »Ernst Weinmann: Tübinger Oberbürgermeister und Belgrader Deportationsminister«, in: Benigna Schönhagen (Hg.), Nationalsozialismus in Tübingen. Vorbei und vergessen, Tübingen 1992, S. 208–220.

Latzel, Klaus, »Kriegsbriefe und Kriegserfahrung. Wie können Feldpostbriefe zur erfahrungsgeschichtlichen Quelle werden«, in: *WerkstattGeschichte*, Jg. 22, 1999, S. 7–24.

Lauer, Reinhard, Wer ist Miroslav K.? Leben und Werk des kroatischen Klassikers Miroslav Krleža. Klagenfurt 2010.

Lazić, Milorad, Krstaški rat Nezavisne Države Hrvatske, Beograd 1991.

Leček, Suzana, »Brodski odvjetnik Filip Markotić – ›desni‹ haesesovac?«, in: *Scrinia Slavonica,* 2006, H. 6, S. 402–447.

Lemberg, Hans, »Kulturautonomie, Minderheitenrechte, Assimilation. Nationalstaaten und Minderheiten zwischen beiden Weltkriegen in Ostmitteleuropa«, in: Mathias Beer (Hg.), Auf dem Weg zum ethnisch reinen Nationalstaat? Europa in Geschichte und Gegenwart, Tübingen 2007, S. 91–118.

Lengel-Krizman, Narcisa, »Genocide Carried out on the Roma. Jasenovac 1942«, in: The Jasenovac Memorial Area Public Institution (Hg.), Jasenovac Memorial Site, Catalogue, Jasenovac 2006, S. 154–181.

Dies., »Numerus clausus-jesen 1940« in: *Časopis za suvremenu povijest*, 38 (2006) 3, S. 1007–1012.

Dies., Genocid nad Romima. Jasenovac 1942, Jasenovac und Zagreb 2003.

Dies./Sobolevski, Mihael, »Hapšenje 165 omladinaca u Zagrebu u svibnju 1941. g.«, in: *Novi omanut*, Jg. 31, 1998, S. 7–9.

Dies., »A Contribution to the Study of Terror in the So-Called Independent State of Croatia: Concentration Camps for Women in 1941–1942«, in: *Yad Vashem Studies*, Jg. 20, 1990, S. 1–5.

Dies., »Prilog proučavanju terora u NDH: Ženski sabirni logori, 1941–1942«, in: *Povjesni prilozi,* 1985, H. 4, S. 1–38.

Lepre, George, Himmler's Bosnian Division, Atglen, PA 1997.

Lerchenmüller, Joachim, Die Geschichtswissenschaften in den Planungen des Sicherheitsdienstes der SS. Der SD-Historiker Hermann Löffler und seine Denkschrift »Entwicklung und Aufgaben der Geschichtswissenschaft in Deutschland«, Bonn 2001.

Linz, Juan, »Some Notes towards a Comparative Study of Fascism in Sociological Perspectives«, in: Walter Laqueur (Hg.), Fascism: A Reader's Guide. Analyses, Interpretations, Bibliography, Harmondsworth, 1979, S. 29–39.

Lisac, Andrija Ljubomir, »Deportation of Serbs«, in: *Historijski Zbornik* (Zagreb), Jg. 9, 1956, H. 1–4, S. 125–145.

Littlefield, Frank C., Yugoslav Relations with Germany and Italy and the Nationality Problem, 1933–1941, New York 1972.

Lituchy, Barry M. (Hg.), Jasenovac and the Holocaust in Yugoslavia. Analyses and Survivor Testimonies. Jasenovac Research Institute, New York 2006.

Liubomirova, Irina, »Religiata i tsirkvata v Ustashkata natsionalisticheska

doktrina. [Religion and the church in the national doctrine of the Ustasha]«, in: *Istoricheski Pregled* (Bulgarien), Jg. 56, 2000, H. 1–2, S. 151–180.
Longerich, Peter, »Davon haben wir nichts gewusst!« Die Deutschen und die Judenverfolgung 1933–1945, München 2006.
Ders., Politik der Vernichtung. Eine Gesamtdarstellung der nationalsozialistischen Judenverfolgung, München 1998.
Löwenthal, Zdenko (Hg.), The Crimes of the Fascist Occupants and their Collaborators against the Jews in Yugoslavia, Beograd 1957.
Lukać, Dušan, Tri genocida nad Srbima u XX veku, Beograd 1998.
Ders., »Neke posebnosti djelovanja Komunista u ustanku u Bosanskoj Krajini«, in: *Istorijski Zbornik Banja Luka*, Jg. 2, 1981, H. 2, S. 135–151.
Ders., Banja Luka i okolica u ratu i revoluciji, Banja Luka 1968.
Mailänder Koslov, Elissa, Gewalt im Dienstalltag. Die SS-Aufseherinnen des Konzentrations- und Vernichtungslagers Majdanek [1942–1944], Hamburg 2009.
Main, Isabella, »Kirche, Zivilgesellschaft und ›Nationalkommunismus‹ im kommunistischen Polen«, in: Friedrich Wilhelm Graf und Klaus Große Kracht (Hg.), Religion und Gesellschaft. Europa im 20. Jahrhundert, Köln 2007, S. 269–285.
Malcolm, Noël, Geschichte Bosniens, Frankfurt am Main 1996.
Mallmann, Klaus-Michael/Cüppers, Martin, Halbmond und Hakenkreuz. Das Dritte Reich, die Araber und Palästina, Darmstadt 2006.
Manhattan, Avro, The Vatican's Holocaust, Springfield, MO 1986.
Mann, Michael, Die dunkle Seite der Demokratie. Eine Theorie der ethnischen Säuberung, Hamburg 2007.
Ders., The Dark Side of Democracy, Cambridge u.a. 2005.
Ders., Fascists, Cambridge 2004.
Manoschek, Walter, »Partisanenkrieg und Genozid. Die Wehrmacht in Serbien 1941«, in: Ders./Reinhold Gärtner (Hg.), Die Wehrmacht im Rassenkrieg. Der Vernichtungskrieg hinter der Front, Wien 1996, S. 142–181.
Ders., »Serbien ist judenfrei«. Militärische Besatzungspolitik und Judenvernichtung in Serbien 1941/42, München 1995.
Mantelli, Brunello, »Die Italiener auf dem Balkan 1941–1943«, in: Christof Dipper (Hg.), Europäische Sozialgeschichte. Festschrift für Wolfgang Schieder, Berlin 2000, S. 57–74.
Martin, David, Ally Betrayed. The Uncensored Story of Tito and Mihajlovich, New York 1946.
Mataušić, Nataša, Jasenovac Concentration Camp. Exhibition about the Beginning of the Camp System. August 1941 – Febuary 1942, Zagreb 2003.
Dies. (Hg.), Jasenovac Labour and Concentration Camp 1941–1945, Jasenovac 2002.
Matić, Igor-Phillip, Edmund Veesenmayer. Agent und Diplomat der nationalsozialistischen Expansionspolitik, München 2002.
Matl, Josef, »Jugoslawien im Zweiten Weltkrieg«, in: Werner Markert (Hg.), Osteuropa-Handbuch I, Köln u.a. 1954, S. 99–121.

Mattioli, Aram, »Totalitarismus auf italienisch? Die faschistische Diktatur im Wandel des historischen Urteils«, in: Enno Rudolph/Stefano Poggi (Hg.), Diktatur und Diskurs. Zur Rezeption des Totalitarismus in den Geisteswissenschaften, Zürich 2005, S. 305–325.

Ders., »Das faschistische Italien – ein unbekanntes Apartheidregime«, in: *Jahrbuch zur Geschichte und Wirkung des Holocaust,* 2005, S. 155–178.

Ders., »Die vergessenen Kolonialverbrechen des faschistischen Italien in Libyen 1923–1933«, in: *Jahrbuch zur Geschichte und Wirkung des Holocaust,* 2004, S. 203–226.

Mazower, Mark, Hitlers Imperium. Europa unter der Herrschaft des Nationalsozialismus, München 2009.

Ders., Hitler's Empire. Nazi Rule in Occupied Europe, London 2008.

Ders., »Gewalt und Staat im Zwanzigsten Jahrhundert«, in: *Mittelweg 36*, Jg. 12, 2003, H. 2, S. 21–44.

Ders., Der Balkan, Berlin 2002.

Ders., The Balkans, London 2000.

Ders., Dark Continent. Europe's Twentieth Century, New York 2000.

Melčić, Dunja, »Späte Gerechtigkeit. Folgen eines nationalistischen Überschwangs«, in: *Rechtsgeschichte,* 2004, H. 5, S. 190–206.

Miller, Paul B., »Contested Memories: The Bosnian Genocide in Serb and Muslim Minds«, in: *Journal of Genocide Research*, Jg. 8, 2006, H. 3, S. 311–324.

Milo, Zeev, Bravi Italiani. Der italienische Widerstand gegen den Holocaust in Kroatien. Geschichte und persönliche Erlebnisse, unveröffentlichtes Manuskript, Tel Aviv 2010.

Milosavljević, Rade, Dečji ustaški koncentracioni logor Jastrebarsko, Jagodina 2009.

Milošević, Slobodan D., »Izbeglice i preseljenici na jugoslovenskom prostoru 1941–1945«, in: *Vojnoistorijski glasnik*, Jg. 44, 1994, H. 1, S. 105–144.

Ders., Izbeglice i preseljenici na teritoriji okupirane Jugoslavije 1941–1945. godine, Beograd 1982.

Minehan, Philip B, Civil War and World War in Europe. Spain, Yugoslavia, and Greece, 1936–1949, New York 2006.

Mirković, Damir, »Victims and Perpetrators in the Yugoslav Genocide 1941–1945: Some Preliminary Observations«, in: *Holocaust and Genocide Studies*, Jg. 7, 1993, H. 3, S. 317–332.

Mirković, Jovan, Objavljeni izvori i literatura o Jasenovačkim logorima, Banja Luka 2000.

Mojzes, Paul, Balkan Genocides. Holocaust and Ethnic Cleansing in the Twentieth Century, Lanham, MD 2011.

Mommsen, Hans, »Die Realisierung des Utopischen. Die ›Endlösung der Judenfrage‹ im Dritten Reich«, in: *Geschichte und Gesellschaft*, Jg. 9, 1983.

Monzali, Luciano, »Fascist Italy and Independent Croatia: A Difficult Alliance«, in: *Tokovi Istorije*, Jg. 4, 2006, S. 86–99.

Moos, Carlo, Ausgrenzung, Internierung, Deportation. Antisemitismus und Gewalt im späten italienischen Faschismus (1938–1945), Zürich 2004.
Ders., »Die ›guten‹ Italiener und die Zeitgeschichte. Zum Problem der Vergangenheitsbewältigung in Italien«, in: *Historische Zeitschrift*, Jg. 259, 1994, S. 671–694.
Morgan, Philip, Fascism in Europe, 1919–1945, London 2002.
Mühlhäuser, Regina, Eroberungen. Sexuelle Gewalttaten und intime Beziehungen deutscher Soldaten in der Sowjetunion, 1941–1945, Hamburg 2010.
Müller, Sven Oliver, Deutsche Soldaten und ihre Feinde. Nationalismus an Front und Heimatfront im Zweiten Weltkrieg, Frankfurt am Main 2007.
Münkler, Herfried, Die neuen Kriege, Reinbek bei Hamburg 2007.
Naimark, Norman M./Case, Holly (Hg.), Yugoslavia and its Historians. Understanding the Balkan Wars of the 1990s, Stanford, CA 2003.
Ders., Fires of Hatred. Ethnic Cleansing in Twentieth-Century Europe, Cambridge, MA 2001.
Ders., The Problem of Ethnic Cleansing in Modern Europe, Greenville, NC 1997.
Nattermann, Ruth, »Humanitäres Prinzip oder politisches Kalkül? Luca Pietromarchi und die italienische Politik gegenüber den Juden im besetzten Kroatien«, in: Lutz Klinkhammer, Amedeo Osti Guerrazzi/Thomas Schlemmer (Hg.), Die Achse im Krieg. Politik, Ideologie und Kriegführung 1939 bis 1945, Paderborn 2010, S. 197–216.
Newman, John Paul, Embattled Kingdom: The South Slav Wartime Generation and the Breaking of Yugoslavia 1914–1945 (im Druck).
Ders., »Post-Imperial and Post-War Violence in the South Slav Lands, 1917–1923«, in: *Contemporary European History*, Jg. 19, 2010, H. 3, S. 249–265.
Nolte, Ernst, Three Faces of Fascism: Action Française, Italian Fascism, National Socialism, New York 1966.
Nolzen, Armin/Reichardt, Sven (Hg.), Faschismus in Italien und Deutschland. Studien zu Transfer und Vergleich, Göttingen 2005.
Novak, Viktor, Magnum crimen. Pola vijeka klerikalizma u Hrvatskoj, Zagreb 1948.
Odavić, Ravijojla, »Sabirni logor Tenje«, in: *Slavonija u NOB-u, Slavonski Brod*, Jg. 209, 1966.
Ognyanova-Krivoshieva, Irina, »Nationalism and National Policy in Independent State of Croatia (1941–1945)«, in: Dorothy Rogers u.a. (Hg.), Topics in Feminism, History and Philosophy, Bd. 6, Wien 2000.
Olshausen, Klaus, Zwischenspiel auf dem Balkan. Die deutsche Politik gegenüber Jugoslawien und Griechenland von März bis Juli 1941, Stuttgart 1973.
Omrčanin, Ivo, Hrvatska 1941–1945, Band 4 (1941–43), Zagreb 1988.
Opitz, Claudia, »Von Frauen im Krieg zum Krieg gegen Frauen. Krieg, Gewalt und Geschlechterbeziehungen aus historischer Sicht«, in: *L'Homme*, Jg. 3, 1992, H. 1, S. 31–44.

Orlow, Dietrich, The Nazis in the Balkans. A Case Study of Totalitarian Politics, Pittsburgh 1968.

Pančur, Andrej, »The Holocaust and Ethnocide. Similarities and Differences between Jewish and Slovenian Victims of Nazi Persecution«, Vortragsmanuskript der Tagung »Towards an Integrated Perspective on Nazi Policies of Mass Murder« der Task Force for International Cooperation on Holocaust Education, Rememberance, and Research,Center for Studies of Holocaust and Religious Minorities, Oslo Juni 2009.

Paponja, Igor, Der »Unabhängige Staat Kroatien« zur Zeit des Zweiten Weltkrieges (1941–1945) in den der Berichten des schweizerischen Vertreters in Zagreb, Lizentiatsarbeit, Universität Zürich, 2000, online verfügbar unter http://www.paponja.com/index1.html [31. 05. 2012].

Paris, Edmond, Genocide in Satellite Croatia 1941–1945. A Record of Racial and Religious Persecutions and Massacres, Chicago 1961.

Patel, Kiran Klaus, »›Auslese‹ und ›Ausmerze‹: Das Janusgesicht der nationalsozialistischen Lager«, in: *Zeitschrift für Geschichtswissenschaft*, Jg. 54, 2006, H. 4, S. 339–365.

Pavlaković, Vjeran, »Our Spaniards«. Croatian Communists, Fascists, and the Spanish Civil War, 1936–1939, Dissertation, University of Washington, 2005.

Pavlowitch, Stevan K., Hitler's New Disorder: The Second World War in Yugoslavia, London 2008.

Ders., The Improbable Survivor. Yugoslavia and its Problems, 1918–1988, London 1988.

Ders., »The Second World War in Yugoslavia. An Imaginary Debate«, in: *European Studies Review*, Jg. 11, 1981, H. 4, S. 543–553.

Paxton, Robert O., The Anatomy of Fascism, London 2004.

Payne, Stanley G., Geschichte des Faschismus. Aufstieg und Fall einer europäischen Bewegung, München 2001.

Ders., »Fascist Italy and Spain, 1922–1945«, in: Raanan Rein (Hg.), Spain and the Mediterranean Since 1898, London, Portland, OR 1999.

Ders., A History of Fascism, 1914–1945, Madison, WI 1995.

Pečarić, Josip, Serbian Myth about Jasenovac, Zagreb 2001.

Peršen, Mirko, Ustaški logori, Zagreb 1990.

Petersen, Roger D., Understanding Ethnic Violence. Fear, Hatred, and Resentment in Twentieth-Century Eastern Europe, Cambridge 2002 (Cambridge Studies in Comparative Politics).

Petranović, Branko, »Fašizam u Jugoslaviji. Istoriografski sporovi«, in: *Marksistička misao,* 1986, H. 3, S. 19–31.

Petrović, Rastislav, Genocid sa blagoslovom Vatikana, Beograd 1992.

Pfeifer, Karl, »Kroatien, der Vatikan und die Juden«, in: Klaus Bettelheim (Hg.), Antisemitismus in Osteuropa: Aspekte einer historischen Kontinuität, Wien 1992, S. 83–103.

Picciotto, Liliana, »The Italians and the Jews during the Fascist and the German Persecutions«, in: David Bankier/Israel Gutman (Hg.), Nazi Europe and the Final Solution, Jerusalem 2003, S. 491–518.

Pilipović, Radovan, »Bosanska Krajina u Drugom svetskom ratu. U ogledalu sudbine Srpske Pravoslavne Crkve«, Teil 3., in: *Novine Srpske Patriajaršine*, online verfügbar unter http://pravoslavlje.spc.rs/broj/978/tekst/bosanska-krajina-u-drugom-svetskom-ratu/print/lat [23. 05. 2012].

Piper, Ernst, »Der Einsatzstab Reichsleiter Rosenberg«, in: Inka Bertz (Hg.), Raub und Restitution. Kulturgut aus jüdischem Besitz von 1933 bis heute. Eine Ausstellung des Jüdischen Museums Berlin in Zusammenarbeit mit dem Jüdischen Museum Frankfurt am Main, Göttingen 2008, S. 113–119.

Pohl, Dieter, »Unter deutscher Hegemonie. Revisionismus, Rassismus und Gewalt bei den osteuropäischen Bündnispartnern des Dritten Reiches 1941/42«, in: Lutz Klinkhammer, Amedeo Osti Guerrazzi und Thomas Schlemmer (Hg.), Die Achse im Krieg. Politik, Ideologie und Kriegführung 1939 bis 1945, Paderborn 2010, S. 149–158.

Pohl, Reinhard, Völkermord. Türkei, Deutschland und die Armenier, Kiel 2008.

Poliakov, Léon/Wulf, Josef (Hg.), Das Dritte Reich und seine Denker, Berlin (West) 1959.

Ders./Sabille, Jacques, Jews under Italian Occupation, Paris 1954.

Pollack, Martin, Warum wurden die Stanisławs erschossen?, Wien 2008.

Pollard, John, »›Clerical Fascism‹. Context, Overview and Conclusion«, in: Matthew Feldman (Hg.), Clerical Fascism in Interwar Europe, London 2008, S. 433–446.

Portmann, Michael, »Politik der Vernichtung? Die deutschsprachige Bevölkerung in der Vojvodina 1944–1952. Ein Forschungsbericht auf Grundlage jugoslawischer Archivdokumente«, in: *Danubiana Carpathica*, Jg. 1, 2007, H. 48, S. 321–360.

Prażmowska, Anita J., Eastern Europe and the Origins of the Second World War, Basingstoke 2000.

Prestel, Peter/Sporrer, Rudolf (Regie), Hitlers Verbündete (2). Kroatien, Bulgarien, Slowakei: Bayerisches Fernsehen, Deutsche Erstausstrahlung: 31. August 2009.

Promitzer, Christian, »Täterwissenschaft: das Südostdeutsche Institut in Graz«, in: Mathias Beer und Gerhard Seewann (Hg.), Südostforschung im Schatten des Dritten Reichs. Institutionen – Inhalte – Personen, München 2004, S. 93–112.

Prusin, Alexander V., The Lands Between. Conflict in the East European Borderlands, 1870–1992, Oxford, New York 2010.

Radić, Nikola, Bihać sa starih razglednica. (Bihać on old postcards), Bihać 2000.

Radić, Simo, Lubinje i Popovo polje, 1941–1945, Lubinje 1969.

Radonic, Ljiljana, Krieg um die Erinnerung. Kroatische Vergangenheitspolitik zwischen Revisionismus und europäischen Standards, Frankfurt am Main 2010.

Ramet, Sabrina P., »The NDH – An Introduction«, in: *Totalitarian Movements and Political Religions*, Jg. 7, 2006, H. 4, S. 399–408.

Dies., »Ante Starčevic. Liberal Champion of a ›Citizens State‹«, in: James

Ramon Felak u.a. (Hg.), Nations and Nationalisms in East-Central Europe, 1806–1948. A Festschrift for Peter F. Sugar, Bloomington, IN 2002, S. 135–144.
Rapajić, Mirko, »Osobenosti ustanka 1941. godine u opštini Plitvička jezera«, in: *Vojnoistorijski glasnik*, 1963, H. 4.
Redžić, Enver, Bosnia and Herzegovina in the Second World War, London, New York 2005.
Ders., Muslimansko autonomastvo i 13. SS divizija. Autonomija Bosne i Hercegovine i Hitlerov Treći Rajh, Sarajevo 1987.
Reemtsma, Jan Philipp, Vertrauen und Gewalt. Versuch über eine besondere Konstellation der Moderne, Hamburg 2008.
Reichardt, Sven, Faschistische Kampfbünde. Gewalt und Gemeinschaft im italienischen Squadrismus und in der deutschen SA, Köln 2002.
Reinhartz, Dennis, »Unmarked Graves. The Destruction of the Yugoslav Roma in the Balkan Holocaust, 1941–1945«, in: *Journal of Genocide Research*, Jg. 1, 1999, H. 1, S. 81–89.
Reinisch, Jessica/White, Elizabeth (Hg.), The Disentanglement of Populations. Migration, Expulsion and Displacement in Post-War Europe, 1944–1949, Basingstoke 2011.
Reitlinger, Gerald, The Final Solution: The Attempt to Exterminate the Jews of Europe 1939–1945, London 1953.
Rezun, Miron, Europe and War in the Balkans: Toward a New Yugoslav Identity, Westport, CT 1995.
Rhotert, Alexander/Funke, Hajo, Unter unseren Augen, Berlin 1999.
Riedel, Dirk, »Die SS-Inspektion z.b.V. in Norwegen. Nationalsozialistische Täter in den Gefangenenlagern für jugoslawische Partisanen«, in: Timm C. Richter (Hg.), Krieg und Verbrechen. Situation und Intention: Fallbeispiele, München 2006, S. 111–122.
Ristović, Milan, Nemački novi poredak i Jugoistočna Evropa 1940/41–1944/45. Planovi o budućnosti i praksi, Beograd 1991.
Rivelli, Marco Aurelio, Le Génocide Occulté. État Indépendant de Croatie 1941–1945, Lausanne 1998.
Rodogno, Davide, Fascism's European Empire. Italian Occupation during the Second World War, Cambridge 2006.
Ders., »Italiani brava gente? Fascist Italy's Policy Toward the Jews in the Balkans, April 1941–July 1943«, in: *European History Quarterly*, Jg. 35, 2005, H. 4 (April), S. 213–240.
Ders., »Italian Soldiers in the Balkans. The Experience of the Occupation (1941–1943)«, in: *Journal of Southern Europe and the Balkans*, Jg. 6, 2004, H. 2, S. 125–144.
Ders., Il nuovo ordine mediterraneo. Le politiche di occupazione dell'Italia fascista in Europa (1940–1943), Torino 2003.
Rogić, Marijan, Die Idee des kroatischen Staates bei Ante Pavelić. Unter Berücksichtigung besonderer historischer Tatsachen sowie des Staats- und des Selbstbestimmungsrechts«, München 1983.

Roksandić, Đuro, »Teror ustaša u glinskom kotaru 1941. godine«, in: Marijan Jevšovar (Hg.), Sisak i Banija u revolucionarnom radničkom pokretu i ustanku 1941. Zbornik, Zagreb 1974, S. 812–842.
Romano, Jaša, Jevreji Jugoslavije 1941–1945. Žrtve genocida i učesnici narodnooslodilačkog rata, Beograd 1980.
Roth, Joseph, Radetzkymarsch, Berlin (Ost) 1979.
Rothschild, Joseph, East Central Europe Between the Two World Wars, Seattle, WA 1974.
Rozett, Robert/Spector, Shmuel (Hg.), Encyclopedia of the Holocaust, New York 2000.
Rusinow, Dennison, »The Yugoslav Peoples«, in: Peter F. Sugar (Hg.), East European Nationalism in the Twentieth Century, Lanham, MD 1995, S. 316–322.
Ruzicic-Kessler, Karlo, Die italienische Okkupation Sloweniens, Dalmatiens, Montenegros und des Kosovo. 1941–1943, Diplomarbeit. Universität Wien, Institut für Geschichte 2007.
Sadkovich, James J., Italian Support for Croatian Separatism, 1927–1937, New York 1992.
Ders., »Terrorism in Croatia, 1929–1934«, in: *East European Quarterly*, Jg. 22, 1988, H. 1, S. 55–79.
Ders., »La composizione degli Ustascia: Una valuazione preliminare«, in: *Storia contemporanea*, Jg. 11, 1980, S. 989–1001.
Savez jevrejskih opština Jugoslavije unter Mitarbeit von Zdenko Levntal, Zločini fašističkih okupatora i njihovih pomagača protiv Jevreja u Jugolaviji, Beograd 1952.
Savić, Sreta, Srem u Narodno-Oslobodilačkoj Borbi, Beograd 1963.
Savich, Carl G., »Jasenovac« (2000), online verfügbar unter http://www.serbianna.com/columns/savich/007.shtml [23. 05. 2012].
Schechtmann, Josef B., European Population Transfers. 1939–1945, New York 1971.
Schieder, Wolfgang, Faschistische Diktaturen. Studien zu Italien und Deutschland, Göttingen 2008.
Schiller, Ulrich, Deutschland und »seine« Kroaten. Vom Ustaša-Faschismus zu Tudjmans Nationalismus. Mit einem Geleitwort von Hans Koschnick, Bremen 2010.
Schlemmer, Thomas/Woller, Hans, »Der italienische Faschismus und die Juden 1922–1945«, in: *Vierteljahrshefte für Zeitgeschichte*, Jg. 53, 2005, H. 2, S. 165–201.
Schmider, Klaus, Partisanenkrieg in Jugoslawien 1941–1944, Hamburg 2002.
Ders., »Auf Umwegen zum Vernichtungskrieg? Der Partisanenkrieg in Jugoslawien, 1941–1944«, in: Rolf-Dieter Müller/Hans-Erich Volkmann (Hg.), Die Wehrmacht. Mythos und Realität, München 1999, S. 901–922.
Schnell, Felix, Räume des Schreckens. Gewalt und Gruppenmilitanz in der Ukraine 1905–1933, Hamburg 2012.
Schobel, Christian, Die Nationalitätenpolitik des Ustaša-Staates im Spiegel

deutscher Quellen, Diplomarbeit, Geisteswissenschaftlichen Fakultät der Universität Wien 1995.

Schraml, Franz, Kriegsschauplatz Kroatien. Die deutsch-kroatischen Legions-Divisionen 369., 373., 392. Inf.-Div. (kroat.) – ihre Ausbildungs- und Ersatzformationen, Neckargemünd 1962.

Schumann, Dirk, Politische Gewalt in der Weimarer Republik 1918–1933, Essen 2001.

Scott, James C., Seeing Like a State. How Certain Schemes to Improve the Human Condition Have Failed, New Haven, CT 1998.

Seckendorf, Martin, »Zur Okkupationspolitik des deutschen Faschismus in Südosteuropa«, in: Bundesarchiv (Hg.), Die Okkupationspolitik des deutschen Faschismus in Jugoslawien, Griechenland, Albanien, Italien und Ungarn (1941–1945), Heidelberg 1992, S. 18–101.

Seifert, Ruth, »Der weibliche Körper als Symbol und Zeichen. Geschlechtsspezifische Gewalt und die kulturelle Konstruktion des Krieges«, in: Andreas Gestrich (Hg.), Gewalt im Krieg. Ausübung, Erfahrung und Verweigerung von Gewalt in Kriegen des 20. Jahrhunderts, Münster 1996 (Jahrbuch für historische Friedensforschung), S. 12–33.

Dies., »War and Rape: A Preliminary Analysis«, in: Alexandra Stiglmayer (Hg.), Mass Rape. The War against Women in Bosnia-Herzegovina, Lincoln, NE 1994, S. 54–72.

Sémelin, Jacques, Säubern und Vernichten. Die politische Dimension von Massakern und Völkermorden, Hamburg 2007.

Ders., »What is Genocide?«, in: *European Review of History*, Jg. 12, 2005, H. 1, S. 81–90.

Ders., »Du massacre au processus génocidaire«, in: *Revue internationale des sciences sociales*, Jg. 174, 2002, H. Dezember, S. 483–491.

Sepić, Dragovan, »La politique italienne d'occupation en Dalmatie, 1941–1943«, in: Les systèmes d'occupation en Yougoslavie 1941–1945. Rapports au 3ème Congrès International sur l'Histoire de la Résistance européenne à Karlový Vary, les 2–4 Septembre 1963, Beograd 1963, S. 377–424.

Seton-Watson, Hugh, Nations and States: An Enquiry into the Origins of Nations and Politics of Nationalism, London 1977.

Ders., »Fascism, Right and Left«, in: Walter Laqueur/George L. Mosse (Hg.), International Fascism 1920–1945, New York 1966.

Ders., The East European Revolution, New York 1961.

Ders., Osteuropa zwischen den Kriegen 1918–1941, Paderborn 1948.

Shelah, Menachem, »Kroatische Juden zwischen Deutschland und Italien. Die Rolle der italienischen Armee am Beispiel des Generals Guiseppe Amico 1941–1943«, in: *Vierteljahrshefte für Zeitgeschichte*, Jg. 42, 1993, H. 2, S. 175–195.

Ders., Un debito di gratitutdine: storia dei rapporti tra l'Esercito italiano e gli ebrei in Dalmazia, 1941–1943, Roma 1991.

Ders., »Genocide in Satellite Croatia during Second World War«, in: Michael

Berenbaum (Hg.), A Mosaic of Victims. Non-Jews Persecuted and Murdered by the Nazis, New York 1990, S. 74–79.
Ders., »The Italian Rescue of Yugoslav Jews, 1941–1943«, in: Ivo Herzer (Hg.), The Italian Refuge: Rescue of Jews during the Holocaust, Boston 1989, S. 205–217.
Ders., Heshbon Damim. Hatzalat Yehude Croatiah al yedey ha-italkim, 1941–1943, Tel Aviv 1986.
Ders., Blood Account. The Rescue of Croatian Jews by the Italians 1941–1943, Tel Aviv 1986.
Shepherd, Ben, Terror in the Balkans. German Armies and Partisan Warfare, Cambridge, MA 2012.
Ders., »With the Devil in Titoland: A Wehrmacht Anti-Partisan Division in Bosnia-Herzegovina, 1943«, in: *War in History*, Jg. 16, 2009, H. 1, S. 77–97.
Ders., War in the Wild East. The German Army and Soviet partisans, Cambridge, MA 2004.
Sienkiewicz, Witold (Hg.), Illustrierte Geschichte der Flucht und Vertreibung. Mittel- und Osteuropa 1939 bis 1959, Augsburg 2010.
Simić, Sima, Prekrštavanje Srba za vreme drugok svetskog rata, Titograd 1958.
Ders., Tuđinske kombinacije oko NDH, Titograd 1958.
Škoro, Gojko, Genocide over the Serbs in the ISC, Beograd 2000.
Snyder, Timothy, Bloodlands. Europe between Hitler and Stalin, New York 2010.
Ders., »Nazis, Soviets, Poles, Jews«, in: *The New York Review of Books*, Jg. 56, 2009, H. 19, S. 51–53.
Sojčić, Tvrtko P., Die »Lösung« der kroatischen Frage zwischen 1939 und 1945. Kalküle und Illusionen, Stuttgart 2008.
Solonari, Vladimir, Purifying the Nation, Baltimore, MD 2010.
Spence, Mark David, Dispossessing the Wilderness. Indian Removal and the Making of the National Parks, New York 2000.
Springmann, Veronika, »Rennen auf Leben und Tod. ›Sport machen‹ als Praxis der Gewalt im Konzentrationslager«, in: Wojtek Lenarzyk u. a. (Hg.), KZ-Verbrechen. Beiträge zur Geschichte der Konzentrationslager und ihrer Erinnerung, Berlin 2007, S. 89–101.
Starman, Hannah, »Constitution and Restitution of Jewish Industrial Property in Slovenia. The 1945 Trial against Textile Industrialists and its Aftermath«, Vortrag, Elie Wiesel Center for Judaic Studies, Boston University Arts & Sciences, Dezember 2011.
Steinbacher, Sybille, »Auschwitz: Die ›Musterstadt‹ und das Vernichtungslager«, in: *Dachauer Hefte*, Jg. 17 (2001), 2001, S. 42–59.
Dies., »Musterstadt« Auschwitz. Germanisierungspolitik und Judenmord in Ostoberschlesien, München 2000.
Steinberg, Jonathan, Deutsche, Italiener und Juden. Der italienische Widerstand gegen den Holocaust, Göttingen 1994.
Ders., All or Nothing. The Axis and the Holocaust 1941–1943, London 1990.

Steindorff, Ludwig, Kroatien. Vom Mittelalter bis zur Gegenwart, Regensburg 2001.

Stella, Alexander, The Triple Myth: a Life of Archbishop Alojzije Stepinac, Boulder, CO 1987.

Stiglmayer, Alexandra (Hg.), Mass Rape. The War against Women in Bosnia-Herzegovina, Lincoln, NE 1994.

Stiller, Alexa, »Slowenen«, in: Detlev Brandes/Holm Sundhaussen/Stefan Troebst (Hg.), Das Lexikon der Vertreibungen. Deportation, Zwangsaussiedlung und ethnische Säuberung im Europa des 20. Jahrhunderts, Köln u.a. 2009, S. 596–599.

Stone, Dan, Histories of the Holocaust, Oxford, New York, 2010.

Strutz, Johann (Hg.), Dalmatien, Klagenfurt 1998.

Sugar, Peter F., Native Fascism in the Successor States: 1918–1945, Santa Barbara, CA 1977.

Sundhaussen, Holm, »Serben aus dem ›Unabhängigen Staat Kroatien‹ (1941–1945)«, in: Detlef Brandes u.a. (Hg.), Lexikon der Vertreibungen. Deportation, Zwangsaussiedlung und ethnische Säuberung im Europa des 20. Jahrhunderts, Köln u.a. 2009, S. 583–586.

Ders., »Die Ethnisierung von Staat, Nation und Gerechtigkeit. Zu den Anfängen nationaler ›Homogenisierung‹ im Balkanraum«, in: Mathias Beer (Hg.), Auf dem Weg zum ethnisch reinen Nationalstaat? Europa in Geschichte und Gegenwart, Tübingen 2007, S. 69–90.

Ders., »Südosteuropa«, in: Klaus J. Bade (Hg.), Enzyklopädie Migration in Europa. Vom 17. Jahrhundert bis zur Gegenwart, Paderborn 2007, S. 288–313.

Ders., »Jugoslawien und seine Nachfolgestaaten. Konstruktion, Dekonstruktion und Neukonstruktion von ›Erinnerungen‹ und Mythen«, in: Monika Flacke/Deutsches Historisches Museum (Hg.), Mythen der Nationen. 1945 – Arena der Erinnerungen, Berlin 2004, S. 373–426.

Ders., »Staatsbildung und ethnisch-nationale Gegensätze in Südosteuropa«, in: *Aus Politik und Zeitgeschichte*, 2003, H. 10–11, S. 3–9.

Ders., »Ethnonationale Gewalt auf dem Balkan im Spiegel der Goldhagendebatte«, in: Wolfgang Höpken/Michael Riekenberg (Hg.), Politische und ethnische Gewalt in Südosteuropa und Lateinamerika, Köln u.a. 2001, S. 37–51.

Ders., »Der ›wilde‹ Balkan. Imagination und Realität einer europäischen Konfliktregion«, in: *Ost-West. Europäische Perspektiven*, Jg. 1, 2000, H. 1, S. 3–15.

Ders., »Improvisierte Ausbeutung – Der Balkan unter deutscher Okkupation«, in: Johannes Houwink ten Cate und Gerhard Otto (Hg.), Das organisierte Chaos. »Ämterdarwinismus« und »Gesinnungsethik«. Determinanten nationalsozialistischer Besatzungsherrschaft, Berlin 1999, S. 55–75.

Ders., »Der Ustascha-Staat: Anatomie eines Herrschaftssystems«, in: *Österreichische Osthefte*, Jg. 37, 1995, H. 2, S. 497–533.

Ders., Wirtschaftsgeschichte Kroatiens im nationalsozialistischen Großraum 1941–1945. Das Scheitern einer Ausbeutungsstrategie, Stuttgart 1983.
Ders., Geschichte Jugoslawiens 1918–1980, Stuttgart 1982.
Ders., »Obaveštajna služba i policijski aparat Hajnriha Himlera u NDH 1941–1945«, in: *Vojnoistorijski glasnik*, Jg. 23, 1972, H. 2, S. 89–133.
Suppan, Arnold, Jugoslawien und Österreich, 1918–1938. Bilaterale Außenpolitik im europäischen Umfeld, Wien 1996.
Terzić, Velimir, Jugoslavija u Aprilskom Ratu 1941, Titograd 1983.
Ther, Philipp, Die dunkle Seite der Nationalstaaten. »Ethnische Säuberungen« im modernen Europa, Göttingen 2012.
Thirring, Walter, Lust am Forschen. Lebensweg und Begegnungen. Kompositionen von Walter Thirring auf beigelegter CD, Wien 2008.
Thörner, Klaus, »Der ganze Südosten ist unser Hinterland«. Deutsche Südosteuropapläne von 1840 bis 1945, Freiburg im Breisgau 2008.
Thum, Gregor, Die fremde Stadt. Breslau 1945, Berlin 2003.
Todorova, Marija N., Imagining the Balkans, New York 1997.
Tomasevich, Jozo, War and Revolution in Yugoslavia, 1941–1945. Occupation and Collaboration, Stanford, CA 2001.
Ders., War and Revolution in Yugoslavia, 1941–1945: The Chetniks, Stanford, CA 1975.
Tončić-Sorinj, Lujo, Kroatiens einsamer Kampf. Vom Sieg der Sprache zum Sieg der Waffen, Köln 1998.
Tönsmeyer, Tatjana, »Der Raub des jüdischen Eigentums in Ungarn, Rumänien und der Slowakei«, in: Martin Dean, Constantin Goschler und Philipp Ther (Hg.), Robbery and Restitution. The Conflict over Jewish Property in Europe, New York 2007, S. 81–96.
Dies., Das Dritte Reich und die Slowakei 1939–1945. Politischer Alltag zwischen Kooperation und Eigensinn, Paderborn 2003.
Traverso, Enzo, Im Bann der Gewalt. Der europäische Bürgerkrieg 1914–1945, München 2008.
Trifković, Srđan, The Sword of the Prophet. The Politically incorrect Guide to Islam: History, Theology, Impact on the World, Boston 2002.
Ders., The Ustaša Movement and European Politics, 1929–1945, Dissertation. University of Southhampton, 1990.
Troebst, Stefan, Das makedonische Jahrhundert: Von den Anfängen der nationalrevolutionären Bewegung zum Abkommen von Ohrid 1893–2001. Ausgewählte Aufsätze, München 2007.
Trotha, Trutz von, »Die Zukunft der Gewalt«, in: *Kursbuch,* 2002, H. 147, S. 161–173.
Trubeta, Sevasti, »›Gypsiness‹, Racial Discourse and Persecution: Balkan Roma during the Second World War«, in: *Nationalities Papers*, Jg. 31, 2003, H. 4, S. 495–514.
Ders., »Das nationalsozialistische Bild von südosteuropäischen Roma an der Schnittstelle des Zigeuner- und des Südosteuropastereotyps«, in: *Zeitschrift für Balkanologie*, Jg. 40, 2004, H. 1, S. 92–105.

Tuđman, Franjo, Bespuća povijesne zbiljnosti. Rasprava o povijesti i filosofiji zlosilja, Zagreb 1989.
Ders., »The Independent State of Croatia as an Instrument of the Policy of the Occupation Powers in Yugoslavia, and the People's Liberation Movement in Croatia from 1941 to 1945«, in: Les systèmes d'occupation en Yougoslavie 1941–1945. Rapports au 3ème Congrès International sur l'Histoire de la Résistance européenne à Karlový Vary, les 2–4 Septembre 1963, Beograd 1963, S. 135–261.
Turda, Marius; Weindling, Paul (Hg.), Blood and Homeland: Eugenics and Racial Nationalism in Central and Southeastern Europe, 1900–1940, Budapest 2006.
Tych, Feliks, Rede im Deutschen Bundestag am 27. Januar 2010. Online verfügbar unter http://www.bundestag.de/kulturundgeschichte/geschichte/gastredner/tych/index.html [31. 05. 2012].
Uhlik, Rade, »Serbo-Bosnian Gypsy Folk-Tales. No. 9«, in: *Journal of the Gypsy Lore Society*, Jg. 3, 1947, H. 26, S. 116–127.
Umbreit, Hans, »Die deutsche Herrschaft in den besetzten Gebieten 1942–45«, in: Militärgeschichtliches Forschungsamt (Hg.), Das Deutsche Reich und der Zweite Weltkrieg: Organisation und Mobilisierung des deutschen Machtbereichs. Kriegsverwaltung, Wirtschaft und personelle Ressourcen 1942–1944/45, Stuttgart 1999.
Umeljić, Vladimir, Die Besatzungszeit und das Genozid in Jugoslawien, Los Angeles 1984.
Ungváry, Krisztián, »Schieben wir nicht alles auf die Deutschen«, in: *Hungarian Voice*, 16. April 2011, online verfügbar unter http://hungarianvoice.wordpress.com/2011/04/16/krisztian-ungvaryuber-die-judenverfolgung-schieben-wir-nicht-alles-auf-die-deutschen/ [31. 05. 2012].
Ders., »Deportation, Population Exchange and Certain Aspects of the Holocaust«, in Judit Molnár (Hg.): The Holocaust in Hungary. A European Perspective, Budapest 2005, S. 86–101.
Valjavec, Fritz, »Kroatien«, in: Franz Alfred Six (Hg.), Jahrbuch der Weltpolitik 1942, Berlin 1942, S. 411–422.
Vasiljević, Zoran, Sabirni Logor Đakovo, Salvonski Brod 1988.
Verna, Frank P., »Notes on Italian Rule in Dalmatia under Batianini, 1941–1943«, in: *The International History Review*, Jg. 12, 1990, H. 3, S. 441–460.
Vogel, Winfried/Ueberschär, Gerd, Dienen und Verdienen. Hitlers Geschenke an seine Eliten, Frankfurt am Main 1999.
Voigt, Klaus, Zuflucht auf Widerruf. Exil in Italien 1933–1945 (2 Bde.), Stuttgart 1993.
Vojak, Danijel, »Romi u popisima stanovništva iz 1921. i 1931. na području Hrvatske«, in: *Migracijske i etničke teme*, Jg. 20, 2004, H. 4, S. 447–476.
Völkl, Katrin, »Zur Judenfeindlichkeit in Kroatien. Wieweit gab es Antisemitismus bis 1941?«, in: *Südosteuropa*, Jg. 1993, S. 59–77.
Vukčević, Slavko, »Genocid u Nezavisnoj Državi Hrvatskoj 1941. – skrivana stvarnost«, in: *Vojnoistorijski glasnik*, Jg. 44, 1994, H. 1, S. 79–104.

Vukmanović, Milan, »Neka pitanja o obrazovanju i djelovanju Ustaškog Stožera i povjereništva za Vrbasku Banovinu u Banjaluci od aprila do augusta 1941. godine«, I. Teil: in: *Istorijski Zbornik Banja Luka*, Jg. II, 1981; II. Teil: Jg. III, 1982, S. 111–127; III. Teil: Jg. IV, 1983, S. 97–124.

Vulesica, Marija, Die Formierung des politischen Antisemitismus in den Kronländern Kroatien-Slawonien 1879–1906, Berlin 2012.

Dies., »Antisemitismus in Jugoslawien 1918–1941«, in: Jahrbuch für Antisemitismusforschung, 17 (2008), S. 131–152.

Waldmann, Peter, »Bürgerkriege«, in: Wilhelm Heitmeyer und John Hagan (Hg.), Internationales Handbuch der Gewaltforschung, Wiesbaden 2002, S. 368–389.

Ders., »Rache ohne Regeln. Zur Renaissance eines archaischen Gewaltmotivs«, in: *Mittelweg 36*, Jg. 9, 2000, H. 6, S. 4–25.

Ders., »Gesellschaften im Bürgerkrieg. Zur Eigendynamik entfesselter Gewalt«, in: *Zeitschrift für Politik*, Jg. 42, 1995, S. 343–368.

Walter, Dierk, »Asymmetrien in Imperialkriegen. Ein Beitrag zum Verständnis der Zukunft des Krieges«, in: *Mittelweg 36*, Jg. 17, 2008, H. 1, S. 14–52.

Wasser, Bruno, Himmlers Raumplanung im Osten. Der Generalplan Ost in Polen 1940–1944, Basel 1993.

Wedekind, Michael/Rodogno, Davide (Hg.), Umsiedlung und Vertreibung in Europa/ Spostamenti forzati di popolazioni in Europa 1939–1955, Innsbruck 2009.

Wehler, Hans-Ulrich, Nationalitätenpolitik in Jugoslawien. Die deutsche Minderheit 1918–1978, Göttingen 1980.

Weiner, Amir (Hg.), Landscaping the Human Garden. Twentieth-Century Population Management in a Comparative Framework, Stanford, CA 2003.

Weitkamp, Sebastian, Braune Diplomaten. Horst Wagner und Eberhard von Thadden als Funktionäre der »Endlösung«, Bonn 2008.

Weitz, Eric D., »From the Vienna to the Paris System: International Politics and the Entangled Histories of Human Rights, Forced Deportations, and Civilizing Missions, in: *American Historical Review*, Jg. 113, 2008, H. 5, S. 1313–1343.

Welzer, Harald, Klimakriege. Wofür im 21. Jahrhundert getötet wird, Frankfurt am Main 2009.

Ders., Täter. Wie aus ganz normalen Menschen Massenmörder wurden, Frankfurt am Main 2005.

Wildangel, René, Zwischen Achse und Mandatsmacht. Palästina und der Nationalsozialismus, Berlin 2007.

Wildt, Michael, Geschichte des Nationalsozialismus, Göttingen 2008.

Ders., »Die Epochenzäsur 1989/90 und die NS-Historiographie«, in: *Zeithistorische Forschungen/Studies in Contemporary History*, Jg. 5, 2008, H. 3. Online verfügbar unter http://www.zeithistorische-forschungen.de/16126041-Inhalt-3-2008 [31. 05. 2012].

Ders., »Völkische Neuordnung Europas«. Themenportal Europäische Geschichte (20. 04. 2007). Online verfügbar unter www.europa.clio-online.de [31. 05. 2012].

Ders., »Biopolitik, ethnische Säuberungen und Volkssouveränität. Eine Skizze«, in: *Mittelweg 36*, Jg. 15, 2006, H. 6, S. 87–106.

Ders., »Tübinger Exekutoren der ›Endlösung‹. Die Universität Tübingen im Nationalsozialismus«, Vortrag am Arbeitskreis »Universität im Nationalsozialismus«, Universität Tübingen, 2. Dezember 2004.

Ders., Generation des Unbedingten. Das Führungskorps des Reichssicherheitshauptamtes, Hamburg 2002.

Wolf, Gerhard, Ideologie und Herrschaftsrationalität. Nationalsozialistische Germanisierungspolitik in Polen, Hamburg 2011.

Wolff, Robert L., The Balkans in our Time, Cambridge/MA 1956.

Woller, Hans, Die Abrechnung mit dem Faschismus in Italien 1943 bis 1948, München 1996.

Wörsdörfer, Rolf, Krisenherd Adria 1915–1955. Konstruktion und Artikulation des Nationalen im italienisch-jugoslawischen Grenzraum, Paderborn 2004.

Wróbel, Piotr, Paper, »Clash of Collective Memories. Polish Eastern Borderlands in the 20th Century«, Vortrag auf der Konferenz »Ethnicity, Identity, and Violence in the Shatter-Zone of Empires Since 1848«, Herder Institut, Marburg an der Lahn, Mai 2007.

Wüscht, Johann, Die Ereignisse in Syrmien. 1941–1944, Kehl 1975.

Ders., Jugoslawien und das Dritte Reich. Eine dokumentierte Geschichte der deutsch-jugoslawischen Beziehungen von 1933–1945, Stuttgart 1969.

Yeomans, Rory, Visions of Annihilation. The Ustasha Regime and the Cultural Politics of Fascism, 1941–1945, London 2012.

Ders., »›For Us, Beloved Commander You Will Never Die!‹. Mourning Jure Francetić, Ustasha Death Squad Leader«, in: Rebecca Haynes/Martyn Rady (Hg.), In the Shadow of Hitler. Personalities of the Right in Central and Eastern Europe, London 2011, S. 188–205.

Ders., »Of ›Yugoslav Barbarians‹ and Croatian Gentlemen Scholars. Nationalist Ideology and Racial Anthropology in Interwar Yugoslavia«, in: Marius Turda/Paul Weindling (Hg.), Blood and Homeland: Eugenics and Racial Nationalism in Central and Southeastern Europe, 1900–1940, Budapest 2006, S. 83–122.

Ders., »Militant Women, Warrior Men and Revolutionary Personae: The New Ustasha Man and Woman in the Independent State of Croatia, 1941–1945«, in: *The Slavonic and East European Review*, Jg. 83, 2005, H. 4, S. 685–732.

Ders., »Cults of Death and Fantasies of Annihilation: The Croatian Ustasha Movement in Power, 1941–45«, in: *Central Europe*, Jg. 3, 2005, H. 2, S. 121–142.

Zatezalo, Đuro, Jadovno. Kompleks ustaških logora 1941, Beograd 2007 (2 Bde.).

Zemljar, Ante, Haron i Sudbine. Ustaški koncentracioni logori Slana i Metajna na ostrvu Pagu, 1941, Beograd 1988.

Zeng, Henry L. de, IV, 2010, Axis History Forum. Croatia. Online verfügbar unter http://www.axishistory.com/index.php?id=34 [17. 05. 2012].
Žerjavić, Vladimir, Population Losses in Yugoslavia, Zagreb 1997.
Zimmermann, Michael, Rassenutopie und Genozid. Die nationalsozialistische »Lösung der Zigeunerfrage«, Hamburg 1996.
Zöller, Martin, »Der »Unabhängige Staat Kroatien« als Instrument der faschistischen deutschen Okkupation in Jugoslawien«, in: *Bulletin des Arbeitskreises »Zweiter Weltkrieg«*, 1977, H. 3/4, S. 4–29.
Zuccotti, Susan, The Italians and the Holocaust: Persecution, Rescue, and Survival, New York 1987.

Personenregister